Ulrich Quack

Norwegen

IWANOWSKI'S REISEBUCHVERLAG

Im Internet:

www.iwanowski.de

Hier finden Sie aktuelle Infos zu allen Titeln, interessante Links – und vieles mehr!

Einfach anklicken!

Schreiben Sie uns, wenn sich etwas verändert hat. Wir sind bei der Aktualisierung unserer Bücher auf Ihre Mithilfe angewiesen:
info@iwanowski.de

Norwegen
15. Auflage 2020

Salm-Reifferscheidt-Allee 37 • 41540 Dormagen
Telefon 0 21 33/26 03 11 • Fax 0 21 33/26 03 34
info@iwanowski.de
www.iwanowski.de

Titelfoto: Fischerdorf Reine, Lofoten © Elena Suvorova/Fotolia
Alle anderen Farbabbildungen: s. Bildnachweis S. 539
Lektorat und Layout: Annette Pundsack, Köln
Karten und Reisekarte: Thomas Buri, Bielefeld
Titelgestaltung: Point of Media, www.pom-online.de
Redaktionelles Copyright, Konzeption und deren ständige Überarbeitung: Michael Iwanowski

Gesamtherstellung: Himmer GmbH, Augsburg
Printed in Germany

ISBN: 978-3-86197-232-7

Überblick

Reiserouten

Weiterführende Informationen

info

Alle Karten zum Gratis-Download – So funktioniert's

In diesem Reisehandbuch sind alle Detailpläne mit einem sogenannten QR-Code versehen. Bei jeder Innenkarte findet man diese schwarz-gepunkteten Quadrate, die per Smartphone oder Tablet-PC gescannt werden können. Bei einer bestehenden Internet-Verbindung können die Dateien dann auf das eigene Gerät geladen werden. Alle Karten sind im PDF-Format angelegt, das nahezu jedes Gerät darstellen und ausdrucken kann. Für den Stadtbummel oder die Besichtigung unterwegs hat man so die Karte mit besuchenswerten Zielen und Restaurants elektronisch auf dem Telefon, Tablet-PC, Reader oder als praktischen DIN-A4-Ausdruck dabei. Mit anderen Worten – der Reiseführer kann im Auto oder im Hotel bleiben, und die Basis-Infos sind immer und überall ohne Roaming-Gebühren abrufbar. Sollten wider Erwarten Probleme beim Karten-Download auftreten, wenden Sie sich bitte direkt an den Verlag. Unter info@iwanowski.de erhalten Sie die entsprechende Linkliste zum Herunterladen der Karten.

Verzeichnis der Karten

Legende

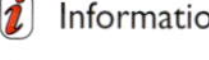

Information
Sehenswürdigkeit
Kirche
Kathedrale/Dom
Burg
Turm
Flughafen

Baden

Aussicht
Strand

Parken
Höhle

Wandern
Markt

Museum

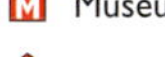

Theater

Bahnhof

Busbahnhof

Post

Einkaufen

Fähre

Einleitung

„Ja, vi elsker dette landet …" – „Ja, wir lieben dieses Land …", heißt es zu Beginn der norwegischen Nationalhymne. Und diese Empfindung teilen die Norweger mit vielen ihrer Reisegäste, wie die Statistiken der hiesigen Fremdenverkehrsindustrie eindrucksvoll belegen. Norwegen macht süchtig: Vier von fünf Deutschen, die das Land besucht haben, kommen wieder, um mehr zu sehen und zu erleben. Oslo ist das Hauptziel der Hälfte der Ausländer, die in den Sommermonaten Norwegen besuchen. Die Westküste mit ihren Fjorden wird von rund einem Viertel der Reisenden angesteuert. Die meisten Deutschen unternehmen eine Rundreise, die einen Besuch der westlichen Fjorde einschließt. Als Vorzüge des skandinavischen Landes werden die herrliche, weitgehend unberührte Natur, allen voran die Lofoten, das Nordkap und die Fjorde Westnorwegens, sowie die politische Stabilität des Landes genannt. Der Norwegen-Reisende sucht keine durchgeplanten Touristenanlagen, kein Disneyland, sondern das Ursprüngliche und Unverfälschte.

Norwegen ruft ganz unterschiedliche Vorstellungen hervor. Mit Sicherheit gehören typische Landschaftsbilder dazu wie die steilen Schluchten eines schmalen Fjords, riesige Gletscherflächen, tosende Wasserfälle, die schier endlose Weite der Tundra mit ihrer arktischen Vegetation, vom Meer umspülte Inseln und Schären, hohe Gipfel erklimmende Serpentinen und natürlich die Himmelsphänomene der Mitternachtssonne und des Nordlichts. Norwegen ist ein Land der Vielfalt und Kontraste, in dem Meer und Hochgebirge Nachbarn sind, weit ragen die Fjorde bis ins Landesinnere hinein. Die außergewöhnliche Nord-Süd-Ausdehnung des Landes über rund 1.750 km Luftlinie bei sehr dünner Besiedlung der meisten Landesteile ist für den Reisenden ideal, überall bieten sich Möglichkeiten zu Abstechern in unberührte Gegenden, stellt sich ein Gefühl von Weite und Einsamkeit fernab der Zivilisation ein.

Die Qualität der Straßen ist im Laufe der Zeit immer besser geworden, ständig werden neue Tunnel, von denen es bisher etwa 1.250 gibt, fertiggestellt, sorgen aufwendige Brückenkonstruktionen für kürzere Wege. Über hundert Auto- und Personenfähren verbinden bewohnte Inseln und Inselchen mit dem Festland oder ergänzen über die Fjorde hinweg das Straßennetz. Wer in Norwegen mit dem Auto, Wohnmobil oder Zweirad unterwegs ist, sollte Zeit mitbringen. Es gibt immer wieder neue Zeit, wie ein altes isländisches Sprichwort besagt. Immer mehr Norwegen-Reisende wollen das Land mit dem eigenen Pkw „erfahren". Deshalb hat die norwegische Straßenbehörde ein System von „Nationalen Touristenstraßen" aufgebaut, das ständig erweitert wird.

Das Wetter ist übrigens weitaus besser als sein Ruf. Ein Raum mit so verschiedenartigen Landschaftsformen, der sich über fast 14 Breitengrade erstreckt, ist auch in klimatischer Hinsicht äußerst variantenreich. Grundsätzlich sind die klimatischen Gegensätze zwischen dem Küstenbereich und dem Landesinneren größer als zwischen dem Norden und dem Süden des Landes. Temperaturen von 30 °C und mehr sind im Sommer keine Seltenheit, Tiefsttemperaturen von -30 °C oder gar -40 °C werden in Ostnorwegen gemessen, während die Küste und ihre Häfen dank des

Golfstroms und der milden westlichen Winde eisfrei bleiben. Im Land der Kontraste sind auch die Niederschläge unterschiedlich verteilt. Neben ergiebigem Steigungsregen an der Küste gibt es nicht weit entfernt Gebiete im Lee der massiven Gebirge, in denen Landwirte Felder und Obstkulturen künstlich bewässern müssen.

Es versteht sich von selbst, dass der Naturraum Norwegen eine Fülle von Outdoor-Aktivitäten ermöglicht, die für jeden Sportinteressierten ein reiches Angebot bereithält, zumal der Breitensport in diesem Land überaus populär ist. Dass Norwegen als traditionsreiches Wintersportland mit besten Schneeverhältnissen von Dezember bis April für viele eine Alternative zum Rummel in den Alpen darstellt, ist nicht erst seit den Olympischen Winterspielen von Lillehammer allgemein bekannt.

Die faszinierende Natur, in der bereits in der Stein- und Bronzezeit frühe Künstler Felszeichnungen hinterließen, bietet den Rahmen für eine alte Kulturnation. Man denke an die Kunst der Wikinger, ihre imponierenden Schiffe, an die frühmittelalterlichen Stabkirchen und die norwegische Holzarchitektur überhaupt oder an so große Namen wie Nansen, Amundsen, Ibsen, Grieg, Munch ...

Ich wünsche Ihnen Vorfreude bei der Vorbereitung der Reise(n), einen erlebnisreichen Norwegen-Aufenthalt und God ferie!

Ulrich Quack

Ein besonderes Erlebnis ist eine Fahrt mit der Flåmsbahn vom norwegischen Fjordland ins Gebirge

I. Land und Leute

Allgemeiner Überblick

Der Name Norwegen bedeutet „Weg nach Norden" und verweist auf ein Land in einem der nördlichsten Teile der Welt auf der Skandinavischen Halbinsel. Ein Blick auf die Karte zeigt sofort die beträchtliche Länge und geringe Breite des Landes, das etwa zur Hälfte nördlich des Polarkreises liegt. Vom südlichsten Punkt bei Kap Lindesnes bis hinauf zum Nordkap beträgt die Entfernung 1.752 km Luftlinie oder rund 2.500 Straßenkilometer. Der nördlichste Punkt liegt bei 71°11' nördlicher Breite. Rund 50.000 Inseln sind der Küste vorgelagert, deren Festland-Länge, Fjorde und Buchten eingerechnet, über 21.000 km beträgt. Gemeinsame Grenzen hat das Land mit seinem Nachbarn Schweden (1.619 km), mit Finnland (721 km) und Russland (196 km).

„Weg nach Norden"

Auf einer **Fläche** von rund 385.000 km² – zum Hoheitsgebiet gehören auch noch Spitzbergen (Svalbard) mit etwa 61.000 km² und die flächenmäßig unbedeutenden Eilande Jan Mayen und Bäreninsel – leben nur rund 5,3 Mio. Einwohner. Mehr als drei Viertel der Bevölkerung wohnen in größeren Gemeinden und Städten, in Europa ist nur Island dünner besiedelt. Eine ethnische Minorität mit eigener Sprache und Kultur, die Sámi (Lappen), lebt im Norden des Landes; rund 40.000 bis 70.000 Menschen werden dieser Minderheit zugerechnet.

Norwegen ist vor allem ein Gebirgsland, dessen periphere Lage keineswegs mit kultureller und wirtschaftlicher Rückständigkeit gleichzusetzen ist, denn das Land ist eine alte Kulturnation, die heute zu den reichsten der Erde gehört. Das erste norwegische Königreich entstand um das Jahr 900 n. Chr. Norwegische **Wikinger** gründeten Siedlungen in Nord- und Westeuropa und entdeckten lange vor Kolumbus den Weg nach Grönland und Nordamerika. Im Mittelalter wütete die Pest und löschte zwei Drittel der Bevölkerung des Landes aus. Der geschwächte Staat kam unter dänische Herrschaft, die von 1380 bis 1814 währte. Nach den Napoleonischen Kriegen trat Dänemark Norwegen an Schweden ab, bis die Union 1905 friedlich aufgelöst wurde. Durch Volksentscheid wurde Håkon VII. norwegischer König, dessen Sohn als König Olav V. bis 1991 regierte. Ein düsteres Kapitel in der jüngeren Geschichte des Landes stellt die Besatzung durch Hitlers Truppen zwischen 1940 und 1945 dar.

Norwegen ist eine **konstitutionelle Monarchie** mit parlamentarischem System. Durch eine Verwaltungsreform 2018–2020 wurde die bisherige Einteilung des Landes in 19 fylker (Regierungsbezirke) durch **elf Regionen** ersetzt (Agder, Innland, Møre og Romsdal, Nordland, Oslo, Rogaland, Troms og Finnmark, Trøndelag, Vestfold og Telemark, Vestland, Viken). Gleichzeitig wurden die bisher 439 **Kommunen** auf 356 reduziert und das lokale Selbstbestimmungsrecht umfassend ausgebaut. Seit 1949 gilt Norwegen als verlässlicher NATO-Partner, zuvor beteiligte es sich an der Gründung der Vereinten Nationen. Eine Mitgliedschaft in der EG bzw. EU wurde zweimal durch eine Volksabstimmung (1972 und 1994) abgelehnt.

Verwaltungsreform

Innerhalb weniger Jahrzehnte ist aus dem Armenhaus Norwegen ein wohlhabendes Land geworden. Die Öl- und Gasfunde in der Nordsee haben die Wirtschaft

Öl und Gas

und die Gesellschaft geprägt wie kein anderes Ereignis im 20. Jh. Die norwegische **Erdöl- und Gasproduktion** erreichte zwischenzeitlich einen Anteil von rund 24 % am Bruttosozialprodukt. Gegenwärtig nehmen die Einnahmen aus dem Öl- und Gasgeschäft deutlich ab, doch hat Norwegen einen Teil des Reichtums gewinnbringend angelegt. Der rasante Strukturwandel ließ traditionelle Industriezweige und Gewerbe schrumpfen, während der Dienstleistungsbereich sowie an die Öl-/Gasproduktion gekoppelte und andere „intelligente" Industrien an Bedeutung zunahmen. Günstige hydroelektrische Energie bildet die Basis für Norwegen als Europas Hauptproduzent von Roh-Aluminium und Ferro-Legierungen, ferner verfügt das Land inzwischen über eine eigene Petrochemie- und Ölveredlungsindustrie. Hoch subventioniert wird die Landwirtschaft, da die meisten Betriebe zu klein sind und unrentabel arbeiten. Beschäftigung und Besiedlung in den ländlichen Gemeinden sollen jedoch aufrechterhalten werden. Auch die traditionelle Fischerei hat an Bedeutung verloren, während die Aquakultur, vor allem die Lachszucht, zu den Wachstumsbranchen zählt, die bisweilen mit dem Problem der Überproduktion zu kämpfen hat.

Trotz weltweiter Krisen, abnehmender Einkommen aus den Öl- und Gasvorkommen, einer schwächer werdenden norwegischen Krone und gestiegener Arbeitslosigkeit ist die wirtschaftliche Lage auch 2019 im Großen und Ganzen überaus gesund. Das Land ist schuldenfrei, die Rücklagen des sog. Rentenfonds sind enorm hoch, der Lebensstandard zählt zu den höchsten der Welt und die politische Lage bleibt stabil. Norwegen geht mit Wohlstand in die Zukunft!

Traditionelle Kostümparade vor dem norwegischen Parlamentsgebäude Storting

Norwegen auf einen Blick

Fläche	385.178 km² insgesamt, Svalbard (Spitzbergen): 61.022 km², Jan Mayen: 377 km²
Einwohner	5.328.000, darunter ca. 660.000 im Ausland Geborene (insbesondere Polen, Schweden, Somalier, Letten, Pakistani, Iraker, Deutsche, Vietnamesen, Dänen) sowie 40.000–70.000 Sámi (Lappen) mit eigener Sprache und Kultur
Staatssprache	Norwegen ist zweisprachig: bokmål und nynorsk. In einigen nordnorwegischen Gemeinden wurde auch Samisch in den Rang einer offiziellen Sprache erhoben.
Hauptstadt	Oslo (ca. 681.000 Einwohner)
Religion	ca. 75 % der Bevölkerung gehören der evangelisch-lutherischen Staatskirche an, 3 % der römisch-katholischen Kirche, 3,2 % dem Islam, ansonsten vielen kleinen Religionsgemeinschaften, 17 % sind ohne Religion
Flagge	blaues Kreuz, weiß eingefasst, auf rotem Grund
Nationalfeiertag	17. Mai, Tag des Grundgesetzes
Staats- und Regierungsform	konstitutionelle Monarchie mit parlamentarischer Demokratie; allgemeine Wahlen für die 165 Mandate im Storting (Nationalversammlung) alle 4 Jahre
Staatsoberhaupt	König Harald V. (seit 17. Januar 1991); Vertreter: Kronprinz Håkon
Regierung	seit 2018 Koalition aus Høyre (Konservative), der rechtspopulistischen Fortschrittspartei FrP und der liberalen Venstre unter Ministerpräsidentin Erna Solberg (Høyre); die Minderheitsregierung wird von der Christlichen Volkspartei toleriert
Städte	Bergen 281.000 Einwohner, Trondheim 196.000 Einwohner, Stavanger 134.000 Einwohner
Wirtschaft	BIP 354 Mrd. €, je Einwohner: 67.100 €; Arbeitslosenquote 4,5 %; Inflationsrate 2,8 %
Wichtigste Exportgüter	Öl und Gas, Metalle (besonders Aluminium), Fisch und Fischprodukte, Maschinen und Apparate, Schiffe, Fleisch, Strom
Handelspartner	Schweden, Deutschland, Polen, Großbritannien, Dänemark, USA
Problematik	sinkende Fördermengen und Einnahmen von Erdöl und Erdgas, Nicht-Mitgliedschaft in der EU, Fischereistreit

Historischer Überblick

Im Dunkel der Geschichte

Älteste Spuren von Menschen

Die letzte Eiszeit ging etwa 13000 v. Chr. zu Ende. Infolge einer Klimaänderung begann das mächtige Eis abzutauen, doch dauerte es einige Tausend Jahre, bis Skandinavien von der Last des Eises befreit war und es Menschen möglich wurde, auch in Norwegen zu siedeln. Die ältesten Spuren menschlicher Aktivitäten sind 10.300 Jahre alte Reste von Holzkohle, Pfeilspitzen und Fanggeräten aus Flint, die 1993 unweit des Nordkaps bei Tunnelbauarbeiten gefunden wurden. Aus dem Raum **Komsa** in Finnmark und bei **Fosna** in Nordmøre stammen ähnliche Gegenstände, 7.000–8.000 Jahre alt, die lange als älteste Funde galten. Woher die Menschen kamen, ist nicht eindeutig geklärt. Entweder wanderten sie über die Halbinsel Kola im Norden Russlands oder über Dänemark und Schweden ein. In der **älteren Steinzeit** (ca. 5000–3000 v. Chr.) ernährten sich die längs der Küste und an den Fjorden lebenden Bewohner von Jagd und Fischfang. Hunde waren ihre einzigen Haustiere. In der **jüngeren Steinzeit** (3000–1500 v. Chr.) gingen die Menschen dazu über, feste Wohnplätze zu wählen. Sie pflanzten Getreide an, wurden zu Bauern. Aus dieser Zeit stammen die geritzten Felszeichnungen, die Ren, Bär, Wal, Robbe, Fisch etc. zeigen. Sie dienten wohl magischen Zwecken und sollten die Tiere zu jenen Orten locken, an denen man sie fangen oder töten konnte. Möglicherweise verbargen sich hinter den Tierdarstellungen auch unbekannte religiöse Vorstellungen.

Felszeichnungen aus der jüngeren Steinzeit bei Alta

Nordische Kunstform

In der **Bronzezeit** (1500–500 v. Chr.) waren die Gegenstände des täglichen Lebens sowie die Waffen besser ausgearbeitet. Es existieren wenige Funde aus dieser Zeit, denn Bronzegegenstände wurden auf dem Tauschweg aus anderen Regionen Europas importiert. Lediglich aus der jüngeren Bronzezeit stammen große Opfer- und Schatzfunde aus dem östlichen Norwegen sowie aus dem Gebiet um Trondheim. Die **Felszeichnungen der Bronzezeit** sind meist stark stilisiert und entstammen einem bäuerlichen Umfeld. Sie sind vor allem im Süden des Landes (auch an Schwedens Westküste und auf Bornholm) anzutreffen. Von Süden her kommend, verdrängte ein neues Volk, die Germanen, die alte Urbevölkerung und vermischte sich mit ihr. Angehörige dieses Volkes unterwarfen fast ganz Europa und weite Teile Asiens. Neben der indoeuropäischen Sprache und Religion brachten sie den Bewohnern des Nordens die Begeisterung für den Kampf, das Pferd als Transportmittel und Schlachtross sowie eine vaterrechtlich aufgebaute Gesellschaft.

Auch die **Eisenzeit** (ca. 500 v. Chr.–500 n. Chr.) ist zunächst eine eher fundarme Periode. Die meisten Gegenstände stammen aus dem Gebiet Oslofjord/Rogaland. Im dritten Jahrhundert n. Chr. begann jedoch eine Blütezeit; die Artefakte aus dieser Zeit bis zur Wikingerzeit sind reich und über viele Siedlungen verteilt. Auffällig sind die Herstellung von Keramiken und der Import von Glas aus Europa. Allmählich bildeten sich Bestattungsformen mit üppigen Beigaben heraus, die viele wertvolle Funde ermöglichten. Westnorwegen entwickelte sich zum Zentrum der ältesten nordischen Tierornamentik. Wie in Schweden wurden Grabhügel von beeindruckender Größe errichtet.

Kunstvoll: norwegische Gürtelschließe aus der Eisenzeit

In der jüngeren Völkerwanderungszeit erreichten Einflüsse aus dem Frankenreich Westnorwegen mit neuen Waffenformen und sparsamen Grabbeigaben, während aus Schweden eine Kulturströmung nach Norwegen gelangte, die den Verstorbenen wieder reichere Gaben mit auf den Weg ins Jenseits gab. Die **Schiffsgräber der Ynglinger-Dynastie** markieren den Höhepunkt einer Entwicklung, die zwar von westeuropäischen, vor allem irischen Einflüssen geprägt wurde, in ihren Grundzügen im 9. Jh. aber eine eigenständige nationale Kultur war. Das markanteste Beispiel ist der Osebergfund, die bedeutendste Ausgrabung der nordischen Frühgeschichte. Dabei handelt es sich um ein luxuriös ausgestattetes Wikingerschiff mit kostbarem Zubehör, das im Jahr 1904 am westlichen Oslofjord freigelegt wurde und heute in Oslo auf der Halbinsel Bygdøy (S. 149) im Vikingskipshuset zu sehen ist.

Die Frühzeit – Wikinger und Reichssammlung

Stark organisierter Staat

In der **Wikingerzeit** (ca. 800–1050 n. Chr.) war das Land ein starker, organisierter Staat, wenngleich keine europäische Großmacht. Als junges vereinigtes Königreich hatte es feste Handelskontakte und war in Island, Irland, England, Schottland und in der Normandie kolonisatorisch aktiv. Die zahlreichen Kontakte mit anderen europäischen Völkern und die Annahme des Christentums führten zur Integration des Landes an der Peripherie Europas in die Nationengemeinschaft und Kultur des Abendlandes. Bei den Wikingern handelte es sich nicht um ein bestimmtes nordisches Volk, dessen ganzes Dasein sich nur um Kampf, Ruhm und Ehre drehte, wie etwa in der pseudowissenschaftlichen Literatur des Dritten Reiches dargestellt. Die Wikinger waren **seefahrende Nordmänner** der drei skandinavischen Länder Schweden, Dänemark und Norwegen sowie der westnorwegischen Gründungen. Aufgrund einer recht ähnlichen Kultur und einer verhältnismäßig einheitlichen Sprache ist es möglich, von einer Völkergemeinschaft der Nordländer zu sprechen. Die Länder lassen sich als Bündnisse verschiedener Landschaften verstehen, die jeweils eigene religiöse Zentren und eine eigene Rechtsprechung besaßen.

Wortherkunft Wikinger

Unklar ist die Herkunft des Begriffs „Wikinger". Stammt das Wort vom altnordischen *vik* ab, was so viel wie „enge Bucht" bedeutet, oder leitet es sich von *vig* mit der Bedeutung „Schlacht" ab? Einige Sprachwissenschaftler sehen den Ursprung in dem Wort *viken*, das einen Bezirk um Oslo meinen könnte und somit die Männer bezeichnet, die dort herkamen. Es fällt auf, dass das Wort Wikinger nur auf einigen wenigen **Runensteinen** vorkommt, die aus dem 11. Jh. stammen. Häufiger findet sich die Bezeichnung in Heldenliedern und isländischen Schriften des Mittelalters. Das heutige Wissen über die Wikinger ist vor allem archäologischen Funden zu verdanken, auch wenn sie oft unvollständig sind. Höfe, Dörfer, Befestigungsanlagen und Handelsplätze ebenso wie Grabbeigaben lassen Rückschlüsse auf Leben und Wirtschaftsweise zu. Zu nennen sind ferner Bildsteine und Runeninschriften, während zeitgenössische Textquellen meist Fremdprodukte und außerdem oft tendenziös abgefasst sind.

Expansion der Wikinger

Mit dem brutalen Überfall auf das englische Kloster Lindisfarne nördlich von Newcastle begann im Jahr 793 die Expansion der Wikinger, die über zweieinhalb Jahrhunderte mit unterschiedlicher Intensität fortgesetzt wurde und erst mit dem Sieg Wilhelms des Eroberers bei Hastings (1066) und der Eroberung Englands durch die

Normannen zu einem Ende kam. Die geografische Lage bestimmte die Richtung, in die Schweden, Dänen und Norweger zogen. Während die dänischen Wikinger sich den Küsten der südlichen Nord- und Ostsee zuwandten und in Richtung Ärmelkanal agierten, zogen die Waräger, die schwedischen Nordmänner, über den Ostseeraum hinaus und erreichten mit ihren wendigen Schiffen Nowgorod und Kiew. Über das Schwarze Meer gelangten sie schließlich bis nach Byzanz. Die Norweger fuhren westwärts zu den Britischen Inseln und über den Nordatlantik. In der ersten Hälfte des 9. Jh. entdeckten sie die Färöer-Inseln, die durch die Expansion der Wikinger ein nordisches Land wurden, ebenso wie Island, das seit 874 von Norwegen aus besiedelt wurde. Die Anziehungskraft des eher unwirtlichen Island muss beträchtlich gewesen sein, wenn man bedenkt, dass um 930 bereits etwa 30.000 Menschen dort lebten.

Entdeckung Amerikas

Kurz vor der Jahrtausendwende wurde unter Erich dem Roten **Grönland** besiedelt, dem er den wenig passenden Namen „Grünes Land“ gab, denn Siedler sollten dorthin gelockt werden. Dass diese Werbemaßnahme erfolgreich war, belegen die Reste zahlreicher Höfe und Siedlungen mit bis zu 4.000 Bewohnern. Um 1500 ging die Besiedlung zu Ende, die Ursachen sind nicht endgültig geklärt. Ein Grund für die Aufgabe der grönländischen Niederlassungen lag sicher in einer Klimaverschlechterung und den daraus resultierenden ungünstigeren Lebensbedingungen. Um das Jahr 1000 erreichte Leif Eriksson, Sohn Erichs des Roten, die Ostküste Nordamerikas zwischen Labrador und Neufundland, die **Vinland** genannt wurde, was wohl Wiesen- und Weideland bedeutet und nicht – wie oft angenommen – Weinland. Bei L'Anse aux Meadows hat der norwegische Archäologe Helge Ingstad eine kleine Siedlung aus der späten Wikingerzeit nachgewiesen. Gemeinsame Sache machten dänische und norwegische Wikinger im 9. Jh. in England. König Alfred der Große musste ihnen den größten Teil der Insel abtreten, der den Namen „Danelage“ erhielt; gemeint waren damit Gebiete unter dänischem Gesetz.

Warum die Wikinger Ende des 8. Jh. ihre Züge über die Meere begannen, konnten die Historiker bisher nicht wirklich eindeutig klären. Wenig wahrscheinlich ist die Annahme, eine Übervölkerung des skandinavischen Raums habe die Nordgermanen zur Expansion gezwungen. Denn Landnot gab es allenfalls an der rauen Westküste Norwegens. Auf „wiking“ gingen auch eher die Angehörigen der Oberschicht, die ihr Auskommen hatten. Das Anerbenrecht sorgte dafür, dass der älteste Sohn zumeist den Hof übernahm, sodass den anderen Söhnen schließlich nur die Fahrt über das Meer als Alternative blieb.

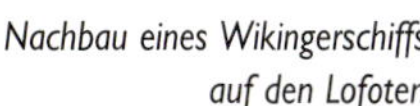

Nachbau eines Wikingerschiffs auf den Lofoten

info

Das Wikingerschiff

Die große Bedeutung des Schiffes zeigen bereits die vielen Schiffsbilder auf den Felszeichnungen der Bronzezeit. Seit der Vorwikingerzeit, im Norden häufig als „Vendelzeit" bezeichnet, konnten mit dem Einsatz des Segels schneller weite Entfernungen zurückgelegt und größere Mengen an Ladung transportiert werden. Rund zehn Funde von Wikingerschiffen vor allem in Norwegen und Dänemark lassen zwei Grundtypen erkennen. Neben dem leichten **Kriegs- oder Mannschaftsschiff** mit geringem Tiefgang gab es das geräumige **Handelsschiff**, „Knorr" genannt, im Vor- und Achterschiff mit einem Deck gebaut. Die Erfahrungen im Bootsbau über viele Generationen hinweg spiegeln sich in der Konstruktion der Segelschiffe wider, die im Klinkerbau errichtet wurden, d. h. die Planken der Bordwand überlappten einander, sodass sie leicht abgedichtet werden konnten. Die maximale Länge des Kiels ergab sich aus der natürlichen Länge des Bauholzes. Bisher kennt man kein Wikingerschiff, das länger als 28 m ist. Der Klappmast konnte durch den Mastfisch umgelegt werden, einen herausnehmbaren Eichenblock auf dem Schiffsboden. Das Rahsegel, schon auf den berühmten gotländischen Bildsteinen abgebildet, entlastete die Ruderer und ermöglichte bei günstiger Witterung Fahrten über das offene Meer. Eine Reise von Norwegen nach Island, die in der Regel eine Woche dauerte, konnte bei idealem Wind in drei Tagen bewältigt werden.

Entfernten die Wikinger sich von der Küste, benutzten sie verschiedene Hilfsmittel zur **Navigation**: Bei Nacht diente bisweilen der Polarstern als Leitstern, sie beobachteten die Meeresströmungen, die Vorkommen von Walpopulationen oder die Flugrichtung der Seevögel. Fraglich ist, ob sie bestimmte Instrumente zur Navigation einsetzten. Mit Sicherheit war das Leben an Bord der offenen Schiffe sehr hart. Trockenfisch, gepökeltes und geräuchertes Fleisch, Brot und Zwiebeln gehörten zum Proviant. Ohne ihre schnellen und wendigen Schiffe, die als **Meisterwerke der Schiffbaukunst** anzusehen sind, hätten die Wikinger niemals die kulturgeschichtliche Bedeutung erlangt, die sie als Händler, Staatengründer, Forscher und Künstler hatten.

Handelskontakte der Wikinger

Die Stammesfürsten begannen in der Wikingerzeit, sich zu staatenähnlichen Gebilden zusammenzuschließen. Unterlegene im Kampf um die Macht und Unzufriedene wurden hinausgedrängt und wanderten aus. Schließlich dürften neben Abenteuerlust und Heldentum handfeste materielle Interessen, vor allem die Aussicht auf lukrativen Handel, eine Rolle gespielt haben. So spektakulär die Wikinger den Ausklang der ganz Europa verändernden Völkerverschiebung auch gestalteten, die nach ihnen benannte Epoche basiert auf einer historischen Voraussetzung: Bereits vor der Expansionsphase gab es im Norden eine seefahrende Bevölkerung mit **intensiven Fernbeziehungen**. Bootgräber, also seetüchtige Boote als Grabkammern, und Luxusgüter als Grabbeigaben, wie etwa fränkische Gläser und andere kunsthandwerkliche Gegenstände aus der Vorwikingerzeit, belegen, dass es Seehäuptlinge, Handwerkszentren und Handelsplätze vor dem Zeitalter der kühnen Eroberer gegeben hat.

Händler und Staatengründer

Die Wikinger waren nicht nur wilde Horden aus dem Norden, die mordeten und plünderten, Klöster und Städte in Schutt und Asche legten und sich in ihrer Gier nach Gold und Silber nur zeitweilig durch ein Friedensgeld besänftigen ließen. Die „Salzwasserpiraten" organisierten einen eigenen Handel und der Norden entwickelte sich zum **internationalen Umschlagplatz** für bestimmte Waren. Besonders begehrt waren Luxusgüter aus dem arabischen Raum, wo die Araber den Wikingern die Sklaven im Tausch gegen Silber förmlich aus der Hand rissen. In Skandinavien hat man rund 60.000 arabische Silbermünzen aus jener Zeit gefunden. Neben ihrer Aktivität als Räuber und Händler waren die Wikinger erfolgreiche Staatengründer, wie die Entstehung der skandinavischen Königreiche in jener Zeit belegt. Bedeutend war ihr Beitrag zur Entwicklung von Kunst und Kultur. Man denke nur an den Schiffbau, die Goldschmiedekunst, die Steinmalerei, das Waffenhandwerk und die Schnitzkunst, die an einigen norwegischen Holzkirchen, den prächtigen Stabkirchen, noch zu bewundern ist.

Reichssammlung – erste staatliche Einheit

Als von Norwegen aus die Seeoperationen begannen, befand man sich dort auf dem Weg zur staatlichen Einheit. Begriffe wie Norwegen (= „der Weg nach Norden"), Nordmen und Norweger sind seit dem 9. Jh. bekannt. Die topografischen Voraussetzungen zur politischen Einigung des Landes waren dabei alles andere als günstig: eine Hochgebirgslandschaft mit vielen isolierten Talungen, eine offene Südflanke nach Dänemark sowie eine westwärts weisende Atlantikküste. Die erste „Reichssammlung" (Rikssamling) erfolgte unter Harald I., der den Beinamen „Schönhaar" *(hårfagre)* trug (ca. 860–930): In der Bucht Hafrsfjord unmittelbar südlich der heutigen Ölmetropole Stavanger besiegte er die Kleinfürsten und regierte in der Folge als König von Norwegen mit eiserner Hand.

Harald I. baute eine eigene Streitmacht auf, doch nach seinem Tod gab es bald wieder Mord und Totschlag unter den vielen Kleinkönigen. Schließlich unternahm sein jüngster Sohn, Håkon I. (ca. 935–959), einen erneuten erfolgreichen Einigungsversuch. In England zum Christentum übergetreten, wollte er seine Landsleute

Harald Schönhaar und ein Getreuer – aus einer mittelalterlichen isländischen Handschrift

taufen lassen, was jedoch misslang. Die Missionsbemühungen setzte dann Olav I. Tryggvason (ca. 995–1000) fort, der im wikingischen Russland und England aufgewachsen war und in Winchester getauft wurde. Er gründete 997 die Stadt Nidaros, das heutige Trondheim, und ließ sich dort nieder, konnte sich aber nur fünf Jahre gegen den Dänenkönig Sven Gabelbart und den Schweden Olaf Schoßkönig behaupten. Nachdem die politische Einheit wieder einmal verloren war, trat mit Olav Haraldsson bzw. Olav II., später „**Olav der Heilige**" genannt, 1015 ein Herrscher auf den Plan, der sich der „Reichssammlung" voll und ganz annahm. Durch Einführung des Feudalsystems stabilisierte er seine Macht, christianisierte das Land, auch mit Gewalt, und erließ neue Gesetze, auf deren Grundlage unabhängig von Stand und Besitz Vergehen bestraft wurden. Doch 1028 musste er König Knut von Dänemark und England, der ein großes Nordseereich regierte, weichen. Knut der Große hatte sich mit den Territorialfürsten verbündet, die Olavs zentrale Reichsführung bekämpften.

Einführung des Feudalsystems

Wenig später fiel Olav II. in der Schlacht bei Stiklestad bei der Verteidigung des Großkönigtums. Der Vorkämpfer der nationalen Einheit galt bald als **Märtyrer**, der für seinen christlichen Glauben gefallen war. Als „Olav der Heilige" wurde er weit über Norwegen hinaus verehrt und ihm zu Ehren entstanden in ganz Europa Kirchenbauten. Die Legendenbildung trug zur Stärkung von Kirche und Königtum im Lande bei. Der Schrein Olavs II. im Nidaros-Dom lockte Pilger an und wurde zur bedeutendsten Wallfahrtsstätte des Nordens. **Harald III. Hårdråde** (der Gestrenge), ein Halbbruder des Heiligen Olav, führte dessen Werk fort. Um 1048 gründete der letzte große Wikinger-Seekönig, der im östlichen Mittelmeer Ruhm und Reichtum erwarb, die heutige Hauptstadt Norwegens, mit der er ein Nordseegroßreich begründen wollte. Doch 1066 unterlag Harald bei Stamford Bridge in Yorkshire dem Angelsachsen Harold, der selbst nur wenig später gegen William den Eroberer bei Hastings sein Reich und sein Leben verlor.

Ende der Wikingerzeit

Damit ging das Zeitalter der Wikingerfahrten zu Ende, denn die Entwicklung zu großen staatlichen Einheiten mit zentralistisch-feudalen Systemen band die zuvor freien Kräfte. Die Königreiche Dänemark, Norwegen und Schweden gingen drei Jahrhunderte lang eigene Wege. Wie sehr das heutige Königreich Norwegen in der Tradition der Wikingerzeit steht, zeigt die Namensgebung: Håkon, Olav, Harald und Magnus heißen auch heute die Mitglieder des Königshauses. Und moderne Unternehmen der nordischen Länder benutzen Wikinger-Symbole für ihre Produkte.

Das Mittelalter – Aufstieg und Fall des Reiches

Die Wikingerzeit endete in Norwegen mit der politischen Einigung des flächenmäßig weiten Landes und der **Einführung des Christentums**. Die folgenden drei Jahrhunderte bis zur Vereinigung mit Dänemark sind zunächst geprägt von einer Phase der Konsolidierung und des weiteren Ausbaus des Reiches, das unter Håkon IV. Håkonsson die größte Ausdehnung seiner Geschichte erfuhr, im 14. Jh. aber jäh in die Bedeutungslosigkeit absank. Im 11. Jh. folgten auf Harald Hårdråde dessen zwei Söhne Magnus und Olav III. Kyrre (= „der Friedfertige"). Olavs lange und friedliche Regierungszeit kam besonders der **Kirche** zugute, die durch die Bistümer in Trondheim, Oslo und Bergen eine feste Organisation erhielt. Bergen wurde bald die bedeutendste Handelsstadt Norwegens und vor allem das Zentrum des Trockenfischexports. Trockenfisch aus West- und Nordnorwegen war damals eine begehrte Fastenspeise in Europa. Nach Olav Kyrre kamen die Hebriden, die Orkneys und die Insel Man dauerhaft unter norwegischen Einfluss. Durch die Einführung eines Zehnten erhielt die Kirche eine solide finanzielle Basis und erwarb zunehmend Grundbesitz. 1153 wurde Nidaros zum Erzbistum erhoben, flächenmäßig übrigens das weltweit größte, dem zehn Bistümer – u. a. auf Grönland und anderen Nordmeerinseln – untergeordnet waren. Die norwegische Kirche hatte ihre Autonomie erlangt, nach langer Abhängigkeit vom Erzbischof von Bremen bzw. dem dänischen Erzbistum in Lund.

Autonome norwegische Kirche

Nach mehreren Bürgerkriegen erreichte das Land unter **Håkon IV. Håkonsson** (1217–1263) eine Blütezeit. Der selbstbewusste Herrscher förderte an seinem Hof in Bergen Kunst und Kultur und verschaffte Norwegen seine **größte Ausdehnung** als Nordatlantikmacht: Neben Island und Grönland, den Shetlands, den Färöern, Orkneys und Hebriden umfasste das Reich Provinzen, die heute zu Schweden gehören. Nur die Finnmark im Norden, der Lebensraum der Sámi (Lappen), gehörte nicht zum norwegischen Großreich, unterlag aber der Besteuerung Norwegens wie auch dem Großfürsten von Nowgorod.

Als Bergen Hauptstadt war: die Håkonshalle

Die **Stärkung der Hanse** bereitete Norwegen jedoch wirtschaftspolitische Schwierigkeiten, denn die wachsende Bevölkerung brauchte dringend Getreideimporte aus dem Ostseeraum. Die Hanse nutzte diese Abhängigkeit und verschaffte sich wirtschaftliche und politische Privilegien. In der königlichen Residenz zu Bergen, das Trondheim als Hauptstadt ablöste, errichtete die Hanse ein Kontor, was in der Folgezeit zu einer Reihe von Konflikten zwischen Deutschen und Norwegern führen sollte, obwohl der Handel mit der Hansemacht Lübeck 1250 vertraglich geregelt wurde (S. 259).

Dass von der Hafenstadt an der Westküste aus weiterhin Politik gemacht wurde, konnte auch **Håkon V. Magnusson** (1299–1319) nicht verhindern. In seiner Regierungszeit wurde Oslo Hauptstadt des Landes, Schloss Åkershus ließ er als Festung und Palast ausbauen. Håkon hinterließ keinen männlichen Erben, sondern eine unmündige Tochter, die in jungen Jahren Herzog Erik Magnusson von Schweden heiratete. Deren Sohn wurde später auch zum König von Schweden gewählt. Verhängnisvoll für die weitere Entwicklung des Landes war die **1349** über den Hafen von Bergen eingeschleppte **Pest**, die einen großen Teil der Bevölkerung dahinraff-

Oslo wird Landeshauptstadt

te. Mit gut 300.000 Einwohnern war Norwegen das bevölkerungsärmste der drei skandinavischen Königreiche. Der Schwarze Tod entvölkerte ganze Landesteile und führte zum Zusammenbruch des Feudalsystems. Adel und Kirche erholten sich lange Zeit nicht von dieser Katastrophe. Vor dem Ausbruch der Pest gab es etwa 300 adlige Familien mit großen Besitzungen, danach waren es noch rund 60. Dänen, die meist einheirateten, übernahmen riesige Ländereien und erwarben damit auch politische Rechte, sodass dem Reichsrat Anfang des 16. Jh. nur noch zwei gebürtige Norweger angehörten. Mit dem Tod Håkons VI. (1355–1380) endeten einige Jahrzehnte einer schwedisch-norwegischen Union. Håkon VI. ist der letzte mittelalterliche König eines freien und unabhängigen Norwegens. Erst 1905 erlangte das Land unter König Håkon VII. wieder seine volle Selbstständigkeit.

Nach dem Aufstieg der Fall

Die Abhängigkeit von Dänemark

Aus der Ehe von Håkon VI. und der Tochter des Dänenkönigs Waldemar Atterdag, Margarethe, ging das letzte Mitglied der alten Königsfamilie hervor. Doch Olav, mit Billigung der Hanse König von Dänemark und nach dem Tod seines Vaters auch König von Norwegen, verstarb kurz nach Erreichen der Volljährigkeit. Seine Mutter wurde in beiden Ländern als Regentin akzeptiert. **Königin Margarethe** gelang es wenig später sogar, im Zuge gemeinsamer nordischer Anstrengungen gegen deutsche Expansionsabsichten, in Schweden als Königin anerkannt zu werden. 1397 erreichte sie in der **Kalmarer Union** ihr vordringliches politisches Ziel, den Zusammenschluss der drei skandinavischen Reiche. Obwohl Schweden mehrfach ausscherte, existierte diese Union bis 1523, als kriegerische Auseinandersetzungen zwischen Dänemark und Schweden das endgültige Ende des Bündnisses brachten.

Nach Auflösung der Kalmarer Union geriet Norwegen unter dänischen Einfluss und wurde schließlich eine **Provinz Dänemarks**. Als unter Christian III. mit dem Reichsrat die letzte Einrichtung eines staatsrechtlich unabhängigen Norwegens aufgelöst wurde, erfasste die Dänisierung viele Lebensbereiche. Mit dänischen Beamten und Offizieren gelangte auch die dänische Amtssprache nach Norwegen. In wirtschaftlicher Hinsicht war das Land vor allem Rohstofflieferant der Kolonialmacht, der über Fisch, Holz, Kupfer und Silber verfügte.

Reformation und Kultureinfluss Dänemarks

Als die **Reformation** über Dänemark nach Norwegen gelangte, fand sie zunächst nur unter eingewanderten dänischen Adligen und den Hansekaufleuten in der Stadt Bergen Anhänger. Widerstand leistete hingegen der Erzbischof von Nidaros, der versuchte, mit einem Aufstand gegen die Kolonialmacht ein letztes Stück norwegischer Eigenständigkeit zu retten. Doch der Bischof musste aus Norwegen fliehen und Luthers Lehre wurde zur Reichsreligion erhoben. Über die umfangreiche Literatur der Reformationszeit, die in dänischer Sprache abgefasst wurde, erhielt das Dänische zusätzliche Impulse, während das Altnorwegische zurückgedrängt und nur in abgelegenen Gebieten beibehalten wurde. Wer damals in Norwegen studieren wollte, musste sich auf den Weg nach Kopenhagen machen (die erste norwegische Universität wurde erst zu Beginn des 19. Jh. in Oslo gegründet, das damals Christiania hieß). Das inzwischen fremdbestimmte Land wurde außerdem immer wieder in kriegerische Auseinandersetzungen verwickelt, deren Ursachen im dänisch-hanseatischen Konflikt oder in der dänisch-schwedischen Erzrivalität begründet lagen. So fielen die damaligen norwegischen Provinzen Jämtland, Härjedalen und Bohuslän im 17. Jh. an das politisch und wirtschaftlich stärkere Schweden.

Neue Hauptstadt Christiania

Ein starkes Interesse an Norwegen zeigte der legendäre **Christian IV.** (1588–1648), der das Land während seiner langen Amtszeit mehr als dreißig Mal besuchte. Nahe der abgebrannten Stadt Oslo ließ er mit **Christiania** eine neue Hauptstadt errichten, gründete Kristiansand und erreichte, dass die Nordprovinz Finnmark mit ihrem Fischreichtum und ihren Bodenschätzen nicht an den großen Nachbarn Schweden fiel. Wirtschaftlich ging es langsam aufwärts, trotz fremden Einflusses. Neben dem **Fischfang** wurde der **Holzhandel** bedeutsam. Die Erfindung der wassergetriebenen Gattersäge ermöglichte es, Baumstämme zu zerlegen. Bohlen und Bretter wurden nach England und in die Niederlande ausgeführt. Die Hanse verlor zunehmend an Einfluss und norwegische Kaufleute bauten eine **eigene Handelsflotte** auf. Unter Christian IV. wurde der **Bergbau** vorangetrieben, die **Landwirtschaft** gewann an Bedeutung, auch wenn der wichtige Getreideimport ein dänisches Monopol blieb. Mitte des 18. Jh. besaßen wieder etwa die Hälfte der Bauern einen eigenen Hof. Das Geld zum Erwerb der Hofstellen stammte weniger aus den Erträgen der Landwirtschaft als aus den Nebeneinnahmen, die viele in der Forstwirtschaft erzielen konnten. Handel und Gewerbe blühten in vielen Städten auf, nachdem ein königlicher Freibrief 1662 allen Städten **Handelsrechte** eingeräumt hatte. Die zweite Hälfte der dänischen Herrschaft zeigt ein erstarktes Norwegen, das sich als eigenständiges Land mit einer reichen Tradition und wechselhaften Geschichte versteht.

Schwedische Zeit

Ende der dänischen Ära

Der norwegische Nationalfeiertag am 17. Mai geht auf das Jahr **1814** zurück. Damals ging zwar die Union mit Dänemark zu Ende, man gab sich eine liberale Verfassung und wählte sogar einen eigenen König, doch fand man sich wenig später in einer **Union mit Schweden** wieder, das zuvor im Kieler Vertrag dafür gesorgt hatte, dass Dänemark Norwegen abtreten musste. Die Dänen hatten sich an der Kontinentalsperre beteiligt und waren ein folgenschweres Bündnis mit Napoleon eingegangen. Der vom schwedischen Reichstag zum Thronfolger ernannte frühere napoleonische Marschall Bernadotte (später Karl XIV. Johan von Schweden) nutzte die Gunst der Stunde. Da Schweden 1809 Finnland an Russland hatte abtreten müssen, sah man in Schweden in der Union mit Norwegen eine Art Ausgleich für den erlittenen Verlust.

Als der dänische Statthalter in Norwegen, Prinz Christian Frederik, vom dänischen König aufgefordert wurde, das Land den Schweden zu übergeben, weigerte sich dieser, da es Sache des norwegischen Volkes sei, über sein eigenes Schicksal zu bestimmen. In kürzester Zeit wurden Wahlen zur Nationalversammlung durchgeführt. Auf der konstituierenden Versammlung in **Eidsvoll** (S. 364) stimmte die Mehrheit der Abgeordneten für ein unabhängiges Norwegen. Die einstimmig angenommene **Verfassung** machte das Land zu einer konstitutionellen Monarchie. Prinz Christian Frederik wurde zum König gewählt. Die auf dem Prinzip der Gewaltenteilung basierende Verfassung galt neben der belgischen als die modernste ihrer

Reiterstandbild für Karl Johan vor dem Königlichen Schloss

Zeit in Europa. Doch Norwegens Traum von der Souveränität war wenige Wochen nach dem denkwürdigen Ereignis von Eidsvoll ausgeträumt: Das übermächtige Schweden führte einen kurzen Krieg, den Norwegen nicht gewinnen konnte. Der schwedische König war zugleich der König von Norwegen. Es spricht für sein Geschick und seine Weitsicht, dass Karl Johan seine Übermacht nicht ausspielte, sondern den Norwegern die Eidsvoll-Verfassung beließ, soweit diese mit der Union vereinbar war. Laut Unionsvertrag hatte der schwedische König das Recht, einen nur ihm verantwortlichen Statthalter einzusetzen. Die Außenpolitik lag ganz in schwedischer Hand, sodass Norwegen abhängiges Unionsmitglied wurde. Dennoch war seine Stellung weitaus besser als in dänischer Zeit, denn das Land besaß eine eigene Regierung, eigene Verwaltungsorgane und das Storting, die Nationalversammlung. Außerdem hatte es gegenüber dem König sogar eine stärkere Position als der schwedische Reichstag, da ein dreimal angenommenes Gesetz in Kraft trat, auch wenn der König sein Veto einlegte.

Industrie und Infrastruktur

Während der Unionszeit mit Schweden, insbesondere nach 1840, vollzog sich ein grundlegender wirtschaftlicher und sozialer Wandel. Zu Beginn der Union war die wirtschaftliche Lage als Folge der Kontinentalsperre und der Napoleonischen Kriege katastrophal. Das Währungssystem geriet aus den Fugen, da gleichzeitig dänische, schwedische und norwegische „Eidsvoll"-Banknoten kursierten, doch Mitte des Jahrhunderts war der Staat wieder schuldenfrei. Die **industrielle Revolution** erfasste auch Norwegen. Die Textilindustrie fand Standorte in Oslo und Bergen, ihr folgten die Papier-, Papiermasse- und Zelluloseindustrie, die Herstellung von Fischkonserven sowie die Schwerindustrie auf der Basis heimischer Erze. Zur Erschließung des Landes wurden das Eisenbahn- und Straßennetz ausgebaut sowie die Boote der Hurtigrute eingesetzt. Nach der Erfindung der Harpunenkanone 1868 begann der kommerzielle **Walfang** im großen Stil. Zwischen 1850 und 1880 konnte die norwegische Handelsflotte ihren Anteil an den weltweiten Fangtonnagen fast verdoppeln und nur England und die USA waren bedeutender. Allmählich bildete sich eine organisierte **Arbeiterbewegung** heraus. In den 1870er-Jahren erreichte der Sozialismus Norwegen.

Emigration nach Amerika

Im 19. Jh. stieg die Bevölkerungszahl von etwa 900.000 auf 2,2 Mio. an. Die wirtschaftliche Expansion hinkte der demografischen Entwicklung hinterher und trotz der Industrialisierung waren viele Menschen gezwungen, nach Amerika auszuwandern. Ein regelrechtes **Amerikafieber** erfasste zunächst den Westen des Landes, griff dann aber auf alle Landesteile über. Nach dem Amerikanischen Bürgerkrieg nahm der Exodus zeitweilig dramatische Formen an, denn zwischen 1866 und 1915 verließen mehr als 700.000 Norweger ihr Land. Mehrere Millionen Menschen norwegischer Abstammung leben heute in den USA und Kanada.

Der Weg zur Unabhängigkeit

Mit dem wirtschaftlichen Aufschwung entwickelte sich zunehmend auch ein stärkeres **Nationalgefühl**, personifiziert in Schriftstellern und Kulturgrößen wie Henrik Wergeland, Bjørnstjerne Bjørnson und Henrik Ibsen. Der kulturelle Nationalismus wandte sich der eigenen Vergangenheit zu, um den Wert norwegischer Traditionen zu betonen und neu aufleben zu lassen. Die mittelalterliche bäuerliche Holzarchitektur, die sich in den einzigartigen Stabkirchen manifestiert, wurde neu bewertet, was letztlich zum Erhalt wenigstens einiger Kirchen führte. Unter der Regierung des schwedischen Königs Oskar II. gelang dem Parlamentarismus ein entscheidender Erfolg, als das Oberhaupt einem Beschluss der Nationalversammlung über die Abschaffung des Statthalters nachgab und das **Amt des Staatsministers** zuließ. Der schwedische König spielte in der norwegischen Innenpolitik zunehmend eine untergeordnete Rolle.

Kultureller Nationalismus

In der zweiten Hälfte des 19. Jh. nahm die nationale Begeisterung der Norweger zu, immer mehr Stimmen forderten einen Austritt aus der Union mit Schweden. Als das norwegische Parlament mit dem schwedischen Reichstag und König Oskar II. strittige Fragen um die Vertretung Norwegens im Ausland nicht beilegen konnte, war dies mehr der Anlass als die Ursache für die Auflösung der Union. Deutlicher Ausdruck für das Streben der Norweger nach Selbstständigkeit war das Ergebnis einer Volksbefragung, in der sich nur 184 norwegische Männer gegen die **Auflösung der Union** aussprachen – gegenüber rund 370.000 Befürwortern! Am 26. Oktober 1905 legte Oskar II. die norwegische Krone nieder. Angesichts der gespannten internationalen Lage trugen die Großmächte maßgeblich zur friedlichen Lösung des Konflikts bei, vor allem England und Deutschland. Das Angebot des norwegischen Parlaments an den schwedischen König, einem Mitglied des Hauses Bernadotte die Krone zu übertragen, lehnte dieser ab. In einer weiteren Volksabstimmung ging es um die zukünftige Staatsform des Landes. Mit eindrucksvoller Mehrheit setzten sich die Anhänger einer Monarchie gegenüber den Republikanern durch. Daraufhin wählte das norwegische Parlament den dänischen Prinzen Carl zum König, der den Namen **Håkon VII.** annahm, mehr als 500 Jahre nach Håkon VI.

Oskar II., schwedisch-norwegischer König aus dem Hause Bernadotte

Nach Auflösung der Union mit dem großen Nachbarn Schweden wurden zahlreiche politische, ökonomische und soziale **Reformen** auf den Weg gebracht. Schon vorher hatten die Ideen des Liberalismus und Nationalismus sowie die aus ihnen hervorgehenden politischen Gruppierungen an Bedeutung gewonnen. Ab 1884 wurden mit der **Venstre** (= „Linke"; die Liberalen) und **Høyre** (= „Rechte"; die Konservativen) die ersten Parteien gegründet, wenig später folgte die **Norwegi-**

Ideen des Liberalismus

sche Arbeiterpartei. Von diesem **Drei-Parteien-System** spalteten sich andere Gruppierungen ab und die Parteienlandschaft wurde vielfältiger. 1913 erhielten Norwegens **Frauen das allgemeine Wahlrecht**, 15 Jahre nach den Männern. In der Sozialgesetzgebung wurden wegweisende Neuerungen zur Kranken- und Unfallversicherung erreicht; 1919 konnte die 48-Stunden-Woche festgeschrieben werden, sodass Norwegen sich schrittweise zum **Sozialstaat** entwickelte.

Beschäftigung in Industrie und Handel

In wirtschaftlicher Hinsicht setzte die **Industrialisierung** ihren Siegeszug fort. Metallurgische und chemische Industrien entstanden auf der Grundlage der reichlich vorhandenen Wasserkraft. Immer mehr Menschen fanden in Industrie, Handel und Dienstleistungen Beschäftigung. Die Handelsflotte entwickelte sich, die, in Relation von Tonnage zur Einwohnerzahl, eine Sonderstellung einnahm. Aus Angst vor einer Übernahme durch ausländisches Kapital und dem Ausverkauf natürlicher Ressourcen kamen 1909 zwei Gesetze zustande: Der Staat übernahm die Wasserfälle und Ausländern wurde der Erwerb von Waldungen untersagt.

Als der **Erste Weltkrieg** ausbrach, erklärte Norwegen zusammen mit Schweden und Dänemark seine **Neutralität**. Die Verbindungen zu England, mit dem man intensive Wirtschaftskontakte unterhielt, blieben eng. Der Krieg führte zunächst zu einem Aufschwung für die norwegische Seefahrt, brachte aber vor allem nach 1916 Inflation und Lebensmittelknappheit. Durch den U-Boot-Einsatz büßte die Handelsflotte etwa die Hälfte ihrer Tonnage ein, die Angst vor einem Waffengang mit Deutschland ging um. Wenngleich politische und wirtschaftliche Instabilität die Entwicklung in den 1920er-Jahren prägte, so gelang es dem Land an der Peripherie Europas, international immer bedeutender zu werden. 1920 trat das Land dem **Völkerbund** bei, dem der zuvor wegen seiner Expeditionen und wissenschaftlichen Leistungen berühmt gewordene **Fridtjof Nansen** seinen Stempel aufdrückte. In verschiedenen Ländern organisierte der Polarforscher mit seinen Mitarbeitern humanitäre Hilfsaktionen für Kriegsgefangene und Flüchtlinge.

Nach internationaler Übereinkunft erhielt Norwegen die Oberhoheit über **Spitzbergen**, 1925 erfolgte die endgültige Übernahme unter der Bezeichnung Svalbard. Das Königreich konnte neben der Insel Jan Mayen problemlos auch Gebiete in der Antarktis annektieren. Ein Konflikt zwischen Norwegen und Dänemark um Ostgrönland – hier ging es wie in der Antarktis um norwegische Walfanginteressen – konnte nur vor dem Internationalen Gerichtshof in Den Haag zugunsten der Dänen entschieden werden. Nach der Weltwirtschaftskrise entwickelte sich das Land zunehmend in Richtung Wohlfahrts- und Sozialstaat, stark geprägt von der Sozialdemokratischen Arbeiterpartei, die in den letzten Jahren vor dem Zweiten Weltkrieg an der Regierung war.

Nansen-Statue vor der Holmenkollen-Skisprungschanze, Oslo

info

Fridtjof Nansen (1861–1930)

Bereits zu seinen Lebzeiten war Fridtjof Nansen weltweit bekannt und angesehen. Nach dem Studium der Zoologie reifte in ihm der Entschluss, **Grönland** zu durchqueren, was zuvor niemandem gelungen war. Nansen, der es in früheren Jahren schon zum norwegischen Meister im Skispringen und Langlauf gebracht hatte, fuhr 1888 zur unbewohnten Ostküste Grönlands, dessen Inlandseisdecke er in 75 Tagen von Osten nach Westen überwand. Ein Lokalblatt in Bergen schrieb damals: „Im kommenden Juni gibt Konservator Nansen auf dem inneren Grönlandeis eine Skilaufvorstellung mit Weitsprung. Nummerierte Sitzplätze in den Gletscherspalten vorrätig. Rückfahrkarten können gespart werden."

Nansens nächstes Ziel war der **Nordpol**. Mit seinem legendären Schiff, der „Fram", führte er 1893–1896 mit Otto Sverdrup als Kapitän von den Neusibirischen Inseln aus eine wissenschaftliche Driftfahrt durch. Auch wenn Nansen auf 86° 14' nördlicher Breite umkehren musste, so wurde er mit der Drift der „Fram" in aller Welt berühmt. Seine meereskundlichen Forschungen auch in den folgenden Jahren wiesen ihn als führenden Ozeanografen aus. 1905 vermittelte Nansen im Konflikt zwischen Norwegen und Schweden, kurz darauf wurde er zum ersten Botschafter Norwegens in England ernannt. Er war maßgeblich daran beteiligt, dass sein Heimatland unabhängig wurde.

Am Ende des Ersten Weltkriegs wandte er sich zunehmend humanitären Fragen zu; so leitete er die Heimführung der Kriegsgefangenen aus Sowjetrussland, initiierte Hilfsaktionen zur Linderung der Hungersnot in Russland als Hochkommissar des Völkerbundes, wofür er 1922 mit dem **Friedensnobelpreis** ausgezeichnet wurde. Der von ihm angeregte und nach ihm benannte **Nansen-Pass** gab staatenlosen Flüchtlingen Hilfe und Sicherheit. 1925 übernahm Nansen das Amt des Rektors an der renommierten University of St Andrews in Schottland. Sein Engagement für andere Menschen, seine Persönlichkeit und seine Führungsqualitäten machten ihn weltweit zum vornehmsten Repräsentanten des neuen, unabhängigen Norwegen.

Der Zweite Weltkrieg und seine Folgen

Erz aus Schweden

Nach Hitlers Feldzug gegen Polen fürchteten die neutralen skandinavischen Länder, in den Krieg hineingezogen zu werden: Den Westmächten waren die **Transporte schwedischen Eisenerzes** über den norwegischen Hafen Narvik nach Deutschland ein Dorn im Auge. Aus strategischen Gründen und im Zusammenhang mit ihrer ökonomischen Kriegsführung begannen die Westmächte im Winter 1939/40, eine eventuelle Einnahme norwegischer Häfen zu planen, doch die englische Regierung zweifelte, ob ein solcher Schritt richtig sei, solange Deutschland Norwegens Neutralität nicht unmittelbar verletzte. Auf Seiten der deutschen Kriegsführung sah man es als eine Notwendigkeit an, die norwegische Küste zu beherrschen, um die wichtigen Erztransporte abzusichern und über Militärbasen im Krieg gegen England zu verfügen. Von Anfang an plante die deutsche Kriegsleitung einen Überraschungsangriff gegen das militärisch schwache Norwegen.

Die geheime Operation zur Einnahme des Königreichs lief seit Februar 1940 unter dem Decknamen „Weserübung". Zuvor hatte, unterstützt vom deutschen Admiral Raeder, der Führer der Nasjonal Samling (= die norwegische nationalsozialistische Partei) Vidkun Quisling Kontakt zu Hitler aufgenommen. Er schilderte die englandfreundliche Politik Norwegens und versicherte, dass eine Okkupation durch die Engländer bevorstehe. Am 9. April 1940 begann der **deutsche Überfall auf Norwegen**, als in einer gemeinsamen Aktion der See-, Land- und Luftstreitkräfte Oslo, Kristiansand, Egersund, Stavanger, Bergen, Trondheim und Narvik hoch im Norden angegriffen wurden. Alles schien nach Plan zu laufen, die zahlenmäßig hoffnungslos unterlegenen norwegischen Truppen waren bald überrannt. Nur beim Angriff auf Oslo gab es eine unvorhergesehene Verzögerung, da der deutsche Kreuzer „Blücher" im Oslofjord von den Norwegern versenkt wurde. Rund 1.000 Menschen kamen dabei ums Leben. In Nordnorwegen hielten die norwegischen Truppen mit Hilfe alliierter Streitkräfte bis zum 7. Juni stand. Als Regierung und König zunächst per Eisenbahn nach Hamar und Elverum, später über Nordnorwegen nach England flohen, sah Vidkun Quisling seine große Stunde gekommen. Mit Billigung Hitlers rief er eine „nationale" Regierung aus, der er als Staatsminister vorstand, und forderte über den Rundfunk das norwegische Volk auf, den Widerstand gegen die Deutschen sofort aufzugeben. Seine Anbiederung und **Kollaboration** führten dazu, dass sein Name seitdem weltweit als Synonym für Verräter im Dienste einer fremden Macht gilt. Als das deutsche Hauptquartier erfuhr, wie das norwegische Volk mit Spott und tiefster Verachtung auf den Trittbrettfahrer Quisling reagierte, musste dieser sechs Tage später zurücktreten, zumal der norwegische Widerstandswille aufgrund des Verrats deutlich größer geworden war.

Hitlers Marionette Quisling

Britische Truppen kamen den Norwegern zu Hilfe und das Vordringen der deutschen Truppen nördlich von Narvik konnte gestoppt werden; es gelang sogar, die Stadt zurückzuerobern. Auch polnische und französische Truppen waren im Gebiet von Narvik an Land gegangen, sodass die deutschen Truppen bis an die schwedische Grenze zurückgedrängt wurden. Die Kapitulation der deutschen Verbände schien nur noch eine Frage der Zeit zu sein. Doch Ende Mai wurden die ausländischen Truppen wegen der Ereignisse in Frankreich zurückgerufen. Hitler hatte sein Ziel erreicht: Der störungsfreie Transport von schwedischem Eisenerz war gewährleistet, und von Dänemark und Norwegen aus besaß man eine strategisch bedeutende Operationsbasis gegen England.

Norwegischer Widerstand

Terror und Gleichschaltung

Die Deutschen hatten den Widerstandswillen des norwegischen Volkes offensichtlich falsch eingeschätzt. Nach Quislings Abgang setzte Hitler Josef Terboven als „Reichskommissar für die besetzten norwegischen Gebiete" ein. Von nun an bestimmte der **Faschismus** den norwegischen Alltag: Mit Ausnahme der Quisling-Partei wurden alle politischen Parteien verboten, die Gestapo verbreitete Furcht und Schrecken, Konzentrationslager wurden errichtet, Geiseln erschossen, Juden verhaftet. Die Gleichschaltung funktionierte aber nicht auf allen Ebenen. Das Oberste Gericht legte seine Arbeit nieder, Lehrer, Journalisten, Priester, Professoren und Bürgermeister leisteten passiven Widerstand. In einer kühnen Aktion gelang es einer Gruppe von **norwegischen Widerstandskämpfern** 1943, die Vorräte sowie die Produktionsanlage von schwerem Wasser von Norsk Hydro in Rjukan in Südostnorwegen zu zerstören. Der gesamte organisierte Widerstand unterstand seit Herbst 1944, von London aus unterstützt, der „Heimatfront" unter Pål Berg, dem ehemaligen Präsidenten des Höchsten Gerichts. Quisling, der Anfang 1942 von den Deutschen zum Ministerpräsidenten ernannt wurde, war nicht mehr als eine Marionette Terbovens, der im Lande herrschte.

Erinnerung an die Kämpfe in Nordnorwegen: Denkmal der Roten Armee

Zu keinem Zeitpunkt fanden Besatzungsmacht und Quisling-Partei nennenswerte Unterstützung im norwegischen Volk, zumal die Anhängerschaft der Partei Nasjonal Samling nur rund 1 % der norwegischen Gesamtbevölkerung ausmachte. Es war lediglich der Schriftsteller Knut Hamsun, der als berühmteste Persönlichkeit sein Ansehen in den Dienst der nationalsozialistischen Ideologie stellte und seine Landsleute aufforderte, die Besatzung durch Hitlers Truppen zu akzeptieren. Bis zum **Ende des Krieges** hatten rund 40.000 Norweger in Konzentrationslagern eingesessen, mehr als 10.000 Menschen waren getötet worden oder während des Krieges umgekommen, die Handelsflotte hatte im Dienste der Alliierten die Hälfte ihrer Tonnage auf den Meeren verloren. Nach der Kapitulation am 7. Mai 1945 gaben einen Tag später auch die letzten Truppenteile einer Besatzungsmacht auf, die rund 400.000 Mann im Lande konzentriert hatte. Die Kräfte der norwegischen Heimatfront besetzten zusammen mit norwegischen Polizeitruppen, die in Schweden ausgebildet worden waren, schnell die Schlüsselpositionen. Erst am 7. Juni kehrte der König unter dem Jubel seiner Landsleute aus seinem Exil nach Oslo zurück, auf den Tag fünf Jahre nach seiner Flucht und dem Abzug der Alliierten. Für die Rückkehr des beliebten Monarchen hatten die Norweger ein geschichtsträchtiges Datum gewählt, denn am 7. Juni 1905 wurde Norwegen von Schweden unabhängig.

Kapitulation der Besatzungsmacht

Terboven sprengte sich nach der Kapitulation in seinem Bunker in die Luft, einige Anhänger Quislings begingen gleichfalls Selbstmord, während dieser sich der Polizei stellte und später nach zügig geführtem Prozess mit 20 anderen Mitgliedern seiner Partei hingerichtet wurde. Die **Abrechnung** mit den vielen Landesverrätern, den kleinen und großen Quislings, zog sich bis 1951 hin und erfolgte anfangs mit unnachgiebiger Härte. Rund 60.000 Gerichtsverfahren wurden angestrengt, etwa 20.000 Personen wurden zu Gefängnisstrafen verurteilt, viele andere erhielten empfindliche Geldstrafen. So verbittert war die norwegische Gesellschaft über Landesverräter und Kollaborateure, dass auch Norwegerinnen, die sich mit Deutschen eingelassen und ein Kind von ihnen hatten, sehr darunter leiden mussten. Für lange Zeit blieb das Verhältnis zu Deutschland und den Deutschen gespannt.

Verfahren wegen Landesverrats

Das moderne Norwegen

In den Jahrzehnten nach dem Zweiten Weltkrieg spielten die **Sozialdemokraten** eine führende Rolle. Zwischen 1945 und 1963 konnte die Arbeiterpartei allein regieren, oft mit einer Mehrheit im Parlament. Das erste Ziel war der Wiederaufbau Norwegens, wofür man sich fünf Jahre Zeit gab. Das Tempo der Industrialisierung insbesondere in der Schwerindustrie konnte enorm gesteigert werden, auch mit finanzieller Unterstützung des Marshall-Plans, und die norwegische Wirtschaft entwickelte sich stetig. Die 1960er-Jahre läuteten ein neues ökonomisches Zeitalter ein, als bei Probebohrungen in der Nordsee reiche Erdölvorkommen entdeckt wurden.

Das Parlamentsgebäude Storting in Oslo

Eine **bürgerliche Koalition** stellte 1965–1971 die Regierung. Nach einem heftigen Streit um die EG-Mitgliedschaft war die Arbeiterpartei 1973–1981 wieder an der Regierung, die sich als Schöpferin des modernen norwegischen Wohlfahrts- und Sozialstaats versteht. Allerdings musste sie in dieser Zeit fast durchweg als Minderheitsregierung agieren. Für die Sozialdemokraten waren die Folgen aus der Volksabstimmung zum EG-Beitritt besonders fatal, da ihr Stimmenanteil 1973 von 46,5 % auf 35,3 % schrumpfte.

Einem bürgerlichen Intermezzo folgte 1986 eine sozialdemokratische Minderheitsregierung mit **Gro Harlem Brundtland** an der Spitze. Durch ihre lange Regierungszeit mit kurzer Unterbrechung (1986–1996) prägte sie das Land wie kein anderer Politiker vor ihr. 1998 wurde sie Präsidentin der Weltgesundheitsorganisation (WHO). Als Ministerpräsidentin folgte Brundtland 1996 auf Thorbjørn Jagland von der Arbeiterpartei, dessen Regierung wiederum kurz darauf von einer bürgerlichen Koalition abgelöst wurde. 2005–2013 wurde Norwegen zwei Legislaturperioden lang von einer merkwürdigen **rot-rot-schwarzen Koalition** aus Arbeiterpartei, Zentrumspartei und Sozialistischer Linkspartei unter Ministerpräsident **Jens Stoltenberg** regiert. Bei der Wahl von 2009 erzielte allerdings die rechtspopulistische Fortschrittspartei (Fremskrittspartiet; FrP) mit 22,9 % der Stimmen ihren bisher größten Wahlerfolg und wurde zweitstärkste Partei.

Obwohl in den Parlamentswahlen von 2013 und 2018 die Arbeiterpartei jeweils erneut die stärkste Fraktion bildete, schlug das politische Pendel insgesamt wieder nach rechts. Nach beiden Wahlen wurde **Erna Solberg** von der Konservativen Partei (Høyre) die Ministerpräsidentin einer Koalition, die seit 2018 aus Høyre, der liberalen Venstre und der rechtspopulistischen Fortschrittspartei FrP besteht. Sie ist als Minderheitsregierung allerdings auf die Tolerierung durch die Christliche Volkspartei (Kristelig Folkeparti) angewiesen.

Minderheitsregierung

Ein zeitweiliges Mitglied der Fortschrittspartei war auch der rechtsradikale Anders Behring Breivik, der für die **größte nationale Katastrophe** des Königreichs seit dem Zweiten Weltkrieg verantwortlich ist. Am 22. Juli 2011 brachte er im Regierungsviertel von Oslo eine Autobombe zur Explosion, durch die acht Menschen getötet wurden. Nach diesem Attentat fuhr Breivik zur Insel Utøya im Tyrifjord, wo er, als Polizist verkleidet, innerhalb einer Stunde 69 meist jugendliche Teilnehmer eines internationalen Zeltlagers kaltblütig erschoss. Sein Terrorangriff galt der langjährigen Ministerpräsidentin Gro Harlem Brundtland, die aber zum Zeitpunkt des Massakers die Insel bereits verlassen hatte. Im 2012 stattgefundenen Prozess gegen Breivik gab dieser die norwegische Immigrationspolitik und die „Islamisierung" des Königreichs als Grund für seine Tat an. Breivik wurde für zurechnungsfähig erklärt und zur höchsten Strafe verurteilt, die das norwegische Strafrecht kennt: 21 Jahre Haft mit anschließender Sicherungsverwahrung.

Attentat

Norwegen und die EU

Seit Jahren ist die Debatte über eine **EU-Mitgliedschaft** das innenpolitische Hauptthema. Eine Minderheit der Parlamentarier und eine Mehrheit der Wähler sind gegen einen EU-Beitritt Norwegens. Immer wieder bringen norwegische Politiker die natürlichen Ressourcen des Landes zur Sprache und verweisen auf die besondere Bedeutung von Landwirtschaft und Fischerei für die regionale Beschäftigungslage und Besiedlung in Norwegen, immer wieder verteidigen sie die aufwendige Regionalpolitik. Einflussreiche Interessengruppen wollen (auch im Falle einer EU-Mitgliedschaft) z.B. das staatliche Wein- und Spirituosenmonopol beibehalten. Obwohl Schweden und Finnen mit einem eindeutigen „Ja" zu Europa 1994 die Richtung vorgegeben hatten, fiel das Ergebnis des Plebiszits von 1994 ähnlich aus wie 22 Jahre zuvor: 52,4 % der Wahlberechtigten sprachen sich gegen eine Mitgliedschaft in der EU aus, 47,6 % stimmten für einen Beitritt. Die Politik hatte zuvor angekündigt, sich dem Willen des Volkes zu beugen, auch wenn die Volksabstimmung nur empfehlenden Charakter hat. Dennoch bestehen sehr enge vertragliche Verbindungen zwischen Norwegen und der EU, ein Verhältnis, das 2019 immer wieder auch als Modell für die Zukunft Großbritanniens nach dem Brexit genannt wurde.

Konfliktthema EU

Während die EU-Mitgliedschaft kontrovers diskutiert wird, belegen Meinungsumfragen immer wieder, wie groß die Zustimmung innerhalb der norwegischen Bevölkerung zur **NATO-Mitgliedschaft** ausfällt. Da das Land sich nach dem Krieg nicht wie die Nachbarn Schweden und Finnland auf eine Neutralität einlassen wollte (die während des Zweiten Weltkriegs nicht respektiert worden war) und eine skandinavische Verteidigungsgemeinschaft nicht zustande kam, unterzeichnete Norwegen 1949 den Gründungsvertrag der NATO.

Während des Kalten Krieges erhielt vor allem der dünn besiedelte Norden Norwegens, in direkter Nachbarschaft der ehemaligen Sowjetunion gelegen, eine aufwendige militärische Infrastruktur. Das **Militär** selbst besteht aus der norwegischen Armee, der königlichen norwegischen Marine, der königlichen norwegischen Luftwaffe und dem Heimatschutz. Der Verteidigungshaushalt hat ein Volumen von etwa 30 Mrd. NOK. Die aktive Außen- und Sicherheitspolitik trug dazu bei, dass

Außen- und Sicherheitspolitik

Norwegen 2000 in den **Sicherheitsrat der UNO** aufgenommen wurde. Der erste Generalsekretär der Vereinten Nationen war übrigens ein Norweger, nämlich Trygve Lie. Später nahm das Land im Auftrag von NATO, UNO und OSZE an einer Reihe von friedenssichernden Maßnahmen teil, wobei es u.a. in Afghanistan auch zu kriegerischen Handlungen und dem Verlust von Menschenleben kam.

Innerhalb der NATO hat die norwegische Luftwaffe 2007 von den USA den Schutz der Republik Island übernommen, die über keine eigenen Streitkräfte verfügt. Seit 2014 wird das Verteidigungsbündnis von Jens Stoltenberg als **NATO-Generalsekretär** geleitet. In seine Amtszeit fiel auch das größte **Manöver** der NATO seit der Auflösung der Sowjetunion, das im November 2018 in und um Norwegen abgehalten wurde und an dem 50.000 Soldaten aus 29 Staaten teilnahmen („Trident Juncture 18").

Zeittafel

9000–8000 v. Chr.	Fischer und Jäger besiedeln eisfrei gewordene Küstengebiete.
2000 v. Chr.	Älteste bisher nachweisbare Wohnstelle
1800–500 v. Chr.	Bronzezeit
500 v.–500 n. Chr.	Eisenzeit
793 n. Chr.	Erster Wikingerzug nach Lindisfarne
860–930	Harald I. Schönhaar besiegt die letzten Kleinkönige und einigt das Land (Sieg im Hafrsfjord); Beginn der Auswanderung nach Island (Landnahme).
995–1000	Olav I. Tryggvason versucht, das Christentum einzuführen, er gründet Trondheim.
1000–1014	Dänische Oberhoheit unter Sven Gabelbart.
1015–1030	Olav II. Haraldsson verhilft dem Christentum zum Sieg. Nach seinem Tod 1030 in der Schlacht von Stiklestad wird er zum Nationalheiligen.
1028–1035	Dänenkönig Knut der Große regiert auch in Norwegen.
1066	Tod des letzten Wikingerkönigs Harald III. Hårdråde.
1152	Trondheim (damals Nidaros) wird Sitz des Erzbischofs von Norwegen.
ca. 1240	Unter Håkon IV. Håkonsson ist Norwegen eine europäische Großmacht und erreicht seine größte territoriale Ausdehnung.
1250	Privilegienbriefe für Lübecker Kaufleute als Grundlage für die Vormachtstellung deutscher Kaufleute in Norwegen
1349/50	Die Pest erreicht Bergen, etwa die Hälfte der Bevölkerung stirbt; Eröffnung des Hanseatischen Kontors in Bergen
1380–1814	Zeit der Dänenherrschaft
1387–1412	Margarethe I. wird Nachfolgerin ihres Sohnes Olav und gewinnt 1389 auch Schweden.
1397	In der Kalmarer Union schließt Margarethe I. Norwegen, Dänemark und Schweden vertraglich zusammen. Norwegen wird dänische Provinz (formell erst 1536).

15. Jh.	Die Hanse beherrscht von Bergen aus Norwegens Wirtschaft.
1536	Einführung der Reformation in Norwegen-Dänemark. Das Dänische setzt sich als Amts- und Schulsprache durch.
ca. 1550	Beginnender Verfall der Hanse und der deutschen Handelsbeziehungen nach Bergen
1588–1648	Christian IV. ist König von Norwegen-Dänemark. Er gründet Christiania (Oslo) und lässt norwegische Kupfer- und Silbervorkommen durch deutsche Bergleute abbauen.
1700–1721	Nordischer Krieg Schwedens gegen Dänemark, Russland, Polen-Sachsen und Brandenburg-Preußen. Karl XII. fällt vor der norwegischen Festung Frederiksten in Halden.
1750	Auflösung des Hanseatischen Kontors
1807–1814	Dänemark-Norwegen wird auf der Seite Napoleons in den Krieg gegen England und Schweden hineingezogen.
1814	Dänemark muss im Frieden von Kiel Norwegen als Entschädigung für Finnland an Schweden abtreten. Nach vergeblichen Bemühungen um volle Selbstständigkeit behält Norwegen seine Verfassung und ein eigenes Parlament, wird aber in Personalunion (bis 1905) mit Schweden verbunden.
1898	Allgemeines Wahlrecht für Männer
1905	Auflösung der schwedisch-norwegischen Union; der Dänenprinz Carl wird als Håkon VII. norwegischer König (bis 1957).
ca. 1900–1910	Verstärkte Emigration, vor allem in die USA; seit Mitte des 19. Jh. verlassen knapp eine Million Norweger ihre Heimat.
1911	Amundsen erreicht den Südpol.
1913	Einführung des Wahlrechts für Frauen
1914–1918	Norwegen, Dänemark und Schweden bleiben im Ersten Weltkrieg neutral.
1920	Norwegische Oberhoheit über Svalbard (Spitzbergen)
1940	Deutsche Truppen besetzen vom 9. April bis 7. Juni das Land; König und Regierung fliehen nach London.
1945	Kapitulation der deutschen Wehrmacht am 8. Mai
1946	Norwegen tritt der UNO bei.
1949	Norwegen ist Gründungsmitglied der NATO, lehnt aber ausländische Militärbasen und Atomwaffen auf seinem Territorium ab.
1952	Gründungsmitglied des Nordischen Rates
1960	Mitgliedschaft in der EFTA
1969	Beginn der Ölsuche in der Nordsee
1972	Norwegen entscheidet sich per Volksabstimmung knapp gegen eine EG-Mitgliedschaft.
1991	Nach dem Tod König Olavs V. (reg. 1957–1991) wird sein Sohn als König Harald V. proklamiert.
1994	In einer Volksabstimmung sprechen sich die Norweger mit 52,3 % gegen eine EU-Mitgliedschaft aus.
2005	Große Feierlichkeiten am 7. Juni anlässlich von 100 Jahren Unabhängigkeit von Schweden

2008	Nach Bergen im Jahr 2000 kommt mit Stavanger zum zweiten Mal eine Europäische Kulturhauptstadt aus Norwegen.
2011/2012	Der rechtsradikale Norweger Anders Behring Breivik zündet am 22. Juli 2011 eine Autobombe im Osloer Regierungsviertel mit acht Todesopfern und erschießt am gleichen Tag auf der Ferieninsel Utøya 69 meist junge Menschen. Im Prozess wird Breivik 2012 zu 21 Jahren Haft mit anschließender Sicherungsverwahrung verurteilt.
2016	Die Flüchtlingskrise hat auch Auswirkungen auf Norwegen. Im Norden reisen viele Flüchtlinge auf der sog. Arktis-Route über die russisch-norwegische Grenze ein. Im Süden führt Norwegen wieder Personenkontrollen an den Fähren und der Landgrenze nach Schweden durch.
2018–2020	In einer Verwaltungsreform werden die 19 bisherigen Regierungsbezirke (fylker) abgeschafft und durch elf Regionen (regioner) ersetzt.

Landschaftlicher Überblick

Die Entstehung des Landes

Fels und Wasser

Fels und Wasser sind die beiden Elemente, die die Landesnatur Norwegens besonders stark prägen. Unzählige Felseninseln tauchen vor der Küste aus dem Meer auf und wirken wie Brücken vom Land zum weiten Ozean. Die Küstenlinie des Festlands misst etwa die Hälfte des Erdumfangs, wenn man alle Fjorde berücksichtigt. Rechnet man die Küste des Festlands mit allen Fjorden und allen Inseln zusammen, kommt man auf 57.000 km (zum Vergleich: der Äquator umspannt gerade mal 40.000 km)! Andererseits führt die stark gegliederte Küste, zusammen mit dem ausgeprägten Gebirgscharakter des Landesinneren dazu, dass die landwirtschaftliche Nutzfläche nur ganze 3 % ausmacht. Es gibt kaum gute Böden, der größte Teil der Oberfläche Norwegens ist ziemlich oder völlig kahl und selten sind dünne Moränendecken vorzufinden. Den Einschränkungen durch das Relief stehen zwei Vorzüge gegenüber, die die Küstengewässer auszeichnen:

• das Klima, denn der Golfstrom hält die Häfen ganzjährig eisfrei und ermöglicht Ackerbau bis über den 70. Breitengrad hinaus;

• unzählige Inseln als Wellenbrecher, die die Schifffahrt bei hinreichender Wassertiefe vor gefährlichem Seegang schützen.

Hinter der begünstigten Küste ragen Gebirgszüge empor, die wie Regenfänger wirken: Hier gehen die höchsten Niederschläge auf dem europäischen Festland nieder. Diese fallen zwischen Oktober und April in den höheren Lagen als Schnee, der im Sommer nicht vollständig abschmilzt. Deshalb finden sich in über 1.000 m Höhe ü. d. M. viele Firnschnee- und Eisfelder. Der Jostedalsbreen, Europas flächengrößter Plateaugletscher, ist größer als der Bodensee. Die meisten der rund **1.700 Gletscher** in Norwegen sind Tal- und Plateaugletscher. So beeindruckend die großen

Gletscherzunge des Svartisen

Gletscher auch sein mögen, im Vergleich zu den Kolossen der Saale-Eiszeit sind sie verschwindend klein. Die gegenwärtigen Vergletscherungen sind nämlich keine Überreste der letzten Eiszeit, sondern das Ergebnis einer Klimaverschlechterung seit der Zeit ab etwa 500 v. Chr. Vor etwa 6.000 Jahren, als die Durchschnittstemperatur nur etwa 2 °C höher lag als heute, gab es keine Gletscher.

In geologischer Hinsicht hat Norwegen (im Unterschied zu Schweden und Finnland) nur einen geringen Anteil an den alten Massen des Baltischen Schildes, einem der Urbausteine des europäischen Kontinents. Für Norwegen waren die verschiedenen Phasen der Kaledonischen Gebirgsbildung vor 300 bis 350 Mio. Jahren von besonderer Bedeutung. Die Basis für den über 1.500 km langen Gebirgszug, gelegentlich als „Skanden" (von den „Anden" abgeleitet) oder auch „Skandinavisches Hochgebirge" bezeichnet, wurde gelegt, als sich vor 600 Mio. Jahren in einer absinkenden Muldenzone (Geosynklinale) im Bereich Irland-Norwegen-Spitzbergen Sedimente ansammelten. Eine Kollision der nordamerikanischen mit der nordeuropäischen Kontinentalplatte schloss die kaledonische Mulde im Devon und Silur und faltete den Sedimentinhalt zum Hochgebirge auf. Seit diesem Prozess der Gebirgsbildung, der älter als unsere Mittelgebirge ist, führte die Abtragung zur allmählichen Einebnung des Gebirges, je nach Widerstandsfähigkeit des anstehenden Materials.

Gebirgszug der Skanden

Gesteine und Gletscherbildung

Vielfältig sind die **Gesteine** des Gebirgszugs. So finden sich, vereinfacht betrachtet, im Süden ältere Gneise, die zum Baltischen Schild gehören. Parallel zur Küste verläuft vom Sognefjord bis in den Raum Hammerfest eine Zone, in der Granite, Gneise, Gabbro- und Dioritgesteine dominieren, während Sedimente in der mittleren und östlichen Gebirgszone neben Gneisen, Graniten und anderen Ergussgesteinen vorkommen. Die Spuren der letzten Vereisung, der sog. Weichseleiszeit, finden sich im gesamten Norden. Die Geologen unserer Tage gehen von insgesamt fünf Kaltzeiten aus. Anfang des 19. Jh. stellte der norwegische Geologieprofessor

Jens Esmark eine Theorie der Eiszeit auf, die anfangs kein Gehör fand, doch bereits Mitte des 19. Jh. mehr Anhänger als Gegner hatte. Weshalb es immer wieder zu ausgeprägten **Kälteperioden** auf unserer Erde kommt, lässt sich nicht mit letzter Sicherheit sagen. Ein Absinken der Jahresmitteltemperatur um nur wenige Grade führte jeweils zu einer intensiven Gletscherbildung, sodass Skandinavien vor rund 300.000 Jahren, als die Inlandvereisung ihr Maximum erreichte, von einer bis zu 3 km mächtigen Eismasse bedeckt war. Nur die höchsten Erhebungen, die man nach einem Eskimo-Wort als „Nunataker" bezeichnet, blieben verschont und wurden nicht glattgehobelt.

Mächtige Eismasse

Durch das enorme Gewicht des Eispanzers wurde der überwiegende Teil Nordeuropas unter das Meer gepresst, wobei zu berücksichtigen ist, dass der Meeresspiegel wesentlich tiefer lag als heute, denn die Eismassen hatten große Wassermengen gebunden. Im nördlichen Bottnischen Meerbusen lag das Zentrum der Vereisung, sodass die nacheiszeitliche Landhebung, die nach dem Abschmelzen des Eises begann, hier mit über 300 m die höchsten Werte erreichte und noch heute mit einem Zentimeter pro Jahr messbar ist. Neben der Landhebung (Isostasie) stieg der Meeresspiegel wieder an (Eustasie), da die gebundenen Wassermassen frei wurden, sodass die Nacheiszeit wesentlich vom Wechselspiel zwischen Isostasie und Eustasie geprägt wurde. Für den heutigen Naturraum Norwegen war besonders die Hobelwirkung des Eises von Bedeutung: Nach Ansicht der Geologen haben die Eismassen mehr als 100 Höhenmeter Gestein von den Bergspitzen des Kaledonischen Gebirges abgetragen. Das beeindruckendste Ergebnis der Hobelwirkung zeigen die charakteristischen Landschaftsformen wie Fjord und Fjell (s. u.). Auch wenn Norwegen durch die Vereisung nachhaltig überformt wurde und die Landschaftsgliederung recht einfach zu sein scheint, so sorgt die Nord-Süd-Ausdehnung über rund 14 Breitengrade sowie die unterschiedliche geologische Entwicklung einzelner Regionen für landschaftliche Vielfalt.

Langer Winter in der Finnmark

Einzelne Landschaften

Fünf Landesteile

Allgemein lässt sich das Königreich in fünf Landesteile gliedern, nämlich Sørlandet (das äußerste südliche Norwegen), Vestlandet (Westnorwegen), Østlandet (Ostnorwegen), Trøndelag (das Gebiet um den Trondheimsfjord) und Nord-Norge (Nordnorwegen). Verwaltungstechnisch sind diese Landesteile wiederum in insgesamt elf Regionen unterteilt.

Zu **Südnorwegen** (Sørlandet) werden die siedlungsfreundlichen Gebiete von Svinesund bis zum Oslofjord sowie der gesamte Küstensaum zwischen Oslo und Stavanger gezählt. Hier sind die Winter relativ mild und die Sommer oft warm und sonnig. Die Fjorde, Inseln und Schären fallen kleiner aus als an der Westküste und im Hinterland sind die Berge in der Regel nicht hoch. Das ändert sich erst in recht deutlichem Abstand zur Küste, wo sich das von großen Tälern (Setesdal, Hallingdal) durchzogene südnorwegische Hochland erhebt. Einzelne Gebirgspartien ragen aus den Hochflächen heraus und können, wie der Gaustatoppen in Telemark (1.883 m ü. d. M.), bedeutende Höhen erreichen.

Als **Westland** (Vestlandet), oder auch Fjordland, wird die Landschaft zwischen Stavanger und Kristiansund sowie westlich der Wasserscheide bezeichnet. An der Küste geht der äußere Schärenhof in eine leicht ansteigende Rundhöckerlandschaft über, bis sich schließlich der Hochgebirgscharakter durchsetzt. Innerhalb der inneren Verzweigungen des Sognefjords liegt Jotunheimen mit den höchsten Erhebungen Norwegens, Galdhøppigen (2.469 m) und Glittertind (2.465 m), die alpine Formen aufweisen. In Jotunheimen haben Gesteine wie Schiefer und harter Gabbro in unterschiedlicher Weise der Hobelwirkung der Gletscher widerstanden. In nordöstlicher Nachbarschaft befindet sich das Dovre-Fjell, das zwar zu den Fjorden steil abfällt, ansonsten aber eher an eine eingeebnete Rumpffläche erinnert. Besonders deutlich wird der Plateaucharakter des Hochgebirges am Beispiel der bekannten Hardangervidda.

Hohe Gipfel, tiefe Fjorde

Die östlichen Tallandschaften und der Raum um den Oslofjord machen fast ein Drittel des Landes aus, knapp die Hälfte der Norweger wohnt im **Østland**. Vor allem um den Oslofjord und den Mjøsa-See herum sind die Bedingungen für Land- und Forstwirtschaft günstig. Die nährstoffreichen Meeresablagerungen aus der Nacheiszeit erreichen bis zu 200 m. Ein großer Teil des Ostlands liegt so niedrig, dass auf den relativ unfruchtbaren Moränenböden Waldgebiete vorherrschen. Im oberen Gudbrandstal bewegt sich die höchste Grenze der lichten Birkenbestände bei rund 1.200 m, die dann von der alpinen Vegetation abgelöst werden. Verkehrs- und siedlungstechnisch vorteilhaft gelegen, haben die östlichen Tallandschaften und das Oslo-Fjordgebiet den Nachteil, dass der Weg zum „atlantischen" Norwegen über hohe Fjellregionen führt und der Norden des Landes weit entfernt ist.

Täler und Wälder

Das Gebiet um den Trondheimsfjord heißt **Trøndelag** und hat überwiegend Mittelgebirgscharakter. Der weitgestreckte Fjord und ein nach Schweden führendes Längstal ermöglichten gute Verkehrsverbindungen zum Nachbarland und lassen den maritimen Klimaeinfluss weit ins Landesinnere eindringen. Der Trondheimsfjord bietet für norwegische Verhältnisse gute bis sehr gute Anbaubedingungen, da die Kiese, Sande und Tone, die einst vom Meer bedeckt waren, fruchtbare Ebenen und Rücken haben entstehen lassen. Grüne Wiesen, Felder und Wälder bestimmen hier eher das Landschaftsbild als karge Felsen.

Zu **Nordnorwegen** (Nord-Norge) gehören die Regionen Nordland sowie Troms og Finnmark. Das Innere von **Finnmark** ist ein Rumpftafelland, in dem nur einige Teile höher als 1.000 m liegen. Der breite Varangerfjord dringt von Osten tief in das Land ein, von Norden her sind es der Tana- und Laksefjord, der Porsanger- und der Altafjord. Dem ungeschützten Küstenabschnitt sind einzelne Inseln vorgelagert. Auf einer der Inseln liegt das Nordkap als ebene Rumpffläche in 300 m Höhe, steil zum Meer abfallend. Geologisch ist die Finnmark interessant, da sie im Übergangsbereich der kaledonisch gefalteten Gesteine der Küstenzone und der alten Gesteine des Baltischen Schildes liegt. Südlicher, in **Troms**, sind die Gebirge höher und weisen alpine Formen auf, wo der Jæggevarre 1.845 m ü.d.M. erreicht. Die Küstenzone, die hier reicher gegliedert ist, lässt etwas Ackerbau zu. Sie gehört sicherlich mit der Küste Nordlands zu den schönsten Naturräumen.

Im hohen Norden: Inselgruppen und Gletscher

Wer einmal die Inselgruppen der Lofoten und der Vesterålen besucht hat, wird das Licht und die leuchtenden, intensiven Farben so schnell nicht vergessen. Steil steigen die Granite aus dem Wasser empor, die von Weitem, wenn man sich den Lofoten auf dem Wasserweg nähert, wie eine undurchdringliche Wand erscheinen. Weiter südlich reichen teils vergletscherte Gipfel bis an die Küste heran. Der Plateaugletscher des Svartisen breitet sich am Polarkreis auf einer Fläche von 450 km² aus. In Nordland ist Norwegen nicht mehr als 100 km breit, an drei Stellen beträgt der Abstand vom inneren Fjordende bis zur schwedischen Grenze keine 10 km. Die Wasserscheide folgt im Allgemeinen der Landesgrenze. Parallel zur Küste verlaufen die großen Täler (Saltdalen, Dunderlandsdalen, Svenningdalen, Namdalen).

info

Norwegen auf der anderen Seite der Welt

Außer dem arktischen Svalbard-Archipel und den nordatlantischen Vorposten Jan Mayen und Bäreninsel stehen weit südlich des Äquators große Areale unter norwegischer Verwaltung bzw. werden von Norwegen beansprucht. Die unbewohnte, vulkanische **Bouvet-Insel** (Bouvetøya, 49 km²) etwa gehört international zu Norwegen, ohne allerdings Teil des Königreichs zu sein. Das Inselchen ist das von anderen Inseln oder Kontinenten am weitesten entfernte Land und gilt als einsamste Insel der Welt. Weiter erhebt Norwegen Besitzansprüche in der Antarktis, die nach dem Antarktisvertrag wie alle Gebiete südlich des 60. Breitengrads international nicht anerkannt werden. Dazu gehören das **Königin-Maud-Land** (Dronning Maud Land), mit 2,5 Mio km² das zweitgrößte Stück der Antarktis (nach dem australischen). Auch die 156 km² große **Peter-der-Erste-Insel** (Peter I. Øy) im Südpolarmeer wird von Norwegen beansprucht.

Fjord

Beeindruckende Fjordlandschaften

Die Küste Westnorwegens wird ganz durch die tief ins Land einschneidenden **Fjorde** bestimmt, für die Norwegen in der ganzen Welt bekannt ist. Als „Fjordland" im engeren Sinne gilt der Küstenraum zwischen Stavanger und Molde. Aber auch im Süden liegen beeindruckende Fjordlandschaften wie etwa der Oslo-Fjord, während im Norden an der Eismeerküste Fjorde von 10–20 km Breite den Naturraum prägen. Das US-Reisemagazin „National Geographic Traveler" hat in einer Umfrage unter Tourismusexperten unter 115 Reisezielen Norwegens Fjorde als „bestes Ziel der Welt" ermittelt. Seit 2005 stehen der Geiranger- und Nærøyfjord auf der World Heritage List der UNESCO.

Einzigartig: die norwegischen Fjorde (Aurlandfjord)

Nach allgemeiner Auffassung sind Fjorde **ertrunkene Trogtäler**, die zuvor vom Eis ausgehobelt wurden. Ihre Länge und Tiefe kann beträchtliche Ausmaße erreichen, auch die Talwände sind häufig steil und über 1.000 m hoch, also auch siedlungs- und verkehrsfeindlich. Da die Eisströme, aus dem Hochgebirge kommend, einst westwärts nahe der Küste an Erosionskraft einbüßten und die Meeresnähe die Gletscher abschmelzen ließ, liegen als Reste der Hobelarbeit die Endmoränen der Gletscher an der Fjordmündung, sodass die Gebirgsschwellen oft nur eine Tiefe von 100–200 m aufweisen. Nachdem die Gletscher abgetaut waren, durchzogen Flüsse oder Seen den Talboden, der schließlich nach dem Wiederanstieg des Meeresspiegels vom Meer überflutet wurde. Der Wasseraustausch zwischen dem Atlantik und den inneren Bereichen der Fjorde ist recht gering, denn nur eine oberflächennahe Schicht wird hinreichend durchmischt, zumal auch der Tidenhub nur mäßig ist. Das Tiefenwasser der Fjorde ist daher **schwefelwasserstoffhaltig**, sodass kaum Fische in den Fjorden leben. Im Winter frieren die Fjorde selten zu. Der mit 183 km längste und mit 1.308 m tiefste der Fjorde bei einer Breite von 5–8 km ist der **Sognefjord**, den landeinwärts bis etwa zur Fjordmitte Gipfel säumen, die auf 1.300 m ansteigen. Mehrere Fjordarme zweigen von ihm ab, weniger breit und tief.

Entstehung der Fjorde

Fjell

Zu den charakteristischen Landschaftsformen Norwegens gehört auch das **Fjell**, sprachlich verwandt mit unserem Wort „Fels". Laut Duden bezeichnet der Begriff die „baumlose Hochfläche in Skandinavien", die sich in Aufbau und Oberflächenformen deutlich von mitteleuropäischen Gebirgsregionen unterscheidet. Das Fjell mit seinen zahlreichen Seen, Bergrücken und meist flachen Rundhöckern ist eine vom Eis gestaltete Landschaft oberhalb der Baumgrenze, die in weiten Teilen des hohen Nordens auf unter 150 m abfällt. Neben dem allgemeinen Fjell mit abgerundeten Bergen mittlerer Höhe gibt es das **Plateau-Fjell** mit nur flachwelligem Relief, wie es beson-

Karge Hochflächen

ders beispielhaft in der bekannten **Hardangervidda** (vidda = „Weite") ausgeprägt ist. Eine dritte Variante stellt das **alpine Fjell** mit Hochgebirgscharakter dar, das vor allem in West- und Nordnorwegen anzutreffen ist. Die menschenleeren Fjellgebiete ziehen immer mehr Touristen an, die, wie man in Norwegen sagt, „vom Fjell gebissen" sind. Der Charakter des Fjells ist von der Himmelsrichtung abhängig: Im Westen reichen die Gletscher tief in die Täler hinab, der Schnee schmilzt im Sommer spät, die Landschaft ist steil und es fällt mehr Niederschlag, als Schnee und Regen. Weiter ostwärts ist das Wetter besser und die Landschaftsformen sind runder. Wenn die aus Westen herangewehten Wolken die östlichen Teile des Hochgebirges erreichen, haben sie den Großteil ihrer Niederschlagsfracht schon weiter westlich abgeworfen. Für Fjellwanderer heißt das: Die Chancen, z.B. den östlich gelegenen Nautgardstind (2.258 m), der als einer der wettermäßig „freundlichsten" Berge Norwegens gilt, bei Sonnenschein zu erleben, sind größer als etwa beim westlich gelegenen Fannaråken (2.068 m).

1 *Folgefonna, gegründet 2005, 545 km²*
2 *Hardangervidda, 1981, 3.444 km²*
3 *Hallingskarvet, 2006, 451 km²*
4 *Langsua, 2011, 537 km²*
5 *Jotunheimen, 1980, 1.155 km²*
6 *Rondane, 1962, 969 km²*
7 *Gutulia, 1968, 22,5 km²*
8 *Femundsmarka, 1971, 597 km²*
9 *Dovre, 2003, 290 km²*
10 *Jostedalsbreen, 1991, 1.310 km²*
11 *Reinheimen, 2006, 1.974 km²*
12 *Dovrefjell-Sunndalsfjella, 2002, 1.698 km²*
13 *Forollhogna, 2001, 1.064 km²*
14 *Skarvan og Roltdalen, 2004, 441 km²*
15 *Blåfjella-Skjækerfjella, 2004, 1.924 km²*
16 *Lierne, 2004, 333 km²*
17 *Børgefjell, 1963, 1.447 km²*
18 *Saltfjellet-Svartisen, 1989, 2.102 km²*
19 *Junkerdal, 2004, 682 km²*
20 *Rago, 1971, 171 km²*
21 *Møysalen, 2003, 51 km²*
22 *Øvre Dividal, 1971, 770 km²*
23 *Ånderdalen, 1970, 125 km²*
24 *Reisa, 1986, 803 km²*
25 *Øvre Anárjohka, 1976, 1.390 km²*
26 *Stabbursdalen, 1970, 747 km²*
27 *Seiland, 2006, 316 km²*
28 *Øvre Pasvik, 1970, 119 km²*
29 *Varangerhalvøya, 2006, 1.804 km²*
30 *Lomsdal-Visten, 2009, 1.102 km²*
31 *Ytre Hvaler, 2009, 354 km²*
32 *Breheimen, 2009, 1.671 km²*
33 *Sjunkhatten, 2010, 417 km²*
34 *Rohkunborri, 2011, 571 km²*
35 *Færder, 2013, 350 km²*
36 *Fulufjellet, 2012, 83 km²*
37 *Làhku, 2012, 188 km²*
38 *Raet, 2016, 607 km²*
39 *Jomfruland, 2016, 117 km²*
40 *Lofotodden, 2018, 100 km²*

Norwegens Nationalparks

Auch im Norden: sommerliche Blütenpracht

Rund 31.000 km^2, also gut 7 % des norwegischen Festlands, sind per Gesetz als Nationalpark geschützt, hinzu kommen etwa 1.000 weitere Naturschutzreservate, in denen seltene und bedrohte Pflanzen- und Tierarten geschützt werden. Zurzeit gibt es 40 Nationalparks (ohne Svalbard, dort gibt es sieben); etwa ein Zehntel ihrer Fläche nehmen produktive und unproduktive Wälder ein, während der überwiegende Teil aus gebirgigen und vergletscherten Gegenden besteht. Die Nationalparks sind unter bestimmten Auflagen zugänglich.

Die Nationalparks sind über das ganze Land verteilt und reichen vom Osten der Finnmark bis hinunter zur Hardangervidda, die als Nationalpark 3.422 km^2 umfasst. Zu den bekanntesten Nationalparks gehört Jotunheimen östlich des Sognefjords, das „Heim der Riesen", mit Norwegens höchsten Bergen, drei großen Binnenseen und zahlreichen Gletscherflüssen. Wanderer finden hier zahlreiche markierte Wege und teilweise bewirtschaftete Hütten vor. Nicht weniger bekannt sind der Nationalpark Dovrefjell zu beiden Seiten des Lachsflusses Driva und der sich südlich anschließende Rondane, in dem neben Rentier, Fuchs, Hermelin und Vielfraß auch Moschusochsen anzutreffen sind.

Regeln in den Nationalparks

Folgende **Verhaltensregeln** müssen beim Besuch eines Nationalparks berücksichtigt werden:

- Motorisierter Verkehr ist grundsätzlich nicht erlaubt.
- Pflanzen und Bäume sind vollständig geschützt.
- Das Angeln ist unter Berücksichtigung örtlicher Bestimmungen erlaubt.
- Pilze und Beeren dürfen in der Regel gesammelt werden.
- Vom 15. April bis 15. September ist es strengstens untersagt, offenes Feuer zu machen.
- Es ist nicht erlaubt, die markierten Wege zu verlassen.

Flora und Fauna

Artenarmut

Die Pflanzen- und Tierwelt ist in Norwegen wie im gesamten nordeuropäischen Raum trotz günstiger klimatischer Verhältnisse artenarm. Grund sind die Eiszeiten, in denen Fauna und Flora zerstört wurden, sowie die relativ kurzen und kühlen Sommer. Die Gebirgsflora scheint allerdings nicht vollständig verschwunden zu sein, der sog. Überwinterungstheorie zufolge hat ein Teil der Gebirgspflanzen die letzte Eiszeit an oder nahe der Küste überlebt, zumal geologisch nachgewiesen wurde, dass Teile der Inselgruppe der Lofoten während der Eiszeiten nicht vom Eis bedeckt waren.

Flora

In Norwegen werden **fünf pflanzengeografische Regionen** von Süden nach Norden unterschieden, wobei die klimatischen Verhältnisse den Rahmen vorgeben:

Unterschiedliche klimatische Bedingungen

- Im Süden und Südwesten liegen die **nordeuropäische Laubwaldregion** mit weniger Baumarten als in West- und Mitteleuropa und die **Mischwaldzone**, in der schon bis zu 75 % des Baumbestands Nadelhölzer sind.
- An der klimatisch begünstigten Westküste reichen diese beiden Zonen weit nordwärts.
- Eine dritte Vegetationszone bildet das **boreale Nadelwaldgebiet** mit seinen moos- und flechtenreichen Fichten- und Kiefernbeständen, das an der Westküste über den Polarkreis hinausreicht.
- Eine **Übergangszone** wird von **Fjellbirken** geprägt, die in den Gebirgen Skandinaviens auch die Wald- und Baumgrenzen bilden.
- Im Anschluss an die niedrigen Birkenwälder folgt nördlich der **schmale Saum der arktischen Region**, der einige Inseln und Halbinseln im hohen Norden umfasst und zu dem auch Grönland, Spitzbergen und Island gehören. Hier prägen Temperatur und Licht in besonderer Weise die Flora. Da die Vegetationsperiode mit maximal drei Monaten sehr kurz ausfällt, können Bäume nicht wachsen. Kälteunempfindliche Zwergsträucher wie Heidekrautgewächse und Zwergbirken sowie Moose und Flechten kennzeichnen die **Tundra** als artenarmen Vegetationstyp jenseits der polaren Baumgrenze.

Ähnliche Verhältnisse wie in der Tundra finden sich viel weiter südlich auf den **Fjellhochflächen** wie der Hardangervidda und auf dem Dovrefjell. Hier fehlt allerdings der Dauerfrostboden der arktischen Zone. Oberhalb des Birkenwaldes, der bis auf ca. 1.200 m in Jotunheimen klettert, bestimmen Strauch- und Grasheide sowie Wiesen und Moore die Vegetation, während Zwergstrauchheiden überleiten zur oberen alpinen Zone, in der Moose, Flechten und ein paar Weidenarten vorherrschen. Flechten unterschiedlicher Färbung überziehen Holzgewächse und Felsen; sie sind Lebensgemeinschaften von Pilzen und Algen. Bis zu einer Höhe von 2.370 m ist der Gletscher-Hahnenfuß im Fjell zu finden, was einen Höhenrekord für Blütenpflanzen in Nordeuropa darstellt, die ansonsten nicht so häufig und üppig anzutreffen sind wie in den Alpen. Optimal angepasst an die extremen Bedingungen schneebedeckter Böden ist die Krautweide, die, obwohl ein Menschenleben alt, noch in eine Streichholzschachtel hineinpasst. Ein Schauspiel besonderer Art bietet sich dem Fjell-Besucher im Herbst, wenn das Fjell „brennt“: Dann entwickeln Zwergstrauch-Heiden und Birkenwälder im Herbstlicht eine eigenartige Leuchtkraft in faszinierenden Gelb-, Rot- und Orangetönen.

Leuchtender Herbst

Fauna

Auch in Skandinavien sind Umweltveränderungen die größte Bedrohung für die **Tierwelt**. Auf der Liste der akut bedrohten Tiere stehen der Wolf, der große Salamander und vier Vogelarten, nämlich Zwerggans, Wanderfalke, Wachtelkönig und nördliche Heringsmöwe. Zu den als schutzwürdig eingestuften Tier- und Vogelarten gehören Bär, Vielfraß, Otter, Seeadler, Königsadler, Fischadler, Papageientaucher, Trottellumme, Tordalk und Jagdfalke sowie der Tümmler als einziges Meeressäugetier. Der Bestand an **Papageientauchern** war in der Vergangenheit zurückgegangen, weil infolge von Überfischung die Heringsbrut, das wichtigste Futter dieser Seevögel, ausgeblieben war und viele Tiere verhungerten. Inzwischen haben sich jedoch die Bestände der „Seepapageien" auf der Insel Røst am Rande der Lofoten erholt, wo rund 400.000 junge Papageientaucher die Vogelfelsen verließen. Allein in Nordland und Troms leben derzeit rund 1,5 Mio. Paare. Auf Kliffen und Vogelfelsen nisten ferner unzählige Seevögel wie Dreizehenmöwen, Trottellummen, Basstölpel, Seeschwalben, Austernfischer, Kormorane etc.

Vogelparadiese

Fast ausgerottet ist der **Wolf**. In Norwegen gibt es nur noch eine Gruppe von wenigen Tieren, die sich zwischen Hedmark und Värmland in Schweden bewegt. Das Umweltschutzministerium plant, Tiere auszusetzen und hofft, dass es in einigen Jahren 8–10 Familiengruppen von Wölfen geben wird. Wer einen Wolf erlegt, wird nach einem neuen Gesetz streng bestraft.

Wolf fast ausgerottet

Eine besondere Faszination geht für viele vom **Elch** aus, der zahlreich in den Wäldern Norwegens vorkommt. Da der Elchstamm inzwischen fünfmal so groß ist wie vor drei Jahrzehnten, schätzt man den Bestand auf gegenwärtig 200.000 Exemplare. Die meisten Tiere leben in Hedmark, im Südosten des Landes, und im Gebiet um Trondheim. Einige Tausend Tonnen Elchfleisch gelangen jährlich im Herbst in die Kühltruhen der Norweger.

In Nordnorwegen allgegenwärtig: das Rentier

Als Tier des Nordens gilt das **Ren**, das die Sámi halbgezähmt halten (S. 522). Die Zukunft der Rentierzucht als Wirtschaftszweig sieht gegenwärtig nicht rosig aus, da das Weideland nur für ein Viertel des Bestandes von rund 200.000 Tieren ausreicht. Neben den zahmen Renen gibt es im Bereich der Hardangervidda etwa 10.000 frei lebende wilde Rentiere, Bestände finden sich auch im Dovrefjell und Rondane.

Neben der Wildrenpopulation ist die Hochebene der Hardangervidda der bevorzugte Lebensraum der **Lemminge**. Die rund 15 cm großen Wühlmäuse haben schon immer die Fantasie der Menschen beschäftigt. Hartnäckig hat sich die Vorstellung gehalten, die Lemminge würden sich in Massen ins Meer stürzen, um ihre zu große Population zu verringern. In Wirklichkeit zwingt der Mangel an Nahrung die Tiere zu langen, strapaziösen Wanderungen, die viele Lemminge nicht überleben. Eine Besonderheit in der norwegischen Tierwelt sind die **Moschusochsen**, denen man im Dovrefjell begegnen kann (S. 384).

Klima und Reisezeit

Klischees

Mit Skandinavien werden Sturmtiefs, Kälte, Regen und Schnee verbunden. Dabei herrschen in Lappland im Juli und August mittags Temperaturen um die 30 °C und in manchen Gegenden Norwegens mussten die Bauern ihre Felder immer schon künstlich bewässern, wenn sie etwas ernten wollten.

Auch der ausführliche **Wetterbericht** im norwegischen Fernsehen, der regionale Besonderheiten berücksichtigt, kann nur eine ungefähre Vorstellung vermitteln: Jede Gegend hat ein eigenes Klima. Der Wetterbericht im Radio ist dreigeteilt und beginnt mit einer ausführlichen Schilderung der Wetter- und einzelner Klimadaten im Bereich des Oslofjords und des Østlandet, bis sich eine Stimme aus Bergen meldet und über das Wetter im Küstenbereich bis oberhalb von Trondheim berichtet. Besonders interessant sind die Wetterdaten über die Verhältnisse in der Nordsee bis zu den Shetlands oder zur Insel Jan Mayen für die Fischer. Eine dritte Stimme meldet sich schließlich aus Tromsø, um über die Situation auf Spitzbergen oder im Barentsmeer zu informieren. Norwegen-Urlauber sollten sich über das nationale **Wetterportal** www.yr.no (das jeweilige Reiseziel ins Suchfeld eingeben) über die Wetterlage informieren.

Regionale Varianten

Diese naturräumlichen Voraussetzungen prägen Norwegens **Wetter und Klima**:

- die Nord-Süd-Ausdehnung über rund 1.800 km und somit infolge der hohen Breitenlage ein starker jahreszeitlicher Wechsel der Sonneneinstrahlung;
- die Lage an der Nordwestküste Europas im Einflussbereich atlantischer Tiefs mit ihren warmen Luftmassen;
- eine fast geschlossene, küstennahe Barriere hoher Gebirgsketten und Plateaus mit Höhen zwischen 1.200 und 2.470 m.

Klimatische Gegensätze

Besonders markant ist der Gegensatz zwischen dem maritim geprägten Westen und dem kontinentalen Osten des Landes. Das Januarmittel für Bergen liegt bei +1,7 °C, Oslo weist -3,5 °C auf, während für Lillehammer -8 °C registriert werden. Ähnlich ist es im Norden: Im meerfernen Lappland sind Tiefsttemperaturen von unter -50 °C gemessen worden – Werte, wie sie annähernd auch in der ostnorwegischen Stadt Røros möglich sind. Im Sommer ist der Temperaturgegensatz zwischen Ost und West weniger auffällig. Die Ausdehnung des Landes über 13 Breitengrade bewirkt im Temperaturverlauf natürlich ein **Nord-Süd-Gefälle**, sodass an der Südküste mehr als ein Drittel des Jahres Temperaturen über 10 °C erreicht werden, während dies nördlich der Lofoten nur an etwa 60 Tagen im Jahr der Fall ist. Der Polartag, an dem die Sonne über dem Horizont bleibt, beschert allerdings dem Norden eine längere Sonnenscheindauer als dem Süden, die Pflanzen bekommen reichlich Licht- und Wärmeenergie, sodass am Polarkreis Getreide wächst. Temperaturen von über 30 °C, die an der Westküste nicht erreicht werden, sind im Inneren Lapplands keine Seltenheit.

Dank des Golfstroms immer eisfrei: Gewässer bei Vesterålen

In den inneren Fjordgebieten findet man am Hardanger-, Sogne-, Nord- und Storfjord intensiven Obst- und Gemüseanbau auf einer Breitenlage, die der Südgrönlands entspricht.

Als besonders günstig gilt das maritime Klima des atlantischen Norwegens, das vor allem den thermischen Eigenschaften des **Golfstroms** zugeschrieben wird. Was immer die genaue Ursache des an der norwegischen Küste vorbeifließenden Warmwassers sein mag, das Meerwasser hat im Januar vom Süden bis hinauf nach Hammerfest eine Oberflächentemperatur von 5 °C. Die Küste und ihre Häfen bleiben eisfrei, die Nebelgefahr ist recht gering. Etwa auf der Höhe der Lofoten werden im Januar Temperaturen gemessen, die 28 °C (!) höher liegen als der Durchschnittswert für diese Breitenkreislage. Der Golfstrom, die „Warmwasserheizung Europas", wirkt sich eher indirekt aus. Die an die Luft abgegebene Wärme stellt eine Art Antriebsenergie dar, die vor allem im Winter die atlantischen Tiefs mit ihrer Warmluft gegen den Küstenraum Nord- und Nordwesteuropas treibt. Die Tiefdruckwirbel transportieren das relativ warme Wasser des Nordatlantikstroms weit nach Norden und führen dem Kontinent ständig milde Luftmassen zu. Nur wenn sich ein kontinentales Hoch ausbildet, wird die Zufuhr der angewärmten Luftmassen manchmal unterbrochen.

Warmwasserheizung Golfstrom

Die stürmischen **Winde** aus West und Südwest im Herbst und Winter sind die Ursache ergiebiger Steigungsregen, da das hohe Gebirge oft bis ans Meer heranreicht. **Niederschläge** mit einem Jahresmittel von rund 2.000 mm gehen auf Bergen und seine Umgebung an rund 240 Tagen im Jahr nieder, an steilen Westhängen kann sogar die doppelte Regenmenge fallen. In Südnorwegen und am Polarkreis ernähren die Niederschläge eine Reihe größerer **Gletscher**. Im Windschatten der Berge geht die Niederschlagshäufigkeit dagegen rasch zurück und am Ende des Sognefjords um Lærdal, am Lusterfjord unterhalb der Urnes-Stabkirche oder im oberen Gudbrandstal kann man sehen, wie wichtig die künstliche Bewässerung für die Felder und Obstkulturen ist.

Reichlich Steigungsregen

Die Niederschläge sind ungleich verteilt, weil die vorherrschende Wetterrichtung der Westen ist. Die atlantischen Tiefdruckzonen stehen sozusagen Schlange, um ihre Wolken mit Regen und Schnee über Norwegen zu entleeren – und sofort an der Küste werden sie von den Bergen gebremst, an deren Westflanken sie beim Aufsteigen abregnen. So werden an den Mündungen der Fjorde rund 2.000 mm Niederschlag im Jahr gemessen, aber in den inneren Fjordenden (z. B. am Lusterfjord) nur noch etwa 400 mm, jenseits des Gebirges sogar noch weniger.

Wenn die Sonne nicht untergeht …

Reisezeit

Mit Anorak und Badekleidung

Den Reisenden erwartet zwar kein subtropisches Klima, aber ein abwechslungsreiches Wetter, das besser als sein Ruf ist. Sowohl Badezeug als auch Regenschutzkleidung gehören ins Reisegepäck, denn auf engstem Raum ist alles möglich. Die eigentliche Saison, in der die meisten Reisenden das Land besuchen, reicht von Anfang Juni bis Mitte/Ende August. Im Juni kann es recht warm sein. Vor Mai, wenn der Frühling die Fjordlandschaften Westnorwegens in einen blühenden Garten verwandelt, sind die Straßen im Bergland und im Norden meist nicht befahrbar. Zur Reisezeit zählt zunehmend auch der September, der sich für ausgedehnte Wanderungen anbietet, wenn der Herbst mit seinen leuchtenden Farben die Natur überzieht. Ausländische Touristen entdecken zunehmend die vielfältigen Wintersportmöglichkeiten. Sportliche Großereignisse wie die Olympischen Spiele von 1994 haben viele Orte im Süden des Landes, in denen die Saison von Dezember bis Ende April oder gar in den Mai hineindauert, einem breiteren Publikum bekannt gemacht.

Mitternachtssonne und Polarlicht

Faszination der Mitternachtssonne

Nördlich des Polarkreises bestimmen Lichtflut und Lichtarmut den Lebensrhythmus. Der Faszination der „Mitternachtssonne" kann sich kaum jemand entziehen: Die Sonne steht noch um Mitternacht über dem Horizont, geht nicht unter, sondern steigt langsam wieder höher. Am **Polarkreis**, also auf 66,5° nördlicher Breite, dauert der Polartag 24 Stunden und fällt mit dem 21. Juni zusammen, während weiter nördlich in Bodø die Mitternachtssonne vom 7. Juni bis zum 8. Juli zu sehen ist. Am Nordkap ist dieses Naturphänomen zweieinhalb Monate lang zu beobachten, sofern Wolken die Sonne nicht verbergen. Selbst im Süden des Landes ist es dann um 23 Uhr nachts noch hell und die Sonne geht bereits um 3 Uhr schon wieder auf.

Lichtflut und Dunkelheit

Der Wechsel von **Polartag** und **Polarnacht** hat die gleiche Ursache wie die Jahreszeiten: Die Erdachse steht nicht senkrecht zur Ebene der Umlaufbahn, sondern ist geneigt. Diese Schrägstellung behält die Achse bei, wenn die Erde die Sonne innerhalb eines Jahres umläuft. Im nördlichen Sommer kann das Sonnenlicht die Nordhalbkugel beleuchten, da aufgrund der Kugelgestalt der Erde die Sonne immer die ihr zugeneigte Erdseite erreicht. Das gesamte Nordpolargebiet ist im Sommer der Sonne zugewandt, während das Südpolargebiet kein Licht erhält, was sich im Winter umkehrt. Vielen Menschen macht die „mørketid", die Zeit der Dunkelheit, zu schaffen, sie leiden unter Depressionen oder Schlafstörungen. Norwegische Verhaltensforscher stellten andererseits fest, dass bei vielen Menschen in der langen Winterzeit die Bereitschaft höher ist, mehr zu arbeiten, was in Tarifverträgen häufig berücksichtigt wird.

Zu den Phänomenen, die schon immer die Fantasie der Menschen angeregt haben, gehört auch das **Nordlicht** oder besser das **Polarlicht**, da die Naturerscheinung ja nicht auf die nördliche Polarzone allein beschränkt ist. Das Phänomen hat einen Platz in vielen altnordischen Mythen und Märchen: Man sah in den schimmernden Bögen des Polarlichts die blinkenden Schilde, auf denen die Seelen der im Kampf gefallenen Krieger nach Walhall gelangten. Das Polarlicht hat etwas von einem elektrischen Feuerwerk. Mal erinnert seine Form an flatternde Bänder, an kunstvoll gefaltete Vorhänge oder an Strahlenbündel. Der ruhende Bogen, der sich oft über mehrere Stunden mit geringer Lichtintensität über das Himmelsgewölbe ausbreitet, kommt am häufigsten vor. Dabei ist die gelbgrüne Farbe dominant, während bei stärkeren Lichtausbrüchen rote Ränder oder völlig rote Bögen vorkommen.

Durch Beobachtung und Messung der Polarlichtformen weiß man, dass die untere Grenze der Lichtphänomene in der Regel in etwa 100 km Höhe liegt. Das farbenprächtige Schauspiel eines Licht-

Länge der Tage (in Stunden und Minuten)

	Oslo	Trondheim	Tromsø
1. Januar	6:03	4:44	–
1. Februar	7:58	7:13	5:00
1. März	10:30	10:15	9:36
1. April	13:19	13:32	14:03
1. Mai	16:00	16:43	18:48
1. Juni	18:17	19:44	24:00
1. Juli	18:41	20:21	24:00
1. August	16:49	17:43	20:52
1. September	14:08	14:29	15:23
1. Oktober	11:28	11:22	11:07
1. November	8:42	8:08	6:32
1. Dezember	6:30	5:20	–

Zeit der Mitternachtssonne

Ort	erster/letzter Tag
Bodø	4. Juni–8. Juli
Hammerfest	16. Mai–27. Juli
Longyearbyen/Svalbard	20. April–20. Aug.
Nordkap	13. Mai–29. Juli
Svolvær	28. Mai–14. Juli
Tromsø	20. Mai–20. Juli

Das Datum kann von Jahr zu Jahr um einen Tag variieren.

ausbruchs dauert oft 10 bis 30 Minuten und kann sich in einer Nacht mehrmals wiederholen. Die wissenschaftliche Erklärung der eindrucksvollen Farbspiele ist eher nüchtern: Die Sonne schickt elektrisch geladene atomare Teilchen Richtung Erde, die durch unser Magnetfeld zu den (elektrischen) Polen geleitet werden. Wenn die kleinen Materieteilchen millionenfach in die Atmosphäre eintreten, treffen sie mit den Atomen unserer Luft zusammen. Das Ergebnis solcher Kollisionen ist das Polarlicht. Das Nordlicht kann eine Ursache dafür sein, dass die Menschen im Norden Schwedens oder Norwegens öfter unter Herz-Kreislauf-Erkrankungen leiden als im Süden. So berichtete die norwegische Zeitung „Verdens Gang" über Beobachtungen norwegischer und schwedischer Mediziner, dass sich an Tagen mit hoher geomagnetischer Aktivität der Herzrhythmus bei allen Versuchspersonen verschlechterte.

Mythos Polarlicht

Wirtschaftlicher Überblick

Wirtschaftlich war Norwegen jahrhundertelang von Dänemark und Schweden abhängig. Lange Zeit lebten die Bauern und Fischer weit verstreut, häufig waren beide Tätigkeiten auch miteinander kombiniert. Das Wohlergehen der städtischen Bevölkerung hing vom Außenhandel ab, der lange von Ausländern dominiert wurde. Mitte des 19. Jh. lag der Exportanteil von Holz, Fisch und Eisenwaren bei 90 %. Um 1900 war die international ausgerichtete norwegische Handelsflotte zur drittgrößten Schifffahrtsnation hinter den USA und Großbritannien aufgestiegen, doch die Wachstumsimpulse für die Binnenwirtschaft waren eher unbedeutend. Die Holzverarbeitung und die Eisenwarenproduktion litten unter der Konkurrenz durch Schweden und eine Modernisierung der Landwirtschaft fand kaum statt.

Bauern und Fischer

Etwa seit Anfang des 20. Jh. gewann die Erzeugung von Elektrizität durch heimische Wasserkraft an Bedeutung und mit der Produktion von Aluminium, Kupfer und Kunstdünger entstanden neue Industriezweige. Allerdings befanden sich viele neue Industrien wie auch die Wasserkraftwerke in ausländischer Hand, sodass die großzügigen Investitionsgesetze für ausländisches Kapital eingeschränkt wurden. Langsam griff die wirtschaftliche Entwicklung in dem verkehrsgeografisch kaum erschlossenen Land auf Industriezweige wie Metallverarbeitung, Maschinenbau, Holzverarbeitung, Textilindustrie und Fischverarbeitung über.

Wasserkraft als Motor

Die norwegische Handelsflotte ersetzte zunehmend Segelschiffe durch Dampfschiffe. Heute ist die norwegische **Offshore- und Handelsflotte** mit rund 880 in Norwegen sowie über 500 im Ausland registrierten Schiffen über 1.000 BRT die viertgrößte der Welt. Die norwegischen Handelsschiffe machen mit einer Gesamttonnage von 16,4 Mio BRT 10 % der Welthandelsflotte aus. Die Flotte ist auch wichtig für den Außenhandel, der sich hauptsächlich auf Skandinavien und Europa konzentriert. Viele Produkte wie Öl, Gas, Mineralien, Fisch bzw. Meeresfrüchte werden aber weltweit exportiert. Derzeit nimmt der Handel mit der EU ungefähr drei Viertel des gesamten norwegischen Außenhandels ein.

Zudem hat es Norwegen innerhalb weniger Jahrzehnte geschafft, sich zu einer **Forschungs- und Wissensnation** zu entwickeln, mit international konkurrenzfähiger Kompetenz u.a. in der Software- und Kommunikationstechnologie, Raumfahrtindustrie, Maschinenbau und Bio-Technologie.

Industrie

Gegenwärtig sind ca. 21 % der Erwerbstätigen in der Industrie beschäftigt, die vor allem für den **Export** produziert, da der norwegische Markt klein ist. Die Exportprodukte reichen von der elektrochemischen und elektrometallurgischen Industrie, der chemischen Industrie und der Holzverarbeitung über „intelligence based"-Industrien wie Informationstechnologie, Industrieroboter und Spezialmaschinen bis zu modernen Schiffen und Spitzentechnologien auf dem Gebiet schwimmender Einheiten und Unterwasserinstallationen in der Öl- und Gasförderung.

Ausfuhrprodukte

Von besonderer Bedeutung sind die stromintensiven Industriezweige, die allein ein Drittel des gesamten Stroms verbrauchen. Bei der Erzeugung von **Aluminium** und **Eisenlegierungen** ist Norwegen in Europa führend, obwohl der Rohstoff Bauxit eingeführt werden muss. Norwegische Aluminiumprodukte werden heute u.a. an europäische Automobilfabriken sowie an die Bau-, Transport- und Verpackungsindustrie geliefert. Etwa 18.000 Personen sind in Norwegen in der Aluminium-Industrie beschäftigt. Der größte Aluminium-Produzent des Landes und der drittgrößte der Welt ist die **Norsk Hydro ASA**, die als Global Player in 40 Ländern und auf allen Kontinenten vertreten ist und 2002 u.a. die führende deutsche Alufabrik VAW erwarb. An Norsk Hydro hält der norwegische Staat 43,8 % der Anteile. Lange Zeit war das Unternehmen auf vielen Feldern tätig, u.a. als Öl- und Gasförderer und als Europas größter Düngemittelproduzent, seit 2007 konzentriert sich Hydro aber hauptsächlich auf das Aluminium-Geschäft. Norwegen ist außerdem ein weltweiter Hauptlieferant von **Metallen** wie Magnesium und Eisenlegierungen, zudem produziert das Land Silikonmetall, Zink, Nickel und Kupfer. Die Eisenlegierungen wie Eisensilikon, Eisenmangan und Eisenchrom finden hauptsächlich bei der Stahlproduktion Verwendung.

Export von Aluminium und anderen Metallen

Europas führende Öl- und Gasnation verfügt auch über genügend Rohstoffquellen für **chemische Produkte**. So werden im Land an verschiedenen Standorten Kunststoffkomponenten wie Vinylchlorid-Monomere und Polyvinylchlorid (PVC) produziert, ebenso Farben, Klebstoffe, Reinigungsmittel, Alginate und Feinchemikalien.

Im produzierenden Gewerbe ist vor allem die **Schiffbauindustrie** zu nennen, deren gut 50 kleine und mittelgroße Werften über einen hohen technischen Standard verfügen und international konkurrenzfähig sind. Gebaut werden in erster Linie Spezialfahrzeuge wie Containerschiffe, Tankschiffe für Chemikalien, Hightech-Fischereifahrzeuge, Hochsee-Versorgungsschiffe, High-Speed-Katamarane, Schiffe zur Kabelverlegung und wissenschaftliche Schiffe. Eine weitere wichtige Sparte dieser Branche ist die Herstellung von Schiffsausrüstungen aller Art, von Spezialausrüstungen für die Küsten- und Hochseefischerei sowie von hochentwickelten Navigations-, Ruder- und Manövriersystemen. Gemessen am Bruttoinlandsprodukt machen Schifffahrt und Schiffbau sowie damit verwandte Branchen den zweitgrößten Wirtschaftszweig Norwegens aus.

Seefahrt und Schiffbau

Energiewirtschaft

Bedeutung der Wasserkraft

Strom, die wichtigste gewerbliche und private Energiequelle in Norwegen, war für den Endverbraucher sehr günstig, stieg allerdings 2007–2019 kräftig an (trotzdem zahlt man pro kWh auf dem liberalisierten norwegischen Markt zzt. nur rund die Hälfte der deutschen Strompreise). Der Grund: Nahezu der gesamte Strombedarf (ca. 95 %) in Norwegen wird durch heimische **Wasserkraftwerke** gedeckt. Auch das von Norwegen geförderte Erdöl und Erdgas wird nicht für die Energiegewinnung im eigenen Land eingesetzt. In den 1970er-Jahren wurde kurz erwogen, Atomkraftwerke zu bauen (wie im Nachbarland Schweden), doch die Pläne sind wegen massiver Proteste bald aufgegeben worden. Ebenso wenig gibt es Kohlekraftwerke. Als Folge der relativ niedrigen Strompreise ist der Energiekonsum in Norwegen sehr hoch; er liegt weit über dem Durchschnitt der OECD-Länder und ist beim **Stromverbrauch** mit 23.550 kWh pro Kopf der **höchste weltweit**. Norwegen-Besuchern fällt immer wieder auf, wie Räume und Gebäude überall hell erleuchtet sind, obwohl sie über Stunden und Tage nicht genutzt werden.

Norwegen ist reich an Wasserfällen

Während das „Ölzeitalter" für Norwegen erst 1970 begann, geht die Nutzung der **Wasserkraft** zur Gewinnung von Elektrizität auf das 19. Jh. zurück. Damals folgten auf die einfachen Wassermühlen und Hammerwerke wassergetriebene Generatoren zur Gewinnung elektrischer Energie. Die erste große Wasserkraftanlage wurde von Norsk Hydro konstruiert und 1907 fertiggestellt; sie war damals das größte Kraftwerk in Europa und versorgte eine Düngemittelfabrik mit Strom. 1920 waren rund 2.000 Kraftwerke in Betrieb. Heute sind es etwa 1.400, deren Produktionskapazität bei etwa 31.000 MW liegt. Aber immer noch ist die dezentrale Struktur mit unzähligen privaten und öffentlichen, lokalen und staatlichen Energieversorgern jeder Größe erhalten. Die Wasserkraftquellen sind über das ganze Land verteilt und jede Stadt, Region, ja selbst entlegene Inseln können versorgt werden, lange Kraftübertragungswege entfallen also. Heute werden neue Wasserkraftwerke meist im Gebirge angelegt, wo das Wasser aus den Stauseen in Druckrohren in die Tiefe donnert und Turbinen antreibt. Diese **Hochdruck-Fallkraftwerke** erzielen eine Leistung von bis zu 2.000 MWh.

Es sind noch längst nicht alle Möglichkeiten in Norwegen ausgebaut, sodass auch hier in Zukunft ein höherer Stromexport nach Schweden, Dänemark und Deutschland möglich ist. Schon seit 2008 exportieren einige südnorwegische Energiegesellschaften Elektrizität über ein Unterseekabel in die Niederlande (NorNed). Derzeit wird auch ein 623 km langes Unterwasserkabel nach Wilster in Schleswig-Holstein

(NordLink) verlegt, das 2020 in den kommerziellen Betrieb geht – mit einer Kapazität von 1.400 MW. Durch NordLink kann in sonnen- und windarmen Zeiten norwegischer Wasserkraft-Strom nach Deutschland exportiert werden und umgekehrt bei einem deutschen Überschuss an Wind- und Sonnenenergieproduktion der Strom nach Norwegen geleitet und dort anstelle von Wasserkraft aus den Reservoirs verbraucht werden.

Obwohl Norwegen durch seine Windressourcen die allerbesten Voraussetzungen für die **Windkraft-Energieproduktion** hat, hinkte es aus unterschiedlichen Gründen bei dieser Energiegewinnung etwa im Vergleich zu Dänemark oder Deutschland hinterher. Zwar gab es 2019 in Norwegen 22 Windparks mit insgesamt 400 Turbinen, doch machte deren Anteil an der gesamten Energieproduktion des Landes nur 1 % aus. Da man dem weiteren Ausbau der Wasserkraft inzwischen skeptisch gegenübersteht, wird seit einiger Zeit stärker auf die Windkraft gesetzt. Dies umso mehr, als im Zuge des Klimawandels die ohnehin hohen Windgeschwindigkeiten voraussichtlich um ca. 1,2 % bis zum Jahr 2040 steigen werden. So ist seit 2016 auf der Halbinsel Fosen bei Trondheim der größte Onshore-Windpark Europas im Bau. Allein diese Anlage mit 278 Windturbinen (87 m hoch) wird 2020 die aktuelle Windkraftkapazität des Landes verdoppeln. Gleichzeitig entstehen zusätzlich ein großer Windpark südlich von Stavanger sowie viele kleinere Anlagen auf unbewohnten, windreichen Inseln vor der Küste.

Investitionen in Windkraft

Ölfunde in der Nordsee

Die Entdeckung der **Öl- und Gasvorkommen** im norwegischen Teil der Nordsee im Frühjahr 1970 war das herausragende Ereignis für die Wirtschaft und Gesellschaft des Landes im 20. Jh. Nachdem amerikanische Geologen nahe der Grenze zu Dänemark das riesige Ölfeld „Ekofisk" und Mobil Oil mit „Statfjord" das größte Offshore-Feld der Welt entdeckte, ging es Schlag auf Schlag. Bereits 1975 erzielte Norwegen einen Überschuss an Öl und Gas und es wurde eine Öl-Pipeline nach Teesside in England eingerichtet. Zunächst erschlossen ausländische Unternehmen die norwegischen Erdöl- und Gasfelder, doch dann entwickelten die Norweger eine Erdölpolitik, deren Ziel darin bestand, die „Norwegisierung" des gesamten Sektors zu erreichen. Zu diesem Zweck wurden drei norwegische Ölgesellschaften gegründet, von denen Equinor ASA (bis 2018 bekannt als Statoil ASA) zu 67 % staatlich ist. Neben der Beteiligung des Staates sollte die Privatwirtschaft zunehmend in die Aktivitäten eingebunden werden. Die Entwicklung erfolgte jedoch langsam, um negative Folgen für Wirtschaft und Gesellschaft zu vermeiden. Nach über 40 Jahren sind die Vorräte vor der westnorwegischen Küste erschöpft, weswegen immer mehr Plattformen in weiter nördlich gelegenen Regionen entstanden – wo allerdings die schwierigeren Bedingungen auch wesentlich höhere Kosten nach sich zogen. Als dann 2014 der rapide Ölpreisverfall Norwegen traf, wurden viele Explorationsarbeiten vorläufig eingestellt, weil die Kombination von höheren Kosten mit niedrigeren Profiten ökonomisch keinen Sinn machte. Schon im gleichen Jahr strich der Statoil-Konzern 2.000 Arbeitsplätze (hauptsächlich Ingenieurstellen) und kündigte einen weiteren Stellenabbau an, derzeit stehen etwa 10 % der rund 100.000 Arbeitsplätze in der Ölindustrie zur Disposition. Trotz die-

Norwegische Erdöl- und Gasfelder

ser deutlichen Zeichen blieb Norwegen im Club der weltweit größten Förderer und Exporteure von Erdöl. Und noch 2018 beliefen sich die Einnahmen aus dem Öl- und Gassektor auf etwa 16 Mrd. €.

Norwegisches Gas

Die bisher nachgewiesenen Gasreserven werden mehr als 100 Jahre vorhalten. Doch auch hier gibt es zunehmend technische Schwierigkeiten. Als es beispielsweise an die Exploration der riesigen Gasfelder „Troll" und „Sleipner" ging, waren technische Höchstleistungen gefragt: Die Wassertiefen erreichen bis 350 m, und eine Produktionsplattform, die 1995 aufs Meer geschleppt wurde, hat fast 470 m (!) Höhe. Wegen der schwierigen Bodenbeschaffenheit kann das Troll-Feld nicht von einer Plattform aus erschlossen werden, sodass sich die norwegischen Ingenieure für Fördereinrichtungen auf dem Meeresgrund entschieden. Aus Kostengründen erfolgt die Aufbereitung des Gases an Land. Die Zukunft liegt jetzt hoch im Norden, wo die See bis zu 1.000 m tief ist. In der Barentssee nördlich des norwegischen und russischen Festlands wird etwa ein Viertel aller weltweit bisher unentdeckten Vorkommen an Öl und Gas vermutet. Trotz großer Proteste von Umweltschutzorganisationen will man neue Fördermethoden in der Arktis entwickeln. Das bei der Erdgasförderung freiwerdende CO_2 soll wieder in den Meeresboden verbracht und umweltfreundlich gespeichert werden.

Neue Fördermethoden

Bereits heute ist Norwegen der drittgrößte **Gasexporteur** nach Russland und Kanada. Als Hauptlieferant bringt es durch mehrere Pipelines Gas vom norwegischen Festland u.a. nach Niedersachsen und Belgien. Der norwegische Anteil der Gaslieferung an die Bundesrepublik liegt inzwischen bei über 30 %. 2007 wurde in einem Joint Venture mit der deutschen Linde AG bei Hammerfest die größte Erdgasverflüssigungsanlage (LNG) Europas in Betrieb genommen, die von den riesigen Gasmengen der Felder Goliat und Snøvit in der Barentssee lebt.

Der Reichtum an Öl und Gas verbesserte den norwegischen Lebensstandard in kürzerster Zeit und verwandelte das ehemalige Armenhaus Nordeuropas in eine schuldenfreie Oase des Wohlstands und der Vollbeschäftigung. Öffentliche Subventionen bescherten den Landwirten höhere Realeinkommen und selbst die Fischer profitierten vom Geldsegen. Doch die Öl- und auch die Gasreserven sind endlich, und das bestehende soziale Netz muss trotzdem langfristig gesichert werden. Daher wurde 1990 als besondere Zukunftsstrategie der „Ölfonds" entwickelt, der seit 2006 den offiziellen Namen **Staatlicher Pensionsfonds** *(Statens pensjonsfond)* trägt. In diesem werden die enormen Erträge aus dem Öl- und Gasexport angelegt und damit eine Rücklage für die Zeit gebildet, in der die überwiegend staatlich kontrollierten Öl- und Gasquellen versiegen. Bis zum Jahr 2019 kamen auf diese Weise mehr als 933 Mrd. € zusammen!

Zum Wohl zukünftiger Generationen

Diese märchenhaften Summen sind, damit die einheimische Wirtschaft nicht überhitzt wird, zu 40 % in ausländischen Aktien und zu 60 % in Anleihen angelegt. Derzeit hält Norwegen über seinen Pensionsfond weltweit Anteile an rund 9.000 Unternehmen und Immobilien. Das Land ist u.a. der viertgrößte Anteilseigner bei

Volkswagen. Als 2015 der Kurs der VW-Aktie wegen des Abgasskandals in den Keller ging, bedeutete das für Norwegen einen Verlust von Hunderten Millionen Euro; deshalb schloss sich das Land den Massenklagen gegen den VW-Konzern auf Schadensersatz an. Etwa 4 % der Einnahmen entnimmt die Regierung seit 2001 jährlich dem Topf für den Staatshaushalt, 2019 waren dies immerhin ca. 26 Mrd. €.

Erdgasverflüssigungsanlage bei Hammerfest

Für die Frage, bei welchen Unternehmen Investitionen getätigt werden, spielen auch ökologische und ethische Aspekte eine Rolle, u.a. kamen Rüstungsfirmen auf die schwarze Liste des Ethik-Rates und 2015 schloss man Unternehmen, die mehr als 30 % Umsatz mit Kohle erwirtschaften, aus dem Pensionsfonds aus. Nicht allen Norwegern kann vermittelt werden, warum angesichts der immensen Gewinne das Land mit die höchsten Benzinpreise in Europa hat und es nicht unerhebliche Mängel im Gesundheits- und Bildungswesen gibt. Trotzdem wollen aber alle maßgeblichen Parteien an der eisernen Sparpolitik zum Wohl zukünftiger Generationen festhalten.

Fischwirtschaft

Fischfangnation mit langer Geschichte

Bereits in der Steinzeit betrieb die Küstenbevölkerung Fischfang, wie Felszeichnungen und Abfälle in ausgegrabenen Wohnstätten zeigen. Getrockneter Hering und Dorsch wurden zur Zeit der Wikinger exportiert. Seit dem Mittelalter entwickelten sich die **Lofoten** mit ihren reichen Dorschvorkommen zu Zentren dieses Wirtschaftszweigs. Über die **Hanse** und deren Kontor in Bergen wurde Handel mit dem Süden getrieben. Nach dem Motto „Hering gegen Korn" entstand Mitte des 19. Jh. in einigen kleinen Städten der Westküste eine kommerzielle Fischerei.

Der östliche Teil des atlantischen Ozeans, das Europäische Nordmeer, gehört zu den fischreichsten Gewässern der Erde, hier treffen günstige Naturbedingungen zusammen. Der Anteil an Meeresgebieten mit einer geringeren Wassertiefe als 200 m (Schelfmeere) ist überaus groß. Gezeiten und Strömungen mischen die verschiedenen Wasserschichten kräftig durch und so gelangen Nährstoffe aus den untersten Schichten bis nahe an die Wasseroberfläche, sodass die Planktonbildung gefördert wird. Die im Wasser schwebenden pflanzlichen und tierischen Lebewesen sind die Grundnahrung der Fische. **Hering** und **Dorsch** waren immer schon die beiden bedeutendsten Arten für den Fischfang, sieht man von der Lodde (die auch Kapelan genannt wird) in den 1970er-Jahren einmal ab. Ein Blick auf die Anlandungsmengen des Winterherings seit Mitte des 19. Jh. zeigt, dass es neben ausgesprochenen Heringsperioden immer auch dramatische Einbrüche gab, die den Küstenbewohnern Hunger und Elend bescherten. Neben den großen Schwankungen bei der Fangmenge traten die Heringsschwärme häufig an verschiedenen Abschnitten der langen Küste auf, während der Dorsch – auch hier schwankten die Anlandungsmengen beträchtlich – „zuverlässiger" stets die bekannten Küstenabschnitte zur Laichzeit aufsuchte und immer noch aufsucht.

Große Fangschwankungen

Stockfischgestelle in Nordnorwegen

Frühere Einbrüche beim Heringsfang waren z. B. die Folge geringer Temperaturschwankungen in den Laichgewässern und hatten also eine ökologische Ursache. Die heringsarmen Jahre nach der „fetten" Periode 1950–1959 bis hin zur Gegenwart sind das Ergebnis einer hemmungslosen Überfischung der Bestände. An rein ökonomischen Prinzipien orientiert, wandte sich die Fischerei nach dem Ausbleiben des Winterherings dem Nordseehering zu, bis Makrele, Lodde und Seelachs gejagt wurden. Als auch deren Bestände markant zurückgingen, setzte sich langsam die Einsicht durch, dass besondere Maßnahmen ergriffen werden mussten, wollten die Fischer nicht selbst ihre Existenzgrundlage zerstören. Seit 1977 dehnte Norwegen seine Fischereizone auf 200 Seemeilen aus, wenig später galt diese Maßnahme auch für den Svalbard-Archipel und Jan Mayen. Umfangreiche **Quotenvereinbarungen** auf nationaler wie internationaler Ebene regeln heute den norwegischen Fischfang. Besonders schwierig sind die Verhandlungen mit Russland, zumal es unterschiedliche Auffassungen über den Grenzverlauf in der fischreichen Barentssee gibt. Allerdings scheiterten bislang alle Bemühungen, eine langfristige Bestandssicherung als Basis einer kalkulierbareren Fischwirtschaft zu erreichen. Offensichtlich wird den Laichbeständen nicht ausreichend Zeit gelassen, solide Stämme zu bilden. Oft sind auch die Bestandsberechnungen recht unsicher, zumal man wenig über die Fischsterblichkeit infolge moderner Fangtechniken oder über komplexe Räuber-Beute-Verhältnisse zwischen den Fischbeständen eines Meeresgebiets weiß.

Quoten statt Überfischung

Trotz sinkender Erträge gehört Norwegen zu den größten Fischerei-Nationen der Welt und ist der **weltgrößte Seafood-Exporteur**. Die Fangzonen reichen bis nördlich von Jan Mayen, weit in die Barentssee und bis zu den Bänken von Neufundland. Das Volumen des norwegischen Fischfangs liegt zwischen 2,5 und 3 Mio. Tonnen pro Jahr, den rund 10.000 registrierte Boote anlanden. Von diesen wiederum sind etwa 1.000 ganzjährig im Einsatz. Insgesamt sind ca. 30.000 Personen in diesem Wirtschaftszweig beschäftigt, davon 14.000 im Bereich Fischfang, 6.000 im Bereich Aufzucht und 10.000 in der Fischveredelung. Dies entspricht zwar nur noch etwa 2 % der Bevölkerung, doch für viele Küstenabschnitte und Inselregionen, die nicht von der Öl- und Gasförderung profitieren, bildet die Fischwirtschaft weiterhin die ökonomische Basis. In einigen nordnorwegischen Gemeinden leben gar bis zu 20 % der Beschäftigten vom Fischfang und seiner Verarbeitung sowie angegliederten Industriezweigen und Dienstleistungsbereichen.

Volkswirtschaftliche Bedeutung

Fisch und Fischprodukte nehmen 5,3 % des Gesamtexports des Landes ein und sind somit der drittgrößte Exportartikel, nach Öl, Gas und Metall. Der direkte Exportwert hat sich im Laufe des letzten Jahrzehnts mehr als verdoppelt – mit dem Rekord im Jahr 2015, als Norwegen Fisch und Meeresfrüchte im Wert von 74,5 Mrd. NOK exportierte. Nur 5 % des Fischfangs bleibt im Lande, der Rest geht in rund 140 Länder, dabei zu 67 % in die EU, die damit bei Weitem der bedeutendste Markt für die norwegische Fischereibranche ist. Den wichtigsten Einzelmarkt stellt dabei Polen, nicht nur wegen der polnischen Endverbraucher, sondern vor allem, weil in Polen ein wesentlicher Anteil der Exporte weiterverarbeitet und innerhalb der EU weiterverteilt wird. An zweiter Stelle steht Dänemark, wie Polen auch ein wichtiger Markt für Verarbeitung und Umschlag.

Norwegens Export umfasst rund 2.000 verschiedene Produkte als frischer, tiefgefrorener, geräucherter, getrockneter, gesalzener, panierter, konservierter oder marinierter Fisch. Innerhalb der norwegischen Fischereiprodukte nahmen 2018 Lachse und Forellen einen Spitzenplatz ein, gefolgt von Kabeljau, Stockfisch, Makrelen, Hering sowie Schrimps, Krustentiere und Schalenweichtiere.

Aquakultur

Forschung in der Meerwirtschaft

Seit den 1980er-Jahren boomen Aquakulturen, sie sind heute neben Gas und Öl der bedeutendste **Exportzweig**. Die zahlreichen Fjorde und Inseln Norwegens sowie die günstigen Wassertemperaturen bieten ideale Voraussetzungen für die Aquakultur. Auf Fischfarmen werden in Netzkäfigen vor allem Lachs, aber auch Meerforellen, Austern und Miesmuscheln gezüchtet. Bald sollen auch Dorsch, Heilbutt und Steinbutt dazukommen. In die Meerwirtschaft fließen beträchtliche Forschungsmittel, gut 6.000 neue Dauerarbeitsplätze sind in den Aquakulturen und den ihr angegliederten Bereichen entstanden. Die Regierung begann früh, den expandierenden Wirtschaftszweig über die Vergabe von Konzessionen zu steuern. Die Lachszuchtindustrie sollte sich als mittelständische Industrie etablieren, sodass keine Anlage ein bewirtschaftetes Wasservolumen von zunächst 8.000 und später 12.000 m³ überschreiten durfte. Auf den Farmen werden jährlich etwa 200–350 t Lachs produziert. Die Fischbrut stammt ebenso wie die Jungfische aus Spezialbetrieben. Nach etwa einjähriger Aufzucht gelangen die Junglachse in die Zuchtfarmen, wo sie rund zwei Jahre in den Netzkäfigen verbringen, bevor sie geschlechtsreif werden und an Qualität verlieren. Die größeren Aquakulturen sind inzwischen voll mechanisiert, automatische Fütterungsmaschinen setzen sich zunehmend durch und steuern die Futterzufuhr für die Käfige.

Doch den arbeitsintensiven Aquakulturen drohen Gefahren: Immer wieder treten Seuchen auf, die Fische sterben an Herzversagen, durch Krankheiten oder werden von dem Parasiten Lachslaus befallen. Wegen einer Algenpest in Kattegat und Skagerrak mussten in der Vergangenheit 125 Fischfarmen ins Innere der Fjorde geschleppt werden, wo das entgegenströmende Süßwasser wie eine Sperre gegen die Algenflut wirkte und somit größere finanzielle Schäden vermieden werden konnten.

Zuchtlachs in der Kritik

Kritiker sehen im Zuchtlachs allerdings nur das „Mastschwein der Meere". Neben der nicht artgerechten Massentierhaltung (qualvolle Enge in Netzkäfigen, unnatürlich ruhiges Wasser, Einsatz von Antibiotika) wird den Betreibern von Aquakulturen vorgeworfen, grobe Umweltverschmutzung zu verursachen, denn der Kot der Lachse belastet die Gewässer mit Phosphat, Stickstoff und anderen organischen Stoffen. Außerdem entweichen Lachse aus den Fischfarmen und mischen sich mit wilden Lachsbeständen, die genetisch verunreinigt werden. Schon vor Jahren wurden in Westnorwegen in der Hälfte von 27 untersuchten Flüssen aus der Zucht entwichene Lachse gefunden. In einigen Flüssen waren rund 50 % der männlichen Fische Zuchtfische. Auch den frei lebenden Tieren wird übrigens „auf die Sprünge" geholfen: Um ihnen die anstrengende Reise zu ihren Laichgebieten zu erleichtern, werden im Westland verstärkt künstliche Lachstreppen gebaut.

Seine Exklusivität hat der Fisch längst verloren: 1984 wurden 22.000 t des Edelfischs geschlachtet, zwei Jahre später waren es bereits 45.000 t und 1990 gar 140.000 t. Anfang der 1990er-Jahre führte die **Lachs-Überproduktion** in Norwegen zu einer Krise, nachdem die USA einen Antidumpingzoll von 24 % auf norwegischen Zuchtlachs erhoben und die Norweger vom US-Markt verdrängten. Die Jahresproduktion von Zuchtfischen und Schalentieren liegt derzeit bei rund 650.000 t, produziert wird entlang der gesamten Küste. Bis 2019 wurden mehr als 1.450 Zuchtkonzessionen vergeben, davon gut 850 für Lachs und Forellen. Jedes Jahr kommen neue Zuchtarten dazu. Außer beim Lachs ist Norwegen Weltspitze in der Zucht des atlantischen Dorsches, des atlantischen Heilbutts und des gefleckten Seewolfs. Längst hat die Globalisierung den Wirtschaftszweig erfasst: das größte Fischzuchtunternehmen der Welt, Mowi ASA (Jahresproduktion 2018: über 420.000 t), hat zwar sein Hauptquartier in Norwegen, unterhält aber Farmen in Schottland, Kanada, Chile, Irland und auf den Färöern. Auch der Branchen-Zweite, Mitsubishi, lässt u.a. in Norwegen produzieren. Über 98 % der norwegischen Exporte an Lachs und Forelle entstammen Aquakulturen.

Verzicht auf Antibiotika

Inzwischen sind Antibiotika in modernen Aquakulturen überflüssig, da die Fische gegen verschiedene Krankheiten geimpft werden. In den letzten Jahren wurden die Gehege vergrößert, oft sind sie 30 m tief, was die Fische weniger unter Stress setzt. Das Futter soll vermehrt auf pflanzliche Basis umgestellt werden, statt Fischöl und -mehl sollen die Pellets zukünftig Raps- oder Sonnenblumenöl und pflanzliches Eiweiß enthalten. Wie gesund ein Lachs ist, der sich von Pflanzenöl ernährt, muss sich erst noch zeigen. Norwegische Köche konnten jedenfalls keinen Unterschied im Geschmack feststellen. Konzessionen für Aquakulturen wurden in den letzten Jahren zunehmend nach regionalen Kriterien vergeben, die die nördlichsten Regionen stärker berücksichtigen.

Norwegische Zuchtfische bieten aber durchaus Qualität: In der Vergangenheit wurde der Zuchtheilbutt „Norwegian White Halibut" mehrfach für den *Bocuse d'Or* ausgewählt. Und auf dem qualitätsbewussten japanischen Markt für Sushi sind die Produkte des Königreichs sehr beliebt und weisen Export-Wachstumsraten von jährlich etwa 15 % auf. Norwegen hat sich außerdem ein enormes, global nachgefragtes Know-how erworben. Es sind viele Unternehmen für die Ausrüstung von Fischfarmen, Gerätschaften zur Fischzucht, Fischhaltung und Fischfütterung oder Überwachungssysteme und Ausrüstungen für die Fischverarbeitung entstanden.

Norwegens Walfang

info

Der Walfang hat in Norwegen Tradition. Der Reeder Svend Foyn aus Tønsberg entwickelte 1868 eine Harpune, die mit einer Kanone in die Walkörper geschossen werden konnte. Er ließ spezielle Dampfschiffe für den Walfang bauen und die Jagd in großem Stil auf die Giganten der Meere begann, auch auf die bis zu 27 m langen und wendigen Finnwale. In den 1930er-Jahren waren die Norweger die führende Walfangnation weltweit. Die letzten beiden Stationen im Westen und Norden des Landes wurden erst vor etwa zwei Jahrzehnten aufgegeben. Die Jagd auf große Wale wurde 1971 offiziell beendet, da sich Walfang nicht mehr lohnte; viele Arten waren längst von der Ausrottung bedroht. Nach einem Beschluss der Internationalen Walfangkommission (IWC) trat der Walfangstopp 1986 in Kraft, bis dahin wurden Zwergwale im Nordatlantik von norwegischen Fischern nach einer festgelegten Quote erlegt, 1983 z.B. knapp 1.900 Exemplare.

Seit dem Auslaufen des von der IWC verfügten Walfangstopps 1990 muss jedes Jahr neu über den kommerziellen Walfang abgestimmt werden. Dabei erweisen sich Norwegen, Island und Japan als Hardliner, die im Nordatlantik und in der Antarktis den **Zwergwal** jagen wollen, dessen Bestände sich angeblich hinreichend erholt haben. Der Zwergwal, auch Minkwal genannt, gehört zu den kleinsten Großwalen und wird bis zu 10 m lang und bis zu 9 t schwer. Er lebt als Einzelgänger oder in Kleingruppen von zwei bis drei Tieren in den kälteren Gewässern der Weltmeere. Japan hat trotz Fangverbots in sechs Jahren fast 7.000 Wale erlegt und dies als wissenschaftliche Forschung deklariert. Das Fleisch des Zwergwals gilt in Japan als Delikatesse und erzielt hohe Preise.

1993 entschied die norwegische Regierung, den **kommerziellen Walfang** wieder aufzunehmen, allerdings nur für den Zwergwal, für die übrigen etwa 75 Walarten gilt nach wie vor ein Fangverbot. Der Wissenschaftsausschuss der IWC schätzte den Bestand der Wale 1993 auf rund 86.000 Exemplare im Nordostatlantik und 2019 auf etwa 120.000. Solche Hochrechnungen gelten als ungenau, da die auf Sichtungsfahrten beobachteten Wale häufig mehrfach gezählt werden. Außerdem werden die registrierten Wale mit einem Faktor multipliziert, um auch die nicht erfassten Meeressäuger zu berücksichtigen. Trotzdem ist unbestritten, dass der Zwergwal nicht zu den bedrohten Tierarten gehört.

Warum beharren die Norweger auf ihrer Walpolitik, mit der sie den Rest der Welt gegen sich aufbringen, zumal der Walfang ökonomisch unbedeutend

info

ist? Von norwegischer Seite wird argumentiert, nicht nur das Überleben der heimischen Walpopulation sei wichtig, sondern es komme darauf an, mit den gesamten Ressourcen auf ganzheitliche Weise hauszuhalten: Wenn ein wachsender Wal- und Robbenbestand sich von Fisch ernähre, werde das ökologische Gleichgewicht des Meeres gestört. Jeder Zwergwal verzehre täglich etwa 3 kg Kabeljau, ca. 1 t pro Jahr, die gesamte Population also etwa 80.000–90.000 t jährlich. Das ist ein Viertel der gesamten jährlichen Kabeljau-Quote in der Barentssee. Der Wal ist somit Konkurrent des Menschen um die Fischbestände.

Die meisten Norweger stimmen der Wiederaufnahme des Zwergwalfangs zu. Die Regierung hätte allerdings eine bessere Öffentlichkeitsarbeit leisten müssen, um international zu verdeutlichen, dass die angewachsenen Zwergwalbestände einen Abschuss von jährlich 1.500–2.000 Tieren zulassen. Verständnis zeigen auch die beiden großen Naturschutzorganisationen Norwegens, der Norwegische Naturschutzverband und Bellona. Der Leiter von Bellona meint: „Wir richten uns danach, was der Wissenschaftsausschuss der IWC als Fanggrundlage angibt. Unserer Meinung nach bricht Norwegen durch die Wiederaufnahme des kommerziellen Walfangs weder internationale Regeln, noch wird die Autorität der IWC untergraben."

Inzwischen hat auch König Harald den norwegischen Walfang verteidigt. Auch Wissenschaftler würden den Zwergwal nicht als bedrohte Art einschätzen und deswegen dürfe gejagt werden. 1998 wurden 570 Zwergwale von norwegischen Fischern erlegt, für 2018 hat Norwegen eigenmächtig eine **Fangquote** von 999 Minkwalen festgelegt. Allerdings haben in den vergangenen Jahren die Walfänger, die mit etwa 15 Schiffen unterwegs sind, immer deutlich weniger als die Hälfte der Fangquote auch tatsächlich eingeholt (2018: 432 Tiere). Für 2019 hob das Fischereiministerium die Fangquote auf 1.278 Tiere an. Von den insgesamt rund 15.000 norwegischen Fischern sind etwa 150 auch Walfänger, d.h. sie jagen im Herbst Heringe, im Winter Kabeljau und im Sommer Zwergwale. Für sie macht der Walfang ungefähr ein Drittel des Jahreseinkommens aus. Die Fangboote sind mit **elektronischen Kontrollsystemen** ausgerüstet, die festhalten, wann, wo und wie viele Wale gefangen wurden, außerdem ist immer auch ein staatlich ernannter **Walfanginspektor** dabei, der u.a. von jedem erlegten Wal einen „DNA-Fingerabdruck" nimmt.

Kritiker wie der World Wildlife Fund (WWF) und Greenpeace fordern einen sofortigen und totalen Fangstopp, den sie als einzige Chance für die Meeressäuger sehen. Die Zwergwalpopulation im Atlantik habe nach dem Zweiten Weltkrieg drastisch abgenommen und sich bis heute nicht erholt; die Hochrechnungen seien nichts als Zahlenspielerei. Die wirtschaftliche Not kleinerer Küstenfischer in Norwegen sei das Ergebnis effizienter Hochseefischerei und nicht die Folge des Walfangverbots. Für die rückläufigen Fischbestände seien nicht die Wale, sondern zu hohe Fangquoten für die Fischindustrie verantwortlich.

Land- und Forstwirtschaft

Norwegen ist alles andere als ein ideales Agrarland. Riesige Flächen mit Gebirgen und Wildnis eignen sich nicht zur Besiedlung und nur 3 % des Terrains sind landwirtschaftlich nutzbar. Trotz der großen regionalen Unterschiede in Klima und Topografie: Die Winter sind grundsätzlich zu lang und die Sommer zu kurz. Dennoch ist das Land seit Jahrhunderten besiedelt und ernährt seine Bewohner.

In Norwegen gibt es vorwiegend kleine Höfe

Die **wichtigsten Agrarregionen** sind die Ebenen um den Oslofjord, einige Beckenlandschaften im Ostland, das Tal um Voss, das Trondheimfjord-Gebiet sowie die Jæren-Ebene südlich der Stadt Stavanger. Die ackerbaulich nutzbaren Böden sind vor allem Ablagerungen aus Sand, Kies und Ton, Verwitterungsböden von Sedimentgesteinen oder Moränenmaterialien. Oft jedoch begrenzen die klimatischen Verhältnisse die Kulturflächen. Im Inneren Ostnorwegens betreibt man Landwirtschaft auf bis zu 700 m Höhe; im Küstenbereich mildert der Golfstrom, der im Winter die Wassertemperatur selten unter 5 °C absinken lässt, das Klima beträchtlich. In den inneren Fjordgebieten des Westlandes wird intensiv Obst- und Gemüseanbau betrieben, und zwar in Gegenden, deren Breitenlage der von Südgrönland entspricht. Entlang der Küste ist bis weit in den Norden Landwirtschaft möglich. Doch schwankende Witterungsverhältnisse beeinträchtigen häufig die Heu-, Kartoffel- oder Gemüseernte und zeigen die Grenzen agrarwirtschaftlicher Nutzung auf.

Gegenwärtig sind 3,2 % der Erwerbstätigen direkt in der Landwirtschaft beschäftigt. Da jeder Landwirt für zwei bis drei **Arbeitsplätze** in anderen Bereichen sorgt, ist die Landwirtschaft für den norwegischen Arbeitsmarkt von großer Bedeutung. Allerdings geht der Trend zu größeren Einheiten und verstärkter Mechanisierung: 1950 gab es noch etwa 225.000 Höfe mit über 2 ha Fläche, 2019 waren es nur noch ca 40.000 Betriebe. Klein- und Kleinsthöfe sind aber weiterhin ein wesentliches Merkmal der norwegischen Agrarwirtschaft; etwa die Hälfte aller Höfe verfügt über weniger als 5 ha Anbaufläche. Es sind zumeist Familienbetriebe, die nicht auf ein Produkt spezialisiert sind.

Spezialisierte Familienbetriebe

Die Getreideproduktion in Ostnorwegen auf größeren Flächen (die im internationalen Vergleich allerdings klein sind) ist eine Ausnahme. Norwegen konnte seinen Getreidebedarf nie selbst decken. Das Brotgetreide stammt heute etwa zu 30 % aus eigener Produktion, mit Futtergetreide versorgt sich das Land weitgehend selbst. Milch und Milchprodukte werden im ganzen Land erzeugt. Die Produktion ist ein Grundpfeiler der vorwiegend auf Viehzucht ausgerichteten Landwirtschaft und deckt die Binnennachfrage ebenso wie die Erzeugung von Rind-, Schweine-, Schaffleisch und Geflügel. Die meisten Betriebe können eine Familie nicht ernähren, daher sind Nebeneinnahmen unabdingbar. Häufig betreibt man Nischenproduktionen, indem man Wild aufzieht, Pelztiere züchtet, Honig produziert, traditionelle bäuerliche Kunst- und Gebrauchsartikel herstellt oder Ferien auf dem Bauernhof anbietet. Wer durch die Agrarlandschaften Norwegens fährt, gewinnt schnell den Eindruck einer Übermechanisierung der kleinen Familienbetriebe, die traditionell an das älteste Kind übergehen, ein Erbrecht, das seit 1965 auch für die Töchter gilt.

Nebenerwerb notwendig

Norwegen nimmt nicht am gemeinsamen Agrarmarkt der EU teil und kann damit seine Landwirtschaft extrem **hoch subventionieren**. Mitte der 1970er-Jahre beschloss das Parlament Maßnahmen, um den Beschäftigten gleiche wirtschaftliche und soziale Bedingungen zu gewähren wie den in der Industrie Beschäftigten. Ein Landwirt soll ein durchschnittliches Industriearbeitereinkommen erzielen können, nach 14 Karenztagen steht ihm ein staatliches Krankengeld zu. Eine Ablöseregelung ermöglicht den Landwirten ferner, Urlaub zu machen. Zu den Zielen der Agrarpolitik gehört neben der weitestgehenden **Eigenversorgung** mit Lebensmitteln auch die Beibehaltung einer **dezentralen Siedlungsstruktur**: Die kleinsten landwirtschaftlichen Betriebe in naturräumlich benachteiligten Regionen erhalten die relativ höchsten Beihilfen. Strikte Importbegrenzungen und marktregulierende Maßnahmen sind die Überlebensversicherung des norwegischen Agrarmarkts; Importausnahmen werden zeitweilig vor allem für verschiedene Obst- und Gemüsesorten gemacht. Insgesamt beziehen norwegische Landwirte durchschnittlich 60 % ihrer Bruttoeinkünfte aus Subventionen und Zuschüssen, das ist weltweit der mit Abstand höchste Anteil.

Hohe Subventionen

Kritiker fordern mehr Marktorientierung und weniger Subventionen, zumal die allgemeine Internationalisierung auch Norwegens Landwirtschaft verändern wird. Vor Jahren bereits hat die Regierung dem Parlament einen neuen Kurs vorgeschlagen, demzufolge das Einkommen eines Bauern nicht mehr dem Durchschnittseinkommen eines Industriearbeiters entsprechen muss. Außerdem soll es in Norwegen weniger Getreide produzierende Landwirte geben.

Trotz der allgegenwärtigen Holzarchitektur ist Norwegens **Forstwirtschaft** – etwa im Vergleich zu der Schwedens und Finnlands – von untergeordneter Bedeutung. Durch die kostengünstige Nutzung von Wasserkraft konnte sich Norwegen dennoch eine international beachtliche Position auf dem **Papier- und Zellstoffmarkt** erarbeiten. Ungefähr 90 % der Zellstoff- und Papierproduktion werden exportiert. Norwegische Zellstoffhersteller produzieren verschiedene Sorten von Zellstoff, u.a. auch die kurz- und langfaserigen Sulfat-Zellstoffe, die ein wichtiger Bestandteil von Zeitungs- und Zeitschriftenpapier sind. Ansonsten findet das geschlagene Holz hauptsächlich in der Möbelproduktion sowie im Haus- und Schiffbau Verwendung. Aufgrund der Landesnatur (steile Hänge, weite Teile liegen oberhalb der Baumgrenze, kaum Transportwege etc.) sind allerdings nur 25 % des norwegischen Areals überhaupt für die Holzwirtschaft geeignet.

Kultureller Überblick

Zwei Sprachen

In Norwegen leben rund 5,3 Mio. Menschen und für mehr als 93 % von ihnen ist das Norwegische die Muttersprache. Doch Norwegen ist offiziell ein zweisprachiges Land. Briefmarkensammler werden wissen, dass der Landesname „Noreg" auf einigen Marken (statt „Norge") kein Fehldruck ist, sondern die zweite offizielle Bezeichnung des Landes. Die beiden norwegischen Schriftsprachen heißen *bokmål* und *nynorsk*, also „Buchsprache" und „Neunorwegisch". Wer im Ausland Norwegisch lernt, setzt sich mit *bokmål* auseinander, das für 80 % der norwegischen Schulkinder die Hauptsprache ist, während ca. 16 % *nynorsk* lernen. Die Kommunen bestimmen selbst, in welcher Sprache ihre Kinder unterrichtet werden. Für die Medien gilt eine Quotenregelung: Ein Viertel der Beiträge in Radio und Fernsehen werden in Neunorwegisch abgefasst und es gibt manchmal Streit darüber, welche Sendungen in welcher Sprache produziert werden sollen. Die große Mehrheit der *bokmål*-Sprechenden wohnt in den Städten und in dichter besiedelten Gebieten, während *nynorsk* vor allem in den ländlichen Gegenden des Westens und im südöstlichen Landesinneren dominiert, wo traditionell lokale Dialekte gesprochen werden.

Parade am Nationalfeiertag am 17. Mai

Die heutige Situation lässt sich nur aus der norwegischen, oder besser: nordischen Geschichte verstehen. Norwegisch ist eine germanische Sprache und eng mit dem Schwedischen und Dänischen verwandt, sodass sich die Bewohner aller drei Länder weitgehend problemlos verständigen können. Vor rund 1.000 Jahren gab es so etwas wie eine gemeinsame Ursprache der Menschen im Norden (Altnordisch). Im späten Mittelalter entfernte sich das Dänische aufgrund kultureller Einflüsse weiter von der einst gemeinsamen Sprache als das Norwegische. Da Dänemark aber im Mittelalter die politisch und wirtschaftlich stärkste Macht in Skandinavien war und Norwegen völlig unter seinen Einfluss geriet, wurde das Dänische um 1500 Verwaltungssprache in Norwegen. Zwar wurde in der Provinz immer schon die dänische Schriftsprache durch eine spezifisch norwegische Aussprache modifiziert, doch wollten nationalistische Kräfte nach der Trennung von Dänemark eine eigene norwegische Sprache. Eine Möglichkeit dazu war, das Dänische mit Elementen der gesprochenen norwegischen Sprache zu durchsetzen. Eine radikalere Lösung sah jedoch vor, auf der Basis eines „guten" alten norwegischen Dialekts eine neue Schriftsprache zu entwickeln.

Dänischer Einfluss

Konstruierte Sprache

Der Sprachenforscher und Dichter Ivar Aasen, Sohn eines Bauern aus Westnorwegen, schuf Mitte des 19. Jh. auf der Grundlage verschiedener Dialekte das **landsmål** (= „Landessprache"). Es dauerte einige Jahre, bis *landsmål* 1884 als offizielle Sprache anerkannt wurde. Eine Reform 1901 führte dazu, dass sehr altertümliche Formen durch solche ersetzt wurden, die stärker in den Dialekten verankert waren. Mehrheitsfähig war das als „Bauernsprache" abgewertete *landsmål* jedoch nicht. Die Konservativen wollten auf jeden Fall die Sprache des Stadtbürgertums, die „Reichssprache" (**riksmål**), beibehalten und verwahrten sich gegen eine „geschmacklose Vermengung" der alten dänischen Schriftsprache mit norwegischen Wörtern und Formen. Je mehr sich aber Norwegen von Dänemark entfernte, desto mehr wurde die dänische Schriftsprache in Wortschatz, Schreibweise und Satzbau norwegisiert. Viele Wörter im gesprochenen Norwegisch mit den Konsonanten p, t und k, die im Dänischen b, d, g aufwiesen (z. B. dän. *bage* = „backen" = norweg.: *bake*), wurden nun gemäß norwegischer Aussprache geschrieben.

Dreisprachig: Bokmål, Nynorsk und Sámegiella

Dies betraf auch die Schreibweise von Ortschaften: Die Hauptstadt musste nicht mehr Christiania, sondern Kristiania geschrieben werden. So entstand das **bokmål**, die „Büchersprache". Sie war und ist die Sprache der Mehrheit und löste das *riksmål* ab. Das *landsmål* wurde von altertümlichen Formen gereinigt und in **nynorsk** umgetauft. Alle Versuche, beide Sprachen zu einer zusammenzufassen, sind gescheitert. Das *nynorsk* unterscheidet sich vom *bokmål* durch einen volleren, vokalreicheren Klang, durch mehr Diphtonge, durch differenziertere Endungen und durch drei Geschlechter anstelle von zwei, doch das tut der Kommunikation keinen Abbruch. Die Norweger leben kompromissbereit und ohne große Probleme mit dieser Situation. Streng genommen ist Norwegen sogar ein dreisprachiges Land, da Gemeinden in Nordnorwegen mit einem starken Sámi-Bevölkerungsanteil zusätzlich zum oder anstelle von *bokmål* oder *nynorsk* auch das **Sámegiella** sprechen.

Norwegens Literatur

Norwegen ist, wie Island und Irland, ein „literarisches Land" mit einer langen Tradition. Hier wird so viel geschrieben und gelesen wie kaum irgendwo sonst. Das **Bibliothekswesen** ist vorbildlich: Es gibt 892 kommunale, 336 wissenschaftliche und 19 Landesbibliotheken sowie natürlich die Norwegische Nationalbibliothek. Sie wurde 2011 zum UN-Weltdokumentenerbe erklärt, in ihrem Internet-Projekt www.bokhylla.no stellt sie alle bis zum Jahr 2000 in Norwegen erschienenen Bücher zur Verfügung. Die älteste und größte öffentliche Bibliothek des Landes (gleichzeitig Stadtbibliothek von Oslo) ist aber Deichman, ihr 2019 fertiggestellter Neubau gilt als modernste Bücherei Europas.

Norwegische Volksmärchen

Schon im Mittelalter hatte die Saga- und Skaldik-Literatur, die von hier aus ihren Weg nach Island fand, ein sehr hohes Niveau. Und im alten Märchen- und Legendenschatz, der von den „norwegischen Gebrüdern Grimm", **Asbjørnsen** und **Moe**, gesammelt wurde, wird die Vielfalt literarischer Äußerungen des einfachen Volkes deutlich. Die lange Abhängigkeit von Dänemark brachte eine kulturelle Zäsur, auch wenn im Barock **Petter Dass** wunderschöne, sprachgewaltige Lieder schuf und sich später **Ludvig Holberg** von Bergen aus aufmachte, die Komödienbühnen Europas zu erobern. Es folgte eine politisch wie kulturell aufrührende Zeit, in der sich der romantische Dichter **Henrik Wergeland** für die Unabhängigkeit Norwegens stark machte.

Henrik Ibsen

Ludvig Holberg: Denkmal in Bergen

Das 19. Jh. stand ganz im Zeichen großartiger Dramatiker, allen voran ist natürlich **Henrik Ibsen** zu nennen. 1828 in Skien (150 km südlich von Oslo) geboren, musste er mit 15 Jahren sein Zuhause verlassen und eine Apothekerlehre beginnen, nachdem sein Vater bei Spekulationsgeschäften alles verloren hatte. Er wandte sich der Dichtung zu und lebte von 1850 an in Kristiania (Oslo) und Bergen als Theaterautor. 1857 wurde Ibsen Direktor des Theaters in der Hauptstadt, doch die folgenden Jahre waren künstlerisch wie materiell eine Enttäuschung. Als das Theater 1862 aus finanziellen Gründen geschlossen wurde, verließ Ibsen resigniert seine Heimat und hielt sich 27 Jahre lang in Rom, Dresden und München auf. „Das Ausland ist es, wo wir Nordländer unsere Feldschlachten gewinnen müssen", schrieb er einem Freund. Fern von Norwegen verfasste er seine bekannten Ideendramen wie „Brand" (1866) und „Per Gynt" (1867). Radikale Kritik an den gesellschaftlichen Verhältnissen übte Ibsen in „Die Stützen der Gesellschaft" (1877), wo er die Verlogenheit der führenden Schicht aufzeigt. In „Nora oder ein Puppenheim" (1879), „Gespenster" (1881) und „Ein Volksfeind" (1882) behandelte er Lebenslügen, schonungslos zeigte er die Brüchigkeit zwischenmenschlicher Beziehungen auf.

Dramatiker von Weltruf

Ibsens Dramen zeigten, was sich hinter der Fassade des bürgerlichen Heims verbarg: Unfreiheit, Doppelmoral und Betrug. In Deutschland trugen die preiswerten Übersetzungen des Leipziger Verlages Reclam (die berühmtesten Dramen erreichten sechsstellige Auflagen) sowie die Ibsen-Aufführungen in Berlin, München und Wien zur Popularität des Norwegers bei. Als er 1891 nach Oslo zurückkehrte, war er ein berühmter Mann, der täglich seinen Spaziergang über die Karl Johan machte, um seinen Tisch im Grand Café aufzusuchen. In dieser Zeit entstand u. a. „John Gabriel Borkman" (1896), ein Drama, in dem ein rücksichtsloser Egoist das Glück seiner Familie zerstört, um seine eigenen Machtgelüste auszuleben. Sein letztes Drama „Wenn wir Toten erwachen" (1899) nannte der Dichter selbst einen dramatischen Epilog. 1906 starb Ibsen, den man auch den Vater des modernen Dramas nannte, in Oslo. Seine Bühnenstücke sind bis heute populär und werden auf der ganzen Welt aufgeführt.

Knut Hamsun

Unter den norwegischen Romanschriftstellern kommt **Knut Hamsun** eine besondere Bedeutung zu. Seine psychologisch präzisen Werke haben zahlreiche europäische Schriftsteller beeinflusst. Seine tiefe Naturliebe und Begeisterung für das Land sowie sein ausgeprägter Sinn für das Hintergründige und Irrationale der menschli-

Knut und Marie Hamsun

chen Individualität weckte bei zeitgenössischen Literaten Bewunderung für den Erzähler, der als „zweiter Homer" (Maxim Gorki) verehrt wurde. 1859 in Lom (Gudbrandsdal) als Sohn des Schneiders Peder Pedersen geboren, verbrachte er seine Kindheit auf Hamarøy in ärmlichen Verhältnissen. Später nahm er alle Gelegenheitsarbeiten an, um sich durchs Leben zu schlagen. 1880 durchlebte er einen Hungerwinter in Kristiania (Oslo), reiste dann zweimal für längere Zeit nach Amerika und arbeitete dort u.a. als Straßenbahnschaffner in Chicago. 1890 erzielte Hamsun in Kopenhagen einen ersten literarischen Erfolg mit dem Roman „Sult" (Hunger). Von 1900 an erlangte er zunehmende Bedeutung und Bekanntheit. 1908 lernte er die Schauspielerin Marie Andersen kennen, die er im darauffolgenden Jahr heiratete und die bis zu seinem Tod an seiner Seite lebte.

Die dunkle Seite des Nobelpreisträgers

Für seinen 1917 veröffentlichten Roman „Markens Grøde" (Segen der Erde), einen Lobgesang auf den die Wildnis kultivierenden Bauern, erhielt er 1920 den Nobelpreis für Literatur. Weitere bekannte Titel des größten norwegischen Romanciers sind „Pan", „Victoria" und „Landstrykere" (Landstreicher). Seine Romane voll subtiler Ironie und Humor zogen Generationen von Lesern in ihren Bann. Im Zweiten Weltkrieg unterstützte er die faschistische Partei unter Quisling und solidarisierte sich mit der deutschen Besatzungsmacht, schließlich verfasste er einen Nachruf auf Hitlers Selbstmord („Voller Trauer beugen wir unser Haupt ..."). Das führte in Norwegen dazu, den Schriftsteller für unzurechnungsfähig zu erklären. 1947 wurde ihm der Prozess gemacht und Hamsun zur Zahlung einer hohen Geldstrafe verurteilt. 1952 starb der berühmte, aber von allen verachtete Knut Hamsun 92-jährig, taub und blind, auf seinem Gut Nørholm. Nach dem Krieg verschmäht und abgelehnt, wird seine Literatur, aber auch seine Verstrickung in das Regime seit den 1970er-Jahren neu bewertet und seine Werke finden gerade in Norwegen wieder viele begeisterte Leser.

Weitere Schriftsteller

Norwegens „Nationaldichter"

Der erste Literatur-Nobelpreisträger des Landes (und der dritte überhaupt) war 1903 Ibsens Zeitgenosse **Bjørnstjerne Bjørnson** (1832–1910). Er begann seine literarische Karriere ab 1850 mit seinen „Bauernerzählungen" (Bondefortellinger) und schrieb eine Vielzahl an Gedichten, Novellen, Romanen und Theaterstücken. Verdienste erwarb sich Bjørnson durch seine Bemühungen zum Aufbau eines nationalen Theaters. Jeder Norweger kennt zumindest eines seiner Gedichte: „Ja, vi elsker dette landet ..." – den Text der norwegischen Nationalhymne!

Ebenso bekam auch **Sigrid Undset** (1882–1949, S. 372) den Nobelpreis, und zwar 1928 für ihre bezwingende Beschreibung des mittelalterlichen Lebens. Die bestimmende literarische Gestalt der Nachkriegszeit war **Dag Solstad** (geb. 1941), der einzige Autor des Landes, der dreimal den norwegischen Literaturkritikerpreis erhielt. Von seinen ca. 30 Romanen wurde erst 2004 mit „Elfter Roman, achtzehntes Buch" ein Buch ins Deutsche übersetzt. Solstad, der in Berlin und Oslo lebt, verfasste u.a. mit dem ebenfalls populären Autor Jon Michelet (s.u.) fünf Bücher über Fußballweltmeisterschaften.

Moderne Literaten

Eine der beliebtesten Autorinnen des Landes ist **Herbjørg Wassmo** (geb. 1942), die im deutschsprachigen Raum vor allem durch „Dinas Vermächtnis" (1986) und „Das Buch Dina" (1989) bekannt wurde. Noch größeren internationalen Erfolg hatte **Jostein Gaarder** (geb. 1952) mit seinem eigentlich als Kinderbuch gedachten Werk „Sofies Welt" (1993). Es wurde in über 50 Sprachen übersetzt und 1999 verfilmt. Von ganz anderer Art sind die Romane des **Lars Saabye Christensen** (geb. 1953), der mit „Yesterday" und „Der Alleinunterhalter" international viel beachtete und schwergewichtige Romane veröffentlichte, in Norwegen aber auch als Drehbuchautor arbeitet. Geradezu Kultstatus genießt **Ingvar Ambjørnsen** (geb. 1956), der seit 1985 in Hamburg lebt. Mit seinen vier Romanen, in denen er das Leben seines Helden „Elling" beschreibt, konnte er sich (nicht zuletzt wegen der kongenialen Verfilmung, unter der Regie des Norwegers Petter Næss) auch in Amerika und in Deutschland eine große Fangemeinde aufbauen. Zu Ambjørnsens mehr als 20 Romanen gehören auch einige spannende Krimis.

Aufgrund seiner minimalistisch skizzierten Dramen gilt **Jon Fosse** (geb. 1959) einigen als der „Beckett des 21. Jahrhunderts". Außer existenzialistisch anmutenden Theaterstücken wie „Eg er vinden" (Ich bin der Wind) hat er auch einige Lyrikbände und Romane verfasst. Als „einen der besten skandinavischen Romane überhaupt" feierte die Kritik „Choral am Ende der Reise" (1995) von **Erik Fosnes Hansen** (geb. 1965). Vom gleichen Autor sind u.a. auch „Falkenturm" oder „Momente der Geborgenheit" in Deutschland bekannt. Von nahezu erschlagender Wucht ist das Werk von **Karl Ove Knausgård** (geb. 1968). In seinem sechsbändigen Romanzyklus „Min Kamp" (Das autobiographische Projekt; aus naheliegenden Gründen wurde der Originaltitel – dt.: Mein Kampf – nicht übernommen) taucht der Autor auf mehr als 4.500 Seiten tief in die eigene Biografie und Psyche ein.

Schräger Humor

Einer der etwa 30 zeitgenössischen norwegischen Autoren, deren Werke jeweils in mehr als zehn Sprachen übersetzt wurden, ist **Erlend Loe** (geb. 1969). Mit seiner gesellschaftskritischen Kinderbuchreihe über den Gabelstaplerfahrer Kurt und tiefgründigen Novellen mit schräger Komik wie „Die Tage müssen anders werden. Die Nächte auch" (Alternativtitel: „Naiv. Super.") oder „Doppler" gilt er als einer der renommiertesten Schriftsteller des Nordens.

Mörderisch gut: Krimis made in Norway

info

Wer denkt, das Leben in Norwegen sei sicherer als in den meisten anderen Ländern, kommt angesichts der Flut von Kriminalromanen aus dem hohen Norden sicher ein wenig ins Grübeln. Da werden mal subtil und perfide, mal brutal und sinnlos jede Menge Norweger erschossen, erdolcht, ertränkt und vergiftet, da wird gedealt, betrogen, unterschlagen und intrigiert. Und sollte die Zahl der Toten auch nur annähernd an die tatsächlichen Gegebenheiten heranreichen, so herrschte im Königreich akute Le-

info

bensgefahr. Offensichtlich verstehen sich die Norweger gut auf solche Dinge, denn ihre Krimis werden auch in Deutschland verschlungen. Der Boom skandinavischer Kriminalliteratur hängt sicher damit zusammen, dass deutsche Verlage gerne Stoffe aus dem Norden aufnehmen, seitdem der Schwede Mankell mit seinem Kommissar Wallander für Furore sorgte. Und sicher wird Mankell Vorbild für die heutigen Autoren sein, aber es gibt natürlich noch viele andere Einflüsse.

Schon Knut Hamsuns „Pan" war eigentlich ein Kriminalroman und der norwegische Schriftsteller und Journalist **Jon Michelet** (geb. 1944) veröffentlichte bereits 1975 seinen ersten Krimi. Er verstand es, politisch brisante Stoffe in einen spannenden kriminalistischen Rahmen zu setzen. Dabei verleugnet Michelet seine linken Positionen nicht, schließlich war er 1997–2002 Chefredakteur der Tageszeitung „Klassekampen" und ist Mitglied der kommunistischen Partei Rødt. Ihn wird das legendäre schwedische Autorenpaar Sjöwall/Walhöö am meisten geprägt haben, das ab den 1960er-Jahren mit den soziologisch fundierten Krimis um „Kommissar Beck" zu den Taufpaten des Genres aufstieg. Auch einige von Michelets Büchern wurden fürs Fernsehen verfilmt, sein „Gürtel des Orion" war ein internationaler Kinoerfolg.

Mit mehreren Titeln auf dem deutschen Markt vertreten ist auch der 1960 geborene Ökonom, Journalist und Rockmusiker **Jo Nesbø**. Er schuf mit dem Polizisten Harry Hole die gebrochene Figur eines Draufgängers, der sich mit seinen Alkohol- und Beziehungsproblemen immer selbst im Weg steht. Andere von Nesbø verfasste Thriller wie „Headhunter" waren als Roman und als Film weltweite Erfolge. Auch die Schriftsteller **Pål Gerhard Olsen**, **Fredrik Skagen** und **Kjell Ola Dahl** stammen aus Norwegen.

Erstaunlich ist die große Anzahl norwegischer Krimiautorinnen. Neben **Unni Lindell** muss hier besonders **Anne Holt** (geb. 1958) genannt werden, die etliche internationale Bestseller geschrieben hat und mit zahlreichen Preisen bedacht wurde. Ihre Krimis kreisten in zwei unabhängigen Romanzyklen einmal um den sympathischen, aber vom Schicksal schwer gebeutelten Hauptkommissar Yngvar Stubø und zum andern um die Kommissarin Hanne Wilhelmsen, die lesbische und motorradfahrende Ermittlerin. Zusammen mit ihrem Bruder **Even Holt**, einem bekannten Herzspezialisten, schrieb sie zuletzt Thriller, in deren Mittelpunkt die Kardiologin Sara Zuckerman steht. Dass Holts Kriminalromane den Leser oft erschrecken, liegt nicht nur daran, dass sie gut geschrieben sind. Sondern auch daran, dass man geneigt ist, selbst die schlimmsten Missstände für möglich zu halten, denn schließlich kommt die Autorin sozusagen vom Fach: Nach ihrem Jurastudium arbeitete sie als Journalistin, Polizistin und Anwältin, und war 1996 sogar norwegische Justizministerin! Die zweite große Lady des Kriminalromans ist **Karin Fossum** (geb. 1954), deren Geschichten um den Kommissar Sejer nicht nur spannend, sondern auch psychologisch fein austariert sind und lange nachwirken. Wie Anne Holts Romane sind viele von Fossums Büchern verfilmt worden und waren auch im deutschen Fernsehen zu sehen.

Architektur

Stabkirchen und andere Holzbaukunst

In Norwegen wurden einzigartige Leistungen auf dem Gebiet der Holzbaukunst vollbracht. Die Voraussetzungen dafür boten die reichen Holzvorkommen und eine lange Tradition, die bis in die Gegenwart gepflegt wird. In der **Profanarchitektur** ist die Gildehalle von Voss (Finnesloftet, ca. 1250) das älteste Holzbauwerk des Landes. In den zahlreichen Freilichtmuseen (u. a. Maihaugen in Lillehammer und Volksmuseum in Oslo) sind Gebäude in „Stab"- oder „Loft"-Bauweise zu sehen. Dies sind zwei Grundmuster des Holzbaus, die sich im Norden entwickelt haben: „Loft" oder „lafteverk" bezeichnet den eher einfachen **Blockbau**, bei dem die tragenden Stämme waagerecht übereinander liegen und an den Ecken miteinander verbunden sind, während die **Stabbauweise** oder „stavverk" (norwegisch *stav* = „Mast", „Stab") den Masten- oder Ständerbau mit senkrechten Stämmen meint.

Grundstoff Holz

Vom Reichtum der letzten beiden Jahrhunderte zeugen ganze Stadtteile (z. B. das Hanseatische Viertel in Bergen), Dörfer auf den Lofoten oder Städte (z. B. das ostnorwegische Røros) sowie einzelne Gebäude. Oft dokumentieren sie, wie die europäische Steinarchitektur in die Formensprache des norwegischen Holzes übertragen wurde. Ihren überzeugendsten Ausdruck finden sie in den großen Bürgerbauten des Südlandes, in den mächtigen Palais der Städte (z. B. Stiftsgården in Trondheim), in großen Kirchenbauten sowie in den viktorianischen Villen (wie Troldhaugen bei Bergen) und Jugendstilhotels (z. B. Kviknes in Balestrand). Auf dem Land zeigen aber auch ärmliche Katen (etwa Hamsuns Geburtshaus bei Lom), wie karg das Leben der mehrheitlich bäuerlichen Bevölkerung war.

Unverwechselbare Baukunst

Norwegen-Reisende sind fasziniert, wenn sie vor den alten, völlig aus Holz gebauten **Stabkirchen** stehen, deren Giebeldächer steil übereinander geschichtet sind. Von den Giebeln weisen oft stilisierte Drachenköpfe, die an Asien erinnern, in alle Himmelsrichtungen. Von den einst mehr als 750 Stabkirchen sind jedoch weniger als 30 historische Bauten erhalten. Noch Mitte des 19. Jh. wurden die alten Gebäude abgerissen, da sie zu klein geworden waren.

Auf die besondere Bedeutung der Stabkirchen machte 1836 der Maler Johan Christian Dahl mit einem Bildband aufmerksam. Als König Oskar II. 1885 die Kirche aus Gol im Hallingdal in den königlichen Park auf Bygdøy bei Oslo umsetzen ließ, hatte das Signalwirkung. Seit dem Ende des 19. Jh. entwickelte sich ein Bewusstsein für die kulturgeschichtliche Bedeutung der Holzarchi-

Heddal-Stabkirche in der Telemark

tektur, die Stabkirchen wurden konserviert und teilweise restauriert. Neben der Kirche aus Gol, die heute im Freilichtmuseum in Oslo steht, befindet sich die Kirche von Garmo auf dem Maihaugen in Lillehammer und die von Haltdalen in Trondheim. Die bekannte Fantoft-Kirche nahe der Stadt Bergen brannte Pfingsten 1992 nach dem Brandanschlag einer Sekte vollständig nieder, sie konnte jedoch rekonstruiert werden. Ein reicher Bürger Bergens hatte das Gebäude Ende des 19. Jh. erworben und auf seinem Landsitz in Fantoft aufstellen lassen, um es vor der Zerstörung zu bewahren.

Rettung der letzten Stabkirchen

Architektur der Stabkirchen

Bei den Stabkirchen wird die Bauweise immer vom Mast geprägt, der den Dachstuhl trägt. Aus der einfachen Wandstabkirche entwickelten sich später komplexere Typen wie die Einmast-, Viermast- und Vielmastkirche. Die berühmte **Stabkirche von Borgund**, in einem engen Tal an der E16 nahe dem Sognefjord gelegen, ist eine der am besten erhaltenen Kirchen. Hier lässt sich das **Grundprinzip** der

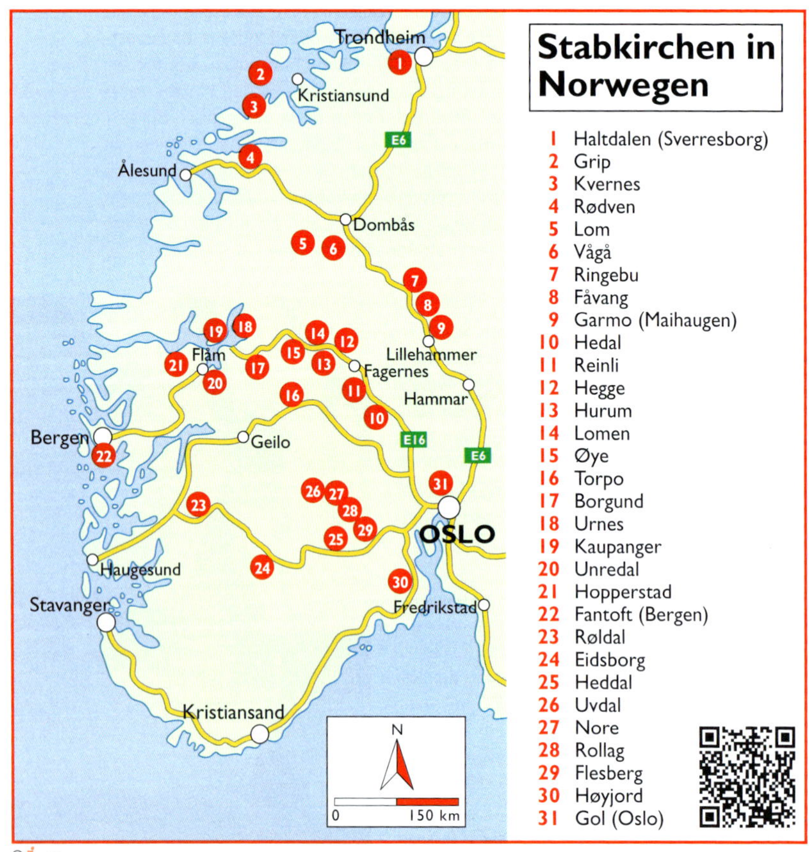

Mittelalterliche Stabkirchen

mittelalterlichen Stabkirchen aufzeigen: Wahrscheinlich wurde sie im 12. Jh. errichtet und im Mittelalter um Anbauten erweitert. Der Kernraum besteht aus einem rechteckigen Schiff mit zwölf hohen Säulen. Im 12. Jh. wurde es üblich, die Masten in sich rechtwinklig kreuzende Schwellen einzuzapfen, die auf einem Steinfundament auflagen, um sie so gegen Feuchtigkeit vom Boden zu schützen. Stützen aus Krummhölzern, Riegel und Andreaskreuze stabilisieren die Säulenkonstruktion im Zentralraum. Die mächtigen Pfeiler müssen den Dachstuhl und den Dachreiter tragen sowie die Plankenwand abstützen.

Einst hingen die Glocken im Dachreiter, dem in Borgund noch ein Doppeltürmchen aufgesetzt ist. Im Osten des Schiffes ist ein quadratischer Chor angebaut; oft – so auch in Borgund – wurde noch eine halbrunde Apsis angefügt, die ein kleiner Rundturm schmückt. Um den Bau herum verläuft ein schmaler, überdachter laubenähnlicher Umgang, norwegisch „svalgang" genannt. Hier legte man früher die Waffen ab, regelte vor oder nach dem Gottesdienst Gemeindeangelegenheiten oder tätigte Geschäfte. Die Dächer mit Drachenköpfen an den Giebeln, die nach Osten und Westen zeigen und wohl vor bösen Geistern schützen sollten, sind mit Holzschindeln gedeckt. Die verschachtelte, sich nach oben verjüngende Dachkonstruktion erweckt den Eindruck, als strebe die Kirche zum Himmel empor. Einige Interpretatoren sehen in diesem Streben in die Höhe und in der Skelettbauweise bereits in der eigentlich romanischen Bauweise erste Stilmerkmale der Gotik.

Im Westen und Süden liegen kunstvoll geschnitzte Portale sowie ein dem Priester vorbehaltener enger Eingang zum Chor. Aus winzigen Öffnungen unterhalb der Dachschwellen gelangt nur wenig Licht in den geheimnisvoll wirkenden Innenraum. Es sind nur wenige Gebäude wie die Kirchen in Borgund, Heddal, Hopperstad oder die abgebrannte von Fantoft, die ihre ursprüngliche Form bewahrt haben bzw. rekonstruiert wurden. Sie repräsentieren den Typ der architektonisch vielgliedrig entwickelten **Säulenstabkirche** mit überhöhtem Zentralraum, innerem Umgang, Laubengang und Dachreiter, die jeweils eine gesonderte Dachkonstruktion aufweisen. Der meistverbreitete Typ aber dürfte die **Wandstabkirche** gewesen sein, die aus einem ungegliederten Rechtecksaal mit quadratischem Chor bestand. Für diesen schlichten Typus steht z. B. die kleine Kirche aus Haltdalen, die heute im Freilichtmuseum in Trondheim zu sehen ist. Die Zimmerleute und Baumeister, die in den reichen Gemeinden der inneren Fjordgebiete wirkten, wo es weniger feucht ist als an der Küste, sodass das Holz besser erhalten blieb, konnten auf eine reiche Tradition der Holzverarbeitung zurückgreifen. Viele Techniken gingen auf den Schiffbau der Wikingerzeit zurück. Ein Blick in den Dachstuhl mancher Stabkirchen lässt deutlich Parallelen zwischen der Versteifung der Sparrendächer und den Spanten der Wikingerboote erkennen.

Älteste Holzarchitektur Europas

Als **Bauholz** wurden gerade gewachsene Fichtenstämme verwendet, die häufig schon im Wald vorbehandelt wurden. Um getrocknetes, widerstandsfähiges Holz zu erhalten, schnitt man die Stämme ringförmig ein und kappte Äste und Baumkrone. Dann ließ man die Bäume einige Jahre stehen, das Harz imprägnierte das Holz. Im Kircheninneren wurde nach der Errichtung der Bauten das Holz nicht mehr konserviert, von außen wurde regelmäßig eine schützende Pechhaut aufgetragen. In heidnische Zeiten zurückversetzt fühlt man sich nicht nur beim Anblick der Drachenköpfe an den Giebelfirsten oder der unheimlichen Masken an den Säulenenden unterhalb der Decke. Das ganze Können norwegischer Holzschnitzer zeigt sich an den reich geschnitzten **Portalen**. Kämpfende Fabeltiere kommen häufig vor, da speit ein Tierkopf eine Ranke aus oder ein Drachen- bzw. Lindwurmkopf durchbeißt eine solche. Oft finden sich Szenen aus der germanischen Mythologie, etwa Darstellungen aus der Sigurdsage auf gleich mehreren Portalen, von denen sich heute einige in den Altertumssammlungen der Universität Oslo befinden. Wesentlich seltener sind dagegen christliche Motive.

Reiche Verzierungen

Als Höhepunkt dieser Kunst gilt ein Portal aus dem 11. Jh. an der Nordseite der **Urnes-Kirche**, die idyllisch am Lusterfjord liegt. Die Kirche wurde wahrscheinlich um 1200 errichtet, das Portal und die Wandplanken von einer Vorgängerkirche wurden, recht unsensibel, in die Wand eingefügt. Noch in der Tradition germanischer Tierornamentik stellen die Urnes-Schnitzereien einen Übergangsstil dar, der namensgebend für den Urnesstil wurde. Zwei Bohlen umschließen eine schmale, schlüssellochähnliche Tür mit flachem Relief. Auf der linken Wandbohle ist ein großes, hirschähnliches Tier zu erkennen, eng verflochten mit anderen Fabeltieren, deren Körper sich in bewegten Linien auflösen. Typisch für den Urnesstil sind deutlich herausgearbeitete Gelenkspiralen. Kraft und Dynamik kennzeichnen das Schnitzwerk, dessen Deutung aber unsicher ist. Manche Experten glauben, in dem Kampfgewirr den symbolischen Sieg des Christentums über das Heidentum zu erkennen.

Dass die nordische Mythologie in der Frühzeit des Christentums die Menschen beschäftigte, zeigt sich auch in der exzellenten **Schmiedekunst** der Schlösser und Schlüsselbleche, der Türringe und manchmal der Türbeschläge. So wachsen z. B. aus den vier Ecken eines Schlüsselblechrahmens Drachenköpfe heraus und die Türringe stellen häufig eine sich selbst in den Schwanz beißende Schlange dar.

Kulturgut Skandinaviens

Die norwegischen Stabkirchen gehören neben den Felsritzungen aus Stein- und Bronzezeit und den faszinierenden Bildsteinen der Insel Gotland zu den **größten Kulturleistungen Skandinaviens**. Sie sind Manifestation einer selbstbewussten bäuerlichen Gesellschaft in den Fjordtälern, die sich mit ihrer **einmaligen Holzarchitektur** bewusst gegen den internationalen sakralen Baustil der damaligen Zeit abhebt. Die Stabkirchen sind Norwegens eigenständiger Beitrag zur Architekturgeschichte der Welt.

Steinarchitektur

Kontinentale Vorbilder

Holz- und Steinbauten wurden gleichzeitig errichtet, aber während sich auf dem Lande eine eigene Holzarchitektur entwickelte, orientierte sich die städtische Kultur in der **Steinbaukunst** stark am Ausland. Aus Stein wurde in Norwegen erst verhältnismäßig spät gebaut, da das Land niemals von den Römern besetzt war. In den wirtschaftlichen und politischen Zentren wurden ab dem 11. Jh. Kirchen und Profangebäude aus diesem Baumaterial errichtet. Einige kleine romanische Steinkirchen wie die Gamle-Aker-Kirche (Oslo) oder die Kirche von Vik am Sognefjord sind aus dieser Zeit erhalten. Nach der normannischen Eroberung Englands gelangten ab dem 12. Jh. normannische, später englisch-gotische Formideen und Bauleute nach Norwegen. Die Entwicklung fand ihren Höhepunkt im Bau und der Ausgestaltung der prächtigen Kathedralen von Stavanger (S. 224) und besonders von Trondheim (S. 402). Nicht vergessen werden darf die Bautätigkeit auf jenen Inseln, die damals noch zum Königreich gehörten. Während die Magnús-Kathedrale auf den Färöern heute nur noch als Ruine erhalten ist, stellt die Domkirche von Kirkwall auf den Orkneys das vielleicht schönste und reinste Beispiel norwegischer Architektur im normannischen Stil dar.

Portal der Marienkirche in Bergen mit normannischen Elementen

Kühler und sparsamer in der Formensprache drang die Steinarchitektur auch in den Norden des Landes vor bis hin zu den Vesterålen (Trondenes-Kirche bei Harstad, ca. 1250, die nördlichste gotische Kirche der Welt). Zur gleichen Zeit errichtete die Krone Festungen aus Stein, um ihre Macht zu konsolidieren und zu repräsentieren. Die restaurierten Residenzen der Håkonshalle in Bergen und der Åkershus-Festung in Oslo sind bester mitteleuropäischer Standard jener Zeit. In der dänischen Zeit gelangten unter dem Einfluss des „Architektenkönigs" Christian IV. **Renaissance-Ideen** nach Norwegen, die sich in Einzelgebäuden wie auch ganzen Stadtanlagen zeigen. Bis heute ist allein Oslo eine „Steinstadt" geblieben, die mit anderen europäischen Großstädten verglichen werden könnte. Neben Elementen der Renaissance (u.a. Åkershus-Umbau in Oslo, Rosenkrantz-Turm in Bergen) ist es der **Neoklassizismus**, der das heutige Stadtbild prägt. In der Achse der Karl Johans gate mit dem Königlichen Schloss und der Universität ist ein eindrucksvolles städtisches Ensemble entstanden, das durch Bauten des Historismus (Parlament und Ostbahnhof) und des Funktionalismus (Rathaus) vervollständigt wird.

Obwohl Norwegen bei der Errichtung und Gestaltung moderner Kirchen (u.a. Bergen, Kristiansund, Tromsø), Rathäuser (Molde), Museen (Munch-Museum, Oslo; Henie-Onstad-Museum, Bærum), Konzerthallen (Grieg-Halle in Bergen) und anderer Großprojekte eigene Wege ging, konnte das Land lange Zeit anders als andere skandinavische Länder keine bedeutenden Architektennamen aufweisen und wurde in der internationalen Bauszene oft nur aufgrund der beeindruckenden Leistungen von Technikern und Ingenieuren beim Bau von Brücken, Wasserkraftanlagen und Bohrinseln erwähnt. Dies änderte sich seit Ende der 1980er-Jahre, wobei der Einfluss der **Olympischen Spiele in Lillehammer** sehr wichtig war. Mit mutigen, unkonventionellen Bauten wie der Olympiahalle von Hamar mit der weltweit größten frei gespannten Holzkonstruktion machten sich norwegische Architekturbüros einen Namen. Ein Beispiel ist die Firma **Snøhetta**, die als kleines Büro 1989 den historischen Wettbewerb um die Gestaltung der neuen Bibliothek von Alexandria gewann – das wichtigste Bauvorhaben im modernen Afrika. Die Bibliothek wurde 2001 fertiggestellt und begeistert aufgenommen. Snøhetta konnte in der Folge seine globale Marktposition festigen und im Inland (u.a. Neue Oper von Oslo) und Ausland (u.a. Norwegische Botschaft in Berlin) großartige Bauten voll-

Moderne Architekten

Freude für Ohren und Augen: die neue Oper in Oslo

enden. Seit den 1990er-Jahren nahm die Welt also von norwegischen Büros und Architekten wie Kjell Lund, Nils Slaatto, Niels Torp, Sverre Fehn, Kari Nissen-Brodtkorbs, Ivar Lunde und Morten Løvseth stärker Notiz.

Bildende Kunst

Älteste Kunstform des Nordens

Die vielerorts in Norwegen sichtbaren **Felsritzungen** (Helleristninger) aus der Steinzeit können nicht genau datiert werden, sie mögen gut 4.000 oder sogar 6.000 Jahre alt sein. Ihre naturalistisch gezeichneten Umrisse von Jagdtieren findet man hoch im Norden ebenso wie am Trondheimsfjord oder weiter südlich, am bekanntesten sind die von Hjemmeluft bei Alta (S. 491). Abstrakter wirken die bronzezeitlichen Helleristninger, die ab ca. 1500 v. Chr. in den Fels gemeißelt wurden. Auf ihnen sind immer wieder Schiffe, Menschen bzw. Götter, Tiere, Schalen, Kreise etc. zu sehen, größtenteils magische Symbole, deren Bedeutung unklar ist.

Auch in den folgenden Kulturepochen, der Eisenzeit, der Wikingerzeit und dem Mittelalter, entwickelten die in Norwegen siedelnden Menschen stets eine eigene künstlerische Sprache, selbst nach der Christianisierung, als Themen und Stoffe vom Süden vorgegeben wurden. In der Neuzeit war aufgrund der kulturellen Abhängigkeit von Dänemark eine wirklich eigenständige Entwicklung schwierig und fand am ehesten im bäuerlichen Umfeld statt. Bestes Beispiel dafür sind die **Rosenmalereien**, die man in den Holzkirchen der großen Talungen wie Setesdal oder Gudbrandsdal, aber auch anderswo und durchaus auch in Bauernhöfen oder Bürgerwohnungen angebracht hat.

Norwegens Befreiung von Dänemark ging mit den Versuchen von Künstlern und Intellektuellen einher, eine nationale Identität zu definieren, wobei die Romantik den weltanschaulichen Hintergrund bot. Die künstlerische Ausbildung aber fand im Ausland statt, denn die Dänen etablierten zwar die Universität von Oslo, jedoch keine Kunstakademie. Eine zentrale Rolle spielte zunächst Dresden, wo viele hoffnungsvolle norwegische Talente gefördert wurden. Der bekannteste norwegische

Maler, der auch Einfluss auf die deutsche romantische Malerei hatte, war der norwegische Maler **Johan Christian Clausen Dahl** (1788–1857), ein Freund Caspar David Friedrichs und Lehrer an der Dresdner Kunstakademie. Dahls Abbildungen, vor allem der Landschaften Westnorwegens, machten das Land in Mitteleuropa bekannt und weckten ein breites Interesse. Abgesehen davon war Dahl durch seine Beschreibung und Würdigung der Stabkirchen maßgeblich an der Rettung dieser Bauwerke beteiligt, gründete zudem in Norwegen die erste Gesellschaft für Kunst (1836) und förderte ganz allgemein das kulturelle Bewusstsein. Nach J.C.C. Dahl verlor Dresden seine Bedeutung für norwegische Künstler, die es nun verstärkt an die Akademie von Düsseldorf zog. Zu dieser nationalromantischen Malergeneration, auch die „Düsseldorfer Schule" oder „die Düsseldorfer" genannt, gehörten Künstler wie **Adolph Tiedeman** (1814–1876) und **Hans Gude** (1825–1903). Ihr bekanntestes, gemeinsam geschaffenes Werk heißt „Brautfahrt im Hardanger" (Brudeferden i Hardanger) und kann als das Symbol schlechthin für das romantische Bild vom Norwegertum gesehen werden.

Rolle der Dresdner Kunstakademie

In den 1870er-Jahren gab es eine Zeitlang eine Kolonie malender Norweger in München, darunter Erik Werenskiold (1855–1938), Gerhard Munthe (1849–1929) und besonders **Theodor Kittelsen** (1857–1914), der durch seine Illustrierung der norwegischen Volksmärchen Trollen und Elfen ein Gesicht gab. Ein Jahrzehnt später zog es die norwegischen Künstler nach Paris, wo sich bald **Christian Krogh** (1852–1925) als wichtigste Gestalt etablierte. Nach Norwegen zurückgekehrt, gründeten sie 1882 die „Herbstausstellung" (Høstutstillingen) für die neue, zeitgenössische norwegische Kunst. Christian Krogh, der sich bald dem Realismus zuwandte, wurde auch zur Leitfigur der Osloer Bohème und kann als Vorläufer und Lehrer von Norwegens berühmtestem Künstler **Edvard Munch** (S. 145) bezeichnet werden. Munch adaptierte alle neuen europäischen Trends wie Pointillismus, Fauvismus und Jugendstil und verdichtete sie zu einer völlig eigenständigen und unverwechselbaren Form und Farbgebung. Die bildende Kunst des Königreichs erreichte mit diesem Maler ihren Höhepunkt.

Höhepunkt der norwegischen Kunst

Musik

So wie die Malerei mit Edvard Munch, so hat die **klassische Musik** in Norwegen mit **Edvard Grieg** (S. 271) ihre große Lichtgestalt, die andere Komponisten in den Schatten stellte. Nur der große Violinvirtuose Ole Bull (1810–1880), der sich in Europa und den USA eine brillante Karriere erarbeitete, wurde im Ausland ähnlich enthusiastisch aufgenommen wie Grieg. Doch auch in der Zeit danach brachte Norwegen Künstler von internationalem Rang hervor, z. B. die Sopranistin Kirsten Flagstad (1895–1962). Heute verfügt das Land über eine ganze Reihe international gefeierter Solokünstler, Ensembles und Orchester, allen voran das Philharmonische Orchester Oslo, das Philharmonische Orchester Bergen und das Norwegische Kammerorchester. Konzerthallen gibt es in jeder größeren Stadt, am bekanntesten und größten von allen ist natürlich die 2008 eingeweihte Osloer Oper.

Klassische Meister

Anders als viele andere Länder Europas kann Norwegen auf eine ungebrochene Tradition der **Volksmusik** zurückblicken. Sie inspirierte die klassischen Komponisten wie Grieg und verfügt auch heute noch über eine Reihe sehr fähiger junger Interpreten. Das häufigste und wichtigste Instrument der Volksmusik, die Hardanger-Fiedel, ist gewissermaßen das „Nationalinstrument" des Landes. Ihr Bau unterscheidet sie von der herkömmlichen Geige, sie hat vier oder fünf Resonanzsaiten und ist immer schön verziert. Zu den anderen traditionellen Volksmusikinstrumenten gehören Maultrommel *(munnharpe)*, Widderhorn *(bukkehorn)*, Lure *(lur)* und die norwegische Zither *(langeleik)*. Gespielt wird sowohl ältere Tanzmusik *(bygdedans)* wie Springar, Gangar und Lyarslått als auch die im 19. Jh. populären zentraleuropäischen Tänze wie Walzer, Rheinländer und Polka. Für beide Sparten werden in jedem Jahr zwei nationale Wettbewerbe abgehalten, hinzu kommen regionale, aber immer gut besuchte Veranstaltungen wie das Volksmusikfestival von Førde, das internationale Telemark-Volksmusikfestival in Bø und das Jørn-Hilme-Festival in Valdres. Zu den derzeit bekanntesten Volksmusikgruppen gehören Majorstuen, Dvergmål und Utla.

Lebendige Volksmusik

Norwegische **Jazzmusik** ist heute eine der innovativsten in Europa. Musiker wie Arild Andersen, Ketil Bjørnstad, Jan Garbarek und Terje Rypdal gehören zur internationalen Jazzelite. Dass ausgerechnet dieser Musikstil in Norwegen so beliebt wurde, liegt vielleicht an der Jazzausbildung in den Oberen Sekundar- und Kunstschulen. An den verschiedenen staatlichen Hochschulen und Universitäten gibt es speziell eingerichtete Rhythmik- und Jazz-Studienprogramme. Auch zukünftig ist also auf breiter Basis für Nachwuchs gesorgt. Die wichtigste Organisation ist das „Norwegische Jazz-Forum", dem die meisten norwegischen Jazzmusiker, Jazzclubs und Jazzfestivals angeschlossen sind und die in Bergen, Bodø, Kristiansand, Oslo und Trondheim fünf regionale Jazzzentren aufgebaut hat. Den größten kommerziellen Erfolg haben seit Mitte der 1990er-Jahre Sängerinnen wie Karin Krog, Rebekka Bakken, Silje Nergaard, Solveig Slettahjell, Hanne Hukkelberg oder Kristin Asbjørnsen.

Pop aus Norwegen

Norwegen hat auch auf dem Gebiet der **Popmusik** etwas zu bieten, wie der Erfolg der Band a-ha beweist, die in den 1980er-Jahren die internationalen Charts eroberte und nach 2000 ein gelungenes Comeback feierte. Die bekannteste norwegische Singer-/Songwriterin ist die 1983 geborene Marit Larsen, deren Folkpop-Alben sich allein in Deutschland bis 2019 mehr als 210.000-mal verkauften. Auch die 1986 geborene Maria Mena eroberte mit ihren balladenhaften Songs wie „My Lullaby" die Charts vieler Länder. Im Königreich überaus beliebt ist auch die hiesige Variante der **Country-Musik**, die ihre Fangemeinde auf z.T. riesigen Festivals versammelt und in Heidi Hauge ihre erfolgreichste Künstlerin besitzt. An vorderster Front der lebhaften norwegischen **Rockszene** stehen Bands wie Kaizers Orchestra, Turbonegro, JR Ewing, Motorpsycho und Euroboys, die **Elektronik-Musik** wird von der Gruppe Röyksopp dominiert, **Hip-Hop** von Künstlern

Selbst einmal Star sein: im Pop- und Rockmuseum Rockheim, Trondheim

wie Tungtvann, Diaz, Highasakite und Team Me repräsentiert und Bands der erstaunlich vielseitigen **Metal-Szene** wie Mayhem, Satyricon, Red Harvest, Dimmu Borgir und Kovenant haben eine große Fangemeinde auch im Ausland. Auch schwer einzuordnende Künstler und Bands konnten sich durchaus am britischen, amerikanischen und deutschen Markt etablieren, etwa die Damencombo Katzenjammer mit einer goldenen Schallplatte in Deutschland. Dass die moderne norwegische Musikgeschichte einen großen Stellenwert im eigenen Land hat, beweist die Eröffnung von Rockheim, dem nationalen Museum für Rock- und Popmusik in Trondheim (2010), und des Popsenteret in Oslo. Bei Interesse sollte man mal in das „Radio Rockheim" reinhören, das über www.rockheim.no zu empfangen ist.

Film

Nationales Filmerbe

Während Schweden und Dänemark schon früh mit großen Spielfilmen erfolgreich waren, stieg Norwegen erst spät ins Filmgeschäft ein. Trotzdem kann man stolz auf das nationale Filmerbe sein. Die ersten erhaltenen norwegischen Stummfilme stammen von 1911, der erste Tonfilm war „Den store barnedåpen" („Die große Kindstaufe", 1931) von **Tancred Ibsen**, einem Enkel des großen Henrik Ibsen. Nach dem Zweiten Weltkrieg stellten sich auch erste internationale Erfolge ein. Heute noch werden in Programmkinos die Arbeiten von **Edith Carlmar** gezeigt, die 1949–1959 zehn Spielfilme drehte, allesamt stark diskutiert und viel besucht. In ihrem letzten Film „Ung flukt" (Frühehe, 1959) ist Liv Ullmann in ihrer ersten Hauptrolle zu sehen. Ebenfalls seit 1949 arbeitete **Arne Skouen**, der 17 Spielfilme drehte, darunter den Oscar-nominierten „Soweit die Kräfte reichen" (1957), den viele Kritiker für den besten norwegischen Film aller Zeiten halten. Der einzige norwegische Streifen, der je einen Oscar gewann, ist ein Dokumentarfilm: **Thor Heyerdahl** filmte 1947 seine Floß-Expedition im Pazifik, dieser Film „Kon-Tiki" wurde 1952 mit dem begehrten Preis ausgezeichnet.

Jüngere Filmemacher

Auch sonst wird dem norwegischen Film seit den 1990er-Jahren internationale Aufmerksamkeit zuteil, beflügelt von den Erfolgen, die etwa **Ola Solum** („Gürtel des Orion", 1985) und vor allem **Nils Gaup** („Die Rache des Fährtensuchers", 1987) in den USA hatten. Internationale Erfolge waren in jüngerer Vergangenheit u.a. „Kitchen Stories" (2003) über den Regulierungswahn der 1960er-Jahre, die schwarze Komödie „Nord" (2010, Roadmovie über einen depressiven Alkoholiker in der Winterlandschaft Nordnorwegens), der Fantasy-Thriller „The Troll Hunter" (2011), die packende Verfilmung des Jo-Nesbø-Thrillers „Headhunters" (2011), die tiefschwarze Actionkomödie „Einer nach dem anderen" (2014), der Zombie- und Splatterfilm „Dead Snow" (2015), die Tragikkomödie „Welcome to Norway" über einen fremdenfeindlichen Hotelier, der sein verwahrlostes Etablissement in eine Flüchtlingsunterkunft verwandelt (2016), und die Komödie „Kill Billy" über einen alten Möbelladenbesitzer, der mit seiner Frau einen Rachefeldzug gegen IKEA startet (2016).

In der Sparte der **Kinder- und Jugendfilme** sieht man ebenfalls norwegische Produktionen regelmäßig auch in deutschen Kinos, etwa die Streifen über die Abenteuer des kleinen Jungen Lillebror und seines Freundes Knerten, eines Zweigs mit menschlichen Eigenschaften, oder den Erfolgsfilm „Anne liebt Philipp".

Esskultur – die norwegische Küche

Speisen

Die norwegische Küche hatte lange Zeit nicht einmal den schlechten Ruf, den man der britischen Kochkunst nachsagt, sondern schlicht gar keinen. Die zahlreichen Imbissbuden, Pizzerien und internationalen Restaurants im Lande lassen den Eindruck entstehen, als gäbe es gar keine norwegische Küche. Dabei gehört die norwegische Kochkunst neuerdings zu den besten der Welt – jedenfalls im Bereich der Spitzengastronomie. Seitdem Bent Stiansen 1993 beim Bocuse d'Or, der inoffiziellen Weltmeisterschaft der Köche, zum ersten Mal für Norwegen die Goldmedaille geholt hat, reißt der Preissegen für das Königreich nicht ab. In den 16 Finalbegegnungen, die bis 2019 durchgeführt wurden, war Norwegen 14-mal vertreten. Mit insgesamt fünf Gold-, drei Silber- und drei Bronzemedaillen stellt Norwegen die Nation mit den meisten Auszeichnungen dar – weit vor Frankreich oder anderen Nationen, die für ihre Haute Cuisine bekannt sind! Gerade in den letzten Jahren hat vor allem Oslo auf dem Gebiet avancierter Esskultur enorm aufgeholt und die Stadt, die bisher auf dem Radarschirm des internationalen Foodie-Jetsets überhaupt nicht auftauchte, zu einem begehrten Reiseziel gemacht: etwa durch das Restaurant Maaemo, das vom Guide Michelin in den Jahren 2016–2019 jeweils drei Sterne bekam und damit zum besten Gourmettempel Nordeuropas aufstieg.

Norwegische Kochkunst

Davon merkt man freilich nur wenig, wenn man nur eine einfache Mahlzeit zu sich nehmen will. In Gatekjøkken (wörtlich: „Straßenküche" – Cafeteria, Imbissstube) werden *fiskeboller* angeboten, Fischklößchen in weißer Soße, oder Stockfisch, der nicht jedermanns Sache ist. In einem Land, dessen Wirtschaft auf den Ressourcen des Meeres basiert, wird natürlich viel **Fisch und Seafood** gegessen. Wer also Qualität und Besonderheit der norwegischen Küche erleben und landestypisch essen möchte, kommt an Lachs, Goldbarsch, Steinbutt, Seezunge, Dorsch, Hering, Garnelen, Königskrabben, Austern und Muscheln nicht vorbei. Auf dem Fischmarkt fangfrisch gekauft oder selbst gefangen und zubereitet, sind die Meeresprodukte schon wegen ihres vorzüglichen Eigengeschmacks Spezialitäten. Norwegischer Lachs, ob gekocht, geräuchert, gebraten oder gebeizt, ist inzwischen dank Fischzucht zu erschwinglichen Preisen zu haben. Empfehlenswert ist der *gravet laks*, eine mindestens zwei Tage in eine Beize aus Salz, Pfeffer, Zucker und Dill eingelegte Köstlichkeit. Nicht zu vergleichen mit artverwandten Meeresfrüchten südlicher Länder sind die schmackhaften, großen und gesunden *reker*, Garnelen, die in Gewässern leben, in denen die Wassertemperatur nicht über 8 °C liegt. Auf den Speisenkarten mancher Restaurants wird *reker* gelegentlich falsch mit „Krabben" übersetzt. Norweger treffen sich schon einmal zu einem *rekekveld*, einem Garnelenabend, bei dem die *reker* am Tisch geschält und mit Butter auf Weißbrot oder Toast und Zitrone gegessen werden. In Cafeterien gibt es Garnelen oft auf Sandwiches oder in vielen Salaten.

Frische Rohwaren aus dem Meer

Eine Besonderheit sind auch die Variationen marinierter Heringe, mal in Senfsauce oder süßsauer zubereitet. Sie fehlen auf keinem Büfett und werden bereits zum **Frühstück (frokost)** angeboten, das in der Regel im Preis für die Übernachtung eingeschlossen ist. Wer hier seine ersten kulinarischen Norwegen-Erfahrungen macht, wird angenehm überrascht sein. Das Büfett besteht aus Butter, Margarine, Marmeladen, Honig, verschiedenen Brotsorten und Brötchen, Cornflakes, Müsli, Joghurt, Fleischscheiben, Schinken und Wurst, verschiedenen Käsesorten, Eiern, Fischbeilagen, Frikadellen, manchmal auch noch Hefeteilchen sowie Kaffee, Tee, Milch und Orangensaft. Angesichts eines solchen Frühstücks wird verständlich, dass man im normalen norwegischen Alltag zu **Mittag** (**lunch/lunsj**) meist nur ein Brot oder eine Kleinigkeit isst. Das **Abendessen** (**middag**) wird früh eingenommen, oft zwischen 17 und 18 Uhr, sodass im Sommer die langen, hellen Abende für Spaziergänge, Angeltouren oder Besuche im Sommerhäuschen genutzt werden. Gegen 21 Uhr oder später nimmt man dann noch ein **Abendbrot** (**aftensmat**) ein, oder manchmal auch Kaffee und Kuchen.

Vier Mahlzeiten am Tag

Wer ein einheimisches kulinarisches Erlebnis sucht und reichlich essen möchte, dem sei ein **traditionelles Büfett** (**koldtbord**) empfohlen, wie es manche Restaurants/Hotels mittags und/oder abends zum Pauschalpreis anbieten. Da finden sich neben Räucherlachs und mariniertem Lachs geräucherte und marinierte Forellen, gelaugter Stockfisch, Heringsvariationen, gekochter Dorsch, Fladenbrot, Fleischklöße, Hammelkeule, Rentier- und Elchfleisch sowie köstliche Desserts, wie etwa Multebeercreme oder Karamellpudding.

Wer auf Reisen zu Mittag eine recht preiswerte Mahlzeit zu sich nehmen möchte, achte auf ein **Tagesmenü** (**dagens rett**), das viele Restaurants und Cafés anbieten. Ein Besuch bei McDonald's oder ähnlichen Ketten fällt doppelt so teuer aus wie bei uns. Relativ preiswert isst man in chinesischen Restaurants, die es in fast jeder Stadt gibt. Manchmal bekommt man dort sogar norwegische Hausmannskost. Touristen finden in größeren Orten in einem Café, China- oder Pasta-Restaurant ein Hauptgericht für ca. 12 €. In den besseren Restaurants Oslos, Bergens oder Trondheims kostet ein 3-Gänge-Menü pro Person ab 70 € aufwärts (Getränke extra).

Preiswerte Tagesmenüs

Kulinarischer Genuss: Seafood-Arrangement im Restaurant

In den letzten Jahren bieten immer mehr Restaurants verschiedener Preisniveaus **traditionelle norwegische Gerichte** an. Einige der traditionellen Gerichte und Spezialitäten des Landes sind allerdings für Kontinentaleuropäer etwas gewöhnungsbedürftig. Dazu gehört wohl *rømmegrøt*, eine Art gelber Brei, gekocht aus dickem Sauerrahm und weißem Mehl oder Gries, serviert mit Zucker, Zimt und Butterkugel. Geradezu ein Nationalgericht sind Fleischklöße in brauner Soße *(kjøttkaker)*, genauso wie *fårikål*, Lammfleischscheiben mit Kohl gekocht. Dazu isst man Kartoffeln. Die traditionellen Gerichte gehen auf alte Konservierungsmethoden zurück, mit denen in Norwegen die langen Winter überstanden wurden. Dazu gehört das *pinnekjøtt*, geräuchertes Hammelfleisch, das ursprünglich aus Westnorwegen stammt, inzwischen aber als Delikatesse zusammen mit Kohlrabimus und Kartoffeln im ganzen Lande geschätzt wird. Geräuchertes Fleisch und getrockneten Fisch nahmen schon die Wikinger auf ihre ausgedehnten Reisen mit. Ein altes norwegisches Gericht ist der *lutefisk*, in Lauge und Wasser eingeweichter Stockfisch, der in Norwegen im Herbst und vor allem zu Weihnachten populär ist.

Garantierte Frische direkt vom Krabbenkutter

Neben den hervorragenden Rohwaren aus Meer, Flüssen und Seen sind es vor allem **Molkereiprodukte**, die Norwegens kulinarisches Angebot international bekannt und begehrt gemacht haben. Es war eine kleine Sensation, als bei den „World Cheese Awards 2016–2017“ der Blauschimmelkäse „Kraftkar“ aus der kleinen norwegischen Käserei Tingvoll Ost über 3.200 andere Käsesorten auf die hinteren Plätze verwies und zum „besten Käse der Welt“ gekürt wurde – und zwar mit einem solchen Abstand, dass er sich mit dem besten Ergebnis in der 30-jährigen Geschichte dieser Veranstaltung nun „Champion of Champions“ nennen darf. Und Ende 2018 wurde bei den World Cheese Awards, die mit einer Rekordbeteiligung im norwegischen Bergen abgehalten wurden, nicht nur der „Fanaost“ (ein milder, halbfester Gouda) zum besten Käse der Welt gekürt, auch die Silbermedaille ging an ein norwegisches Erzeugnis, nämlich an den braunen Ziegenkäse aus Stordalen Gardsbruk in Tinn. Überhaupt, so behaupten die meisten Landeskinder, ist der *geitost*, der Ziegenkäse, das „allernorwegischste“ Produkt. Von ihm werden jährlich 14.000 t produziert; dabei köchelt man die Ziegenmilch so lange, bis sie eine braune Karamellfarbe annimmt und süßlich schmeckt.

Prämierter Käse

Hefebrote gab es nur zu festlichen Anlässen, da im Norden mit Hafer und Gerste überwiegend Getreidearten angebaut wurden, die sich nicht zur Herstellung dieser Brotart eigneten. Üblich war das *flatbrød*, ein dünnes, hartes, haltbares **Fladenbrot**, das heute in Norwegen fast identisch ist mit der Marke Ideal. *Lefse* hingegen ist ein weiches Fladenbrot aus Kartoffeln und Mehl, das die Norweger mit Butter bestreichen, mit kleingeschnittenen Fleischklößchen füllen und wie eine Wurst zusammenrollen. In Voss und Umgebung, im Herzen Fjord-Norwegens, kennt man mit *smalehove* ein Gericht, über das die Meinungen auseinandergehen: Schafskopf geräuchert und gekocht.

In der **Weihnachtszeit** wird in den Familien oft noch traditionell gegessen. Am Heiligabend isst man häufig mittags Milchreis, nach dem Gottesdienst dann die Weihnachtsgerichte, die je nach Region aus *svineribbe* (Rippchen), *pinnekjøtt* (gepökelte Lammrippe), *lutefisk* (gelaugter Stockfisch), verschiedenen Arten von eingelegtem Hering oder *julepølse* (eine Art Weißwurst) bestehen. Zum Nachtisch serviert man *riskrem* (Sahnemilchreis), in dem eine Mandel versteckt ist; wer sie findet, erhält ein kleines Geschenk, oft ein Marzipanschwein.

Getränke

Eine Art Nationalgetränk sind **Kaffee** *(kaffe)* und **Milch** *(melk)*, die in Norwegen recht preiswert sind. Teuer ist hingegen das zumeist importierte Mineralwasser, ebenso wie die oft sehr süßen Fruchtsäfte und die international bekannten Softdrinks. Der Ausschank alkoholischer Getränke ist nicht in jeder Gaststätte oder jedem Restaurant, nicht zu jeder Tageszeit und nicht an jedem Tag gestattet. Lediglich in den staatlichen Vinmonopol-Läden erhält man Wein und höherprozentige Alkoholika sowie **Bier** der Steuerklasse 3, also Bier mit einem Alkoholgehalt ab 4,75 Vol.-%. Das nach dem Reinheitsgebot gebraute norwegische Bier *(øl)* ist schmackhaft und wird reichlich getrunken. Nach dem Alkoholgehalt wird es in vier verschiedene Steuerklassen eingeteilt, die bekanntesten Marken sind Ringnes aus Oslo, Hanse aus Bergen und Mack aus Tromsø. Neben dem alkoholfreien Bier und dem ebenfalls alkoholfreien Malzbier *(vørterøl)* wird von jeder größeren Brauerei auch Leichtbier *(lettøl)* angeboten, das einen Alkoholgehalt von etwa 2,5 Vol.-% hat. Das meistgetrunkene Bier in Norwegen ist jedoch das Pils (4,5–4,7 Vol.-%), das man z. T. auch in Supermärkten bekommt, sowie das gleichstarke, dunklere Bayerøl im „Münchner Stil". Bockbier *(bokkøl)* und Starkbier *(sterkøl)* mit einem Gehalt von 5,5–7 % bekommt man nur im Vinmonopolet, ebenso das populäre Weihnachtsbier *(juleøl)*, von dem in Norwegen mehrere Dutzend Sorten erhältlich sind. Weihnachtsbiere, die es nur im Winter gibt, sind schwerer und dunkler als gewöhnliche Biere. Wer in einem Pub/Restaurant Bier vom Fass bestellen möchte, sollte nach *Fatøl* verlangen. Beim Bier entscheiden übrigens die Gemeinden selber über die Art und Weise des Verkaufs, was dazu geführt hat, dass in einigen norwegischen Kommunen überhaupt kein Bier vertrieben wird. Erfreulich ist der enome Zuwachs an Mikro-Brauereien in vielen norwegischen Städten, deren Produkte zwar teuer, aber von ausgesuchter und oft preisgekrönter Qualität sind.

Land mit Biertradition

Eine lange puritanische Tradition reicht bis in die Gegenwart hinein. Die Christliche Volkspartei (Kristelige folkepartiet) setzt sich noch immer für ein Totalverbot von Alkohol ein. Wer die hohen Preise der eher unauffälligen staatlichen Monopolläden nicht zahlen will oder kann, greift häufig auf selbstgebrannte Produkte zurück – schließlich ist der Hefeverbrauch in Norwegen beträchtlich! Dass Norwegen kein Land für **Wein** *(vin)* ist, lässt sich aus den naturräumlichen Bedingungen heraus verstehen. Im Vinmonopolet kostet die preiswerteste Flasche ca. 10 €, im Restaurant zahlt man für einen Wein des Hauses 22–45 €, in Spitzenrestaurants gibt es die Flasche kaum unter 75 €. Gesalzen sind die Preise auch für hochprozentige Alkoholika. So ist die preiswerteste Flasche Cognac (0,7 l) erst ab ca. 50 € zu haben. Wer sich eine Flasche des bekannten und guten Linie-Aquavit zulegen möchte, der spektakulär in alten Sherry-Fässern auf norwegischen Schiffen durch die weite Welt geschaukelt wird, erwirbt ihn ebenso wie den preiswerteren Løiten oder den exklusiven Gilde am besten daheim oder im Duty-free-Shop auf der Reise.

Hohe Preise für Alkoholika

Gesellschaftlicher Überblick

Bevölkerung und Siedlungsstruktur

Geringe Bevölkerungsdichte

Rund 5,33 Mio. Menschen (0,07 % der Weltbevölkerung) leben gegenwärtig in Norwegen, das sind nur 15 Einwohner pro km^2. Aber es sind deutlich mehr als vor 100 Jahren: Seit Beginn des 20. Jh. hat sich die Bevölkerung mehr als verdoppelt. Der **Bevölkerungszuwachs** beträgt momentan 1,8 %, d.h., dass die Einwohnerzahl um etwa 60.000 Menschen pro Jahr steigt. Statistisch gesehen hat jede Frau in Norwegen 1,9 Kinder. Der Urbanisierungsgrad ist hoch: 80 % der Gesamtbevölkerung leben in Städten oder stadtähnlichen Gemeinden und nur 20 % in ländlichen Gebieten. Neben Oslo (681.000 Einwohner) hat Norwegen nur drei weitere Städte mit über 100.000 Einwohnern: Bergen, Trondheim und Stavanger.

Kaum bewohnter Norden

Die **Bevölkerungsdichte** ist allerdings um den Oslofjord etwa 100-mal höher als in der nördlichen Finnmark, außerdem sind das westliche Rogaland und das Gebiet um Trondheim dichter besiedelt. Etwa vier Fünftel der Gesamtbevölkerung wohnt nicht weiter als 15 km von der Küste entfernt, was deren Bedeutung als Lebens- und Wirtschaftsraum unterstreicht. Entsprechend deutlich ist der Unterschied zwischen den stark besiedelten Küstenregionen und dem Landesinneren mit kaum bewohntem Hochland und auch zwischen dem Süden und dem spärlich besiedelten Nordnorwegen. So leben in den beiden Nordregionen Nordland und Troms og Finnmark auf etwa einem Drittel der Landesfläche (einem größeren Gebiet als die ehemalige DDR) mit rund 482.000 Einwohnern noch nicht einmal so viele Menschen wie in Oslo. Es gehört zu den Herausforderungen an die Innenpolitik, die Besiedlung der ausgedehnten Räume im hohen Norden zu erhalten, was nur geht, wenn man den Menschen einen guten Lebensstandard gewährleistet. Schließlich haben sie mit acht Monaten Winter, fast drei Monaten Polarnacht, höheren Preisen als im Süden und deutlich höherer Arbeitslosigkeit zu kämpfen; die Lebenserwartung ist geringer. Dass der Norden trotz der jahrzehntelangen Landflucht vorwiegend junger Menschen in den Süden noch nicht entvölkert ist, liegt an der hohen Geburtenrate (weit über dem Landesdurchschnitt) und an der Etablierung lokaler Zentren wie Tromsø, Alta, Hammerfest oder Harstad. Mit umfangreichen staatlichen Subventionen wird der Wohlstand von Süden nach Norden umverteilt.

Die durchschnittliche **Lebenserwartung** gehört mit 80,9 Jahren bei Männern und 84,2 Jahren bei Frauen zu den höchsten der Welt, das Durchschnittsalter beträgt 39,2 Jahre. 91,1 % der Bevölkerung sind Norweger in dem Sinne, dass mindestens ein Elternteil in Norwegen geboren wurde. Dazu zählen auch die Minderheiten der 40.000–70.000 Sámi und etwa 10.000 Finnen (Kvener).

2019 wohnten etwa 720.000 **Einwanderer** in Norwegen, worunter Menschen verstanden werden, deren Eltern beide im Ausland geboren wurden. Ihr Anteil an der Gesamtbevölkerung beträgt 14 %; rund 62 % der Immigranten besitzen die norwegische Staatsbürgerschaft. Die größte Immigrantengruppe stellen die ca. 112.000 Polen, gefolgt von Schweden, Somaliern, Litauern, Pakistani, Iraki, Deutschen, Vietnamesen, Dänen und Philippinos. Die Zahl der deutschen Auswanderer betrug 2019 rund 28.000. In Oslo sind inzwischen 16 % der Bevölkerung ausländischer Herkunft. Dass es eine Einwanderergeneration in Norwegen gibt, wurde u. a. 2007 deutlich, als die in Martinique geborene Manuela Ramin-Osmundsen als erste farbige Ministerin das Ressort für Kinder- und Gleichstellungsfragen übernahm. Andererseits wurde dieses multikulturelle Norwegen u. a. von der Fortschrittspartei und der extremen Rechten heftig bekämpft, was in Anders Breiviks Massaker im Juli 2011 seinen schrecklichen Höhepunkt erfuhr, bei dem 77 Menschen ums Leben kamen (S. 33).

Flüchtlinge und Asylsuchende

Politisches Asyl kann nur erhalten, wer sich in Norwegen aufhält oder an die norwegische Grenze gekommen ist und nicht vorher schon in Deutschland oder in einem anderen westeuropäischen Land um Asyl ersucht hat. Für Einwanderer jeden Alters bietet der norwegische Staat in nahezu jeder Kommune kostenlose Sprach- und Integrationskurse an. Während der Flüchtlingskrise seit 2015 war Norwegen das Ziel auf der sog. Arktis-Route. Viele Flüchtlinge reisten über die russisch-norwegische Grenze nördlich des Polarkreises (Storskog) ein. Eine länger bestehende Sondervereinbarung für Fahrradfahrer im kleinen Grenzverkehr machten sich sowohl russische Fahrradverkäufer als auch Flüchtlinge zunutze, sodass 2015 rund 6.000 Personen radelnd Kirkenes erreichten. Dies und die steigende Zahl von Flüchtlingen, die über Schweden einreisten, führten zu einer breiten öffentlichen Debatte. Die rechtskonservative Regierung versuchte mit z. T. von der UN kritisierten Maßnahmen (Rückführung nach Russland bei Temperaturen unter -30 °C, Passkontrollen an Fährstationen und der schwedischen Grenze) die Zahl einzudämmen bzw. zu verringern. Teilweise wurden Flüchtlinge, die das Land freiwillig wieder verließen, finanziell unterstützt (bis zu NOK 80.000 für eine vierköpfige Familie plus Flugticket). Die Maßnahmen führten dazu, dass 2016–2019 die Zahl der Asylanträge so niedrig war wie in den letzten 20 Jahren nicht mehr (2017 etwa 3.400 im Vergleich zu rund 30.000 im Jahr 2015). Derzeit leben etwa 190.000 Flüchtlinge und Asylsuchende in Norwegen, was 3,6 % der Gesamtbevölkerung entspricht. Die meisten Asylanträge werden von Eritreern, Syrern und Afghanen gestellt.

Die Sámi

info

Sie sind norwegische Bürger und doch eine ethnische Minorität: die **Sámi** oder **Samen**, auch bekannt unter der Bezeichnung „**Lappen**“, die sie selbst jedoch als abwertend empfinden. Die Norweger sprechen oft über die „finner“, wenn sie die als exotisch empfundene Minderheit meinen, die man fast nur aus den Medien kennt. Die Sámi leben in Norwegen, Schweden, Finnland und Russland. Die samischen Gebiete in Norwegen reichen bis hinunter nach Hedmark und in Schweden südwärts bis weit nach Dalarna, im Norden und Osten erstreckt sich der Wohn- und Wirtschaftsraum der Minorität bis Utsjoki in Finnland, Varanger in Norwegen und bis zur russischen Halbinsel Kola. Die Zahl der Sámi wird auf 90.000–140.000 geschätzt. In Norwegen leben 40.000–70.000 Sámi, davon etwa die Hälfte in Finnmark.

Nicht alle Fragen zur **Herkunft** und ethnischen Einordnung sind beantwortet. Eine Theorie geht davon aus, dass die Sámi als alteuropide Bevölkerung vor rund 12.000 Jahren in Nordeurasien zwischen Nordskandina-

info

vien und Ostsibirien lebten. Die alte Jäger- und Fischerbevölkerung wurde im Laufe der Zeit von mongoliden Gruppen, die aus Süden vordrangen, überlagert, was jedoch nicht für die Sámi am Rande des Siedlungsraums zutraf. Dass sie aufgrund ihrer harten Lebensbedingungen und einseitigen Ernährung einer vererbbaren Verzwergung ausgesetzt waren, ist in der anthropologischen Sámiforschung lange Zeit als Beleg für die Verwandtschaft mit den Mongolen angesehen worden. Blutgruppenuntersuchungen haben diese Auffassung jedoch widerlegt. Noch nach der Zeitenwende lebten die Sámi keineswegs nur im hohen Norden, sondern trafen in Süd- und Mittelfinnland mit dort einwandernden finno-ugrischen und nordgermanischen Stämmen zusammen. Vor der Wikingerzeit hielten sich die Sámi nicht mehr in Südwestfinnland auf, während sie bis ins 14. Jh. am Ladogasee und im 17. Jh. im südlichen Ostfinnland anzutreffen waren.

Sámegiella, die **Sprache der Sámi**, gehört zum finno-ugrischen Zweig und ist mit dem Finnischen, Estnischen und Ungarischen verwandt. Genau genommen gibt es nicht die samische Sprache, sondern mindestens drei verschiedene, nämlich Süd-, Ost- und Zentralsamisch. In den drei nördlichsten Provinzen Norwegens sprechen die meisten Sámi Nordsamisch, in dem ein großer Teil der Literatur abgefasst ist und das eine Rechtschreibung hat, die von norwegischen und schwedischen Sámi akzeptiert worden ist. Die Sprachen der Sámi sind reich an Wörtern zur Jagd, Fischerei und Rentierwirtschaft, über Kulturkontakte mit norwegischen Bauern gelangten aber auch viele Lehnwörter aus dem landwirtschaftlichen Bereich ins Samische. Die Übernahme des Finnischen soll bis etwa 600 n. Chr. erfolgt sein.

Zu ihren Nachbarn, die besser bewaffnet und organisiert waren, gerieten die Sámi früh in Abhängigkeit. Aus dem Tauschhandel mit Pelzen entwickelte sich eine erpresserische **Besteuerung** der Sámi und Steuereintreiber teilten die einzelnen Gebiete unter sich auf. Aus der Wikingerzeit (Ende des 9. Jh.) ist der Bericht eines Großbauern namens Ottar an König Alfred von England bekannt, der in Nordnorwegen Naturalsteuern erhob. Wohlhabendere Sámi mussten nach diesen Angaben 15 Marderfelle, 5 Rentiere, ein Bärenfell, 10 Eimer Federn, einen Mantel aus Bären- oder Otterfell sowie zwei 60 Ellen lange Schiffsseile abliefern. Im Mittelalter kam es zu heftigen Auseinandersetzungen um das Recht der Besteuerung der Sámi zwischen Dänemark/Norwegen, Schweden/Finnland und Russland/Karelien. Da die Staatsgrenzen im Norden nicht festgelegt waren, mussten die Sámi bisweilen an drei verschiedene Länder Steuern entrichten.

Ab dem 16./17. Jh. bekämpften christliche Missionare die Naturreligion der Sámi, in der Schamanismus und Bärenkult eine bedeutende Rolle spielten. Gleichzeitig entwickelte sich die **Rentierzucht** als Hauptträger samischer **Kulturtradition** (S. 522). Heute betreiben noch etwa 7 % der norwegischen Sámi-Bevölkerung Rentierzucht, sie besinnen sich auf die alten Traditionen und gehen engagiert gegen den Verlust der kulturellen Identität an. Die meisten Sámi arbeiten also außerhalb der Rentierzucht in verschiedenen

info

Berufen, allerdings kaum im Dienstleistungssektor. Ihre Verbundenheit mit der eigenen Kultur ist unterschiedlich stark ausgeprägt und reicht von sehr starker Identifikation mit der traditionellen Sámi-Kultur bis zur völligen Anpassung an die norwegische Bevölkerungsmehrheit. Die Rentierhaltung hat sich in den letzten Jahren unter dem Modernisierungsdruck grundlegend verändert, sodass ihre Kultur bewahrende Rolle bedroht ist. Heute ist die extensiv betriebene Rentierzucht ein kapitalintensiver Wirtschaftszweig, in dem es ausschließlich um Fleischproduktion geht. Dank moderner Technologie können die Tiere in großen Herden ohne ständige Aufsicht gehalten werden. Oft schließen sich Rentierhalter zusammen, um sich technischer Hilfsmittel wie Hubschrauber, Geländewagen, Schneemobilen oder Funkgeräten und moderner Datenverarbeitung zu bedienen. Statt in Stangenbogenzelten wohnen die Berg-Sámi den überwiegenden Teil des Jahres in modernen Wohnsiedlungen.

Schneemobil: modernes Hilfsmittel der Sámi bei der Rentierzucht

Nach Jahrhunderten der Unterdrückung, die aus den „unzivilisierten" Sámi „gute" Skandinavier machen sollte, fördern die nordischen Staaten seit drei Jahrzehnten eine Politik, die die samische Kultur als Bestandteil des gemeinsamen Kulturerbes versteht. Ohne ihr neues Selbstbewusstsein, ohne ihr politisches Engagement – auch auf internationaler Ebene – hätte die samische Bevölkerung Norwegens nicht erreicht, dass 1989 das „**Sameting**", das **Parlament der Sámi** in Karasjok, eingerichtet wurde. In diesem gewählten Organ der norwegischen Sámi sitzen 43 Vertreter aus 13 Wahlkreisen. Das Sameting ist der öffentlichen Verwaltung unterstellt und hat nur eine beratende Funktion, kann also nur Empfehlungen aussprechen, es ist kein echtes Parlament. Folglich verlangen die Sámi, die sich als Urbevölkerung des Nordens sehen, weitere Rechte. Kulturell zumindest ist die Sámi-Bevölkerung in weiten Teilen gleichgestellt. So haben samische Schüler und Schülerinnen ein Recht auf Unterricht in Samisch, wenn sie in samischen Gebieten leben oder wenn sie Gruppen von mindestens zehn Schülern sind. Gleiches gilt für die Sprache bei Behördengängen oder in Formularen.

Auf der offiziellen Website der Osloer Regierung *(www.odin.dep.no)* kann man alle Infos inzwischen auf Englisch, Bokmål, Nynorsk oder Sámegiella abrufen.

Der Wohlfahrts- und Sozialstaat

Die nordischen Länder gehören heute zu den führenden Wohlfahrtsstaaten der Erde. Schweden galt jahrzehntelang als Vorbild, das einen goldenen Mittelweg zwischen kapitalistischer Produktion und sozialistischer Umverteilung gefunden hatte. Den übergeordneten Zielen der Gleichheit und Solidarität verpflichtet, errichteten die Schweden einen über sehr hohe Abgaben finanzierten Sozialstaat, an dem sich die Norweger jahrelang orientierten, ohne das schwedische Vorbild vollständig zu kopieren. Während der schwedische Wohlfahrtsstaat schon lange an seine Grenzen gestoßen ist und viele Sozialleistungen eingeschränkt werden müssen, wurde Norwegen mit seinen Öl- und Gaseinnahmen zu einem der **reichsten Länder der Welt**. In den Jahren 2001–2006 hatte Norwegen den **höchsten Lebensstandard** der Welt, rutschte kurzzeitig auf den zweiten Platz ab und führte 2010–2019 wieder die Rangliste des Human Development Index (HDI) an. Das Pro-Kopf-Einkommen und auch das Kindergeld in Norwegen gehören zu den höchsten weltweit. Das Land ist in der Lage, mit einer überaus großzügigen **Subventionspolitik** viel Geld in den Wohlfahrtsstaat zu pumpen. Dass die Norweger in ihrer Gesamtheit mit ihrem Heimatland mehr als zufrieden sind, beweist die alljährliche UN-Studie des „World Happiness Report"; 2017 verdrängte dabei Norwegen die Dänen von Platz eins und konnte ganz offiziell als „glücklichstes Land der Welt" gelten, und auch 2018/2019 kam das Königreich in dieser Liste unter die ersten drei.

Die „glücklichsten Menschen der Welt?" – Auf alle Fälle zeigen sie gern Flagge!

Welthöchster Lebensstandard

Hohe Subventionen

Norwegens **Landwirte** sind die höchstsubventionierten der Welt, da wird die Furcht vor einer EU-Mitgliedschaft verständlich. Auch die **Fischwirtschaft** erhält reichlich Subventionen; zwei Drittel des Landes, Nordnorwegen und die meisten Küstenregionen, könnten ohne Fördermittel kaum existieren. Selbst die **Forstwirtschaft** empfängt Investitionshilfen und der Bau von Schiffen und Fischerbooten wird bezuschusst. Die Entfernungen erfordern die Solidarität der städtischen Regionen des Südens und die Solidarität des norwegischen Steuerzahlers. Denn trotz sprudelnder Ölquellen ist die steuerliche Belastung des Einzelnen beträchtlich.

Nach der letzten **Steuerreform** hat zwar der größte Teil der Bevölkerung von einer Senkung der Steuersätze profitiert, und diejenigen, die in der Vergangenheit Schulden machten, um über Abschreibungen und Sonderregelungen Steuern einzusparen, zahlen nun höhere Abgaben, doch ist gleichzeitig auch das Steueraufkommen erheblich vergrößert worden. Die **Mehrwertsteuer** liegt schon seit Längerem – wie in Dänemark und Schweden – bei stolzen **25** %. Angesichts des immer noch beträchtlichen Steuerdrucks blüht die Schattenwirtschaft, werden Dienste gegen Dienste getauscht. Der Ausbau des Wohlfahrtsstaats ließ den öffentlichen Sektor stark anschwellen. Mehr als zwei Drittel der Erwerbstätigen sind heute im tertiären Sektor beschäftigt: Rund 40 % der Beschäftigten sind im Bereich der öffentlichen, sozialen und privaten Dienstleistungen tätig. Viele Norweger arbeiten inzwischen im Bildungswesen, jeder zehnte im Gesundheitswesen, das vor allem Frauen Arbeitsplätze bietet. Ärzte und Krankenschwestern kommen inzwischen wegen der besseren Bezahlung aus dem Nachbarland Schweden nach Norwegen.

Hohe Steuern

Der überwiegende Teil des **Gesundheitswesens**, finanziert durch eine obligatorische Mitgliedschaft in der staatlichen Sozialversicherung, liegt im Verantwortungsbereich der öffentlichen Hand. Ob mehr private Anbieter ärztlicher Leistungen zugelassen werden sollten, wird gegenwärtig diskutiert. Wer einen Arzt aufsucht, zahlt wie in Schweden eine feste Gebühr. In den 1980er-Jahren sind in Norwegen die Ausgaben für ärztliche Betreuung zurückgegangen, seit ein sog. „Freikartensystem" in Kraft trat. Danach übernimmt der Staat die Kosten für ärztliche Leistungen und lebensnotwendige Medikamente, die über einen Betrag von rund NOK 1.000 pro Jahr hinausgehen. Patienten, die nicht mehr im schulpflichtigen Alter sind, bezahlen zahnärztliche Behandlungen aus eigener Tasche. 2018 gab es pro 1.000 Einwohner 4,3 Ärzte und 14,6 Krankenhausbetten. Die öffentlichen Ausgaben für das Gesundheitssystem waren mit umgerechnet 7.000 € pro Einwohner mit die höchsten in Europa (und rund doppelt so viel wie in Deutschland).

Das **soziale Netz** ist recht eng geknüpft. Alle Bürger haben Zugang zu umfassenden Leistungen, sodass die Zahlungen der Sozialversicherung, die einen Verdienst ersetzen, es ermöglichen, den Lebensstandard in etwa beizubehalten. Einig ist man sich in Norwegen, dass die Kosten für das Krankengeld und die Invaliditätsversicherung gekürzt werden müssen. So gibt es in einigen alten Arbeitervierteln Oslos Männer und Frauen über 40 Jahre, von denen jeder bzw. jede Dritte Frührentner ist. Ansonsten beträgt das Rentenalter in Norwegen 67 Jahre. Korrekturen im Rentensystem scheinen unausweichlich, da die Zahl der Menschen über 80 Jahre deutlich ansteigen wird. Eine sinkende Zahl Berufstätiger wird zukünftig immer mehr ältere Menschen mitversorgen müssen. Trotzdem gibt es in Norwegen einen Konsens darüber, dass der öffentliche Sektor eine besondere Verantwortung für Arme und Kranke, für Familien mit Kindern, alte Menschen und Behinderte hat. Wer sich nicht selbst versorgen kann, soll einen Mindestlebensstandard aufrechterhalten können. Die Einkommen gleichmäßiger über den Lebenszyklus des Einzelnen zu verteilen, die Unterschiede zwischen den sozialen Schichten zu verringern und jeden mit einem soliden Angebot an öffentlichen Dienstleistungen zu versorgen, sind immer noch die Ziele des norwegischen Sozialwesens.

Soziale Absicherung

Der **Bildungsstandard** ist recht hoch, wenn das Land in den PISA-Studien auch nie an die sehr guten Ergebnisse etwa von Finnland heranreichte. Eine Schulpflicht gibt es in Norwegen bereits seit 1739; bis 1969 betrug sie sieben Jahre, dann neun und seit 1997 zehn Jahre. Die Kinder werden mit sechs Jahren eingeschult und gehen zunächst in die Grundstufe (1.–7. Klasse), dann in die Oberstufe (8.–10. Klasse). Danach schließen sich der gymnasiale Zweig oder die Berufsausbildung an.

Hoher Bildungsstandard

Seit 1851 besteht **Glaubensfreiheit**, wenn auch nach wie vor die **evangelisch-lutherische Staatskirche** mit dem König als ihrem Oberhaupt Bestand hat. Ca. 70 % der Landeskinder gehören der Staatskirche an, rund 17 % bezeichnen sich als nicht gläubig, 3,2 % sind Muslime und 3 % Katholiken. Rund 10 % der Norweger nehmen regelmäßig an Gottesdiensten oder anderen religiösen Veranstaltungen teil.

Gleichberechtigung

Das gesellschaftliche Leitbild der **Gleichstellung der Geschlechter** bestimmt seit vielen Jahren die Politik und bis zur tatsächlichen Gleichstellung war es ein weiter Weg. Auch heute noch gibt es in Norwegen z. B. einen „männlichen" und einen „weiblichen" Arbeitsmarkt und verdienen Männer (2019: NOK 42.000) im Schnitt besser als Frauen (NOK 36.500). Außerdem stellten Frauen lange Zeit nur äußerst wenige Führungskräfte. Das änderte sich erst, als Norwegen 2003 als erstes Land der Welt eine Frauenquote einführte, die seit 2008 mindestens 40 % Frauen in Aufsichtsräten börsennotierter Unternehmen gesetzlich vorschreibt. Allen Studien zufolge hat das Land damit sehr gute Erfahrungen gemacht. Auch in der Politik gab es schon während der „Frauenregierung" unter Ministerpräsidentin Gro Harlem Brundtland 1986 einen Frauenanteil von 44 % (8 von 18 Ministerposten) und auch sonst wurde aktiv für die Gleichberechtigung gearbeitet. Heute haben alle drei an der Regierung beteiligten Parteien eine Frau als Vorsitzende, von denen Erna Solberg Ministerpräsidentin ist, und 40 % der Abgeordneten sind weiblich, womit Norwegen weltweit den dritten Rang in Bezug auf den Frauenanteil in den Parlamenten einnimmt. Als 2007 in der rot-rot-grünen Regierung Frauen 10 der 19 Ministerposten besetzten, war dies ein historischer Moment: Erstmals wurde das Kabinett einer Industrienation weiblich dominiert. Auch auf internationalem Parkett hat sich Norwegen das Ziel gesetzt, die Beteiligung der Frauen zu erhöhen, etwa im Rahmen der Teilnahme an zivilen und militärischen Friedensoperationen. Als eher symbolisch, aber trotzdem nicht unbedeutend, kann die Nachricht gewertet werden, dass die Frauen-Nationalmannschaft im Fußball einen Anspruch auf die gleichen Prämien hat wie ihre männlichen Kollegen.

Umweltschutz und -politik

s. auch zum Thema „Umweltschutz" S. 117

Norwegen als Vorbild

Schon seit Langem gilt Norwegen als **grünes Vorbild** – und bei vielen Eckdaten kann das Königreich diesen Anspruch auch erfüllen. Schon 2010 ernannte eine im Magazin „Reader's Digest" veröffentlichte Untersuchung Norwegen zum „Umwelt-Europameister" (zusammen mit Schweden und der Schweiz), wobei viele internationale Umweltberichte ausgewertet wurden. Berücksichtigt bei dieser und ähnlichen Untersuchungen wird z. B. die Tatsache, dass mehr als 8 % des Festlands als Nationalpark naturgeschützt sind, dass es weder Atom- noch Kohlekraftwerke gibt und dass 1997–2017 der Ausstoß gefährlicher Substanzen um 92 % und die Emission von Treibhausgasen um 13 % vermindert werden konnten. Eckpunkte der norwegischen Klima- und Umweltschutzpolitik sind eine starke Erhöhung der CO_2-Steuer, Investitionen in den Schienenverkehr, Ausbau des Netzes von Fuß- und Fahrradwegen, Aufforstung von Wäldern, Förderung von Biogasanlagen und der Stromgewinnung mittels Windkraft. Die CO_2-Emissionen sind bis 2020 um 30 % reduziert und man plant, im Jahr 2050 CO_2-neutral sein.

Aquakultur auf den Lofoten

In puncto **E-Mobilität** ist Norwegen bereits jetzt schon Weltmeister. Seit Jahren wird die Anschaffung von Elektroautos massiv gefördert, etwa durch den Wegfall von Mehrwertsteuer und Importabgabe, aber auch durch Vergünstigungen wie kostenlose Benutzung öffentlicher Parkplätze, Fahrerlaubnis auf Busspuren oder Befreiung von Brücken-/Straßenmaut (während die City-Maut für Diesel-Fahrzeuge erhöht wurde). Nirgendwo sonst sind in Relation zur Bevölkerung so viele Nissan Leafs oder Teslas unterwegs wie im Königreich (2019 rund 226.000), und im März 2019 wurden erstmals mehr Elektroautos neu zugelassen als Pkws mit Benzin- oder Dieselantrieb (57 %). 2018 hatte der Anteil reiner Elektrofahrzeuge 31 % betragen – im Vergleich zu nur 1 % in Deutschland eine erstaunliche Zahl. Für 2030 rechnet Statens Vegvesen für Norwegen mit 1,5 Mio. Elektrofahrzeugen!

Zukunft: Elektroautos

Die Stadt mit den meisten Elektroauto-Zulassungen in Europa (in absoluten Zahlen) heißt Stavanger. An rund 6.000 Ladestationen kann man Ökostrom gratis tanken, wobei derzeit mit Macht deren Anzahl vergrößert werden soll. In einem Land mit solchen Distanzen wie in Norwegen hofft man natürlich auch auf Fortschritte bei der Entwicklung neuer Batterien – nicht umsonst gibt es im Norwegischen das neue Wort *rekkevideangst* – „Reichweitenangst". Und tatsächlich sollen ab 2025 keine neuen Benzin- und Dieselfahrzeuge mehr zugelassen werden – eine weltweit einmalig drastische Maßnahme! Fünf Jahre später sollen dann auch alle neuen Schiffe und Fähren abgasfrei sein, wobei ab 2022 auf dem Geiranger- und Nærøyfjord ein Verbot für Kreuzfahrtschiffe mit Dieselantrieb gilt. Im Land selbst verkehren bereits die ersten Personenfähren mit Elektro- und Autofähren mit Gas- bzw. Hybridantrieb. Auch die beiden jüngsten Zuwächse der Hurtigrute (2018) sind Hybrid-Schiffe.

Im globalen Maßstab möchte Norwegen gerne eine führende Rolle im **Kampf gegen den Klimawandel** einnehmen, was an dem großen Engagement des Landes auf internationalen Umwelt- und Klimakonferenzen deutlich wird. Schon seit einigen Jahren wendet das Königreich mehr als 1 % des BIP für umweltorientierte Entwicklungshilfe auf und unterhält konkrete Programme mit Brasilien oder Indonesien gegen die Abholzung des Regenwalds, dafür werden finanzielle Anreize in Höhe von jeweils 1 Mrd. US-$ gewährt. Als 2015 der staatliche Pensionsfond beschloss, alle Beteiligungen an Bergbaufirmen und Stromkonzernen abzugeben, die einen Kohleanteil am Umsatz von über 30 % haben, sprachen Umweltschutzorganisationen von einem „Tag für die Geschichtsbücher".

Aber natürlich ist die norwegische Umweltpolitik keine Medaille, die völlig ungetrübt glänzt. Von unterschiedlichen Organisationen und Verbänden gibt es immer wieder auch harsche Kritik. So wird Norwegens Walfang schon seit Langem angeprangert, auch mit dem Bau von Staudämmen zur Stromgewinnung sind längst

Kritische Stimmen

nicht alle einverstanden. 2015 gab die konservativ-rechtspopulistische Regierung in Oslo grünes Licht, dass der Gruben- und Produktionsabfall des Unternehmens „Nordic Mining", der u.a. Schwefelsäure und Akrylamid enthält, einfach in den nördlich von Bergen gelegenen Førdefjord gekippt werden darf. Auch im Betrieb der Erdgas- und Ölplattformen sehen viele riesige Gefahren für die Umwelt. Und selbstverständlich mutet der Situation etwas Paradoxes an, dass grüne Politik ausgerechnet von einem Land eingefordert und praktiziert wird, das seinen Reichtum durch die Förderung fossiler Brennstoffe erhielt.

Die königliche Familie

Nicht nur als Verfassungsorgan, sondern auch in der norwegischen Öffentlichkeit und Gesellschaft spielen der König und die Königliche Familie eine besondere Rolle. Wie in der Verfassung von 1814 verankert, ist der König auch heute noch das **Staatsoberhaupt** mit dem Kronprinzen als Stellvertreter, außerdem **Oberhaupt der lutherischen Staatskirche** und **oberster Befehlshaber** des Landes (im Rang eines Generals des Heeres und der Luftwaffe sowie eines Admirals der Marine). Seit Einführung des Parlamentarismus im Jahr 1884 hat der König jedoch fast nur noch repräsentative und zeremonielle Pflichten. Aber jedes Gesetz oder jeder Beschluss des Staatsrats muss vom König unterschrieben und vom Ministerpräsidenten gegengezeichnet werden. Bei einem Regierungswechsel beauftragt der König einen Politiker mit der Bildung eines neuen Kabinetts, normalerweise auf Empfehlung des scheidenden Ministerpräsidenten, bei einer unklaren parlamentarischen Situation aber auch nach eigenem Ermessen. Er führt Staatsbesuche im Ausland durch, ist Gastgeber beim Besuch ausländischer Staatsoberhäupter und empfängt die Botschafter anderer Staaten zur Überreichung ihres Beglaubigungsschreibens. Jeden Freitag hat er den Vorsitz im Staatsrat und im Herbst eröffnet er nach der Sommerpause feierlich das Storting. Nach einer Verfassungsänderung hat jetzt das älteste Kind unabhängig vom Geschlecht einen Anspruch auf den Thron; als Übergangsregelung wurde jedoch festgelegt, dass für vor 1990 geborene Kinder ein Sohn den Vorrang vor einer Tochter hat.

Das norwegische Königspaar Harald V. und Sonja (links) sowie Kronprinz Håkon Magnus mit Mette-Marit

Seit 1991 auf dem Thron

Der derzeitige König von Norwegen, **Harald V.**, bestieg den Thron unmittelbar nach dem Tod seines Vaters am 17. Januar 1991. Harald V. kam am 21. Februar 1937 auf dem königlichen Gut Skaugum zur Welt und war damit seit 567 Jahren der erste in Norwegen geborene Prinz. Seine Eltern, König Olav V. (1903–1991) und Kronprinzessin Märtha (1901–1954), hatten bereits zwei Töchter, Prinzessin Ragnhild und Prinzessin Astrid, die nach der Verfassung von 1814 keinen Anspruch auf den Thron hatten. Als Norwegen am 9. April 1940 von deutschen Truppen besetzt wurde, verließen die Königsfamilie, die Regierung und das Storting mit der Bahn die Hauptstadt. Bei Elverum trennte sich Kronprinz Olav von seiner Familie: Kronprinzessin Märtha und die drei Kinder brachten sich in Schweden in Sicherheit, von wo sie in die USA weiterreisten, während er zusammen mit seinem Vater König Håkon VII. ins Londoner Exil ging.

Olav V. bestieg 1957 den Thron. Harald wurde Kronprinz und heiratete 1968 die bürgerliche Norwegerin Sonja Haraldsen, die ihren Teil der offiziellen Repräsentationspflichten übernahm. König Harald und Königin Sonja haben zwei Kinder, Prinzessin Märtha Louise, geboren 1971, und Kronprinz Håkon, der 1973 zur Welt kam. Das Königspaar ist sportlich: Harald jagt und angelt gern und nimmt erfolgreich an Segelregatten teil. 1964 war er Olympionike in Tokio und trug dort die norwegische Fahne, 1987 wurden er und sein Team Segelweltmeister auf dem Eintonner „Fram X". Königin Sonja läuft gern Ski und engagiert sich für soziale Belange, beispielsweise für ältere Menschen, für geistig Behinderte oder für Flüchtlinge und Einwanderer.

Der Kronprinz und seine Familie

Kronprinz Håkon Magnus wurde 1973 als zweites Kind des Königspaares in Oslo geboren. 2001 heiratete er in der Osloer Domkirche **Mette-Marit Tjessem Høiby**, die bereits einen Sohn hatte, Marius. Die Heirat war lange Zeit umstritten, da Mette-Marit auf ein „wildes Vorleben" zurückblickte, bei dem Drogenkonsum, Partys, Jobs als Kellnerin u. Ä. eine Rolle spielten. In Umfragen sank die allgemeine Zustimmung zur Monarchie damals auf unter 63 %. Das änderte sich jedoch durch die Vermählung selbst und in der Folgezeit, und heute genießt das Kronprinzenpaar die Sympathie aller Schichten und Altersklassen. Zusätzlich gewann es an Akzeptanz durch das Auftreten und die Reden in den schlimmen Tagen nach dem Massaker auf der Insel Utøya 2011. Hier war auch Mette-Marits Stiefbruder, ein 51-jähriger Polizist, von dem Attentäter erschossen worden. Das Kronprinzenpaar hat zwei Kinder: Im Januar 2004 wurde Prinzessin Ingrid Alexandra geboren, im Dezember 2005 Prinz Sverre Magnus. Nach der Verfassungsänderung stehen damit in der Erbfolge auf den Thron Kronprinz Håkon Magnus an erster, seine Tochter Ingrid Alexandra an zweiter und Sverre Magnus an dritter Stelle.

Staatseigentum

Die europäischen Königshäuser gelten als reich und auch die Mitglieder des norwegischen Königshauses können als wohlhabend bezeichnet werden. Doch die Vermögensverhältnisse sind anders als etwa in den Niederlanden oder in England. Der königlichen Familie stehen zwar mehrere **Anwesen** zur Verfügung, diese sind aber Eigentum des Staates. Das betrifft das Königliche Schloss in Oslo, ebenso den Königshof von Bygdø, das Lustschloss Oscarshall, die Residenz Stiftsgården in Trondheim und Gamlehaugen in Bergen. Die Residenz Ledaal in Stavanger ist Eigentum der Stadt Stavanger. Im Besitz des Königshauses und dessen offizieller Wohnsitz ist das **königliche Gut Skaugum**, in Asker südwestlich von Oslo. Es wird derzeit in erster Linie von Kronprinz Håkon und seiner Familie genutzt. Skaugum ist eher ein moderner landwirtschaftlicher Betrieb denn ein Schloss, mit 48 ha Agrarflächen und 50 ha Wald. Hier werden hauptsächlich Getreide, Milch und Fleisch erzeugt, und zwar so viel, dass sich der Betrieb selbst trägt und Instandhaltung sowie Investitionen ermöglicht. Ebenfalls zum Eigentum des Königs gehört das Königsschiff „KS Norge", ein Geschenk des norwegischen Volkes an König Håkon VII. nach einer landesweiten Spendenaktion im Jahr 1947.

2. Norwegen als Reiseziel

Allgemeine Reisetipps von A–Z

In den folgenden **Allgemeinen Reisetipps** finden Sie – alphabetisch geordnet – reisepraktische Hinweise für die Vorbereitung Ihrer Reise und Ihres Aufenthalts in Norwegen. In den daran anschließenden „Grünen Seiten" (ab S. 123) erhalten Sie als Anhaltspunkt für Ihre Planung Preisbeispiele für Ihre Norwegen-Reise.

Die **Reisepraktischen Informationen** mit detaillierter Auskunft über Infostellen, Unterbringungsmöglichkeiten, Restaurants, Einkaufen etc. finden Sie ab S. 126 im Anschluss an die jeweiligen Ortsbeschreibungen.

Alle Angaben über Preise, Telefonnummern, Internetseiten, Öffnungszeiten etc. waren zum Zeitpunkt der Drucklegung aktuell, können sich allerdings im Laufe der Zeit ändern. Sollten Ihnen solche Details auffallen, freuen wir uns über Ihre Anregungen und Korrekturen unter: info@iwanowski.de.

Alkohol

Norwegen zählt zu den Ländern mit dem niedrigsten Pro-Kopf-Konsum von Alkohol (pro Jahr ca. 4,4 l reinen Alkohol, im Vergleich zu 9,6 l in Deutschland). Alkoholische Getränke werden (wie Zigaretten) nur an Personen über 18 Jahre abgegeben, das Trinken in der Öffentlichkeit ist verboten. Um Alkohol zu konsumieren, muss man sich in einem gastronomischen Betrieb oder auf einem Privatgrundstück befinden. Zur restriktiven Alkoholpolitik des Landes gehört auch, dass Getränke ab 4,8 Vol.-% nur in den **staatlichen Alkoholgeschäften**, genannt **Vinmonopolet**, gekauft werden können. Diese findet man in den meisten größeren Orten, auf dem Land müssen aber manchmal einige Stunden Fahrtzeit bis zum nächsten Vinmonopolet zurückgelegt werden. Die Läden dürfen nur Mo–Fr bis 18 und Sa bis 15 Uhr alkoholische Getränke verkaufen, an offiziellen Feier- und Wahltagen gilt ein striktes Verkaufsverbot. Eine Sonderstellung haben Getränke mit niedrigem Alkoholanteil, also z. B. Leichtbier: Jede norwegische Gemeinde entscheidet individuell über den Verkauf, sodass in manchen Orten auch Bier unter 4,8 Vol.-% in einem gewöhnlichen Supermarkt erworben werden kann.

Die Preise für Alkoholika liegen erheblich über dem in Mitteleuropa üblichen Niveau, für ein Bier zahlt man im Restaurant/Pub umgerechnet mindestens 6 €. Die hohen Preise erklären sich auch durch die europaweit höchste **Biersteuer**. Da Norwegen kein EU-Mitglied ist, dürfen nur geringe Mengen Alkohol eingeführt werden (s. unter „Zoll"), im Gegensatz etwa zu Schweden und Finnland. Dort nähern sich die Preise zunehmend den europäischen Standards an, sodass in grenznahen Regionen ein schwer zu kontrollierender Alkoholtourismus beobachtet werden kann – die größten schwedischen Alkohol-Geschäfte (Systembolaget) liegen mittlerweile unmittelbar an der norwegischen Grenze.

Angeln

Die Küste und die Naturräume im Binnenland bieten ideale Angelmöglichkeiten in einem Land, dessen Umwelt weniger belastet ist als die der meisten anderen Länder. Flüsse und Seen stehen allen Urlaubern unter bestimmten Voraussetzungen zur Verfügung. Zu unterscheiden ist zwischen einer **staatlichen Angellizenz** *(fiskeravgiftskort)*, die jede Person ab 18 Jahren beim Binnenfischen oder Angeln von Lachs, Seeforelle und Seesaibling erwerben muss, und der zusätzlichen **Angelkarte** *(fiskekort)*, die für ein bestimmtes Gebiet gilt. Die staatliche Angelabgabe, die man per Vordruck bei allen Postämtern in Norwegen überweisen oder online über https://fiskeravgift.miljodirektoratet.no/ per Kreditkarte bezahlen kann, beträgt 2019 NOK 272, als Familienkarte NOK 434, Jugendliche unter 18 Jahren sind von der staatl. Abgabe befreit. Besondere Regeln gelten für Finnmark (www.fefo.no).

Zum **Meeresangeln** benötigt man keine Angelkarte, sofern man nicht Lachse oder Seeforellen fangen möchte. Dorsch, Köhler, Schellfisch, Makrele und Hering kommen das ganze Jahr über reichlich vor. Oft kann man die Ausrüstung mieten, häufig werden auch organisierte Hochseeangeltouren angeboten. Im Juni und Juli finden in fast allen Orten Angelfestivals statt.

Will man sein Glück in **Binnengewässern** versuchen, benötigt man eine **Angelkarte** *(fiskekort)*. Die Kosten variieren stark – in der Regel zahlt man umgerechnet 9–18 € in der Woche, jedoch mehr, wenn man in den besten Lachsflüssen des Landes angeln möchte. Dort kostet die Angelkarte einige Hundert Kronen pro Tag oder noch mehr. Angelkarten erhält man bei den lokalen Fremdenverkehrsämtern, auf Campingplätzen, in Sportgeschäften, in Hotels oder an Tankstellen. In Norwegens Binnengewässern finden sich über 40 Arten von Fischen, während in Nordnorwegen und teilweise im südnorwegischen Gebirge fast nur Forelle und Saibling vorkommen. Die beste **Angelzeit** in den tieferen Lagen sind die Monate Mai und Juni, im Fjell ist der Spätsommer günstiger. Die **Schutzzeiten** fallen in etwa mit der Laichzeit der Fische zusammen, werden aber von den Kommunen genau festgelegt.

Für viele geht von der Jagd nach dem **Lachs** eine besondere Faszination aus, der in rund 400 Flüssen Norwegens anzutreffen ist. In Nordnorwegen kann man auch Seesaiblinge angeln. In einigen Flüssen erreichen die Lachse ein Gewicht von 15–30 kg, in anderen Gewässern werden sie nur 2–5 kg schwer. Es gibt aber auch Flüsse, in denen sich einzelne Lachsstämme mit aus Aquakulturen entwichenen Tieren vermischt haben. In über 70 norwegischen Flüssen dürfen Lachse momentan nicht gefangen werden. In der Regel ist das Lachsfischen in den Flüssen aber in der Zeit von Anfang Juni bis Mitte August gestattet, in Flüssen mit Seeforelle und Seesaibling noch 14 Tage länger. Im Meer dürfen Lachse, Seeforellen und -saiblinge von Anfang Juni bis Anfang August gefangen werden, ganzjährig mit der Rute vom Land aus. Die günstigste Angelzeit variiert von Fluss zu Fluss. Lachs und Seeforelle sollten mindestens 30 cm groß sein, bevor sie geangelt werden dürfen.

Informationen zum Angeln in Binnengewässern findet man unter www.fefo.no und www.inatur.no.

Hinweis

Traurig, aber wahr: Weil Angeltouristen (70 % von ihnen sind deutscher Herkunft) an der Grenze wiederholt mit großen Mengen (bis zu 500 kg!) an Fischfilet in Kühlboxen angetroffen wurden, haben die Behörden Norwegens reagiert. Pro Person dürfen nur noch **10 kg an Fisch/Fischfilet** außer Landes gebracht werden (aus registrierten Angelcamps 20 kg). Nicht von dieser Regelung betroffen sind Süßwasserfische, Lachse, Forellen und Saibling, außerdem darf zusätzlich zur erlaubten Menge ein ganzer Fisch (Trophäenfisch) ausgeführt werden. Weitere Infos auf der Webseite des Fischereiministeriums www.fiskeridir.no.

An-/Abreise

Mit dem Flugzeug

Die schnellste Anreise nach Norwegen erfolgt natürlich mit dem Flugzeug. Der kundenfreundliche und 2017 mit einem hypermodernen Terminal erweiterte Großflughafen **Oslo Airport** (Oslo-Gardermoen) ist das Drehkreuz der internationalen Flüge von und nach Norwegen. Er liegt ca. 50 km nördlich der Hauptstadt und ist vom Zentrum aus bequem u. a. mit dem Flughafen-Expresszug „Flytoget“ zu erreichen. Direktflüge nach Oslo gibt es u.a. aus Berlin, Düsseldorf, Frankfurt/M., Hamburg, München und Zürich, aus vielen anderen Städten im deutschsprachigen Raum auch via Kopenhagen. Ein weiterer Flughafen in Hauptstadtnähe, der von Charter- und Billig-Airlines angeflogen wird, ist der **TORP Sandefjord Airport**, ca. 110 km südwestlich von Oslo, während der Flughafen **Rygge/Moss**, 66 km südöstlich von Oslo, Ende 2016 für den zivilen Luftverkehr vollständig geschlossen wurde. Weitere norwegische Flughäfen mit direkten Auslandsverbindungen befinden sich in Bergen, Stavanger, Kristiansand und Trondheim, abgesehen von Charterflügen, die von Deutschland aus z.B. Leknes auf den Lofoten oder Kirkenes (mit Anschluss zur Hurtigruten), Lakselv oder Tromsø direkt erreichen.

Von diesen Flughäfen aus erreicht man die über 50 inländischen Flughäfen und -plätze in allen Regionen des Landes (s. auch unter „Inlandflüge"). Die großen Fluggesellschaften wie SAS (www.flysas.com) und Lufthansa (www.lufthansa.de) bieten unter gewissen Bedingungen und zu bestimmten Zeiten Spezialtarife an, die im Vergleich zum Normaltarif um bis zu 60 % günstiger sein können, sodass der Preisunterschied zu einer Bahnfahrt nicht mehr erheblich ist. Wenn es auf die Flugzeiten ankommt, sollten Sie bei einer Buchung darauf achten, ob die Airline einen Nonstop-Flug anbietet oder nicht; SAS z.B. fliegt Oslo oft mit einem Zwischenstopp in Stockholm oder Kopenhagen an, die AirBaltic z.B. fliegt fast immer über Riga. Einer der preisgünstigsten Anbieter ist der Airshuttle von Norwegian Air (www.norwegian.com), der Flüge von vielen deutschen Flughäfen nach Oslo, Stavanger, Trondheim, Bergen, Tromsø und Bodø im Programm hat. Auch Eurowings (www.eurowings.com) und KLM (www.klm.com) fliegen von deutschen Flughäfen direkt nach Oslo, Bergen oder Stavanger. Bei Ryanair (www.ryanair.com) gibt es derzeit keine Direktflüge zwischen Deutschland und Norwegen (umsteigen in London Stansted notwendig), allerdings wird in Kooperation mit Air Malta von Berlin Schönefeld ein Direktflug nach Oslo angeboten.

Mit dem Wagen

Nach Fertigstellung der großen südskandinavischen Brücken ist es möglich, Norwegen ohne eine einzige Fährstrecke zu erreichen. Die **Große-Belt-Brücke** zwischen Fünen und Seeland kostet 2019 für die einfache Fahrt ab 35 € für Pkw und 52 € für Pkw mit Wohnwagen, die **Øresund-Brücke** zwischen Seeland und Malmö 62 € für Pkw und 124 € für Pkw mit Wohnwagen. Weitere Infos, Sparmöglichkeiten mit „Durchgangstarifen" oder „Kombitickets" mit einer Fähre findet man unter www.oeresund-bruecke.de, www.oresundsbron.com und unter www.storebaelt.dk. Mit einer Onlinebuchung spart man ebenfalls etwas Geld. Bei einer Kosten-/Nutzenrechnung Pro oder Kontra Fähre sollten Spritkosten plus Mautgebühren plus evtl. Übernachtungskosten eingerechnet werden, die mit dem Preis für ein Fährticket zu vergleichen sind. Bei An- und Abreise auf dem Landweg ist ferner der Zeitverlust von mindestens zwei Tagen zu berücksichtigen. Andererseits bietet eine Autofahrt Möglichkeiten zu Zwischenstopps in Kopenhagen, Malmö oder Göteborg. Ohne vorgebuchte Fährstrecke ist man zudem bei der Reiseroute flexibler.

Mit der Fähre

Wer sich als Autofahrer entschieden hat, mit der Fähre nach Norwegen überzusetzen, kann unter verschiedenen Möglichkeiten und Tarifen auswählen. Am bequemsten ist eine kleine Seereise mit den Komfortfähren der Color Line von Kiel nach Oslo, der einzigen Direktverbindung zwischen **Deutschland und Norwegen**. Das Schiff fährt am frühen Nachmittag in Kiel ab und legt am nächsten Morgen in Oslo an, die Fahrtzeit beträgt etwa 20 Stunden und der Standard der beiden Fähren hat fast schon Kreuzfahrt-Niveau!

Eine Alternative sind die vielen Fährverbindungen zwischen **Dänemark und Norwegen**, die in Nordjütland starten und ideal zur Erkundung Südnorwegens sind. In den letzten Jahren wurden hier immer öfter High-Speed-Katamarane eingesetzt, sodass der Zeitaufwand für die Fährpassage plus Anfahrt nach Nordjütland deutlich unter dem der Kiel-Oslo-Fähre oder der Anreise per Bahn und Bus liegt. Color Line z.B. bedient die Routen Hirtshals – Larvik und Hirtshals – Kristiansand in 2,5 Stunden – das ist die schnellste Fährverbindung nach Norwegen! Eine andere Fähre verbindet Frederikshavn mit Oslo (Stena Line, 8,5 Stunden). Möchte man ins Fjordland, kann man mit der Gesellschaft Fjord Line viel Zeit sparen, die Passagiere von Hirtshals über Stavanger direkt nach Bergen bringt. Wer nicht über Jütland, sondern über die dänischen Inseln anreist, kann mit DFDS Seaways von Kopenhagen nach Oslo fahren (tgl. 16.30 Uhr, Anreise von Deutschland mit Scandlines über Puttgarden – Rødby oder Rostock – Gedser).

Die Fährverbindungen zwischen **Schweden und Norwegen** (z.B. Strömstad – Sandefjord mit Color Line) spielen für deutsche Touristen eine nur untergeordnete Rolle, während die zwischen **Dänemark und Schweden** (u.a. Frederikshavn – Göteborg mit Stena Line) und zwischen **Deutschland und Schweden** (u.a. Kiel – Göteborg mit Stena Line, Travemünde – Trelleborg mit TT-Line) für die Anreise häufiger genutzt werden. Wer auf der Vogelfluglinie unterwegs ist, sollte für die Strecken Puttgarden – Rødby und Helsingør – Helsingborg (Scandlines) bzw. für die Kombination Fähre plus Øresund-Brücke sog. **Durchgangstickets** buchen.

i **Infos**
Aktuelle Fahrpläne, Tarife und Paket- oder Sonderangebote sind auf folgenden Websites der **Fährgesellschaften** zu finden:
Color Line – www.colorline.com; **DFDS** – www.dfds.de;
Fjord Line – www.fjordline.de; **Scandlines** – www. scandlines.de;
Stena Line – www.stenaline.de; **TT-Line** – www.ttline.de.

Onlinebuchungen sind häufig preiswerter. Bei der Preisgestaltung orientieren sich manche Fährgesellschaften an den Billigfliegern: Wer früh bucht, fährt am günstigsten. Bei DFDS kann man zudem seinen Wagen bzw. Wohnwagen gratis mitnehmen.

Mit dem Zug
Mit dem Zug gelangt man nach Norwegen üblicherweise über die Vogelfluglinie, d.h. auf der Strecke Puttgarden – Kopenhagen – Helsingborg und weiter über Göteborg nach Oslo. Auch ab Hamburg und Berlin gibt es tgl. vier Eurocitys/ICEs nach Kopenhagen, ab dort dann mehrere Intercity-Verbindungen tgl. nach Oslo mit Umsteigen in Göteborg. Einen durchgehenden Zug von Deutschland nach Norwegen gibt es nicht, die Fahrtdauer beträgt ab Hamburg insgesamt 17–22 Stunden (Infos unter www.bahn.de oder www.vy.no).

Mit dem Bus

Auch mit Langstrecken- und Expressbussen kommt man nach Norwegen. Fernbusse von Flixbus z.B. fahren mehrmals wöchentlich von Berlin (ca. 20 Stunden) und ab Köln, Dortmund, Hamburg (15 Stunden) und weiteren deutschen Städten nach Oslo (ab 45 €; Online-Buchung unter https://shop.flixbus.de). Ansonsten muss in Kopenhagen oder Malmö umgestiegen werden. Günstige Busreisen von Dänemark und Schweden kann man beim schwedischen Unternehmen Swebus Express buchen (www.swebusexpress.se).

Ärztliche Versorgung

Nehmen Sie alle notwendigen **Medikamente** mit, da Sie diese nur über ein norwegisches Rezept, d.h. nach Konsultation eines norwegischen Arztes, erhalten würden! In Norwegen gelten strenge Arzneimittelgesetze. Im Krankheitsfall ist von Kassenpatienten vor der Behandlung die **Europäische Krankenversicherungskarte** vorzuzeigen (meist auf der Rückseite der elektronischen Gesundheitskarte aufgedruckt). Zu den Behandlungskosten, die in der Regel von der heimischen gesetzlichen Krankenkasse übernommen werden, wird in jedem Fall ein Eigenanteil von umgerechnet ca. 15 € (bei Fachärzten ca. 25 €) berechnet. Der Abschluss einer **Reisekrankenversicherung** ist empfehlenswert.

Bei Medikamenten beträgt der Eigenanteil 36 %, max. aber ca. 30 € pro Rezept bzw. 200 € pro Jahr. Medikamente für chronisch Kranke, Krebs- und Palliativpatienten sind generell von Zuzahlungen ausgenommen. Vor Ort aber müssen Sie zunächst die Medikamente selbst bezahlen und können später die Quittungen bei der eigenen Krankenkasse einreichen. Zahnarztkosten müssen alle Norweger über 18 Jahren – und dementsprechend auch alle Touristen – in voller Höhe selbst tragen.

Bei einem stationären Aufenthalt entfällt eine Selbstbeteiligung. Falls Sie auf der Norwegen-Reise krank werden, kann z.B. das Hotelpersonal den Kontakt zu einem Arzt herstellen. Außerhalb der Praxiszeiten kann man sich an den örtlichen Notdienst („legevakt") wenden. Dort müssen Sie die Europäische Krankenversicherungskarte und den Personalausweis vorweisen. Ärzte und Pflegepersonal sprechen i.d.R. sehr gut Englisch, oft verstehen sie auch ausreichend Deutsch.

Apotheken haben zu den normalen Geschäftszeiten geöffnet, einige haben einen Notdienst und auch am Wochenende und nachts geöffnet.

Auskunft

Visit Norway, Postfach 448 Sentrum, N-0158 Oslo, Norwegen,
☎ +47-22002500, www.visitnorway.de; und
Innovation Norway, Caffamacherreihe 5, D-20355 Hamburg,
☎ 040-2294150, 🖷 040-22941588.
Beide nicht für den Publikumsverkehr geöffnet; zuständig auch für Österreich und die Schweiz.

Auf der www.visitnorway.de sind alle Regionalbüros des Fremdenverkehrsamts angegeben, die Adressen der Touristenämter finden Sie bei der Beschreibung der einzelnen Ortschaften im Reiseteil (ab S. 126).

Auto fahren

Verkehrsregeln

Verkehrszeichen und Verkehrsregeln entsprechen im Großen und Ganzen denen im sonstigen Mitteleuropa. Die **Geschwindigkeitsbegrenzungen** sind den topografischen Verhältnissen des Landes angepasst, sie betragen auf Schnellstraßen und Autobahnen 80–100 km/h. Ansonsten gilt außerhalb geschlossener Ortschaften Tempo 80 km/h. Für Busse, Wohnmobile, Autos mit gebremstem Anhänger und alle Fahrzeuge über 3,5 t beträgt die Höchstgeschwindigkeit immer 80 km/h, für Gespanne mit ungebremstem Anhänger 60 km/h. Innerhalb geschlossener Ortschaften darf grundsätzlich nicht schneller als 50 km/h gefahren werden, in Wohngebieten gilt meist Tempo 30. Der Reisende ist gut beraten, sich an die vorgeschriebenen Geschwindigkeiten zu halten, da häufig Kontrollen durchgeführt werden und Touristen nicht mit einer milderen Behandlung rechnen können. Auch tagsüber und selbst wenn die Sonne scheint, muss mit Tagfahrlicht bzw. **Abblendlicht** gefahren werden – das gilt für alle Fahrzeuge einschl. Motorräder und Mopeds. In Norwegen gilt eine **Promillegrenze von 0,2**.

Die **Bußgelder** und anderen Strafen sind für deutsche Verhältnisse sehr hoch. Wer zu schnell unterwegs ist, kann eine Strafe bis zu 1.200 € erhalten, wer unter Alkoholeinfluss fährt, kann ein norwegisches Gefängnis von innen kennenlernen und seinen Führerschein für mehr als ein Jahr verlieren! Verkehrsstrafen haben zudem keine dreimonatige, sondern eine zwölfmonatige Verjährungsfrist, sodass man noch Monate nach dem Norwegen-Urlaub den Bußgeldbescheid bekommt.

Strafen bei Verkehrsverstößen

Beispiele für die hohen norwegischen Strafen bei Verkehrsverstößen:

Für zu schnelles Fahren	
– bis zu 5 km/h	ab 50 €
– 6–10 km/h	ab 130 €
– 11–15 km/h	ab 210 €
– 16–20 km/h	ab 300 €
– 21–25 km/h	ab 400 €
– 26–30 km/h	ab 530 € oder Führerscheinentzug
– 30–35 km/h	ab 640 € oder Führerscheinentzug
– mehr als 36 km/h	Führerscheinentzug
Handy am Steuer	ab 135 €
mehr als 0,2 Promille Alkohol	ab 520 €
Fahren ohne Tag-/Abblendlicht	ab 250 €
Rotlicht missachtet	ab 570 €
Vorfahrt missachtet	ab 600 €

Straßennetz

Das Straßennetz ist in der jüngsten Vergangenheit in beeindruckender Weise ausgebaut worden, dennoch darf man die Entfernungen nicht unterschätzen, denn viele Strecken sind kurvenreich, weisen erhebliches Gefälle oder starke Steigungen auf. Viel mehr als 300 km sollte man am Tag nicht zurücklegen, wenn die Reise nicht zur Tortur werden soll. Obwohl die Straßenschilder die Distanzen immer in km anzeigen, rechnen Norweger oder auch Schweden die Entfernungen in ihren Ländern manchmal noch nach **Mil** (= Meile), wobei **eine skandinavische Meile 10 km** umfasst.

Manche norwegische Verkehrszeichen sind bei uns unbekannt

Der **Straßendienst** (Vegmeldingstjenesten) informiert landesweit über Straßen-, Schnee- und Verkehrsverhältnisse sowie über zulässige Achslast, Entfernungen, Routen und Fähren. Der Dienst ist rund um die Uhr zu erreichen; innerhalb Norwegens wählt man ☎ **175** (vom Ausland ☎ 0047-81548991); die gleiche Nummer soll gewählt werden, wenn andere Verkehrsteilnehmer über eine Gefahrensituation informiert werden müssen; online ist der Dienst unter **www.vegvesen.no/trafikk** zu nutzen. Eine Straßenliste und anderes Informationsmaterial sind auch bei Zollstationen und beim Straßenministerium (Vegdirektoratet) erhältlich.

info

Gigantisch – norwegische Tunnel- und Brückenbauten

Kein Land besitzt in Relation zum Straßennetz so viele **Tunnel** wie Norwegen, und es werden alljährlich mehr: Im Jahr 2000 listete die staatliche Straßenbehörde (Statens vegvesen) noch 920 Tunnel auf, 2010 waren es über 1.100 und Anfang 2019 bereits 1.250! Inzwischen ist mehr als 1 % (d.h. ca. 1.000 km!) des gesamten Straßennetzes in den Untergrund verlegt, der immer mehr einem Schweizer Käse ähnelt. Die norwegischen Ingenieure haben dabei so manche Meisterleistung vollbracht und in vielerlei Hinsicht stehen norwegische Tunnel an der Spitze der globalen Statistiken. Unter den derzeit rund 80 Tunneln, die länger als 3 km sind, finden sich u.a. der **Lærdal-Tunnel**, der mit 24,5 km längste Straßentunnel der Welt, oder der 11,4 km lange **Gudvangen-Tunnel**. Bald wird auch der knapp **27 km lange** Tunnel der **Rogfast-Verbindung** fertiggestellt sein, der dann nicht nur der längste reine Straßentunnel der Welt, sondern mit **390 m Tiefe** auch der tiefste Unterseetunnel überhaupt sein wird.

Solch lange Tunnel sind nicht jedermanns Sache – und fast jeder hat ein ungutes Gefühl bei der Einfahrt. Deshalb entwerfen die norwegischen Ingenieure u.a. Wendeplätze und große Hallen, die Abwechslung bringen und ein Anhalten möglich machen. Eine spezielle Beleuchtung durch Blau- und Gelbtöne an Decken und Wänden sollen die Monotonie brechen und wirken manchmal wie riesige Gletscherhöhlen. Eine Konzentration regelrechter

Tunnelsysteme findet man in den Großräumen Oslo, Stavanger und Tromsø, wo es u.a. unterirdische Kreisverkehre, Zweigtunnel, Ampelanlagen und z.T. auch angeschlossene Tiefgaragen gibt. Schon seit 1999 erreicht man die Nordkap-Insel **Magerøy** durch einen 6,9 km langen und 212 m tiefen Unterwassertunnel. Und im 21. Jh. wurden und werden immer gigantischere Projekte fertiggestellt, etwa 2019 die **Ryfast-Verbindung** bei Stavanger, bei der ein 5,5 km und ein 14,3 km langer Tunnel unter dem Byfjord hindurchführen.

Die Norweger sind natürlich stolz, dass sie die längsten und tiefsten Tunnel der Welt in den Granit gesprengt haben und alle naselang neue Rekorde aufstellen. Vor allem aber freuen sie sich über die Zeitverkürzung durch den Wegfall von Fähren oder schwierigen Passstrecken sowie über die Tatsache, dass die Tunnel ihnen ganzjährig sichere und schneefreie Verbindungen ermöglichen. Für Touristen, die möglichst viel von der Landschaft sehen wollen, ist die schnelle Abfolge von sichtfreien und unterirdischen Strecken nicht ideal. Manchmal stehen die alten Trassen mit ihren Haarnadelkurven noch dem Autoverkehr zur Verfügung – bei gutem Wetter und genügend Zeit sicher die interessantere Alternative. Oft spart man dabei auch noch die Mautgebühr. An vielen neuen Tunneln aber führt kein Weg vorbei. Fast alle sind heutzutage beleuchtet, und ca. 50 von ihnen sind mit einer Belüftungsanlage ausgestattet. Bei jeder **Tunneleinfahrt** ist **äußerste Vorsicht** geboten, natürlich besonders bei den unbeleuchteten. Oft suchen Schafe und Ziegen, seltener auch Elche in den Tunneln Schutz vor Regen und Schneeschauern.

Genauso spektakulär (und für Touristen natürlich reizvoller, weil man sie sehen kann und sie Aussicht bieten) sind Norwegens **Brücken**. Mehr als 17.200 Straßenbrücken gab es 2019 im Königreich, die älteste datiert von 1844. Zweifellos ist Norwegen also ein Land der Brücken, wobei nicht nur deren schiere Anzahl, sondern vor allem deren unterschiedliche Konstruktion und oft auch deren Länge und Höhe beeindrucken. Rund 20 Brücken im Königreich sind über 1 km lang, unter ihnen ist die längste und breiteste, die 1.892 m lange Brücke in Drammen, gleichzeitig die langweiligste. Spektakulärer sind Brückenschläge wie die über den **Svinesund** zwischen Norwegen und Schweden, die längste Ein-Bogen-Brücke der Welt! Sensationell sind die Kombinationen verschiedener Brücken mit Dämmen und Tunneln, so wie man sie auf der Atlantikstraße vorfindet, oder bei der **Lofast-Verbindung** (2007), die als E 10 durch mehrere Tunnel (darunter den 6,3 km langen Sørdals-Tunnel) und Brücken sowie über den Raftsund zur Insel Austvågøya und den Lofoten geht. Oder nördlich von Bergen, wo die 1.614 m lange **Nordhordland-Schrägseilbrücke** direkt auf die weltweit längste Pontonbrücke ohne Seitenverankerung führt. Oder bei der **Krifast-Verbindung** bei Kristiansund, wo eine 1.257 m lange Hängebrücke in eine Pontonbrücke und die wiederum in einen über 5 km langen Unterseetunnel übergeht. Abgesehen von Erdölplattformen sind die Pylonen mehrerer Brücken heute die höchsten Gebäude des Landes. Überhaupt scheinen **Hängebrücken** die neue Domäne norwegischer Ingenieure zu sein. Derzeit lie-

info

gen elf der 20 längsten Hängebrücken Europas in Norwegen, darunter die spektakuläre **Hardanger-Brücke** zwischen Brimnes und Bruarvik (2013), deren Spannweite von 1.310 m die der Golden Gate Bridge übertrifft und die auf beiden Seiten unmittelbar in ein Tunnelsystem hineinführt. Oder die **Hålogaland-Brücke** in Narvik, deren Spannweite mit 1.145 m nicht sehr viel kürzer ist (2017).

Zuletzt wurden verschiedene Möglichkeiten diskutiert, die Ballungsräume westlich und östlich des **Oslofjords** miteinander zu verbinden, indem zusätzlich zum bestehenden 7-km-Tunnel auf der Linie Drøbak – Drammen (2000) weitere Verbindungen geschaffen werden. Die z.T. spektakulären Pläne – darunter ein 19-km-Unterseetunnel und eine riesige Hängebrücke mit 300 m hohen Pylonen und einer Spannweite von über 2 km – wurden 2019 aber vorläufig auf Eis gelegt.

Derzeit sind 18 sehenswerte Routen von der staatlichen Straßenbehörde als „**Nationale Touristenstraßen**“ ausgewiesen. An ihnen stehen Infotafeln sowie ausgebaute Haltepunkte, an denen man die Aussicht genießen oder einen Stopp für Wanderungen, zum Angeln oder zu anderen Aktivitäten einlegen kann. Benannt sind die Nationalen Touristenstraßen nach der jeweiligen Region oder spezifischen Kennzeichen; u.a. haben die Sognefjell-Straße (Rv. 55), der Alte Strynefjellsweg (Rv. 258), die Küstenstraße Rv. 17, der Trollstigen und die Atlantikstraße diesen Status. Weitere Informationen unter www.nasjonaleturistveger.no.

Im **Winter** sind viele **Gebirgsstraßen gesperrt**. Wer einen Autourlaub im Herbst, Winter oder Frühjahr plant, sollte im Voraus klären, ob die jeweiligen Pässe geöffnet sind. In den letzten Jahren waren folgende touristisch relevanten Strecken gesperrt (Dauer der Wintersperrung kann variieren und ist abhängig von den Wetterverhältnissen):
E 69 Skarsvåg–Nordkap = Okt.–April; Rv. 13 Vikafjell = Jan.–April; Rv. 13 Gaularfjell = Dez.–Mai; Rv. 51 Valdresflya = Nov.–Mai; Rv. 55 Sognefjell = Nov.–Mai; Rv. 63 Geiranger–Langevatn = Nov.–Mai; Rv. 63 Trollstigen = Okt.–Mai; Rv. 98 Ifjordfjell = Nov.–Mai; Rv. 252 Tyin–Eidsbugarden = Okt.–Juni; Rv. 258 Alte Strynefjellstraße = Okt.–Juni; Rv. 520 Breiborg–Røldal = Nov.–Juni; Rv. 886 Jarfjordfjellet = Nov.–Mai; Rv. 243 Aurdal–Erdal (Lærdal) = Nov.–Juni; Rv. 337 Brokke–Suleskard = Nov.–Mai; Rv. 520 Hellandsbygda–Røldal = Nov.–Juni.

Wer im Winter/Frühjahr Norwegen besucht, sollte auf jeden Fall **Schneeketten** mitnehmen, die im Gebirge vorgeschrieben sind; erlaubt sind auch **Spikes**, und zwar zwischen dem 1. November und dem ersten Sonntag nach Ostern, in Nordland, Troms und Finnmark im Norden sogar zwischen dem 15. Oktober und 1. Mai. Spikesreifen kann man im Land ausleihen (häufig in den Fährhäfen, z. T. auch an dänischen Tankstellen/Werkstätten vor den Fährhäfen).

Mautgebühren

Zur Finanzierung teurer Brücken-, Tunnel- und Straßenprojekte werden in Norwegen schon seit über 70 Jahren **Mautgebühren (bompenger)** verlangt. Diese sind in zwei Klassen unterteilt, **Klasse 1** ist für Fahrzeuge unter 3,5 t, **Klasse 2** für schwerere Fahrzeuge. In der Klasse 1 beträgt die Gebühr im Durchschnitt NOK 12–34 pro Passage der Mautstation. Große Tunnelprojekte und Inselverbindungen, die ehemalige Fähren ersetzen, sind aber z. T. deutlich teurer. Am teuersten waren 2019 folgende Mautstellen: Fv. 519: Finnøy-Tunnel NOK 150; Rv. 13: Hardanger-Brücke NOK 143; E6: Hålogalands-Brücke NOK 113; Fv. 107: Jondals-Tunnel NOK 100; Fv 544: Halsnøysambandet (zwischen Festland und Insel Sunde) NOK 96; Fv. 858: Rya-Verbindung NOK 85; Rv. 7: Hallingporten Brekkebygda NOK 78; E 136: Tresfjord-Brücke/Vågstrand-Tunnel NOK 69.

Die derzeit rund 200 Mautstationen werden für einen gewissen Zeitraum errichtet und, wenn die Baukosten erwirtschaftet sind, wieder abgebaut. Anders sieht es bei den **Mautstationen-Ringen** aus, mit denen sich einige Städte umgeben. Hier soll die Maut die Autofahrer dazu bringen, mit öffentlichen Verkehrsmitteln in die Städte zu fahren oder Hauptverkehrszeiten (6.30–9 und 14.30–16.30 Uhr) zu meiden. In Oslo etwa kostet die City-Maut dann NOK 31, sonst NOK 25, in Bergen NOK 56/30, in Kristiansand NOK 21/14 und in Trondheim NOK 14/11. Von der Mautgebühr sind **Motorräder** und **E-Autos befreit**, für **Diesel-Fahrzeuge** wird eine **höhere Maut** verlangt. Eine Liste über alle **mautpflichtigen Strecken** und die jeweilige Höhe der Maut ist unter **www.norvegfinans.com/no** einsehbar.

Die Mautstationen werden alle nach internationalen Regeln angekündigt (blaue Schilder; norweg. und engl. Beschriftung). Stationen, in denen man den Betrag bar entrichtet, findet man nur noch selten. Stattdessen gibt es **drei Möglichkeiten**, die Gebühren zu bezahlen:

- Entweder man registriert sich beim automatischen „**AutoPASS**"**-System**; dies geschieht online unter der Adresse www.autopass.no/de. Man benötigt dazu eine Kreditkarte und gibt das Kfz-Kennzeichen an. Durch die Registrierung wird ein vorübergehender Vertrag abgeschlossen. Nach der Anmeldung kann man alle AutoPASS-gekennzeichneten Straßen befahren, die entsprechende Gebühr wird automatisch der Kreditkarte belastet.
- Oder man verzichtet auf die Registrierung. In diesem Fall wird ein Foto von Ihrem Auto mit Kennzeichen gemacht. Eine Rechnung über die jeweilige Mautgebühr wird anschließend an die Adresse des Fahrzeughalters gesandt, doch muss man Geduld haben: Es dauert i. d. R. sechs Monate, bis man die **Rechnung** erhält (etwas verwirrend ist, dass als Absender der Rechnung ein britisches Büro angegeben wird!).
- Drittens ist es meist auch möglich, die Maut innerhalb von **drei Tagen** an einer **Tankstelle** in der Nähe der automatisierten Station zu bezahlen. Dazu muss man den Wagentyp, das Kennzeichen sowie Zeit und Ort der Durchfahrt angeben; bei Bezahlung wird die Registrierung Ihrer Durchfahrt gelöscht und die Ausstellung einer Rechnung entfällt.

Wohnmobile/Wohnwagengespanne

Weder mit Wohnmobilen noch mit anderen Fahrzeugen darf man sich abseits der öffentlichen oder privaten Straßen bewegen. Solange das Fahrzeug kein Hindernis für andere Fahrzeuge darstellt und maximal 2,55 m breit ist, dürfen Wohnmobile/Gespanne am Straßenrand geparkt werden, in einigen Städten gibt es spezielle Parkplätze für Wohnmobile. Campingtoiletten oder anderer Müll dürfen nicht in der Natur entsorgt werden, dazu sollte man Rastplätze und **Entsorgungsstellen** aufsuchen, wie sie auch im Norwegischen Camping-Guide vermerkt sind. Außenspiegel sind Vorschrift, im Ruhezustand müssen sie aber eingeklappt oder abgenommen werden. Die zulässige **Höchstlänge** beträgt für Wohnmobile 12,5 m und für Wohnwagengespanne 18,75 m. Fernsehantennen dürfen während der Fahrt nicht an der Seite des Campingwagens hervorragen.

Folgende Straßen sind für Wohnwagengespanne bzw. Fahrzeuge mit Anhänger nicht geeignet: In Vest-Agder: Rv. 461: Førland-Moi, Kvås-Konsmo; Rv. 465: Hanesund-Liknes. In Rogaland: Rv. 501: Rekeland-Heskestad. In Sogn og Fjordane: Rv. 92: Bjordal-Hordal. In Møre og Romsdal: Rv. 63: Geirangervegen, Rv. 63: Trollstigen. In Trøndelag: Rv. 758: Vuku-Stene.

Automobilclub

Wer Mitglied eines Automobilclubs wie dem ADAC ist, kann sich im Schadensfall an den Norwegischen Automobilclub **NAF** (Norges Automobil Forbund) wenden: Østensjøveien 14, 0661 Oslo, ☎ 08505, www.naf.no.

Neben dem NAF ist auch der Kongelig Norsk Automobilclub, **KNA** (0667 Oslo, Nils Hansens vei 2, ☎ 21604900, www.kna.no) Partnerclub des ADAC.

Unfälle/Autopanne

Ein Warndreieck und eine Warnweste müssen mitgeführt werden. Von Mitte Juni bis Mitte August fährt der NAF auf den Hauptstrecken und Gebirgspässen Patrouille. An den Passstraßen und in Tunnels stehen Notrufsäulen. Die meisten **Wildunfälle** passieren in den Morgenstunden oder in der Dämmerung, besonders im Winterhalbjahr. In diesem Zeitraum sollte man besonders aufmerksam sein, vor allem dort, wo Warnschilder aufgestellt sind. Unfälle mit Tieren sollte man immer dem Straßendienst (☎ 175) melden, auch wenn man nicht selbst der Unfallverursacher ist.

Im Fall eines Unfalls helfen folgende Rettungsdienste mit deutschsprachigen Mitarbeitern rund um die Uhr weiter:

NAF, ☎ 08 505
FalckRedning, ☎ 02-222
Viking Redningstjeneste, ☎ 06-000

Tankstellen/Benzin/E-Auto-Ladestationen:

Die Preise im Ölland Norwegen sind bedeutend höher als bei uns, nur Diesel ist relativ preiswert. Im Norden gibt es deutlich weniger Tankstellen, sodass man für Exkursionen in die Nationalparks und lange Überlandfahrten einen **Reservekanister** dabei haben sollte. Auch an Tankstellen können kleinere Beträge mit Kreditkarte bezahlt werden. Im E-Autoland Norwegen wird das Netz an Ladestationen immer umfangreicher, selbst in abgelegenen Regionen und im Gebirge. Auf öffentlichen Parkplätzen gehören Ladestationen inzwischen zum Standard. Eine Übersicht und die jeweiligen Standorte der Ladestationen findet man unter www.ladestasjoner.no.

Autovermietung

In den größeren Städten und fast allen Orten mit Flughäfen kann man Autos mieten, die meist nur an Personen über 25 Jahre verliehen werden. Am häufigsten ist Avis vertreten. Achten Sie auf Sondertarife, die an Wochenenden und im Sommer gewährt werden. Die Kosten liegen für einen Kleinwagen (Renault Clio o.Ä.) bei Hertz z.B. bei 140 € aufwärts ohne Kilometer-Begrenzung, inkl. Versicherung und Steuern, der Wochenendpreis beträgt ca. 170 €. Günstiger sind Angebote über die Online-Autovermietung von www.autoeurope.de mit ca. 650 € für einen Kleinwagen für 2 Wochen. Die Hinterlegung einer Kaution (Kreditkartenabzug) ist üblich. Viele Autovermietungen haben inzwischen auch E-Autos im Angebot, u.a. Tesla-Modelle. Infos u.a. bei www.avis.no, www.budget.no, www.europcar.no, www.hertz.no.

Bahn

Die **Norwegische Bahn** unterhält ein Streckennetz von rund 4.200 km Länge, das von Oslo aus sternförmig angelegt ist. Seit Mitte 2019 tragen das Unternehmen und seine Tochtergesellschaften wie die Busgesellschaft Nettbuss den Namen **VY**, alle Züge erhielten neben dem neuen Logo (bisher: NSB) eine dunkelgrüne Lackierung und das Personal neue Uniformen.

Bahnreisenden stehen folgende Strecken zur Verfügung:
Die **Bergenbahn**, eine der schönsten Bahnstrecken Europas, verbindet Oslo mit Bergen (516 km, ca. 6,5 Std. Fahrzeit). An Gletschern, Bergen und Hochebenen vorbei erreicht sie bei Finse in 1.237 m Höhe den höchsten Punkt. Auch die zahlreichen Tunnel – der längste ist mit über 10 km der 1993 erbaute Finsetunnel – sowie die beeindruckende Technik machen die Zugfahrt zum besonderen Erlebnis.
Die **Flåmbahn** ist eine kleine Nebenstrecke der Bergenbahn und verläuft von Myrdal hinab nach Flåm am Aurlandsfjord. Die 50-minütige Fahrt ist für viele Norwegen-Besucher einer der Höhepunkte ihrer Reise.
Die **Sørlandbahn** führt über eine Strecke von rund 580 km in 7,5 Std. von Oslo über Kristiansand nach Stavanger, immer parallel zur Küste mit malerischen Städten und Orten. In Stavanger hat man Anschluss an die **Jærbahn**, die 75 km an Sandstränden und Felsen vorbei bis nach Egersund führt.
Die **Dovrebahn** verbindet Oslo in 6,5 Std. mit Dombås und Trondheim und führt durch das Gudbrandsdal.
Die **Raumabahn** zweigt von der Dovrebahn ab und führt auf spektakulärer Route in 1,5 Std. von Dombås nach Åndalsnes.
Die **Røros-Bahn** verkehrt von Oslo zur alten Bergbaustadt Røros, von dort geht es weiter nach Trondheim.
Die **Nordlandbahn** führt von Trondheim in 11 Std. bis zum Endpunkt des Eisenbahnnetzes nach Bodø. Die 730 km lange Strecke ist eine der wenigen weltweit, die den Polarkreis überquert. Mit der Nordlandbahn endet (bisland) das Netz bei Fauske/Bodø. Wer weiter in den Norden will, muss auf Bus, Schiff oder Flugzeug umsteigen. Nur in Narvik gibt es ein kleines Teilstück (**Ofotbahn**), das die nordnorwegische Stadt über Kiruna und Luleå mit Stockholm verbindet. Derzeit wird eine Neubaustrecke zwischen Bodø und Narvik diskutiert.

In Norwegen kommt der Zugreisende auf seine Kosten, denn der Komfort ist hoch, die Preise sind – vor allem bei längeren Distanzen – recht günstig und einige Strecken gehören sicherlich zu den interessantesten weltweit. Die norwegische Natur hat die Anlage des Streckennetzes geprägt: Etwa 60 % der Schienen liegen in Kurven. Etwa 775 Tunnels und 3.000 Brücken mussten angelegt werden, um die Bahn durchs Gebirge und über die Flüsse zu führen. Im Sommer empfiehlt sich eine rechtzeitige Reservierung, vor allem für die Fahrt mit dem Schlaf- oder Liegewagen auf den Strecken Oslo – Bergen, Oslo – Trondheim und Trondheim – Bodø.
Infos zu Angeboten, Preisen, Fahrplänen sowie Fahrkarten unter www.vy.no. Englischsprachige Auskünfte per Telefon in Norwegen unter ☎ 81500888, aus dem Ausland unter ☎ (+47) 61051910.

Wer bei seiner Norwegen- oder Skandinavienreise ganz auf den Zug setzt, sollte den Kauf eines **Interrail-Tickets** überlegen. Interrail-Tickets können in jedem Alter (vergünstigter Jugendpass bis 28 Jahre, Seniorenpass ab 60 Jahre, Familienpass), für unterschiedliche Zeiten (3, 4, 6 oder 8 Reisetage innerhalb eines Monats) und entweder nur für Norwegen (Interrail Norwegen Pass) oder als Global Pass für ganz Europa erworben werden, weitere Infos unter de.interrail.eu

Barrierefreies Reisen

Kaum ein Land hat sich auf Reisende mit Behinderungen so eingestellt wie Norwegen. Behindertengerechte Toiletten etwa gibt es in allen staatlichen und kommunalen Institutionen und Verkehrsbetrieben, bei Schnell-/Expresszügen sowie Signatur- und Regionalzügen erleichtern Lifts bis 350 kg den Zugang für Rollstuhlfahrer, die meisten Hotels, aber auch viele Jugendherbergen bieten entsprechend ausgestattete Zimmer und die Sanitäreinrichtungen auf den meisten Campingplätzen sind barrierefrei. In den Städten sind die Ampeln mit akustischen Signalen für Sehgeschädigte ausgestattet. Informationen erteilen:
in **Deutschland** der Bundesverband Selbsthilfe Köperbehinderter, Altkrautheimerstraße 20, D-74238 Krautheim/Jagst, ☎ 06294-42810, www.bsk-ev.org;
in **Norwegen**: Norges Handikapforbund, Schweigaardsgate 12, Postboks 9217, N-0134 Oslo; ☎ 24102400, www.nhf.no.

Botschaften

In Deutschland: Königlich Norwegische Botschaft, Rauchstraße 1, D-10787 Berlin, ☎ 030-505058600, 🖷 030-505058601, www.norway.no/de/germany/.
In Österreich: Königlich Norwegische Botschaft, Reisnerstraße 55–57, A-1030 Wien, ☎ 01-71660, 🖷 01-7166099, www.norway.no/de/austria/.
In der Schweiz: Königlich Norwegische Botschaft, Bubenbergplatz 10, CH-3011 Bern, ☎ 031-3105555, 🖷 031-3105551, www.norway.no/de/switzerland/.

Diplomatische Vertretungen in Norwegen
Botschaft der Bundesrepublik Deutschland, Oscarsgate 45, N-0256 Oslo, ☎ 0047-23275400, 🖷 22447672, www.oslo.diplo.de.

Botschaft der Republik Österreich, Thomas Heftyesgate 21, N-0264 Oslo, ☎ 0047-22540200, 🖷 22554361, www.aussenministerium.at/oslo.
Botschaft der Schweiz, Oscarsgate 29, N-0352 Oslo, ☎ 0047-22542390, www.eda.admin.ch/oslo.

Busse

Ein dichtes Netz von Überlandbussen bietet Alternativen zur Fahrt mit dem Zug. Überregional verkehrende Busse der Gesellschaft **Nor-Way Bussekspress**, in der sich mehrere norwegische Busunternehmen zusammengeschlossen haben, fahren auf rund 50 Strecken quer durch das Land. Das Netz umfasst rund 18.000 km. Neben den recht günstigen Preisen bieten die Busse den Vorteil, dass auf den meisten Strecken keine Reservierung erforderlich ist. Trotzdem genießen Reisende eine Platzgarantie – sollten alle Plätze im Bus besetzt sein, wird ein neuer bereitgestellt. Die Busse sind vorzüglich ausgestattet, haben u.a. WC und Kaffeemaschine zur Selbstbedienung an Bord, bieten Kopfkissen bei Nachtfahrten und die Fahrer sind englischsprachig. Kinder zwischen 4 und 16 Jahren sowie Senioren zahlen den halben Preis. Eine Fahrradmitnahme ist gegen Gebühr (= Kinderticket) in den meisten Fällen möglich. Auf einigen Strecken gibt es einen „Maximal-Preis", der unabhängig vom Ausstiegsort ist. Infos, Streckenheft etc. bei Nor-Way Bussekspress, Storgate 17, N-0184 Oslo, ☎ 81544444, www.nor-way.no.

Andere größere Busgesellschaften sind **Fjord1**, die im Süden und Westen operiert und durch den Betrieb vieler Fährlinien über das breiteste Verkehrsnetz im Fjordland verfügt (www.fjord1.no), die Gesellschaft **177no** (www.177.no) und **Boreal Norge** (www.boreal.no). Das Unternehmen **Lavprisekspressen** offeriert nach dem „Billigflieger-Prinzip" preisgünstige Tickets auf norwegischen Überlandstrecken (Online-Verkauf; Website nur norweg.: www.lavprisekspressen.no).

Einkaufen/Souvenirs

Im Land gibt es rund 3.500 Geschäfte, in denen man **tax-free** einkaufen kann, also **mehrwertsteuerfrei**. Wer mehr als NOK 315 bezahlt (bei Lebensmitteln über NOK 290), kann 12–19 % des Warenpreises zurückerhalten. Beim Kauf in einem Laden mit „tax free"-Logo auf der Eingangstür oder an der Kasse weisen Sie durch den Personalausweis nach, dass Sie außerhalb Skandinaviens wohnen. Zusammen mit der versiegelten Ware erhalten Sie ein Tax-free-Dokument, auf dem der Mehrwertsteuerbetrag eingetragen ist. Dieses Dokument, in das Sie Name, Anschrift und die Pass- bzw. Personalausweisnummer eingetragen haben, legen Sie beim Verlassen des Landes einem **Global Blue Refund Office** an einem internationalen Flughafen, einem Fähr- oder Kreuzfahrtterminal oder an größeren Grenzübergängen vor (blaues Logo, genügend Zeit einplanen!). Das Dokument ist während eines gesamten Kalenderjahres gültig. Die Rückerstattung erfolgt in bar (NOK) oder per Überweisung auf das Kreditkartenkonto. Die Waren dürfen im Land nicht benutzt werden! Zuständig für Kontrolle und Erstattung ist nicht der Zoll, sondern die Privatgesellschaft Norway Tax Free Shopping; Infos unter www.globalblue.com.

Als **Souvenir** bietet sich norwegisches **Kunsthandwerk** an. Die Auswahl an Holzgegenständen, Textilien, hochwertigem Glas, Keramik, Schmuck oder Zinnwaren ist riesig. Überall findet man Geschäfte, in denen gestrickte Kleidungsstücke angeboten werden, also auch die bekannten Norwegerpullover. Viele Muster und Farben gehen auf verschiedene Landschaften Norwegens zurück, wenngleich die Tradition, mit mehreren Farben zu stricken, nicht zu den ältesten gehört. Eine lange Tradition hat die **Goldschmiedekunst**. Neben modernem Design gibt es Schmuck, bei dem sich die Künstler auch von Funden aus altnordischer oder der Wikingerzeit inspirieren lassen. Auch **Steine** werden zu Schmuck verarbeitet, was in einem an Mineralien so reichen Land nicht verwundert. Als eine Art Nationalstein gilt der Thulit, der an den griechischen Namen für Norwegen (Ultima Thule) erinnert.

Einreise

Staatsbürger aus Deutschland, Österreich und der Schweiz, die nach Norwegen einreisen möchten, benötigen einen gültigen Pass bzw. Personalausweis, Kinder bis 16 Jahre einen Kinderausweis, ab zehn Jahren mit Bild. Die Einfuhr norwegischer wie ausländischer Geldscheine und Münzen im Wert bis NOK 25.000 ist erlaubt. Beträge darüber müssen bei der Einreise deklariert werden, dazu muss der rote Ausgang benutzt werden. Seit 2016 können in Schweden und in Norwegen wieder Passkontrollen durchgeführt werden (s. auch unter „Zoll“ und „Haustiere“).

Eintrittsgelder

Es gibt viele Museen in Norwegen, deren Besuch die Reisekasse strapazieren kann, denn die Eintrittspreise sind hoch. NOK 60–100 (Kinder die Hälfte) sind üblich, oft zahlt man deutlich mehr. **Ermäßigungen** für Senioren und Familien gibt es fast immer. Für Oslo und Bergen lohnt sich vielleicht eine City Card, die neben freier Fahrt mit den öffentlichen Verkehrsmitteln viele Vergünstigungen bei Eintritten gewährt. Der Besuch von Kirchen ist kostenlos, bei den meisten Stabkirchen, die von kunsthistorischem Interesse sind, oder im Nidaros-Dom zu Trondheim wird Eintritt verlangt. Auch bei besonderen Natursehenswürdigkeiten wird man zur Kasse gebeten, z. B. beim Parkplatz am Wasserfall Vøringfoss, am Kap Lindesnes und am Nordkap, wo die Zutrittsgebühr mit NOK 285 unangemessen hoch erscheint (24-Std.-Ticket, Zugang zu allen Anlagen; 12-Std.-Ticket ohne Extras NOK 180).

Elektrizität

Die Netzspannung beträgt in Norwegen wie in Deutschland 230 Volt, Frequenz 50 Hz. Auch der Steckdosentyp ist gleich, daher ist ein Adapter nicht notwendig.

Fähren

Wer in Norwegen größere Strecken mit dem Auto oder Zweirad zurücklegt, wird häufig eine der Fähren benutzen, die trotz neuer Brücken, Straßen und Tunnel immer noch ein unverzichtbarer Bestandteil der norwegischen Verkehrsinfrastruktur sind. Auf beliebten Strecken kommt es im Sommer gelegentlich zu Wartezeiten, in den Wintermonaten verkehren die Fähren seltener. Obwohl vom Staat kräftig subventioniert, fallen für den Reisenden Fahrtkosten an, die zwar nicht hoch sind, aber im Rahmen einer längeren Norwegen-Reise zu Buche schlagen. Im amtlichen Kursbuch, dem „**Rutebok for Norge**", erfährt man alles Wesentliche zu den innernorwegischen Fährverbindungen – als Printausgabe u.a. an Kiosken zu bekommen, oder als App für das Smartphone. Auch die Website www.ruteinfo.no listet alle Verkehrsverbindungen auf, nach Regionen gegliedert (norweg./engl.).

Fahrrad fahren

Norwegen bietet Radfahrern schier grenzenlose Möglichkeiten und keineswegs nur anstrengende Berg- und Taltouren. Den Radfahrern hat sich die Stiftung **Sykkelturisme i Norge** *(www.cyclingnorway.no/en/)* angenommen, die auf ihrer Website viele nützliche Tipps bereithält und die etwa 20 schönsten Routen vorstellt. Auch für Broschüren, Radliteratur und Spezialkarten ist dies die beste Adresse. Wer sich auf eigene Faust auf den Weg macht, findet entlang der gut ausgeschilderten Strecken viele Unterkünfte, die sich besonders für Radfahrer anbieten. Das rote Logo „Syklist Velkommen / Cyclist Welcome" weist u.a. auf fahrradfreundliche touristische Betriebe hin (u.a. Unterkünfte, in denen man auch Werkzeug oder spezielle Trockenräume vorfindet).

Begegnung auf dem beliebten Radwanderweg Rallarvegen

Die Regeln für Radfahrer im Straßenverkehr entsprechen im Wesentlichen den in Mitteleuropa gängigen Vorschriften bzw. den Verkehrsregeln für Pkw und Motorräder. Wenn kein Radweg vorhanden ist, darf man mit dem Rad auf dem Bürgersteig fahren. Autobahnen und Schnellstraßen sind für Radfahrer tabu, dies gilt auch für einige Tunnel – darauf wird auf Verkehrsschildern deutlich hingewiesen.

Ferien

Der kurze, von den Norwegern besonders intensiv erlebte Sommer bestimmt die Ferienordnung des Landes. So dauern die Sommerferien von Mitte Juni bis Mitte August. Viele größere Firmen schicken ihre Belegschaft im Juli in Urlaub. Die Osterferien in der Woche nach Palmsonntag bis nach den Osterfeiertagen nutzen viele Norweger zum Winterurlaub in den Skizentren des Landes. Eine Woche Wintersportferien gibt es außerdem im Februar.

Feste, Festivals und Feiertage

Die **gesetzlichen Feiertage** in Norwegen sind: 1. Januar (Neujahr), Gründonnerstag, Karfreitag, Ostersonntag, Ostermontag, 1. Mai (Tag der Arbeit), 17. Mai (Nationalfeiertag), Christi Himmelfahrt, Pfingstsonntag, Pfingstmontag, 25. und 26. Dezember (Weihnachten), 31. Dezember (Silvester).

Im traditionellen Festtagskalender nehmen Weihnachten *(jul)* und Ostern *(påske)* einen prominenten Platz ein. In der **Weihnachtszeit** haben Kinder wie bei uns einen Adventskalender, ebenso gibt es einen dekorierten Weihnachtsbaum *(juletre)*, Weihnachtsplätzchen und die Bescherung am Heiligabend. Der Weihnachtsmann ist hier ein Kobold mit roter Zipfelmütze, handgestrickten Kniestrümpfen und Norwegerpullover; ihm stellt man traditionell am Heiligabend eine Schüssel Milchreis mit Butter, Zucker und Zimt vor das Haus. Zwischen Weihnachten und Silvester verkleiden sich die Kinder als Nisser (Kobolde), ziehen von Tür zu Tür, singen Weihnachtslieder und bekommen dafür Süßigkeiten geschenkt. Nach Weihnachten wird in vielen Gemeinden nördlich des Polarkreises der Tag gefeiert, an dem sich die Sonne zum ersten Mal wieder über dem Horizont zeigt.

Zu **Ostern** gibt es Ostereier, die in Norwegen zwar bemalt, aber nicht versteckt werden. Anstelle eines Osterhasen kennt man das kleine, gelbe Osterhühnchen *(påskekylling)*. Wohnung und Tische werden mit Weidenkätzchen, Birkenzweigen, Tulpen, Lilien und Narzissen dekoriert, ebenso mit künstlichen Eiern und Daunenfedern. Und die Kinder freuen sich über Schokoladeneier, Marzipan und andere Süßigkeiten. In der warmen Jahreszeit ist **Mittsommer** oder **Sankthans** das populärste Fest, also die Sommersonnenwende mit dem längsten Tag und der kürzesten Nacht des Jahres. Gefeiert wird meist mit Freunden oder Familie im Schein des Sankthans-Feuers, das am Seeufer oder Strand entzündet wird. Mädchen oder junge Frauen, die zu Mittsommer sieben verschiedene Blumensorten pflücken und unter das Kopfkissen legen, träumen in der Nacht von ihrem Zukünftigen.

Wie die skandinavischen Nachbarländer, insbesondere Finnland, ist auch Norwegen ein ausgesprochenes Festival-Land, und das nicht nur im Sommer! Jedes Jahr werden im Königreich mehr als 3.000 **Festivals** registriert, die ein Publikum von 1. Mio. Menschen erreichen. Die 60 wichtigsten davon aus den Sparten Kunst, Film, Literatur, Kirchenmusik, Klassik und Oper, Folk/World Music, Jazz/Rock und Theater sind im Netzwerk „Norske festivaler" zusammengeschlossen und werden unter www.norwayfestivals.com mit Terminen und eigener Website vorgestellt.

Flugverkehr

Der innernorwegische Flugverkehr ist in der Nachkriegszeit hervorragend ausgebaut worden. Heute werden täglich rund 50 Flughäfen mehrmals am Tag angeflogen. Inzwischen gibt es auch einige „Billigflieger" und die etablierten Gesellschaften locken mit zahlreichen Sondertarifen, u.a. für Urlaubs- und Frühbucherreisen. Die wichtigsten Gesellschaften für den nationalen Flugverkehr sind SAS (www.sas.no), Widerøe (www.wideroe.no) und Norwegian Air (www.norwegian.no).

Geld/Geldwechsel

Die norwegische Währung ist die **Krone** (1 Krone = 100 Øre), die **nkr** oder **NOK** (international üblich) abgekürzt wird, zur Unterscheidung von der schwedischen (SEK) und dänischen Krone (DKK). An Münzen sind keine Øre mehr, sondern nur noch 1-, 5-, 10- und 20-Kronen-Stücke im Umlauf. Geldscheine gibt es im Wert von 50, 100, 200, 500 und 1.000 Kronen (Infos unter www.norges-bank.no). Seit 2017/2018 sind in Norwegen neue Geldscheine im Umlauf, die sich nicht in der Größe, aber in den Motiven von den alten unterscheiden. Auf den Vorderseiten sind maritime Motive abgebildet, auf der Rückseite abstrakte Muster, die an grob gepixelte Bilder erinnern und durch ihre starke Farbigkeit auffallen. Für das Design war u.a. das renommierte Büro Snøhetta verantwortlich. Die alten Banknoten können nicht mehr verwendet werden.

Wechselkurs s. S. 123 und tagesaktuell u.a. bei www.umrechner-euro.de.

Geldumtausch ist in der Regel in Norwegen etwas günstiger als im Heimatland. Da die Banken unabhängig von der Summe recht hohe Wechselgebühren berechnen, sollte man nur höhere Beträge wechseln, relativ preisgünstig ist aber die Umtauschbank Forex mit langen Öffnungszeiten. Flächendeckend gibt es **Geldautomaten** („Minibank"), an denen man mit den gängigen EC- oder Kreditkarten Bargeld abheben kann. Der Gebrauch von Kreditkarten ist in Norwegen sehr verbreitet und sie werden so gut wie überall akzeptiert, auch in den meisten Geschäften, Supermärkten und Tankstellen.

Sperrnotruf

Die einheitliche Rufnummer, mit der man verlorene oder gestohlene Bank- und Kreditkarten sperren lassen kann, lautet von Norwegen aus ☎ 0049-116 116 und 0049-30-40504050 (in Deutschland: ☎ 116116). Infos: www.sperr-notruf.de.

Haustiere

Die **Einfuhr von Tieren** nach Norwegen ist recht kompliziert. Für Hunde und Katzen gelten medizinische Bestimmungen, die es erforderlich machen, spätestens ein halbes Jahr vor Beginn der Reise mit den **Vorbereitungen** zu beginnen, indem man zunächst einen Tierarzt kontaktiert. Folgende Anforderungen müssen dann bei der Einreise erfüllt sein:

- Das Tier muss entweder eine vor dem 3. Juli 2011 angebrachte, gut lesbare Tätowierung haben oder gechippt sein. Seit 2011 ist ein **Mikrochip** erforderlich.
- Es muss eine **ID-Nummer** haben, diese muss in allen Dokumenten und Impfpässen angegeben sein.

• Hunde und Katzen müssen gegen **Tollwut** geimpft sein (nach den geltenden Bestimmungen, die Impfung muss mindestens 21 Tage vor Einreise erfolgt sein, sie ist auch Pflicht bei Einreise aus tollwutfreien Staaten).
• Hunde müssen gegen **Bandwurmbefall** (Echinococcus multilocularis) behandelt sein, und zwar innerhalb von 120 bis 24 Stunden vor der Einreise; die Behandlung muss durch ein Attest im Pass bescheinigt sein.
• Es muss ein gültiger **EU-Tierpass** mitgeführt werden, in dem der Name des Besitzers, die ID-Nummer, die Tollwutimpfung und die Behandlung gegen Bandwurmbefall dokumentiert sind.

Bei der Einreise aus einem EU-Land muss man das Tier und alle notwendigen Papiere unaufgefordert dem Zoll vorlegen (rote Sperre). Man darf nur max. fünf Tiere pro Einreise einführen, bei mehr Tieren erkundige man sich nach den Vorschriften für eine kommerzielle Einfuhr. Folgende **Hunderassen** dürfen nicht eingeführt werden, weil sie in Norwegen verboten sind: Pit Bull Terrier, Amerikanischer Staffordshire Terrier, Fila Brasileiro, Tosa, Dogo Argentino, Tschechoslowakischer Wolfshund sowie Mischlinge dieser Rassen und Mischlinge zwischen Hund und Wolf.

Fragen Sie auch die Reedereien oder Fluggesellschaften nach den Bestimmungen für den **Transport von Haustieren**. Weitere Informationen erteilen **Mattilsynet** (Postboks 383, 2381 Brumunddal, ☏ 22400000, www.mattilsynet.no), das Fremdenverkehrsamt und die Botschaft (www.norway.no/de/germany/dienstleistungen-info/mit-tieren-nach-norwegen/).

Hurtigrute

Was für die Norweger die „Reichsstraße Nr. 1" ist, ist für viele ausländische Touristen vor allem im Sommer eine der attraktivsten, wenn nicht die **schönste Seereise der Welt**. Zwölf Tage dauert eine Fahrt mit den Postschiffen entlang der faszinierenden Küste von Bergen im Westen über den höchsten Norden bis an die russische Grenze im Nordosten. Von Kirkenes geht es wieder zurück Richtung Bergen, insgesamt eine Strecke von **2.500 Seemeilen**, die nord- wie südwärts an 34 Städten und Häfen vorbeiführt, an unzähligen Inseln, Bergen und Fjorden. Jeden Tag legt eines der neun Schiffe um 20 Uhr (Sommer) bzw. 22.30 Uhr in **Bergen** ab, während eines Vormittags **Kirkenes** verlässt. Häfen, die in nördlicher Richtung am Tage angelaufen werden, sind auf der Rückfahrt nachts das Ziel und umgekehrt. Für die Bewohner der Küste Nordnorwegens ist die Hurtigruten immer noch so etwas wie die Lebensader, denn die Schiffe transportieren die Post, Lebensmittel und andere Fracht sowie Personen. Wer als Tourist reist, findet keine bessere Möglichkeit, den Alltag der Menschen im Küstenbereich mitzuerleben. Der Reiz der Hurtigrutenschiffe liegt darin, dass sie keine Kreuzfahrtschiffe sind, Unterhaltungsprogramme werden nicht geboten, es geht ungezwungen zu.

Bereits 1893 legte der legendäre Kapitän Richard With mit der „Vesterålen" von Trondheim ab und traf nach 67 Stunden unter großem Jubel in Hammerfest ein. Die komplette **Route Bergen – Kirkenes – Bergen** wurde vor dem Ersten Weltkrieg eingerichtet und hat sich bis heute bewährt. Die derzeit elf Schiffe der Hurtigruten gehören verschiedenen Generationen an. 2002 sind mit „MS Trollfjorden" und „MS Finnmarken" zwei moderne Schiffe (ca. 1.000 Passagiere) in Dienst gestellt worden. 2016 kam die relativ kleine „MS Spitsbergen" zur Flotte hinzu. Die Hurtigrutenschiffe „MS Midnatsol" (2003) und „MS Fram" (2007) werden ausschließlich auf Expeditionsreisen eingesetzt. 2018/2019 wurden schließlich die in Norwegen gebauten „MS Roald Amundsen" und „MS Fridtjof Nansen" (jeweils 530 Passagiere) in Dienst gestellt, die ersten Schiffe der Flotte mit Hybrid-Antrieb, der es sogar erlaubt, kürzere Strecken komplett elektrisch zu fahren. Und im Jahr 2020 wird die Postschiffroute erstmalig als 15-tägige Reise ab/bis Hamburg angeboten.

Am höchsten sind die Preise von Mitte Mai bis Mitte August, am niedrigsten von November bis Mitte März, ausgenommen die Tage um Weihnachten und Neujahr. Landausflüge werden das ganze Jahr über angeboten, wobei bestimmte Ausflüge nur auf den südwärts und andere nur auf den nordwärts gehenden Schiffen gebucht werden können, wieder andere nur im Winter oder im Sommer. Seit einiger Zeit wird von April bis September auch der Storfjord/Geirangerfjord angelaufen. Der Preis pro Person für die 12-tägige klassische Postschiff-Route inkl. Kabine und Vollpension (ohne Getränke) schwankt erheblich je nach gewählter Kabinenkategorie, Schiff und Reisezeit. 2019 war die Tour ab 1.457 € (bzw. ab 1.690 € inkl. Flug ab/bis Deutschland) zu bekommen. Es gibt Senioren-, Kinder-, Frühbucher- und weitere Ermäßigungen. Zu allen Reiseprogrammen gibt es zahlreiche An- und Abreisevarianten per Flug, Schiff und Bahn. Im Sommer werden passend zum Hurtigruten-Fahrplan Charter-Direktflüge nach Bergen und nach Kirkenes angeboten.
Informationen erteilt die **Hurtigruten GmbH**, Große Bleichen 23, D-20354 Hamburg, ☎ 040-87409533, www.hurtigruten.de.

Tipp
Im Winter ist die norwegische Landschaft besonders faszinierend, die Schiffe sind nicht ausgebucht, die Preise bis zu 40 % niedriger. Wer im Sommer mit dem Auto im Norden Norwegens unterwegs ist und die weiten Strecken nördlich von Tromsø nicht fahren möchte, dem sei das Teilstück Tromsø – Kirkenes – Tromsø empfohlen.

Jedermannsrecht

Zu Recht sind die Norweger stolz auf ihr „Jedermannsrecht", das allen die Möglichkeit bietet, sich in der Natur frei zu bewegen und sie zu genießen. Das Recht zum Gemeingebrauch, das aus vortouristischer Zeit stammt, regelt aber auch die Pflichten für einen **verantwortungsvollen Umgang mit der Natur**. Auf nicht bewirtschafteten Gebieten darf man sich bewegen, selbst wenn es sich um Privatbesitz handelt. Es ist z. B. immer erlaubt, eine Nacht zu zelten, wenn man sich nicht auf landwirtschaftlicher Nutzfläche oder in unmittelbarer Nähe eines Wohnhauses befindet. Wenn der Standort eines Zeltes nicht mindestens 150 m vom nächsten Haus entfernt ist, muss der Eigentümer um Erlaubnis gebeten werden. In der weiten, wilden Natur darf man ohnehin unbegrenzt übernachten. Der zunehmende Tourismus und das unverantwortliche Verhalten mancher Reisender in der Natur haben aber in jüngster Zeit den Ruf nach Einschränkungen und Verboten immer lauter werden lassen.

Kanusport

Norwegens Gewässer sind weitgehend so beschaffen, dass Kanusportler voll auf ihre Kosten kommen. Aufgrund des dominierenden Gebirgscharakters des Landes sind die Flüsse Wildwasser, die in einschlägigen Führern als „mäßig" bis „sehr schwer" klassifiziert werden. Flüsse, die im Gletscherbereich entspringen, erreichen Mitte Juni bis August ihren höchsten Wasserstand, während die Gewässer aus dem nichtvergletscherten Bereich der Skanden im Sommer eher wenig Wasser führen. Die Flüsse der Talungen im Osten Norwegens sind durch Kraftwerksbauten und Staudämme verbaut und oft nur in Teilabschnitten befahrbar. Im Süden und Osten des Landes gibt es zahlreiche Seen, die zum Kanufahren einladen, doch wer längere Strecken zurücklegen will, kommt nicht umhin, sein Boot häufiger zu tragen, als ihm lieb ist. Konflikte zwischen Sportfischern und Kanuten sind nicht ganz auszuschließen. Gesetzliche Bestimmungen, die das Kanufahren auf den Lachsflüssen reglementieren, gibt es nicht. Einzelne Eigentümer lukrativer Lachsflüsse, die Abschnitte der Flüsse für gutes Geld verpachten, versuchen jedoch, Einschränkungen durchzusetzen, wenn es z. B. um das Ein- und Aussetzen der Boote geht. Die Empfehlung des norwegischen Kajak-Verbandes, die Flüsse in der Lachssaison, also von Anfang Juni bis Anfang September, zu meiden, ist unrealistisch, da dies ja die Haupturlaubszeit ist. Kanuten sollten also einen möglichst großen Bogen um die Angler machen.

In Norwegen gibt es eine Reihe von Campingplätzen, die besonders für Kanuten geeignet sind, da man auf mehr als 75 Anlagen sein Boot zu Wasser lassen kann.

Kartenmaterial

Wer neben der diesem Buch beigefügten Karte und online-Karten wie google maps auf weiteres Kartenmaterial Wert legt, findet vor allem im **Cappelen-Verlag** mehrere empfehlenswerte Kartenserien. Dort werden außer den wesentlichen Reiseinformationen auch Wanderwege und Hütten im Gebirge aufgeführt. Für Reisende mit Wohnmobil, Wohnwagen oder Fahrrad bieten sich die Straßenkarten „Norwegen" im Maßstab 1:250.000 an, da die Kartenreihe mit ihren 21 Blättern detaillierte Informationen über Straßen und Wege liefert. Verschiedene Karten im Buchformat (Spiralbindung) enthält der **Bilatlas Norge** (= Autoatlas Norwegen) von Cappelen, der Norwegen im Maßstab 1:325.000 abdeckt und auch einige Stadtpläne umfasst. Neben Angaben zu Hotels, Sehenswürdigkeiten etc. sowie einem umfassenden Register weist der Autoatlas auch eine Legende in deutscher Sprache auf. Der Preis liegt bei NOK 389. Norwegische Karten sind u. a. über die Webadressen www.geobuchhandlung.de, www.landundkarte.de, www.mapfox.de und www.nordland-shop.com zu bekommen.

Kleidung

Da das Wetter recht wechselhaft sein kann, sollte man sich als Reisender auf alle Eventualitäten einstellen. Zum Reisegepäck gehören sowohl Sonnenschutzmittel als auch Regenschutz, Wanderschuhe oder Gummistiefel und warme Kleidung. Generell kleiden sich die Norweger ungezwungen, elegantere Kleidung ist aber in vielen Restaurants am Abend üblich. In Diskotheken oder Nachtclubs wird oft Herren der Einlass verwehrt, wenn sie Turnschuhe, Jeans oder kein Jackett tragen.

Kreuzfahrten

Schon seit Kaiser Wilhelms Zeiten sind Kreuzfahrten entlang der norwegischen Küste äußerst beliebt. Abstecher in die Fjorde des Westens, der Besuch der Lofoten und des Nordkaps gehören zu den Höhepunkten einer größeren Seereise. Tausende von Kreuzfahrern zieht es noch weiter nördlich bis nach Spitzbergen. Mehrere Reedereien bieten Kreuzfahrten entlang Norwegens Küste an, ein Erlebnis besonderer Art ermöglichen die Kombischiffe der Hurtigruten (S. 112) zwischen Bergen und Kirkenes, die inzwischen mehr Komfort anbieten als früher. Die Preise für die Kreuzfahrten unterscheiden sich erheblich je nach Dauer der Reise, Komfort des Schiffes, Wahl der Kabine und des Zusatzangebots an Bord sowie der Landausflüge. Gerade für ältere Teilnehmer stellen Kreuzfahrten eine ideale Art des Reisens dar, da häufige Hotelwechsel und Gepäcktransporte nicht erforderlich sind. Da im hohen Norden die Sonne bis zu mehrere Wochen nicht untergeht, ermöglichen auch die Nachtfahrten faszinierende Landschaftserlebnisse.

Der nun schon seit Jahrzehnten anhaltende Kreuzfahrt-Boom könnte allerdings durch die neuen norwegischen Umweltschutzgesetze einen erheblichen Dämpfer bekommen: Zunächst für den Geirangerfjord und Nærøyfjord sowie für Bergen, später auch für andere Küstenabschnitte gibt es ab 2020 strenge Schadstoffgrenzen. Die Anforderungen sollen dann 2022 und 2025 nochmals verschärft werden, sodass schließlich gar keine mit Schweröl betriebenen Schiffe mehr in die Fjorde fahren dürfen.

Notruf

Polizei ☏ 112
Krankenwagen ☏ 113
Feuerwehr ☏ 110
Seenotrettung ☏ 120

Öffnungszeiten

Es gibt in Norwegen kein einheitliches Ladenschlussgesetz, aber **Geschäfte** sind gewöhnlich 9–18 Uhr geöffnet, im Sommer in den kleineren Orten meist nur bis 16 Uhr, Do und Fr bis 18/20 Uhr, im Sommer nur bis 18 Uhr. Supermärkte und Einkaufszentren sind oft Sa und bis 20/22 Uhr, manchmal auch sonntags geöffnet. Häufig kann man in den Narvesen-Kiosken bis 22 Uhr und auch am Sonntag einkaufen. Viele **Tankstellen**, in denen Lebensmittel erhältlich sind, haben bis ca. 23 Uhr geöffnet, manche auch rund um die Uhr.

Die Schalterstunden der **Banken** liegen Mo–Fr zwischen 8.15 und 15.30 Uhr, im Sommer schließen die Banken jedoch bereits um 15 (Do 17) Uhr. Sehr unterschiedlich sind die Öffnungszeiten der **Museen**.

Post/Porto

Die Öffnungszeiten der **Postämter** sind Mo–Fr 8/8.30–17 Uhr, Sa 8–13 Uhr. Inzwischen haben immer mehr Supermärkte und Kioske die Aufgaben der Postämter übernommen; Postabteilungen in solchen Lokalitäten sind zu den dort üblichen Geschäftszeiten geöffnet.

Briefmarken erhält man entweder hier oder an Automaten, in Schreibwarengeschäften und größeren Hotels. Für Briefe und Postkarten bis 20 g (max. 2 cm dick) beträgt das Porto innerhalb Norwegens NOK 16, innerhalb Europas NOK 21 und in außereuropäische Länder NOK 24. Inzwischen ist es auch möglich, über die Website www.posten.no eine digitale Briefmarke für Briefe und Päckchen zu kaufen: Man zahlt online (gleicher Preis) und bekommt einen Code, den man dann auf den Brief schreibt.

Rauchen

Es gilt ein generelles Rauchverbot in allen gastronomischen Betrieben, Hotels, Transportmitteln, öffentlichen Institutionen und am Arbeitsplatz. Werbung für Tabakwaren ist verboten, seit 2019 müssen alle Zigaretten- und Snus-Verpackungen neutral sein, d. h. sie dürfen keine Logos, Symbole, Bilder oder Farben enthalten; die Zigaretten-Marken sind nicht mehr zu erkennen. Das Alter für den Kauf von Tabak und Zigaretten wurde von 16 auf 18 Jahre angehoben.

Telefonieren

Aus Norwegen lautet die Vorwahl nach **Deutschland 0049**, nach **Österreich 0043** und in die **Schweiz 0041**.

Wer aus Deutschland, Österreich oder der Schweiz nach **Norwegen** anruft, wählt **0047** als Vorwahl, anschließend die achtstellige Anschlussnummer. Eine Ortsvorwahl gibt es in Norwegen nicht.

Norwegen gehört zu den Ländern, in denen die Verbreitung von **Handys** sehr weit fortgeschritten ist. Auch Handy-Nummern haben keine Vorwahl, die erste Nummer ist aber immer eine „9“ oder eine „4“. Die norwegischen Netzbetreiber für Mobiltelefone sind Netcom (www.netcom.no), Tele2 (www.tele2.no) und Telenor Mobil (www.telenor.no). Die Abdeckung in dem weiten Land ist normalerweise gut, aber in abgelegenen Gebieten, wie etwa im Gebirge, sollte man sich nicht auf Netzverfügbarkeit verlassen. Angesichts der Handy-Dichte ist es kein Wunder, dass man öffentliche Telefonzellen kaum noch vorfindet.

Umweltschutz – „Grünes Reisen"

In Norwegen legt man großen Wert auf Umweltschutz. Mülltrennung, Müllvermeidung und korrekte Entsorgung oder das Flaschenpfandsystem (auch für Dosen) sind länger als in Deutschland etabliert. Von Reisenden wird erwartet, dass sie sich den diesbezüglichen Gepflogenheiten anpassen. Für umweltbewussten und nachhaltigen Fremdenverkehr (Öko-Tourismus) gibt es diverse Siegel und Logos. Die Zertifizierung **Ecotourism Norway** wird Unternehmen verliehen, die einen hohen internationalen Standard im Ökotourismus aufweisen. Das Ökosiegel **Nordic Swan** wurde bisher mehr als 5.000 Produkten verliehen und besagt, dass strenge Anforderungen in den Bereichen Energieeffizienz, Verwendung von Materialien und Chemikalien erfüllt wurden. Die norwegischen Unternehmen (derzeit über 5.000), die das Zertifikat **Eco Lighthouse** bekommen, werden wegen ihrer Anstrengungen im Bereich Energieverbrauch, Abfallentsorgung und umweltfreundlicher Transport ausgezeichnet. Bei touristischen Leistungsträgern sollte man auf das internationale Ökosiegel **Green Key** achten, das u.a. für Nachhaltigkeit und Reduzierung von Ressourcen und Energie vergeben wird. Ähnlich verhält es sich mit der Auszeichnung **ISO 14001**, die Unternehmen mit einem hochwertigen Umweltmanagement erhalten. Am Meer schließlich, an Stränden oder Häfen, weist an ausgezeichneten Orten die **Blaue Flagge** auf geprüfte hohe Standards in den Bereichen Wasserqualität, Sicherheit und allgemeines Umweltmanagement hin.

Unterkunft

Die in diesem Reiseführer verwendete **Klassifizierung der Hotels** orientiert sich am offiziellen Zimmerpreis und kann nur eine vage Richtlinie sein. Die Symbole wurden nach folgendem Preisschlüssel für ein Standard-Doppelzimmer einschließlich Frühstück (Stand 2019) vergeben:

Übernachtungskategorien

€	bis 300 NOK	(bis 30 €)
€€	300–800 NOK	(ca. 30–81 €)
€€€	800–1.200 NOK	(ca. 81–121 €)
€€€€	1.200–2.000 NOK	(ca. 121–201 €)
€€€€€	über 2.000 NOK	(über 201 €)

Hotels

In den landschaftlich schönsten Gegenden findet man vorzügliche Berg- und Fjordhotels, manchmal in beeindruckender Holzarchitektur. In den letzten Jahren sind zahlreiche moderne und architektonisch überzeugende Hotelkomplexe errichtet worden, insbesondere in den Städten. Der Standard norwegischer **Hotels** ist hoch. An vielen größeren Straßen gibt es **Motels**, die etwas preiswerter sind als Hotels. Motels verfügen oft über Zimmer, in denen eine begrenzte Selbstverpflegung möglich ist. Doch sollte man sich vorher die Zimmer ansehen: Sie sind häufig klein und halten oft nicht, was das Gebäude von außen verspricht. Bewährt haben sich **Sommerhotels**, das sind Studentenheime, die während der Ferien zu preiswerten Hotelunterkünften ohne großen Luxus umgewandelt werden.

Hotels werden in Norwegen wie in den übrigen Ländern Skandinaviens nicht nach einem Sterne-System klassifiziert, sondern werden – nach Angaben des Hotel- und Restaurant-Verbandes – mit Symbolen für die einzelnen Leistungen versehen, die sie anbieten. Die Preise können je nach Jahreszeit stark variieren. Abseits der touristischen Zentren sind gute und sehr gute Hotels keineswegs so teuer, wie oft vermutet wird. In den Sommermonaten, wenn die Geschäftsreisenden ausbleiben, werden Touristen bis zu 50 % **ermäßigte Preise** mit zahlreichen Angeboten für Familien gewährt. Stark reduzierte Preise gelten auch an den Wochenenden. Weitere Rabatte bieten die **Clubmitgliedschaften** der Ketten **Nordic Choice Hotels** (Comfort Hotels, Quality Hotels, Clarion Hotels, www.nordicchoicehotels.no) und **Scandic Hotels** (www.scandichotels.de). Etwas ganz Besonderes sind die traditionsreichen **Fjordhotels**, die zu Europas schönsten touristischen Beispielen des Jugendstils und der Belle Epoque zählen. Viele davon sind dem Verband der Historischen Hotels („De Historiske"; Infos unter www.dehistoriske.com und www.historichotelsofeurope.com) angeschlossen; ihm gehören derzeit über 60 Herbergen aus dem 14.–20. Jh. sowie 24 traditionsreiche Restaurants an. Eines der historischen Häuser, das Solstrand Hotel & Bad, wurde 2016 zum „besten historischen SPA Hotel Europas" gewählt.

Hinweis

Der offizielle Zimmerpreis kann durch Wochenend-, Sommer- oder Gruppentarife z. T. erheblich gesenkt werden. Wer online bucht, kann gelegentlich bis zu 30 % im Vergleich zu den normalen Preisen sparen.

Hütten oder Ferienhäuser

Hütten oder Ferienhäuser gibt es in großer Zahl und allen Standards im ganzen Land. Fast jeder Norweger hat Zugang zu einer **feriehytte**, sofern er nicht selbst Besitzer ist. Die Häuser liegen am Meer, an den Fjorden, im Fjell und in den weiten Waldgegenden. Sie gehören zumeist Privatpersonen, wie z. B. Landwirten, die so einen Nebenverdienst erwirtschaften. Diese Art der Unterkunft ist familienfreundlich, da viele Häuser für vier oder mehr Personen ausgelegt sind. Die Preise sind verhältnismäßig niedrig, vor allem in Relation zu den sonst recht hohen norwegischen Preisen. Besonders günstig kann man im frühen und im späten Sommer, also im Mai und im September, Urlaub machen, wenn die Preise für die Ferienhäuser mehr als ein Drittel niedriger liegen als in der kurzen Hochsaison. Extrem teuer sind komfortable Hütten in der Osterwoche in den Skizentren, wenn die Norweger mit Kind und Kegel in den Schnee ziehen. Fast alle Ferienhäuser haben fließendes Leitungswasser, geheizt werden die Gebäude meist elektrisch, offene Kamine haben einen nur geringen Heizwert und dienen vor allem der Behaglichkeit. Nach Beendigung des Aufenthalts ist der Mieter dafür zuständig, dass die Hütte wieder sauber verlassen wird. Außer Handtüchern, Geschirrtüchern, Spüllappen und Bettwäsche braucht man meist nichts mitzubringen.

Ferienhäuser in Norwegen haben u. a. Casamundo (www.casamundo.de), Dan-Center (www.dancenter.de), Ferienhaus Norwegen (www.ferienhaus-norwegen.de),

Inter Chalet (www.interchalet.com), Norwegen Service (www.norwegenservice.net), Novasol (www.novasol.de) und TUI (www.tui-ferienhaus.de) im Programm.

Jugendherbergen

Eine preiswerte Alternative zu den Hotels stellen die norwegischen Jugendherbergen dar, die nicht nur Jugendlichen zugänglich sind, in Norwegen **vandrerhjem** („Wandererheim") heißen und dem internationalen Verband **Hostelling International** angeschlossen sind. Die derzeit 44 Familien- und Jugendherbergen, oft mit gutem Standard, sind über das Land verteilt bis hinauf zur Finnmark. Manchmal sind es traditionsreiche Gebäude an der Küste, im Fjordland oder im Gebirge, in denen Einzel-, Doppel- und Familienzimmer angeboten werden. Die Aufenthaltsräume sind oft geräumig und mit offenem Kamin eingerichtet. Die Preise pro Übernachtung schwanken je nach Standard erheblich, manchmal ist ein Frühstück eingeschlossen; Kinder (3–15 Jahre) im Zimmer der Eltern zahlen für Übernachtung und Mahlzeiten die Hälfte. Mitglieder eines Jugendherbergsverbands bekommen einen Rabatt von 15 %. In der Hochsaison ist es ratsam, sich vorher direkt bei der Jugendherberge anzumelden, eine Buchung ist auch online möglich.

Viele Herbergen haben nur von Ende Mai bis Mitte August geöffnet, es gibt aber auch ganzjährig geöffnete Häuser. Ein **Verzeichnis** mit einer Kurzbeschreibung aller Herbergen ist kostenlos erhältlich bei: Hostelling International Norway, Kolstadgata 1, 0652 Oslo, ☎ 91902609, info@hihostels.no, www.hihostels.no.

Camping

In Norwegen gibt es rund 800 Campingplätze, viele davon werden im Camping-Führer **Norsk Camping Guide** bzw. auf dessen Internetportal www.camping.no vorgestellt. Seit 2014 werden die Plätze in ganz Skandinavien durch die „**Nordischen Sterne**" klassifiziert, von denen es bis zu fünf gibt (* bis *****). Während man auf einer *-Anlage nur eine einfache Ausstattung und Basics wie Toiletten, Waschgelegenheiten und tägliche Aufsicht erwarten kann, sollte eine *****-Anlage mit warmem Wasser, Gästeküche, größerem Kiosk, Cafeteria, Laden, Stromanschlüssen für Wohnwagen, Einzäunungen, Spiel- und Freizeiteinrichtungen etc. aufwarten können. Entscheidend für die Klassifizierung ist allerdings in erster Linie das Serviceangebot, nicht der tatsächliche Zustand der Anlage, der wesentlich vom Engagement des Betreibers abhängt. Deshalb lohnt es auf alle Fälle, sich über Ausstattung, Lage, Öffnungszeiten, Freizeitmöglichkeiten etc. auf **Camping-Webadressen** wie www.norcamp.de, www.naf.no, www.campingportalen.no, www.campingguiden.no oder www.campingnorge.no zu informieren und auch mal einen Blick in Bewertungsportale zu werfen.

Neben Stellplätzen für Zelte, Wohnmobile und Wohnwagen gibt es bei den meisten Plätzen als preiswerte Unterkunft auch **Campinghütten** *(hytter, cabins)* mit 2–6 Betten oder sogar Ferienhäuser. Die Preise beginnen bei NOK 250. Auch die Campinghütten haben ein Klassifizierungssystem, wobei eine *-Hütte aus einem Zimmer mit der allernotwendigsten Möblierung (häufig Stockbetten) besteht, eine **-Hütte zusätzlich Elektrizität (Licht, Heizung, Kühlschrank, Kochplatte) und evtl. weitere Zimmer hat, eine ***-Hütte zusätzlich über nahegelegene Wasserversorgung und ein abgeschlossenes Schlafzimmer, eine ****-Hütte zusätzlich Warm-

und Kaltwasser, WC/Dusche, Küchenutensilien, eine Wohnstube und mindestens ein Schlafzimmer aufweist und eine *****-Hütte eigentlich über Hotelstandard und alle Möglichkeiten der Selbstversorgung verfügt.

Andere Unterkünfte

In größeren Städten, wie Bergen oder Bodø, kann man in **Privatzimmern** übernachten, die manchmal zum Preis von 35–60 € über die Touristeninformationen gegen Zahlung einer geringen Gebühr vermittelt werden. In den meisten touristisch interessanten Gebieten findet man auch **Pensionen**, in denen ein Zimmer ebenfalls ca. 35–60 € kostet, manchmal inklusive Frühstück. Bezeichnungen wie „værelser", „rom" oder „overnattning" weisen auf private Übernachtungsgelegenheiten hin. Wer nach Norwegen reist, um dort **Aktivferien** zu verbringen, wohnt vielleicht am besten in den im ganzen Land angebotenen Hütten oder Ferienhäusern, vor allem, wenn man zu mehreren Personen unterwegs ist.

In den letzten Jahren bieten immer mehr norwegische Bauern **Ferienwohnungen auf dem Bauernhof** an. Eine große Organisation mit rustikalen Unterkünften im ganzen Land, ist **Hanen**, Hollendergate 5, 0190 Oslo, Postboks 9354, ☎ 22054640, www.hanen.no. Auch über die Website des Fremdenverkehrsamts (www.visitnorway.de) kann man sich Urlaubsmöglichkeiten auf dem Bauern- oder Almhof anschauen bzw. buchen.

Wer das ganz Besondere liebt, findet auf der gleichen Website sehr ungewöhnliche Unterkünfte, z. B. in **Baumhäusern**, in futuristisch gestalteten **Wanderhütten**, in zeltartigen **Jurten**, in hypermodernen **Tourist-Lodges** oder in **Eishotels**. Sehr beliebt sind auch Übernachtungen in ehemaligen oder noch aktiven **Leuchttürmen**. Eine Übersicht über Lage, Anreise, Preise und Öffnungszeiten gibt die Website www.lighthousesofnorway.com/stay-at-a-norwegian-lighthouse.

Wandern

Immer mehr Norweger und ausländische Touristen verbringen einen Teil ihres Urlaubs im norwegischen Gebirge. Der **Norwegische Bergwanderverein DNT** (Den Norske Turistforening), bereits 1868 gegründet, hat wesentlich dazu beigetragen, das **Bergwandern** zu einem Volkssport in Norwegen zu machen. Der Verein zählt inzwischen über 300.000 Mitglieder, darunter auch einige Tausend aus dem Ausland, denen über 500 **Hütten und Berghöfe** zur Verfügung stehen. Deren Standard kann zwischen einer schlichten Steinhütte und einem komfortablen Gebirgshotel variieren. Die gut 40 bewirtschafteten Hütten, in denen man Vollpension buchen kann, stehen auch Nichtmitgliedern zur Verfügung, von den unbewirtschafteten Unterkünften sind rund 125 verproviantierte Selbstbedienungshütten, die restlichen Hütten stehen DNT-Mitgliedern ohne Proviant zur Verfügung.

Neben den Hütten hat der DNT ein Netz markierter **Wanderwege** – ein rotes „**T**" weist den Weg – im ganzen Land angelegt, das 20.000 km (!) umfasst; dazu kommen in Südnorwegen noch 4.300 km an markierten Loipen im Winter. In der Hochsaison, vom 15. Juli bis 15. Aug., kann es in einigen Hütten eng werden.

Weitere Informationen gibt es beim **DNT**, Youngstorget 1, N-0181 Oslo, ☎ 0047-40001868, info@dnt.no, www.dnt.no, Besuchsadressen in Oslo: Storgata 3 und Sørengkaia 124 (Friluftshuset), Telefonzeiten: Mo–Fr 8.30–16 Uhr, Öffnungszeiten Toureninformation: Mo–Fr 10–17, Do 10–18, Sa 10–15 Uhr. Hier werden auch kostenlose Übersichtskarten über die verschiedenen Wanderregionen mit Tourenvorschlägen und Zeitangaben für die Wege von Hütte zu Hütte verschickt. Die Übersichtskarten ersetzen jedoch nicht genauere topografische Karten.

Wintersport

Norwegen gilt als Wiege des weißen Sports; die Worte **Ski** (von altnordisch *skid* = „Holzbrett"), **Slalom** (von *sla låm* = „Hangspur") und **Loipe** (von *løpe* = „laufen") finden sich in allen Sprachen der Welt. In einem Land, das sechs Monate oder länger unter Schnee liegt, hat die Fortbewegung über den Schnee eine lange Tradition, die bis in die Steinzeit zurückverfolgt werden kann, wie der „Rødøymann" belegt, eine 4.000 Jahre alte Felszeichnung aus dem Norden. Mittelalterlichen Ursprungs ist einer der härtesten Langlaufwettbewerbe, **Birkebeinerrennet** genannt. 1206 brachten die königstreuen Birkebeiner, deren Schneeschuhe aus Birkenrinden geflochten waren, den zweijährigen Königssohn Håkon auf Skiern vor Feinden des Königshauses in Sicherheit; heute starten rund 6.000 Läufer jährlich von Rena nach Lillehammer zu einem Wettlauf über 54 km.

Die Entwicklung des Skilaufens zum Volkssport ist eng mit dem Namen eines Bauern aus der Telemark verbunden. Sondre Norheim, der Vater des modernen Skilaufs, konstruierte um 1850 Skier, die zur Mitte hin schmaler wurden, sowie steife Bindungen aus Weidengerten. Damit wurde es möglich, Kurven besser zu nehmen, und dank der Hackenbindung fielen die Skier bei leichteren Sprüngen nicht sogleich ab.

Die äußeren Bedingungen im Ursprungsland des Wintersports sind ideal. **30.000 km Loipen** durchziehen das weite Land, darunter befinden sich allein 2.500 Flutlichtloipen. Der **alpine Skisport** ist populärer geworden, schließlich haben norwegische alpine Skiläufer Spitzenplätze auf den Weltranglisten erreicht. Die drei größten Alpinsport-Destinationen Norwegens sind Trysil (www.trysil.com), Hemsedal (www.hemsedal.com) und Geilo (www.geilo.no). Trotz dieser Zentren erreicht der alpine Skisport aber immer noch nicht die Bedeutung des Langlaufs, der urnordischen Sportdisziplin.

Neben der berühmtesten aller **Skisprungschanzen**, der Holmenkollen-Schanze in Oslo, finden sich noch 600 weitere Sprungschanzen im Lande. Rasch nimmt die Zahl an Ski-Spielanlagen zu, auf denen die Kinder schon früh das Skilaufen erlernen. Sollte es in den Küstenbereichen West- und Südnorwegens an Schnee mangeln, bleibt noch die Möglichkeit, Schlittschuh zu laufen. Fußball- und Spielplätze werden kurzerhand zu Eisflächen umgewandelt. Der Eisschnelllauf, der in den 1950er- und 1960er-Jahren Zehntausende von Zuschauern zu den Wettkämpfen lockte und einen Stellenwert wie der Langlauf einnahm, hat an Beliebtheit verloren, während Eishockey in der Gunst der Norweger deutlich gestiegen ist. Neben Abfahrts- und

Langlauf, Skisprung, Nordischer Kombination, Rodeln, Schlittschuhlaufen und Eishockey sind auch Aktivitäten wie Schneescooter- und Hundeschlittenfahrten oder Eisangeln populär.

Infos zum Wintersport gibt das Fremdenverkehrsamt unter www.visitnorway.de/aktivitaten. Andere gute Internetadressen mit Infos zum Skilaufen in Norwegen sind u. a. www.skiresort.de/skigebiete/norwegen und www.ski-und-mehr.de.

Zeit

Norwegen liegt in derselben Zeitzone wie die deutschsprachigen Länder, Dänemark und Schweden (MEZ); auch hier werden zwischen März und Oktober die Uhren auf die Mitteleuropäische Sommerzeit umgestellt. Achtung bei Reisen nach Finnland (oder Russland), wo die OEZ gilt, d. h. in Finnland ist es eine Stunde später.

Zoll

Wer das Nicht-EU-Land besucht, muss einige Zollbestimmungen beachten, deren Einhaltung ratsam ist, da Verstöße empfindliche Strafen nach sich ziehen. Aus EU-Ländern dürfen insgesamt 10 kg an Fleisch, Milchprodukten und Eiern eingeführt werden, das Fleisch muss einen Stempel des Produktionslandes tragen. Verboten ist die Einfuhr von Kartoffeln. Nicht gestattet ist ferner die Einfuhr von Rauschgiften, Waffen, Munition und Sprengstoffen (ausgenommen sind Jagdgewehre und dazugehörige Munition) sowie Ausrüstung für den Krebsfang und Angelnetze. Zur Einfuhr von Tieren s. unter „Haustiere".

Für **Tabakwaren** und **Alkoholika** gelten besondere Bestimmungen. Man muss mindestens 20 Jahre alt sein, um Alkoholika mit über 22 Vol.-% Alkoholgehalt, und mindestens 18 Jahre alt sein, um Wein, Bier, Zigaretten oder Tabak einzuführen.

Zollfrei sind: 250 g Tabak oder 200 Zigaretten; 2 l Bier, 1 l Spirituosen (bis 60 Vol.-%) und 1,5 l Wein (bis 22 Vol.-%) oder 2 l Bier und 3 l Wein (bis 22 Vol.-%). Die nicht verwendeten Freimengen können z. T. auf andere Waren übertragen werden. Wer z. B. keine Tabakwaren mitführt, kann dafür 1,5 l mehr Wein einführen, wer auf alle anderen Waren verzichtet, kann dafür 6,5 l Bier einführen etc. Der Wert der eingeführten Waren darf NOK 6.000 nicht übersteigen. Die möglichen Kombinationen verschiedener Freimengen kann man einfach mit der App der norwegischen Zollbehörde (KvoteAppen) berechnen, Beispiele finden sich auch auf der Zoll-Website www.toll.no (auf Deutsch).

Bis zu 4 l Spirituosen und 27 l Bier/Wein kann man außerdem einführen, wenn man bereit ist, Zollgebühren zu zahlen.

Medikamente dürfen nur für den persönlichen Gebrauch mitgeführt werden. Bei der Mitnahme größerer Mengen sollte ein Brief des Arztes die Notwendigkeit bestätigen. Auch hier gibt die Website www.toll.no weitere Hinweise.

Das kostet Sie das Reisen in Norwegen

Stand: August 2019

Die „Grünen Seiten“ geben Preisbeispiele für Ihren Urlaub in Norwegen, damit Sie sich ein ungefähres Bild von den Kosten einer Reise und eines Aufenthalts machen können. Norwegen ist kein preiswertes Urlaubsland, vieles ist erheblich teurer als daheim. Natürlich sollten Sie die Preise nur als Richtlinie auffassen. Bedenken Sie, dass die saisonalen Schwankungen z. T. beträchtlich sind, besonders bei den Unterkünften und Fährpassagen nach Norwegen. In dem Nicht-EU-Land Norwegen zahlt der Käufer weiterhin in Kronen. Die Schwankungen der Norwegischen Krone gegenüber dem Euro waren in den letzten Jahren erheblich.

Wechselkurs (Stand August 2019, aktuell u. a. bei www.umrechner-euro.de)
€ 1 = NOK 9,91, NOK 1 = € 0,10; CHF 1 = NOK 9,08, NOK 1 = CHF 0,11

Beförderungskosten

Flüge

Lufthansa/SAS bieten verschiedene Tarife an, die besonders über Weihnachten und im Sommer attraktiv sind. Auch sonst können die Tarife im innernorwegischen und skandinavischen Flugverkehr günstig sein. Mit Fluggesellschaften wie Eurowings oder Norwegian Air gelangt man für erstaunlich wenig Geld aus den deutschsprachigen Ländern zum Reiseziel, wobei die Tarife abhängig von Buchungszeitraum, Datum und Auslastung der Flugzeuge sind (Flüge Deutschland – Oslo ab ca. 80 € inkl. Steuern und Gebühren).

Bus

Die **Überland-Busverbindungen** nach und in Norwegen sind hervorragend. Preisbeispiel: Berlin – Oslo ab 49 € (Flixbus). Die Unternehmen NorWay-Bussekspress und Lavprisekspressen offerieren nach dem „Billigflieger“-Prinzip günstige Tickets auf norwegischen Überlandstrecken (Preis abhängig vom Buchungsdatum, Wochentag, Saison, Auslastung, nur Online-Verkauf).

Für **lokale und Stadtbusse** gibt es i. d. R. Einzel-, Tages- und Mehrtagestickets. In Oslo zahlt man für ein Tagesticket (gültig für den gesamten ÖPNV, eine Zone) NOK 36, in Bergen NOK 38, in Trondheim NOK 38. Oft ist die Bezahlung beim Fahrer deutlich teurer als der Erwerb von Fahrkarten am Ticketautomaten oder online. In den Großstädten empfiehlt sich der Kauf von Tages- oder Mehrtagestickets für den ÖPNV, in Trondheim z. B. NOK 114 für 24 Stunden oder NOK 266 für eine Woche.

Fähren

Die bequemste und schnellste Route Kiel – Oslo mit der Color Line kostet je nach Kabinenstandard ab ca. 250 € für einen Passagier in der Doppelkabine pro Strecke oder als Auto-Sparpaket für 2 Personen, Innenkabine und Pkw ca. 359 € pro Strecke. Das Schwedenticket (ein Pkw mit Insassen) über die Vogelfluglinie und Helsingør – Helsingborg konnte man 2019 ab ca. 78 € (Nebensaison, oneway) bzw. ab 114 € (Hauptsaison, oneway) erwerben. Bei vielen Fährgesellschaften (z.B. Fjordline u.a. auf der Strecke Hirtshals – Stavanger – Bergen) gibt es nur noch Tagespreise, d.h. der Buchungszeitraum und die Nachfrage bestimmen den Preis – je eher man bucht, desto günstiger ist es. Auf der genannten Fährstrecke zwischen Dänemark und Norwegen ist die Passage für einen Pkw (bis 5 m Länge) mit zwei Insassen im günstigsten Fall 2019 ab 260 € (2-Bett-Standard-Innenkabine) zu haben. Die Colorline-Überfahrten zwischen Hirtshals und Larvik bzw. Kristiansand waren in der Hauptsaison für einen Pkw samt 2 Personen ab jeweils 100 € zu bekommen.

Die Preise für die Nutzung der norwegischen **Binnenfähren** richten sich nach Überfahrtsdauer, Fahrzeuglänge und Anzahl der Passagiere. Die 65-Min.-Fähre über den Geirangerfjord auf der Strecke Hellesylt – Geiranger kostet NOK 610 für einen Pkw und NOK 295 für einen erwachsenen Passagier, während für die 15-Min.-Fähre Fodnes – Mannheller NOK 122 fällig sind (2019). Bei der Benutzung eines Expressboots muss man auf der Strecke Kristiansund – Trondheim (knapp 3 Std.) mit NOK 648 rechnen.

Straßengebühren

Die Nutzung vieler neuer **Brücken, Straßen und Tunnel** ist gebührenpflichtig. Das Wegegeld *(bompenger)* beträgt i.d.R. NOK 14–40 für Pkw pro Passage einer der derzeit rund 200 Mautstationen. Große Tunnelprojekte und Inselverbindungen, die ehemalige Fähren ersetzen, sind aber z.T. deutlich teurer. Am kostspieligsten waren 2019 folgende Mautstellen: Fv. 519: Finnøy-Tunnel NOK 150, Rv. 13: Hardanger-Brücke NOK 143; E6: Haalogalands-Brücke NOK 113; Fv. 544: Halsnøy-Verbindung NOK 96, Fv. 858: Rya-Verbindung NOK 85; Fv. 714 Valslag (Laksevegen): NOK 71; E136: Tresfjord-Brücke NOK 69. Die Maut auf den **Mautstationen-Ringen**, mit denen sich einige Städte wie Oslo, Bergen, Trondheim oder Kristiansand umgeben (i.d.R. NOK 15–45), soll Autofahrer dazu bringen, mit öffentlichen Verkehrsmitteln in die Städte zu fahren. Die City-Maut ist inzwischen nach Haupt- und Nebenverkehrszeit gestaffelt, auch zahlen Dieselfahrer mehr. Sie gilt aber nicht für Motorräder und E-Autos.

Essen, Trinken und Ausgehen

Das einfache Würstchen oder ein Hamburger bei McDonald's sind etwa doppelt so teuer wie in Deutschland. In **Restaurants** isst man mittags immer deutlich günstiger als abends. Für ein Gericht in einem rustikalen Pub („ukens lunch"), ein chinesisches All-you-can-eat-Büfett, ein Clubsandwich mit Pommes oder einen großen Salat zahlt man mittags ca. NOK 160, für ein Smørrebrød mit Krabben NOK 135. In besseren Innenstadt-Lokalen kostet ein einfaches Mittagessen mit Softdrink rund NOK 220. Im guten Fischrestaurant „Lofoten" in Oslo zahlt man z.B. für sechs Austern NOK 290, eine Fischsuppe NOK 185 (klein) bzw. NOK 225 (groß), ein 2-Gänge-Menü NOK 395 und ein 3-Gänge-Menü NOK 495 (mittags) bzw. NOK 585 (abends).

Für eine Cola sollte man an einer Imbissbude mit ca. NOK 26, für einen Cappuccino in einem besseren City-Café rund mit NOK 45 rechnen. **Alkohol** ist immer teuer, vor allem in Restaurants. 0,5 l Bier im Restaurant kostet ca. 9–12 €, eine Flasche Wein des Hauses ca. 35–45 €, in Spitzenrestaurants zahlt man ab ca. 65 € aufwärts für die Flasche. Preisbeispiele aus Oslo (Pub/Club in der City): ein Cocktail NOK 138, 0,5 l Hefeweizen NOK 125, 0,4 l gezapftes lokales Bier NOK 75. Getränke mit einem Alkoholgehalt von über 4,75 Vol.-% bekommt man nicht im Supermarkt oder Lebensmittelladen, sondern nur in den Filialen des staatlichen Vinmonopolet (1 Flasche Rotwein guter Qualität um NOK 200), Preisbeispiele für Hochprozentiges (jeweils 0,7-l-Flasche) sind: Linie-Aquavit Lysholm NOK 445, Irischer Whiskey (Tullamore Dew) NOK 660, Cognac (Hennessy) NOK 500.

Selbstversorger werden feststellen, dass **Lebensmittel** deutlich teurer als in Deutschland sind. Norweger, die an der Grenze zu Schweden leben, kaufen lieber bei ihren Nachbarn ein. Relativ günstig kann man sich in den über das ganze Land verteilten Filialen der Supermarktketten Rema 1000, Kiwi, Coop Prix und Coop Extra mit Lebensmitteln versorgen, während es Aldi im Königreich nicht gibt und Lidl sein Norwegen-Engagement inzwischen wieder aufgegeben hat. Preisbeispiele in diesen Supermärkten sind: 1 kg Hühnchenbrust NOK 117, 1 l Milch NOK 18, 2-l-Flasche Coca-Cola NOK 36, 12 Eier NOK 37, 1 kg Tomaten NOK 33, 1 kg Äpfel NOK 27, 1 kg Bananen NOK 24, 1 kg Kartoffeln NOK 20.

Möchte man den Abend in einem **Kino** verbringen, sollte man NOK 260 für zwei Tickets einplanen, für zwei gute Plätze im **Theater** oder **Oper** ca. NOK 950. Raucher tun gut daran, sich ihre **Zigaretten** bzw. ihren Tabak von zu Hause mitzubringen, eine Schachtel Marlboro kostet derzeit NOK 118!

➤ Eintrittsgebühren

Kulturreisende, die Besuche in Museen oder Kirchen einplanen, müssen sich auf happige Eintrittspreise gefasst machen. So kostet etwa jede **Stabkirche** Eintritt, je nach Bedeutung der Kirche mal weniger (z. B. Stabkirche Fantoft, Ringebu NOK 65, Kaupanger NOK 70) oder mal mehr (z. B. Urnes, Borgund: NOK 90). Auch **Museen** langen kräftig hin. Beispiele: In Oslo kostet der Eintritt in die Museen auf der Bygdøy-Halbinsel jeweils NOK 120. In Kongsberg zahlt man für das Bergwerksmuseum NOK 110 und für die Silbergruben NOK 180. In Stavanger kostet der Eintritt ins Ölmuseum NOK 120. In Bergen zahlt man NOK 100 für den Eintritt in die Håkonshalle, NOK 130 für die KODE-Kunstmuseen, NOK 100 für den Besuch von Gamle Bergen oder NOK 110 für Troldhaugen mit dem Grieg-Museum. Das Freilichtmuseum Maihaugen in Lillehammer kostet NOK 175, in Trondheim der Nidaros-Dom NOK 90 und das Ringve-Museum NOK 130, in Bodø das Luftfahrtsmuseum NOK 175, der Wikinger-Häuptlingssitz Borg auf den Lofoten NOK 200, das Polaria-Erlebniszentrum in Tromsø NOK 145 und in Alta die Felsritzungen von Hjemmeluft NOK 120. Auch **Familien-, Vergnügungs- und Tierparks** haben hohe Eintrittspreise (z. B. Familienpark Hunderfossen bei Lillehammer NOK 350–450, Vassfaret Bärenpark NOK 399). Genannt sind die Preise für Erwachsene in der Hauptsaison. Kinder genießen erhebliche Preisnachlässe, auch Rentner und Studenten sollten nach Rabatten fragen. Oft werden günstigere Familientickets angeboten. Günstiger ist es meist in der Nebensaison.

Empfehlenswert kann der Erwerb von **Oslo Pass** (S. 162) bzw. der **Bergen Card** (S. 274) sein. Darin sind jeweils der Eintritt in fast alle Museen, Fahrten mit öffentlichen Verkehrsmitteln und andere Vergünstigungen enthalten.

3. Oslo und Südnorwegen

Oslo – Norwegens Hauptstadt

Die am inneren Ende des Oslofjords gelegene Stadt mit heute etwa 681.000 Einwohnern hat eine Fläche von rund 454 km² – damit gehört Oslo zu den größten Hauptstädten des Kontinents. Aber nur etwa ein Fünftel des Areals ist bebaut, bewaldete Flächen überwiegen und 40 Inseln sowie 343 Seen (!) gehören zum Stadtgebiet. Der **Freizeitwert** der Umgebung ist fantastisch und ermöglicht im Sommer wie im Winter eine Fülle von Aktivitäten vor der Haustür. Während die Temperaturen im Frühling und im Herbst recht mild, die Sommer angenehm warm und laut Statistik sonnenreicher als in den anderen skandinavischen Hauptstädten sind, bleibt der Schnee auf den Höhenzügen in 300–600 m ü.d.M. um Oslo meist 3–5 Monate liegen und bietet gute Skibedingungen. Von Nachteil ist die Kessellage im Winter, wenn bei Inversionswetterlagen die Emissionen über Oslo niedergehen und nicht abziehen können.

Geologisch gehört Oslo zu den interessantesten Gebieten weltweit, da der Oslofjord Teil des europäischen Grabenbruchs ist, der noch nicht völlig zur Ruhe gekommen ist. Gelegentlich werden geringe Erdbeben registriert. Im Gebiet des Oslofjords gewannen die Geologen wichtige Einsichten über die Wechselbeziehungen zwischen Meer, Eis, Land und Vegetation im Zusammenhang mit der letzten Vereisung. Die ältesten Spuren menschlicher Besiedlung in diesem Raum reichen rund 7.000 Jahre zurück, Felszeichnungen stammen aus der Stein- und Bronzezeit. In der Völkerwanderungszeit gewann die Stelle der heutigen Hauptstadt zunehmend Bedeutung als Handelsplatz. Die Bedeutung des Namens Oslo ist nicht zweifelsfrei geklärt: Der Name kann „ebene Fläche“, „Ebene der Götter“ oder auch „Flussmündung“ bedeuten.

Uralter Siedlungsplatz

Als Gründungsdatum Oslos gilt das **Jahr 1048** (König Hårdråde). Kirchlich-geistiges Zentrum war jedoch Trondheim, während Bergen, als der Ort, an dem sich der

König mit seinem Gefolge aufhielt, zeitweilig Hauptstadt war. In diesem Sinn wurde Oslo erst Ende des 13. Jh. unter König Håkon V. Magnusson, der westlich der alten Stadt die Festung Åkershus errichten lässt, **Reichshauptstadt**. Der Handel mit deutschen Kaufleuten aus dem Ostseeraum kam nach der großen Pest um 1350 zum Erliegen. Bald gewannen die Hanse-Kaufleute die Oberhand und bauten in Bergen an der Westküste ihr Handelszentrum auf, während infolge der politischen Abhängigkeit Norwegens von Dänemark Kopenhagen zur dominierenden Stadt aufstieg.

Nachdem Oslo 1624 niederbrannte, ließ der dänische König Christian IV. unterhalb der Festungsmauern von Åkershus eine neue Stadt im Schachbrettmuster aufbauen, der er seinen Namen gab: **Christiania** (später Kristiania geschrieben, 1925 wieder in Oslo umbenannt). Die neue Stadt war Teil der äußeren Festungsanlagen, die Schutz vor den Schweden bieten sollten, mit denen der König ständig kriegerische Auseinandersetzungen hatte. Im 17. und 18. Jh. erlebte Christiania einen wirtschaftlichen Aufschwung durch den Holzhandel mit Holland und England. Mit der

Oslo Übersicht

© graphic

aufkommenden Industrialisierung und der größeren Autonomie nach dem Bruch mit Dänemark stieg die Bevölkerungszahl von rund 30.000 Mitte des 19. Jh. auf ca. 230.000 im Jahr 1900 an. Wenig später wurde Oslo auch zur größten Hafenstadt des Landes.

Auf der Karl Johan

Seitdem hat sich die Einwohnerzahl fast verdreifacht, im Großraum Oslo leben heute mit 1,9 Mio. Einwohnern über 33 % aller Norweger. Die Zentralisierung von Handel, Industrie, Verwaltung und Kultur, der Sitz des Parlaments und die Residenz der Königsfamilie ließen Oslo zur mit Abstand bedeutendsten Stadt des spärlich besiedelten Landes werden, in der jeder dritte Erwerbstätige beim Staat oder der Kommune angestellt ist. Heute boomt die norwegische Kapitale in vielen Bereichen. Die Öleinnahmen verhelfen einer **modernen Architektur**, wenn auch nicht immer harmonisch, zum Durchbruch und lassen völlig neue Stadtviertel entstehen. Oslo streift sein provinzielles Kleid ab und hinkt den anderen skandinavischen Hauptstädten nicht mehr hinterher, was auch für die überaus lebendige **Kulturszene** gilt. In Oslo gibt es inzwischen die größte überdachte Fußgängerzone Europas, es bieten sich unbegrenzte **Shoppingmöglichkeiten** und die Restaurants der Spitzenklasse halten dem internationalen Vergleich stand.

Stadt im Wandel

Und die Stadt ändert ständig ihr Gesicht. Von allen nordischen Hauptstädten war Oslo seit 2007 den größten Wandlungen ausgesetzt, sodass viele die Stadt kaum wiedererkennen werden – vor allem, wenn sie von der Seeseite her anreisen. Das milliardenschwere Projekt mit dem Namen „**Fjordbyen**“ (= Fjordstadt) betrifft fast alle Uferzonen, von Filipstad im Westen bis Sørenga im Südosten. Mit dem gewaltigen Umbau hat man den Fjord weitgehend in die Stadt integriert. Es wurden neue Parkanlagen und Wohnviertel, Brücken und Schiffsanlegestellen, Geschäftslokale, Museen, Hochhäuser und Freizeiteinrichtungen geschaffen. Die Autobahn E 18 verschwand völlig aus dem Stadtbild und verläuft nun in einem Tunnel, z. T. unterhalb des Fjords. Der Containerhafen bekam eine neue Heimat weit außerhalb am Südostufer des Fjords. Und auf bisherigen Kaianlagen, Werftgeländen und militärisch genutzten Flächen entstand in Rekordzeit das schöne, neue Oslo, wie die Stadtplaner es beschlossen haben – architektonisch anspruchsvoll und ehrgeizig. Vor allem die Vorzeigeobjekte der neuen Oper, des Munch-Museums Lambda und des Nationalmuseums haben weltweit für Aufmerksamkeit gesorgt. Fast alle neuen Projekte – Einzelgebäude ebenso wie Stadtviertel – zeichnen sich durch besonders ökologische Eigenschaften aus. Kein Wunder also, dass sich Oslo gegen 13 andere Städte 2019 als „**Umwelthauptstadt Europas**“ (European Green Capital) durchsetzen konnte.

Oslos Stadtviertel

Wie jede Metropole besitzt Oslo viele Stadtviertel, die jeweils ein ganz eigenes Gepräge haben. Innerhalb der Innenstadt sind folgende sechs Stadtteile touristisch am interessantesten:

1 Eigentliches Zentrum: Dies ist die historische Kernstadt, die sich zu beiden Seiten der Flaniermeile Karl Johan ausdehnt, mit dem Königlichen Schloss im Westen, dem Hauptbahnhof im Osten, dem Rathaus und dem neuen Nationalmuseum im Süden und dem Tinghaus im Norden. Hier schlägt das politische, kulturelle und wirtschaftliche Herz der Hauptstadt und des ganzen Landes. Im Zentrum findet sich die größte Konzentration von Museen und Sehenswürdigkeiten, von Hotels und Restaurants. Fußgängerzonen und Shoppingcenter, Straßenmusikanten und Kinos – nirgendwo sonst in Oslo wird so viel auf so engem Raum geboten, nirgendwo sonst aber geht es auch so hektisch und eigentlich „unnorwegisch" zu.

2 Bjørvika: Das Viertel unmittelbar südlich des Bahnofs, von drei Fjordbuchten gegliedert, ist der futuristische Gegenentwurf zum eigentlichen Zentrum. Rund um das Aushängeschild der neuen Oper entstanden hypermoderne Wohn- und Bürohäuser (das Barcode-Quartier und die Sørenga-Halbinsel), die modernste Bibliothek Europas, das Lambda-Hochhaus mit neuem Munch-Museum, Hafenpromenaden, Parkanlagen, Bademöglichkeiten und Kanäle – up to date, urban und etwas nordisch-unterkühlt.

Alt und jung: Aker Brygge und Åkershus-Festung

3 Aker Brygge und Tjuvholmen: Das westliche Gegenstück zur Bjørvika entstand auf dem Areal ehemaliger Werften und Industriebrachen – auch hier gibt es viel moderne Architektur und einen spektakulären Museumsbau. Durch die Hafenatmosphäre mit kleinen Booten und Fährverkehr sowie die zahlreichen Restaurants, Clubs und Kneipen geht es jedoch lebhafter zu als in Bjørvika und im Sommer wird es südländisch-quirlig.

4 Majorstuen: Dieses Viertel, nordwestlich des Zentrums und rings um den gleichnamigen Verkehrsknotenpunkt (U-Bahn, Lokalzüge) gelegen, ist eine interessante Mischung aus ehemaligen Arbeiterhäusern, bürgerlichen Villen und Zweckbauten der 1960er- bis 1970er-Jahre. Längst vergangen ist die Zeit, als Majorstuen als weniger fein galt. Hier gibt es kleine, exklusive Boutiquen, Feinschmeckerrestaurants mit Weltküche und trendige Clubs, aber auch Tante-Emma-Läden und Kioske, pakistanische Obst- und Gemüseläden. Neben alteingesessenen Hauptstadtbürgern leben hier viele junge Kreative und Studenten – der Universitätskomplex Blindern, nach der Erweiterung im Jahr 2010 ein architektonisches Highlight, liegt nicht weit entfernt im Norden von Majorstuen.

Oslos Viertel mit eigenem Gepräge

5 Frogner: Das Quartier Frogner war seit etwa 1900 immer schon die gutbürgerliche Stube der Stadt, wie auch die Architektur zeigt. Die gleichförmigen Straßenzeilen wirken wie aus einem Guss und immer noch gilt Frogner als sehr gute Wohnadresse, wenn auch die meisten herrschaftlichen Villen der Reeder, Kaufleute und Staatsdiener heute internationale Botschaften beherbergen. Besucher finden in diesem ruhigen Stadtteil schöne Cafés, feine Restaurants, Modeboutiquen, Designshops und mehrere traditionelle Galerien. Und für Entspannung oder sportliche Betätigung sorgen im Norden die riesige Grünfläche des Frognerparks oder jenseits der schmalen Fjordbucht die Halbinsel Bygdø.

6 Grünerløkka: Das ehemalige heruntergekommene Arbeiterviertel jenseits der Akerselva hat sich seit den 1990er-Jahren zum quirligsten der Osloer Stadtteile entwickelt. Ein multikultureller Szenetreff schlechthin, der immer noch expandiert: Inzwischen hat das internationale Flair mit turbulentem Nachtleben auch auf das ehemalige Vulkan-Industriegebiet jenseits der Akerselva übergegriffen und flussabwärts wird das Viertel Grønland und auch das benachbarte Tøyen von dem Sog erfasst.

Es gibt also viel zu sehen und zu unternehmen in einer Stadt, deren Attraktivität auch an der enorm gestiegenen Anzahl der Wochenend- und Kurzurlauber ablesbar ist. Doch ein billiges Vergnügen war Oslo nie und wird es auch nie sein. Nach einer Statistik der vergangenen Jahre ist die Kapitale für Besucher sogar die teuerste Hauptstadt weltweit.

Redaktionstipps

➤ Ein Highlight der Stadtbesichtigung ist die **Museumshalbinsel Bygdøy** mit Volksmuseum (S. 149), Wikingerschiffmuseum (S. 149) und Fram-Museum (S. 151).

➤ Spazieren Sie über die „Karl-Johan" bis zum **Schloss** (S. 136), dem **Rathaus** (S. 139), zur **Åkershus-Festung** (S. 141) und nach **Aker Brygge** (S. 140).

➤ Ein fantastisches Klang- und Architekturerlebnis bietet ein Konzert in Oslos modernem Wahrzeichen, der **Oper** (S. 144).

➤ Ein **Spaziergang** abseits der ausgetretenen Touristenpfade führt vom Vår-Frelsers-Friedhof und der alten Aker-Kirche ins Szeneviertel **Grünerløkka** (S. 155).

➤ Im Sommer lockt eine Fahrt mit der Sognsvann-Bahn zum **Badesee Sognsvann** mit herrlichem Waldgebiet (S. 159).

➤ Bei einem Spaziergang entlang der Barcode-Skyline (S. 143), über die Halbinseln Tjuvholmen (S. 140) und Sørenga (S. 146) oder beim Besuch des Nationalmuseums (S. 140), des Munch-Museums (S. 145) und der Bibliothek Deichman (S. 143) kann man beste **zeitgenössische Baukunst** erkunden.

Stadtspaziergang durchs Zentrum

Ein Stadtrundgang sollte am **Hauptbahnhof** beginnen, da viele Reisende mit dem Zug nach Oslo kommen, der zentrale Busbahnhof unmittelbar benachbart ist (Ankunft der Flughafenbusse aus Gardermoen und Torp) und Selbstfahrer in diesem Bereich ganztägig parken können. Die am Wege liegenden Sehenswürdigkeiten können Sie je nach Interesse und Zeit einplanen.

Ausgangspunkt Reisezentrum

Oslo ist übersichtlich, die Orientierung fällt leicht und die bedeutenden Sehenswürdigkeiten sind gut zu Fuß zu erreichen. Nach dem Verlassen von **Oslo Sentral (1)**, dem großen Reisezentrum samt zentraler Touristeninformation, das zusammen mit dem alten Bahnhof gebaut wurde, gelangt man auf den Bahnhofsplatz. Dominiert wird er vom auffälligen, hohen Lichtturm, **Trafikanten** genannt, wo man alles über den öffentlichen Nahverkehr erfährt. Ein weiteres Fotomotiv auf dem Platz stellt der 4,5 m große **bronzene Tiger** dar, der anlässlich der Tausendjahrfeier der Stadt 2000 aufgestellt wurde. Im Norden des Platzes liegt das meistbesuchte Einkaufszentrum Norwegens, **Oslo City**, mit über 90 Geschäften und zahlreichen Fast-Food-Restaurants. Ihm gegenüber überragt der Glaspalast des **Radisson Blu Plaza Hotels Oslo** mit 37 Stockwerken und 117 m Höhe alle anderen Gebäude der Stadt. Das Hotel wiederum ist durch eine Fußgängerbrücke mit der

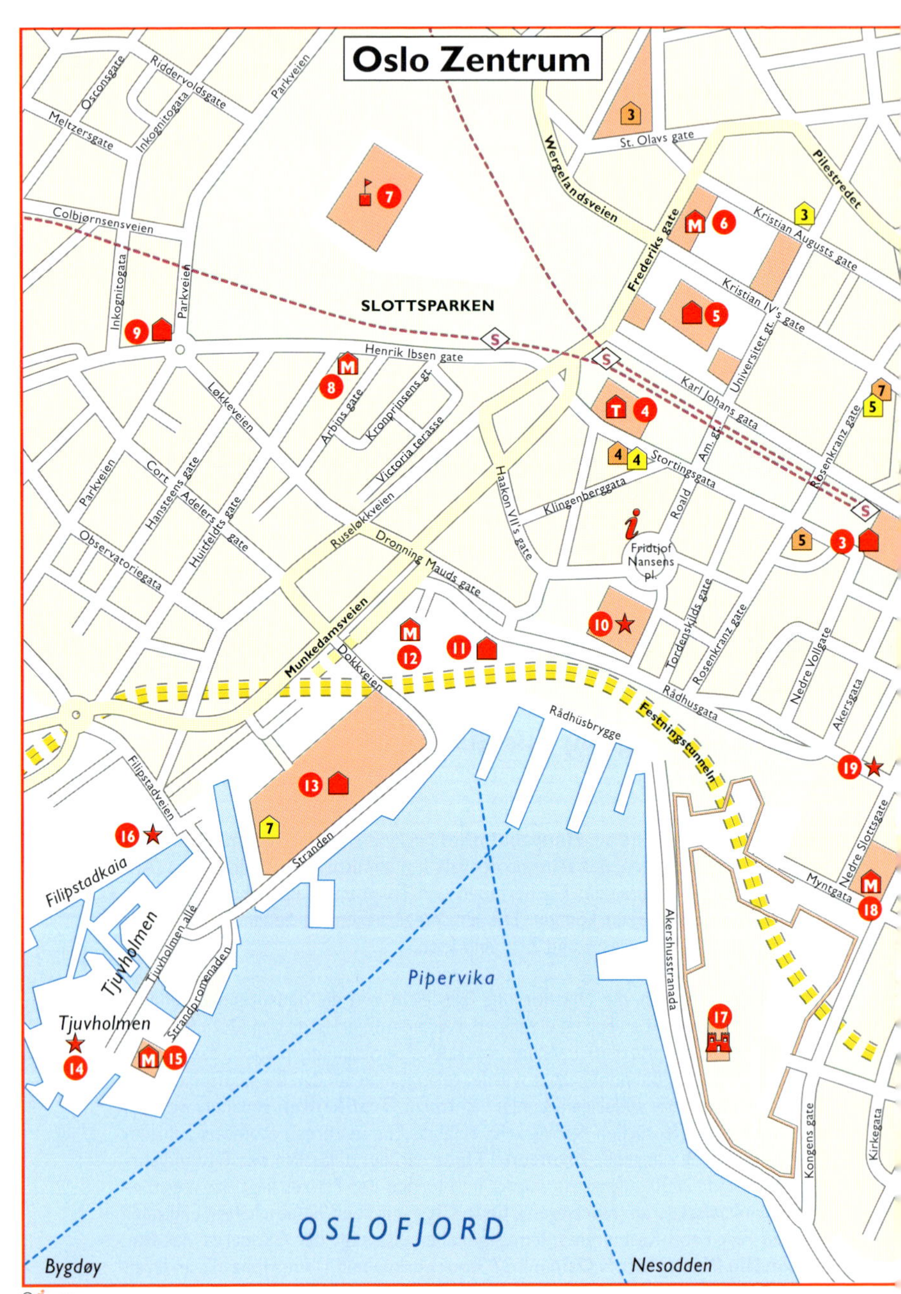
Oslo Zentrum
SLOTTSPARKEN
Oscarsgate
Riddervoldsgate
Parkveien
Meltzersgate
Inkognitogata
St. Olavs gate
Wergelandsveien
Pilestredet
Colbjørnsensveien
Kristian Augusts gate
Fredriks gate
Kristian IV's gate
Universitet gt.
Henrik Ibsen gate
Karl Johans gate
Løkkeveien
Arbins gate
Kronprinsens gt.
Victoria terasse
Am. gt.
Rosenkranz gate
Cort Adelers gate
Hansteens gate
Huitfeldts gate
Stortingsgata
Haakon VII's gate
Klingenberggata
Roald
Observatoriegata
Ruseløkkveien
Dronning Mauds gate
Fridtjof Nansens pl.
Munkedamsveien
Dokkveien
Tordenskjolds gate
Rosenkranz gate
Nedre Vollgate
Rådhusgata
Akersgata
Festningstunneln
Rådhusbrygge
Filipstadveien
Stranden
Nedre Slottsgate
Myntgata
Filipstadkaia
Tjuvholmen
Tjuvholmen allé
Strandpromenaden
Pipervika
Akershusstranda
Tjuvholmen
Kongens gate
Kirkegata
OSLOFJORD
Bygdøy
Nesodden

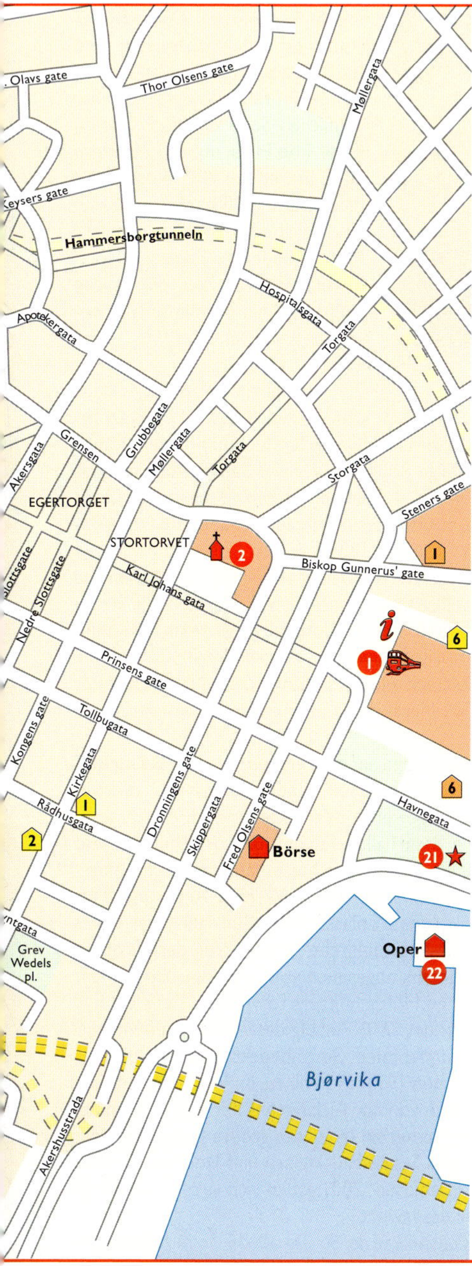

1 Oslo Sentral
2 Dom
3 Parlament (Storting)
4 Nationaltheater
5 Alte Universität
6 Historisches Museum
7 Königliches Schloss
8 Ibsen Museum
9 Nobel-Institut
10 Rathaus
11 Nobel-Friedenscenter
12 Nationalmuseum
13 Aker Brygge
14 Tjuvholmen
15 Astrup Fearnley Museum
16 Skur 13
17 Festung Åkershus
18 Architekturmuseum
19 Christiania Torv
20 Akrobaten
21 Deichman
22 Oper

Unterkunft
1 Radisson Blu Plaza Hotel Oslo
2 Grand Hotel
3 Radisson Blu Scandinavia Hotel
4 Continental Hotel
5 Thon Hotel Gyldenløve
6 Thon Hotel Opera
7 Hotel Bondeheimen

Essen & Trinken
1 Statholdergaarden
2 Engebret Café
3 Restaurant Eik
4 Theatercaféen
5 Kaffistova
6 Maaemo
7 Lofoten Fiskerestaurant

siehe auch Stadtplan Oslo hintere Umschlagklappe

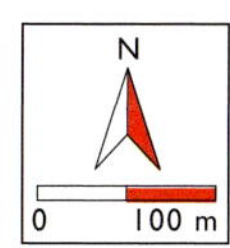

Schattiger Innenhof: an den Basarhallen

Multifunktionsarena **Oslo Spektrum** verbunden. Ansonsten wird der Bahnhofsplatz u. a. von einigen großen Hotels flankiert, auf der nördlichen Seite z. B. vom Clarion Hotel **The Hub**, mit 810 Zimmern auf 13 Etagen seit 2019 Norwegens mit Abstand größtes Hotel, und auf der südlichen Seite vom ebenfalls 2019 eröffneten Boutique-Hotel **Amerikalinjen**, dem ehemaligen Hauptsitz einer berühmten norwegischen Reederei von 1919.

Weltstädtischer Boulevard

Die vom Bahnhofsplatz ausgehende schnurgerade Achse ist die **Karl Johans gate**, Oslos berühmteste Meile, die in nordwestlicher Richtung bis zum Königlichen Schloss führt. Der breite, lebendige Boulevard verleiht der Metropole etwas Weltstädtisches, vor allem in den warmen Sommerwochen. Benannt ist Oslos Prunkallee nach König Karl XIV. Johan aus dem Haus Bernadotte, der 1818–1844 Regent von Norwegen und Schweden war. In den 1880er-Jahren flanierten die jungen Damen und Offiziere auf der „Karl Johan", wie die Osloer sie nennen, zum Sehen und Gesehenwerden, hier spazierten einst Ibsen und Munch. Am 17. Mai steht die Straße jährlich im Mittelpunkt der Umzüge anlässlich des Nationalfeiertags, wenn die Kinder zum Schloss ziehen, um der Königsfamilie zuzuwinken. An der Prachtstraße liegen außer dem Schloss so bedeutende Gebäude wie das Parlament, das Nationaltheater und die alte Universität. Die ersten 700 Meter der Karl Johan sind Fußgängerzone.

Größtes Gotteshaus der Stadt

Knapp 200 m hinter dem Bahnhofsplatz liegen auf der rechten Seite die **Basarhallen** (Basarhallene) aus der Zeit um 1850, in denen früher Lebensmittel verkauft wurden. Heute bestimmen Cafés, Kunstgewerbe oder seltener auch Antiquitäten den Handel unter den Arkaden. Die Basarhallen rahmen den östlichen Teil des **Doms (2)** ein. 1697 wurde die aus Backstein errichtete barocke Kirche eingeweiht, die Mitte des 19. Jh. gründliche Umbauten erfuhr. Weitere Änderungen erfolgten nach dem Zweiten Weltkrieg, sodass anlässlich der 900-Jahr-Feier Oslos 1950 die Erlöserkirche den Namen „Oslo Domkirche" erhielt. Von der barocken Inneneinrichtung ist kaum etwas geblieben, abgesehen von dem Altarbild und der Kanzel eines unbekannten holländischen Holzschnitzers sowie dem Taufstein und der schönen Orgelfassade aus der Zeit um 1730. Anfang des 20. Jh. schuf Emanuel Vigeland die Glasmalereien. Die monumentalen Gewölbedekorationen von H.L. Mohr auf einer Fläche von 1.500 m² kamen 1935–1950 hinzu. Im Vergleich kann der Osloer Dom weder von der Größe noch von der Ausstattung her mit anderen berühmten Kathedralen mithalten, aber immerhin ist er das größte Gotteshaus der Stadt. Als solches war er Schauplatz von Staatstrauerfeiern und Hochzeiten: 1968 heirateten hier Harald V. und Sonja Haraldsen, 2001 gaben sich Kronprinz Håkon und Mette-Marit Tjessem Høiby hier das Jawort.

Oslo Domkirke, *Kirkegata, www.oslodomkirke.no, So–Do 10–16, Fr 16 bis Sa 6 Uhr durchgängig geöffnet (nattåpent).*

info

St. Hallvard, Oslos Stadtpatron

Schon um 1300 enthielt Oslos Stadtwappen eine Darstellung der St.-Hallvard-Legende. Der Gedenktag am **15. Mai**, auch **Oslo-Tag** genannt, wird immer noch zu Ehren des Heiligen gefeiert, dessen Leben ein durchgängiges Motiv in der künstlerischen Ausgestaltung des Rathauses darstellt. Hallvard, Sohn eines Bauern aus dem Ort Lier, setzte sich 1043 für eine schwangere Frau ein, die von Übeltätern gejagt wurde. Um die Verfolgte in Sicherheit zu bringen, nahm Hallvard sie in sein Boot und ruderte auf die andere Seite des Drammensfjords, wo er von den Banditen abgefangen und durch drei Pfeile getötet wurde. Das Wunder geschah, als Hallvards Leiche, zuvor mit einem Mühlstein versenkt, samt Gewicht wieder an die Oberfläche kam. Bald danach wurde Hallvard heiliggesprochen, fast 100 Jahre später wurden seine Reliquien in die 1130 fertiggestellte Osloer Kathedrale überführt, die später seinen Namen erhielt. Die 1966 errichtete Kirche des Franziskanerklosters, eine der schönsten des modernen Norwegens (Enerhauggata 4), ist nach St. Hallvard benannt.

Politisches Herz des Landes

Vorbei am **Marktplatz** (Stortorvet), einigen Kaufhauszeilen und dem Egertorv mit der Statue des Malers Christian Krogh liegt auf der linken Seite der **Eidsvollplatz** mit dem **Parlamentsgebäude (3)** aus den Jahren 1861–1866. Architekt des Gebäudes aus gelbem Backstein und Granit, einer Mischung aus italienischer und nordischer Bautradition, war der Schwede E. Langlet, obwohl andere Architekten den Wettbewerb gewonnen hatten. Nach einem rund 30 Jahre währenden Streit über den Standort und das Aussehen des Bauwerks sprach schließlich der Dichter Bjørnstjerne Bjørnson ein Machtwort. Ein eigenes Parlament hat Norwegen seit dem Jahr 1814. Das Parlamentsgebäude ist nicht generell für die Öffentlichkeit zugänglich, man kann jedoch an Führungen teilnehmen und sich die künstlerische Ausschmückung des Treppenhauses und Plenarsaals ansehen. Die Schauseite des Storting mit der schönen Rundung und der löwenflankierten Treppe wendet sich dem Königlichen Schloss zu.

Stortinget, *Karl Johans gate 22, ☎ 23313050, www.stortinget.no, freie Führungen auf Englisch im Sommer Mo–Fr 10, 11.30 und 13 Uhr, sonst Sa zu den gleichen Zeiten (Eingang auf der Akersgata).*

Altehrwürdige Nobelherberge

Von hier aus ist auch das noble **Grand Hotel** an der Karl Johan zu sehen, immer noch die edelste Adresse der Stadt. Vom Balkon über dem Haupteingang nehmen die Friedensnobelpreisträger die Huldigungen der Osloer Bürger entgegen, sie übernachten hier auch. Wer ein wenig in die exklusive Atmosphäre der Nobelherberge schnuppern möchte, kann im legendären **Grand Café**, heute ein Restaurant, speisen und die drei Krogh-Gemälde bewundern – sie zeigen u.a. Geistesgrößen wie Ibsen und Bjørnson, die hier zu tafeln pflegten.

Auf der Karl Johan geht es nun abwärts, flankiert vom exklusiven Einkaufszentrum **Paléet** zur Rechten und dem Park mit Springbrunnen und Statuen zur Linken. Seine Verlängerung, **Studenterlunden** genannt, endet am **Nationaltheater (4)**, einem verspielten, kuppelgekrönten Granit- und Backsteingebäude, das 1891–1899 entstand. Außen sieht man Skulpturen der Dramatiker Ibsen, Bjørnson und Holberg. Das Innere (vier Bühnen, darunter der Hauptsaal mit 800 Plätzen) ist von Jugendstil und Neorokoko geprägt. Etwa von Mitte Juni bis zum 20. August ist das Theater geschlossen, kann aber auf Anfrage besichtigt werden. Direkt dahinter befindet sich die gleichnamige U-Bahnstation, eine der größten der Stadt, in der vier Linien zusammenkommen.

Denkmalgeschütztes Theater

Nationaltheatret, *Johanne Dybwads plass 1, Tickets: ☎ 81500811, Besichtigung: ☎ 22001400 (60 Min., NOK 90) ☎ 22001400, www.nationaltheatret.no.*

Gegenüber dem Nationaltheater liegt an der Karl Johan der 1854 fertiggestellte, wunderschöne Gebäudekomplex der **Alten Universität (5)** (Universitetet). Er besteht aus drei klassizistischen Gebäuden, deren Planung von Christian Heinrich Grosch von dem bekannten Architekten Karl Friedrich Schinkel korrigiert wurde. Heute ist hier die juristische Fakultät untergebracht. In der 1911 angefügten Aula, in der zwischen 1947 und 1989 der Friedensnobelpreis verliehen wurde, finden sich großartige Wandmalereien, die Edvard Munch bis 1916 anbrachte. Unter den elf flächendeckenden Gemälden ist „Die Sonne" das größte Werk des Künstlers.

Klassizistisch: die Alte Universität

Universitetets aula: *Die Aula kann nur bei Veranstaltungen besichtigt werden, z. B. im Rahmen von Lesungen oder bei den häufigen Konzerten mit klassischer Musik oder Jazz, ☎ 22859555.*

Durch den Garten hinter der Universität oder über die Universitetsgata und die Kristians IV gata gelangt man in wenigen Schritten zum **Historischen Museum (6)**. Der größte Jugendstilbau des Landes wurde um 1900 nach Plänen des Architekten Henrik Bull errichtet. Neben einer reichen Münzsammlung samt anderen Zahlungsmitteln aus verschiedenen Teilen der Erde von der Antike bis zur Gegenwart und einer ethnografischen Abteilung, z. B. zur Indianerkultur Nord- und Südamerikas und der Inuit, ist die Altertumssammlung der Universität besonders sehenswert. Ausgestellt sind u. a. interessante Gegenstände und die große Schatzkammer aus der Wikingerzeit sowie Exponate zur mittelalterlichen Kirchenkunst. Nahe dem Eingang stehen zwei Runensteine, darunter der vermutlich aus der Zeit um 400 n. Chr. stammende von Tune.

Interessante Altertumssammlung

Historisk Museum, *Frederiks gate 2, ☎ 22851900, www.khm.uio.no, Mai–Mitte Sept. Di–So 10–17, sonst Di–So 11–16 Uhr, NOK 100, Kinder unter 18 Jahren frei (Ticket gilt auch innerhalb von 48 Stunden für das Wikingerschiffmuseum).*

Sofort hinter dem Historischen Museum bringt einen der Rundgang zu den großzügigen Parkanlagen um den Schlosshügel mit dem **Königlichen Schloss (7)**. Das klassizistische Gebäude des Architekten Hans Ditlev Linstow am Ende der Karl Johan wurde 1848 für den schwedisch-norwegischen König Karl Johan fertiggestellt, der zu dem Zeitpunkt bereits verstorben war. Sein Reiterstandbild schaut vom Schlosshügel auf die Prachtstraße, die seinen Namen trägt: eine der schönsten Perspektiven im Osloer Zentrum. Das Gebäude ist der Öffentlichkeit im Rahmen von Führungen zugänglich, außerdem kann sich der Besucher täglich die Ablösung der elegant gekleideten Leibgarde ansehen. Die rote Königsstandarte zeigt die Anwesenheit des Königs an, der mit seiner Familie jedoch nicht im Schloss wohnt. Jeder kann im Schlosspark, den einige Skulpturen des Bildhauers Gustav Vigeland schmücken, spazieren gehen. Diese Oase der Ruhe bietet sich geradezu für eine Pause an.

Wachablösung

Det Kongelige Slott, *www.kongehuset.no, ca. 1-stündige Führungen Mitte Juni–Mitte Aug. in engl. Sprache tgl. 12, 14, 14.20 und 16 Uhr, Eintritt mit Führung NOK 140 (Tickets sind schnell vergriffen und sollten ab März unter ☏ 81533133 oder www.billettservice.no reserviert werden). Wachablösung tgl. 13.30 Uhr.*

Vorbei an der Statue der Königin Maud im Dronning-Park auf der Südseite des Schlosses führt der Weg zur Henrik Ibsens gate. Der Straßenname verrät, dass Norwegens größter Dramatiker hier eine Wohnung hatte, heute das **Ibsen Museum (8)**. In dem Haus verbrachte Ibsen 1895–1906 seine letzten Lebensjahre, seine Frau Suzannah lebte bis 1914 in der Wohnung. Nach einer längeren Umbauphase kann man ab Ende 2021 nicht nur die originalgetreu wiederhergestellten Räume und eine ständige Ausstellung zu Ibsens Leben und Werk besichtigen, sondern sich auch in einem neuen Theater ausgewählte Ibsen-Stücke anschauen.

Ibsens letzte Wohnstätte

Ibsen Museum, *Henrik Ibsens gate 26, ☏ 40023630, www.ibsenmuseet.no.*

Etwas weiter westlich, am Ende des Schlossparks, sieht man an der Kreuzung der Henrik Ibsens gate mit dem Parkveien eine gelbweiße Villa. Sie beherbergt das **Nobel-Institut (9)**, in dem das norwegische Nobel-Komitee ständige Zusammenkünfte hat und auch den Friedensnobelpreisträger bestimmt. Das Komitee ist in seinen Entscheidungen völlig unabhängig von Regierung und Parlament, seit gut 30 Jahren dürfen ihm auch keine Abgeordneten mehr angehören. Man erkennt das Nobel-Institut an der Büste des schwedischen Industriellen.

Alfred Nobel und der Friedensnobelpreis

info

Bekannt wurde **Alfred Nobel** (1833–1896) als Erfinder des Dynamits. Sein Sprengstoff hat die industrielle Entwicklung weltweit beschleunigt: Bodenschätze konnten schneller abgebaut werden und der Bau von Eisenbahnstrecken und Fernstraßen quer durch die Kontinente wurde erleichtert. Heute sind mit dem Namen des schwedischen Industriellen jene Preise verbunden, die als höchste zivile Auszeichnungen auf der ganzen Welt geschätzt werden. Jedes Jahr am 10. Dezember, dem Todestag des Stifters, werden in Stockholm feierlich die Nobelpreise für Physik, Chemie, Physiologie oder Medizin, Literatur und seit 1968 – von der Schwedischen Reichsbank gestiftet – für Wirtschaftswissenschaft vergeben. An diesem Tag erfolgt auch die Verleihung des Friedenspreises in der Universität zu Oslo.

info

Ausgewählt werden sollen laut Nobels Testament jene, „die im verflossenen Jahr der Menschheit den größten Nutzen geleistet haben".

Die Wissensgebiete spiegeln Nobels Interessen wider, Kunst, Architektur und Musik wurden nicht berücksichtigt. Da er sich intensiv mit dem Frieden befasste und die Initiativen der ihm nahestehenden Pazifistin Bertha von Suttner aus Österreich unterstützte, verfügte er in seinem Testament, demjenigen den Friedenspreis zuzusprechen, „der am meisten oder besten für die Verbrüderung der Völker gewirkt hat und für die Abschaffung oder Verminderung der stehenden Heere sowie für die Bildung und Verbreitung von Friedenskongressen". Keine leichte Aufgabe für das norwegische Nobel-Komitee, das vom Parlament, dem Storting, gewählt wird. Den Grund, warum er gerade Norwegen auswählte, um den Friedensnobelpreis zu verleihen, hat Nobel nie genannt. Zu seinen Lebzeiten waren jedoch Schweden und Norwegen (bis 1905) in einer Union vereinigt, sodass es für ihn selbstverständlich war, die Preisverleihungen auf beide Staaten zu übertragen. Vielleicht ist der Grund auch in Nobels Verehrung für den großen norwegischen Dichter Bjørnstjerne Bjørnson zu suchen, der 1903 den Literaturnobelpreis erhielt. Oft waren die Entscheidungen in Oslo heftig umstritten, etwa die Auszeichnung des US-Außenministers Kissinger, des Vietnamesen Le Duc Tho, des Palästinenserführers Yassir Arafat oder des Israelis Menachem Begin. Vielleicht sind die kontroversen Entscheidungen der Grund für die heutige Bedeutung des Preises, den der Inder Mahatma Gandhi, dreimal in der engeren Wahl, nie bekommen hat. Bundeskanzler Willy Brandt, der 1971 den Nobelpreis für seine neue Ostpolitik bekam, war der bislang letzte deutsche Preisträger, nach Gustav Stresemann (1926), Ludwig Quidde (1927), Carl von Ossietzky (1936) und Albert Schweitzer (1953).

Die Entscheidungen, den Nobelpreis nicht einer, sondern zwei oder mehreren Personen zu verleihen, haben zugenommen. 1993 teilten sich ihn Nelson Mandela und Frederik de Klerk, die für ihren Einsatz zur friedlichen Überwindung der Apartheid in Südafrika geehrt wurden. 2011 ehrte das Nobelpreis-Komitee gleich drei Frauen: die Präsidentin Liberias, eine Aktivistin aus demselben Land und eine Anführerin der Proteste im Jemen. 2014 teilten sich den Nobelpreis der indische Kinderrechtsaktivist Kailash Satyarthi und die pakistanische Schülerin Malala Yousafzai, mit 17 Jahren die mit Abstand jüngste Nobelpreisträgerin aller Zeiten. Bis 2018 sind neben Personen auch 27 Organisationen mit dem Preis bedacht worden, darunter das Rote Kreuz, die Internationale Kampagne für das Verbot von Landminen, die EU, der UN-Klimarat und der UN-Flüchtlingsrat. Die Vergabe am 10. Dezember ist auf jeden Fall ein Medienereignis ersten Ranges, das Oslo der Welt als Stadt des Friedens präsentiert.

Auf dem Weg vom Schloss zum Rathaus passiert man den **Platz des 7. Juni**, der an die Rückkehr des Königs Håkon VII. am 7. Juni 1945 aus dem Exil erinnert. Hier liegt auch das Außenministerium. Vom Platz geht es zur Amundsens gate, einer Straße mit Banken, Verwaltungsinstitutionen, der Touristeninformation und Restaurants, und weiter zum Rathausplatz am Hafen.

Mächtiger Backstein-Klotz: das Osloer Rathaus

Das **Rathaus (10)** steht dort, wo einst die Elendsviertel Oslos lagen. Der klotzige, zweitürmige Betonbau mit Backsteinverkleidung, dessen Architektur schon immer umstritten war, konnte 1940 nach den Plänen von Arnstein Arneberg und Magnus Poulsson fertiggestellt werden, doch wurde er wegen des Krieges erst 1950 eingeweiht. Das Gebäude nimmt eine Fläche von nahezu 5.000 m² ein, die Türme mit rund 270 Büroräumen der Abgeordneten und der Verwaltungsbeamten sind 63 m und 66 m hoch; im niedrigeren Mittelteil befinden sich die imponierende Rathaushalle und der Saal der Stadtverordnetenversammlung. Die Architektur und Innengestaltung des Rathauses stehen ganz im Zeichen norwegischer Kunst aus der ersten Hälfte des 20. Jh. und sind das Ergebnis eines Wettbewerbs, an dem sich die führenden Maler, Bildhauer und Textilkünstler des Landes beteiligten. Die Motive entstammen der Mythologie, Geschichte, Kultur und Wirtschaft Norwegens, wie z.B. das 24 x 12 m große Ölgemälde „Arbeit, Verwaltung und Fest“ von Henrik Sørensen, Munchs Gemälde „Leben“ oder der handgewebte „Osloteppich“ mit dem Schutzpatron Oslos, St. Hallvard, als zentralem Motiv. Die Fassaden schmücken zahlreiche Skulpturen. Am Ostturm zur Fjordseite ist Europas größte Turmuhr mit einem Durchmesser von 8,6 m angebracht, während zur Stadtseite hin eine astronomische Uhr eine Fülle von Informationen preisgibt. Die Gebäude rund um den Fridtjof Nansens plass sind dem Rathaus architektonisch angepasst. Eine Besichtigung ist ganzjährig, tgl. und kostenlos möglich.

Kunst am Bau

Rådhuset, *Rådhusplassen 1, ☎ 23461200, www.oslo.kommune.no, tgl. 9–16 Uhr, Juni–Aug. kostenlose Führungen (engl., z. T. auch auf Deutsch) tgl. 10, 12 und 14 Uhr.*

An der Fjordseite des Rathauses liegt die Bucht Pipervika mit den Kaianlagen der Fähren und Ausflugsschiffe. Von Kai 3 legt die Personenfähre zur Museumshalbinsel Bygdøy ab. In Blickrichtung Fjord fällt auf der rechten Seite der Vestbaneplassen auf. An seinem Ende liegt das alte (West-)Bahnhofsgebäude, in dem seit 2005 das **Nobel-Friedenscenter (11)** untergebracht ist. In diesem Informationszentrum ist Alfred Nobel und den Friedenspreisträgern eine permanente Ausstellung gewidmet. Es finden aber auch wechselnde Ausstellungen und Veranstaltungen statt, die sich mit aktuellen Konflikten und dem internationalen Einsatz für Frieden auseinandersetzen. Das Friedenscenter kann man auf eigene Faust oder bei einer Führung (im Eintrittspreis eingeschlossen) erkunden.

Zentrum für den Weltfrieden

Nobels Fredssenter, *Brynjulf Bulls plass 1, ☎ 48301000, www.nobelpeacecenter.org, Mai–Sept. tgl. 10–18 Uhr, sonst Di–So 10–18 Uhr, Führungen auf Englisch im Sommer tgl. 14 und 15, sonst Sa/So 14 Uhr, NOK 120 (einschl. Führung), Kinder unter 16 Jahren frei.*

Neues Nationalmuseum

Der ganze Block neben und hinter dem Friedenscenter war seit 2016 vier Jahre lang Großbaustelle für das neue **Nationalmuseum (12)**. Das Mammutprojekt der deutschen Architekten Jan Kleihues und Klaus Schuwerk ist mit seiner Fläche von 54.600 m² das größte Einzelgebäude des Landes und eines der größten Museen Europas. Dabei setzt es sich nicht spektakulär, sondern unaufgeregt und solide in Szene, mit Respekt vor dem nahen Rathaus oder der Åkershus-Festung gegenüber der Bucht. Mit seinen enorm lang gestreckten, horizontalen Baukörpern, die versetzt übereinanderliegen und nachts entsprechend illuminiert sind, ist das neue **Nasjonalmuseet i Oslo** dennoch ein wahrer Hingucker und außerdem mit seinen Eingängen, Freiplätzen und Dachflächen ein öffentlicher Raum, von dem man sich einen ähnlichen Aufmerksamkeitswert verspricht, wie es bei der neuen Oper der Fall war. Vor der Einweihung Anfang 2020 wurden hierhin im Laufe des Jahres 2019 die umfangreichen Sammlungen, Bibliotheken und Archive dreier bisheriger Museen aus Oslo überführt, nämlich die der Nationalgalerie, des Museums für zeitgenössische Kunst und des Kunstgewerbemuseums. Über 120.000 Kunstwerke zogen dabei um, davon allein 53.000 aus der Nationalgalerie. Natürlich bietet das Nationalmuseum damit Norwegens größte und bedeutendste Sammlung norwegischer und ausländischer Kunst, u. a. sind die Maler der Nationalromantik reich vertreten, insbesondere J.C.C. Dahl, Tidemand und Gude. Aber auch einige der berühmtesten Werke Edvard Munchs (u. a. „Der Schrei", „Madonna") werden ausgestellt, und in der internationalen Abteilung sind u. a. Werke von Monet, Renoir, Gauguin, van Gogh, Picasso und Rodin zu bewundern.
Nasjonalmuseet, *Sentrum, Oslo, ☎ 21982000, www.nasjonalmuseet.no.*

Moderne Architektur

Wendet man sich beim Verlassen des Gebäudes nach rechts, so führt der Weg in das neue Stadtviertel **Aker Brygge (13)**, das auf einem ehemaligen Werftgelände aus dem Boden gestampft wurde und an die Docklands in London erinnert. 60 Geschäfte, 40 Pubs und Restaurants, Galerien, teure Apartments und Büroräume entstanden ganz im Zeichen einer Architektur der Moderne. Aber auch alte Industriebauten sind erhalten, die nun als Shoppingparadies und Theater fungieren. Es macht Spaß, am Kai (Stranden) entlangzuspazieren; hier tobt vor allem im Sommer das Leben, wenn Norweger und Touristen in südländischer Atmosphäre in den Straßencafés und Kneipen am Fjord sitzen.

Futuristisch: das Astrup Fearnley Museum

Am äußeren Ende von Aker Brygge, wo ein Jachthafen den gut betuchten Anwohnern zur Verfügung steht, gibt es eine Brücke zum Kai von **Tjuvholmen (14)**. Hier wurde von gut 20 Architekten und Architekturbüros ein neues, urbanes Quartier hochgezogen, das inzwischen als „Kunst-Stadtviertel" bekannt ist. Überall entdeckt man oft witzige oder zum Nachdenken anregende Skulpturen und Installationen (sogar im Parkhaus von Tjuvholmen!) oder steht vor Galerien von internationalem Format. Der Gegenwartskunst gewidmet ist auch das eindrucksvollste Museum des Viertels: Das direkt am Fjord gelegene **Astrup Fearnley Museum (15)** ist eine der wichtigsten Adressen für Kunstfreunde in Skandinavien. Der heutige Bau, von dem italienischen Architekten Renzo Piano gezeichnet, wurde Ende 2012 eingeweiht. Die beiden Gebäudeteile sind durch einen Kanal getrennt, während der gesamte Komplex von einem kühnen Glasdach überdeckt ist, das sich zum Skulpturenpark hinabneigt. Das Ganze wirkt wie ein eigener Stadtteil, mit einer Piazza, einem Park und Bootsanlegern, sogar ein eigener Sandstrand und eine hölzerne Badeplattform sind vorhanden! Wer sich auf die Kunst konzentriert, wird im Museum neben Wechselausstellungen auf eine beachtliche Sammlung internationaler moderner Kunst (u. a. Andy Warhol, Damien Hirst, Jeff Koons, Charles Ray) treffen.

„Kunst-Stadtviertel“

Astrup Fearnley Museet, *Strandpromenaden 2, ☎ 22936060, www.afmuseet.no, Di, Mi, Fr 12–17, Do 12–19, Sa/So 11–17 Uhr, NOK 130, Kinder unter 18 Jahren frei.*

Für den Weg zurück zum Rathausplatz sollte man ab dem Museum anstelle der Kaipromenade die parallelen Straßen Tjuvholmen allé und Bryggetorget wählen, damit man auch die ebenfalls eindrucksvollen Partien der „Rückseite“ von Aker Brygge erlebt – mit weiteren Kanälen, Brücken, Plätzen und Kunstwerken und einer Promenade, die von den Hauptstädtern nicht nur zum Flanieren, sondern auch zum Joggen und Radfahren genutzt wird. Auch am modernen Aufbau des Stadtteils **Filipstad** wird bereits gewerkelt. Ein ehemaliges Lagerhaus am Filipstad-Kai wurde vom norwegischen Künstler Pushwagner außen knallbunt gestaltet, im Inneren befindet sich der riesige Indoor-Skaterpark **Skur 13 (16)**.

Vom Rathaus geht es dann immer am Wasser entlang über den Rådhusplassen, bis am jenseitigen Ende der Hafenbecken ein Fußweg rechts hinauf zur **Festung Åkershus (17)** führt. Von den kanonengesäumten Wällen der Burgmauern hat man einen herrlichen Blick auf den Hafen, den Rathausplatz sowie Aker Brygge. Die erste Anlage wurde bereits um 1300 unter Håkon V. errichtet, um Oslo vor Angriffen von der Seeseite zu schützen. Zwischenzeitlich verfallen, ließ der Dänenkönig Christian IV. die mittelalterliche Anlage zu einem Renaissanceschloss umbauen, das 1627 fertiggestellt wurde und noch heute den Gesamteindruck des Komplexes bestimmt, der dann im 18. Jh. verfiel. Im Zweiten Weltkrieg hatten die Nazis hier ihr Hauptquartier.

Festungskomplex mit Aussicht

Heute dient Åkershus der Militärverwaltung, die Regierung unterhält Gebäude zu Repräsentationszwecken. Das große Freigelände mit seinen schönen Baumbeständen, Grünflächen und einem Café ist tagsüber frei zugänglich. Im Sommer werden vom Besucherzentrum aus regelmäßig Führungen über das Areal mit Schloss, Kapelle, Königlichem Mausoleum und den Repräsentationsräumen durchgeführt. Es gibt drei Eingänge: Das Haupttor von der Stadtseite aus erreicht man über die Myntgata, Seitentore führen zum Osten hin über eine Brücke zur Kongens gate bzw. über eine Steintreppe hinunter zur Uferstraße mit dem Kreuzfahrtterminal. Im Sommer startet tgl. um 13.10 Uhr in der Festung eine Abteilung der Königlichen Garde und marschiert unter Musikbegleitung zur Wachablösung am Schloss.

Åkershus Festning, *Forsvarsbygg, ☎ 81570400, www.forsvarsbygg.no/akershusfestning, Mai–Sept. Haupttor tgl. 6–21 Uhr, Seitentore jeweils ab 7 Uhr.*

Auf dem Gebiet der Åkershus-Anlage liegen zwei bedeutendere Museen: Das **Verteidigungsmuseum** dokumentiert die norwegische Militärgeschichte von der Wikingerzeit über die nordischen Kriege bis hin zur Gegenwart anhand von rund 50.000 Gegenständen.
Forsvarsmuseet, *Åkershus Festning, www.forsvaretsmuseer.no/Forsvarsmuseet.no, Mai–Aug. tgl. 10–17, sonst Di–So 10–16 Uhr, Eintritt frei.*

In einem alten Festungsgebäude zeigt das **Heimatfrontmuseum** die interessante Chronologie der fünfjährigen Besatzungszeit von der Invasion der deutschen Truppen bis zum Frieden im Mai 1945. Bilder, Urkunden, Plakate, Untergrundzeitungen und selbstgebaute Waffen vermitteln einen Eindruck von den Kriegsgeschehnissen und vom norwegischen Widerstand gegen die Besatzungsmacht.
Norges Hjemmefrontmuseum, *Åkershus Festning, Bygning 21, ☎ 23093138, www.forsvaretsmuseer.no/Hjemmefrontmuseet, Juni–Aug. Mo–Sa 10–17, So 11–17, sonst Mo–Sa 10–16, Sa/So 11–16 Uhr, NOK 60, Kinder NOK 30.*

Kvadraturen: rechtwinklig angelegt

Das gesamte Areal zwischen der Åkershus-Festung und der Karl Johan kann man „Altstadt“ nennen, da es noch exakt die gleichen Straßenzüge aufweist, die Christian IV. bei seinem Neuaufbau der Stadt Christiania entwerfen ließ. Da sich diese allesamt rechtwinklig kreuzen, nennt man das Viertel auch **Kvadraturen**. Das Viertel ist heute recht ruhig, jedenfalls im Vergleich zur quirligen Karl Johan. Hier haben Banken, Hotels, die eine oder andere Gaststätte und einige Museen ihren Sitz. Am Bankplassen etwa ist das vom Nationalmuseum verwaltete **Architekturmuseum (18)** in einem ehemaligen Bankenpalast untergebracht; im Garten sorgt ein 2008 errichteter Pavillon des Stararchitekten Sverre Fehn für weitere Ausstellungsfläche.
Nasjonalmuseet-Arkitektur, *Bankplassen 3, www.nasjonalmuseet.no, Di, Mi, Fr 10–17, Do 11–19, Sa/So 12–17 Uhr, NOK 50.*

Geschichtsträchtiger Platz

Nebenan versprüht das gute und traditionsreiche **Engebret Café** (S. 165) nostalgischen Charme. Sehenswert sind auch der hübsche Park und dahinter, am Grev Wedels plass, die **Alte Loge** von 1839. Die nächste Querstraße ist die Rådhusgata, die im Westen auf den **Christiania Torv (19)** trifft, einen hübsch gestalteten Platz, der von der bronzenen Hand des Gründers Christian IV. dominiert wird. Seine südliche Seite wird vom **Alten Rathaus** aus dem Jahr 1641 eingenommen, dem ersten Rathaus der Stadt. Hier fand 1667 auch die erste Theateraufführung in Oslo statt, vermutlich von einer holländischen Wanderbühne. Nach wie ist im Alten Rathaus ein gutes Restaurant gleichen Namens („Det gamle Raadhus“) untergebracht.

Geht man auf der Rådhusgata in die andere, östliche Richtung, passiert man die klassizistische **Börse** und erreicht das Fjordufer am riesigen und abends schön illuminierten **Hafenspeicher** *(Havnelageret, Langkaia 1)*. Als er 1921 fertiggestellt wurde, galt er als größter Betonbau Europas; heute sind hier ein Zeitungsverlag und diverse Institutionen untergebracht. Zu seinen Füßen, an der Uferpromenade und mit tollem Blick auf die gegenüberliegende Oper, befindet sich eine Reihe von spektakulären Holzkonstruktionen (z. T. aus am Fjordufer gefundenem Treibholz gebaut) des samischen Architekturbüros Sami Rintala. Dieses Kunst- und Kulturprojekt mit dem Namen **SALT** umfasst u. a. Freiluftbühnen, Gastronomie, Clubs, Ausstellungsräume und auch eine der größten Saunas der Welt mit Platz für 80 Personen samt Kaltwasserbecken (Süß- und Salzwasser) und Duschen (Infos: *www.salted.no*).

Kunst- und Kulturprojekt

Bevor man zurück auf der Karl Johan ist, kreuzt man im Kvadraturen zwei weitere Querstraßen: zunächst die Tollbugata, die einen u. a. zum **Zollmuseum** (Tollbugata 1 A), zum **Hauptpostamt** (Tollbugata 17) und zum **Filmmuseum** (Dronningens gate 16) bringt, und dann die Prinsens gate, auf der man u. a. zum renommierten **Kaufhaus Steen & Strøm** (Nedre Slottsgate 8) kommt.

Südöstlich des Bahnhofs: wo Oslo am ältesten und am jüngsten ist

Es ist nur ein Katzensprung vom Bahnhof – und schon befindet man sich in der schönen, neuen Welt des modernen Oslo, das mit Nachdruck und rasend schnell das alte provinzielle Kleid der norwegischen Hauptstadt abgelegt hat! Ähnlich wie Hamburgs HafenCity repräsentiert hier das nagelneue Stadtviertel **Bjørvika** die urbane Zukunft, und ähnlich wie dort scharen sich die aus dem Boden gestampften Neubauten um ein Musikhaus, das sich ganz dem Wasser zuwendet. Geht man vom Bahnhofsvorplatz nach links, überquert man den Christian Frederiks Plass und ist schon an jener Reihe multifunktionaler, schmaler und unterschiedlicher Hochhäuser angelangt, die insgesamt den Namen **Barcode** (engl. für Strichcode) tragen. Die Gestaltung und Höhe der Büro- und Apartmenthäuser war lange Gegenstand hitziger Diskussionen, inzwischen hat man sich mit der neuen Skyline angefreundet. Touristen bietet Barcode nicht nur eine eindrucksvolle Häuserzeile, sondern auch diverse Restaurants und mit der **Kunsthalle Oslo** (Rostockgata 2–4, Wechselausstellungen moderner Kunst) auch ein kulturelles Highlight. Wer vom Stadtteil Grønland bzw. vom Busterminal hierhin gelangen möchte, kann das auf direktem Weg über die 206 m lange Fußgänger- und Fahrradbrücke **Akrobaten (20)** (= der Akrobat) tun, die über die Gleise vor dem Hauptbahnhof gespannt ist. Die preisgekrönte Stahl- und Glaskonstruktion bietet einen herrlichen Blick auf Oslos Barcode-Reihe und wird bei Dunkelheit spannend illuminiert.

Moderne Barcode-Skyline

Zwischen Barcode und Oper, von zwei Kanälen eingerahmt, setzt die im Jahr 2019 fertiggestellte Bibliothek **Deichman (21)** ein weiteres architektonisches Ausrufezeichen. Dieses

Oslo modern: Straßenbahnhaltestelle vor den Barcode-Häusern

Bibliothek als architektonischer Akzent

imposante Gebäude des Osloer Büros Lund Hagem ist nicht nur die größte Bibliothek der Hauptstadt und eine der modernsten Europas, sondern auch ein öffentlicher Raum u.a. mit Kino, Gastronomie, Spielflächen und Lounges (**Deichman**, *Arne Garborgs plass 4, ☏ 21802180*). Eintritte zu drei Seiten, verglaste Einschnitte in der Fassade, Lichtschächte sowie ein überaus spannendes und frei zugängliches Interieur machen die Bibliothek zu einem dynamischen neuen Treffpunkt für Einwohner und Besucher. Und in der Dunkelheit leuchtet das Haus in Farben, die sich je nach den Aktivitäten und Events im Inneren verändern. Vom gleichen Architektenbüro wurde der sich östlich anschließende und gleich hohe Komplex geplant, in dem Gastronomie, Büros, Boutiquen, Apartments und Studentenwohnungen untergebracht sind. Das Gebäude mit z. T. begrüntem Dach wird von einer Fußgängerzone diagonal durchschnitten, die auf die neue Oper zuführt.

Die **Oper (22)** selbst, vom norwegischen Architekturbüro Snøhetta geplant und 2008 eingeweiht, zählt zu den spektakulärsten Musikhäusern der Welt und ist das moderne Wahrzeichen Oslos. Das schneeweiße Äußere, die riesigen Glasflächen und langen Rampen, die geradewegs aus dem Fjord zu entspringen scheinen, sowie die Aussichtsplattformen auf dem Dach der Oper geben ihr ein unverwechselbares Gepräge. Die Dimensionen sind enorm: 38.500 m² Fläche und 1.500 verschiedene Räume weist der Komplex auf. Durch die Vollverkleidung mit Carrara-Marmor erinnert die Oper an einen schwimmenden Eisberg, dazu passt auch, dass sich große Teile unter dem Meeresspiegel befinden – bis 16 m reicht das Opernhaus unter das Wasser. Im Inneren beeindruckt der große Saal für 1.370 Zuschauer, die die Konzerte und Vorstellungen der Hauptbühne verfolgen; über ihnen schwebt in 16 m Höhe der größte Kronleuchter des Landes, für den die Hadeland-Glaswerke (S. 341) verantwortlich sind und der aus 17.000 Glasteilen besteht. Das Foyer trägt die Handschrift des dänischen Künstlers Olafùr Eliasson, den großen Vorhang „MetaFoil" schuf Pae White aus den USA. Die Oper ist nicht nur für Musikfreunde ein Genuss, sondern auch ein ganztägig erlebbarer öffentlicher Raum: das Foyer mit Infobox, Gastronomie und Sanitäranlagen ist frei zugänglich, ebenso außen die Aussichtsrampen und -plattfomen, von denen man einen wirklich spektakulären Blick genießt (Achtung: wegen vieler Rillen, unterschiedlich hohen Stufen und dem glänzenden, bei Regen rutschigen Marmor sollte man unbedingt auf seine Schritte achten!). Vor der Oper liegt wie ein Ableger eines Eisbergs eine Stahl- und Glasskulptur im Hafenbecken (Monica Bonvicini).

Aussichtsreich: die Osloer Oper

Spektakuläres Musikhaus

Den Norske Opera & Ballett, *Kirsten Flagstads Plass 1, ☏ 21422100 (Kartenreservierung ☏ 21422121), www.operaen.no. Foyer (Infobox, Toiletten, Cafeteria) Mo–Fr*

10–19, Sa 11–18, So 12–18 Uhr geöffnet, das Restaurant z. T. bis 23 Uhr, 50-Minuten-Führungen auf Englisch Mo–Fr, So 13, Sa 12 Uhr, NOK 120.

Östlich der Oper und am östlichen Rand der Barcode-Reihe entstand ein weiteres Schmuckstück der Osloer Museumslandschaft, das neue **Munch-Museum Lambda (23)**. Während die Oper eher durch ihre Breite wirkt, strebt Lambda 13 Stockwerke und 60 m hoch nach oben – und in der direkten Konkurrenz ist es fraglich, wer wem die Show stiehlt. Das Gebäude des spanischen Architekten Juan Herreros, das außen von einer lichtdurchlässigen, perforierten Aluminiumhülle umgeben ist, empfängt Besucher durch ein dreigeschossiges „Podium" mit großer Lobby, Café, Bibliothek, Auditorium und diversen Verwaltungsräumen. Darüber erhebt sich die vorwiegend aus Glas bestehende und im oberen Teil stark geneigte Fassade, zu allen Seiten eine weite Aussicht bietend, natürlich am spektakulärsten von der obersten Etage mit Innen- und Außenbereich aus.

Neues Munch-Museum

In dem großen und großartigen Haus kann nun endlich der gesamte Bestand der Werke Edvard Munchs (1863–1944) ausgestellt werden, für den im alten Munch-Museum im Stadtteil Tøyen nicht genügend Platz war. Im Lauf des Jahres 2019 wurden über 1.100 Gemälde, 4.500 Zeichnungen und Aquarelle sowie 18.000 Drucke und zwölf Skulpturen ins neue Museum transportiert, das im Frühjahr 2020 eingeweiht wird. Mit einer Fläche von 26.300 m^2 ist es weltweit eines der größten Museen, die einem einzigen Künstler gewidmet sind, wobei sieben Stockwerke allein der permanenten Ausstellung vorbehalten sind. Zusätzlich werden Wechselausstellungen bekannter norwegischer oder internationaler Künstler gezeigt sowie Konzerte, Lesungen, Workshops oder andere Kulturevents veranstaltet.

Eröffnung 2020

Munch-Museet *(Lambda), Bjørvika, Oslo, ☏ 23493500, https://munchmuseet.no.*

Edvard Munch (1863–1944)

info

Norwegens berühmtester Maler gilt als Wegbereiter des Expressionismus in der modernen Malerei. Edvard Munch wird 1863 nahe Oslo geboren. Im Alter von fünf Jahren erlebt er den Tod seiner Mutter, die an Tuberkulose litt, einige Jahre später stirbt seine Schwester Sophie mit 15 Jahren ebenfalls an dieser Krankheit. Diese Schicksalsschläge und die Angst vor dem Höllenfeuer, von dem der Vater häufig in einer Art religiöser Wahnvorstellung erzählt, prägen den jungen Munch. Krankheit, Tod und Lebensangst werden die durchgängigen Motive, die ihn beschäftigen, nachdem er 1880 seine Ingenieursausbildung abbricht, um Maler zu werden.

1885 begibt er sich für kurze Zeit nach Paris. Schon vorher unterhält er Kontakte zu einem Kreis radikaler Anarchisten, die ihn beeinflussen: Munch will wahrheitsgetreue Nahaufnahmen von den Sehnsüchten und Qualen des modernen Menschen schaffen. „Es sollen nicht mehr Interieurs mit lesenden Männern und strickenden Frauen gemalt werden. Es müssen lebende Menschen sein, die atmen und fühlen, leiden und lieben. Ich fühlte, dass ich das machen würde."

info

Munch will vor allem sein eigenes Leben malen. 1889 hat er seine erste Einzelausstellung in Kristiania (Oslo), wird zwar kritisiert, erhält aber auch ein Staatsstipendium zum Studium in Paris und lebt eine Zeit lang in Nizza. 1892 kommt es zum Eklat: Eine Munch-Ausstellung des „Vereins Berliner Künstler" ruft einen solchen Skandal hervor, dass sie nach wenigen Tagen geschlossen werden muss. Die Konservativen sehen in Munchs Bildern nur eine anarchistische Provokation. Doch Munch macht sich einen Namen. 1894 entsteht „Der Schrei", sein wohl bekanntestes Bild, sowie „Der Tod im Krankenzimmer", mit dem er sich mit dem Tod seiner Schwester auseinandersetzt. Es folgen produktive Jahre mit vielen Ausstellungen, doch Nervosität, unregelmäßiger Lebenswandel und massive Alkoholprobleme führen zu einem Nervenzusammenbruch. Ab 1909 wohnt Munch wieder in Norwegen, inzwischen ein anerkannter Maler. Ab 1910 beteiligt er sich an den Dekorationen für die Osloer Universität; 1912 wird ihm eine besondere Ehre zuteil, als er als einziger lebender Künstler neben Picasso einen eigenen Raum bei der Kölner Sonderbundausstellung erhält.

Nach produktiven und erfolgreichen Jahren behindert ihn ab 1930 eine Augenkrankheit. 1937 erklären die Nazis 82 Werke Munchs als „entartet". 1944 stirbt Edvard Munch auf seinem Gut Ekely bei Oslo, er vermacht der Stadt sein gesamtes Werk.

Die zum großen Teil künstliche Halbinsel, die südlich der Oper in die Fjordbucht Bispevika ragt, heißt **Sørenga** und wurde bis 2017 mit modernen, z. T. terrassenförmigen Apartmenthäusern bestückt. Spaziergänger stoßen hier nicht nur auf spannende Architektur, sondern auch auf einige Restaurants, Parkanlagen und am äußersten Ende auf das **Sørenga Sjøbad (24)**, mit Sandstrand, Holzplattformen und Sprungtürmen sowie einem tollen Blick auf Fjord und Stadt. Und von der Seepromenade aus können Fußgänger und Radfahrer über eine schmale Brücke hinüber zur Oper gelangen.

Mittelalterliches Oslo

Unmittelbar östlich davon, durch die Straße 162 und den schmalen See Tenerife abgetrennt, liegt **Gamlebyen** (Alt-Oslo), wo man auf viele Relikte der mittelalterlichen Stadt stößt. Nach der Neugründung Oslos durch Christian IV. lag diese Gegend außerhalb der Stadtmauern und wurde trotz königlichen Verbots wieder besiedelt, hauptsächlich von Armen und Landlosen, die sich das teure Leben in der modernen Renaissance-Siedlung nicht leisten konnten. Damals, als die eigentliche Stadt Christiania bzw. Kristiania hieß, nannte man das Viertel „Oslo", es wurde erst in „Gamlebyen" umgetauft, als die Hauptstadt 1925 wieder den Namen Oslo erhielt. Archäologische Ausgrabungen brachten Siedlungsspuren aus dem 10. Jh. zutage, doch stammen die meisten Ruinen, die man in Gamlebyen vorfindet, aus dem 12.–14. Jh., darunter die Überreste der St.-Hallvard-Kathedrale, der Bischofsburg, des Königlichen Hofs sowie der Maria- und der Clemenskirche.

Trotz dieser klingenden Namen darf man sich nicht zu viel versprechen, denn die erhaltenen Mauerreste sind zu spärlich, um Ruinenromantik aufkommen zu lassen.

Doch es macht Spaß, bei gutem Wetter in diesem ältesten Teil der Hauptstadt, abseits des Trubels und trotzdem zentrumsnah, zwischen den uralten Mauerresten zu picknicken oder zu spazieren. Auch die später hinzugekommene Bebauung, teils aus dem 18. Jh. (Höfe Oslo Ladegård und Saxegård), teils aus dem späten 19. Jh. und im Jugendstil (Gamlebyen-Schule), sind für Architekturfans interessant. Außerdem findet man in Gamlebyen auch einige nette Gaststätten, eine interessante Kirche und ein auf das Mittelalter zurückgehendes Hospital.

Zwei Viertel von Gamlebyen, die nur durch die Bispegata voneinander getrennt sind, lohnen auf jeden Fall einen Besuch. Im **Mittelalterpark (25)** (Middelalderparken), der Halbinsel Sørenga am nächsten, liegen die Ruinen der Königlichen Kapelle (Mariakirken), der St.-Clements-Kirche und des Königlichen Hofs (Kongsgården). In den letzten Jahren wurde das 70 ha große Parkareal durch Bauarbeiten an der neuen, zweigleisigen Follobanen etwas gestutzt, bekommt dafür aber ein modernes Facelifting. Jenseits der Bispegata schließen sich die Grünanlagen des Ladegården und des **Ruinenparks/Memorial Parks** (Ruinparken/Minneparken) an, in dem man die Ruinen der alten St.-Hallvard-Kathedrale, des Olavklosters und des Kellers der Bischofsburg sieht. Das gesamte Gelände ist ganzjährig frei zugänglich.

Südlich der Gamlebyen erhebt sich der grüne Hügel **Ekeberg**, unter dem die E6 in einem Tunnel verläuft. Überragt wird er von der burgähnlichen, ehemaligen **Seemannschule** (Sjømannsskolen) von 1917. Besucher, die auf den Ekeberg fahren, tun dies hauptsächlich aus drei Gründen: Entweder wollen sie zum großen und in der Hauptsaison sehr quirligen **Campingplatz** bzw. zu einem der netten Restaurants. Oder sie nutzen die herrliche Natur, in der Wanderwege und Loipen durch den Wald führen und wo man immer wieder zu fantastischen Aussichtspunkten gelangt, etwa zur „Ekeberg-Treppe“ und zum „Munch-Punkt“ (an dem der Künstler die Inspiration für sein Gemälde „Der Schrei“ bekam). Die Ausblicke sind zu jeder Tageszeit lohnend, vor allem aber zum Sonnenuntergang und in der Dunkelheit, wenn das glitzernde Lichtermeer der Hauptstadt einem zu Füßen liegt.

Wald und Wanderwege

Der dritte Grund sind zwei kulturelle Höhepunkte auf dem Ekeberg: einmal Oslos schönste **Felsritzungen** (Helleristninger, ausgeschildert), 13 in den Stein gemeißelte Darstellungen aus der Jungsteinzeit, vor rund 5.000 Jahren angebracht, und zum anderen der **Skulpturenpark Ekeberg**, den das „Wall Street Journal“ 2015 zu den fünf schönsten Skulpturenparks weltweit zählte. Der Anfangsbestand von 35 Skulpturen – alle von renommierten Künstlern der klassischen Moderne und Jetztzeit – wird nach und nach erweitert. Wer mag, kann das Natur- und Kunsterlebnis im **Museum** auf dem Ekeberg vertiefen. Und für ein gepflegtes Essen empfehlen sich das schneeweiße, elegante **Ekebergrestauranten**, eine Architekturikone im Bauhausstil von 1929 *(www.ekebergrestauranten.com)*, sowie das wunderschöne **Karlsborg Spiseforretning** *(www.karlsborgspiseforretning.no)*, das sich in einer restaurierten Holzvilla von 1863 befindet.
Ekebergparken, *Museet for historie og natur, Kongsveien 23, www.ekebergparken.com, Mai–Aug. tgl. 11–17, sonst 11–16 Uhr. Der Park ist rund um die Uhr frei zugänglich. Verschiedene Themenführungen durch den Park buchbar (60 und 90 Min., s. Website). Zu erreichen mit der Straßenbahn 18, 19 (Ljabru) oder mit dem Bus 34, 74 (Haltestelle Ekeberg Camping).*

Die Museumshalbinsel Bygdøy

Auch wer Oslo nur kurz besuchen kann, sollte die Museumshalbinsel Bygdøy nicht verpassen, ein kleines Paradies mit weiß getünchten Villen aus Holz, großzügigen Parkanlagen, Wäldern und Badestränden, wie man es in der Nähe einer Großstadt nicht vermutet. Hier liegen in einer der schönsten und teuersten Wohngegenden Oslos das Norwegische Seefahrtsmuseum, das legendäre Polarschiff „Fram", das Kon-Tiki-Museum sowie das Wikingerschiffmuseum dicht beieinander. Zum Besuch aller Museen sollte man einen Tag veranschlagen. Wer öffentliche Verkehrsmittel benutzt, sollte mit der Fähre zu den drei Schiffsmuseen fahren, von dort einen Spaziergang zum Wikingerschiffmuseum unternehmen und den Tag im Volksmuseum ausklingen lassen. Von dort nimmt man den Bus zurück ins Zentrum.

Hinweis

Im Sommer kommen wahre Besucherscharen auf die grüne Halbinsel und Parkplätze sind knapp, es empfiehlt sich, **öffentliche Verkehrsmittel** *zu benutzen. An*

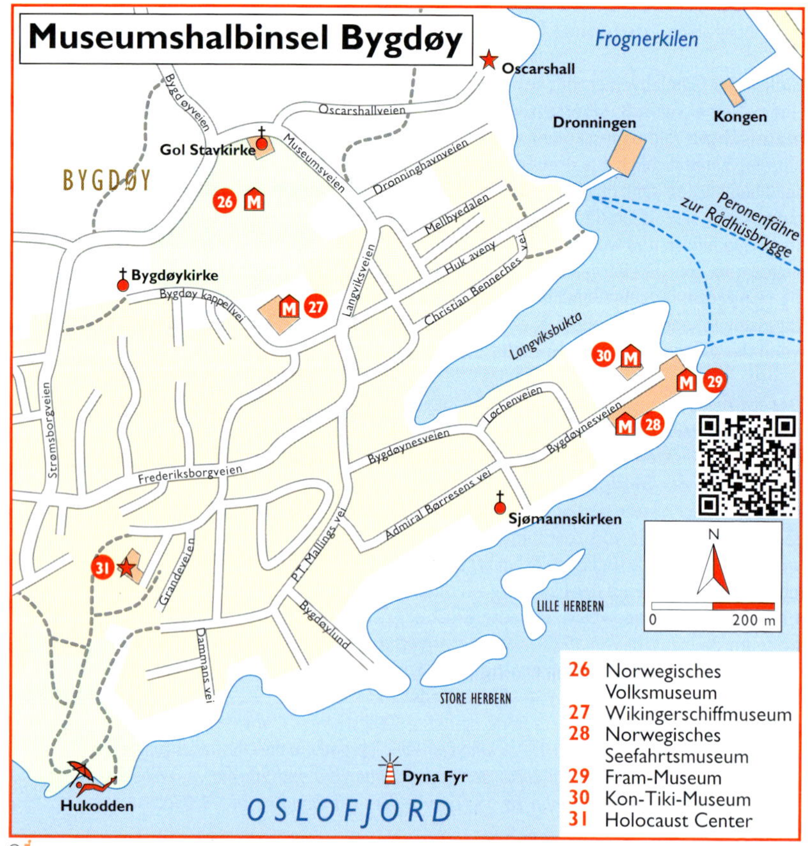

der Rückseite des Rathauses fährt die **Personenfähre 91** *ab der Anlegestelle Rådhusplassen (Schrifttafel: Bygdøynes) in ca. 10 Min. zur Landzunge mit dem Fram-, Kon-Tiki- und Seefahrtsmuseum, die Boote verkehren Mitte März–Mitte Okt. Wer lieber mit dem* **Bus** *vom Zentrum (Bahnhof, Nationaltheater) aus anreist, nimmt die Linie 30 (ganzjährig, alle 10 Min.), die sowohl gegenüber dem Norwegischen Volksmuseum als auch an den Museen der Halbinsel hält. Genauso kann man die Attraktionen zwischen Volksmuseum und der „Fram" auf einem angenehmen 20-Minuten-Spaziergang erreichen.*

Auf dem Landweg erreicht man die Halbinsel vom Zentrum (Drammensvei oder Bygdøy Allé) über den Kreisel, der einen auf den Dronning Blancas Vei leitet. Die Weiden längs der Straße gehören zur **Königlichen Farm** (Bygdøy Kongsgård), die auf dem großen, roten Landwirtschaftsgebäude zur Linken die Namenschiffre von Olav V. trägt. Rechter Hand sieht man die weiße Sommerresidenz des Königshauses. Kurz darauf zweigt linker Hand ein Fahrweg zum Lustschlösschen **Oscarshall** des Königs Oscar II. ab, das von den Burgen im Rheinland inspiriert ist und am besten von der gegenüberliegenden Fjordseite betrachtet werden kann. Direkt nach dem Abzweig taucht rechter Hand der Eingang zum Volksmuseum auf.

Das **Norwegische Volksmuseum (26)** ist das größte kulturgeschichtliche Museum des Landes und wurde schon 1894 gegründet. Auf einem weitläufigen Gelände bietet der Freiluftteil ein umfassendes Bild, wie Arme und Reiche in der Stadt und auf dem Land von der Reformation bis hin zur Gegenwart gelebt haben. Die zahlreichen Holzgebäude stammen aus allen Teilen des Landes. Besonders sehenswert ist die Stabkirche von Gol aus der Zeit um 1200, die König Oskar II. 1885 kaufte und dem Museum als Grundstock zur Verfügung stellte. Im Sommer beleben Handwerker, Tanz- und Folkloregruppen in ihren typischen Trachten die Häuser und Plätze. In den einzelnen Museumsgebäuden sind die umfangreichen Sammlungen thematisch geordnet – von sakralen Gegenständen oder Musikinstrumenten bis hin zur Lebensweise der Samen. Auf der Freilichtbühne des Museums nahe der Stabkirche werden im Sommer manchmal Volkstänze vorgeführt.

Tanz- und Folklorevorführungen

Norsk Folkemuseem, *Museumsveien 10, ☎ 22123700, www.norskfolkemuseum.no, Mitte Mai–Mitte Sept. tgl. 10–17, sonst tgl. 11–16 Uhr, NOK 160 (in der Wintersaison NOK 120), Kinder NOK 40.*

Nur wenige Minuten zu Fuß sind vom Volksmuseum zu den Schiffen und sehenswerten Funden aus der Wikingerzeit zurückzulegen. Von außen wirkt das **Wikingerschiffmuseum (27)**, sicher nicht zufällig, wie ein Sakralgebäude. Ein Denkmal erinnert an das norwegische Archäologenpaar Ingstad, das beweisen konnte, dass die Wikinger Amerika erreichten. Sobald man das Gebäude betritt, fällt der Blick auf das einzigartige **Oseberg-Schiff**, das prächtigste der drei Wikingerschiffe, die hier zusammen mit einer Reihe anderer Funde ausgestellt sind. Entdeckt und ausgegraben wurden die drei Schiffe zwischen 1867 und 1904 am Oslofjord in den Orten Oseberg, Gokstad und Tune, deren Namen sie tragen. Im 9. Jh. waren Verstorbene aus reichen Königsfamilien in den Schiffen beigesetzt und mit allem Notwendigen für die Reise ins Totenreich ausgestattet worden. Die Grabbeigaben reichten von Lebensmitteln und Schmuckstücken bis zu getöteten Sklaven. Das **Tune-Schiff** ist nur bruchstückhaft erhalten, doch das **Gokstad-Schiff** vermittelt eine genaue Vorstellung von den hochseetauglichen Fahrzeugen, mit denen die Wikin-

Drei prächtige Wikingerschiffe

Das Gokstad-Schiff

ger Amerika erreichten. Mit einer Nachbildung dieses Schiffs gelang es 1892, zur Weltausstellung nach Chicago über den Atlantik zu segeln. Als der Grabhügel Gokstadhaugen (S. 188) 1880 ausgegraben wurde, fand man außer dem in Hunderttausende von Teilen zersplitterten Schiff und seiner Grabkammer u. a. Betten, Zelt, Kochgeräte, Schilde, kleinere Boote, zwölf Pferde, acht Hunde und zwei Pfauen. Menschenknochen und das Fragment eines Schädels wurden in der Grabkammer aufgefunden. Nicht gesichert ist, um welche Persönlichkeit es sich bei dem Leichnam handelte. Eine Theorie besagt, dass es König Olav Geirstadalv aus dem ostschwedischen Königsgeschlecht der Ynglinger sein könnte. Das Oseberg-Schiff mit seinen filigranen Holzschnitzereien gilt zwar als seetüchtig, wurde aber wahrscheinlich nur in der Nähe der Küste bei Zeremonien und anderen Veranstaltungen eingesetzt. Die sterblichen Überreste schreibt man einer Priesterin zu.

Ohne Zweifel gehören die Schiffe und anderen Gegenstände wie Schlitten, Wagen, Schmuck, Werkzeuge und Textilien zu den kulturhistorisch wichtigsten Sehenswürdigkeiten Skandinaviens. Um den Besuch noch erlebnisreicher zu gestalten, wird seit 2017 in das Gewölbe ein 3-D-Film projiziert, der in einer Endlosschleife alle fünf Minuten neu beginnt. Ab 2022 soll an das jetzige Museum ein grandioser Rundbau angeschlossen werden, der die Ausstellungsfläche verdreifachen wird.
Vikingskipshuset, *Huk Aveny 35, ☏ 22135280, www.khm.uio.no, Mai–Sept. tgl. 9–18, sonst tgl. 10–16 Uhr, NOK 100 (ist auch für das Historische Museum innerhalb von 48 Stunden gültig), Kinder unter 18 Jahren frei.*

Geschichte der norwegischen Seefahrt

Eine kurze Busfahrt (4 Haltestellen) oder ein 20-minütiger Spaziergang führt auf dem Bygdøynesveien zur Landzunge **Bygdøynes** mit drei Museen, die alle mit der Seefahrt zu tun haben. Als Erstes liegt rechter Hand das **Norwegische Seefahrtsmuseum (28)**. In dem Backsteingebäude unmittelbar am Wasser wähnt man sich bisweilen auf einem Schiff auf hoher See. Gezeigt wird die Seefahrtsgeschichte und -kultur Norwegens, sodass der Besucher verstehen kann, wie sich das Land in Fischerei und Seefahrt zu einer der führenden Nationen der Welt entwickeln konnte. Im Unterschied zu vergleichbaren Museen ist das Gebäude nicht mit Schiffsmodellen überfrachtet. Der Besucher kann etwa an Bord eines Passagierschiffs gehen, das einst zwischen Bergen und Stavanger verkehrte. Karten und Dokumente veranschaulichen die Entwicklung des Schiffbaus von den Wikingern bis zur Gegenwart, in einer interaktiven Ausstellung kann man sich hautnah über Lebensrettung auf hoher See informieren und in einer weiteren Abteilung wird der traditionelle Dorschfang im Winter auf den Lofoten gezeigt. Gegenüber dem Haupteingang beherbergt die freistehende Bootshalle eine sehenswerte Sammlung alter Kleinbootstypen aus verschiedenen Regionen des Landes, darunter auch einen zwölfrudrigen *fembøring* aus Nordland. Nach mehrjähriger Renovierung wird die Halle 2020 wiedereröffnet. Insgesamt veranschaulicht das Museum vor allem das Leben an der langen Küste Norwegens.

Norsk Maritimt Museum, *Bygdøynesveien 37, ☎ 221 23700, www.marmuseum.no, Mitte Mai–Sept. tgl. 10–17, sonst bis 16 Uhr, NOK 120, Kinder (6–15 Jahre) 50 NOK.*

Die „Gjøa" bekam ihr eigenes Museumszelt

Neben dem Seefahrtsmuseum liegt das **Fram-Museum (29)**, gut zu erkennen an seinem zeltartigen, spitzen Dach. Das Museum beherbergt das legendäre Polarschiff „Fram", das Besucher von außen und innen besichtigen können. Für seine Driftfahrt durch das Polarmeer ließ Fridtjof Nansen auf der Werft von Colin Archer in Larvik ein besonderes Schiff bauen, das dem Druck des Eises standhalten musste. 1893 machte er sich mit zwölf Mann Besatzung und Proviant für fünf Jahre auf den Weg und folgte der Nordostpassage, aber die Drift durchs Eismeer führte ihn nicht so nahe an den Nordpol heran, wie er vermutet hatte. 1898–1902 ging Otto Sverdrup mit dem 400-Tonnen-Schiff auf große Fahrt zu den arktischen Inseln nördlich von Kanada. Die „Fram" wurde bei vielen Expeditionen eingesetzt, in deren Verlauf rund 18.000 km zurückgelegt und riesige Flächen kartiert und erforscht wurden. Auch nach Süden stieß kein Schiff so weit vor wie der dickwandige, unförmige Dreimaster, denn Roald Amundsen wählte das erprobte Schiff schließlich für seine Südpolexpedition von 1910–1912 aus. In der Ausstellung, die in drei Etagen um das Schiff herumführt, sieht man Karten, Fotos, Modelle, erhaltene Gegenstände, Waffen, Kleidung und originale Zeitungsbeiträge, die die aufsehenerregenden Fahrten der „Fram" dokumentieren. Auch die Fauna der Arktis und Antarktis ist mit präparierten, ausgestopften Tieren dargestellt, sodass dieser Museumsbesuch auch Kindern Spaß bereiten wird, zumal sie auf schmalen Treppen bis in den Bauch des Schiffs hinabsteigen können.

Seit 2013 ist die Hauptausstellung der „Fram" durch einen unterirdischen Gang mit dem neuen **Gjøa-Museum** verbunden (gleiches Ticket). Dessen eindrucksvoll illuminierte Hauptattraktion ist das Holzschiff „Gjøa", mit dem Amundsen 1903–1905 als Erster die Nordwestpassage bewältigte – von Europa über den Nordatlantik, dann nördlich von Kanada bis nach Alaska und in den Pazifik. Erst 1972 kam das Schiff aus San Francisco nach Norwegen zurück. Im Tunnel und anderen Ausstellungsräumen werden zudem weitere Polarexpeditionen dokumentiert, etwa die mit den Flugzeugen N24 und N25, mit dem Luftschiff „Norge" oder die Franklin-Expedition. Außerdem ist in diesem ebenfalls zeltartigen Gebäude das Kino untergebracht, in dem jede Viertelstunde ein Einführungsfilm gezeigt wird.

Berühmtes Polarschiff

Frammuseet, *Bygdøynesveien 39, ☎ 23282950, www.frammuseum.no, Juni–Aug. tgl. 9–18, Mai, Sept. tgl. 10–18, sonst tgl. 10–17 Uhr, NOK 120, Kinder NOK 50.*

Lohnend ist nach dem Museumsbesuch ein Spaziergang entlang der Außenseite des Museums bis zur Anlegestelle der Personenfähre. Dabei passiert man weitere Museumsschiffe und hat im kleinen Hafen und vom benachbarten **Denkmal für Schiffbrüchige** aus einen schönen Blick auf die Hauptstadt, die Hügel der Nordmarka und den Fjord.

Thor Heyerdahl

Dem Fram-Museum gegenüber liegt am Parkplatz das **Kon-Tiki-Museum (30)**. Hier erwarten die Besucher Boote und Gegenstände von Thor Heyerdahls berühmten Expeditionen. Eine der Attraktionen ist das Floß aus Balsaholz, „Kon-Tiki", mit dem der Forscher zusammen mit fünf Begleitern 1947 eine Strecke von 8.000 km von Peru zur Koralleninsel Raroia in Polynesien zurücklegte. Mit der 97 Tage langen Fahrt sollte bewiesen werden, dass die Südseeinseln nicht von Asien, sondern von Südamerika aus hätten besiedelt werden können. Zu sehen ist auch das 14 m lange Papyrusboot „Ra II", mit dem Heyerdahl mit seiner internationalen Mannschaft 1970 von Marokko aus bis nach Barbados gelangte. Zuvor hatte die „Ra I" sich als Fehlkonstruktion erwiesen und war auf offenem Meer gesunken. Der zweite Versuch zeigte, dass es auch in früheren Zeiten möglich war, mit einfachsten Booten Amerika zu erreichen. Der Expedition mit der „Tigris", die den vorantiken Seehandel zwischen dem Sinai, der arabischen Halbinsel und dem Zweistromland beweisen wollte und die wegen des ersten Golfkriegs abgebrochen werden musste, ist eine weitere Ausstellung gewidmet. Heyerdahl befasste sich zwischen seinen spektakulären Expeditionen mit der Kultur der Osterinseln. Systematische archäologische Untersuchungen zeigten, dass die Osterinseln mindestens 1.000 Jahre eher besiedelt waren, als die Wissenschaft angenommen hatte. Heyerdahl und sein internationales Team konnten dort zwei verschiedene, aufeinanderfolgende Kulturen nachweisen. Einige eindrucksvolle Gegenstände sind im Museum ausgestellt, u.a. die Kopie einer 9 m hohen Statue. Vor allem Kinder fasziniert die Unterwasserabteilung mit einem 10 m langen, konservierten Walhai.
Kon-Tiki-Museet, *Bygdøynesveien 36, ☎ 23086767, www.kon-tiki.no, Juni–Aug. tgl. 9.30–18, Nov.–Feb. tgl. 10–16, sonst tgl. 10–17 Uhr, NOK 120, Kinder (6–15 Jahre) NOK 50.*

Schicksal der norwegischen Juden

Wer noch etwas Zeit übrig und Interesse hat, kann sich auf Bygdøy im **Holocaust Center (31)** („Zentrum für Holocaust- und Minderheitenstudien") einem ernsten Thema zuwenden. Hier geht es um das Schicksal der norwegischen Juden während des Krieges, aber auch um Völkermord und „ethnische Säuberungen" in jüngerer Zeit. Der Standort des Museums ist nicht ohne Brisanz: In dem hochherrschaftlichen Haus, der sog. „Villa Grande", residierte während des Krieges Vidkun Quisling, Ministerpräsident und Marionette der Nazis (S. 30).
Holocaust Senteret, *Huk aveny 56, ☎ 22842100, www.hlsenteret.no, Mitte Mai–Mitte Sept. tgl. 10–17, sonst tgl. 10–16 Uhr, NOK 70, Kinder NOK 30.*

Der Vigeland-Park/Frogner-Park

Hinweis
Der Vigelandsparken ist vom Bahnhofsplatz oder Nationaltheater aus leicht mit dem Bus 20, der Straßenbahn Nr. 12 oder der U-Bahn bis zur Station Majorstua zu erreichen. Mit der Straßenbahn fahren Sie bis zur Haltestelle Vigelandsparken – steigen Sie nicht schon vorher am Frognerplass aus, auch wenn die Vigeland-Anlage im Frogner-Park

In Granit gemeißelt und in Bronze gegossen: Gustav Vigelands Lebenswerk

liegt. Autofahrer, die vom Holmenkollen kommen, sollten am hinteren Eingang des Parks am Friedhof Vestre Gravlund parken, so spart man sich die City-Maut. Der Park ist ganzjährig geöffnet, Eintritt frei.

Der weitläufige **Frogner-Park** schließt sich nördlich an das gleichnamige Wohn- und Botschaftsviertel an. Es ist die größte Grünfläche der Innenstadt, die nahtlos in den parkähnlichen Friedhof Vestre Gravlund und in den Englischen Garten übergeht. Das Terrain wird durchflossen vom Flüsschen Frognerelva, das innerhalb der Vigeland-Anlage zu kleinen Teichen aufgestaut wird. Auf dem Gelände gibt es ein Sommer-Restaurant und ein Informationszentrum mit Sanitäranlagen, vor allem aber zahlreiche Möglichkeiten zur sportlichen Betätigung. U.a. findet man hier das größte Osloer Freibad, Tennisplätze sowie Schlittschuh- und Eishockey-Sportstätten. Und so wird der Frogner-Park von den Hauptstädtern sommers wie winters eifrig genutzt, auch zum Picknick, Spazierengehen, Sonnenbaden und Joggen.

Großer Stadtpark

Ein großer Teil des Frogner-Parks wird vom **Vigeland-Park (32)** eingenommen, einer der Osloer Hauptattraktionen und in der Saison täglich von vielen Tausend Menschen besucht. Nachdem man den monumentalen Eingang am Kirkeveien passiert hat, steht man vor der zentralen Achse der Anlage, die über eine Brücke hinauf zum Titanenbrunnen und dem Monolithen und von diesem wiederum hinab bis zum Lebensrad führt. Sie zeigt das Lebenswerk des norwegischen Bildhauers Gustav Vigeland (1869–1943), von dem 192 Skulpturen mit insgesamt 650 Figuren zu sehen sind. 1921 überließ er sein gesamtes Werk der Stadt Oslo, die ihm ein Atelier einrichtete und ihn finanziell absicherte. Auch wenn der künstlerische Wert der Arbeiten Vigelands umstritten ist und die kraftvollen, nackten Menschendarstellungen nicht jeden ansprechen, so beeindrucken doch der gesamte Komplex und die ungeheure Schaffenskraft des Bildhauers. Blickfang des Gesamtkunstwerks ist ein 17 m hoher Obelisk aus Granit, der 121 ineinander verschlungene Menschen zeigt, umgeben von 36 Skulpturengruppen aus Granit. Der Lauf des Lebens ist das zentrale Motiv Vigelands, das auch die Fontäne mit über 60 Bronzereliefs unterhalb

Gesamtkunstwerk Vigelands

des Monolithen zeigt. Besonders schön ist ein Besuch gegen Abend, wenn der Besucherstrom abebbt und man in Ruhe die Skulpturen auf sich wirken lassen kann. Weniger wuchtig sind einige der Bronzeskulpturen auf der Brücke, vor allem vor dem kleinen „Trotzkopf" bilden sich immer Trauben fotografierender Besucher.

Museen im Herrenhaus Frogner

Innerhalb des Parkgeländes befindet sich das **Stadtmuseum (33)** im repräsentativen **Herrenhaus Frogner**. Die kulturgeschichtlichen Sammlungen im Hauptgebäude (1750–1900) zeigen neben bürgerlichen Wohnungseinrichtungen Exponate zur Stadtplanung und Entwicklung Oslos. Ergänzend finden wechselnde Ausstellungen statt. Das **Theatermuseum** der Stadt ist im gleichen Gebäude zu besuchen.
Oslo Bymuseet & Teatermuseet, *Frognerveien 67, ☎ 23284170, www.oslomuseum.no, Di–So 11–16 Uhr, Eintritt frei.*

Möchte man sich nach dem Erlebnis des Vigeland-Parks noch näher mit seinem Erschaffer befassen, sollte man unbedingt zum **Vigeland-Museum (34)** gehen, das jenseits der Halvdan Svartesgate liegt. In dem früheren Atelier und der Wohnung des Künstlers sind eine Fülle von Zeichnungen, Skulpturen, Holzschnitten und Modellen zu bewundern.
Vigeland-Museet, *Nobelsgate 32, ☎ 23493700, www.vigeland.museum.no, Mitte April–Mitte Sept. Di–So 10–17, sonst Di–So 12–16 Uhr, NOK 120, Kinder (7–16 Jahre) NOK 60.*

Spaziergang abseits der Touristenpfade: Friedhof, Holzhäuser und Szeneviertel Grünerløkka

Stadtviertel nördlich des Zentrums

Die nördlich des Zentrums gelegenen Viertel werden von Touristen kaum besucht, obwohl hier alte Baudenkmäler, schöne Parks, Museen, pittoreske Holzhausbebauung, Industriearchitektur, Kneipen, Pubs und Restaurants sowie Treffpunkte der Nachtschwärmer, Künstler und alternativen Szene liegen. Für einen Rundgang sollte man etwa zwei Stunden veranschlagen, den man am besten so legt, dass man noch etwas vom quirligen abendlichen Treiben in den Trendvierteln Vulkan, Grünerløkka und Grønland mitbekommt. Diesen Spaziergang kann man aber auch gut mit einem Besuch des Stadtteils Tøyen oder mit den Neubauvierteln an der Bjørvika (s. o.) verbinden. Am günstigsten erreicht man das Gebiet, wenn man von der Flaniermeile Karl Johan nach Norden abbiegt, etwa über die Universitetsgata. Wer den ca. 1,5 km langen Weg scheut, kann den Bus nehmen (Linie 33, 37), möchte man direkt nach Grünerløkka, nimmt man am besten die Straßenbahn (Nr. 11, 12, 13) zum Schous Plass.

Erste Station ist die Grünfläche des **Erlöserfriedhofs (35)** (Vår Frelsers Gravlund), der sich jenseits des Ullevålsvei ausdehnt. Er ist nicht nur der größte Friedhof im Osloer Zentrum, sondern auch der interessanteste. Unter den Grabdenkmälern aus verschiedenen Epochen findet man die letzten Ruhestätten vieler bedeutender Landeskinder aus Politik, Wirtschaft, Kunst und Kultur, u. a. die Gräber Edvard Munchs und Henrik Ibsens.

Nordöstlich des Friedhofs, am Ende des Akersveien, erhebt sich auf einem Hügel die altehrwürdige **Alte Akerskirche (36)** (Gamle Aker kirke), das älteste erhaltene Gebäude der Stadt. Es wurde um 1180 als Teil eines Klosters errichtet und spricht mit seinen klaren Formen einer Basilika, den drei Apsiden und dem schlichten Inneren die Sprache der Romanik. *Oslos ältestes Gebäude*

Oslos Mathallen befinden sich in einer alten Fabrik

Unterhalb des Kirchhügels verläuft die Gasse **Telthusbakken**, die an kleinen, aber ausnehmend pittoresken Holzhäuschen vorbeiführt – hier zeigt sich Oslo von seiner wohl idyllischsten Seite. Die Gasse endet am **Maridalsvei**, wo zwischen dem Stadtfluss Akerselva und dem Møllerveien bis 2014 eines der interessantesten neuen Stadtquartiere entstand. Auf dem Areal des **ehemaligen Eisenwerks Vulkan (37)** und anderer Industriebauten wurden Wohnungen, Schulen, Hotels, Büros, Restaurants und Kulturzentren errichtet, innovativ und umweltfreundlich (u.a. durch ein aufwendiges Solar-Wasserheizsystem). Das renommierte Architekturbüro Snøhetta steuerte sogar zwei modern gestylte Bienenkörbe bei. Eine alte Fabrikhalle beherbergt nun Oslos ersten **Food Market** (Mathallen, S. 167) mit 30 Feinkostläden und Imbissständen, im gleichen Gebäude gibt es den **Gastro-Pub Smelteverket** mit Skandinaviens längster Bar. Für die vorwiegend jüngere Kundschaft sorgen u.a. auch die nahen Hochschulen (Fachhochschule für Architektur und Design, Kunstakademie) und Studentenheime.

Östlich wird das Areal von Parkanlagen und dem Flüsschen Akerselva begrenzt, das je nach Jahreszeit und Wasserstand wild sprudelt oder als dünnes Rinnsal dahinfließt. Sein Wasser wurde früher von Mühlen und für die ersten Industrieanlagen des Landes genutzt. Mehrere Fußgängerbrücken verbinden die beiden Ufer. Auf der anderen Seite der Akerselva breitet sich der Stadtteil **Grünerløkka (38)** aus – lange Zeit ein vernachlässigtes und heruntergekommenes Arbeiterviertel, heute tobt hier das Leben. Ständig eröffnen neue Pubs, Clubs und Boutiquen, hier hat die junge, avantgardistische Kulturszene ihre Heimat und setzt die Trends. Wer an unkonventionellem, urbanem Leben interessiert ist, sollte bei den Modeboutiquen und Künstlerateliers von Grünerløkka vorbeischauen, ein Live-Konzert in einem der zahlreichen Clubs erleben oder die enorme kulinarische Vielfalt des Viertels genießen. Vor allem am Olav Ryes plass lässt das Restaurant-Angebot keine Wünsche offen.

Einen Block weiter südlich, jenseits der Grünanlage Schous Plass, lockt das **Pop-Center (39)** Musikliebhaber allen Alters an. Auf drei Etagen bekommt man hier nicht nur audiovisuell Beispiele der norwegischen Musikgeschichte geboten – von Jazz bis Hip-Hop und Metal. Man kann auch interaktiv auf Zeitreise gehen, eigene *Audiovisuelle und interaktive Musikerlebnisse*

Plattencover gestalten oder im Tonstudio eigene Aufnahmen machen – ein Muss für alle, die Rockheim, das nationale Museum für Rock- und Popmusik in Trondheim (S. 407), nicht gesehen haben.
Popsenteret, *Trondheimsveien 2, Gebäude T, ☎ 22468020, www.popsenteret.no, Mo, Mi, Fr 10–16, Do 10–19, Sa/So 11–17 Uhr, NOK 100, Kinder (3–16 Jahre) NOK 50.*

Das Pop-Center liegt auf der Grenze von Grünerløkka zum südlichen Stadtteil **Grønland (40)**, der – anders als sein Name vermuten lässt – vor allem von asiatischen und südeuropäischen Einwanderern dominiert wird. Die Osloer nennen dieses Viertel auch „Little Karachi". Hier wird in kleinen Geschäften und auf der Straße ein buntes Allerlei aus vielen Ländern der Erde angeboten, doch strahlt das Flair von Grünerløkka inzwischen auch auf Grønland aus. Auch hier etablieren sich immer mehr Zeitgeistclubs, internationale Restaurants und Treffs der jungen kreativen Szene. Ein Viertel im Wandel also, das zunehmend quirliger und kosmopolitischer wirkt. Überragt wird es im Süden vom spiegelverglasten Turm des Radisson Blu Plaza Hotels. Unmittelbar dahinter gelangt man zur Shopping Mall Oslo City, dem Postgiro-Hochhaus und dem Hauptbahnhof.

Stadtteil Tøyen: Museen und Parks

Hinweis

Tøyen kann man vom Zentrum aus zu Fuß erreichen. Außerdem fahren die Busse Nr. 20/29 oder alle U-Bahnlinien in Richtung Osten (1, 2, 3, 4, 5) dorthin, die Haltestelle heißt „Tøyen".

Der Stadtteil Tøyen liegt nordöstlich des Zentrums, jenseits der Akerselva und südöstlich von Grünerløkka. Leser norwegischer Kriminalromane kennen ihn gut, denn hier liegen das norwegische Kriminalamt, die Osloer Polizeizentrale und das Gefängnis. Für Touristen interessanter ist wohl das Tøyen der Parks, Freizeiteinrichtungen und Museen. Innerhalb des ausgedehnten Gröngürtels Tøyenhagen liegt der ganzjährig geöffnete **Botanische Garten** (ca. 35.000 Exemplare von 7.500 Pflanzenarten) mit dem interessanten Palmenhaus, einem hübschen Gebirgsgarten und dem Victoriahaus, das seinen Namen nach der Victoria-Wasserlilie aus dem Amazonas-Gebiet trägt. König Frederik VI. schenkte den Garten 1814 der damals neugegründeten Universität. Heute gehört er zum **Naturhistorischen Museum (41)**, das im Lauf der Zeit aus dem Zusammenschluss und der Verlagerung des Zoologischen, Geologischen, Paläontologischen und Botanischen Museums nach Tøyen entstand. Mit rund 6,2 Millionen Objekten findet sich hier die mit Abstand größte naturwissenschaftliche Sammlung des Landes. In dem weitläufigen Komplex mit verschiedenen Gebäudeteilen gewinnen Kinder und Erwachsene anschauliche Einblicke in die Themen Dinosaurier, Meteoriten, Edelsteine, einheimische und globale Welt, Evolution der Pflanzen und vieles mehr.

Flora im Mittelpunkt

Naturhistorisk Museum, *Sars gate 1, ☎ 22851630, www.nhm.uio.no, Juni–Aug. tgl. 10–17, sonst Di–Fr 11–16, Sa/So 10–17, Botanischer Garten mit Victoria- und Palmenhaus tgl. 10–21 Uhr, NOK 120, Kinder (6–16 Jahre) NOK 50, freier Eintritt zum Botanischen Garten. Die Tickets erhält man im Museumspavillon, wo es auch einen gut sortierten Museumsshop gibt.*

Holmenkollen und Nordmarka

Im Norden wird Oslo von einem über 600 m hohen, dicht bewaldeten Bergrücken begrenzt, der den Hauptstädtern fantastische Freizeitmöglichkeiten bietet: Hier gibt es mehrere Badeseen, Wanderwege und Mountainbike-Routen, mehr als 2.600 km (!) präparierte Langlaufloipen, alpine Pisten, Skischanzen und knapp 70 bewirtschaftete Skihütten. Das **Nordmarka** oder **Oslomarka** genannte Areal, in dem übrigens der geografische Mittelpunkt Oslos liegt, kann bequem mit zwei U-Bahnlinien in kurzer Zeit (ca. 20–30 Minuten) erreicht werden. Outdooraktivitäten und Stadtleben sind selten so gut kombinierbar wie hier.

Zahlreiche Freizeitmöglichkeiten

Auch die Holmenkollen-Sportanlagen liegen in diesem Gebiet. Ein Abstecher dorthin lässt sich gut mit einer Wanderung in der hügeligen Nordmarka verbinden, einen halben Tag sollte man dafür aber schon einkalkulieren. Auf der An- oder Rückreise bietet sich auch ein Besuch des Vigeland-Parks an (s. o.).

Der einfachste Weg zum Hügel Holmenkollen ist vom Zentrum (Parlament oder Nationaltheater) bzw. vom Verkehrsknotenpunkt Majorstuen aus mit der U-Bahnlinie 1, die hinter Majorstuen oberirdisch verläuft. Langsam klettert die Bahn immer höher, fährt durch schöne Wohngebiete in ländlicher Umgebung und bringt Fahrgäste an der 17. Haltestelle hinter Majorstuen in knapp einer halben Stunde zur Station Holmenkollen. Für Selbstfahrer stehen am Holmenkollen und am Frognerseteren ausreichend Parkplätze zur Verfügung.

Geht man von der Station Holmenkollen hügelaufwärts, passiert man den Abzweig zum **Hotel Scandic Holmenkollen Park**, das sich linker Hand mit herrlichem Blick auf die Stadt erhebt. Der alte, zentrale Teil des Komplexes mit seiner eigenwilligen, faszinierenden Holzarchitektur im sog. „Drachenstil" wurde bereits 1894 fertiggestellt, und zwar als Sanatorium für Tuberkulosepatienten.

Gut 200 m weiter kommt man zur berühmten **Sprungschanze**, die in 371 m Höhe ü. d. M. liegt. Die weithin sichtbar über dem Stadtgebiet aufragende futuristische Konstruktion gilt als eines der Wahrzeichen Oslos und dessen meistbesuchte Touristenattraktion. Der Holmenkollen ist der älteste Standort einer Skisprungschanze überhaupt, der erste Wettkampf fand hier bereits 1892 statt – damals erreichte der Sieger eine Weite von 21 m. Olympische Weihen erhielt die Anlage bei den Winterspielen von 1952. Vorher und nachher wurden die Schanze selbst und ihre Umgebung insgesamt 15 Mal verändert, neuen Bedingungen angepasst, vergrößert und modernisiert. Und die hier in regelmäßigen Abständen abgehaltenen Weltcupwettbewerbe im Skisprung, -langlauf, Nordischer Kombination und Biathlon ziehen viele Tausend Besucher an. Der **Holmenkollen-Wettkampf**, bei dem sich am ersten Sonntag im März die besten Skispringer der Welt treffen, lockt jährlich 60.000 Zuschauer und mehr hierher. Der letzte radikale Umbau der Gesamtanlage fand 2010 statt, als man die bisherige Schanze abriss und eine neue aufbaute, die vom dänisch-belgischen Architektenbüro JDS Arkitekter konzipiert wurde. Die 100 t schwere Konstruktion, die modernste der Welt, ist 60 m hoch und fällt wegen ihres weit geschwungenen Windfangs besonders auf. Sie ist die einzige Großschanze weltweit, die aus Stahl errichtet wurde und aufgrund ihres be-

Mekka der Wintersport-enthusiasten

sonderen Designs einen permanenten Windschutz aufweist. Besucher können mit einem Lift zur obersten Kanzel des Turms (Hopptårnet) fahren und den atemberaubenden Blick die Schanze hinunter und über die gesamte Stadt genießen. Neben der Großschanze wurden auf dem Gelände eine Normalschanze mit temporären Zuschauertribünen, ein Langlaufstadion, eine Biathlonanlage, Langlaufloipen, Beschneiungs- und Belichtungsanlagen, Organisations-, Presse- und Athletenräume sowie Souvenirshop, Gastronomie, Parkplätze und Verkehrswege neu errichtet.

Auf dem Holmenkollen: die vielleicht bekannteste Skischanze der Welt

Wer selbst in die Rolle eines Skispringers schlüpfen möchte, kann das im **Skisprungsimulator** tun, oder – mit noch mehr Adrenalin – auf der 361 m langen **Zip-Line** (Kollensvevet) vom Turm über die Schanze bis zum Auslauf. Wagemutige können sich auch vom Turm 57 m tief abseilen. Im Unterbau der Sprungschanze liegt das **Skimuseum**, wo eindrucksvoll die Geschichte der Skier und des Skilaufs gezeigt wird. Die ältesten „Bretter", die man gefunden hat, sind 2.500 Jahre alt, doch belegen Abbildungen auf Felszeichnungen eine noch frühere Nutzung von Skiern. Im Museum sind ferner die Ausrüstungen der Südpolexpedition von Amundsen in den Jahren 1910–1912 sowie Gebrauchsgegenstände von Nansens Grönlandüberquerung auf Skiern 1888 und der Nordpolexpedition 1893–1896 zu sehen. Eine Spezialausstellung ist dem 1991 verstorbenen König Olav V. gewidmet, der ein besonderes Interesse für den Skisport hegte.

Geschichte der Skier

Holmenkollen Hopptårnet & Skimuseet, *Kongeveien 5, ☎ 22923200, www.skiforeningen.no/holmenkollen, tgl. Juni–Aug. 9–20, Mai, Sept. 10–17, sonst 10–16 Uhr, NOK 140 (gemeinsames Ticket), Kinder (6–18 Jahre) NOK 70. Eine Abfahrt mit der Zip-Line kostet NOK 730.*

Oberhalb der Schanze kann man vorbei an der Bronzestatue für König Olav V. (auf Skiern und mit Hund) sowie einer Holzkirche, die an eine Stabkirche erinnert, noch weiter bergan wandern. Recht schnell hat man die ehemalige Alm **Frognerseteren** erreicht, die mit 433 m ü. d. M. noch etwas höher liegt. Einige alte Wirtschaftsgebäude sind noch erhalten, ansonsten werden die Besucher von dem beliebten Restaurant mit Außenbereich angezogen. Die Architektur des Holzgebäudes (ebenfalls im Drachenstil) ist ebenso schön wie der Panoramablick auf Stadt und Fjord. Noch etwas weiter und höher (536 m ü. d. M.) liegt der 1962 erbaute, 118 m hohe Fernsehturm **Tryvannstårnet**, dessen Aussichtsplattform allerdings nicht mehr zugänglich ist. Rund um den Turm entstand in den letzten Jahren ein ausgedehntes Freizeitgelände, das in der kalten Jahreszeit als **Oslo Winterpark** firmiert. Hier gibt es insgesamt 18 Loipen und Pisten für alpine Abfahrten, eine Snowboard-Halfpipe, Buckelpisten und kleinere Sprungschanzen; außerdem elf Lifte, darunter ein 6-Sitzer-Expresslift. Für das abendliche Wintervergnügen ist die

Ehemalige Alm

gesamte Anlage bis 22 Uhr mit Flutlicht erleuchtet. Ferner lockt eine fantastische **Rodelbahn**, genannt der „Korkenzieher" (Korketrekker'n), und zwar an der Endstation der Holmenkollenbahn, Frognerseteren. Die Anlage ist so gebaut, dass man nach der rasanten Rodelfahrt ab der U-Bahnstation Midstuen in 13 Minuten wieder zum Startpunkt zurückfahren kann. Rodelschlitten können am Clubhaus ausgeliehen werden. Dem Winterpark entspricht in der warmen Jahreszeit der **Oslo Sommerpark**, mit dem größten Kletterpark des Landes, einer Zip-Line, rund 200 sog. Games, Mountainbike-Wegen und -Verleih sowie jeder Menge Wandermöglichkeiten. Sommers wie winters kann man sich in dem 1931 als Blockhaus erbauten **Café Tårnstua** erfrischen.

Rodelbahn und Kletterpark

Oslo Vinterpark/Sommerpark, *Tryvannsveien 64, www.oslovinterpark.no, www.oslosommerpark.no. Vom Zentrum (Nationaltheater) mit der U-Bahnlinie 1 in ca. 35 Min. zu erreichen, ab der vorletzten Station (Voksenkollen) ca. 12 Min. Fußweg bis zum Tryvannstårnet, im Winter auch mit dem Shuttlebus ab der U-Bahnstation.*

Die Wälder der Nordmarka kann man auf vielen markierten Wegen durchstreifen. In westlicher Richtung gelangt man dabei zum **Sognsvann**, einem großen, schönen Badesee mit Liegewiese, Kiosk, Holzsteg und Strand. Der 3,2 km lange Wanderweg rund um den See ist sehr gut ausgebaut. Wer an einem heißen Sommertag direkt zum Sognsvann gelangen möchte, kann das mit dem Wagen, Bussen oder am einfachsten mit der U-Bahnline 5 (Endstation) tun.

Attraktionen in Oslos Umgebung

Zu Oslos Attraktionen gehört natürlich auch der **Oslofjord** selbst, der sich vom Skagerrak über mehr als 100 km bis Oslo erstreckt. Die Strände und Schären sowie historisch bedeutende Siedlungen am West- und Ostufer sind beliebte Ausflugsziele. Wer mit der Fähre von Kiel nach Oslo fährt, macht eine erste Bekanntschaft mit den schönen Landschaften und belebten Orten rund um den Oslofjord. Viele Inseln und Schären können im Rahmen von Minikreuzfahrten und sommerlichen Sightseeingtouren erkundet werden. Von **Vippetangen** unmittelbar südlich der Åkershus-Festung verkehren auch regelmäßig Personenfähren zur nächstgelegenen größeren Insel. Sie heißt **Hovedøya** und weist außer schönen Wanderwegen, Badeklippen und historischen Kanonenstellungen die Überreste einer Zisterzienserabtei von 1147 auf. Das Kloster wurde 1532 von der Krone eingezogen und in Brand gesetzt, in der Folge diente es u.a. als Steinbruch für die Festung Åkershus.

Schöne Fjordlandschaft

Halbinsel Fornebu

Wer als Selbstfahrer einen Ausflug in Oslos Umgebung unternimmt und auf der E 18 in westliche Richtung (Drammen) fährt, kommt direkt hinter der Museumsinsel Bygdøy an der benachbarten Halbinsel **Fornebu** vorbei (Abfahrt Straße 166), auf der einst der Hauptstadt-Flughafen lag und die sich in den letzten Jahren enorm verändert hat. Hier entstanden u.a. moderne Hotels, Bürokomplexe und Konferenzeinrichtungen. Auch die **Telenor Arena** (2009 eingeweiht, 25.000 Plätze) liegt auf Fornebu, Norwegens größte Indoor-Multifunktionsarena, in der alle möglichen Messen abgehalten werden und internationale Stars und Bands Konzerte geben. Das architektonisch spannendste Gebäude auf der Halbinsel ist das 2012 erbaute Bürohaus von Equinor (Statoil), bei dem Offshore-Stahlkonstruktionen Pate standen und das einen Preis als bestes Bürogebäude Europas bekommen hat (A-lab Architects). Wer sich an einem warmen Sommertag auf Fornebu aufhält, kann am Sandstrand des **Storøyodden badeplass** das klare Fjordwasser genießen.

Henie-Onstad-Kunstzentrum

Kunst- und Kulturzentrum

Wieder auf der E18, folgt bald der ausgeschilderte Abzweig zum 1968 eröffneten **Henie-Onstad-Kunstzentrum**, 12 km vom Zentrum Oslos entfernt in Høvikodden gelegen. Sonja Henie (1912–1969), u. a. mit drei Goldmedaillen bei Olympischen Spielen eine der erfolgreichsten Eiskunstläuferinnen aller Zeiten, gründete mit ihrem Mann, dem Reeder Niels Onstad, dieses norwegische Museum für internationale moderne Kunst. Der Komplex ist zugleich ein Kulturzentrum, denn neben wechselnden Ausstellungen finden hier Musik-, Tanz-, Theater- und Filmvorführungen statt. Zum Bestand des Museums zählen rund 7.000 Werke von renommierten Künstlern wie Picasso, Matisse, Beuys und Christo, einige davon sind auch im Skulpturenpark ausgestellt. Das Zentrum liegt in schöner Umgebung direkt am Oslofjord. Es gibt dort das empfehlenswerte Café-Restaurant Piruetten, eine Buchhandlung, einen Badestrand sowie Wanderwege am Fjordufer entlang.

Henie Onstad Kunstsenter, *Sonja Henie vei 31, Høvikodden, ☎ 67804880, www.hok.no, Di–So 11–17 Uhr, NOK 120. Von Oslo zu erreichen mit Buslinie 160.*

Attraktionen in Oslos weiterer Umgebung

© graphic

Bærums Verk

1,5 km hinter dem Kunstzentrum, vorbei an riesigen Jachthäfen, führt die Europastraße nach **Bærum** (Hotels, Einkaufszentrum) und zum Abweig der E 16. Folgt man dieser nordwärts und biegt kurze Zeit später auf die Straße 168 nach Norden ab, gelangt man bald zum **Bærums Verk**, einer alten Eisenhütte vom Anfang des 17. Jh. Die historischen Gebäude in idyllischer Umgebung beherbergen heute Läden, Galerien, Werkstätten, Gaststätten und ein modernes Einkaufszentrum. In den Ateliers kann man Glasbläsern, Schmieden oder Töpfern bei der Arbeit zuschauen oder das Ofenmuseum in der früheren Eisengießerei besichtigen. Wer am Fluss Lomma entlangbummelt, sieht mehrere der im 18. Jh. erbauten Arbeiterhäuschen. Einen Besuch wert ist auch der Skulpturenpark mit 33 Werken norwegischer Bildhauer. Norwegens älteste Gaststätte, **Værtshuset Bærums Verk** (von 1640), ist heute ein vorzügliches Restaurant, das die alte Atmosphäre bewahrt hat *(Værtshusveien 10, www.vaertshusetbaerum.no, Mo–Fr 12–22.30, Sa 13–22.30 Uhr).*

Historische Eisenhütte

Bærums Verk, *Verksgata 20, ☎ 67130018, www.baerumsverk.no; Werkstätten und Ofenmuseum Di–Sa 10–16/17, So 12–16 Uhr; Shoppingcenter/Läden tgl. 10–18/20 Uhr.*

Blaufarbenwerk

Fährt man als Verlängerung dieser Strecke (E 18 bis Bærum, dann über die E 16 nach Norden) noch etwas weiter in Richtung Hønefoss bis Skaret und dann über die Rv. 285, 284 und 35, gelangt man nach gut einer Stunde ab Oslo nach **Åmot**. Hier befindet sich das **Blaafarveværket** (Blaufarbenwerk), das bis 1968 „Blaufarbe" für die Herstellung von kobaltgefärbtem Glas und Keramik produzierte. Im heutigen **Industriemuseum** können Besucher den Produktionsprozess des Kobaltblau von der Grube bis zur fertigen Farbe nachvollziehen, aber auch an geführten Grubenwanderungen in den Kobaltgruben teilnehmen oder sich eine der Wechselausstellungen über skandinavische und moderne Kunst anschauen. Anfang des 19. Jh. stammten mehr als 80 % der blauen Farbe, die weltweit zur Herstellung von Glas und Porzellan benötigt wurde, aus dieser Gegend. Zwischen 1776 und 1894 wurde hier Kobalterz abgebaut, ein mühsames Unterfangen, da das Erz oft weniger als 1 % Kobalt enthielt. König Christian VII. von Dänemark/Norwegen forcierte seinerzeit die Produktion der blauen Farbe, um die Königlich-Dänische Porzellanmanufaktur in Kopenhagen damit zu beliefern. Bis zu 2.000 Menschen arbeiteten in den Gruben und in dem Betrieb, in dem das Erz angereichert wurde. Zur weitläufigen Anlage gehören 50 verschiedene Gebäude, die u. a. die größte europäische Sammlung von Glas und Keramik in Kobaltblau zeigen sowie die Ausstellung „Vom Kobalterz zur Blaufarbe" in der einstigen Glashütte. In den 7 km entfernten Gruben bieten geführte Wanderungen Einblicke in die stillgelegte **Stollenwelt**; hier ist u. a. eine interessante Ausstellung des „Trollmalers" Theodor Kittelsen zu sehen. Auch zum **Haugfossen**, dem größten Wasserfall Ostnorwegens, ist es nicht weit. Der Ausflug kann ebenfalls mit einer Fahrt rund um den See **Tyrifjord** verbunden werden.

Bergwerk und Industriemuseum

Blaafarveværket, *Åmot i Modum, ☎ 32786700, www.blaa.no, Mitte Mai–Mitte Juni sowie Mitte Aug.–Sept. Di–Sa 11–17, So 11–18, Mitte Juni–Mitte Aug. tgl. 11–18 Uhr, freier Eintritt zum Gelände; Kunstausstellung NOK 110, Kittelsen-Museum NOK 60, geführte Minentour NOK 195; Kombi-Pakete für diese und andere Attraktionen.*

Flößereimuseum und Schmalspurbahn

Auf der anderen, östlichen Seite der Hauptstadt ist ein sehr schönes Ausflugsziel, ca. 30 km entfernt am Fluss Glomma gelegen, das nationale Kulturdenkmal **Fetsund Lenser**. Hier erleben kleine und große Besucher, wie früher das Flößen der Holzstämme vor sich ging. Zum Gelände gehören das 1989 eröffnete **Flößereimuseum** mit rund 20 Bauten aus der Blütezeit der Flößerei, die unter Denkmalschutz stehen, sowie die sehr sehenswerte Holzsortieranlage, mit 2,5 km Länge eine der größten des Landes. Das gesamte Gelände ist mit Wander- und Fahrradwegen erschlossen, es gibt einen Kinderspielplatz und ein Café. Ein nahes Besucherzentrum informiert über die Flora und Fauna an der Mündung der Glomma.

Geschichte der Flößerei

Fetsund Lenser, *Lundveien 3, Fetsund, ☏ 63887550, www.mia.no/fetsundlenser.*
Besucherzentrum Våtmark Nordre Øyeren, *Lenseveien 24, Fetsund, ☏ 6388 7550, Mai–Mitte Okt. tgl. 11–16, sonst Sa/So 11–16 Uhr.*

Im Nachbarort **Sørumsand** kann man auf der Strecke der stillgelegten **Urskog-Hølandsbahn** an historischen Zugfahrten teilnehmen. Die Schmalspurbahn war 1896–1960 in Betrieb und einst 57 km lang. Heute verkehren auf einem 4 km langen Teilstück zwischen Sørumsand und Fossum die kohlebefeuerten Dampfloks *(Juli–Mitte Sept. jeden So 5 x tgl.; Infos: www.u-hb.no)*.

Reisepraktische Informationen Oslo

Information

Oslo Visitor Centre, *Østbanehallen, Jernbanetorget 1, 0154 Oslo S, ☏ 2310 6200, www.visitoslo.com, Juli/Aug. Mo–Sa 8–19, So 9–18, Mai/Juni, Sept. tgl. 9–18, sonst Mo–Sa 9–18, So 10–16 Uhr. Zentrale Anlaufstelle für Besucher, mit vielfältigem Infomaterial, Verkauf von Oslo Pass und ÖPNV-Tickets, Buchung von Sightseeingtouren und Unterkünften aller Art (auch Last Minute), Souvenirshop, Geldwechsel. Über die Website kann man auch die Official City App für iPhone, iPad und Android gratis und in deutscher Sprache downloaden, einschl. Veranstaltungskalender mit Links zum Ticketverkauf. Weitere nützliche Informationen enthalten der kostenlose „Oslo Guide“ (auch in Deutsch) und der Veranstaltungskalender „What's On“ (Englisch), die u. a. an den Touristeninformationen, Unterkünften und vielen Sehenswürdigkeiten bereitliegen.*

Tipp: Oslo Pass

Eine gute Möglichkeit, den Aufenthalt in Oslo recht preiswert zu gestalten, bietet der **Oslo Pass**, *dessen Preis für Kinder, Senioren und Erwachsene je nach Gültigkeitsdauer von 1–3 Tagen gestaffelt ist. Darin ist u. a. enthalten: freie Benutzung des ÖPNV „Ruter“ (Stadtbusse, Tram, U-Bahn, Vorortzüge) innerhalb der Zonen 1 und 2 (gesamte City und Vororte, aber nicht Flughäfen), Personenfähren nach Bygdøy, freier Eintritt bei 30 Museen und Attraktionen, freie Sightseeingtouren, freier Eintritt in Schwimmbäder, Rabatte bei diversen Tourangeboten, Aktivitäten, in Kneipen und Restaurants. Erhältlich ist er u. a. in der Touristeninformation, in vielen Hotels, Jugendherbergen, auf Campingplätzen, in einigen Museen, am Flughafen oder unter www.visitoslo.com/oslo-pass. Der Pass ist auch in digitaler Form erhältlich (Oslo Pass App für Android- oder iOS-Smartphones).*

Oslo Pass Preise *(2019)*	**24 Stunden**	**48 Stunden**	**72 Stunden**
Erwachsene	*NOK 445*	*NOK 655*	*NOK 820*
Kinder (4–15 Jahre)	*NOK 235*	*NOK 325*	*NOK 410*
Senioren (ab 67 Jahre)	*NOK 355*	*NOK 520*	*NOK 655*

Gesundheit

Ärztlicher Bereitschaftsdienst:
Oslo Kommunale Legevakt, Storgate 40, ☎ 116117.
Zahnärztlicher Notdienst:
Tannlegevakten Oslo, Schweigaards gate 6, ☎ 22673000.
24-Stunden-Apotheke:
Vitusapotek, Jernbanetorget 4 B (gegenüber dem Hauptbahnhof), ☎ 23358100.

Geldwechsel

Neben Banken und Hauptpostämtern ist Geldwechsel auch bei der Touristeninformation, im Flughafen und im Hauptbahnhof Geld möglich (bei den drei letztgenannten Stellen auch am Wochenende). Günstig wechselt man bei Forex, u. a. im Bahnhof und vor dem Rathaus (Fridtjof Nansens plass 6) vertreten.

Unterkunft

Radisson Blu Plaza Hotel Oslo (1) €€€€€, *Sonja Henies plass 3, ☎ 22058000, www.radissonblu.de/plazahotel-oslo. 1990 fertiggestellter Luxusbau in zentraler Lage, der zum modernen Wahrzeichen der Stadt geworden ist, Bahnhof und das Einkaufszentrum „Oslo City" sind gleich nebenan. Mit 117 m ist das Plaza das höchste Hotel Skandinaviens und mit 673 Zimmern das zweitgrößte Norwegens. Die Zimmer und Suiten bieten alle erdenklichen Annehmlichkeiten, zwei Restaurants und drei Bars, darunter das „34" im 34. Stock mit fantastischer Aussicht, ebenfalls vom 35. Stock aus mit Pool, Sauna und Fitnesscenter.*
Grand Hotel (2) €€€€€, *Karl Johans gate 31, ☎ 212000, www.grand.no. Seit 1874 Oslos erste Adresse in bester Lage und „Grande Dame" der Hotellerie. Das traditionsreiche Haus, 2017 umfassend renoviert, ist Herberge für Friedensnobelpreisträger, Staatsgäste und Prominente. Es hat 290 komfortable Zimmer, darunter eine Reihe von Suiten. Das Palmen-Restaurant und das Grand Café (interessante Wandmalerei, hier ging schon Henrik Ibsen ein und aus) servieren norwegische und internationale Spitzengastronomie. Neben einem neuen Weinkeller locken die Lobbybar Othilia und die Eight Rooftop Bar. Das moderne Spa-Center bietet Pool, Saunas und Anwendungen.*
Radisson Blu Scandinavia Hotel (3) €€€€€, *Holbergsgate 30, ☎ 23293000, www.radissonblu.com/scandinaviahotel-oslo. Internationales First-Class-Hotel nahe dem Schloss, 499 Zimmer mit allen Annehmlichkeiten auf 22 Etagen, zuletzt 2016 umfassend renoviert. Zwei Restaurants, durchgestylte Summit Bar auf der 21. Etage mit herrlichem Blick, Pool und Saunalandschaft.*
Continental Hotel (4) €€€€€, *Stortingsgaten 24–26, ☎ 22824000, www.hotelcontinental.no. Zwischen Schloss und Rathaus gelegenes Hotel der internationalen Spitzenklasse mit sehr schöner Jugendstil- und Art-déco-Architektur, 155 individuellen Zimmern und Suiten. Das familiengeführte Unternehmen gehört zu den „Leading Hotels of the World". Für ein großes kulinarisches Angebot sorgen vier Restaurants, darunter die Institutionen Eik Annen Etage und Theatercaféen, sowie das informelle Café Steamen, im Sommer mit Außengastronomie.*

Thon Hotel Gyldenløve (5) €€€€, *Bogstadveien 20, ☎ 23332300, www.thonhotels.no/gyldenlove. Zwischen Majorstuen und Zentrum an beliebter Einkaufsstraße gelegenes Designhotel mit 164 Zimmern, edel-modern eingerichtet. Frogner- und Schlosspark sind leicht zu Fuß zu erreichen, großes norwegisches Frühstücksbüfett, kein Restaurant.*

Thon Hotel Opera (6) €€€€, *Dronning Eufemias gate 4, ☎ 24103000, www.thonhotels.com/our-hotels/norway/oslo/thon-hotel-opera/. Modernes und absolut zentral gelegenes Hotel, 100 m vom Hauptbahnhof entfernt, vis-à-vis zur Oper und der neuen Bibliothek Deichman gelegen. 480 sehr gut ausgestattete Zimmer, tolles Frühstücksbüfett, sehr gutes Restaurant Scala, Cocktailbar Eufemia, in der 4. Etage Fitnesscenter und Aussichtsterrasse. Das Hotel war in einem Krimi-Bestseller von Anne Holt Schauplatz der Entführung der amerikanischen Präsidentin.*

Hotel Bondeheimen (7) €€€€, *Rosenkrantz gate 8, ☎ 23214100, www.bondeheimen.com. Schönes, 1913 gegründetes traditionelles Hotel, in dem schon Knut Hamsun und Sigrid Undset zu übernachten pflegten. 127 unterschiedliche, aber meist sehr geräumige und gut ausgestattete Zimmer, 100 m von der Karl Johan entfernt. Zum Hotel gehört das bekannte Restaurant Kaffistova mit norwegischer Hausmannskost.*

Anker Hotel (8) €€€, *Storgate 55, ☎ 22997520, www.anker-hotel.no. Nahe dem Akersfluss und zwischen Zentrum und Trendviertel Grünerløkka gelegenes, neueres Hotel. 296 hell und praktisch eingerichtete Zimmer (nicht alle mit TV), gutes Frühstücksbüfett, Lobby-Bar mit kleinem Garten und leichten Mahlzeiten. Dem Hotel ist das preisgünstige, moderne* **Anker Hostel** €€ *(www.ankerhostel.no) mit 53 Doppel- und Mehrbettzimmern, Küchenbenutzung, Cafébar, Waschküche und Snackshop angeschlossen.*

Cochs Pensjonat (9) €€–€€€, *Parkveien 25, ☎ 23332400, www.cochspensjonat.no. Einfaches, recht preisgünstiges Haus nahe dem Schlosspark, als Künstler-Unterkunft und Schauplatz von Romanen seit 1927 legendär. Die 89 Zimmer (1–4 Betten) sind in drei Kategorien eingeteilt, von spartanisch ohne Bad bis praktisch-komfortabel mit Miniküche, TV und Bad. Kein Frühstück, kein Restaurant, aber Kaffeebar und Pub im gleichen Haus, Frühstücksmöglichkeit im Café nebenan, Restaurants/Cafés in der Nachbarschaft.*

JH Jugendherbergen

Oslo Vandrerhjem Haraldsheim, *Haraldsheimveien 4, Grefsen, ☎ 22222965, www.haraldsheim.no. Ganzjährig geöffnete Herberge, ca. 4 km vom Zentrum im Vorort Grefsen, zu erreichen mit Bus 31, Straßenbahn 17 bis Sinsen (Endhaltesstelle), mit U-Bahn 5 oder Lokalzug von Oslo Zentrum bis Grefsen. Im Sommer oft voll belegt, 270 Betten, überwiegend 4-Bettzimmer, einige mit eigenen Sanitäranlagen, kleiner Laden, Gästeküche, Grillmöglichkeit, Wechselstube, gutes Frühstücksbüfett (im Preis inkl.).*

Oslo Vandrerhjem Holtekilen, *Micheletsvei 55, Stabekk, ☎ 67518050, www.hihostels.com. Schöne, moderne Herberge in ruhiger Umgebung, 9 km vom Zentrum entfernt. 157 Schlafplätze in Einzel-, Doppel-, Vierbett- oder Familienzimmern, gutes Frühstück (im Preis inkl.). Lokalzug vom Zentrum in Richtung Drammen zur Station Stabekk (10 Min.), von dort der Beschilderung folgen; oder mit den Bussen 151, 153, 161, 162, 252 oder 261 vom Zentrum nach Kveldsroveien, von dort ausgeschildert; mit dem Auto E 18 Richtung Drammen bis zur Abfahrt bei Strand, 9 km vom Zentrum.*

Camping

In Oslo ist es nicht erlaubt, in Wohnmobilen auf Parkplätzen oder an anderen Stellen zu übernachten. Im Großraum Oslo und Åkershus gibt es acht Campingplätze, die beiden größten und zentrumsnächsten sind:

Bogstad Camping, *Ankerveien 117, N-0757 Oslo, ☏ 22510800, www.bogstadcamping.no. Norwegens größter Campingplatz ist ganzjährig geöffnet und liegt 9 km nordwestlich des Zentrums, nicht weit vom Holmenkollen entfernt. Naturschöne Umgebung mit vielen Wander- und Bademöglichkeiten im Bogstadvannet; 1.200 Wohnwagenstellplätze, viele Hütten unterschiedlicher Kategorie, Zeltplätze. Vom Zentrum aus zu erreichen mit Bus 32 oder U-Bahn 2 bis Røa, ab dort 20 Min. zu Fuß oder weiter mit Bus 32.*
Ekeberg Camping, *Ekebergveien 65, ☏ 22198568, www.ekebergcamping.no. Juni–Aug. geöffneter Platz, ca. 3 km vom Zentrum entfernt auf einem grünen Höhenzug mit prächtigem Blick auf Stadt und Fjord gelegen. Gute Ausstattung, Wohnwagenstellplätze, Wanderwege in der Umgebung. Keine Reservierungsmöglichkeit, oft wegen vieler Jugendlicher sehr betriebsam und laut. Zu erreichen mit Straßenbahn 18, 19 (Ljabru) oder mit Bus 34, 74 (Haltestelle Ekeberg Camping).*

Essen & Trinken

Das Angebot an guten und hervorragenden Restaurants hat in Oslo in den vergangenen Jahren deutlich zugenommen. Die Stadt ist internationaler geworden und hat eindeutig das gastronomische Niemandsland hinter sich gelassen. Inzwischen besitzt sie sogar einige der besten Gourmetlokale Skandinaviens. wovon allein vier 2019 mit mindestens einem Michelin-Stern geschmückt sind. Allerdings ist der Besuch eines guten Restaurants oder gar eines der Spitzenklasse keine preiswerte Angelegenheit: ein Menü mit drei Gängen und einem Glas Wein kostet in den Top-Restaurants um NOK 600, bei den Michelin-besternten Lokalen können es auch bis zu NOK 3.000 werden – ohne Wein! Ansonsten bestimmt vor allem die Wahl der Getränke die Höhe der Rechnung. Viele Restaurants bieten einen günstigeren **Wein** *des Hauses an, der Preis bewegt sich um NOK 250 und in teureren Restaurants um NOK 400. Ein* **Bier** *(0,4 l) kostet um NOK 100, mal weniger, manchmal auch mehr. Wer für sein* **Mittag- oder Abendessen** *eine möglichst große Auswahl an Adressen haben möchte, sei an die* **Aker Brygge** *verwiesen, wo ein Lokal neben dem anderen liegt. Oder man hält sich an die großen* **Shoppingcenter** *(s. u.), wo man viele Cafeterien, Imbissstände, Fast-Food-Lokale, Pizzerien etc. findet, z. B. im Untergeschoss des Paleet auf der Karl Johan oder im Food Court des Kaufhauses Steen & Strøm auf der Nedre Slottsgate.*

Im eigentlichen **Zentrum**, *entlang der* **Karl Johan** *und im Viertel* **Kvadraturen**, *gibt es neben dem internationalen Einerlei und Touristenlokalen die größte Dichte an renommierten, oft traditionsreichen Gourmettempeln und Spitzenlokalen.*
Statholdergaarden (1), *Rådhusgaten 11, ☏ 22418800, www.statholdergaarden.no. Mit einem Michelin-Stern ausgezeichnetes, zentral gelegenes Restaurant in einem historischen Gebäude aus dem 18. Jh., mit fünf kleineren Räumen und herrlicher Stukkatur. Der Inhaber Bent Stiansen (er gewann 1993 als erster Skandinavier den Bocuse d'Or, die inoffizielle Köche-Weltmeisterschaft) und sein Chefkoch Torbjørn Forster zaubern fantastische Gerichte der regionalen Küche, vor allem mit Fisch und Meeresfrüchten sowie Wild, geöffnet Mo–Sa 18–24 Uhr. Etwas preiswerter und informeller ist die* **Statholderens Mat & Vinkjeller** *im Kellergewölbe, wo auch leichtere Gerichte und preiswertere Menüs angeboten werden (Di–Sa 16–24 Uhr).*
Engebret Café (2), *Bankplassen 1, ☏ 22822525, www.engebret-cafe.no. Innen wie außen wunderschönes Traditionslokal, das 2017 sein 160-jähriges Jubiläum feierte und in dem früher u. a. Ibsen, Grieg, Hamsun und Munch einen Stammplatz hatten. Geboten wird eine reiche Auswahl norwegischer Spezialitäten (legendär der Dorsch, der ab Januar*

serviert wird), zum Mittagessen bezahlbare, leichtere Gerichte (auch Smørrebrød), abends Menüs und à la carte (Hauptgerichte NOK 300–400), im Sommer sitzt man herrlich draußen. Mo–Fr 11.30–15.30 und 16–23, Sa 17–23 Uhr.

Restaurant Eik (3), *Universitetsgata 11, ☏ 22360710, www.restauranteik.no. Innovatives und durchgestyltes Feinschmeckerrestaurant im Hotel Savoy, vom „Bib Gourmand" des Guide Michelin bereits zwölfmal wegen des guten Preis-Leistungs-Verhältnisses gelobt. Angeboten werden 3-, 4- und 5-Gänge-Menüs (NOK 450–650) auf höchstem Niveau. Zum gepflegten Absacker danach empfiehlt sich die Savoy Bar. Di–Sa 17–23.30 Uhr, Savoy-Bar bis 1, Fr/Sa bis 3 Uhr.*

Theatercaféen (4), *Stortingsgaten 24–26, ☏ 22824050, www.theatercafeen.no. Beliebter Treff von Künstlern, Politikern und Journalisten gegenüber dem Nationaltheater. Nobles Ambiente im Stil eines Wiener Kaffeehauses um 1900, mit Porträts von Stammgästen. Zu Mittag werden kleinere Gerichte wie Salate, Suppen, Smørrebrød, Club Sandwich oder Omeletts serviert, abends norwegische Spezialitäten, Barbetrieb und angeschlossenes Hotel Continental mit weiteren Speiselokalen, Mo–Sa 11–23, So 15–22 Uhr.*

Kaffistova (5), *Rosenkrantz gate 8, ☏ 23214100, www.kaffistova.com. Zentral gelegenes Restaurant, im gleichen Gebäude wie das Hotel Bondeheimen (s. o.), mit über 100-jähriger Geschichte, aber modern eingerichtet. Serviert werden Frühstück, Mittag- und Abendessen mit norwegischer Hausmannskost aus frischen Zutaten; Mo–Fr 10–21, Sa/So 11–19 Uhr.*

In den neuen Stadtvierteln wie **Tjuvholmen**, **Aker Brygge**, **Barcode** *oder* **Sørenga** *haben sich viele urban gestaltete Restaurants, Edel-Italiener und -Spanier, Gourmet-Sushi-Lokale oder Gaststätten mit New-Nordic-Küche niedergelassen, oft durchgestylt, hochpreisig und manchmal etwas unterkühlt, fast immer aber mit tollem Blick auf den Fjord. Auch eines der besten Restaurants Europas befindet sich hier.*

Maaemo (6), *Schweigaards gate 15b, ☏ 22179969, www.maaemo.no. Ende 2010 eröffnet, hat sich das Lokal des Mitinhabers und Chefkochs Esben Holmboe Bang schnell einen Namen gemacht, bekam nach nur einem Jahr zwei Sterne im Guide Michelin und 2016 seinen dritten – als erstes Restaurant in Norwegen überhaupt. Auch in den Folgejahren konnte dieser Rang behauptet werden. Im Kontrast zu seinem Namen – das lappländische Wort „Maaemo" bedeutet „Mutter Erde" – ist die Einrichtung minimalistisch-modern, eine Betontreppe führt zum Eingang im 1. Stock, direkt an der Fußgängerbrücke Akrobaten, und der Blick durch die komplett verglaste Front geht auf die futuristischen Hochhäuser der Barcode-Reihe. Wer einen der begehrten acht Tische ergattert hat (Reservierung notwendig, möglichst viele Wochen im Voraus!), hat keine Wahlmöglichkeit, denn serviert wird ausschließlich ein Menü, bestehend aus etwa 20 Gängen. Das Essen könnte man als New Nordic bezeichnen, es werden nur Wildfang- und Bioprodukte aus Norwegen verwendet. Was internationale Kritiker zu wahren Lobeshymnen anregt, hat seinen hohen Preis: NOK 3.000 kostet das Vergnügen (pro Person, versteht sich), die passende Weinbegleitung nochmals NOK 1.800. Geöffnet Di–So nur zum Abendessen.*

Lofoten Fiskerestaurant (7), *Stranden 75, Aker Brygge, ☏ 22830808, www.lofoten-fiskerestaurant.no. Bei dem arrivierten Restaurant am Ende der Aker Brygge ist der Name Programm. Die Seafood- und Fischgerichte (u. a. Dorsch, Austern, Königskrabben und Hummer direkt aus dem eigenen Aquarium) sind frisch und auf höchstem Niveau zubereitet, zum Mittag- und Abendessen à la carte oder als 3-Gänge- (NOK 585) und 4-Gänge-Menü (NOK 655), bei gutem Wetter sitzt man herrlich auf der großen Terrasse. Mo–Fr 11–23, Sa 12–23, So 12–22 Uhr.*

Westlich des Schlosses gibt es ein nahes Beieinander von Weltküche, Döner-Buden und Fast-Food-Läden im kosmopolitischen Stadtteil **Majorstua** *und alteingesessenen, sowohl einfachen als auch sehr edlen Restaurants im bürgerlichen Viertel* **Frogner**. *Mit dem Restaurant* **Galt** *(Frognerveien 12, www.galt.no) hat Frogner inzwschen auch ein Michelin-Sterne-Restaurant.*

Park 29 (8), *Parkveien 29, ☎ 48170000, www.park29.no. Nettes Lokal nahe dem Cochs Pensjonat (s. o.), in einer Holzvilla von 1847, die einem Komponisten gehörte und in dem diverse Künstler verkehrten. Auf zwei Etagen mit dem Ambiente des 19. Jh. wird norwegische Küche mit italienischem und französischem Einschlag serviert. Sehr schön sitzt man bei gutem Wetter im großen Garten. Mo–Do 11.30–24, Fr/Sa bis 1 Uhr, So geschl.*

Feinschmecker (9), *Balchens gate 5, ☎ 22129380, www.feinschmecker.no. Viel beachtetes und alteingesessenes Restaurant im Stadtteil Frogner mit französisch inspirierter Küche, sehr freundlichem Service, Gourmet-Kochschule, geöffnet Mo–Sa ab 17, Sa ab 18 Uhr, à la carte und zwei Menüs (Chef-Menü, 4 Gänge, ca. NOK 900).*

Die größte Vielfalt an durchaus bezahlbarer Weltküche findet man in den Immigranten- und Trendvierteln **Grünerløkka**, **Vulkan**, **Grønland** *und* **Tøyen**, *wo man z. B. arabisch, türkisch, vietnamesisch, chinesisch, isländisch, kreolisch oder mongolisch essen kann.*

Mathallen Oslo (10), *Vulkan 5, ☎ 22404000, www.mathallenoslo.no. Der erste Food Market der Stadt in einem alten Industriegebäude am Akersfluss mit 30 Spezialitätenläden, Cafés und Imbissständen. Hier gibt es Tapas genauso wie Würstchen, norwegischen Käse, französischen Champagner, italienisches Eis und chinesische Nudeln. Streetfood, Konditorei und Fischladen unter einem Dach – also für jeden etwas! Di–So 10–20 Uhr (einige Lokale öffnen eher, andere schließen später).*

Smelteverket (10), *Maridalsveien 17, ☎ 21398059, www.smelteverketoslo.no. Lebhafter Gastropub mit der längsten Bar Skandinaviens, direkt am Akersfluss und im gleichen Gebäude wie die Mathallen gelegen, mit schönem Blick durch 20 große Fenster auf den Fluss. Zu essen gibt es Tapas, Burger, Salate, Nachos etc. (Küche tgl. bis 22 Uhr), große Bierauswahl, jeden Sa abend Livemusik (Rock 'n' Roll, Blues, Soul, Reggae). Di–Do 17–1, Fr 16–3, Sa 14–3, So 14–24 Uhr.*

Deutlich höherpreisig ist die Gourmetküche des benachbarten **Restaurant Kontrast** *(www.restaurant-kontrast.no), das 2019 seinen ersten Michelin-Stern bekam.*

Einkaufen

Oslo besitzt ein großes Angebot an Kaufhäusern, Fachgeschäften, Boutiquen sowie Kunstgewerbe- und Antiquitätenläden. Zwar ist Shopping in Oslo kein preiswertes Vergnügen, doch sind die Preise in den letzten Jahren nur recht moderat gestiegen bzw. wegen des Umrechnungskurses für Ausländer günstiger geworden.

Oslo City, *gegenüber dem Bahnhof, mit über 90 Geschäften, Cafés und Restaurants, ist das meistbesuchte Shoppingcenter des Landes (Stenersgata 1, www.oslocity.no, Mo–Fr 10–22, Sa 10–20 Uhr). Im Quartier Aker Brygge lockt* **Aker Brygge Shopping** *mit 33 Shops, vor allem für Mode, Schuhe und Design (www.akerbrygge.no, Mo–Fr 10–20, Sa 10–18 Uhr). Auf der* **Flaniermeile Karl Johan**, *zwischen Parlament und Schloss, wendet sich das 2014 eröffnete* **Paleet** *mit 35 edlen Mode- und Lifestyle-Läden, Bars, Cafés und Restaurants an eine zahlungskräftige Kundschaft (Karl Johans gate 37–43, www.paleet.no, Mo–Fr 10–20, Sa 10–18 Uhr). Hier finden Sie u. a. mit* **Tanum Karl Johan** *ein hervorragend sortiertes Buchfachgeschäft mit vielen internationalen Titeln und allen Informationen über Oslo und Norwegen. An der gleichen Straße liegen viele Bouti-*

quen und Fachgeschäfte. Die Karl Johans gate führt in die Fußgängerstraßen im Zentrum und dem Kvadraturen mit einer großen Zahl von Geschäften. Hier befindet sich auch das älteste Kaufhaus Norwegens, **Steen og Strøm**, *das 1797 gegründet und zuletzt 2014 komplett renoviert wurde. Es bietet hauptsächlich Qualitätsmode bekannter norwegischer und internationaler Labels und besitzt im Untergeschoss einen Food Court mit vielen Restaurants und Cafés (Nedre Slottsgate 8, www.steenogstromoslo.no, Mo–Mi 10–19, Do/Fr 10–20, Sa 10–18 Uhr). Auf der anderen Seite der Karl Johan, rund um den Stortorvet, gibt es ebenfalls ein breites Shoppingangebot, z. B. mit dem altehrwürdigen* **GlasMagasinet**, *das u. a. für Glaswaren, Küchenutensilien, Schmuck und Souvenirs steht (Stortorvet 9, www.glasmagasinet.no, Mo–Fr 10–19, Sa 10–18 Uhr). Schöne Ladenstraßen sind die* **Storgaten**, **Møllergaten** *und* **Torggaten**. *Eine Geschäftsstraße nicht weit von Aker Brygge ist die* **Vikaterrasse** *mit mehreren internationalen Geschäften.*

Im Westen der Stadt gibt es mit **Hegdehaugsveien** *und vor allem* **Bogstadsveien** *vom Schlosspark nach Majorstuen eine beliebte lokale Geschäftsstraße mit kleinen, exklusiven Geschäften und Boutiquen. Bisweilen wird der Bogstadsveien als Oslos Oxford Street bezeichnet, ein etwas gewagter Vergleich für die recht ruhige Straße. Wer es etwas exotischer mag, der sollte einen Abstecher in den Ostteil der Stadt nach „***Little Karachi***“ unternehmen, wo im Einwandererviertel* **Grønland** *ein buntes Warenallerlei aus vielen Ländern der Erde angeboten wird. Es lohnt, einen Blick in den* **Grønland Basar** *zu werfen, mit seiner wilden Mischung aus norwegischen und internationalen Lebensmittel-, Textil-, Buch-, Schmuck- und anderen Läden sowie einigen Cafés (Tøyengata 2, www.gronlandbasar.no, Mo–Fr 10–20, Sa 10–18 Uhr). Wer auf der Suche nach unkonventioneller Mode oder jungem Design ist, wird in den trendigen Shops und Boutiquen von* **Grünerløkka** *fündig.*

Sport/Aktivitäten

Die **Oslomarka** *ist ein beeindruckendes Naherholungsgebiet, das zu einer Vielzahl von Aktivitäten einlädt.* **Wanderungen** *bieten sich z. B. von der Holmenkollenschanze oder von Frognerseteren, dem Endpunkt der Holmenkollenbahn, aus an.* **Wintersportler** *finden in der Umgebung von Oslo ein ausgedehntes Loipennetz von insgesamt 2.000 km Länge, teilweise beleuchtet, auch alpine Anlagen stehen zur Verfügung.*

Im Sommer kann man im **Oslofjord** *ein erfrischendes Bad nehmen. Populäre* **Badeplätze** *im Fjord liegen an der Süd- und Westküste der Museumshalbinsel Bygdøy, wie z. B. der Strand von Huk oder die Paradies-Bucht, die von der Endstelle der Buslinie 30 zu erreichen sind. Beliebte Plätze an der Ostseite des Oslofjords sind z. B. Ingierstrand, Katten, Hvervenbukta, Nordstrand bad, Bestemorsstranda, Solvikbukta und Fiskevollbukta; zu diesen Stränden kommt man mit dem Bus Nr. 87, der nicht umsonst „Beach Bus“ genannt wird. Baden kann man auch schön in den nahe gelegenen Seen, z. B. im* **Sognsvann** *(U-Bahn 6), oder im* **Bogstadvannet** *(Bus 41). Vorzüglich zum Baden eignen sich auch die Strände auf den Inseln im Oslofjord, etwa* **Hovedøya**, **Langøyene**, **Heggholmen** *und* **Rambergøya** *(mit den Fähren ab Vippetangen zu erreichen). Am einfachsten ist der Sprung ins Fjordwasser von den zwei innerstädtischen Badestellen: Auf* **Tjuvholmen**, *hinter dem Astrup Fearnley Museum, gibt es einen kleinen Sandstrand für Kinder und Badeplattformen. Größer ist das 2015 eingeweihte* **Sørenga sjøbad** *(Sørengkaia 69, www.sorenga.no), das der britische „The Guardian“ zu den schönsten Seebädern Europas zählte und das die Osloer im Winter sogar zum Eisbaden nutzen! Hier gibt es einen Sandstrand, mehrere offene Bassins, eine 190 m lange Plattform, Rasenflächen, Gastronomie – und einen herrlichen Blick auf Åkershus und die Oper als Zugabe.*

Vergnügungspark

Ein vor allem für Kinder interessantes Ausflugsziel liegt in Vinterbro südlich von Oslo: **TusenFryd**. *Der Vergnügungspark, der größte der Region, ist leicht mit dem Wagen oder öffentlichen Verkehrsmitteln zu erreichen. Er bietet vielfältige Attraktionen für die ganze Familie: u. a. Goldwaschen, Karussells, Wasserpark, Berg- und Talbahnen sowie Rodeo, eine Floßrinne und ein Spukschloss. Fegen Sie auch einmal mit dem „Thundercoaster" mit über 90 Sachen die spektakuläre Holzachterbahn hinunter oder beschleunigen Sie auf dem modernen „Speedmonster" in zwei Sekunden von 0 auf 90 km/h!*
TusenFryd, *Fryds Vei 25, 1407 Vinterbro, ☎ 64976497, www.tusenfryd.no, Mai–Sept. Fr–So, Juni–Mitte Aug. tgl. 10.30–19 Uhr geöffnet, Eintritte variieren je nach Saison und Körpergröße, Online-Tickets sind günstiger. Mit dem Expressbus 500 ab Oslo Busterminal alle 30 Min., oder mit Zug von Oslo nach Ski, von dort mit Bus 520.*

Öffentlicher Nahverkehr

Der gesamte öffentliche Nahverkehr in Oslo und Umgebung liegt in den Händen des städtischen Unternehmens **Ruter**. *Das gut ausgebaute Verkehrsnetz besteht aus U-Bahnen (T-Bane), Bussen, sechs Straßenbahnlinien (trikk), Fährverbindungen und Lokalzügen. Die fünf westlichen* **U-Bahnlinien**, *die über den Bahnhof Majorstuen fahren, und die fünf östlichen über Tøyen treffen an der zentralen Station* **Stortinget** *zusammen. Für den* **Busverkehr** *liegt der Knotenpunkt nahe dem Bahnhof:* **Oslo Bus Terminal**, *Schweigaards gate 6–14 (Kundencenter Mo–Fr 7–20, Sa 8–18, So 8–19 Uhr). Die meisten der Busse, die das Stadtzentrum durchfahren (erkennbar an den zweistelligen Nummern), halten nahe dem Parlament am Wesselsplatz, an der Universität sowie am Nationaltheater.*

Viele **Fähren** *und* **Lokalboote** *verkehren nur im Sommer; ganzjährig bestehen Verbindungen nach Hovedøya (Klosterruinen) und zu einigen Inseln im Bereich des inneren Oslofjords von Vippetangen aus sowie von Aker Brygge im Zentrum nach Nesodden. Neben dem* **Flughafen-Expresszug** *(Flytoget) gibt es neun Linien von* **Lokalzügen** *(Lokaltog; u. a. nach Eidsvoll und Lillestrøm), eine weitere Linie, die sog.* **Follobanen**, *wird derzeit gebaut und 2021 eingeweiht. Sie führt nach Ski, die Trasse steht zukünftig aber auch den Expresszügen nach Göteborg zur Verfügung und wird aus dem Stadtgebiet durch den Blixtunnelen gehen, dem mit 19,5 km längsten Eisenbahntunnel Skandinaviens.*

Umfassende **Informationen** *zum ÖPNV erhält man unter ☎ 177 und www.ruter.no oder im* **Ruter Help Center** *(Trafikanten), Jernbanetorget 1, Mo–Fr 7–20, Sa/So 9–18 Uhr. Weitere Ruter-Infostellen befinden sich im Flughafen Gardermoen, an der Aker Brygge (Wartesaal der Nesodden-Fähren) und in den U-Bahnstation Jernbanetorget, Nationaltheatret, Majorstuen.*

Das ÖPNV-Netz ist in **Zonen** *eingeteilt, wobei alle wesentlichen touristisch interessanten Punkte in den Zonen 1 und 2 liegen. Ein* **Ticket** *(für alle Betriebe gültig) kostet 2019 für 1 Tag NOK 108 (Zone 1) bzw. NOK 177 (Zonen 1 und 2), Einzeltickets kosten NOK 36 (Zone 1) bzw. NOK 59 (Zonen 1 und 2). Kinder, Studenten und Senioren zahlen etwa die Hälfte. Zudem gibt es 7-Tage-, 30-Tage- und Jahrestickets. Tickets sollten vor der Reise am Ticketautomaten, online (www.ruter.no) oder per App fürs Smartphone mobil gekauft werden, bei Bezahlung an Bord wird ein Zuschlag von NOK 22 erhoben! Mit dem Oslo Pass (s. o.) kann man den gesamten ÖPNV in den Zonen 1 und 2 benutzen.*

Flughäfen

Oslo Airport/Oslo lufthavn *(Oslo-Gardermoen), 2061 Gardermoen, Edvard Munchs veg, ☏ 64812000, www.osl.no, www.avinor.no) ist der norwegische Hauptflughafen. Der architektonisch interessante Airport mit dem neuen, 2017 eingeweihten Terminal liegt ca. 50 km vom Zentrum entfernt in nördlicher Richtung. Er bietet ein großes kulinarisches Angebot, Duty-free-Shops, Banken, Touristeninformation, Autovermietungen, Parkhäuser, das Radisson Blu Airport Hotel und weitere Hotels in direkter Nähe. Gardermoen erreicht man am besten mit dem* **Flughafen-Expresszug Flytoget**, *ab dem Hauptbahnhof in nur 19 Min., www.flytoget.no. Preiswerter, aber auch deutlich länger ist die Fahrt mit einem normalen* **VY-Zug** *auf der Strecke Oslo-Gardermoen-Hamar. Mit dem* **Flughafenbus** *(www.flybussen.no) gelangt man in etwa 40 Min. ab dem Busterminal zum Flughafen, Abfahrten alle 20 Minuten.*

Der **TORP Sandefjord Airport** *(3241 Sandefjord, Torpveien 130, ☏ 33427000, www.torp.no) liegt ca. 110 km südwestlich von Oslo nahe der Kleinstadt Sandefjord. Er wird u. a. von Ryanair und der KLM angeflogen, außerdem bestehen zahlreiche Verbindungen innerhalb Norwegens. Der Flughafen ist der zweitgrößte des Landes und verfügt über alle international üblichen Einrichtungen. Der nächste* **Bahnhof** *ist in* **Sandefjord**, *zu erreichen mit dem* **Bus Telemarkekspressen**. *Zum* **Busterminal in Oslo** *verkehrt regelmäßig der* **Shuttlebus Torpekspressen** *(www.torpekspressen.no), die Fahrtzeit beträgt knapp 2 Std. Während der Öffnungszeiten des Flughafens gibt es außerdem einen kostenlosen Shuttlebus zum Bahnhof Sandefjord mit Anschlüssen an den stündlich verkehrenden Regionalzug nach Oslo.*

Fährlinien

Fredrikshavn *(Dänemark):* **Stena Line**, *Akershusstranda 31, Skur 42 (Vippetangen), ☏ 23179130, www.stenaline.de.*
Kiel: Color Line, *Hjortneskaja, Vika, Fahrkarten und Reservierung ☏ 22944200, www.colorline.com.*
Kopenhagen: DFDS Seaways, *Akershusstranda 31, Skur 42 (Vippetangen), ☏ 22419090, www.dfdsseaways.de.*

Busse

Zentrale Station für Überlandbusse ist der **Oslo Bussterminal**, *Schweigaards gate 10, nahe dem Radisson Blu Plaza Hotel und dem Hauptbahnhof, mit dem er durch eine Einkaufspassage verbunden ist.*
Nor-Way Busexpress, *zahlreiche Verbindungen von und nach Oslo, mit dem Partner Eurolines auch nach Schweden, Dänemark, Polen und in andere europäische Länder, ☏ 81544444, www.nor-way.no.*
Lavprisekspressen, *☏ 67980480, www.lavprisekspressen.no. Preisgünstige Tickets auf den Strecken u. a. nach Kristiansand, Bergen, Trondheim und Göteborg-Kopenhagen.*
Swebus Express, *☏ 80058444, www.swebusexpress.se. Günstige Reisen nach Schweden und Dänemark.*

Mit dem Auto in Oslo

In der Innenstadt zahlt man für Pkw und Wohnmobile unter 3,5 t eine **Mautgebühr**, *die beim Passieren der Mautstellen auf dem Weg in die Stadt hinein (nicht bei der Ausfahrt!) erhoben wird. Sie ist je nach Zeit und ökologischen Aspekten gestaffelt: Zur*

Hauptverkehrszeit, nämlich Mo–Fr 6.30–9 und 15–17 Uhr, beträgt sie NOK 55 für einen normalen Pkw, in der übrigen Zeit NOK 45. Schwerere und Diesel-Fahrzeuge zahlen mehr, während für Motorräder, Mopeds, Elektro- und Brennstoffzellenautos keine Maut erhoben wird. Achtung: Viele Attraktionen wie z. B. Holmenkollen liegen außerhalb der Mautzone/Bomringen; legen Sie deshalb Ihr Sightseeingprogramm mit dem Auto so, dass Sie möglichst außerhalb der Hauptverkehrszeit unterwegs sind und außerdem nicht stets wieder ins Zentrum zurückfahren und jeweils die Mautgebühr neu zahlen müssen! Die Mautstationen funktionieren vollautomatisch, Anhalten ist nicht notwendig.

Wer außerhalb des Zentrums übernachtet, erspart sich einigen Stress, wenn er mit öffentlichen Verkehrsmitteln in die Innenstadt fährt, denn Falschparken kann teuer werden. Auf vielen **Parkplätzen** ist die Parkdauer zeitlich begrenzt. Die **Parkgebühr** zahlt man an den entsprechenden Automaten mit Münzgeld oder Kreditkarte (keine EC-Karte!), per Smartphone mit der App „Bil i Oslo" oder per SMS; weitere Infos zum SMS-Parken bei EasyPark unter ☎ 03456. Im Zentrum gibt es ein recht gutes Angebot an großen **Parkhäusern/Tiefgaragen**; günstig liegt das große **Sentrum Parkhaus** (OnePark), von wo Sie in wenigen Minuten zu Fuß die Hauptstraße Karl Johan erreichen. Das Sentrum Parkhaus (C. J. Hambros plass 1, www.onepark.no) können Sie leicht über den Ring 1 bzw. von der Munchs gate aus anfahren. Die Parkdauer ist zeitlich unbegrenzt.

Taxis

Es gibt mehrere Taxi-Unternehmen in Oslo, die größten sind **Norgestaxi** (☎ 08000) und **Oslo Taxi** (☎ 02323). Taxis sollte man telefonisch bestellen oder zu einem der vielen Taxistände gehen, in der Innenstadt z. B. an der Aker Brygge, am Parlament, am Bahnhof, vor den Radisson-Blu-Hotels oder am Bankplassen. April–Sept. können Seestrecken (z. B. nach Bygdøy) auch mit einem **Taxiboot** von **Fjord taxi**, Gregers Grams vei 10, ☎ 90040999, zurückgelegt werden.

Fahrrad fahren

Oslo ist eine fahrradfreundliche Stadt. Auch im Zentrum hat man auf vielen autofreien oder wenig befahrenen Wegen beste Radelmöglichkeiten. Wer mit dem eigenen Rad unterwegs ist, kann dieses zum Kindertarif in den öffentlichen Verkehrsmitteln mitnehmen. Möchte man ein Rad mieten, ist man am preisgünstigsten mit einem der mehr als 1.000 **Stadtfahrräder** (Bysykler) bedient. Man erhält sie an einem der ca. 200 Fahrradstationen, die im ganzen Stadtgebiet verteilt sind. Für die Ausleihe lädt man sich die Oslo City Bike App auf das Smartphone (iPhone oder Android, in Englisch), über die man eine PIN-Nummer erhält und die einem u. a. genau anzeigt, an welcher Station freie Citybikes stehen. Für einen längeren Aufenthalt ist das günstigste Angebot eine Saisonkarte (NOK 399), die April–Nov. gilt, es gibt aber auch eine Tageskarte (24 Std.; NOK 49). Jedes Citybike darf man max. 60 Min. benutzen, bevor man es an einer Station abgibt und sich ein anderes ausleiht, die Stationen sind 6–24 Uhr nutzbar. Anstelle der digitalen Ausleihe kann man gegen einen Aufpreis im Visitor Centre auch eine „richtige" Karte bekommen. Infos unter www.oslobysykkel.no/en.

Außerdem besteht auch bei einigen Jugendherbergen, Campingplätzen und Hotels die Möglichkeit, Fahrräder zu leihen, ebenso gibt es herkömmliche Fahrradvermietungen, am zentralsten und größten ist **Viking Biking**, Nedre Slottsgate 4, ☎ 41266496, www.vikingbikingoslo.com (Touren-, Kinder-, Mountain- und E-Bikes, Segways, Kindersitze, Helme, geführte Touren auf Englisch).

Von der schwedischen Grenze nach Oslo

Zwischen Svinesund und Oslo

Redaktionstipps

- Die schönste Stadt nahe der E6 ist **Fredrikstad** (S. 176). Bummeln Sie durch die Gassen des Festungsstädtchens, machen Sie einen Rundgang über die Wälle und besichtigen Sie die Forts des 16. Jh.
- Für Liebhaber vorgeschichtlicher Monumente: Eindrucksvolle Felsritzungen und Gräberfelder aus der Bronzezeit werden auf dem **Oldtidsveien** bei Sarpsborg präsentiert (S. 176).
- Machen Sie dort Rast, wo der Oslo-Fjord am schmalsten ist: in **Drøbak** mit schönem Ortsbild, dem Weihnachtshaus und Fährverbindung zur Festung Oscarsborg (S. 179).
- Anhänger des Kanusports haben eines der besten Reviere in Norwegen auf dem 70 km langen **Halden-Kanal** (S. 174). Oder man fährt noch ein Stückchen weiter bis in die schwedische Provinz **Dalsland** (S. 180).

Der Hauptübergang von Schweden nach Norwegen ist der schmale **Svinesund**, gut 200 km nördlich von Göteborg und rund 110 km südlich von Oslo gelegen. Die E6, die hier die Grenze passiert, ist eine viel befahrene, teilweise autobahnähnlich ausgebaute Strecke; die Etappe zwischen den beiden Städten wird zzt. komplett als Autobahn umgebaut (zur Anfahrt ab Göteborg s. Allgemeine Reisetipps A–Z unter „An-/Abreise"). Trotz der modernen und übrigens auch mautpflichtigen Verkehrsführung ist der „Eintritt" nach Norwegen sehenswert: Der 700 m breite Sund wird von einer vierspurigen, eleganten Brücke überquert, deren Mittelteil mit einer Spannweite von 24 m die **längste Ein-Bogen-Brücke** der Welt darstellt. In der Mitte des 90 m hohen und 28 m breiten Bauwerks sieht man eine Granitskulptur mit zwei sich entgegenstreckenden Händen. Sie wurde als Symbol für die guten Beziehungen der Nachbarländer von König Harald V. und König Carl XVI. Gustaf gemeinsam enthüllt, als sie die Brücke 2005 einweihten. Die 50 Jahre ältere Vorgängerin ist von der neuen Brücke aus zu sehen (und natürlich umgekehrt auch), sie musste abgelöst werden, weil sie nur zweispurig ist und sich der intensive kleine Grenzverkehr an diesem Nadelöhr manchmal bis zu 70 km aufstaute.

Einige Kilometer hinter der neuen Brücke ist die **Raststätte Svinesundparken** mit Touristeninformation, Wechselstube, Tax-Free-Refund, Einkaufszentrum, einer Cafeteria und einem modernen Motel (Exit 2) ausgestattet.

Halden

Als erste norwegische Stadt liegt Halden unmittelbar nördlich von Svinesund am Wegrand und wird schon von Weitem durch Norwegens zweithöchstes Bauwerk angekündigt, den Sendeturm Høiåsmasten. Die 31.200-Einwohner-Gemeinde, die von der Tista durchflossen wird, trug ursprünglich den Namen Frederikshald (auch: Frederikshall oder Friedrichshall) nach dem dänisch-norwegischen König Frederik III., der sie 1665 befestigen ließ. Als Tourist könnte man das von Industriewerken geprägte Halden (Chemie, Elektronik, Holzverarbeitung, IT) vernachlässigen, gäbe es nicht hoch über der Stadt die weithin sichtbare Festung **Fredriksten**.

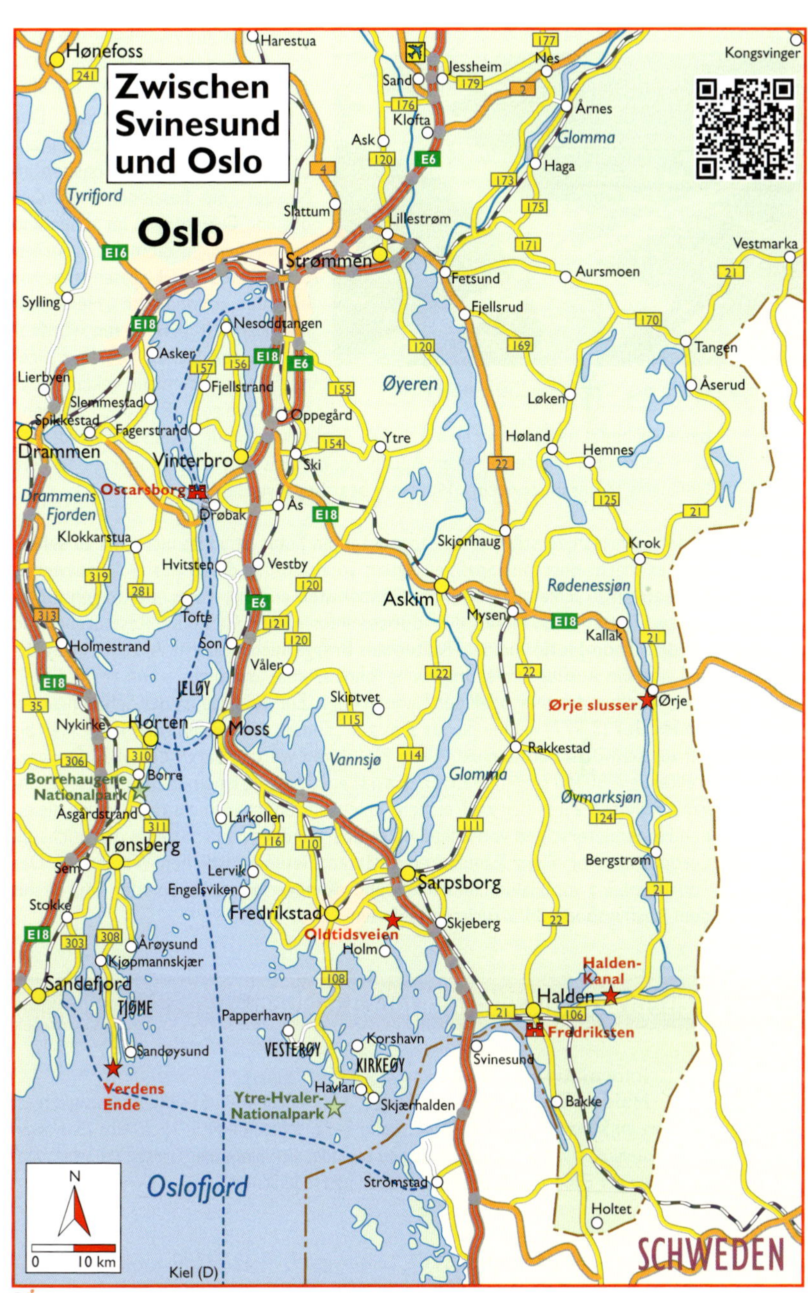
Zwischen Svinesund und Oslo
Oslo
Hønefoss
Harestua
Jessheim
Sand
Nes
Kongsvinger
Klofta
Årnes
Ask
Glomma
Haga
Tyrifjord
Slattum
Lillestrøm
Strømmen
Vestmarka
Fetsund
Aursmoen
Sylling
Fjellsrud
Nesoddtangen
Tangen
Asker
Lierbyen
Fjellstrand
Øyeren
Åserud
Slemmestad
Løken
Spikkestad
Oppegård
Fagerstrand
Ytre
Høland
Drammen
Vinterbro
Hemnes
Ski
Drammens Fjorden
Oscarsborg
Ås
Drøbak
Klokkarstua
Skjonhaug
Krok
Hvitsten
Vestby
Askim
Rødenessjøn
Tofte
Mysen
Kallak
Holmestrand
Son
Våler
Skiptvet
Jeløy
Ørje slusser
Ørje
Nykirke
Horten
Moss
Rakkestad
Vannsjø
Borre
Borrehaugene Nationalpark
Glomma
Øymarksjøn
Åsgårdstrand
Larkollen
Tønsberg
Bergstrøm
Sem
Lervik
Sarpsborg
Engelsviken
Stokke
Fredrikstad
Skjeberg
Oldtidsveien
Årøysund
Holm
Kjøpmannskjær
Halden-Kanal
Sandefjord
Halden
Tjøme
Fredriksten
Papperhavn
Korshavn
Sandøysund
Vesterøy
Svinesund
Kirkeøy
Havlar
Verdens Ende
Skjærhalden
Bakke
Ytre-Hvaler-Nationalpark
N
Oslofjord
Strömstad
Holtet
0
10 km
Kiel (D)
Schweden
E6
E16
E18
241
179
176
2
177
120
4
173
175
171
21
170
169
157
156
155
154
22
125
319
281
120
313
121
120
122
35
115
310
306
114
311
124
111
116
110
303
308
108
106

Brückenschlag zwischen zwei Königreichen über den Svinesund

Sie wurde auf zwei Bergrücken in den Jahren 1661–1671 und 1682–1701 erbaut, zum Schutz vor den schwedischen Nachbarn. Der Komplex umfasst die Königinnen- und die Prinz-Christian-Bastion im Norden, die Bastionen Prinz-Georg und Overkongen im Süden und dazwischen die Zitadelle. Fredriksten schrieb 1718 Geschichte, als hier der schwedische „Heldenkönig" Karl XII. erschossen wurde – ob von den Dänen oder aus eigenen Reihen ist nicht geklärt. Das sternförmige, 128 m hoch gelegene Bauwerk bietet nicht nur einen herrlichen Ausblick auf Stadt, Hafen und Fjord, sondern kann auch mit seiner alten Apotheke, der Bäckerei, der Brauerei und dem Gefängnis (Kriegshistorisches Museum) besichtigt werden.

Künstliche Wasserstraße

In der mehrfach zerstörten und abgebrannten Stadt ist sonst nicht viel zu sehen, aber es macht durchaus Spaß, an einem sonnigen Tag durch das Holzhausviertel **Sørhalden** zu schlendern oder am **Gästehafen** entlang, wo es um Kongens Brygge bzw. Torget einen Markt, die Touristeninformation, Cafés und Restaurants und mit dem Thon-Hotel und dem Kulturhaus Brygga auch moderne Akzente im Stadtbild gibt. Ein Ausflug in die Umgebung lohnt allemal, vor allem, wenn er mit Segelboot, Ausflugsdampfer oder per Kanu erfolgt. Zur Seeseite ist der Schärengarten um **Hvaler** (S. 177) ein herrliches Ziel, zur Landseite die vielen Flüsse und Seen bis hin zur schwedischen Grenze. Allein fünf davon werden durch den 1877 fertiggestellten, gut 80 km langen **Halden-Kanal** erschlossen, einem Meisterwerk der Ingenieurskunst. Zu seinen zahlreichen Schleusen gehört auch die von Brekke, die einen Höhenunterschied von knapp 40 m überwindet und damit eine der höchsten Europas ist. Vor allem Kanufahrer schätzen diesen künstlichen Wasserlauf. Das Touristenbüro von Halden informiert über Kanuverleihstationen oder Touren mit dem Ausflugsboot „M/S Turisten" auf dem Kanal.

Reisepraktische Informationen Halden

Information

Halden Tourist, *Kongens Brygge, 1767 Halden, ☎ 69190980, www.visitoestfold.com, im Sommer Mo–Fr 9–16.30, Sa/So 9–12, sonst Mo–Fr 9–15.30 Uhr. Eine zweite Touristeninformation mit Wechselstube befindet sich hinter der Grenze im Svinesundparken an der E 6, eine weitere auf der Festung Frederiksten.*

Unterkunft

Thon Hotel Halden €€€€, *Langbrygga 1, ☎ 69213300, www.thonhotels.no. Schönes, modernes Haus direkt am Gästehafen, 88 gut ausgestattete Zimmer, die meis-*

ten mit Fjordblick. Renommiertes Restaurant **Brygga mat & vinhus**, *im Sommer mit großer Sonnenterrasse, Bar.*
Fredriksten Hotell €€€, *Generalveien 25–27, ☎ 69021010, www.fredrikstenhotell.no. Hoch über der Stadt auf dem historischen Grund der Festung gelegenes Haus in einer ehemaligen Kaserne, 2014 umfassend renoviert. 57 minimalistisch und modern eingerichtete Zimmer mit Bad, großer Garten, Restaurant, Minigolfanlage, 15-Minuten-Spazierweg zum Stadtzentrum und Jachthafen.*

Camping

Fredriksten Camping, *Frederiksten, ☎ 69184032. Betriebsame Anlage mit herrlicher Aussicht auf dem historischen Festungsgelände, Zelt-, Caravanplätze und Hütten, Kiosk, 200 m zum 18-Loch-Golfplatz, Mai–Mitte Sept. geöffnet.*

Essen & Trinken

Fredriksten Kro, *Generalveien, Frederiksten, ☎ 69175232, www.fredrikstenkro.com. Hoch oben auf der Festung gelegenes Familien- und Ausflugslokal in historischen Gemäuern, mit Cafeteria und Eisbar, fantastische Aussicht.*
Restaurant Curtisen, *Frederiksten, Indre Festning 2, ☎ 95998184, http://curtisen.no. Das Feinschmeckerlokal auf der Festung bietet seinen Gästen 3-, 4- oder 5-Gänge-Menüs.*

Aktivitäten/Bootstouren

Über **Bootstouren** *über den* **Halden-Kanal** *oder geführte Kanutouren bzw. Kanuverleih informiert das Touristenbüro. Weitere Infos zum touristischen Angebot am und auf dem Kanal auch unter www.haldenkanalen.no.*

Sarpsborg

Östlich der E6, von dieser schnell erreichbar über die Rv. 111 oder 127, liegt Sarpsborg, bekannt als „Stadt der Felszeichnungen“. Die 1016 von Olav dem Heiligen gegründete Siedlung ist die drittälteste Stadt des Königreichs und war von der Gründung bis zum Tod Olavs im Jahr 1030 **Norwegens Hauptstadt**. Als Sarpsborg 1567 von den Schweden niedergebrannt und vernichtet wurde, zogen die Einwohner flussabwärts und gründeten 1569 die Stadt Fredrikstad (s.u.). Touristen hat Sarpsborg aber mit Ausnahme des Ortsteils **Skjeberg** recht wenig zu bieten. Dort befindet sich eines der größten skandinavischen Geröllgräber aus der Bronzezeit. In der gleichen Epoche entstanden auf dem glatten Granit eine Vielzahl an Felsritzungen (Helleristninger), die im **Felszeichnungsmuseum** des **Storedal Kulturzentrums** gut dokumentiert sind. Es enthält Kopien von etwa 30 Motiven, angebracht auf sieben großen Steinplatten, darunter auch eine Reproduktion der größten norwegischen Felszeichnung überhaupt, des 4,5 m großen „Schiffs von Bjørnstad“. Das Zentrum selbst ist eine großzügige Park- und Kulturanlage, von Künstlern, Gartenarchitekten und Naturwissenschaftlern angelegt. Neben dem Felszeichnungsmuseum gibt es (teils sehr große) Skulpturen, Kunstausstellungen und einen botanischen Garten zu sehen.

Relikte der Bronzezeit

Storedal Kultursenter, *Storedalveien 215, 1747 Skjeberg, die Anlage ist jederzeit frei zugänglich.*

Entlang der Vorzeitstraße

Von Skjeberg kommt man auch über die sog. „**Vorzeitstraße**" (**Oldtidsveien**/ Rv. 110) in 17 km nach Fredrikstad. Die Straße trägt den Namen wegen der vielen Felszeichnungen aus der Bronzezeit (z. B. Begby, Solberg, Hornes) und der Gräberfelder und Steinsetzungen vergangener Zeiten. Am Oldtidsveien liegt auch der Weiler **Borge**, in dem 1872 der Polarforscher Roald Amundsen geboren wurde. Das Haus seiner Kindheit kann besichtigt werden.

Fredrikstad

Historische Festungsstadt

Von der E6 gelangt man in wenigen Minuten über die Rv. 110 oder 111 nach **Fredrikstad** an der Mündung der Glomma, des längsten norwegischen Flusses. Unbedingt sehenswert ist die Festungsanlage, die aus mehreren Forts und der **Festungsstadt** (Gamlebyen) aus dem 16. Jh. besteht, die als die am besten erhaltene in Nordeuropa gilt. Nach der Zerstörung des nahen Sarpsborg (s. o.) ließ der damalige dänisch-norwegische König Frederik II. die Stadt gründen, die nach ihm *Fredriksstad* benannt wurde, später wurde die Genitivform aus dem Namen entfernt und die Stadt erhielt den noch heute gültigen Namen. Fredrikstad wurde von den Dänen als wichtigste Festung in Südnorwegen konzipiert. Gut 200 Geschütze und bis zu 2.000 Soldaten sollten sie und das Land vor dem schwedischen Erbfeind schützen. Erst 1903 wurde sie vom Militär geräumt.

Autofahrer richten sich nach den Hinweisschildern „**Gamlebyen**" und erreichen den großen Parkplatz unmittelbar vor den mit 60 Kanonen bestückten Wällen. Über die alte Zugbrücke gelangt man zum Walltor und in das pittoreske Altstadtviertel, das nach den Ideen der Renaissance im Schachbrettmuster angelegt wurde. Eine ausführliche Broschüre in deutscher Sprache erläutert 45 denkmalgeschützte Objekte, darunter zwei Rathäuser, Kasernen, alte Schulen, die Kirche von 1779, Höfe der Kommandantur und Bastionen. Viele der alten Gemäuer beherbergen heute Werkstätten, Cafés und Souvenirläden. In der Hauptwache („Alte Sklaverei") ist das **Stadtmuseum** eingerichtet. Der zentrale Platz der Festungsstadt wird vom Standbild Fredriks II. dominiert. Um Gamlebyen herum gruppiert sich ein ganzer Kranz von Forts, teils auf dem Festland, teils auf Inseln, die die Verteidiger unterstützen sollten. **Fort Akerøy** liegt inmitten eines kleinen Archipels vor der Küste und wird sporadisch von Ausflugsbooten angelaufen. Auch **Fort Isegran** liegt auf einer Insel, aber noch in der Flussmündung; es beherbergt u. a. eine Bootshalle mit Ausstellungen zur Seefahrtsgeschichte. Am besten erreichbar und am größten ist **Fort Kongsten**, 500 m östlich vom Parkplatz gelegen.

Gegenüber der Festungsstadt mit ihren kopfsteingepflasterten Gassen und hübschen Holzhäusern ist das moderne Fredrikstad auf der anderen Flussseite touristisch weniger interessant, abgesehen vielleicht von der neugotischen **Domkirche** (1880). Wen es dennoch dorthin zieht, nimmt als Fußgänger oder Fahrradfahrer die Pendelfähre, Autofahrer nutzen die imposante Stahlkonstruktion der 40 m hohen Fredrikstad-Brücke.

Hat man Zeit und Lust zu einem Ausflug in die schöne Umgebung Fredrikstads, sollte man auf dem Rv. 108 weit nach Süden in die Schärenwelt aufbrechen. Über mehrere Brücken und Dämme sowie durch einen Tunnel erreicht man die Insel **Kirkeøy** mit hübschen Kieselstränden und Badeklippen sowie einem herrlichen Blick auf den weiten Oslofjord. Die Insel ist Teil des **Schärengartens von Hvaler**, den man im Sommer von Fredrikstad und Halden aus auf Bootstouren erkunden kann. Die Schären selbst gehören zum 2009 eröffneten **Ytre-Hvaler-Nationalparks**, dem ersten Meeresnationalpark des Landes (354 km², davon 340 km² Meeresfläche). Er erstreckt sich von den Inseln Struten und Søster im Norden bis zur schwedischen Grenze, wo sich der schwedische **Nationalpark Kosterhavet** anschließt. Neben der Küstenlandschaft und dem reichen Vogelleben sind vor allem die Korallenriffe naturgeschützt, deren Existenz lange unbekannt war. So wurde z. B. das mit 1,2 km Länge größte Korallenriff erst 2002 nahe der Insel Tisler entdeckt.

Walltor zur Gamlebyen

Reisepraktische Informationen Fredrikstad

Information

Fredrikstad Turistkontor Gamlebyen, *Kirkegaten 31B, 1632 Gamle Fredrikstad, ☎ 69304600, www.visitoestfold.com/fredrikstad, Mitte Juni–Mitte Aug. Mo–Fr 9–17, Sa/So 12–17, sonst Mo–Fr 9–16 Uhr.*

Unterkunft

Victoria Hotel €€€, *Turngate 3, ☎ 69385800, www.hotelvictoria.no. Das Frühstückshotel blickt auf eine bis 1885 zurückreichende Tradition zurück. Der heutige Bau entstand allerdings erst nach einem Brand 1936 am Dompark. 65 gut eingerichtete Zimmer, Lobbybar.*

Gamlebyen Hotell €€€, *Voldportgaten 72, ☎ 40053909, www.gamlebyenhotell.no. Wunderschönes, urgemütliches Hotel in der malerischen Altstadt, 15 recht kleine, aber individuell und mit Antiquitäten ausgestattete Zimmer. Kleine Bar, Frühstück im benachbarten Restaurant Majorens Stue & Kro (s. u.).*

Camping

Fredrikstad Motel & Camping, *Torsnesveien 16–18, 1630 Gamle Fredrikstad, ☎ 99221999, https://aktivitetsbyen.no. Ganzjährig geöffnete nette Anlage zwischen Altstadt und Fort Kongsten. Vermietung von unterschiedlich großen Holzbungalows. Preiswertes, praktisches Motel mit 30 einfachen Zimmern.*

Essen & Trinken

Am schönsten isst man in der **Altstadt**, *doch haben hier viele Lokale nur in den Sommermonaten geöffnet. Empfehlenswert ist u. a. das Restaurant* **Majorens Stue & Kro** *(Voldportgate 73, ☎ 69321555, www.majoren.no, mit Pub und Terrasse). Ansonsten*

Bummel durch Fredrikstads Altstadt

gibt es viele Cafés, moderne oder traditionelle wie **Mormors Café** *(Kvadraten, Raadhusgate 18, ☎ 69321660; leichte Mittagsgerichte, Kaffee, Kuchen und sehr freundliche Atmosphäre).*

In der **Neustadt** *findet man ein sehr großes Angebot an Restaurants mit fernöstlicher Küche, Pizzerien, Hamburger-Buden und Gaststätten gehobenen Niveaus. Wer es gerne turbulent mag, sollte die* **Dampskipsbrygga** *mit etlichen Pubs, Bars und Esslokalen besuchen. An der Spitze der Neustadt-Gastronomie stehen das* **Restaurant Slippen** *(K. G. Meldahls vei 3, Kråkerøy, ☎ 99469988, www.restaurantslippen.no) mit innovativer, aber nicht abgehobener norwegischer Küche sowie die beiden 2017 eröffneten Restaurants* **City Bar & Spiseri** *im Scandic City (Gunnar Nilsens gate 9, ☎ 69385600, www.scandiccity.no) – alle sind jeweils zum Mittag- und Abendessen geöffnet und direkt am Wasser gelegen, bei gutem Wetter auch mit Außengastronomie.*

Radfahren/Bootstouren

Vor allem für **Fahrradfahrer** *halten Fredrikstad und Umgebung lohnende Strecken bereit; im Fremdenverkehrsamt sind Broschüren über vier markierte, wunderschöne Routen erhältlich. Besonders attraktiv sind die autofreien Wege auf der Insel Søndre Sandøy, mit herrlicher Schärenküste und dem 30 km langen Glommastien entlang dem Flussufer. In der Sommersaison werden* **Bootstouren** *auf der Glomma und zum Schärengarten von Hvaler angeboten, ebenso Ausflüge durch die Inselwelt bis hin zum schwedischen Strömstad.*

Moss

Die 33.000-Einwohner-Kommune lebte im Mittelalter von Mühlen, Sägewerken und Holzhandel, außerdem verlief der „Königsweg" zwischen Kopenhagen und Christiania durch die Stadt, der er beträchtliche Zolleinnahmen brachte. 1814 wurde Moss zum Schauplatz historisch bedeutsamer Begebenheiten, als sich der gerade in Eidsvoll gewählte König Christian Friedrich der schwedischen Übermacht beugen und die Krone an Carl Johann Bernadotte von Schweden abgeben musste (S. 25). Christian Friedrich, der sich während des kurzen Waffengangs im Eisenwerk von Moss aufhielt, erreichte es jedoch, dass Norwegen seine Verfassung und sein Parlament (Stortinget) behalten konnte, was als „Konvention von Moss" in die Geschichte einging.

Heute bilden u. a. der Verpackungskonzern Peterson & Søn, die Papier- und Zellulosefabrik, das Glaswerk, die Moss-Aktienbrauerei, der weltweit bekannte Konzern für Outdoorkleidung Helly Hansen sowie die Firma VingCard, die Code-

Schlösser in über 60 Ländern vertreibt, die Wirtschaftsgrundlage der Industriestadt. Kunstfreunden ist Moss wegen der **Galleri F 15** ein Begriff, die mit ihren Kunstausstellungen auf hohem Niveau viele Besucher aus dem In- und Ausland anzieht. Zum Stadtgebiet gehört auch die Insel **Jeløy**, zu der eine Brücke hinüberführt und wo man noch viele alte und prachtvolle Anwesen entdecken kann. Östlich von Moss erstreckt sich der größte Binnensee der Provinz Østfold, der geschützte **Vannsjø**, aus dem die Gemeinde und die gesamte Region ihr Trinkwasser beziehen. Er ist 42 km^2 groß und hat ein Volumen von 263 Mio. m^3 Wasser! Nördlich von Moss liegen die beiden Badeorte **Son** und **Hvitsten** am Oslofjord. Autofahrer, die zur anderen Seite des Oslofjords übersetzen möchten, können von Moss aus die **Fähre** nach Horten benutzen, die ca. alle 45 Minuten startet und etwa eine halbe Stunde benötigt. Der Flughafen Moss Rygge wurde Ende 2016 geschlossen.

Industriestädtchen am Fjord

Drøbak

Rund 35 km südlich von Oslo lohnt ein Abstecher (8 km auf dem Rv. 52) zum schönen Ort Drøbak, der an jener Stelle liegt, wo der Oslofjord am schmalsten ist. Das putzige Hafenstädtchen besticht mit seinem unregelmäßigen Straßennetz, den malerischen Kapitänshäuschen, dem netten Bootshafen und dem allerbesten Blick auf die großen Fähren aus Deutschland oder Dänemark, die hier schwierige Lenkmanöver vollbringen müssen. Neben einer Holzkirche aus dem Jahr 1736 kann man das Aquarium besuchen und in einem der Cafés und Restaurants einkehren. Am Südende des Marktplatzes findet man das **Weihnachtshaus** (Tregaardens Julehus) und gleich daneben das Postamt des Weihnachtsmanns; hier werden Grüße aus Drøbak mit seinem eigenen Poststempel versehen. Jedes Jahr schreiben Kinder aus der ganzen Welt, die der Weihnachtsmann beantwortet – immerhin rund 25.000 Briefe pro Saison!

Poststelle des Weihnachtsmanns

Weitaus ernster sind die historischen Ereignisse, die sich zu Kriegsbeginn bei Drøbak ereigneten: Vor der Küste versenkten die Norweger hier 1940 den deutschen Kreuzer „Blücher". Es gab viele Hundert Todesopfer und das Wrack versperrte vorerst die Fjorddurchfahrt. Die Einnahme Oslos konnte dadurch verzögert werden – Zeit genug für König und Regierung, um über Mittel- und Nordnorwegen nach England zu fliehen. Militärisch stark befestigt ist auch das Inselchen **Oscarsborg** mitten im Fjord; im Sommer starten regelmäßig Fähren (z. T. auch ab/bis Oslo) zur Festungsinsel. Das grüne Eiland hat viel zu bieten, u. a. ein Militärmuseum, eine Kunstgalerie, Tunnelsafaris für Kinder und Badestrände. Innerhalb der Festungsmauern werden Konzerte gegeben oder Theaterstücke aufgeführt.

Nördlich von Drøbak zweigt von der E6 eine Straße nach Westen ab, die durch den mautpflichtigen, im Jahr 2000 eingeweihten und über 7 km langen **Tunnel unter dem Oslofjord** nach Drammen führt. Wer zur norwegischen Südküste unterwegs ist und den Großraum Oslo meiden möchte, kann hier Zeit und etliche Kilometer sparen. Kurz nach dem Abzweig teilt sich bei **Vinterbro** (Vergnügungspark TusenFryd, S. 169) die Europastraße in die E6 und E18 auf. Wer ins Osloer Zentrum fahren möchte, sollte die küstennahe E18 wählen.

Im schwedischen Grenzgebiet

Zur An- oder Abreise zwischen Schweden und Norwegen gibt es für Selbstfahrer viele Alternativen zur verkehrsreichen und trotz des Ausbaus zur Autobahn oft stauanfälligen E6. Von Göteborg kommend, wäre die Reichsstraße 165 eine solche reizvolle Strecke, sie geht hinter der Grenze bei **Holtet** in den Rv. 22 über und erreicht schließlich **Halden**. Dieser Strecke, deren Grenzstation weder Wechselstube noch Zoll- oder Passkontrolle hat, gab das Fremdenverkehrsamt übrigens den Namen „Blaugrüne Straße" (**blå-grønne veien**). Auch danach könnte man auf ihr bleiben, die Route geht dann am langgestreckten, bis zu 100 m tiefen See **Øyeren** entlang und überquert kurz vor **Lillestrøm** die Glomma. Von hier aus erreicht man Oslos Zentrum in einer halben Stunde. Die **E18**, die von Stockholm über Karlstad zur Grenze führt, ist in den letzten Jahren auf norwegischer Seite gut ausgebaut bzw. auf eine neue Trasse verlegt worden. Wenige Fahrminuten hinter der Grenze lohnt in **Ørje** unbedingt ein Halt an den Schleusen (Ørje slusser) unmittelbar neben der E18. 1849 erbaut, sind sie die ersten Kanalschleusen Norwegens und überbrücken als Teil des Halden-Kanals (S. 174) die 10 m Höhendifferenz zwischen den beiden Seen Rødenessjøn und Øymarksjøn.

Eldorado für Kanuten: Südnorwegen

Ganz anders als diese Europastraße ist der Charakter der weiter südlich verlaufenden Straße 106: Mit gutem Kartenmaterial oder verlässlichem Navi ausgestattet, kann man auf ihr über fast menschenleere, z. T. unasphaltierte Straßen in die schwedische Provinz **Dalsland** vorstoßen, einem Paradies voller Seen und mit dem **Dalsland-Kanal** das Kanu-Eldorado schlechthin. Auf dem Weg z. B. nach **Bengtsfors** muss ein See per Fähre (kostenlos) überbrückt werden, unterwegs kann man an vielen Stellen anhalten, um zu baden, Elche zu beobachten oder die Einsamkeit zu genießen. Wer das möchte, hat von Halden nur 20 km zurückzulegen, auf schwedischer Seite orientiert man sich am Weghinweis „Nössemark".

Weiter nördlich führt die Reichsstraße 175 von Säffle über Arvika zur norwegischen Grenze, 9 km dahinter gelangt man entweder über die Rv. 21 und 170 nach Oslo oder über den Rv. 2 nach **Kongsvinger**. Von dort aus kann die Fahrt durch Ostnorwegen in den Norden fortgesetzt werden, und zwar über Elverum und Røros. Diese Strecke ist weniger bekannt, führt nicht an Fjorden und Inseln vorbei und nimmt etwas Zeit in Anspruch, hat aber durchaus ihre eigenen Reize abseits der bekannten Touristenwege (S. 356).

Zwischen Oslo und Stavanger

Entlang der Küste: zwischen Oslo und Kristiansand

Diese Route führt von Oslo über die E 18 teilweise am Oslofjord entlang, bleibt immer in Küstennähe, auch wenn sie durch das **Sørland**, den sonnigsten Teil Norwegens, verläuft. Daher ist es sinnvoll, die eine oder andere Nebenstrecke zu wählen, um zu den lieblichen Orten mit weißen Häuschen und Sträßchen an kleinen Buchten zu gelangen. Lohnende Abstecher sind Risør, Tvedestrand, Grimstad und Lillesand.

Redaktionstipps

- Die schönsten Orte entlang der Strecke sind **Åsgårdstrand** (S. 184), **Langesund** (S. 190), **Kragerø** (S. 190), **Grimstad** (S. 195), **Lillesand** (S. 195), **Mandal** (S. 216) und **Flekkefjord** (S. 218).
- Für Kulturbeflissene: ein Besuch der **Königsgräber** im **Borre-Nationalpark** (S. 184), der größten **Stabkirche** überhaupt in Heddal (S. 206), dem **Telemark-Museum** in Skien (S. 201), der **Silbergruben** und des **Bergwerksmuseums** in Kongsberg (S. 205), des **Industriearbeitermuseums** in Rjukan (S. 207) sowie des **Ski-Erlebniszentrums** in Morgedal (S. 210).
- Landschaftliche Höhepunkte: Fahrt zum „Ende der Welt" auf der Insel **Tjøme** (S. 186), Ausflug auf einem **Oldtimer-Passagierdampfer** über den 110 km langen Telemark-Kanal (S. 200), Abstecher zum **Südkap** des Landes bei Lindesnes (S. 216), Fahrt mit der **Krossobahn** in Rjukan (S. 208) oder der **Gaustabanen** auf den Gaustatoppen (S. 207)
- Der Süden für Aktive: den **Telemark-Kanal per Kanu** oder **Fahrrad** erkunden (S. 202), **Bergwanderung** auf den Gaustatoppen (S. 207), **Golfen** am Norsjø (S. 200), **Rodeln** in Rjukan (S. 208), **Wandern** auf dem Skinnvegen und Bispevegen (S. 214) und **Wintersport** überall …
- Für Kinder: Spaß, Spiel und Spannung im **Bø Sommarland** (S. 203), Planschen im **Hovden Badeland** oder Wikinger-Abenteuer im **Jernvinne-Museum** (S. 215), Fahrt mit einer Draisine auf der **Flekkefjordbahn** (S. 218).

Drammen

Von Oslo verläuft die E 18 bei **Høvikodden** nicht weit am Henie-Onstad-Kunstzentrum (S. 160) vorbei. Links und rechts der Autobahn zeigt sich das moderne Norwegen mit glasverspiegelten Bürohäusern, Einkaufszentren, Fabriken, Hotels und Verwaltungsgebäuden. In **Asker** ist die norwegische Königsfamilie zu Hause. Nach 40 km folgt mit **Drammen** (69.000 Einwohner) eine Industriestadt im Regierungsbezirk Buskerud, an der Mündung der lachsreichen Drammenselva in den Drammensfjord gelegen. Ihre wirtschaftliche Grundlage bilden Holzverarbeitung, metallurgische Industrie, Schiffsbau, Fischerei und eine Brauerei (Aass Bryggeri). Auch der Hafen (Importhafen für Pkw) und Bergbaubetriebe in der Umgebung (Zink, Nickel, Kobalt) sorgen für Arbeitsplätze.

An Sehenswürdigkeiten hat die Stadt hingegen wenig zu bieten. Die größte Attraktion bildet die „**Spirale**" (Spiralen), ein in den Berg gesprengter, 1.650 m langer Spiraltunnel (Mautgebühr), der vom 200 m hohen Plateau eine herrliche Aussicht bietet. Zu den schöneren Gebäuden des sonst eher gesichtslosen Drammen gehören das Theater, das Rathaus und die Kirche, jeweils 1870–1871 errichtet. Von hier stammt Olympiasieger Ole Einar Bjørndalen, der erfolgreichste Biathlet aller Zeiten. Wer der Küste nicht weiter folgen möchte, kann ab Drammen über die E 134 zur

Zwischen Oslo und Kristiansand
HILDAL
Skarde
Seljestad
Røldal-Stabkirche
Røldal
Haukeliseter
HAUKELIFJELL
Møsvatn
Varland
RJUKAN-FOSSEN
Miland
Tinnsjø
Nationalparkzentrum Hardangervidda
Møsvassdammen
1883 Gaustatoppen
Gaustabanen
Tuddal
Bolkesjø
Haukeligrend
Edland
Nesflaten
Rauland
Vinje
Tinnalva
Sauar
Hovden
Åmot
Nutheim
Heddal-Stabkirche
Notodden
Hartevatnet
Eidsberg-Stabkirche
Høydalsmo
Morgedal
Lifjell
Seljord
1288
Berdalen
Dalen
Brunkeberg
Bandak
TELEMARK
Bø
Gvarv
Botsvatnet
Bykle
Voldsæ
Vrådal
Kviteseid Vatnet
Telemark-Kanal
Flateland
Vråvatnet
Flåvatnet
Lunde
Ulefoss
Homlei
Valle
Fyresdal
Grova
Norsjø
Nisser
Nomeland
Rysstad
Fyresvatn
Bostrak
Lysebotn
Sundsli
Straume
SETESDAL
Tjønnefoss
Rust Fjellet
1055
Tjørhom
Telemarksvejen
Gjerstad
Sannidal
Øy
Sunde bru
Kragerø
Skåtøy
Bygland
Byglandsfjorden
Åmli
Søndeled
Dølemo
Tonstad
Risnes
Årdal
Byglandsfjord
Nelaug
Risør
Åseral
Ubergsmoen
Mykland
Tvedestrand
Galteland
Svenes
Kvinlog
Hornnes
Vegusdal
Otra
Nidelva
Blakstad
Eiken
Kongshavn
Åmli
Arendal
Flekkefjord
Bjelland
Kvinesdal
Skarpengland
Birkeland
Tovdalselva
Grimstad
Grovane
Lillesand
Mosby
Bom
Kristiansand
E134
E18
E39
13
9
362
37
364
40
361
651
38
36
360
45
355
41
358
356
418
363
351
413
42
406
405
404
402
466
43
460
455
©graphic

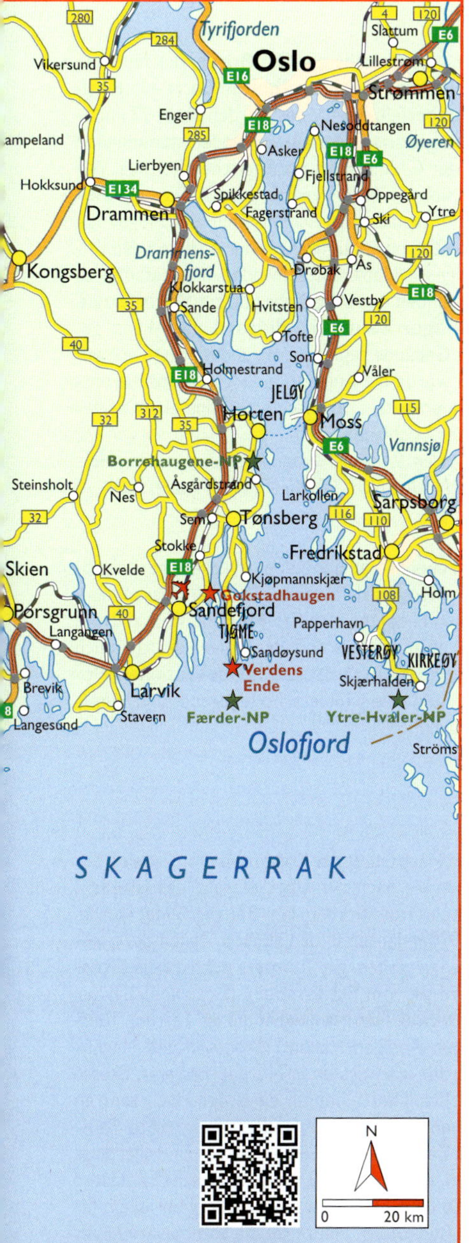

Telemark und zum Hardangerfjord-Gebiet bis nach Haugesund im Westen abbiegen (S. 199). Zum Osten hin hat man durch den **Tunnel unter dem Oslofjord** Verbindung nach Drøbak und zur E6 (S. 179). Die als Autobahn ausgebaute E18 passiert bei Drammen die mit 1.892 m längste norwegische Brücke. Die unspektakuläre **Drammensbrua** wurde 1975 eingeweiht, hatte aber nur zwei Spuren. Deswegen verbreiterte man sie 2005 auf vier Spuren und verkleidete das gesamte Bauwerk mit Aluminium. Nach **Sande** verläuft die Straße wieder nahe dem Oslofjord und wird bei **Holmestrand** durch einen Tunnel am Ort vorbeigeführt.

Eine küstennahe Alternative zur Autobahn bilden die Rv. 18, 310 und 311. Sie führen zunächst zur Wohnstadt **Horten** (27.000 Einwohner), 1818 als Hauptbasis der Marine gegründet. Die militärische Vergangenheit ist im Ortsbild noch gut sichtbar. Auch das wichtigste Museum dokumentiert das Erbe: Im **Marinemuseum** am Fährhafen, eines der ältesten der Welt, kann man u. a. U-Boote und 150 Schiffsmodelle bestaunen. Auch das nationale **Foto- und Kamera-Museum** (Preus Museum) sowie ein **Oldtimer-Museum** (Horten Bilmuseum) lohnen den Besuch. Möchte man zur anderen, östlichen Seite des Oslofjords überwechseln, kann man die Autofähre nach Moss *(tgl. 5–24 Uhr)* nehmen.

Militärische Vergangenheit

Marinemuseet, *Kommandørkaptein Klincks vei 9, ☏ 33033397, www.forsvaretsmuseer.no/Marinemuseet, Mai–Sept. tgl. 12–16 Uhr, sonst nur So, Eintritt frei.*

Borre-Nationalpark

4 km südlich von Horten folgt an der Nebenstraße der Ort **Borre**, der für seine mittelalterliche Steinkirche und vor allem die **Königsgräber** im Borre-Nationalpark bekannt ist. In diesem größten Gräberfeld des Landes wurden unter 27 imposanten Hügeln aus der Eisenzeit die Angehörigen der aus Schweden stammenden Ynglinger-Dynastie beigesetzt. Auch der Gründer des norwegischen Reiches, Wikingerkönig Harald Schönhaar, führte sich auf diese Dynastie zurück. Die Lage zwischen Meer und Laubwald sowie die majestätischen Dimensionen der Hügel machen den Besuch zum ganz besonderen Erlebnis, vergleichbar nur noch mit den Königshügeln von Jelling in Dänemark oder Alt-Uppsala in Schweden. Interessantes zu dieser Stätte, aber auch zu den Schiffsfunden der Umgebung und zur Wikingerzeit, erfährt man im angrenzenden **Wikinger-Zentrum Midgard**. Das kühn geschwungene und großflächig verglaste Gebäude repräsentiert zudem beste norwegische Architektur der Neuzeit. 2013 wurde die Anlage um die grandiose Rekonstruktion einer **Wikinger-Gildehalle** erweitert. Angeschlossen sind eine Cafeteria, ein Spielplatz und ein gut sortierter Buchladen.

Gräber der Ynglinger-Dynastie

Midgard Historisk Senter, *Birkelyveien 9, Borre, www.midgardsenteret.no, Mai–Aug. tgl. 11–16, sonst nur Mi, Sa/So 11–16 Uhr, NOK 90, Kinder (7–17 Jahre) NOK 70 (Eintritt zum Park und den Grabhügeln frei).*

Nur wenige Fahrminuten entfernt und ebenfalls an der Nebenstrecke liegt das hübsche **Åsgårdstrand** mit putzigen, weißen Holzhäuschen, hübschen Gassen, einigen Cafés und Badeplätzen. Kunstfreunde sollten sich das **Munchs Hus** (Edvard Munchs gate 25, www.munchshus.no) anschauen, in dem der Maler Edvard Munch einige Jahre lebte und arbeitete. In Borre und Åsgårdstrand gibt es Pensionen, Hotels, Campingplätze mit Hüttenverleih und eine wunderschöne Jugend- und Familienherberge auf einem ehemaligen Bauernhof.

Tønsberg

Die 46.000-Einwohner-Gemeinde und Hauptstadt der Provinz Vestfold ist eine der frühesten Siedlungen Skandinaviens, da sie nach der Überlieferung des Isländers Snorri Sturluson noch vor der Schlacht im Hafrsfjord im Jahr 871 gegründet wurde. Wenn auch Ausgrabungen seit den 1970er-Jahren in den ältesten Teilen der Stadt keine Belege für eine so frühe Gründung ergaben, gilt Tønsberg doch als die **älteste Stadt Norwegens**. Überragt wird sie vom **Schlossberg** (Slottsfjell), der für die Straße ins Zentrum untertunnelt wurde. Der Name geht auf die Festung Tunsberghus zurück, die im 13. Jh. von den Königen Håkon Håkonsson und Magnus Lagabøter ausgebaut wurde und eine der mächtigsten in Nordeuropa war. Dieses Castrum Tunsbergis war das ganze Mittelalter hindurch eines der Machtzentren des Landes. Mit immerhin acht Kirchen innerhalb der Stadtgrenzen stellte Tønsberg auch ein bedeutendes geistliches Zentrum dar. Von der Festung sind allerdings nur noch spärliche Überreste zu sehen, sie wurde 1503 von schwedischen Soldaten eingenommen und niedergebrannt. Ab dem 17. Jh. gewann Tønsberg vor allem für Norwegens Seefahrt und Walfang an Bedeutung. Heute gilt die Stadt als wichtiges Handels-, Verwaltungs- und Schulzentrum. Der Fremdenverkehr profitiert in den

Eine der frühesten Siedlungen Skandinaviens

Sommermonaten vom guten Klima und der schönen Umgebung.

Sommerliche Bootsfahrt in Tønsberg

Größte Sehenswürdigkeit ist der Schlossberg, der vom hohen **Aussichtsturm** aus dem Jahr 1888 überragt wird; er bietet einen grandiosen Überblick über die Stadt. Der Turm ist ein Teil des weitläufigen und von Parkanlagen umgebenen **Schlossberg-Museums**, das mehrere sehr interessante Abteilungen umfasst. In seinem Ruinenpark sind die Reste einer der größten Mittelalterburgen des Landes bewahrt. Auch die Gebäude eines typischen Vestfold-Bauernhofs sind hier zu sehen, die ältesten stammen aus dem Jahr 1407. Das Highlight der **Wikingerhalle** ist Norwegens einziges erhaltenes Wikingerschiff außerhalb Oslos, das **Handelsschiff von Klåstad**. In der Walhalle sind die Skelette verschiedener Walarten (u.a. eines Bauwals) zu sehen. Zudem wird die Geschichte des Walfangpioniers Svend Foyn dokumentiert.
Slottsfjellsmuseet, *Farmannsveien 30, ☎ 33312919, https://vestfoldmuseene.no/slottsfjellsmuseet, Mai–Sept. tgl. 11–16, sonst Di–So, NOK 90 (inkl. Aussichtsturm), Kinder (7–17 Jahre) NOK 70, freier Eintritt jeden Di.*

Reisepraktische Informationen Tønsberg

Unterkunft

Thon Hotel Tønsberg Brygge €€€€, *Nedre Langgate 40, ☎ 33344900, www.thonhotels.no. Schönes, an den Landungsbrücken im Zentrum gelegenes Haus, 72 gut ausgestattete Zimmer und Suiten, z. T. mit Fjordaussicht, gutes Restaurant.*
Quality Hotel Tønsberg €€€€, *Ollebukta 3, ☎ 33004100, www.nordicchoicehotels.no. Modernes, architektonisch ansprechendes Haus am Jachthafen und Tønsberg-Kanal. 292 gut ausgestattete Zimmer, Dachterrasse mit Außenpool und tollem Blick, Fitnessraum und Sauna, Restaurant, Brasserie und Bar.*
Hotell Borge €€€, *Husøy Brygge, 3132 Husøysund, ☎ 33381850, www.hotellborge.no. Schönes historisches Familienhotel von 1700 mit 60 Zimmern in verschiedenen Gebäuden, 5 km außerhalb am Meer gelegen. Swimmingpool, Ruderboot- und Fahrradverleih, eigene Bootsanlegestelle, Restaurant.*

Jugend-/Familienherberge

Tønsberg Vandrerhjem, *Dronning Blancasgate 22, ☎ 33312175, http://tonsbergvandrerhjem.no. Angenehme und komfortable Familienherberge in parkähnlicher Lage nahe dem Schlossberg-Museum. 24 Zimmer mit und ohne Bad, Frühstück, Vintage-Laden, ganzjährig geöffnet.*

Insel Tjøme: Fahrt zum „Ende der Welt“

Welt der Schären

Einen sehr schönen Ausflug kann man von Tønsberg aus auf dem Rv. 308 zur Insel Tjøme unternehmen. Über Dämme und Brücken, vorbei an Jachthäfen und Schären, fährt man in etwa einer halben Stunde bis zum Ende der Straße, die vor allem im letzten Streckenabschnitt von Laubbäumen und mächtigen Felsbrocken flankiert wird. Ab dem großen Parkplatz (Reitstall, Kiosk, Infotafeln) sind es nur wenige Schritte bis zum Meer, das hier von Hunderten von kahlgeschliffenen Schären durchsetzt ist. Am kleinen Hafen vorbei wandert man über Holzstege und Fußgängerbrücken direkt in diese amphibische Wunderwelt hinein und genießt den Ausblick auf die Mündung des Oslofjords, einige Leuchttürme und den regen Fährverkehr. Bei gutem Wetter kann man auf den glatten Klippen sonnenbaden oder den Sprung ins kühle Nass wagen. Oberhalb des Hafens grüßt ein restauriertes Leuchtfeuer aus dem Jahr 1696, eigentlich nur eine Steinpyramide mit Hebebaum und Eisenbehälter für das Feuer. „**Verdens Ende**“ heißt diese eindrucksvolle Szenerie, doch ist man hier wirklich am „Ende der Welt“? Für die Passagiere der Fähren, die bei der Einfahrt in den Oslofjord mit Tjøme zum ersten Mal norwegischen Boden sehen, ist es wohl eher der Anfang ihres Reiseziels. Am „Ende der Welt“ wurde 2015 auch das Visitor Center für den **Færder-Nationalpark** eingeweiht, ein eindrucksvoller Rundbau mit Panoramablick. In einer interaktiven digitalen Ausstellung wird das Leben unter und über Wasser dargestellt sowie Geologie und Landschaft des Nationalparks dokumentiert. Der Færder-Nationalpark wurde 2013 als 44. des Landes eröffnet. Er ist 340 km² groß, davon sind 325 km² Meeresfläche.

Regatta auf dem Oslofjord

Besøkssenteret Færder Nasjonalpark, *Helgerødveien 590, 3145 Tjøme, ☎ 33507600, www.ferdernasjonalpark.no, Mitte Juni–Mitte Aug. tgl. 11–18, sonst Do–So 12–16 Uhr, NOK 90.*

Sandefjord

See- und Kurbad

Sandefjord erreichen Autofahrer entweder über den Rv. 303 oder von der E 18 nach 4 km über die Abfahrt des Rv. 305. Der Ort mit einem Wikingerschiff im Wappen war während des 19. Jh. als Kurbad berühmt, nachdem man hier 1837 ein Schwefelheilbad für rheumatische Krankheiten eingerichtet hatte, auch Moorbäder und Behandlungen mit Feuerquallen waren damals üblich. Von 1837 bis zur Einstellung des Badebetriebs 1939 dürften ca. 50.000 Menschen aus aller Welt das Bad besucht haben, darunter auch Mitglieder des Königshauses und Staatsminister. Heute sind die Gebäude des Kurbads restauriert und zu einem Kulturzentrum umgebaut, auch die Touristeninformation ist in einem solchen Bauwerk untergebracht. Zur gleichen Zeit erlebte Sandefjord einen Aufstieg als Zentrum für den Walfang im Nordatlantik. Um 1900 war es die weltweit bedeutendste Walfangstadt und um 1905 startete von hier die erste Walfangexpedition in die Antarktis. Um 1920 hatte die Stadt nicht weniger als 90 Walfangschiffe und 15 Walkochereien. Ab Mitte der 1950er-Jahre gingen die Aktivitäten stark zurück und wurden 1968 ganz eingestellt. Viele der hiesigen Sehenswürdigkeiten haben mit diesem nicht unumstrittenen Thema zu tun. Heute hat Sandefjord ca. 63.000 Einwohner und lebt von Schifffahrt und Industrie. Mit dem Torp Sandefjord Airport (von manchen Airlines auch Oslo-Torp genannt), dem Bahnhof und der Fährverbindung zum schwedischen Strömstad stellt der Ort einen Hauptverkehrsknotenpunkt im Südland dar. Der Fremdenverkehr kann auf viele Unterkünfte aller Art, Restaurants, Einkaufs- und Ausflugsmöglichkeiten zurückgreifen.

Frühere Walfangstadt

Bei der Einfahrt richtet man sich am besten nach den Verkehrshinweisen zum Fährhafen oder zur Touristeninformation. Unmittelbar neben dem Fährterminal ist am **Museumskai** (Museumsbrygga, Pier 3) das 1950 gebaute **Walfangboot „Southern Actor"** festgemacht (Besichtigung im Sommer tgl. 9.30–17 Uhr). Es ist in gutem Zustand und wäre mit dem originalen Dampfmotor jederzeit einsatzfähig. Am Museumskai mit nettem Restaurant findet man auch andere Seefahrzeuge, besonders interessant ist die „**Gaia**", eine originalgetreue Kopie des wikingischen Gokstadschiffs. Nur wenige Hundert Meter entfernt, jenseits des Fährterminals, gelangt man zum wohl bekanntesten Wahrzeichen der Stadt, dem in den 1950er-Jahren errichteten **Walfängermonument**. Das Brunnendenkmal, das den Walfang als heroische und lebensgefährliche Tat wagemutiger Harpunierer verklärt, liegt inmitten eines Kreisverkehrs. Dahinter führt eine nette Promenade am Ufer und dem Bootshafen entlang.

Die meistbesuchte Sehenswürdigkeit der Stadt ist das **Walfangmuseum**, nur einen kurzen Spaziergang vom Hafen entfernt. Es handelt sich um Europas einziges Spezialmuseum für den Walfang, das 2017 sein 100-jähriges Bestehen feierte. Im ursprünglichen Gebäude werden die arktische und antarktische Flora und Fauna präsentiert. Hauptattraktion ist das Modell eines Blauwals in Originalgröße. Neuere Räumlichkeiten beherbergen u. a. das internationale Wissenschaftszentrum für Wale und Walfanggeschichte, die Hauptausstellung zur Geschichte des Walfangs, einen Filmsaal und einen Interaktionsraum für Kinder.

Modell eines Blauwals

Hvalfangstmuseet, *Museumsgaten 39, ☎ 94793341, www.hvalfangstmuseet.no, Mai und Sept. tgl. 11–16, Juni 11–17, Juli–Aug. 10–17, sonst Mo–Sa 11–15, So 12–16 Uhr, NOK 20, Kinder (7–17 Jahre) NOK 10.*

Zur anderen Seite des Museumskais erstreckt sich der **Kurpark**, flankiert vom Rica Park Hotel und Einkaufszentren, auch die Fußgängerzone, Marktplatz und das **Rathaus** sind nicht weit. In Letzterem ist die Bibliothek des Walfangmuseums mit großer Auswahl an Fachliteratur, Archiven und Fotos untergebracht. Wer sich länger in Sandefjord aufhält, könnte sich auch das **Stadtmuseum** (Hystadveien 21) und das **Seefahrtsmuseum** anschauen. Oder man macht einen Spaziergang durch die putzigen Holzhausviertel von Bjerggaten und Breili, deren Bausubstanz aus dem frühen 19. Jh. stammt. Freunde moderner Kunst haben schließlich im **Skulpturenpark Midtåsen**, 2 km vom Zentrum auf einem Hügel gelegen, ein

Fundsituation der Wikingerschiffe um 1880

überaus lohnendes Ausflugsziel. Dabei bilden neben den Skulpturen auch der terrassierte Park mit altem Baumbestand und der moderne Pavillon aus Glas und Beton (2009) ein wunderbares Gesamtkunstwerk (Eintritt frei).

Südlich der Stadt, dem Rv. 303 nach Larvik folgend, liegen schöne **Badestrände**. Ebenfalls im Süden (am besten über den Rv. 303 zu erreichen) finden Geschichtsinteressierte wichtige Zeugnisse aus der Wikingerzeit, z. B. das Königsgrab **Gokstadhaugen**. Dieser Grabhügel wurde 1880 freigelegt; die Funde sind samt Schiff in Oslo zu besichtigen (S. 148). In jüngerer Zeit haben die Ausgrabungen am Handelsplatz Kaupang/Skiringssal in Tjølling für Aufsehen gesorgt. Der Ort war einer der großen Handelsplätze der Wikingerzeit und, wenn man so will, noch vor Tønsberg die erste Stadt des Landes.

Reisepraktische Informationen Sandefjord

Information

Visit Sandefjord, *www.visitvestfold.com/sandefjord. Es gibt in Sandefjord kein eigenes Touristenamt mehr, dafür Touristeninfo-Punkte u. a. an den u. g. Hotels.*

Unterkunft

Scandic Park Sandefjord €€€€, *Strandpromenaden 9, ☎ 33447400, www.scandichotels.de. Der mächtige Backsteinklotz, der den Stadtpark überragt, ist mit 350 komfortablen Zimmern die größte Herberge der Region und landesweit auch als Kurs- und Konferenzhotel bekannt. Neben einem großen Restaurant (Kosmos) mit Tanz gibt es zwei weitere Restaurants, Bar/Nachtclub, Gartenterrasse, Spa-Abteilung u. a. mit geheiztem Seewasserbassin, Saunas, Solarium und Fitnessstudio. Vis-à-vis liegt der Kleinboothafen mit eigener Anlegestelle.*

Clarion Collection Hotel Atlantic €€€€, *Jernbanealléen 33, ☎ 33428000, www.nordicchoicehotels.no. Sehr schönes, historisches Haus von 1910 mit neuerem Annex, nahe dem Zentrum gelegen. Insgesamt 109 Zimmer und Suiten, ausgestattet mit vielen Erinnerungen an die lokale Schifffahrt und den Walfang. Fitnessabteilung mit Sauna, im Übernachtungspreis sind Kaffee und Kuchen sowie abends ein einfaches Büfett inkl.*

Torp Hotel €€€, *Fokserødveien 2, ☎ 33489060, https://torphotel.no. Praktische und vernünftige Herberge an der E 18, 3 km vom Flughafen, 6 km vom Stadtzentrum. 43 einfache 2- bis 5-Bett-Zimmer mit Bad, Frühstücksbüfett, moderne Cafeteria (7–22 Uhr).*

Camping

Langeby Camping, *Vesterøyveien 361, ☎ 91135112, www.langeby.no. Etwa 8 km von der Innenstadt auf Versterøya gelegene Anlage direkt am Meer, Hüttenvermie-*

tung, langer Sandstrand, Badefelsen, viele Sportangebote (u. a. Beachvolleyball), Verleih von Ruderbooten, Kajaks, Kanus und Fahrrädern, Kiosk, Laden, Imbiss.

Verkehrsverbindungen

Der **TORP Sandefjord Airport** *(Sandefjord Lufthavn, Torpveien 130, www.torp.no) liegt nur einige Kilometer außerhalb der Stadt. Er ist durch Widerøe u. a. mit Bergen, Trondheim und Stavanger verbunden. Es gibt auch Flüge u. a. nach London, Kopenhagen und Amsterdam (KLM, Ryanair), allerdings derzeit keine Ryanair-Direktflüge nach Deutschland mehr. Sandefjord hat einen* **Bahnhof** *an der* **Vestfoldbahn** *auf der Strecke Tønsberg – Skien – Drammen (– Oslo).* **Überlandbusse** *fahren von der Station gegenüber dem Bahnhof zu allen größeren Orten des Südlands. Sowohl Fjord Line (www.fjordline.com) als auch Color Line (www.colorline.de) unterhalten mehrmals tgl. eine* **Fährverbindung** *nach Strömstad in Schweden, die Überfahrt dauert jeweils 2,5 Std.*

Larvik

Fährstadt mit Geschichte

Die Industrie- und Hafenstadt (47.000 Einwohner) ist hauptsächlich wegen ihrer täglichen Fährverbindungen nach Dänemark für Touristen von Interesse, ansonsten gibt es schönere Orte an der norwegischen Südküste. Die Stadt erlebte ihre kulturelle Blüte während der sogenannten „Grafenzeit", als Larvik eine dänische Grafschaft war. Der eindrucksvolle **Herregården** aus dem 17. Jh. ist das schönste Überbleibsel dieser Zeit, in ihm befindet sich heute das **Stadtmuseum**. Auch die **Kirche** aus der gleichen Epoche ist sehenswert, eines ihrer Gemälde soll von Lucas Cranach stammen. Norweger kennen Larvik wegen der schwefelhaltigen Frischwasserquelle Kong Håkons Kilde in der Nähe der Stadt, sie ist die einzige Mineralwasserquelle des Landes und speist den See **Farrisvatn**. Das Wort „Farris" benutzen viele Norweger für „Mineralwasser". Die Stadt hat eine ganze Reihe berühmter Söhne und Töchter, u. a. wurden der Schriftsteller Ingvar Ambjørnsen, der Schiffskonstrukteur Colin Archer, der Wissenschaftler, Expeditionsleiter und Völkerkundler Thor Heyerdahl sowie die ehemalige Justizministerin und Krimiautorin Anne Holt hier geboren. Schöner als Larvik selbst ist der kleine Ort **Stavern** auf der anderen (westlichen) Seite des Larvik-Fjords, schnell erreichbar auf einem 8 km langen Abstecher über den Rv. 301. Hübsche alte Holzhäuser, Badeklippen, Sandstrände, Wanderwege und Bootshäfen sind der Grund, dass sich Larviks touristisches Leben hauptsächlich hier abspielt.

Reisepraktische Informationen Larvik

Information

Es gibt Touristeninfo-Punkte u. a. am Farris Bad, am Quality Hotel und in Stavern. Vielfältige Infos über die Website www.visitvestfold.com/no/larvik.

Unterkunft

Toldgaarden Gjestegaard €€€, *Kirkestredet 12, ☎ 91619454, www.toldgaarden.no. Urgemütliche Holzhausunterkunft im Zentrum von Larvik, 200 m vom Bahn-*

hof, 1 km von der Fährstation. Sechs voll ausgestattete Apartments für 1–5 Personen mit Küche, eigener Eingang, z. T. über 2 Etagen, netter Innenhof, Frühstücksangebot.
Farris Bad €€€€, *Fritzøe Brygge 2, ☏ 33196000, www.farrisbad.no. Hypermoderner Bau am bzw. im Skaggerak und am Sandstrand, 176 Zimmer und Suiten mit allem Komfort, stilvolles Restaurant, Lounge, beeindruckende 2.500 m²-Spa- und Wellness-Abteilung (die größte und modernste des Landes, mehrere Auszeichnungen!), u. a. mit Pool, Hamam, mehreren Saunas (mit Eisbad im Fjord), Whirlpools und großem Angebot an Anwendungen und Wellness-, Meditations- und Yogakursen.*

Camping

Kjærstranda Familjecamping, *Nalumruta, 3290 Stavern, ☏ 33195730, www.kjarstranda.no. Einer von vielen Campingplätzen in der Nähe von Larvik. Der angenehme Platz bei Stavern liegt direkt am Wasser, mit Strand und Bootshafen. 270 Stellplätze, 10 Hütten, Bootsverleih, Café, Imbiss, Laden, geöffnet Anfang Mai bis Anf. Sept.*

Verkehrsverbindungen

Der nächste Flughafen ist der **TORP Sandefjord Airport** *(www.torp.no), 25 km von der Stadt entfernt. Larvik hat einen* **Bahnhof** *an der* **Vestfoldbahn** *auf der Strecke Sandefjord – Tønsberg – Skien – Drammen (– Oslo).* **Überlandbusse** *fahren von der Station gegenüber dem Bahnhof zu allen größeren Orten des Südlandes. Einmal tgl. gibt es eine* **Fährverbindung** *nach Hirtshals in Dänemark mit der „M/S SuperSpeed 2" der Color Line (☏ 0431-7300100, www.colorline.de).*

Auf der **E 18** geht es in westlicher Richtung bei **Langangen** über zwei Brücken, danach folgt eine Mautstation und bei **Moheim** der Abzweig des Rv. 36, der nach **Porsgrunn** und zu anderen Industriestädten am Skienfjord sowie ins Innere des Fylke **Telemark** führt (S. 200). Kurz vor **Brevik** macht die Europastraße einen Bogen durch einen Tunnel und über die elegante **Grenlandsbrua**, deren 166 m hoher Pylon lange Zeit Norwegens höchstes Gebäude war. Es lohnt sich aber, den kleinen Schlenker über den Rv. 354 nach Brevik zu unternehmen, denn in dem schmucken Ort finden sich schöne Holzhäuser aus dem 18./19. Jh. Von hier aus kann man den Weg über die fast 700 m lange, eindrucksvolle Hängebrücke über den Breivik-Strom fortsetzen, die einen schönen Blick auf die Grendlands-Brücke freigibt. Nach 6 km gelangt man zum idyllischen Fischer- und Hafenort **Langesund**, der mit seinen weiß getünchten, unter Denkmalschutz stehenden Häusern an die große Zeit der Segelschifffahrt erinnert. Im hiesigen **Wasserpark** mit angeschlossenem Quality Hotel Skjærgården kann man sich in Sichtweite zum Meer im 31 °C warmen Wasser der Innen- und Außenpools aalen *(www.badeparken.no).*

Idyllischer Fischerort

Kragerø

In wenigen Kilometern über den Rv. 38 von der E 18 zu erreichen, ist Kragerø eine weitere Perle an der Skagerrak-Küste. Die idyllische 10.000-Einwohner-Ortschaft erstreckt sich über drei miteinander verbundene Inseln. Sie besitzt eine hübsche Hafenpromenade hinter roten und gelben Holzhäusern, malerische Gassen mit weißen, von Rosen berankten Gebäuden und kleinen Gärten, nette Cafés, Boutiquen und Restaurants. Im Zentrum ist im schönen, alten Bahnhofsgebäude die **Touristeninformation** untergebracht. Nicht weit davon entdeckt man das Geburtshaus des Malers **Theodor Kittelsen**, dessen bevorzugtes Motiv Trolle und Märchenfiguren waren. Im nahen **Gunnarsholm** spaziert man zwischen Kanonenstellungen aus dem 17./18. Jh. Im Sommer geht es nicht mehr so ruhig zu wie noch vor wenigen Jahren – Jachtbesitzer, Badelustige und Golffreunde, die den 18-Loch-Course ausprobieren wollen, mischen sich mit den Besuchern aus nah und fern. Viele brechen von hier zu Ausflügen in die Insel- und Schärenwelt auf. Es gibt insgesamt 495 Inseln, Inselchen und Schären, die allein eine Küstenlänge von rund 500 km haben! Vor allem die Inseln **Skaatøy** und **Jomfruland** (Jungfrauenland) mit Sand- und Kieselstränden, einer abwechslungsreichen Natur und dem markanten Aussichtsturm von 1839 werden viel besucht.

Holzhaus in Kragerø

Reisepraktische Informationen Kragerø

Information

Kragerø Turistkontor, *Rådhusgata 5, 3770 Kragerø, ☎ 35982388, www.visitkragero.no, Juni–Aug. Mo–Sa 9–17, sonst Mo–Fr 8–15.30 Uhr.*

Unterkunft

Kragerø Resort €€€€€, *Stabbestadveien 1, ☎ 35971100, www.krageroresort.no. Fantastisch gelegene und modern-luxuriöse Anlage mit 118 Zimmern und 117 Suiten, alles im klaren skandinavischen Design gehalten. Großer Spa-Bereich mit diversen Innen- und Außenpools, Jacuzzis, Saunas, Fitnesscenter, Anwendungen etc. Beach Club mit Sandstrand, Bar, zwei Restaurants, Café mit Terrasse, Bootsverleih, 18-Loch-Golfplatz.*

Kragerø Sportell €€–€€€€, *Lovisenbergveien 20, ☎ 35985700, www.kragero-sportell.no. Schön gelegene Freizeitanlage mit mehreren Holzhäusern, 1,5 km vom Zentrum entfernt. Unterschiedliche Apartments, Ferienwohnungen für bis zu 6 Personen und Familienzimmer (Standard und Economy), direkt am Wasser gelegen, Bootsverleih.*

Villa Bergland €€€, *Gamle Kragerøveien 73, ☎ 35982100, www.villa-bergland.no. Ca. 1 km außerhalb gelegenes, schönes Jugendstilhaus mit Hotelbetrieb. Daneben gibt es 20 zweistöckige Ferienwohnungen à 50 m² für bis zu 6 Personen. Sehr hoher Standard, schöner Garten, Terrasse, Bootsverleih.*

Camping

Lovisenberg Familiecamping, *Lovisenbergsveien 86, ☎ 35988777, www.campingplassen.com. 6 km außerhalb gelegene, großzügige Anlage direkt am Wasser, Hüttenverleih. Toll in die Felslandschaft eingelassener, beheizter Meerwasserpool, Kiosk, großes Sportangebot.*

Jomfruland Camping, *Saltverksmyrveien 22, 3781 Jomfruland, ☎ 48125633, www.jomfrulandcamping.no. Campingplatz mit Hüttenverleih auf der Insel Jomfruland.*

Risør

„Weiße Stadt am Skagerrak“

Wie Kragerø liegt auch Risør einige Kilometer von der E 18 auf einer schmalen Landzunge zwischen zwei kleineren Fjordarmen. Das 7.000-Einwohner-Städtchen, auch „Perle der norwegischen Riviera“ oder „weiße Stadt am Skagerrak“ genannt, hat alles, was für einen gelungenen Sommeraufenthalt notwendig ist: ein angenehmes Klima, eine schöne Uferpromenade, weiße Bilderbuchhäuschen an charmanten Gässchen, Gartenrestaurants, Bootshafen, feine Sandstrände und ein Meer voller Inseln. Kein Wunder also, dass auch Mitglieder des norwegischen Königshauses hier gelegentlich ihren Urlaub verbringen, was sich allerdings in den Preisen vor Ort niederschlägt. Bei einem Aufenthalt sollte man sich die aus dem 17. Jh. stammende barocke **Heilig-Geist-Kirche** anschauen. Ihr Altar war ursprünglich für eine Kirche in Riga vorgesehen, doch das Transportschiff strandete hier vor der Küste. Die Kirche ist auch Schauplatz des alljährlich stattfindenden Kammermusikfestivals. Das einzige **Salzwasseraquarium** Südnorwegens ist ein Tipp für die seltenen verregneten Tage. Zu sehen gibt es über 100 Fischarten, darunter Haie.

Risør Akvarium, *Strandgata 14, www.risorakvarium.no, Mitte Juni–Mitte Aug. tgl. 11–16, sonst Sa/So 11–16 Uhr (Dez.–Jan. geschl.), Fischfütterung um 14 Uhr, NOK 110, Kinder (2–15 Jahre) NOK 90.*

Wer an einheimischer Handwerkskunst interessiert ist, darf das Ausstellungszentrum **Acantus** nicht versäumen, das an der E 18 kurz vor Risør liegt. Naturfreunden zieht es zu den weißen Kalkfelsen, die „**Risørflecken**“ genannt werden und früher als weithin sichtbares Seezeichen genutzt wurden. Noch heute dienen sie den Fischern als Orientierung. Wer dem markierten Pfad folgt, kann den fantastischen Panoramablick über Risør und die Schären genießen.

Reisepraktische Informationen Risør

Information

Risør Turistkontor, *Torvet 1, 4950 Risør, ☎ 37152270, www.visitrisor.no, im Sommer Mo–Fr 10–16 Uhr.*

Unterkunft

Sjømanns Suitene – det lille Hotel €€€€, *Storgate 5, ☎ 37151495, www.detlillehotel.no. Sehr charmante Unterkunft im alten Risør, z. T. in einem Haus von 1750, zehn maritim eingerichtete Suiten für 2–5 Personen, Restaurants in der Nähe.*

Risør Hotel €€€, *Tangengate 16, ☎ 37148000, www.risorhotel.no. Am zentralen Kai gelegenes, schönes Holzhaus mit 31 renovierten Zimmern. Gutes Restaurant, im Sommer kann man auch draußen sitzen.*

Camping

Sørlandet Feriesenter, *Sandnes, 4950 Risør, ☎ 37154080, www.sorlandet-feriesenter.no. Einer von vielen Campingplätzen in der Umgebung, außerhalb der Stadt Richtung Lyngør gelegen, Zelt-, Wohnwagen- und Wohnmobilplätze, Hüttenvermietung, Café, Poollandschaft, Sportangebote, Gästehafen, Bootsverleih.*

Tvedestrand

Der Reiz der weiter südwestlich gelegenen Gemeinde liegt wie bei Risør in der schönen Umgebung mit Schärengarten und weiß getünchten Eigenheimen – eine Erinnerung an die Zeiten der reichen Holzhändler vor einem Jahrhundert, die anstelle des üblichen Rot das exklusivere Weiß zum Schutz ihrer Häuser wählten. Der Ort ist idyllisch auf „drei Etagen" zwischen Fjord und dem Badesee Fjæretjenn (Sandstrand, Badepark) platziert und besitzt viel Charme – die rund 6.000 Einwohner setzen aber nicht nur darauf: Inzwischen locken viele Antiquariate Touristen in den alten Ortskern, der zu neuem Leben erwacht, nachdem die Fährfunktion an Arendal verloren gegangen war. Tvedestrand versteht sich, wie Fjærland am Sognefjord (S. 296), als Bücherstadt und Stadt der Lesekultur. In rund 20 Antiquariaten können Bücherwürmer in Bücherregalen stöbern, die insgesamt eine Länge von 7,5 km haben sollen.

Viele Antiquariate im Ortskern

Ein schönes Ausflugsziel mit dem Boot ab Tvedestrand ist das pittoreske und autofreie **Lyngør**, die „Ortschaft im Meer", die sich über vier Inseln erstreckt und rund 100 Einwohner zählt.

Reisepraktische Informationen Tvedestrand

Unterkunft

Tvedestrand Fjordhotell €€€, *Fritz Smithsgate 7, 4900 Tvedestrand, ☏ 37160300, www.tvedestrandfjordhotell.no. Sehr charmantes, historisches und grundlegend renoviertes Hotel direkt am Kai in Tvedestrand mit einer tollen Aussicht über den Fjord. 26 gemütliche Zimmer mit allem Komfort, die Hälfte davon mit Meerblick. Sehr gutes Restaurant, im Sommer wird auf der hübschen Terrasse am Wasser serviert.*

Arendal

Die traditionsreiche Industrie-, Handels- und Seefahrtstadt Arendal (45.000 Einwohner), eine der ältesten Südnorwegens, erstreckt sich über sieben miteinander verbundene Inseln. Inmitten der vorherrschenden weißen Holzhausbebauung überraschen einige sehr gute Beispiele moderner Architektur, etwa nördlich der Altstadt der blockhafte Bau **KUBEN**, das neue Museums- und Kulturzentrum von Aust-Agder aus dem Jahr 2015. Das Zentrum zeigt temporäre und ständige Ausstellungen, beherbergt eine Bibliothek, ein umfangsreiches Archiv und ein Café. Es verwaltet auch andere Museen in Arendal und Umgebung, etwa das Merdø-Freilichtmuseum auf der gleichnamigen Insel.

Traditionsreiche Seefahrerstadt

KUBEN *(Aust-Agder museum og arkiv), Parkveien 16, ☏ 37017900, www.kubenarendal.no, Di–Fr 9–15, Sa/So 12–16 Uhr, NOK 90, Kinder bis 15 Jahre frei.*

Gegenüber dem großen, verglasten **Rathaus** und Kulturzentrum von 2006 erhebt sich der hohe Turm der neugotischen **Backsteinkirche**. An dieser vorbei gelangt man in wenigen Schritten zum **Hafen**, der sehr stimmungsvoll in die Holzhausbebauung des Viertels **Tyholmen** eingebettet und von einer Vielzahl von Restaurants und Kneipen umgeben ist. Am Jachthafen und nahe der Anlegestelle der Personenfähren steht das **Empirepalais** des Konsuls Kallevig aus der Zeit um 1815, das 1844–2006 als Rathaus fungierte und als zweitgrößtes Holzhaus des Landes gilt (nach dem Trondheimer Stiftsgården, S. 406). Das schneeweiße, vierstöckige Gebäude weist kaum Dekorationen auf, beeindruckt aber durch seine Größe.

„Venedig des Nordens"

Viele ehemalige **Kanäle**, die Arendal den Beinamen „Venedig des Nordens" einbrachten, sind inzwischen zugeschüttet und auch die Zeit der Windjammer ist endgültig vorbei, als es intensive Beziehungen zur holländischen Ostindischen Handelskompanie gab. Trotzdem ist die maritime Vergangenheit der Stadt sehr präsent und sie hat viel Flair, vor allem am Hafenbecken „Pollen". Wer möchte, kann in einem der Hafencafés sitzen, frische Garnelen vom Kutter probieren oder in einem der Holzhaushotels einchecken. Oder man macht einen Bootsausflug zu den nahen Leuchttürmen auf **Torungen** (34 m hoch), die von Arendal gut zu sehen sind und u.a. ein sehr gutes Restaurant und Übernachtungsmöglichkeiten bieten.

Mit Badeklippen, Sandstränden, Café und einem Schärenmuseum wartet die autofreie Insel **Merdø** (Bootstransfer ab Pollen in 25 Min.) auf. Wer sich längere Zeit in der Gegend aufhält, hat zudem mit **Tromøy** ein wahres Insel-Eldorado vor der Haustür. Mit 29 km² (12 km lang, 3,5 km breit) ist sie die größte Insel des Südlandes und durch eine Hängebrücke mit dem Festland verbunden. Sandstrände, eine Kirche von 1150, Wanderwege und Kletterklippen sowie ein recht lebhafter Hauptort machen sie zu einem attraktiven Ausflugsziel. Auch am Rv. 420 in Richtung Grimstad kann man im Sommer an schönen Sandstränden baden. Sollte man aber in Arendal die Küste verlassen wollen, gelangt man über den Rv. 42 ins **Setesdal** (S. 212).

Reisepraktische Informationen Arendal

Information

Arendal Turistkontor, *Sam Eydes Plass, 4836 Arendal, ☎ 37005544, www.arendal.com. Infostelle gegenüber dem Arendal Kultur- og Rådhus, Ende Juni–Aug. Mo–Fr 9–17, Sa 11–16, sonst Mo–Fr 10–15 Uhr, u.a. Fahrradverleih.*

Unterkunft

Arendal Herregaard Spa & Resort €€€€, *Tromøy, 4818 Færvik, ☎ 37060830, www.arendalherregaard.no. 10 Fahrminuten von Arendals Zentrum entfernt auf der Insel Tromøy gelegenes, hochherrschaftliches Holzgebäude. Das 1929 gegründete Hotel ist eine der traditionsreichsten Herbergen in der Region. 40 renovierte Zimmer und Suiten, Vermietung von großen und modern ausgestatteten Apartments mit Küche. Restaurant mit weithin bekannter Gourmetküche, großzügiges Spa-Zentrum mit Hallen- und Freibad, Whirlpool, Sauna etc. Herrliche Umgebung, Fahrradverleih, Golf.*

Clarion Hotel Tyholmen €€€€, *Teaterplassen 2, ☎ 3737076800, www.nordicchoicehotels.no. Sehr malerisch am Ende des Hafens und im Altstadtviertel Tyholmen gelegenes, modernes Holzhaus im traditionellen Stil. Die Hälfte der 96 Zimmer und Suiten haben Seeblick. Renommiertes Restaurant, Bar.*

Grimstad

Gemütlich geht es auch im benachbarten Grimstad (23.000 Einwohner) zu, um dessen Zentrum die E18 in weitem Bogen herumführt. Ein Abstecher in das hübsche Städtchen ist durchaus empfehlenswert; der Straße ins Zentrum folgend gelangt man automatisch zum Jachthafen mit Uferpromenade und Parkplätzen. In Grimstad lebte Henrik Ibsen ab 1843 für ein paar Jahre und erlernte den Beruf des Apothekers. Seine alte Apotheke, nur wenige Schritte vom Hafen entfernt, beherbergt heute zusammen mit einem 2006 eröffneten Nebengebäude das **Ibsen-Museum**. Es zeigt eine Sammlung von Originalmanuskripten, Möbeln und eine Dokumentation über Grimstad im 19. Jh. Vor der Apotheke erinnert im hübschen Garten eine Büste an den einstigen Bewohner. Von dort führt eine Gasse bergan zur großen **Holzkirche** von 1881, von hier hat man einen schönen Blick auf die Stadt.

Ibsen-Museum in ehemaliger Apotheke

Ibsenmuseet, *Henrik Ibsens gate 14, ☎ 37040490, www.gbm.no/ibsenmuseet, im Sommer tgl. 11–16 Uhr, Eintritt NOK 90, Kinder bis 15 Jahre frei.*

6 km außerhalb Grimstads liegt das **Gut Nørholm**, in dem Knut Hamsun (1859–1952) ab 1918 lebte und das immer noch im Besitz der Familie ist. Das Haus ist für Besucher nicht zugänglich, doch erinnert auch in Grimstad vieles an den Dichter. Vor der **Bibliothek** (Storgate 44) etwa ist seine Büste zu sehen; das Gebäude war übrigens Schauplatz des Gerichtsprozesses, der 1947 gegen Hamsun wegen Landesverrats geführt wurde. Auf der gleichen Straße erinnert die Victoria-Statue an die Hauptfigur aus Hamsuns gleichnamigen Roman (1898). Wenige Schritte weiter ist sogar noch „Hamsuns Briefkasten“ (Storgate 23) erhalten, den er in seinem Buch „Auf überwachsenen Pfaden“ schildert. Im gleichen Roman wird ein Spaziergang beschrieben, den man anhand der Markierung („Hamsuns ruslespor“ = „Hamsuns Spaziergang“) nachwandern kann. Da in Grimstad mit Ibsen der berühmteste Dramatiker und mit Hamsun der berühmteste Romancier Norwegens so nah beieinander zu Hause waren, darf sich der Ort zu Recht „Dikternes by“ („Stadt der Dichter“) nennen.

Erinnerung an Knut Hamsun

Zwischen Grimstad und Kristiansand passiert man das äußerst pittoreske **Lillesand**, vielleicht der malerischste der Sørland-Orte. Das Städtchen (800 Einwohner im Ort, 11.000 in der Gemeinde) entzückt mit seiner Bausubstanz aus dem 18. und 19. Jh., schmalen Gassen, einem kleinen Hafen und rosenberankten, weißen Holzhäusern. Im Sommer werden schöne Bootstouren durch die Insel- und Schärenwelt nach Kristiansand und zurück angeboten. Ein Hotel, mehrere Pensionen, Campingplätze und Ferienhäuser bieten Gästen Quartier.

Westlich von Lillesand hat man der E18 einen neuen Verlauf gegeben, mit mehreren Tunneln und Brücken, die manchmal spektakulär direkt aufeinanderfolgen. Bei **Vestre Vallesverd** bilden die Straßen Fv. 229, Rv. 420

Am Hafen in Grimstad

und Rv. 401 eine landschaftlich wunderschöne Alternative zur E 18. Kurz vor Kristiansand kann man der touristisch interessanten Rv. 41 (Telemarksvegen, S. 204) in den Norden zur Telemark folgen.

Kristiansand

Metropole des Südlandes

Mit 92.200 Einwohnern ist Kristiansand zwar die Metropole und außerdem ein wichtiges Handels-, Bildungs- und Wirtschaftszentrum, nicht aber die Perle des Südens. Dazu ist die Stadt mit ihren ausufernden Vororten und riesigen Einkaufszentren einfach zu modern und besitzt – im Vergleich zu Orten wie Arendal, Mandal oder Grimstad – zu wenig Flair. Eine große Rolle spielt sie für den Fremdenverkehr aber dennoch, und zwar als Verkehrsknotenpunkt (Flughafen, Fähren nach Dänemark, Kreuzung der E 18, E 39 und Rv. 9 ins Setesdal) und aufgrund des großen Übernachtungsangebots. Wer sich hier etwas länger aufhält, wird von den Outdoormöglichkeiten begeistert sein, etwa von den Wanderwegen durch die Stadt etwa und vor allem den Bootstouren in die Wunderwelt der Schären. Die „Altstadt“ ist recht jung: Sie wurde 1641 zu Verteidigungszwecken vom Dänenkönig Christian IV. im Stil der Zeit mit einem rechtwinkligen Straßensystem, breiten Straßen und Steinhäusern errichtet.

Tier- und Freizeitpark

Wer von der E 18 aus östlicher Richtung anreist, passiert zunächst die Messehalle, das Fußballstadion und den **Dyreparken**, Norwegens größten Tier- und Freizeitpark. Vor allem kleine Gäste werden von Attraktionen wie der „Kardemommestadt“, Theateraufführungen und dem Badeland mit vielen Wasserrutschen begeistert sein. Highlight des Tierparks ist die Afrika-Abteilung mit Savannenlandschaft. Im und am Park gibt es auf Familien ausgerichtete Unterkünfte.
Kristiansand Dyrepark, *Kardemomme By 4609, ☏ 97059700, www.dyreparken.no. Ganzjährig tgl. ab 10 Uhr, je nach Saison bis 15, 17, 19 Uhr, Eintritt je nach Tag und Saison unterschiedlich (ab NOK 240), online-Ticketkauf NOK 50 günstiger!*

Sommer am Hafen in Kristiansand

Anschließend überquert die E 18 mit zwei parallelen Brücken den **Topdalsfjord** (die südliche ist die ältere der beiden und war 1956–1972 Norwegens längste Hängebrücke), danach fährt man durch einen mautpflichtigen Tunnel, überquert direkt danach den Fluss Otra und biegt im zweiten Tunnel in Richtung Zentrum ab. Über die Festningsgata, die zentrale Achse des Altstadtkerns, fährt man am Denkmal des Stadtgründers vorbei bis zum Hafen, wo hinter einem Park die Festung **Christiansholm** liegt. Vom frei zugänglichen Gelände mit dem mächtigen Rundturm und kanonenbewehrten Wällen eröffnet sich ein schöner Blick auf Stadt und Hafen. Nördlich der Festung bestätigen der sandige **Stadtstrand** und das Spaßbad **Aquarama** Kristiansands Ruf als „Stadt für Kinder".

Stadtanlage der Renaissance

Zur Stadtseite hin markiert das schachbrettartige Straßenraster die Renaissance-Siedlung aus dem 17. Jh., genannt **Kvadraturen**. Hier erstreckt sich die Fußgängerzone Markensgate. Am großen Marktplatz stößt man auf das Rathaus von 1734 (Touristeninformation) und die beeindruckende neugotische Domkirche. Im Sommer geht es auf dem Markt mit bunten Obst- und Gemüseständen und Straßencafés lebhaft zu, der positive Eindruck wird verstärkt durch den farbenprächtigen Blumenschmuck, für den Kristiansand berühmt ist. Schön ist ein Spaziergang durch den nördlich angrenzenden Stadtteil **Posebyen** mit netter Holzhausarchitektur.

Zum Süden hin schließt sich an die Kvadratur die durch drei Brücken mit dem Festland verbundene Insel **Odderøya** an. In der Nähe der Brücken setzt hier das Theater- und Konzerthaus Kilden einen markanten städtebaulichen Akzent. Der 2012 eingeweihte Komplex war das erste größere Werk des finnischen Architektenbüros ALA. Die geschwungene Fassade und besonders das Dach zum Wasser hin sind imponierend. Beim Besuch des Cafés Kast Loss kann man im Foyer auch ein Stück des Interieurs sehen. Im Kilden (= die Quelle) sind das Symphonieorchester, das Theater, die Oper und andere Institutionen der Stadt zu Hause.
Kilden Teater og Konserthus, *Sjølystveien 2, ☏ 90581111, www.kilden.com. Das gute Restaurant Frihavn ist Mo–Sa ab 16, die Foyer-Bar Mo–Sa ab 11 Uhr und zu Theatervorstellungen geöffnet.*

Sammlung historischer Gebäude

Im Norden wird die Kvadratur vom **Naturpark Baneheia** begrenzt, einem herrlichen Areal mit Badeseen, Wanderwegen und Kletterfelsen – ideal für sportliche Aktivitäten oder ein Picknick. Ebenfalls nördlich, ca. 4 km außerhalb, liegt das sehenswerte **Freilichtmuseum**. Mit 40 historischen Gebäuden in parkähnlicher Umgebung dokumentiert es die Geschichte der Provinz, sowohl die bäuerliche als auch die städtische. Eindrucksvoll ist das große Modell der Stadt Kristiansand.
Vest-Agder-Fylkesmuseum, *Vigeveien 22B, ☏ 38102680, www.vestagdermuseet.no, Mitte Juni–Mitte Aug. Mo–Fr 10–17, Sa/So 12–17, sonst Mo–Fr 9–14 Uhr, NOK 90, Nebensaison freier Eintritt (keine Innenbesichtigungen).*

Von Kristiansand aus lassen sich viele schöne Ausflüge unternehmen. Der Anleger für die **Bootstouren** in den Schärengarten befindet sich nahe der Festung, jenseits der Strandpromenade. In unmittelbarer Nähe erstreckt sich ein weiter Grüngürtel mit Wander-, Angel- und Bademöglichkeiten (Sandstrand). Zum Westen hin liegen am idyllischen **Nordsjøvegen** (S. 216) viele weitere Attraktionen nur wenige Fahrminuten entfernt. Nordöstlich der Altstadt, nahe dem Rv. 41, haben Freunde

moderner Sakralarchitektur in der **Ansgarkapelle** ein interessantes Besichtigungsziel. Die 2008 eingeweihte Kapelle gilt als Hauptwerk des in Kristiansand geborenen Architekten Kjell Nupen und beeindruckt bei Lichteinfall vor allem durch ihre bunten Glasfenster.
Ansgarkapellet, *Fredrik Fransonsveien. 4, ☏ 38106500, tgl. 8–22 Uhr.*

Reisepraktische Informationen Kristiansand

Information

Kristiansand Turistinformasjon, *Rådhusgata 18, 4611 Kristiansand, ☏ 38075000, www.kristiansand.kommune.no, im Sommer tgl. 8–18, sonst Mo–Fr 8–15 Uhr. Im gleichen Gebäude sind das Reise- und Buchungsbüro Inspirasjon Sørlandet AS und ein Internetcafé untergebracht.*

Unterkunft

Radisson Blu Caledonien Hotel Kristiansand €€€€€, *Vestre Strandgate 7, ☏ 38112100, www.radissonblu.com/hotel-kristiansand. Großer, moderner Hotelklotz nahe Fähranleger, Bussen, Bahn und Zentrum. 205 gut ausgestattete Zimmer und Suiten (auch Familienzimmer) – von den oberen eröffnet sich ein toller Blick auf Hafen und Stadt. Mit Restaurant und Bar, kostenlose Leihfahrräder.*
Clarion Hotel Ernst €€€€€, *Rådhusgate 2, ☏ 38128600, www.nordicchoicehotels.no. Traditionsreiche, 1858 eröffnete und zentral gelegene Herberge, in der schon Knut Hamsun übernachtete, außen und innen eine architektonische Augenweide. 199 modern und individuell eingerichtete, aber unterschiedlich große Zimmer und Suiten. Restaurant, elegante Bar, Fitnessstudio und Sauna.*
Ansgar Sommer Hotell €€€, *Fredrik Fransonsvei 4, Hånes, ☏ 38106400, www.ansgarsommerhotell.no. Modernes, preisgünstiges Sommerhotel etwas außerhalb nahe der Ansgarkapelle gelegen, ruhige, grüne Umgebung am Wasser. 91 saubere, einfach eingerichtete Einzel-, Doppel- und Familienzimmer mit Dusche/WC. Kleines Hallenbad und Fitnesscenter, Garten mit Grillmöglichkeit, Snackbar, nur 21. Juni–5. Aug. geöffnet.*

Camping

Hamresanden Resort, *Hamresandveien 3, 4656 Hamresanden, ☏ 38144280, www.hamresanden.no. Großes Freizeitgelände auf einer Landzunge mit Wiesen und Badestrand, 11 km östlich des Zentrums, gut von der E 18 zu erreichen. Zeltplätze, Campinghütten, Motelbetrieb und 30 moderne Hotel-Apartments, Kiosk, Laden, Tauchbasis, viele Aktivitäten, ganzjährig geöffnet.*

Essen & Trinken

Fiskebrygga, *am Südwestende der Altstadt nahe dem Fähranleger (Ecke Vestre und Østre Strandgate) gelegener Fischmarkt mit mehreren guten Restaurants, teils nur Tische im Freien.*
Sjøhuset Restaurant, *Østre Strandgate 12 A, ☏ 38026260, www.sjohuset.no. Schönes, auf Stelzen im Meer gebautes Holzhaus mit großer Terrasse, Fisch und Seafood in allen Variationen, aber auch Erfrischungen und kleine Gerichte, die Küche ist tgl. 11–23 Uhr geöffnet, die Bar länger.*

Verkehrsverbindungen

*Der **Flughafen Kjevik** (Kristiansand lufthavn) liegt 18 km nördlich der Stadt. Er ist durch Widerøe mit Oslo, Bergen, Trondheim und Stavanger verbunden, es gibt auch Flüge u. a. nach Kopenhagen (Widerøe) und Amsterdam (KLM).*
*Von großer Bedeutung ist der **Fährhafen** unmittelbar westlich der Altstadt. Mehrmals tgl. verkehren Fähren der Reedereien Color Line (www.colorline.de) und Fjordline (www.fjordline.com). Deren Katamaran „Fjord Cat“, die schnellste Fähre von Dänemark nach Norwegen, schafft die Strecke Hirtshals – Kristiansand in nur 2 Std. 15 Min.*
*Kristiansand hat einen **Hauptbahnhof** (Vestre Strandgate 43, ☎ 38077532, www.vy.no, direkt neben Fährstation und Busbahnhof) an der Südlandstrecke Oslo – Stavanger.*
*Per Bus existieren Verbindungen des Unternehmens Nor-Way u. a. nach Grimstad und Oslo in östlicher sowie nach Mandal, Flekkefjord, Stavanger und Bergen in westlicher Richtung („Konkurrenten“, www.nor-way.no, www.nettbuss.no). Der **Busbahnhof** liegt neben der Fährstation und dem Bahnhof.*

Im Hinterland: durch die Telemark

Die Provinz Telemark gehört zu Südnorwegen, immerhin zählt auch der schmale Küstenstreifen am Skagerrak bei Kragerø dazu. Aber die Telemark vereint ganz unterschiedliche und nicht unbedingt typisch südnorwegische Landschaften: Die waldreichen Mittelgebirge und Täler erinnern an Ostnorwegen und im Norden liegt mit der Hardangervidda ein typisches Hochgebirgsplateau. Für den Fremdenverkehr spielt die schneesichere Telemark mit vielen Loipen, Liften und Pisten eine überragende Rolle: Hier liegt die „Wiege des Wintersports“ und der „Telemark-Stil“ ist in der ganzen Welt bekannt. Wo im Winter Langlauf ausgeübt wird, hat man im Sommer allerbeste Wandermöglichkeiten. Und die Besteigung des Gaustatoppen ist ein Erlebnis, das wohl keiner vergessen wird. Hinzu kommen Kanu- und Kajaktouren auf kristallklaren Seen, ausgeschilderte Fahrradwanderwege, Golfplätze und viele andere Möglichkeiten für einen **Aktivurlaub**. Auch Kultur hat die Provinz zu bieten: Allein drei **Stabkirchen** (darunter Heddal, die größte von allen) befinden sich in der Telemark, in mehreren **Freilichtmuseen** wird hervorragend die reiche bäuerliche Kultur gezeigt und selbst Industriestädte wie Porsgrunn, Skien und Rjukan können mit ihren Museen spannende Einsichten vermitteln. Ausländische Touristen nutzen die Telemark meist als Durchgangsstation zu den Fjorden Westnorwegens. Aus Oslo kommend, fährt man über Drammen und dann auf der E134 über Kongsberg und über

Wiege des Wintersports

Radeln am Telemark-Kanal

Notodden bis zum Haukelifjell. Wer mit der Fähre nach Larvik oder Kristiansand in Norwegen ankommt oder auf dem Weg von Oslo zunächst die Südküste erkunden will, nimmt den Rv. 36 ab Porsgrunn oder den Rv. 41 ab Kristiansand, um die Telemark zu erkunden. Abgesehen von diesen Hauptrouten sind es aber die vielen Nebenstraßen, etwa am Tinnsjö entlang, über Rjukan, am Fyresvatn entlang oder über Eidsborg, die die schönsten Landschaftserlebnisse versprechen.

Bedeutende Fremdenverkehrsregion

Besucher finden eine ausgezeichnete Infrastruktur vor: In fast jedem Ort gibt es Touristenbüros und als bei den Norwegern beliebte Ferienregion bietet die Telemark eine große Bandbreite an Unterkünften aller Art, u. a. auch an Ferienhäusern. In jedem größeren Ort gibt es **Campingplätze**, die meisten mit Hüttenverleih und direkt am Wasser gelegen – zu den schönsten Anlagen gehören Buøy Camping in Dalen *(www.buoycamping.com)*, Åsgrav Familiecamping in Bø *(www.aasgravcamping.com)*, Morgedal Camping in Morgedal *(www.morgedalcamping.no)* und Telnessanden Camping & Friluftssenter in Selfjord *(www.telnessanden.no)*. Jugend- und Familienherbergen finden sich u. a. in Skien, Kongsberg, Lunde und Rjukan.

Wer mit einem der **historischen Passagierdampfer** eine Fahrt auf dem Kanal machen möchte (Platzreservierung in der Ferienzeit erforderlich), wende sich an die Touristenbüros oder an Visit Telemark (s. u.). Fahrradfahrer erhalten dort in einem vierteiligen Kartensatz das komplette Radwegenetz Telemarks. Für Wanderer ist der Panorama-Wanderweg zwischen Lårdal und Dalen ideal. Golfern sei der **18-Loch-Golfpark Norsjø** bei Ulefoss empfohlen, 20 Minuten von Bø entfernt *(www.golfparken.no)*. Die Touristeninformationen halten Adressen von Spezialreiseveranstaltern für Fahrrad- und Mountainbiketouren, Elch-, Kanu- oder Jeepsafaris sowie außergewöhnliche Winteraktivitäten bereit.

Im Folgenden werden zunächst die Hauptrouten in Süd-Nord-Richtung vorgestellt und dann die Europastraße 134, die im Wesentlichen in Ost-West-Richtung führt und die Hauptstadtregion mit dem Westland verbindet.

Von Larvik in die Telemark: entlang der Straße 36

Dieser Weg ins Herz der Telemark beginnt rund 20 km westlich von Larvik, wo der Rv. 36 die E 18 verlässt und nach Norden führt. Der Abzweig liegt bereits im Einzugsbereich der Hafen- und Industriestadt **Porsgrunn** (36.000 Einwohner). Handel und Industrie waren schon immer die Lebensgrundlage des Ortes, zuerst ab 1600 als Holzumschlagplatz, im 19. Jh. dann als Werftenstandort. Schiffsreeder waren es auch, die 1885 die Porzellanmanufaktur nach deutschem Vorbild gründeten, die einzige in Norwegen. Ab den 1930er-Jahren kam die **Schwerindustrie** dazu und bestimmt das Ortsbild – nicht immer ein schöner Anblick. Wer sich dafür interessiert, kann auf der Halbinsel **Herøya**, einige Kilometer südwestlich des Zentrums, den größten Industriekomplex in ganz Norwegen bewundern, wo der Konzern Norsk Hydro und andere (Tochter-)Firmen u. a. Fabriken für Kunstdünger, Magnesium und PVC unterhalten, auch ein modernes Schmelzwerk für Altmetallrecycling gibt es auf Herøya. Sollte man trotz ihres industriellen Charakters Station in der Stadt machen wollen, lohnt eine Besichtigung der am Flussufer gelegenen und landesweit bekannten **Porsgrund Porselænsfabrik** (schöne Industriearchitektur, Museum, geführte Touren, Fabrikverkauf, Café, Info: *www.porsgrund.com*).

Das Henrik-Ibsen-Museum in Skien

Als nächstes liegt **Skien** am Rv. 36., etwas größer als Porsgrunn (55.000 Einwohner) und mit diesem fast schon zusammengewachsen. Auch hier wird das Bild von Industrie und Zweckbauten bestimmt, doch gibt es einige lohnende Sehenswürdigkeiten – vor allem für Liebhaber der norwegischen Literatur. Denn da der Dramatiker Henrik Ibsen samt Familie lange Zeit hier lebte (in drei verschiedenen Wohnungen), nennt sich Skien stolz „Ibsen-Stadt" und lockt mit einem **Henrik-Ibsen-Museum** *(Venstøphøgda 74, Mai–Aug. tgl. 11–17 Uhr)*. Im Stadtzentrum trifft man auf den recht lebhaften Rathausplatz sowie gut erhaltene Holzhäuser und Straßenzeilen (besonders die Snipetorpgate). Beachtlich ist auch die neugotische **Skien-Kirche**. Mit der Aussicht, Bischofssitz zu werden (wozu es später aber nicht kam), hatte man sie als Domkirche mit zwei 68 m hohen Westtürmen konzipiert, ihre Orgel ist eine der größten im Königreich. Ansonsten macht es Spaß, bei gutem Wetter am Ufer des **Telemark-Kanals** entlangzuschlendern und das Anlegen der Boote vor dem Bryggeparken zu beobachten. Im **Brekkepark**, einem herrlichen, im englischen Stil angelegten Garten, spaziert man zum klassizistischen Herrenhaus des frühen 19. Jh. und besucht das **Telemark-Museum** *(Øvregate 41, Mai–Aug. tgl. 11–17 Uhr)* mit seiner großen Sammlung von Bauern- und Stadthäusern aus der ganzen Provinz.

„Ibsen-Stadt" mit schönem Park

Reisepraktische Informationen Skien

Information

Skien Turistkontor, *Henrik Ibsensgate 2, 3732 Skien, ☎ 35905520, www.visittelemark.com, Mo–Fr 9–16 Uhr (u. a. Reservierung auf den Schiffen im Telemark-Kanal).*

Unterkunft

Clarion Collection Hotel Bryggeparken €€€€, *Langbryggene 8, 3724 Skien, ☎ 35912100, www.nordicchoicehotels.no. Neueres First-Class-Hotel mit Giebelhäusern direkt zum Wasser hin, fußläufig zum Anleger der Telemark-Kanalboote und zum Stadtzentrum. 146 gut ausgestattete Zimmer, Abendessen im Preis inklusive.*

Hinter Skien verläuft der Rv. 36 am Westufer des lang gestreckten Sees **Norsjø**, wo auch einer der bekanntesten Golfplätze Norwegens liegt (Norsjø-Golfpark). Ziemlich genau in der Mitte zwischen Nord- und Südende des Sees liegt der kleine

Ort **Ulefoss**, an dem der Telemark-Kanal mit einer imponierenden, 11 m hohen Schleuse (Vrangfoss sluser) vom See abgeht. Zu den weiteren Sehenswürdigkeiten des Ortes gehören die denkmalgeschützten ehemaligen Kanalarbeiter-Wohnungen (**Øvre Verket Håndverkstun**), die heute Werkstätten, Museumswohnung, Antiquariat und Café beherbergen, vor allem aber der **Ulefos Hovedgaard**. Dieses schneeweiße, säulengesäumte und mit einer Kuppel bekrönte Herrenhaus hätten wohl die wenigsten hier in der norwegischen Provinz erwartet. Das herrliche und beste Beispiel für den norwegischen Empirestil ließ ein Staatsrat 1807 errichten, heute beherbergt es ein Wagenmuseum mit Kutschen der Familie, ein Puppenhaus, eine Ausstellung zum Herrschaftsleben im 19. Jh., zwei Galerien und ein Café.

Beeindruckende Schleuse

info

Der Telemark-Kanal

Von Skien im Süden bis nach Dalen, 72 m ü.d.M. im Landesinneren, verläuft der bekannte Telemark-Kanal über eine Gesamtlänge von 110 km. Er geht durch eine mal liebliche und weite, dann von 700 m hohen Bergen gesäumte Landschaft, verbindet enge Flussläufe und kleinere wie größere Seen (u.a. Bandak, Norsjø, Flåvatn, Kviteseidvatn) miteinander. Der Kanal, einer der ungewöhnlichsten Wasserwege Europas, ist heute eine der bekanntesten Touristenattraktionen Südskandinaviens. Nach seiner Fertigstellung im Jahr 1892 konnten Schiffe von den Buchten Südnorwegens bis weit ins Landesinnere vordringen. Zusammen mit der Eisenbahn wurde der Kanal ein Motor für die Entwicklung und Industrialisierung der einstmals isolierten Region.

Schleusenanlage in Ulefoss

Zu den technischen Meisterleistungen gehören die acht Schleusen mit 18 Kammern, durch die 72 m Höhenunterschied überwunden werden, die meisten der Schleusen werden von Hand geöffnet und geschlossen. Inzwischen hat die Wasserstraße längst ihre ehemalige wirtschaftliche Bedeutung verloren, dafür aber eine neue gewonnen: Eine ganze Flotte von Ausflugs- und Freizeitbooten, Kajaks und Kanus bevölkert im Sommer den Telemark-Kanal, dazu kommen die beliebten Fahrten mit historischen Passagierdampfern. Schiffe wie die 1882 erbaute „MS Victoria“ oder die 1907 in Dienst genommene „Henrik Ibsen“ verkehren ab Mitte Mai bis 8. September.

Wer den Kanal mit einem Freizeitboot, Kanu oder Kajak befahren möchte, kann keine Schleusenzeiten vorbestellen und muss damit rechnen, insgesamt 2–3 Tage unterwegs zu sein. Auch Radfahrer können die imposante Strecke entlang dem Telemark-Kanal von Skien nach Dalen genießen. Man kann zwischen Abschnitten verschiedener Länge, die gut markiert sind, wählen. Möglich ist auch eine Kombination aus Fahrradtour und Schiffsreise, denn man kann sein Rad auf den Kanalschiffen mitnehmen. Entlang dem Kanal stehen in Ortschaften wie Skien, Ulefoss, Lunde und Dalen mehrere, z. T. wunderschöne historische Hotels aus der Anfangszeit zur Verfügung, es gibt aber auch Campingplätze, Pensionen und Jugendherbergen.

Wer eine Schiffsreise mit einer Wanderung verknüpfen möchte, kann den 14 km langen Hochgebirgswanderweg zwischen Lårdal und Dalen ausprobieren, der über weite Strecken direkt am Steilhang oberhalb des Kanals verläuft (Infos unter www.visittelemark.com).

Reisepraktische Informationen Ulefoss

Information

Ulefoss turistinformasjon, *Lannavegen 5, Nome, 3830 Ulefoss, ☎ 9070 9442, http://midt-telemark.com. An der Ulefoss-Schleuse gelegen.*

Jugendherberge

Lunde Vandrerhjem, *Tyrivegen 51C, 3825 Lunde, ☎ 35949068, www.lunde-vandrerhjem.no. Für Wassersportler und Fahrradfahrer am Telemark-Kanal ideal gelegene Jugend- und Familienherberge, 1,5 km von der Schleuse entfernt. 23 Selbstversorger-Apartments mit Küche und Bad, Terrasse, Kanu-, Kajak- und Fahrradverleih.*

Hinter Ulefoss kann man auf dem Rv. 36 weiter dem Ufer des Norsjø folgen und am Nordende des Sees bei Gvarv die Fahrt in Richtung Bø fortsetzen. Genauso gut ist es möglich, den Telemark-Kanal auf dem Rv. 359 bis **Lunde** zu begleiten, einem kleinen Ort, in dem die Passagiere der Kanaldampfer auf andere Schiffe oder Linienbusse umsteigen können.

Rv. 36 und Rv. 359 treffen sich dann wieder in **Bø**, dem einzigen größeren Ort hinter Ulefoss und besonders interessant, wenn man mit Kindern reist. Denn hier liegt **Bø Sommarland**, das als größter Wasserpark Skandinaviens mit unzähligen Rutschen, Pools, Strömungskanälen etc. zum Touristenmagneten der Telemark aufgestiegen ist *(www.sommarland.no)*. Bø bietet aber auch Kulturreisenden u.a. gleich zwei Kirchen. Beide liegen auf einem Hügel mit schöner Aussicht nebeneinander; die romanische **Alte Kirche** stammt von 1180, ist aus Stein gebaut und Olav dem Heiligen geweiht. Das Innere ist im Stil der Renaissance gehalten und besitzt eine außerordentlich wertvolle Kanzel. Die **Neue Kirche** kam 1874 hinzu, sehenswert ist hier die Kopie eines mittelalterlichen Brautstuhls. Im alten Ortskern lohnt auch der Besuch des **Bø-Museums**, zu dem einige wunderschön altmodische Gebäude gehören, z. B. der original eingerichtete Landhandel von 1898.

Freizeitparadies

Reisepraktische Informationen Bø

Unterkunft

Bø Hotel €€€, *Gullbringvegen 32, 3800 Bø i Telemark, ☎ 35060800, www.bohotell.no. Mitten in der Telemark gelegenes, gutes Touristen- und Konferenzhotel, 64 Zimmer unterschiedlichen Standards. Restaurant, Bar mit Tanz, 5 Minuten Fußweg vom Bahnhof/Busbahnhof, Außenpool, Garten.*

Hinter Bø schlängelt sich der Rv. 36 am Seljordsvatnet entlang, überragt vom Gebirgsmassiv des Lifjells, und stößt in **Seljord** (S. 209) auf die Europastraße 134.

Von Kristiansand oder Arendal in die Telemark: entlang der Straße 41

Entlang dem Telemarksvegen

Viele Touristen, die mit der Fähre in Kristiansand ankommen, nutzen statt der oben beschriebenen Route den Rv. 41 als Zufahrtsweg in die Telemark, der folgerichtig den Beinamen **Telemarksvegen** trägt. Auf diese Straße stößt man auch, wenn man in Arendal von der E 18 abzweigt und auf dem Rv. 42 gut 30 km bis **Svenes** fährt. Von Kristiansand bis Svenes sind es etwa 65 km, wobei die Straße immer am Ufer der Tovdalselva entlang führt. Die rund 125 km, die ab Svenes bis zur Einmündung des Telemarksvegen in die E 134 vor einem liegen, führen durch eine typische Telemark-Landschaft – mit moderaten Höhenzügen, vielen Gewässern, waldreichen Hängen und nur wenigen Siedlungen.

Der Fluss, der die Route zunächst begleitet, heißt **Nidelva** (nicht zu verwechseln mit dem gleichnamigen Wasserlauf bei Trondheim!) und kommt etwas weiter nördlich aus dem herrlichen, 277 m tiefen Binnensee **Fyresvatn**. Eine wunderbare Nebenroute zu diesem See bietet der Rv. 355, der bei **Tjønnefoss** abzweigt und über Fyresdal nach Norden führt. Die Hauptroute ist zwar etwas verkehrsreicher, aber nicht weniger reizvoll, denn sie fährt das gesamte östliche Ufer des **Nisser** ab, des größten Binnensees der Telemark. Auf dieser Strecke passiert man auch den Ferienort **Vrådal** mit einer gewissen Ballung touristischer Angebote (S. 210), 20 km danach gelangt man bei Brunkeberg auf die Europastraße 134 (s. u.).

Quer durch die Telemark: entlang der E 134

Kongsberg

Stromschnellen

Die Europastraße 134 ist eine der großen norwegischen Ost-West-Querungen, sie führt, stetig ansteigend, vom Oslofjordgebiet durch die Telemark bis in die Hardangervidda, und von dort aus wieder hinab zu den Westfjorden bei Haugesund. Sie beginnt außerhalb des Ballungsgebiets der Hauptstadt am Industrieort **Drammen** (S. 181) und passiert kurz darauf, 85 km hinter Oslo, die 27.000-Einwohner-Stadt **Kongsberg**. Deren Lage wird vom Fluss Lågen bestimmt, der an dieser Stelle reißende Stromschnellen entwickelt. Manchmal tritt er über die Ufer und setzt weite Teile des beschaulichen Städtchens unter Wasser.

Seine Entstehung verdankt das als „Silberstadt" bekannte Kongsberg einem Zufall: An einem Sommertag im Jahr 1623 brachten zwei Bauernkinder aus den Bergen einige merkwürdig schimmernde Steine mit, die sie beim Viehhüten gefunden hatten – Silber! Nur ein Jahr später wurden die Silberminen in Betrieb genommen und um 1800 hatte sich die neu gegründete Stadt bereits zur zweitgrößten des Landes entwickelt, mit mehr als 4.000 Bergleuten, die im Silberbergbau beschäftigt waren, darunter viele deutsche Gastarbeiter. Die **Silbergruben** wurden 1958 stillgelegt, können aber noch besichtigt werden. Ein ratternder **Stollenzug** bringt Besucher durch dunkle und nur 6 °C kalte Gänge 2,3 km in den Berg hinein bis zur Königsgrube (Kongensgruve), wo eine Führung stattfindet. Die Grube liegt 342 m tief, doch geht der tiefste Stollen 1 km nach unten (und damit 450 m unter den Meeresspiegel). Man kann auch zu Fuß an „Grubensafaris" teilnehmen, die ca. 3 Stunden dauern. Wer nicht nach unten, sondern nach oben möchte, kann nahe der Gruben auf einem Pfad zum Aussichtspunkt **Jonsknuten** (902 m) hinaufwandern.

Historischer Silberbergbau

Sølvgruvene, *Malmveien 11, Saggrenda, www.norsk-bergverksmuseum.no, Abfahrten der Stollenbahn Juli–Mitte Aug. tgl. jede Stunde 10–16 Uhr, Mitte Mai–Juni und Mitte–Ende Aug. tgl. 10, 12 u. 14, Sept. Sa/So 12 u. 14 Uhr, Eintritt mit Grubenzug NOK 180, Kinder NOK 120.*

Während die Silbergruben etwas außerhalb der Stadt (in Saggrenda) liegen, wird die glanzvolle Epoche in Kongsberg selbst durch das **Bergwerksmuseum** dokumentiert, untergebracht im früheren Schmelzwerk nahe der Kirche. Zu sehen sind anschauliche Sammlungen zu mehr als 330 Jahren Bergwerksgeschichte und der komplette Ablauf des Silberbergbaus von der Grubenarbeit bis zur Silbermünze. Natürlich sind auch originale, sehr große Silberbrocken zu bestaunen. Angeschlossen sind Abteilungen zur Industriegeschichte der Region, eine numismatische Sammlung und Erinnerungsstücke an Skigrößen wie Birger Ruud, einen Sohn der Stadt.

Norsk Bergverksmuseum, *Hyttegata 1, ☏ 91913200, www.norsk.bergverksmuseum.no, Mitte Mai–Aug. tgl. 10–17, sonst Di–So 12–16 Uhr, NOK 110, Kinder NOK 60, Kombiticket mit Stollenbahn NOK 260, Kinder NOK 160.*

Die zweite große Sehenswürdigkeit von Kongsberg ist die **Backsteinkirche** von 1761, die südlich der Katarakte aufragt. Mit 2.400 Sitzplätzen ist sie nicht nur eine der größten Norwegens. Sie gilt vor allem wegen ihrer Innenausstattung wie den Königslogen mit vielen Fenstern, Prospekt mit übereinander gestaffelten Altar, Kanzel und Orgel und üppigem Dekor auch als schönste Barockkirche des Landes.

Schönste Barockkirche Norwegens

Kongsberg Kirke, *Kirketorget 1, ☏ 32866030, Juni–Aug. Mo–Fr 11–15, sonst Di–Do 10–12 Uhr, freier Eintritt (Führung: NOK 40).*

Ansonsten hat die Stadt ein gutes Angebot an Unterkünften (Hotels, Campingplätze, Jugendherberge) und Restaurants, es gibt mehrere hochkarätige Musikfestivals (insbesondere Jazz) und durchaus schöne Straßenzüge. Aber das wirkliche südliche Norwegen repräsentiert Kongsberg nicht. Dies leistet schon eher eine Rundfahrt, auf der man von Kongsberg über die Rv. 40/37 auf teils schmalen Straßen durch eine sehr reizvolle südnorwegische Wald- und Hügellandschaft kommt, vorbei an Seen und dem kleinen Fremdenverkehrsort **Bolkesjø**, bis man über den Rv. 361 zur Europastraße zurückgelangt.

Die größte von allen: die Heddal-Stabkirche

Notodden und die Heddal-Stabkirche

Die erste Stadt in der Telemark an der E 134 heißt **Notodden** (13.000 Einwohner) und liegt am Fluss Tinne. Dieser wurde schon früh zur Energiegewinnung genutzt und schuf damit die Grundlage für die ersten Industrien. Der heutige Weltkonzern Norsk Hydro geht auf das Wasserkraftwerk von Notodden zurück, hier hatte er seinen Stammsitz. In die interessanten Industriebauten des 19. Jh. sind heute Kulturinstitutionen und Museen, Kunsthandwerker, Galerien und Restaurants eingezogen. Und im Veranstaltungskalender des Landes hat Notodden seinen festen Platz durch das weithin bekannte Bluesfestival Anfang August.

Stabkirche und Freilichtmuseum

Unmittelbar westlich von Notodden liegt direkt an der E 134 eine der wichtigsten Sehenswürdigkeiten der Telemark, die **Heddal-Stabkirche**. Das Bauwerk stammt in seinen ältesten Teilen (Chor) aus dem 12. Jh. und wurde in seiner heutigen Form 1241 eingeweiht. Sie ist zwar nicht die älteste, wohl aber die größte aller Stabkirchen und sicher auch eine der schönsten. Der dreigeschossige Aufbau der Dachkonstruktion, getragen von zwölf großen und sechs kleinen Ständern, die Komplettverkleidung mit Holzschindeln, der umlaufende Svalgang, schöne Schnitzereien an den Portalen und im Inneren (Bischofsstuhl des 12. Jh. mit Sigurddarstellung), der spitze Dachreiter und der frei stehende Glockenturm – das ist die für Norwegens Mittelalter typische Architektur in Idealform! Sehenswert sind im Inneren auch die Gemälde der zwölf Apostel im Chor und der Altar von 1667. Dass die Europastraße so nah vorbeiführt, stört natürlich etwas, hat aber den Vorteil, dass die Kirche problemlos zu erreichen ist (Parkplatz). Weitere gute Beispiele der bäuerlichen Holzbaukunst aus dieser Region hält das nahe **Freilichtmuseum Heddal Bygdetun** bereit, in einigen der Gebäude sind sehr schöne Rosenmalereien erhalten. Kurz hinter Heddal kann man die Europastraße auf landschaftlich eindrucksvoller Strecke nach Norden (S. 211) verlassen, um bei Åmot wieder zu ihr zurückzukehren – ein Bogen, der etwa zusätzlich 30 km ausmacht.

Heddal stavkirke, *Heddalsvegen 412, 3676 Notodden, www.heddalstavkirke.no, Mitte Mai–Mitte Sept. tgl. 10–17 Uhr, NOK 80 (inkl. Heddal Bygdetun, unter 16 Jahren frei).*

Alternativroute: Nördlicher Bogen über Rjukan

Nach Norden gibt es zwei reizvolle Alternativstrecken zur E 134, die beide über Rjukan führen. Die eine ist die Straße 361 zur 37, die durch den neuen Tinnsjøveien auch über weite Strecken komfortabel zu fahren ist. Sie zweigt ca. 10 km westlich von Heddal von der Europastraße ab und hat ihren landschaftlichen Höhepunkt in der Panoramastrecke am Ufer des lang gestreckten **Tinnsjø**. Der Binnensee ist 460 m tief und wurde früher von der 1929 gebauten Eisenbahnfähre „Ammonia“ überquert, die heutzutage besichtigt werden kann.

Die andere Straße ist deutlich schmaler und robuster, ihr Abzweig liegt ca. 16 km westlich von Heddal. Diese Straße bringt einen zunächst durch das Tuddalsdal mit einigen gut erhaltenen Höfen und der sehenswerten Kirche (1796) von **Tuddal**. Danach steigt die Straße bis auf 1.275 m steil an, immer wieder mit weiter Aussicht auf die Gipfel und Wälder der Telemark. Der mit 1.883 m höchste Gipfel weit und breit ist der **Gaustatoppen**, ein majestätischer Berg, der im Sommer Ziel vieler Wanderer ist. Von seinem höchsten Punkt soll man bei besten Sichtverhältnissen ein Sechstel der norwegischen Landesfläche sehen können (markierter Pfad vom Parkplatz an der Straße bis zur bewirtschafteten Gipfelhütte, hin und zurück ca. 3,5 Std., schwierig zu gehen). Alternativ zu einer Wanderung (oder nur auf einer Strecke) kann man seit 2010 mit einer spektakulären Bergbahn, der **Gaustabanen**, auf den Gipfel kommen: Auf einer ausgeschilderten Nebenstraße, die vom Fv. 651 zwischen Rjukan und Tuddal abzweigt, gelangt man zur Talstation bei **Longefonntippen**, 1.170 m hoch gelegen. Hier startet eine Bahn auf horizontaler Strecke rund 850 m in den Berg hinein bis zur einer unterirdischen Umsteigestation. Weiter geht es dann mit einer Standseilbahn, die innerhalb des Berges mit einer 40 %-Steigung in 15 Minuten bis auf 1.800 m ü. d. M. hinauffährt. Oben sind es dann nur noch 82 Höhenmeter bis zur Berghütte und dem berühmten Rundblick.

Grandioser Berggipfel

Gaustabanen, *www.gaustabanen.no, Mitte Feb.–Mitte Mai tgl. 9–17, Mitte Juni–Mitte Okt. tgl. 10–18 Uhr, Abfahrten alle 15 Min., Hin- und Rückfahrt NOK 390, Kinder unter 15 Jahren NOK 195.*

Dass der Berg auch im Winter ein beliebtes Reiseziel ist, zeigt das Skigebiet von **Gaustablikk**. Hier gibt es eine Jugendherberge und das fantastische Gaustablikk Høyfjellshotell, das seinen Titel „Hotel mit Aussicht" zu Recht trägt. Gaustablikk ist vom Rv. 37 aus ausgeschildert. Wer am Hotel parkt und den kurzen Pfad in fünf Minuten hinab zum See Kvitåvatn folgt, wird mit einem der schönsten denkbaren Blicke auf den Gaustatoppen belohnt.

In **Rjukan** (7.000 Einwohner), dem einzigen größeren Ort auf dieser Route, kommen beide Straßen wieder zusammen. Das Städtchen wurde durch den Bau der Anlagen von Norsk Hydro zu Beginn des 20. Jh. zum wichtigen Industriestandort. Das hiesige Vermok-Wasserkraftwerk war bei der Eröffnung 1911 das größte der Welt. Heute ist es stillgelegt (das neue Kraftwerk von Norsk Hydro liegt im Berginneren) und beherbergt das interessante **Industriearbeitermuseum** (*www.visitvemork.no*, u. a. imposante Turbinenhalle, Filmdokumentation „If Hitler had the bomb"). Von Vemork führt der 8 km lange **Wanderweg Sabotørstien** („Pfad der Saboteure") bis zum **Bergrestaurant Rjukan Fjellstue**. Der Name des Pfads hat einen historischen Hintergrund: Im Norsk Hydro-Chemiewerk von Rjukan wurde „Schweres Wasser" (Deuterium) hergestellt, welches die deutsche Besatzungsmacht für ihre Atombombenpläne benötigte. Deshalb wurde die Anlage 1943 von neun norwegischen Saboteuren gesprengt und im Jahr darauf die mit Deuterium beladene Fähre „Hydro" auf dem Tinnsjø versenkt. Heute produziert Norsk Hydro in Rjukan Ammoniak.

Industriestandort mit Geschichte

Aufgrund der besonderen Lage Rjukans in einem engen Tal, hinter dem der Gaustatoppen aufragt, gelangen vom 1. Oktober bis zum 15. März keine Sonnenstrahlen ins Städtchen. Um diesen Zustand zu ändern, wurde eine schon länger bestehende,

Das Dach Südnorwegens: der Gaustatoppen

im wahren Wortsinn „erhellende“ Idee Ende 2013 in die Tat umgesetzt. Seitdem bündeln **Sonnenspiegel**, die 450 m über der Stadt angebracht wurden und insgesamt 51 m² groß sind, die Sonnenstrahlen und schicken sie hinunter auf Rjukans Marktplatz! Ein ausgeschilderter Wanderweg führt vom Torget über 1,5 km hinauf zur Sonnenspiegel-Anlage, wo man natürlich eine prächtige Aussicht genießt. Passionierte Wanderer können von hier aus den Weg bis auf den 890 m hohen **Gvepseborg** (Panorama-Café) fortsetzen und dann mit der **Krossobanen** *(www.krossobanen.no)* in fünf Minuten ins Tal hinunterfahren. Diese erste Seilbahn Norwegens wurde 1928 von Norsk Hydro gebaut, damit die Arbeiter von Rjukan in der dunklen Jahreszeit wenigstens ab und zu die Sonne sehen konnten. Im Winter wird die Krossobahn von Norwegens längster und steilster Rodelstrecke begleitet.

Bei einem Aufenthalt in Rjukan kann man sich das Freilichtmuseum **Tinn-Museum** *(http://tinn.visitvemork.no)* mit 22 teils sehr alten Gebäuden anschauen, es ist dem Industriearbeitermuseum angeschlossen (gemeinsames Ticket). Interessant und spannend ist auch eine Besichtigung des **Kraftwerks Mår**, 5 km östlich von Rjukan. Das 300 m tief in den Granit gesprengte Wasserkraftwerk mit seinen drei Staudämmen produziert 1 Mrd. kWh. Wer im Inneren von der Elektrizitätshalle zur Ventilkammer hinabsteigen möchte, kann das auf der längsten Holztreppe der Welt tun: Sie ist 1.270 m lang und hat 3.880 Stufen (ca. 2 Std. einkalkulieren, nur für Besucher mit sehr guter Kondition zu empfehlen).

Längste Holztreppe der Welt

Reisepraktische Informationen Rjukan

Information

Rjukan Turistkontor, *Torget 2, 3660 Rjukan, ☎ 35080550, www.visitrjukan.com, im Sommer Mo–Fr 9–18, Sa/So 10–16 Uhr.*

Unterkunft

Gaustablikk Høyfjellshotell €€€€, *Kvitåvatnvegen 372, 3660 Rjukan, ☎ 35091422, www.gaustablikk.no. Fantastisch gelegenes, komfortables Hotel am Fuß des Gaustatoppen, 91 gut ausgestattete Zimmer. Mit Restaurant, Bar, Pool, Jacuzzi, Sauna, Angelmöglichkeit und Bootsverleih. Auch Vermietung von First-Class-Apartments für bis zu 4 Personen, robusten Blockhütten und Ferienhäusern.*

Nach Westen hin bringt einen der Rv. 37 auf einer Panoramastrecke ins Gebirge, vor Rauland steigt die Straße bis auf 1.004 m an. An einem der ersten Rastplätze sollte man einen Stopp einlegen, um den **Rjukanfossen** zu bewundern, mit 105 m Fallhöhe zählt er zu den mächtigsten Wasserfällen der Telemark – allerdings wird er von den Wasserkraftwerken angezapft und zeigt sich nicht immer in voller Pracht. Kurz darauf begleitet eine tiefe Bucht die Straße und 8 km später eine zweite, beide gehören zum 40 km langen, stimmungsvollen See **Møsvatn**. 22 km hinter Rjukan sollte man unbedingt am **Nationalparkzentrum Hardangervidda** mit dem angeschlossenen Skinnarbu Nasjonalparkhotell anhalten. Schon allein die Aussicht auf den Møsvatn und den südwestlichen Teil der Hardangervidda ist unbeschreiblich, hier bekommt man wirklich eine Vorstellung darüber, wie unendlich weit die größte Hochebene Europas ist. Im Zentrum gibt es eine mehrfach ausgezeichnete Ausstellung über die Landschaft, Flora und Fauna der Region, vor allem zu den Wildrenen der Hardangervidda. Es locken zudem attraktive Angebote für Kinder und ein toller Panoramablick aus dem verglasten Restaurant Vidsyn.

Mächtiger Wasserfall

Hardangervidda nasjonalparksenter, *Møsvannsveien 1149, Tinn, ☏ 97074300, http://hardangerviddanasjonalparksenter.no/, https://hardangervidda.com, Mitte Juni–Sept. tgl. 10–18, sonst Mo–Fr 10–16 Uhr, Eintritt Ausstellung NOK 100.*

Danach wendet sich die Straße wieder talwärts und erreicht die Ortschaft **Rauland**. Kunstfreunden bietet sie u. a. ein Museum mit Skulpturen und Gemälden des norwegischen Künstlers Dyre Vaa. Naturliebhaber können hier zu einem tollen Aussichtspunkt steigen: Wer vom Ortszentrum auf dem Rv. 362 in Richtung Haukeli und nach 4 km rechts nach Kromviki abzweigt, kommt auf den 11 km langen, unasphaltierten Kromvikvegen, an dessen Ende ein moderner Parkplatz Startpunkt der kurzen Wanderung (ca. 30 Min.) ist. Steintreppen führen von hier aus auf den 1.096 m hohen Falkenuten oder **Falkeriset**, der eine grandiose Rundumsicht bietet. Der Name „Falkenberg“ geht auf das 17. Jh. zurück, als hier über 100 Jahre lang holländische Falkenfänger ihrem Gewerbe nachgingen.

Auf der Weiterfahrt stößt der Rv. 37 bei **Åmot** wieder auf die Europastraße. Nutzt man ab Heddal weiter die E 134, erreicht man nach einer Weile **Nutheim**, wo man von der Straße eine prächtige Aussicht ins Flatdal genießt. Gut 10 km weiter gelangt man nach **Seljord**, einem Handels- und Fremdenverkehrsort in schöner Lage am **Seljordsvatnet**. Der See ist das norwegische Pendant zum schottischen Loch Ness, denn auch hier wollen viele Zeugen ein **Seeungeheuer** *(sjøormen)* beobachtet haben, unabhängig voneinander und über einen langen Zeitraum hinweg. Zahlreiche Untersuchungen konnten bisher aber keinen Beleg für die Existenz einer „Seljord-Nessie“ erbringen. Nördlich des Sees steigt das **Lifjell** auf 1.300 m an, ein Gebirgsmassiv, das für Wintersport und Wanderungen genutzt wird. Im Ort, der über mehrere Hotels und Campingmöglichkeiten verfügt, lohnt ein Besuch der mittelalterlichen **St. Olavskirche** von 1180, die innen mit vielen Kalkmalereien und einer Renaissance-Altartafel geschmückt ist. Im Ort mündet auch der Rv. 36, aus Porsgrunn und Skien kommend, in die Europastraße, auf ihm kann man einen Abstecher zum Telemark-Kanal unternehmen (S. 202).

Norwegens „Nessie“

11 km hinter Seljord gelangt man bei **Brunkeberg** zum Abzweig des Rv. 41 aus Kristiansand (S. 204). Wer möchte, kann ihn für eine sehr schöne Alternativroute

über Eidsborg bis Åmot nutzen (S. 211). Ansonsten gelangt man auf der E134, knapp 25 km westlich von Seljord, zum Wintersportzentrum **Morgedal**. Dass sich der Ort als „Wiege des Skisports" versteht, liegt an Sondre Norheim, der 1825–1897 in Morgedal lebte und hier 1866 die Skibindung erfand. Durch sie konnte man erstmals vernünftig Kurven fahren *(slå-lom)*, eine Grundvoraussetzung für den modernen Skisport. Es ist also kein Wunder, dass es hier nicht nur allerbeste Wintersportmöglichkeiten und entsprechende Unterkünfte gibt, sondern auch das **Ski-Erlebniszentrum** mit der Stelle des olympischen Feuers, Dokumentationen mit Fotos, Filmen und Gegenständen zu 4.000 Jahren Geschichte des Skisports, dem Wettlauf zum Südpol etc., Skiwachsfabrik, Souvenirabteilung und Café. Wer daran interessiert ist, kann sich auch Sondre Norheims „Geburtshaus" Øverbø im nahen Nordbygda anschauen, wo er mit Frau und sechs Kindern auf knapp 15 m² lebte.

4.000 Jahre Skigeschichte

Norsk Skieventyr, skimuseet i Morgedal, *Vårstaulv 2, Morgedal, ☏ 35069080, Mai–Mitte Juni Mo–Fr 10–17, Sa 11–17, So 11–18, Mitte Juni–Mitte Aug. tgl. 10–18, Mitte Aug.–Mitte Dez. Di–Sa 10–17, So 10–18 Uhr, NOK 100, Kinder (5–15 Jahre) NOK 50.*

Alternativroute: Südlicher Bogen über Vrådal und Dalen (Rv. 38/41)

Diese reizvolle Alternativstrecke verlässt in Brunkeberg die Europastraße und bringt einen zunächst auf dem Rv. 41 knapp 20 km nach Süden. Dort liegt am **Nisser**, dem größten Binnensee der Telemark, der Ferienort **Vrådal**, der Unterkünfte aller Art, eine bekannte Silberschmiedewerkstatt und im Winter wie im Sommer viele Aktivitäten anzubieten hat (z. B. Golf, Mountainbiking, Kanu- und Kajaktouren, Beachvolleyball, Kabinenseilbahn, Biber- und Elchsafaris, Bootsausflug mit dem historischen Schleppkutter „Fram"). In Vrådal zweigt der Rv. 38 in westlicher Richtung ab und verläuft auf ausnehmend schöner Strecke am Nordufer des Vrå-Sees entlang bis **Dalen**, Endstation der Boote auf dem berühmten Telemark-Kanal (S. 202). Auch hier ist das touristische Angebot gut, wobei man mit dem altehrwürdigen **Dalen Hotel** von 1894, einem der besten Beispiele für den „Drachenstil", sogar über eine wahre Hotellegende verfügt. Es wurde nach der Eröffnung des Telemark-Kanals errichtet, als von hier aus die Reisenden ihre Fahrt mit der Pferdekutsche über das Haukelifjell nach Hardanger fortsetzen mussten. Aus jüngerer Zeit stammen das Wasserkraftwerk **Tokke**, eines der größten im Land, und von 2018 die moderne Architekturperle einer ungewöhnlichen öffentlichen Sauna („Soria Moria") am Ende eines Badesteges mitten im See.

Historisches Hotel

Reisepraktische Informationen Dalen

Information

Dalen Turistkontor, *Hotellvegen 5, 3880 Dalen, ☏ 35075656, www.visittelemark.no, www.visitdalen.com, Mitte Juni–Mitte Aug. Mo–Fr 10–18, Sa/So 10–16, sonst Mo–Fr 10–15.30 Uhr.*

Unterkunft

Dalen Hotel €€€€€, *Hotellvegen 5, 3880 Dalen, ☏ 35079000, www.dalenhotel.no. Die Hotellegende wurde 1894 als Luxusherberge im skurrilen Drachenstil errich-*

tet. Wunderbare Inneneinrichtung mit Halle, Salon, offenem Kamin und Klaviermusik, gutes Restaurant, 49 renovierte Zimmer mit Atmosphäre und zu hohen Preisen. Das Motto des Hotels: „Im Dalen-Hotel werden Sie weder Drinks mit Schirmchen noch Schlagerbands vorfinden. Auch keine Minibar, keinen Fernseher im Zimmer und kein Schwimmbecken im Keller. Stattdessen müssen Sie sich mit dem zufriedengeben, was Könige und Königinnen schon vor mehr als 100 Jahren genossen haben". Geöffnet Ende April–Okt.

Im „Drachenstil" erbaut: das Dalen Hotel

Von Dalen hat man drei Möglichkeiten, zur Europastraße zurückzukommen. Liebhaber (nicht nur) mittelalterlicher Holzarchitektur sollten auf der serpentinenreichen Straße Fv. 45 (14 % Steigung) zum **Vest-Telemark-Museum** fahren, das seit 2012 erheblich erweitert und mit einem modernen Ausstellungsgebäude samt Café und Museumsshop ausgestattet wurde. Das Freilichtmuseum umfasst rund 40 bäuerliche Häuser und Katen der Region, darunter auch das älteste nichtkirchliche Holzhaus des Landes (von 1167). Unbedingt sehenswert ist auch die **Eidsborg-Stabkirche** aus dem 13. Jh., die immer an diesem Platz gestanden hat und dem hl. Nikolaus geweiht ist. Weiter wird in einer Multimedia-Ausstellung der Ausbau der gigantischen Wasserkraftwerke von Vinje und Tokke veranschaulicht. Vor allem für Kinder bietet das Museum zudem vielerlei Spiel- und Klettermöglichkeiten. Auf dem 105 m langen Modell des Telemark-Kanals können sich die Kids selbst als Bootsführer oder Schleusenwärter versuchen.

Freilichtmuseum und Stabkirche

VTM (Vest-Telemark Museum Eidsborg), *Fv. 45, 3880 Dalen, ☎ 35069090, www.vest-telemark.museum.no, Mitte Juni–Mitte Aug. tgl. 10–18, ab Mai und bis Mitte Sept. tgl. 11–17 Uhr, NOK 100, Kinder (6–15 Jahre) NOK 50.*

Bleibt man hingegen auf dem Rv. 38, gelangt man nach 22 km in Åmot wieder auf die Hauptroute. Auch dazu gibt es eine Alternative, nämlich am östlichen Ufer des Flusses Tokke entlang. Diese Straße, die rau und teils unasphaltiert ist, führt an der eindrucksvollen **Rabenschlucht** (Ravnejuvet) vorbei, wo man von der überhängenden Felswand einen tollen Blick in die Schlucht genießt. Aufgrund der besonderen Luftströmung werden z. B. Papierschnipsel, die man hier hinunterwirft, sofort wieder nach oben getragen.

Eindrucksvolle Schlucht

Etwa 30 km hinter Morgedal passiert die E 134 den Durchgangsort **Åmot**, wo von Norden die Alternativroute des Rv. 37 und von Süden die des Rv. 38 einmünden. Westlich davon liegt der Weiler **Vinje**, dessen Holzkirche von 1796 noch die Bodenplanken der alten Stabkirche hat und auch sonst sehenswert ist.

Auf nach wie vor eindrucksvoller Strecke geht es zwischen See und Gebirge weiter nach **Edland**, in dessen Meierei verschiedene Käsespezialitäten produziert werden, und nach **Haukeligrend**, wo der Rv. 9 ins Setesdal abzweigt (S. 215).

Nördlich erhebt sich das mächtige **Haukelifjell**, eine Herausforderung auch für den Straßenbau. Die erste Straße durch dieses Gebirge wurde 1866 eröffnet; heute ist sie das ganze Jahr hindurch offen (allerdings kommt es im Winter oft zu „Kolonnenfahrten", d.h. die Autofahrer warten auf einen Schneepflug, dem dann mehrere Wagen durch die Schneewüste folgen). Hinter **Haukeliseter**, einem Wintersportzentrum und im Sommer Ausgangspunkt für Wanderungen zum Nationalpark Hardangervidda, verschwindet die E134 im 1.600 m langen Vågslidtunnel. Es ist aber auch möglich (falls schneefrei und geöffnet), stattdessen den alten **Dyrskas-Pass** zu bezwingen – auf 1.148 m Höhe eröffnet sich von dort ein grandioser Panoramablick. Wer der bequemeren E134 folgt, wird hinter dem Tunnel aber ebenfalls mit einer fantastischen Aussicht belohnt, wenn man an der Raststätte **Haukeliseter Fjellstue** einen Halt einlegt: Weit geht der Blick auf die mächtigen Gebirgspartien Kistenuten und Vassdalseggi, Letzterer mit 1.648 m ü.d.M. der höchste Gipfel in Rogaland. Im weiteren Verlauf der E134 warten noch Tunnelpassagen wie der Haukelitunnel (5.682 m) und der Svandalsflonatunnel (1.055 m) auf Autofahrer, wobei es zunächst zum Aussichtspunkt „Austmannli" geht (schöner Blick auf die Serpentinenstraße von 1880) und dann bergab an **Røldal** vorbei. Ganz in der Nähe erhebt sich der 70 m hohe Damm des Stausees, einer der höchsten in Europa. Es lohnt sich, anstelle der Ortsumgehung in das Dorf abzubiegen, um sich die **Stabkirche** aus dem 12. Jh. anzuschauen. Sie ist zwar von außen nicht unbedingt als solche zu erkennen, liegt aber schön inmitten eines stimmungsvollen Friedhofs und beherbergt bemerkenswerte Rosenwandmalereien aus dem 17. Jh. sowie ein mittelalterliches Kruzifix. Zum landschaftlichen Reiz der Ortschaft trägt der große **Røldalssee** bei. An seinem Ufer findet man den uralten Seim-Hof und etwa zehn Grabstellen aus der Steinzeit (Ausstellung).

Tunnel, Pässe, Serpentinen

Anstelle der Tunnel vor dem Ferienort **Seljestad**, von denen der Røldaltunnel mit 4,7 km der längste ist, können wagemutige Fahrer auch die alte Straße durch die Seljestads-Schlucht nehmen. Bei Gorsbotnen kommt man an einem Denkmal für den Landbriefträger Turtveit vorbei: Dieser wurde im Januar 1903 von einer Lawine verschüttet, konnte sich aber retten, indem er 56 Stunden lang mit seinem Posthorn einen Gang in die Freiheit grub. Kurz darauf ist der Abzweig des Rv. 13 erreicht und damit die Route von Stavanger nach Bergen (S. 240).

Im Hinterland: durch das Setesdal

Alter Verkehrsweg

Das in Nord-Süd-Richtung verlaufende Setesdal, einer der alten Verkehrswege ins norwegische Gebirge, kann als Alternativroute interessant sein. Wer von Kristiansand aus auf dem schnellsten Weg ins Fjordland möchte, nutzt das Tal, das von der Otra durchflossen und vom Rv. 9 erschlossen wird. Wer Meer und Fjell miteinander kombinieren möchte und von Oslo über die E18 nach Kristiansand kommt, könnte hier auf gleichem Weg durch das Setesdal bis Haukeligrend und weiter ins Fjordland fahren. Oder man nutzt nur den unteren Abschnitt des Tals, um nach ca. 60 km bei Evje über den Rv. 42 entweder nach Westen (Egersund, Stavanger) oder nach Osten (Telemark) abzubiegen. Eine weitere Querverbindung stellt hinter Helle der Rv. 45 nach Stavanger oder zum Lysefjord dar oder nördlich davon zur E134 und in die Telemark.

Bäuerliche Architektur im Setesdal

Das Setesdal (in älteren Karten auch als Sæterdal = „Tal der Almen" eingezeichnet) ist eine kleinere, etwas engere, ärmere und deutlich weniger bevölkerte Ausgabe des Gudbrandsdals. Die Landschaft ist ähnlich: Zu beiden Seiten des Flusstals steigen nicht zu steile, bewaldete Höhen an und machen Landwirtschaft, Viehzucht und Forstwirtschaft möglich. Man ist vor den Winden und Niederschlägen aus dem Westen geschützt, im Sommer ist es wärmer, im Winter aber auch sehr viel kälter als im Fjordland. Die Bauernkultur unterscheidet sich deutlich von den Wohnverhältnissen der Fischer und Händler im Süden – anstelle der weißen Holzhäuser an der Küste stehen hier grassodengedeckte, aus groben Stämmen gezimmerte Höfe. Lange galt das Setesdal als rückständig, seine Bewohner als „hinterwäldlerisch" – tatsächlich war das Tal bis zum Ende des 19. Jh. isoliert. Dadurch haben sich hier der ursprüngliche Lebensstil und die bäuerliche Kultur länger erhalten als anderswo – wie der traditionelle Silberschmuck zeigt, der verschiedentlich angeboten wird. Wer als Tourist das Tal durchfährt, hat von Kristiansand nach Evje 57 km, von Evje nach Flateland 104 km und von Flateland nach Haukeligrend 78 km, also insgesamt rund 240 km zurückzulegen. Größere Ortschaften gibt es kaum, Hotels, Restaurants, Campingplätze, Läden und Tankstellen sind rar – mit Ausnahme der Fremdenverkehrsorte Evje und Hovden.

Durchs Tal der Almen

Im unteren Verlauf ist das Setesdal noch weit und lieblich. Während der Rv. 9 hier für eine Weile das Ufer der Otra verlässt (er vollzieht bis zum Kilefjord, der trotz seines Namens kein Fjord ist, einen westlichen Bogen), führt die aus Kristiansand kommende **Setesdalbahn** direkt am Ufer entlang. Diese historische Trasse ist aber nicht gänzlich stillgelegt: Auf einer 5 km langen Strecke pendelt im Sommer eine nostalgische Dampflok von 1894 und alte Holzwaggons zwischen Grovane und Røyknes – ein Muss für Fans historischer Eisenbahnen, denn sie ist die älteste Museumsbahn Norwegens (Infos unter *www.setesdalsbanen.no*).

Museumsbahn

Im Weiler **Hornnes** sollte man an der oktogonalen **Holzkirche** von 1829 einen Stopp einlegen. Hier kreuzt die Route den Rv. 42, der auf landschaftlich reizvoller Strecke Arendal mit Egersund verbindet. 5 km weiter kommt man nach **Evje**, das mit GoCart-Bahn, Reitställen, Fahrrad- und Bootsverleih, dem „Trollbakken" mit Wasserrutschen, einem Kletterpark oder dem Dampfer „Bjoren" von 1866 etliche Attraktionen aufweist, die vor allem für Familien interessant sein dürften. Da es auch einige Unterkünfte und Gaststätten gibt, eignet sich Evje gut als Zwischenstation. Die Region um Evje war früher für ihre reichen Nickel- und Kupfervorkommen bekannt, woran am südlichen Ortsausgang der **Setesdal-Mineralpark** erinnert, der eine rekonstruierte Grube und einen 4 km langen Mineralienpfad mit vielen farbenprächtigen Fundstücken präsentiert.

Reiseparktische Informationen Evje

Unterkunft

Evje Park €€€, *4735 Evje, ☎ 37930400, www.evjepark.no. Feriencenter mit komfortabel ausgestatteten Bungalows und Apartments für bis zu 6 Personen.*

Camping

Neset Camping, *4741 Byglandsfjord, ☎ 37934050, www.neset.no. Ganzjährig geöffnete Vier-Sterne-Anlage, sehr schön auf einer Landzunge im See gelegen, 13 km nördlich von Evje. Zelt-, Caravan- und Wohnmobil-Stellplätze sowie 31 Campinghütten. Es gibt einen Kiosk, eine Cafeteria, einen Shop und Bademöglichkeiten. Verleih von Kanus, Kajaks, Ruder- und Tretbooten, Organisation von Unternehmungen wie Rafting-Touren, Bergsteigen oder Elchsafari.*

Aktivitäten

TrollAktiv AS, *4735 Evje, ☎ 37931177, www.trollaktiv.no. Outdoor-Reiseveranstalter mit breitem Angebot, u. a. Biber- und Elchsafaris, Rafting, sowie Kletter- und Angeltouren.*

Kurz hinter Evje weitet sich der Fluss zum schmalen, 40 km langen und gewundenen **Byglandsfjord**. Der gleichnamige Ort ist ein beliebtes Sommer- und Winterurlaubsziel mit Wanderwegen, Loipen, Abfahrtspisten und Sessellift. Früher endete hier die von Kristiansand kommende Setesdalbahn (s. o.), weiter ging es nur über Saumpfade oder auf dem Wasserweg. Noch heute dampft in der Sommersaison ein altes holzbefeuertes Schiff über den See, der ansonsten gute Bade- und Freizeitmöglichkeiten bietet.

In der Ortschaft **Årdal** lohnt ein Halt an der Holzkirche von 1827 mit einem frühmittelalterlichen **Runenstein** und ebenso in Bygland an der **Glashütte**, die im Jahr 2000 als erste im Tal eröffnet wurde. Sie liegt unmittelbar am Rv. 9 gegenüber dem Ortszentrum, direkt neben dem Freilichtmuseum der Gemeinde (Bauernhäuser aus dem 16./17. Jh.) und einem Badeplatz mit Sandstrand.

Markierte Wanderwege

Der Rv. 9 überbrückt den See Byglandsfjord, nun geht es am westlichen Ufer entlang, vorbei an alten Vorratshäusern und dem einen oder anderen Wasserfall. Hier ist man bereits im Bereich des mittleren Setesdals, wo die Berge enger an den Fluss heranrücken und die Bergrücken höher werden (Rustfjell: 1070 m ü. d. M.). Wanderer können die Höhenzüge auf markierten Routen überqueren, z. B. auf dem nach Westen führenden **Skinnvegen** („Fellweg"; die ursprüngliche Verbindung zwischen Setesdal und Stavanger) oder auf dem nach Osten ins Fyresdal führenden **Bispevegen** („Bischofsweg"). Einige Kilometer nördlich des Sees liegen **Helle** und **Rysstad**. Die Orte gelten als Zentrum der Silberschmiede. Hier zweigt auch der Rv. 45 nach Westen ab, eine atemberaubende Hochgebirgsstraße nach Stavanger bzw. Lysebotn (S. 229). Nördlich davon weitet sich das **Otra-Tal** und macht der Ortschaft **Valle** Platz, die bereits in der Wikingerzeit besiedelt war. Auch diese Gemeinde ist für die Kunst ihrer Silberschmiede bekannt. Zwar wurde im Setesdal lange Erz gewonnen, Eisen erzeugt und auch Kupfer gefördert, das Silber aber musste man sich in Kongsberg beschaffen. Die hiesigen Silberschmiede wurden bald Meister ihres Fachs und Silberschmuck gehörte bald zur traditionellen Volkstracht des Setesdals. In den Werkstätten und Verkaufsläden von Helle, Rysstad, Nomeland und Valle kann man sich davon überzeugen. Dass Valle auch ein bekannter Handelsplatz war, zeigen die reich dekorierten Holzhäuser im Freilichtmuseum **Tveitetunet**.

Tradition als Silberschmiede

Bei **Bykle** hat sich die Otra geradewegs durch den Fels gegraben, sodass der Rv. 9 weit nach oben ausweicht. Auch früher musste man diese Schlucht umgehen, was Wanderer heute auf dem abenteuerlichen **Byklestig** nachvollziehen können. Für den Pfad, der bis 1879 der einzige Zugang zwischen Bykle und der Otra-Schlucht war, benötigt man ca. 1,5 Stunden; er ist gut ausgebaut und mit vielen Infotafeln versehen. Im Ort selbst findet man einige alte Bauernhöfe und die sehr schöne alte Kirche, eine der ältesten und eindrucksvollsten im Setesdal. Sie wurde 1619 aus Rundhölzern gebaut und 1804 mit den Emporen und einem spitzen Kirchturm ausgestattet. Die Ausgestaltung mit der typischen Rosenmalerei kam 1826 hinzu. Neben der alten steht die neue Kirche von Bykle, die 2004 eingeweiht wurde. Im **Huldreheim-Museum**, nicht weit entfernt, sind eine Mühle sowie einige Bauern- und Vorratshäuser aus dem 16. Jh. zu sehen *(im Sommer tgl. 11–17 Uhr, Eintritt frei)*.

Auch der oberhalb des Sees Hartevatn gelegene Ort **Hovden** ist ein beliebter Ferienort im nördlichen Setesdal. Hovden ist das größte Wintersportgebiet Südnorwegens, mit zahlreichen Loipen, Pisten und Liften. Im Sommer nutzen Besucher die vielfältigen Wander-, Golf- und Bergsteigemöglichkeiten, während es Familien mit Kindern ins **Hovden Badeland** oder ins **Jernvinne-Museum** zieht, in dem die Wikingerzeit wieder lebendig wird. Hovden gehört bereits zur Fjellregion, in der enge Täler und steile Felshänge die Landschaft bestimmen; die reizvolle Lage erinnert ein wenig an Alpentäler. Nördlich der Ortschaft passiert der Rv. 9 drei wunderbare Gebirgsseen und klettert bis zu seiner höchsten Stelle bei 920 m ü. d. M. Danach geht es in einigen Kehren hinab nach **Haukeligrend**, wo man die Fahrt auf der E 134 ins Fjordland oder in Richtung Oslo fortsetzen kann (S. 212).

Großer Wintersportort

Reisepraktische Informationen Hovden

Information

Destinasjon Hovden, *Rv.9 (im Hovden Tun), 4755 Hovden i Setesdal, ☎ 37939370, www.hovden.com, Mo–Fr 10–16, Sa 10–14 Uhr.*

Unterkunft

Hovden Resort *€€€, 4755 Hovden, ☎ 37938800, www.hovdenresort.com. Schöne, im traditionellen Blockhausstil gehaltene Hotel- und Apartmentanlage. 40 gut ausgestattete Zimmer und Suiten, Apartments und Hütten in direkter Nähe oder etwas weiter entfernt, unterschiedlich groß (2–12 Betten) und verschiedenene Preiskategorien, alle mit voll ausgestatteten Küchen, Restaurant, Café, Bar, Spielplatz, Sonnenterrasse, nahe dem Golfplatz gelegen.*

Zwischen Kristiansand und Stavanger

Die Hauptverkehrsroute zwischen Kristiansand und Stavanger ist die E 39, die zunehmend besser ausgebaut wird und über weite Strecken sehr zügig befahren werden kann. Mehr Landschaftserlebnis hat man aber auf den schmalen, gewundenen Nebenstrecken, z. B. auf der küstennahen Straße **Fv. 44** mit dem Beinamen **Nordsjøvegen** („Nordseestraße"), die entsprechend gekennzeichnet ist und über die es viel Karten- und Infomaterial gibt *(www.nordsjovegen.no)*. Unmittelbar westlich von Kristiansand passiert sie z. B. als Rv. 456 das **Kristiansand-Kanonenmuseum**. Es ist in einer Festung aus dem Zweiten Weltkrieg untergebracht und zeigt die zweitgrößte jemals gebaute Kanone der Welt (Reichweite bis zu 55 km, Flughöhe bis zu 20 km). Im Juni/Juli kann man an den Fahrten auf der rekonstruierten Schmalspur-Munitionseisenbahn teilnehmen (Infos: *www.kanonmuseet.no*). Entlang der Straße gibt es einige Holz- und Feldsteinkirchen, Strände, Häfen und den Ort **Høllen** mit einer entzückenden Holzhausgasse zu entdecken.

Bootshäuser von Høllen

Mandal

Holzhausarchitektur

Über die E 39, die ab Kristiansand etwas weiter von der Küste entfernt verläuft, erreicht man **Mandal** (15.500 Einwohner), die südlichste Stadt Norwegens. Mit schmalen Kopfsteingassen, pittoresken, weißen Holzhäusern und der beeindruckenden **Mandal-Kirche** im Empirestil von 1821 (1.800 Sitzplätze) zieht sie im Sommer viele Touristen an. Neues architektonisches Aushängeschild des Ortes ist das **Buen kulturhus** mit Bibliothek, Kino, Theater, Kunstschule und Touristeninformation. Das weiße Gebäude des Architektenbüros 3XN (2012), das auf einer Seite mit Torf gedeckt ist, kann man vom Zentrum aus über eine geschwungene Fußgängerbrücke über den Fluss Mandalselva erreichen *(Havnegata 2, www.buenkulturhus.no)*. Ansonsten tragen Straßencafés, nette Geschäfte und Blumenschmuck zur Popularität des Ortes bei, vor allem aber der nahe gelegene, ca. 1 km lange Sandstrand **Sjøsanden**. Er ist vom Zentrum aus in ca. 10 Minuten zu Fuß erreichbar, in der Ferienzeit ist es hier allerdings sehr voll. Weniger frequentierte, ja sogar menschenleere Strandabschnitte gibt es in der Region aber auch.

Will man den **südlichsten Festlandspunkt** des Königreichs kennenlernen, muss man in **Vigeland**, 12 km westlich von Mandal, von der Europastraße abzweigen. In dem herausgeputzten Ort, der das Andenken an die von hier stammende Künstlerfamilie Vigeland hochhält, nimmt man den Rv. 460 zum **Kap Lindesnes**. Das rot-weiße Leuchtturmmodell am Abzweig zeigt, was einen am Ende des ca. 27 km langen Abstechers erwartet. Aber schon die Fahrt dorthin durch eine immer karger werdende Landschaft, an Bootshäusern, Felskuppen und Windgeneratoren vorbei, ist ein großartiges Erlebnis. Auf der Strecke durchquert man **Spangereid**, wo ein Kanal die Halbinsel durchschneidet und wo in den letzten Jahren u.a. ein moderner Jachthafen und der große Hotelkomplex Lindesnes Havhotell *(www.havhotellet.no)* entstand.

Das Restaurant-Wunder

Die Eröffnung des Restaurants **UNDER** *in Spangereid sorgte 2019 weltweit für Aufmerksamkeit. Die Stararchitekten von Snøhetta haben hier eine Betonschale auf eine Klippe gesetzt, die bis 5 m unter den Meeresspiegel reicht und in einem großen Panoramafenster endet. Durch dieses sieht man, was in dem 22-Gänge-Menü offeriert wird: Fische, Schnecken, Muscheln, Seegurken, Tang, Krebse, Krabben und Hummer. Die nur rund 40 Plätze in diesem wohl ungewöhnlichsten (und teuersten) Lokal des Landes, dem einzigen Unterwasser-Restaurant Europas, sind über Monate vorgebucht. Der Name soll Programm sein: norweg. UNDER heißt sowohl „unter" als auch „Wunder". Infos: Restaurant UNDER, Bålyveien 48, 4521 Lindesnes (Spangereid), www.under.no.*

Am Endpunkt macht ein Schild die Dimensionen Norwegens deutlich: 2.518 km sind es von hier bis zum Nordkap. Man selbst befindet sich am Kap Lindesnes auf 57° 58' 53' nördlicher Breite, das entspricht der Position von Südgrönland oder

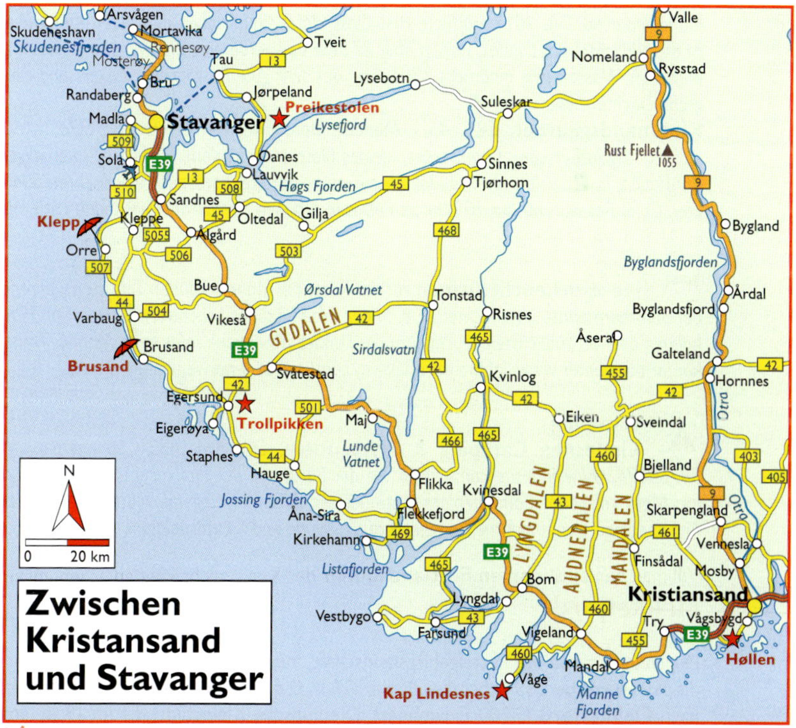

Zwischen Kristansand und Stavanger

Nordschottland. Das Kap wurde 2006 aufwendig umgestaltet, u.a. mit Parkplatz und neuem Infocenter (Cafeteria, Filmsaal), und kann nur noch gegen Eintritt betreten werden. Hauptanziehungspunkt ist natürlich der **Leuchtturm** (Lindesnes Fyr), dessen älteste Teile von 1656 stammen und von dessen Brüstung man eine fantastische Fernsicht hat. In den Wirtschaftsgebäuden sind einige Ausstellungen untergebracht und weitverzweigte Schützengräben und Maschinengewehrstellungen erinnern an den Zweiten Weltkrieg. Eindrucksvoll ist eine Wanderung über die vegetationslosen, kahl geschliffenen Granitfelsen, stets mit unverstelltem Blick auf die Weite des Nordatlantiks.

Reisepraktische Informationen Mandal

Information

Mandal Turistkontor, *Havnegata 2, 4515 Mandal, ☎ 38278300, www.lindesnesregionen.com. Ganzjährig geöffnete Touristeninformation für die ganze Region im Buen-Kulturhaus, Vermittlung von Unterkünften.*

Unterkunft

Hotel Mandal €€€€, *Nedre Malmø, 4514 Mandal, ☎ 38266333, https://mandalhotel.no. Das 2019 eröffnete First-Class-Hotel direkt neben dem Buen-Kulturhaus ist das südlichste des Landes, verfügt über 87 helle und geräumige Zimmer bzw. Suiten mit Blick aufs Wasser, eine eindrucksvolle Lobby, das sehr gute Restaurant „Anker" und eine große Dachterrasse.*

Kjøbmandsgaarden €€€, *4517 Mandal, Store Elvegate 57, ☎ 38261276, www.kjobmandsgaarden.com. Charmantes, kleines Holzhaus aus dem 18. Jh. und ehemaliger Kaufladen, im Zentrum von Mandal. Elf gut ausgestattete, persönlich eingerichtete Zimmer, Café, Restaurant, nur 10 Min. zu Fuß vom schönen Sandstrand Sjøsanden entfernt.*

Tipp

In einigen **Leuchttürmen** *vor der Küste bei Mandal können Touristen während der Sommermonate übernachten, u.a. in der Wohnung des Leuchtturmwärters von Hatholmen oder im südlichsten Leuchtturm des Landes (Ryvingen). Infos beim Mandal Turistkontor oder unter www.lighthousesofnorway.com/stay-at-a-norwegian-lighthouse.*

Camping

Lindesnes Camping & Hytteutleie, *Lillehavn, 4521 Spangereid, ☎ 38258874, www.lindesnescamping.no. An der Südspitze der Halbinsel Lindesnes direkt am Meer gelegener Campingplatz in grandioser, einsamer Gegend. Hüttenverleih, gute Angelbedingungen, moderne Gemeinschaftsgebäude und Sanitäranlagen.*

Flekkefjord

Durch eine moderate Mittelgebirgslandschaft, mit viel Wald und vielen Seen, führt die kurvenreiche E39 (höchster Punkt 326 m ü.d.M.) über Lyngdal und Kvinesdal nach **Flekkefjord** (9.000 Einwohner). Die hübsche Kleinstadt, die im 19. Jh. von den reichen Heringsvorkommen profitierte, ist unbedingt einen Besuch wert. Vom großen Parkplatz am Bahnhof (Jernbaneveien) kann man einen Spaziergang über die Flussbrücke ins Zentrum machen, vorbei an schmucken Holzhäusern und der achteckigen Kirche. Hier liegt auch das 2016 eingeweihte **Kultursenter Spira** (Elvegaten 1), Flekkefjords ganzer neuzeitlicher Stolz u. a. mit Theater, Kino und Bibliothek. Von ihrer schönsten Seite zeigt sich die Stadt aber im weiter nördlich gelegenen Altstadtviertel **Hollenderbyen**.

Empfehlenswerte Inselrundfahrt

Wer im Ort Station macht, sollte an einer Inselrundfahrt teilnehmen oder den markierten Wander- und Radwegen folgen. Schöne Ausflüge sind ins Hinterland möglich, vor allem ins faszinierende, von 1.000 m hohen Bergrücken flankierte **Sirdal** oder zum **Kvinesdal** mit lachsreichen Flüssen. Ein Vergnügen ist die Fahrt mit einer **Draisine**, mit der man 17 km weit und durch viele Tunnel strampeln kann. Sie nutzt die Gleise der 1990 stillgelegten Flekkefjordbahn, Infos im Touristenbüro.

Reisepraktische Informationen Flekkefjord

Information

Flekkefjord Turistkontor, *Elvegaten 1, 4400 Flekkefjord, ☎ 38328081, www.smaabyenflekkefjord.no, im Sommer Mo–Fr 10–18, Sa 10–15, So 12–16, sonst Mo–Fr 9–16 Uhr.*

Unterkunft

Grand Hotell *€€€, Anders Beersgate 9, ☎ 38325300, www.grand-hotell.no. Herrliches, altmodisches Holzgebäude von 1898 im schönsten Teil Flekkefjords. 29 modern ausgestattete, unterschiedlich große Zimmer. Mit Restaurant, Bar und einer Sonnenterrasse.*

Camping

Egenes Camping, *Selandsvegen 33, Egenes, ☎ 38320148, www.egenescamping.no. 5 km östlich von Flekkefjord liegt nahe der E39 Richtung Kristiansand an einem See der älteste Campingplatz des Landes. Vermietet werden auch Hütten und Apartments. Mit Café und Laden, ganzjährig geöffnet. Viele Wander- und Sportangebote, Sandstrand, Bootsverleih.*

Für die **Strecke zwischen Flekkefjord und Egersund** kann man zwischen der E39 und dem Rv. 44, Teil des **Nordsjøvegen**, wählen; beide Routen treffen sich in Egersund. Die erste Option nimmt, wer zügig vorankommen und die Ölmetropole Stavanger schnell erreichen will. Landschaftlich interessanter jedoch ist die Straße **Rv. 44**, die ab Flekkefjord küstennah über Egersund (und ab da weiter nach Stavanger) verläuft. Sie ist meist 6 m breit, wird an einigen Stellen schmaler und verläuft am Jøssingfjord in Serpentinen. Enge Fjorde, senkrechte Felshänge, fruchtbares Ackerland und lange Sandstrände wechseln einander ab. Deutlich ist zu sehen, wie die Schärenlandschaft in das Fjordland übergeht.

Schmale Alternativstrecke

Kurz nach dem Fischerdorf **Åna-Sira** erreicht die Strecke mit 275 m östlich des Jøssingfjords den höchsten Punkt. Hier ist eine tolle Wanderung über das Brufjell mit weiter Panoramaaussicht möglich, geübte Kletterer können von dort auf einem markierten Steg zu den spektakulären Höhlen und Gletschermühlen „**Brufjellhulene**" am Ufer hinabsteigen. Zwischen dem kleinen Fischerdorf und **Hauge i Dalane** (Baden am Sogndalstrand) klettert und fällt die Straße in 14 Kehren, verläuft am Fjord durch Tunnel und zwingt an besonders schmalen Stellen dazu, auszuweichen. Es geht also nur langsam voran; für Gespanne oder größere Wohnmobile ist diese Nebenstrecke nicht empfehlenswert.

Egersund

Großer Fischereihafen

30 km von Hauge und 85 km von Stavanger entfernt liegt das 11.500-Einwohner-Städtchen Egersund (oft auch Eigersund geschrieben), eine der größeren Siedlungen des Südlandes. Hier kann man eine Ruhepause, vielleicht auch einen Übernachtungsstopp einlegen oder einen Bummel über die Strandgate unternehmen. Sie weist manches schön erhaltene, weiß gestrichene Holzhaus auf, auch die alte, sehenswerte **Stadtkirche** liegt nah. Von besonderem Interesse ist der **Fischereihafen** – einer der größten des Landes, der stets hübsche Fotomotive bietet. Mit genügend Zeit könnte man auch herrliche Wanderungen unternehmen, z. B. zum „Hausberg" **Varden** mit toller Panoramasicht oder zum **Leuchtturm Eigerøy Fyr**. Mit guten Stränden, zwei interessanten Museen, besten Bedingungen für Angelfreunde sowie einem recht passablen Angebot an Unterkünften und Restaurants hat das Städtchen durchaus etwas zu bieten. Seine frühere Bedeutung als Fährort musste Egersund – immerhin Heimathafen der Reederei Fjordline – 2009 zugunsten von Stavanger aufgeben.

Eine kuriose, aber immer beliebtere Sehenswürdigkeit befindet sich gut 5 km östlich von Egersund in der Nähe des Rv. 62 (dort gibt es auch einen zugehörigen Parkplatz): der **Trollpikken** („Trollpenis"), ein von der letzten Eiszeit geformtes Felsgebilde von ca. 3 m Länge, das seinem Namen alle Ehre macht.

Reisepraktische Informationen Egersund

Information

Egersund Turistinformasjon, *Elvegaten 23, 4370 Egersund, ☏ 47488409, www.visitegersund.no. Touristeninformation in der alten Molkerei, Juni–Aug. Mo–Sa 10–16 Uhr.*

Unterkunft

Grand Hotell €€€, *Johan Feyersgate 3., ☏ 51496060, www.grand-egersund.no. Traditionsreiche Herberge in einem netten, zentral gelegenen Holzbau im traditionellen Stil, mit modernem Anbau, 65 moderne, freundlich eingerichtete Zimmer (auch Familienzimmer). Mit Restaurant, Bar/Café.*

Camping

Steinsnes NAF Camping, *Jærveien 190, 4373 Egersund, ☏ 97400966, www.steinsnescamping.no. Nette, kinderfreundliche Anlage neben dem Fv. 44 (Nordsjøvegen), ca. 3 km nördlich des Zentrums am Flüsschen Bjerkreimselva, schöne Umgebung mit Stränden und Angelmöglichkeiten (Angelkarten-Verkauf), Hütten- und Fahrradverleih.*

Verkehrsverbindungen

Mit der **Bahn** *erreicht man die Stadt auf der Südlandbahn Oslo – Stavanger.* **Überlandbusse** *verkehren sowohl auf dem Fv. 44 (Nordsjøvegen) als auch auf der E 39 nach Stavanger und Kristiansand (– Oslo).*

Zwischen Egersund und Stavanger gibt es wieder die Wahl zwischen der gut ausgebauten Europastraße und dem kurvenreicheren und schmaleren **Nordsjøvegen**. Der größte Ort, den man ca. 30 km vor Sandnes auf der E 39 passiert, heißt **Ålgård** und ist vor allem bei jüngeren Norwegern beliebt. Denn hier lädt der große Vergnügungspark **Kongeparken** mit Spielgeräten aller Art, verkleideten Figuren, Märchenland und einem Kinderhotel zu Spaß und Abenteuer ein *(www.kongeparken.no, Mai–Sept. 10–18 Uhr)*. Auf der benachbarten, 6 km langen **Ålgårdbahn** kann man auf Draisinensafari gehen *(☏ 95776247, http://aalgaardbanens-venner.com/dresinsykling/, April–Okt. So 11–17 Uhr)*.

Beliebt bei Kindern

In Ålgård zweigt auch der Rv. 45 ab, eine von Touristen wenig befahrene, aber spektakuläre Alternativroute von/nach Oslo (507 km) bzw. nach Lysebotn am Lysefjord (S. 229). Auf der interessanteren Nebenstrecke Rv. 44 ändert sich der Landschaftscharakter, die Felsen treten zurück und bis Stavanger folgt mit **Jæren** die am intensivsten genutzte Agrarlandschaft des Landes, die schon vor Jahrtausenden die Menschen hier siedeln ließ. Hunderte von Grabhügeln aus der Eisenzeit und andere prähistorische Stätten finden sich in dieser Region, aber auch Erinnerungen an den Weltkrieg: Die gegossenen Betonblöcke bei **Brusand** etwa, die hier „Hitlerzähne" genannt werden, sollten die Alliierten an einer Landung hindern. Vor allem aber wartet die Gegend mit zahlreichen attraktiven Stränden auf, die insgesamt 11 km lang sind.

Wer baden möchte, sollte im zweiten Streckenabschnitt den Rv. 507 wählen, der die schönsten Uferplätze ansteuert, vor allem die weißen Traumstrände von **Klepp** (Orrestranda und Borestranda; Infozentrum im Friluftshuset von Orre). Für Wanderer gibt es kaum eine schönere Etappe als den ausgeschilderten alten Pilgerpfad **Kongevegen**, der direkt an der Küste entlang und zu Leuchttürmen oder dem alten Pfarrhof von **Hå** (mit Museum und Café) führt.

Weißsandige Traumstrände

Der Rv. 44 verläuft über den Industrieort **Bryne** nach **Sandnes**, das bereits im Einzugsgebiet der Ölmetropole Stavanger (12 km) liegt und auf zzt. über 77.000 Einwohner angewachsen ist. Sandnes wartet mit Museen, einer geschäftigen Fußgängerzone, Golfplätzen, Pferdehöfen, Unterkünften aller Art und einer abwechslungsreichen Gastronomie auf. Zur Stadterkundung können städtische Gratis-Leihfahrräder (City bikes, Vågsgata 22) genutzt werden.

Stavanger – Norwegens Ölhauptstadt

Mit rund 134.000 Einwohnern ist Stavanger, am Nordende der Jæren-Halbinsel gelegen, die viertgrößte Stadt des Landes. Die Entwicklung der heutigen Ölmetropole war ein ständiges Auf und Ab. Ihr Ursprung geht auf das Jahr 1125 zurück, als Stavanger Bischofssitz wurde und der Bau des sehenswerten Doms begann. Die Stadtrechte erhielt die Siedlung 1245, doch die Bevölkerungszahl stagnierte. Im 17. Jh. gingen Stadtrechte und Bischofssitz (nach Kristiansund verlegt) verloren, damit schwand auch die wirtschaftliche Bedeutung. Erst mit Beginn der Heringsfischerei und dem Bau von Segelschiffen stieg die Bevölkerungszahl, die um 1800 noch bei rund 2.000 lag, auf etwa 30.000 im Jahr 1900 an.

Redaktionstipps

- Besuch der **Altstadt** (S. 225) mit Konservenmuseum (S. 226) und Domkirche (S. 224).
- Besichtigung des **Ölmuseums** (S. 226).
- Ausflug zum **Lysefjord** mit Besteigung der 604 m hohen Felsenkanzel (S. 229).

Der Fang von Hering führte zum Aufbau der Konservenindustrie, die Arbeitskräfte aus dem weiteren Umland in die Stadt zog. Dieser Erwerbszweig dominierte bis zum Zweiten Weltkrieg das Wirtschaftsleben. Das interessante Konservenmuseum in der Altstadt dokumentiert den wirtschaftlichen und sozialen Wandel jener Zeit. Damals kam das Heil für Stavanger aus der Nordsee und auch in den schwierigen 1960er-Jahren erfolgte die Rettung mit den **Öl- und Gasfunden** aus dem Meer: Der Aufstieg Stavangers zur Ölmetropole begann. Die Nähe zu den Öl- und Gasfeldern, der Hafen und die internationalen Flugverbindungen sowie das breite Dienstleistungsangebot sprachen für Stavanger als ideales Zentrum der Offshore-Aktivitäten. Außerdem begünstigten staatliche Maßnahmen die rasante Entwicklung, wie die Verlegung des Sitzes des Öldirektorats und der staatlichen Gesellschaft Equinor (Statoil) nach Stavanger. Immer noch sind rund 840 Unternehmen aus dem Öl- und Gasgeschäft in Stavanger tätig.

Sinkende Ölproduktion

40 Jahre Wachstum haben natürlich deutliche Spuren hinterlassen, wozu nicht nur die Hochhaus-Skyline am Breia-See (Breiavatn) gehört. Doch die fetten Jahre sind vorbei. Die Ölproduktion des Landes geht zurück, die Förderaktivitäten verlagern sich immer weiter nach Norden und der Ölpreisverfall tut sein Übriges. Inzwischen sinken die Immobilienpreise in der einst teuersten Stadt des Königreichs, Firmen wie Equinor entlassen Mitarbeiter und immer häufiger fehlen den neugebauten Hotels Gäste oder geben Gastronomen auf. In der einstigen Boomstadt, die immer händeringend Arbeitskräfte suchte, lag 2016–2018 die Arbeitslosenrate mit 5 % immerhin zwei Prozentpunkte über dem Landesdurchschnitt! Zukünftig wird man versuchen, das Technologie-Know-how aus dem Erdölgeschäft in andere Branchen einzubringen, vor allem in die Informations- und Kommunikationstechnik, die Nahrungsmittelindustrie, die Gesundheitswirtschaft und die erneuerbaren Energien. So entstand bei Stavanger einer der größten **Windparks** des Landes. Verkehrspolitisch wurde das verdiente Ölgeld in den Bau eines gigantischen **unterseeischen Tunnelsystems** investiert. Durch die Rennfast-, Ryfast- und Rogfast-Projekte sieht der Granituntergrund inzwischen aus wie ein Schweizer Käse, macht es aber möglich, dass man bald schon in jede Himmelsrichtung reisen kann, ohne eine Fähre benutzen zu müssen. Dass sich in dieser Stadt längst nicht alles um Öl und Gas dreht, zeigt sich deutlich bereits im Jahr 2008, in dem Stavanger Kulturhauptstadt Europas war.

Stavanger
Unterkunft
1 Radisson Blu Atlantic Hotel
2 Clarion Collection Hotel Skagen Brygge
3 Victoria Hotel
4 Best Western Havly Hotell
Essen & Trinken
1 Matbaren
2 Renaa Xpress
3 Nick & Jonnies Restaurant & Bar
4 Fisketorget
5 Cardinal
6 N.B. Sørensens Dampskipsexpedition 1 & 2
1 Domkirche
2 Stavanger-Museum
3 Marktplatz
4 Seefahrtsmuseum
5 Altstadt (Gamle Stavanger)
6 Norwegisches Konservenmuseum
7 Feuerwachturm Valberg
8 Altes Zollhaus
9 Norwegisches Ölmuseum
10 Ledaal
11 Villa Breidablikk
PLEPTINGEN
N
0 100 m
Kjeringholmen
Kreuzfahrtterminal
VÅGEN
Gästehafen
Byparken
Breiavatnet
Busstation
Bahnhof
Uelands gate
Løkkeveien
Nedre Strandgate
Strandkaien
Skagenkaien
Skansegata
Havneringen
Nordbøgata
Nedre Holmegate
Øvre Holmegate
Kirkegata
Østervåg
Steinkargata
Sølvberggata
Søregata
Nygata
Hospitalsgata
Klubbgata
Kongsgata
Skagen
Tanke Svilands gate
Seehusens gate
Andasmauet
Haugvaldsstads gate
Løvdahlssvingen
Lars Hertervigs gate
Øvre Strandgate
Mellomstraen
Stokkavveien
Møllegata
Kongs Oscars gate
Wessels gate
Niels Juels gate
Steingata
Løwølts gate
Olav Kyrres gate
Henrik Steffens gate
Øvre Kleivs gate
Haakon VII's gt.
Kongsgårdbakken
Olav's gate
Klinkenberggata
Olavskleivå
Ny Olavskleiv
Knut Holms gate
Eiganesveien
St. Olav's gate
Jernbaneveien
Breibakken
Bergelandsgata
Vaisenhusgata
Jens Zetlitz gate
Kongsgata
St. Svithuns gate
Kannikgata
Teaterveien
Muségata
Madlaveien
Peder Klows gate
Storgata
Kirkegårdsveien
Bjergstedveien
Valberggata

Stadtbesichtigung

Domkirche

In der Domkirche von Stavanger

Ein Stadtspaziergang beginnt am besten am **Dom (1)**, der größten Sehenswürdigkeit Stavangers, der erhöht über dem Marktplatz am Ende der Hafenbucht Vågen steht. Sein Bau begann in romanischer Zeit, direkt nach der Ernennung der Stadt zum Bischofssitz. Der erste Bauherr war der aus Winchester stammende Bischof Reinald, daher wurde der lang gestreckte, turmlose Westteil als normannische Basilika errichtet. Sowohl am äußeren Portalschmuck als auch an den Kapitellen der mächtigen Rundsäulen im Inneren ist dieser romanische Stil deutlich sichtbar. Nach einem Brand 1272 wurde der Chor im gotischen Stil neu errichtet. Im Inneren achte man besonders auf den gotischen Taufstein und die idealisierten Königsköpfe im Chor. Da das Gotteshaus später nie verändert wurde, gilt es als einzige norwegische Steinkirche aus dem Mittelalter, die in ihrer ursprünglichen Architektur erhalten geblieben ist. Wer es einrichten kann, sollte an einer Vorführung des **Domchors** teilnehmen – immerhin der bekannteste des Landes. Nach der Innenbesichtigung darf man es nicht versäumen, einmal um den Kirchenbau herumzugehen.

Steinkirche aus dem Mittelalter

An der Südseite befinden sich ein edles normannisches Portal und am Chor der sehr schöne gotische Bischofseingang. Diesem gegenüber liegt die **Bischofskapelle**, ein Juwel der Hochgotik (leider meist geschlossen). Daran schließt sich der **Kongsgård** (Königshof) an, früher der Sitz des Bischofs und in dänischer Zeit Residenz des Königs. Das heutige Gebäude, das die mittelalterlichen Mauern als Fundament hat, stammt aus dem 18. Jh. und dient seit 160 Jahren als Gymnasium. Die Ostseite des Doms ist die sehenswerteste, vor allem, wenn man am Fuß des Hügels zur reich dekorierten Doppelturmfassade hinaufschaut. Aber auch an der Nordfassade sind zwei schöne Portale zu entdecken, davor mittelalterliche Mauerreste; aus der Distanz ist von hier die Längsstreckung der Kirche besonders deutlich zu sehen. Auf dieser Domseite findet auf dem **Domkirkeplassen** an manchen Tagen ein Obst-, Blumen- und Souvenirmarkt statt. Vom Platz in Richtung Dom sieht man eine der 23 menschlichen Figuren aus Eisen, die der Künstler A. Gormly im ganzen Stadtgebiet verteilt hat. Sie alle haben die Größe des Künstlers (195 cm) und decken, jeweils 1,95 m tiefer gesetzt, den Höhenunterschied von 41 m vom Kunstmuseum bis unterhalb des Wasserspiegels ab; der Name dieses originellen Kunstarrangements ist „Broken Columbs".

Eisenfiguren

Stavanger Domkirke, *Haakon VIIs gate 2, ☎ 51840400, http://domkirkenogpetri.no, Mai u. Sept. tgl. 10–16, Juni–Aug. tgl. 10–18 Uhr, NOK 50, Hochmesse So 11 Uhr.*

Stavanger Museum

Im Süden senkt sich der Domhügel zum Stadtsee **Breiavatn** hinab, der zu jeder Seite von hübschen Grünanlagen begrenzt wird. Ein gemütlicher Spaziergang führt am Säulenpavillon vorbei und um den See herum, immer die Hochhaus-Skyline des Ölzeitalters vor Augen. Am Südrand des Sees sieht man den Bahnhof, Endstation der Südlandbahn aus Oslo, dahinter den Busbahnhof und das Theater. Etwa 300 m vom Ufer entfernt stößt man auf das repräsentative, 2016/2017 modernisierte **Stavanger Museum (2)**. In seiner naturhistorischen Sammlung sind u.a. Vögel und Landtiere aus Norwegen und anderen Ländern zu sehen. Die kulturgeschichtliche Abteilung beherbergt u.a. eine Darstellung der Stadt, wie sie im 19. Jh. aussah. Am Westufer des Breiavatn und am Byparken entlang geht es anschließend zum Dom zurück.

Rund um den Stadtsee

Stavanger Museum, *Muségate 16, ☏ 51842700, www.stavangermuseum.no, im Sommer tgl. 10–16 Uhr, sonst Di, Mi, Fr 11–15, Do 11–19, Sa/So 11–16 Uhr, NOK 95, Kinder bis 18 Jahre NOK 70 (inkl. Besuch der anderen Stavanger-Museen wie Kinder-, Schul-, Seefahrts-, Konservenmuseum, Museum für Grafik, Utstein-Kloster, Ledaal und Breidablikk am gleichen Tag; alle mit gleichen Öffnungszeiten und Kontaktdaten).*

Seefahrtsmuseum und Altstadt

Im Westen unterhalb des Doms, überragt von einem modernen Schiffsdenkmal und der Statue Alexander Kjellands, der Stavanger einmal als Bürgermeister vorstand, erstreckt sich der **Marktplatz (3)** (Torget), der sanft zum Gästehafen abfällt und wo verschiedene Veranstaltungen stattfinden. In seiner westlichen Ecke werden frischer Fisch und Schalentiere verkauft. Von hier aus bietet sich ein Spaziergang in die Altstadt an. Dazu passiert man zunächst das **Seefahrtsmuseum (4)** (Maritime Museum, *Strandkaien 22*), das in weißen, hölzernen Speicherhäusern untergebracht ist. Es gewährt interessante Einblicke in die lange Seefahrtstradition der Stadt und zeigt u.a. ein Reedereikontor, einen Krämerladen und eine Kaufmannswohnung. Danach geht man über die ansteigende Løvdahlssvingen von der Nedre Strandgate hinauf zur Øvre Strandgate und ist dann schon mitten in der **Altstadt (5)** (Gamle Stavanger), wo sich entlang der gepflasterten und mit alten Gasleuchten ausgerüsteten Straßen ein kleines, weißes Holzhaus an das nächste reiht. In diesem größten zusammenhängenden „Bewahrungsgebiet" (Denkmalschutz) des Königreichs stehen Gebäude des 18. und frühen 19. Jh. Doch Alt-Stavanger ist kein Freilichtmuseum, es ist der lebendige Stadtteil einer modernen, weltoffenen Stadt. Besonders interessant, weil

Stadtteil unter Denkmalschutz

Gamle Stavanger

einzigartig und eng mit der wirtschaftlichen und kulturellen Entwicklung Stavangers verbunden, ist das **Norwegische Konservenmuseum (6)** (Norsk Hermetikkmuseum, *Øvre Strandgate 88*), das in einer ehemaligen Sardinenfabrik vom Ende des 19. Jh. untergebracht ist. Im Laufe der Zeit gab es nicht weniger als 400 Konservenfabriken in der Stadt, deren Erzeugnisse zu 90 % in den Export gingen. 1870–1930 war Stavanger der weltweit größte Produzent von Sardinenbüchsen. Rings um dieses Steingebäude aber überwiegen die putzigen Holzhäuschen mit gepflegten Minigärten. Schließlich geht man über die Treppen der Blidensolstrædet wieder abwärts und hat das Nordende der Altstadt erreicht, das durch den modernen Terminal der England- und Dänemarkfähren markiert wird.

Skagenkai

Man kann nun über den Strandkaien zum Marktplatz zurückkehren, um auf der anderen Seite des Gästehafens weiter dem Uferverlauf der Bucht Vågen zu folgen. Der **Skagenkai** wird von Hotels, Geschäftshäusern, Pubs und Restaurants gesäumt, an warmen Sonnentagen sind die Straßencafés bis zum letzten Platz gefüllt und an den Wochenenden mutiert der Straßenabschnitt zur Partymeile. Oberhalb der Speicherhäuser führen enge Gassen (teils als Fußgängerzone) zum alten **Feuerwachturm Valberg (7)**, der das Viertel überragt und in dem sich ein Souvenirladen befindet. Vom obersten Geschoss aus bietet sich eine herrliche Aussicht.

Quirliges Leben

Schlendert man weiter am Skagenkai entlang, passiert man das altehrwürdige **Victoria Hotel**, das älteste der Stadt, und das **Alte Zollhaus (8)** mit schöner Jugendstil-Architektur. Am Kai liegen verschiedene maritime Oldtimer, Museumsschiffe und Ausflugsboote, manchmal sieht man hier auch einen stolzen Dreimaster. Wer ganz um die Landzunge herumspaziert, wird auf der anderen Seite mit dem modernen Norwegen in Gestalt des futuristischen **Ölmuseums (9)** konfrontiert. Das 1999 eingeweihte Gebäude erinnert innen wie außen an eine Bohrplattform. Der Besucher erfährt Wissenswertes zu den Öl- und Gasvorkommen des Landes, über die harten Lebens- und Arbeitsbedingungen auf den Bohrplattformen sowie zur Erdgeschichte im Allgemeinen. Weiter östlich schließen sich verschiedene Hafenbecken, das **Schnellboot-Terminal** (u. a. nach Haugesund und Bergen) und das **Fährterminal** an. Dahinter spannt sich die kühne Bybrua zu den Jachthäfen und Wohngebieten der vorgelagerten Inseln.

Wissenswertes über Öl und Gas

Norsk Oljemuseum, *Kjeringholmen 1A, ☎ 51939300, www.norskolje.museum.no, Juni–Aug. tgl. 10–19, sonst Mo–Sa 10–16, So 10–18 Uhr, NOK 120, Kinder NOK 60.*

Außerhalb des Zentrums von Stavanger

Möchte man den Stavanger-Eindruck erweitern, kann man sich zu Fuß oder mit dem Linienbus zu zwei herrschaftlichen Villen aufmachen, die etwa 600 m westlich des Breiavatn liegen. Rechter Hand des Eiganesvei entdeckt man dabei inmitten eines Parks die Stadtresidenz und Herrschaftsvilla **Ledaal (10)**, in der das norwegische Königspaar wohnt, wenn es sich in Stavanger aufhält. Hier lebte einst der berühmteste Sohn der Stadt, der Dichter Alexander Kielland, der in seinen Romanen das Stavanger des 19. Jh. schildert und Thomas Mann Anregungen für die „Buddenbrooks" gab. Der klassizistische Steinbau mit seiner edlen Einrichtung und Museum kann besichtigt werden, ist aber gegenüber anderen Stadtresidenzen (z.B. dem Stiftsgården in Trondheim) weniger eindrucksvoll. Auf der anderen Seite des Eiganesvei liegt die hinter Redwoods und anderen Bäumen versteckte **Villa Breidablikk (11)**, ein repräsentatives Holzhaus aus den 1880er-Jahren, in dem heute eine Bibliothek und eine Gemäldesammlung untergebracht sind. Seine Innen- und Außenarchitektur gilt als bestes Beispiel des sog. Schweizer Stils.

Imposante Residenzen

Ledaal, *Eiganesveien 45, ☏ 51842700, http://ledaalmuseum.no;* **Breidablikk**, *Eiganesveien 40a, http://breidablikkmuseum.no, beide Museen jeweils Juni–Aug. tgl. 10–16 Uhr, NOK 95, Kinder (6–18 Jahre) NOK 50.*

Ausflüge mit dem Wagen oder dem Bus führen über die chronisch überlastete **Bybrua** nach **Engøy**, **Hundvåg**, **Buøy** und zu weiteren Inselchen, die alle miteinander verbunden sind. Hier gibt es zwar nichts Außergewöhnliches zu entdecken, aber die Reihenhäuser, Villen, Jachthäfen, gepflegten Parks und Sportanlagen zeigen den hohen Lebensstandard der Norweger im Allgemeinen und der Stavanger im Besonderen. Ab 2019 sollen der Hundvåg-Tunnel (5,5 km) und der Ryfylke-Tunnel (14,3 km) die Stadtbrücke entlasten und eine unterseeische Verbindung zu den Inseln und zum jenseitigen Ufer des Byfjords herstellen. Das gigantische Projekt trägt den Namen „**Ryfast**".

Verbundene Inselchen

Ausflugsziele in der Umgebung

Rund um den Hafrsfjord

Zehn Autominuten südlich der Stadt (über die Hornklovesgate zu erreichen, Richtung Universität) liegt in waldreicher Umgebung der **Ullandshaug** (*haug* = Hügel), bekrönt vom weißen **Telenor-Sendeturm**. Von der unteren Aussichtsplattform (Eintritt frei, Café am Sonntag) bietet sich ein toller Panoramablick über Stadt, Fjord und die Kulturlandschaft von Nordjæren, während um den Turm ein markierter Wanderweg (ca. 1 Std.) angelegt ist, der auch durch den Botanischen Garten von Stavanger führt. Ganz in der Nähe hat man über den ausgegrabenen Fundamenten einer eisenzeitlichen Hofanlage den **Jernaldergarden** (Eisenzeithof) rekonstruiert, in dem 350–550 n. Chr. die Vorfahren der Wikinger lebten. Der Hof besteht im Wesentlichen aus drei grassodengedeckten Steinhäusern, in deren Inneren Gegenstände der Epoche besichtigt werden können.

Die drei Schwerter im Hafrsfjord

Nur wenige Kilometer westlich des Jernaldergarden gelangt man zum kurzen, aber mit vielen Buchten und Inseln reichgegliederten **Hafrsfjord**. Er spielte für Norwegen eine große Rolle, denn hier bezwang Harald Schönhaar in der Seeschlacht von 872 seine Widersacher, gründete das norwegische Reich und ging als erster gesamtnorwegischer König in die Geschichte ein. An der schönen **Møllebukt** (Badeklippen, Sandstrand) erinnern drei überdimensionierte Schwerter im Felsen, **Sverd i fjell**, an die blutige Geburtsstunde des Landes. Wer möchte, kann mit dem Auto oder dem Fahrrad den gesamten Hafrsfjord umrunden, wobei fast immer der Rv. 509 den Weg angibt. Die Route passiert vorhistorische Denkmäler (Ytraberget), Kirchenruinen und Sandstrände (Sola), das Steinkreuz von Tjora, den netten Ort **Tananger** (Hafen, Museum der Westküstenkultur) und überbrückt die Fjordmündung auf der **Hafrsfjord bru**.

Geburtsort des Königreichs

Auf dem Weg nach Norden: über die Halbinsel Randaberg und die Inseln im Boknafjord

Nordwestlich von Stavanger trennt die **Halbinsel Randaberg** den Byfjord vom rauen Atlantik: eine eigentümliche, windzerzauste, von zwei großen Binnenseen und Granithügeln durchsetzte und mit unzähligen Schafen bevölkerte Landschaft. Die meisten Touristen durchqueren sie zügig auf der E 39 bis zur Randaberg-Fährstation und den Rennfast-Tunneln. Mit mehr Zeit, vielleicht auch auf dem Fahrrad, sollte man jedoch der Atlantik-Küstenstraße folgen, vorbei an den schönen Stränden der Vistevika und Sandebukta, bis ganz hinauf zum **Kap Tungenes** mit seinem Leuchtturm.

Das Utstein-Kloster auf der Insel Mosterøy

Für den weiteren Weg in den Norden kann man eine der Fähren nehmen, die einen nach **Kvitsøy** oder Skudeneshavn auf **Karmøy** (S. 237) bringen. Oder man nutzt mit der E 39 die 1999 eröffnete **Rennfast-Verbindung**. Dieses aufsehenerregende Projekt besteht aus 11 km Straße, neuen Brücken, einem neuen Fähranleger und zwei unterseeischen Tunneln, die unterhalb des Byfjords verlaufen. Die erste Röhre, knapp 6 km lang und mit 223 m unter dem Meeresspiegel bis 2008 der tiefste Unterseetunnel der Welt, bringt einen zur Insel **Mosterøy**. Der zweite, ebenfalls beachtliche Tunnel verbindet die Inseln Mosterøy und **Rennesøy**. An deren Ende wartet der breite **Boknafjord** bereits ebenfalls auf eine Untertunnelung; seit 2016 baut man an der ehrgeizigen **Rogfast-Verbindung**, die einen knapp 27 km langen und 390 m tiefen (!) Unterseetunnel einschließlich eines Tunnelabzweigs zur Insel Kvitsøy beinhaltet und 2025 eingeweiht werden soll. Bis es soweit ist, muss man in **Mortavika** die gasbetriebene Autofähre nehmen. In den Tunneln wird die

Straße unter dem Meer

jeweils tiefste Stelle angezeigt, die Abkürzung *m.u.h.* bedeutet „Meter unter dem Meer" (Achtung: Der Name „Rennfast" hat weder etwas mit „rennen" noch mit „schnell" zu tun, sondern ist die „feste" Straße zur Insel „Rennesøy". Also die Höchstgeschwindigkeit beachten, auch in den Tunneln gibt es Radaranlagen!).

Eine besondere Sehenswürdigkeit auf der ersten Insel Mosterøy ist das **Utstein-Kloster**. Es war ursprünglich ein Königshof, der im 13. Jh. von den Augustinern übernommen wurde. Die Vierflügelanlage mit Kreuzgang gilt heute als das am besten erhaltene mittelalterliche Kloster Norwegens. Nach der Reformation ging das Anwesen in königlichen, später in privaten Besitz über und wurde 1935 der Öffentlichkeit zugänglich gemacht. Es dient heute als Museum, Ort für Seminare und Konzerte sowie als Klosterhotel.

Besterhaltenes mittelalterliches Kloster

Utstein kloster, *Mosterøyveien 801, Mosterøy, http://utsteinkloster.no, März–Mitte Mai, Sept.–Okt. So 12–17, Mitte Mai–Aug. Mo–Sa 10–16, So 12–17 Uhr, NOK 90; auch mit dem Motorboot ab Stavanger oder auf Sightseeingtouren zu erreichen.*

Lysefjord und Preikestolen

Der **Lysefjord**, dessen Wasser bei gutem Wetter hellgrün zu leuchten scheint, gehört wegen des markanten Felsens Preikestolen (s. u.) zu den meistfotografierten Landschaftsmotiven Norwegens. Der Fjord zweigt bei **Oanes** vom Høgsfjord ab und schlängelt sich 37 km lang nach Osten, er ist 2 km breit und misst an der tiefsten Stelle 457 m. Da keine Autostraße an seinem Ufer entlangführt, kann man die Schönheit des Fjords nur auf einer Kreuzfahrt oder an Bord der Fähre betrachten, die im Sommer einmal täglich von Stavanger bis nach **Lysebotn** am innersten Fjordende fährt (eine Vorbestellung der Fähre ist empfehlenswert). Der Blick von Bord auf die bis zu 1.000 m ansteigenden, steilen Felswände und den Preikestolen ist fantastisch. In Lysebotn führt vom Fjord eine unglaubliche Serpentinenstraße in 27 Haarnadelkurven an der senkrecht abfallenden Bergseite bis auf 800 m ü. d. M. hinauf (Steigung/Gefälle 1:9, Straßenbreite 3 m), oben geht es dann auf moderater, aber immer noch schmaler Strecke weiter, bis man nach 26 km den Rv. 45 erreicht. Auf diesem gelangt man nach rund 100 km über **Ålgård** (S. 220) und **Sandnes** nach Stavanger zurück. Diese Rundtour ist ein schöner Tagesausflug oder aber man macht sich auf dem Rv. 45 in östlicher Richtung bis zum Setesdal auf – eine ebenfalls atemberaubende Hochgebirgsstrecke!

Beliebtes Fotomotiv

Der **Preikestolen** (Predigtstuhl, Kanzel) ist die größte Natursehenswürdigkeit in der Umgebung von Stavanger. Wer den Felsklotz nicht von Bord eines Ausflugsboots (ab/bis Stavanger ca. 3 Std.) oder einer Fähre aus erleben kann, muss auf jeden Fall wandern. Entweder nimmt man in Stavanger die Fähre über den Byfjord nach **Tau**, von wo 4-mal tgl. Busse zur Preikestolhytta fahren. Oder man fährt mit dem Wagen über den Rv. 13 nach **Lauvvik**, setzt dort mit der Fähre über den Høgsfjord nach **Oanes** über, nutzt weiter den Rv. 13 bis **Jøssang** und nimmt dort den ausgeschilderten Abzweig zur **Preikestolhytta**. Die „Hütte" ist ein wunderschöner alter Bauernhof (Cafeteria, Jugendherberge, Parkplatz), den die moderne und architektonisch interessante Preikestolen Fjellstue (Café, Unterkunft, Ausstellung) ergänzt.

Berühmte Felsenkanzel

Geschafft: Aufstieg zur spektakulären Felsenkanzel Preikestolen

Nur für Schwindelfreie!

Vom Parkplatz aus wandert man etwa zwei Stunden auf einem rot markierten Pfad, der teils recht steil ist und 350 Höhenmeter überwindet, bis zur „Kanzel". Oben erwartet einen ein etwa 500 m² großes, ziemlich ebenes Felsplateau, von dem es an drei Seiten über 600 m senkrecht nach unten geht. Nur wirklich Schwindelfreie sollten sich vorsichtig bis zur Abbruchkante robben und den Blick in die Tiefe wagen, **vor leichtsinnigem Balancieren in der Nähe des Abgrunds sei wegen der plötzlich auftretenden Windböen dringend gewarnt!** Bei Regen, Nebel und Nässe sollte man die Wanderung auf die Kanzel ohnehin nicht unternehmen. Wer lieber in einer Gruppe wandert, kann die Tour in Stavanger über verschiedene Veranstalter buchen, u. a. einen achtstündigen Ausflug per Boot auf dem Lysefjord und eine Wanderung mit einem ortskundigen Naturführer.

Reisepraktische Informationen Stavanger und Umgebung

Information

Stavanger Tourist Information Office, *Strandkaien 61, 4005 Stavanger, ☏ 51859200, www.regionstavanger-ryfylke.com, Juni–Aug. tgl. 9–20, sonst Mo–Fr 9–16, Sa 9–14 Uhr. Eine weitere Touristeninformation ist in Sandnes, Vågsgate 22, ☏ 51335555.*

Unterkunft

Das Angebot an Hotels ist hervorragend und auf die Ansprüche der internationalen Geschäftswelt eingestellt; in den letzten Jahren entstanden mehrere große (über 400 Zimmer) und hohe (bis 21 Etagen) Vier-Sterne-Herbergen u. a. der Ketten Scandic, Thon, Clarion und Radisson. Im Sommer profitiert der Reisende von dem Überangebot, wenn selbst die ersten Häuser am Platze mit stark ermäßigten Preisen locken. Die Gültigkeit der Sommerpreise ist nicht einheitlich und kann an bestimmte Auflagen wie einen Hotelpass oder bestimmte Buchungsbedingungen gebunden sein.

Radisson Blu Atlantic Hotel (1) €€€€€, *Olav V. gate 3, ☎ 51761000, www.radissonblu.com. First-Class- und Konferenzhotel oberhalb der Stadt, wenige Gehminuten zum Dom. Mit 364 Zimmern eines der größten Hotels der Stadt. Geboten werden alle Annehmlichkeiten, Sauna im obersten Stockwerk mit Panoramasicht, Fitnessstudio, Restaurant, Bar und Pub im englischen Stil. Ein weiteres Radisson Blu Hotel mit 215 Zimmern liegt in unmittelbarer Nachbarschaft:* **Royal** €€€€€, *Løkkeveien 26; Spa-Komplex mit Pool, Restaurant, Bar, Club, Tiefgarage.*
Clarion Collection Hotel Skagen Brygge (2) €€€€, *Skagenkaien 28–30, ☎ 51850000, www.nordicchoicehotels.no. Großer Hotelkomplex im traditionellen Stil in unschlagbarer Lage am Hafen. 111 komfortabel ausgestattete Zimmer, Fitnessraum, Frühstück, Nachmittags-Sweets und Abendessen im Preos eingeschlossen, Fahrradverleih.*
Victoria Hotel (3) €€€€, *Skansegate 1, ☎ 51867000, www.victoria-hotel.no. Zur Best-Western-Kette gehörende Hotellegende von 1900 im Herzen der Stadt, mit Blick auf den Hafen, nahe dem Ölmuseum gelegen. 107 individuelle und geräumige Zimmer im Stil der Zeit, aber mit modernstem Komfort ausgestattet. Steak House und Bar.*
Sola Strand Hotel €€€€, *Axel Lunds veg 27, 4050 Sola, ☎ 51943000, https://solastrandhotel.no. Das traditionsreiche Haus von 1914 direkt am Sandstrand von Sola ist eine gute Alternative zum Quartier in der Stadt, 20 Autominuten von der Stadtmitte. Funktionelle Gebäude samt moderneren Anbauten mit insgesamt 139 gut ausgestatteten Zimmern. Es gibt verschiedene Speisesäle wie das tolle Büfett-Restaurant „Montroyal", untergebracht in einem Saal aus einem Kreuzfahrtschiff, Wellnesscenter mit Saunas und Innenpool. Beste Windsurfbedingungen, Leihfahrräder, Golf- und Tennisplatz.*
Gamla Værket – Gjæstgiveri & Tracteringssted €€€€, *St. Olavsgata 38, 4306 Sandnes, ☎ 51685170, http://kronenhotels.no/gamlavaerket. Außergewöhnliches Haus im Herzen von Sandnes, ca. 20 Autominuten von Stavangers Innenstadt. Das Boutique-Hotel ist in einer Ziegelfabrik von 1783 untergebracht, dem ersten Industriebetrieb der Region. Mit 28 individuell, teils mit Antiquitäten eingerichteten Zimmern. Sehr gutes Restaurant. Tipp für Liebhaber von Unterkünften abseits des internationalen Hotel-Einerleis.*
Best Western Havly Hotell (4) €€€, *Valberggate 1, ☎ 51939000, www.havly-hotell.no. Modernes, nicht zu großes Hotel nahe der Domkirche. 42 komfortable Zimmer, kleine Bibliothek, gutes Frühstücksbüfett, Mo–Do Abendessen im Preis eingeschlossen, sehr günstige Sommer- und Wochenendangebote.*

Tipp

Im Sommer besteht die Möglichkeit, in einigen Leuchttürmen vor der Küste von Stavanger zu übernachten, u. a. im **Feistein Fyr** *(4352 Kleppe, ☎ 51429824, auf einer Insel südwestlich von Stavanger) oder im* **Obrestad Fyr** *(Håvegen, 4365 Nærbø, ☎ 51791660, an der Küste zwischen Egersund und Stavanger). Informationen erhält man über das Touristenbüro von Stavanger oder unter www.lighthousesofnorway.com/stay-at-a-norwegian-lighthouse.*

Jugend-/Familienherbergen

Stavanger St. Svithun, *Gerd-Ragna Bloch Thorsens Gate 8, ☎ 51512600, https://hihostels.no. Moderne Herberge mit 1- bis 4-Bett-Zimmern (alle mit Dusche/WC/WLAN), Bistro, Pub, Gästeküche, nahe der Uniklinik südlich der Altstadt gelegen, Bushaltestelle, zu erreichen mit Buslinien 4 und 11.*
Preikestolhytta/Preikestolen Vandrerhjem, *Preikestolen, ☎ 51742074, www.preikestolenfjellstue.no, geöffnet Mitte Mai–Mitte Sept. Wunderbare, grassodengedeck-*

te Hofanlage in toller Lage mit Aussicht über das Refsvatnet, nahe dem Ausgangspunkt für die Wanderungen zur berühmten Felsenkanzel. 62 Betten, meist in 2- und 4-Bettzimmern, Cafeteria, Kaminstube, Kiosk, Bootsverleih, Badeplatz und Angelmöglichkeit.
Neben der sehr populären und oft ausgebuchten Herberge gibt es die hypermoderne, ganzjährig geöffnete **Preikestolen Fjellstue**, *ein architektonisches Meisterwerk aus Holz, 27 Zimmer mit Dusche/WC. Mit Café, Restaurant, Konferenzräumen und permanenter Ausstellung über 100 Jahre Fremdenverkehr in der Provinz.*
Eine weitere, sehr gute und moderne Jugend- und Familienherberge befindet sich im Nachbarort Sandnes. Das **Sandnes Vandrerhjem** *(Storgata 45, 4307 Sandnes, ☎ 51973000, https://hihostels.no; dem Hotel Sverre angeschlossen) ist ganzjährig geöffnet und verfügt über Doppel- und Mehrbettzimmer mit eigener Dusche/WC/WLAN).*

Camping

Mosvangen Camping, *Henrik Ibsensgate 21B, ☎ 51532971, www.stavangercamping.no, nur im Sommer geöffnet. Ca. 2 km vom Zentrum entfernt am Mosvann-See und nahe der Jugendherberge gelegener 3-Sterne-Platz für Zelte und Wohnwagen. Mit Campinghütten, Kiosk, Angelmöglichkeiten.*

Essen & Trinken

In den letzten Jahren hat sich in Stavanger eine erstaunlich exquisite kulinarische Szene entwickelt, mit der sich die Stadt sogleich hinter Oslo als Gourmetziel etablierte. So gewann 2019 der 28-jährige **Christian André Pettersen** *vom Restaurant* **Mondo** *die Bronzemedaille des Bocuse d'Or, der inoffiziellen Koch-Weltmeisterschaft. Dieses Feinschmeckerlokal liegt im benachbarten Sandnes (Rådhusgata 3, https://mondo.no). 2017 bekam z. B. das Sushi-Restaurant* **Sabi Omakase** *(Pedersgata 38, ☎ 92543781, www.omakase.no, Menü ca. NOK 1.500) einen Michelin-Stern, der ihm auch 2018/2019 zuerkannt wurde. Ein Jahr zuvor wurde das Restaurant* **Re-Naa** *(Nordbøgata 8, ☎ 5155111, www.restaurantrenaa.no) mit einem Stern ausgezeichnet, der ebenfalls seitdem „verteidigt" wurde. Letzteres gehört* **Sven Erik Renaa**, *Starkoch und Autor erfolgreicher Kochbücher, der hier seinen max. 20 Gästen nur ein Menü angebietet, das meist aus 22 Gängen besteht und vom Meister selbst serviert wird (NOK 1.600). Während diese Gourmettempel die Reisekasse gewöhnlicher Touristen überstrapazieren dürften und dort zudem Plätze Monate im Voraus reserviert werden müssen, unterhält Renaa in Stavanger zwei weitere, weniger hochpreisige Adressen (☎ 5155111, www.restaurantrenaa.no):*
Matbaren (1), *Steinkargata 10, Breitorget. Renaas norwegische Interpretation eines Bistros überzeugt mit einfachen, aber immer sehr leckeren Speisen zum Mittag- und Abendessen, z. B. Austern, Muscheln, Suppen oder Smørrebrød (2 Stück NOK 180), Mo–Sa 11–1, So 13–24 Uhr.*
Renaa Xpress (2), *Sølvberggata 2. Nur wenige Schritte entfernt offeriert Renaas drittes Restaurant die vielleicht leckersten Pizzas Norwegens, aber auch Sandwiches, Salate, Suppen, Frühstück, selbst gebackenes Brot und Kuchen. Mo–Do 10–22, Fr/Sa 10–24, So 12–22 Uhr.*
Nick & Jonnies Restaurant & Bar (3), *Øvre Holmegate 20, ☎ 51864158, www.gaffelogkaraffel.no. Ambitioniertes Restaurant mit jugendlichem Touch, mit kleineren und größeren Gerichten, im Keller urgemütliche Bar, manchmal Livemusik. Di–Fr 16–22, Sa 12–22, Bar bis 0.30/1.30 Uhr.*
Fisketorget (4), *Strandkaien 37, ☎ 51527350, www.fisketorget-stavanger.no. Nüchtern eingerichtetes Fischlokal in allerbester Lage und mit wirklich frischem Fisch und Scha-*

lentieren, Fisch-Verkaufstheke, im Sommer kann man herrlich draußen sitzen. Mo–Sa 11–24 Uhr, Fischtheken-Verkauf (Fiskedisken Mo–Fr 10–17, Sa 9–16 Uhr).

Cardinal (5), *Skagen 21, ☏ 98204200, www.cardinal.no. Klassischer Pub auf zwei Etagen, mit der wohl größten Auswahl an lokalen, nationalen und internationalen Bieren in ganz Norwegen, rustikales Pub-Essen. Mo–Do 15–1.30, Fr/Sa 12–1.30, So 15–24 Uhr.*

N.B. Sørensens Dampskipsexpedition I & 2 (6), *Skagenkaien 26, ☏ 81552881, www.nbsorensen.no. Diese gastronomische Ikone ist in einem schönen Haus direkt am Hafen untergebracht, im Erdgeschoss gibt es die rustikale* **„N.B! Bar“** *(Di/Mi 16–24, Do–Sa 16–2 Uhr) und eine* **Brasserie**, *eingerichtet mit maritimen Raritäten aus aller Welt (Mo–Fr ab 16, Sa ab 11, So ab 13 Uhr), im Obergeschoss serviert das mehrfach ausgezeichnete Feinschmecker-Restaurant* **Annen Etage** *beste Seafood-, Fisch- und Fleischvariationen (Di–Sa 18–24 Uhr, 7-Gänge-Menü NOK 950).*

Verkehrsverbindungen

Der **Flughafen Stavanger-Sola** *(Stavanger lufthavn, Sola, ☏ 67031000, www.avinor.no) liegt 12 km südwestlich der Stadt, ca. 20 Fahrminuten entfernt. Der Flughafenbus (www.flybussen.no) fährt alle 20 Min. ab Stavanger Busterminal und ab Sandnes, man kann aber auch mit dem Linienbus zum Airport gelangen (Linie 42). Am Flughafen stehen Taxis bereit, die großen Autovermieter haben hier Stationen. Von Stavanger werden etwa 35 Ziele im In- und Ausland direkt angeflogen, u. a. Berlin, Salzburg und Amsterdam.*

Stavanger ist Endstation der **Südland-Bahn** *ab/bis Oslo via Kristiansand, es gibt bis zu fünf Verbindungen tgl.; der* **Hauptbahnhof** *(Stavanger Sentralstasjon) befindet sich im Zentrum am Südende des Breiavatn. Dort ist auch der* **Busterminal**, *von Stavanger aus gibt es Überlandverbindungen in alle größeren Orte Südnorwegens, aber auch nach Göteborg, Kopenhagen oder Hamburg.*

Der **öffentliche Nahverkehr** *für Stavanger und die Provinz Rogaland liegt in den Händen von Rogaland Kollektivtrafikk. Fahrplanauskünfte für alle Bus-, Schiffs- und Zugverbindungen in Rogaland unter ☏ 177 oder www.kolumbus.no.*

Fähre/Kreuzfahrten

Fährverbindungen bestehen mit **Fjordline** *(www.fjordline.de) zum dänischen Hirtshals einerseits und nach Bergen andererseits, wobei Stavanger als Zwischenstopp angelaufen wird. Die Strecke von/nach Dänemark wird jeweils nachts zurückgelegt. Die Reederei nutzt das Risavika-Terminal südwestlich der Stadt (Utenriksterminalen, Kontinentalveien 31, 4056 Tananger), es fahren Fjordline-Shuttlebusse vom/zum Zentrum.*

Sehr empfehlenswert sind **Fjord-Kreuzfahrten**, *wie sie u. a. Rødne Fjord Cruise (☏ 51895270, www.rodne.no) veranstaltet.*

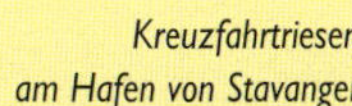

Kreuzfahrtriesen am Hafen von Stavanger

4. Bergen und das Fjordland

Zwischen Stavanger und Bergen

Der Begriff „Fjordland" umfasst in Norwegen die Bezirke Rogaland mit Stavanger als Zentrum, Hordaland mit der Stadt Bergen, Sogn og Fjordane mit Sogne- und Nordfjord und das nördliche Møre og Romsdal mit der Jugendstilstadt Ålesund. Die Fjorde reichen mit ihren Armen und Nebenarmen weit in das Land hinein, wenn auch nicht alle die Dimensionen des 200 km langen Sognefjords erreichen. Zur Welt der Fjorde gehören aber auch bis 1.000 m hohe, fast senkrecht aus dem Wasser ragende Bergwände und tosende Wasserfälle. Die Kommunikation erfolgte seit jeher auf dem Wasserweg, während Bergkämme nur mühsam überwunden wurden. Obwohl ständig neue Brücken- und Tunnelverbindungen gebaut werden und der Flugverkehr stark an Bedeutung gewonnen hat, sind Fähren und Schnellboote nicht aus den Fjorden wegzudenken. Ein Blick auf die Straßenkarte zeigt, wie der Naturraum durch eine Vielzahl teils abenteuerlicher Straßen erschlossen wurde.

Die Anziehungskraft des Fjordlands ist auch auf kulturelle Besonderheiten zurückzuführen, zu denen etwa die im inneren Gebiet bewahrten Stabkirchen gehören. Wer es zeitlich einrichten kann, dem sei ein Aufenthalt in Fjord-Norwegen im Frühling oder im Herbst empfohlen. Wenn um Pfingsten am Fjord die Obstbäume blühen, während in den Bergen noch reichlich Schnee liegt oder im September/Oktober die Farbenpracht des Herbstes die Natur verwandelt, ist Westnorwegen besonders schön.

Über die Küstenstraßen Rv. 47/E 39

Will man mit dem Auto entlang der zerklüfteten Küste zwischen Stavanger und Bergen fahren, gibt es unmittelbar nördlich von Stavanger zwei Möglichkeiten:

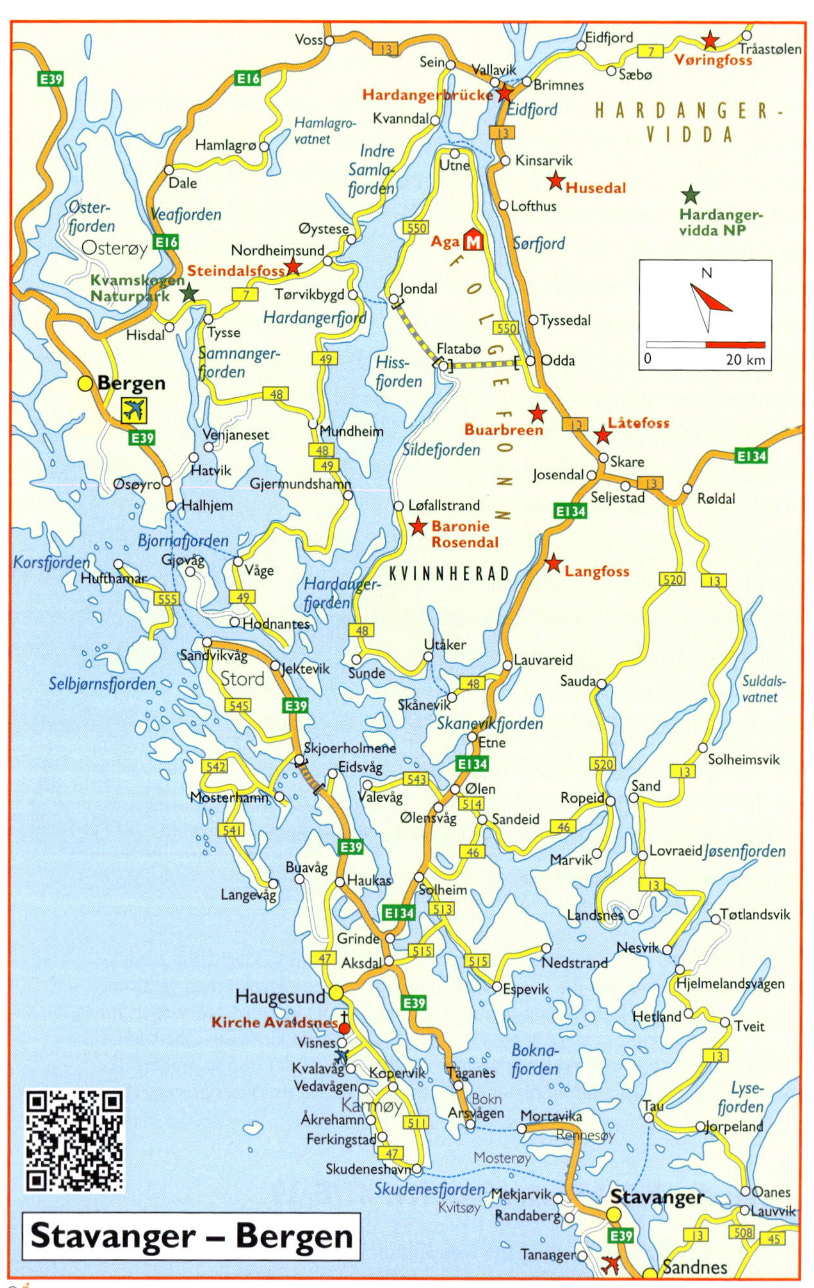
Stavanger – Bergen
Voss
Eidfjord
Vøringfoss
Tråastølen
Sæbø
Brimnes
Sein
Vallavik
Hardangerbrücke
Eidfjord
Kvanndal
HARDANGER-VIDDA
Hamlagro-vatnet
Hamlagrø
Indre Samla-fjorden
Utne
Kinsarvik
Husedal
Dale
Lofthus
Hardanger-vidda NP
Oster-fjorden
Veafjorden
Osterøy
Øystese
Aga
Sørfjord
Nordheimsund
Steindalsfoss
Kvamskogen Naturpark
Tørvikbygd
Jondal
FOLGEFONN
Tyssedal
Hisdal
Tysse
Hardangerfjord
Samnanger-fjorden
Hiss-fjorden
Flatabø
Odda
Bergen
Mundheim
Buarbreen
Låtefoss
Venjaneset
Sildefjorden
Skare
Hatvik
Josendal
Seljestad
Røldal
Osøyro
Gjermundshamn
Halhjem
Løfallstrand
Baronie Rosendal
Bjornafjorden
Korsfjorden
Gjøvåg
Våge
Hufthamar
Langfoss
Hardanger-fjorden
KVINNHERAD
Hodnantes
Utåker
Lauvareid
Sandvikvåg
Jektevik
Sunde
Sauda
Selbjørnsfjorden
Stord
Suldals-vatnet
Skånevik
Skanevikfjorden
Etne
Skjoerholmene
Solheimsvik
Eidsvåg
Valevåg
Ølen
Sand
Mosterhamn
Ølensvåg
Ropeid
Sandeid
Lovraeid
Josenfjorden
Marvik
Buavåg
Haukas
Langevåg
Solheim
Landsnes
Tøtlandsvik
Grinde
Nesvik
Aksdal
Nedstrand
Hjelmelandsvågen
Haugesund
Espevik
Kirche Avaldsnes
Hetland
Tveit
Visnes
Bokna-fjorden
Kvalavåg
Kopervik
Tåganes
Vedavågen
Lyse-fjorden
Karmøy
Bokn
Åkrehamn
Arsvågen
Mortavika
Tau
Jørpeland
Rennesøy
Ferkingstad
Mosterøy
Skudeneshavn
Skudenesfjorden
Mekjarvik
Kvitsøy
Oanes
Stavanger
Lauvvik
Randaberg
Tananger
Sandnes
N
0
20 km
E39
E16
E134
13
7
550
49
48
555
545
542
541
543
514
520
46
513
515
47
511
508
45

© igraphic

Der Rv. 47

Verlässt man Stavanger auf der E 39 nordwärts, gelangt man bald zum **Fährhafen Mekjarvik**, wo sich die beiden Routen trennen. Für die westlichere, weniger befahrene Variante nimmt man die Fähre nach **Skudeneshavn** auf der **Insel Karmøy**, die Überfahrt dauert etwas über eine Stunde. An schönen Tagen, wenn die weißen und roten Holzhäuschen unter dem blauen Himmel glänzen und am verträumten Hafen Jachten und Fischerboote im Skudenesfjord dümpeln, ist der Ort eine wahre Perle. Ein Besuch im Lokalmuseum **Mælandsgården** mit seinem Kaufmannsladen aus dem 19. Jh. zeigt, dass der Ort auf eine reiche und auch weitaus hektischere Vergangenheit zurückblickt. Von Skudeneshavn führt der Rv. 47 nordwärts, immer ganz nah an der Küste entlang, und oft hat man einen herrlichen Blick auf den Nordatlantik. Auf dem Weg sind nahe Ferkingstad einige Bautasteine aus der Eisenzeit zu sehen, kurze Zeit später passiert man Åkrehamn und den Abzweig zum nahen **Vedavågen**, wo direkt an der Küste das Fischereimuseum der Kommune einen Besuch lohnt. Das moderne Museumsgebäude von 1998 wurde vom Osloer Architekturbüro Snøhetta konzipiert.

Charmanter Ort

Karmøy Fiskerimuseum, *Slettavikvegen 26, ☎ 5281 7455, www.fiskerimuseum.net, Mitte Juni–Mitte Aug. Mo–Fr 11–16, So 14–18 Uhr, Mitte Aug.–Mitte Sept. nur So, NOK 30, Kinder NOK 10.*

Kurz danach gelangt man nach **Kopervik**, größte Stadt und Verwaltungssitz der Inselkommune Karmøy (42.000 Einwohner). Hier und an anderen Stellen der Insel sieht man, dass neben Landwirtschaft, Fischerei und Schifffahrt vor allem die Aluminiumproduktion (Hydro Aluminium Karmøy) die ökonomische Basis der Kommune darstellt. Die Straße bringt einen am **Søra Sålafjellet** vorbei, mit 132 m ü. d. M. die höchste Erhebung der Insel, und am Abzweig zum Flughafen Karmøy, von dem es reguläre Inlandverbindungen zu anderen norwegischen Städten und mit Ryanair auch nach London gibt.

Einige Kilometer vor der Brücke zum Festland passiert man **Visnes**, wo es früher eine Kupfermine gab. Hierher stammt das Material für die Freiheitsstatue, die die Franzosen der Stadt New York schenkten (Lokalmuseum auf dem Gelände der Mine). Historisch wichtiger aber ist der benachbarte Weiler **Avaldsnes** mit **Grabhügeln** aus der Bronzezeit und aus späteren Epochen, in denen man reichhaltige Funde gemacht hat. Schon in der Jungsteinzeit gab es hier eine regelrechte Flintstein-Industrie. Vieles deutet darauf hin, dass ab dem Ende der Eisenzeit Avaldsnes im Westland eine überragende Rolle spielte. Hier befand sich ein überregionaler Tingplatz *(fjerdingsting)* und Harald Schönhaar ließ hier im 9. Jh. eine Residenz errichten; ab dieser Zeit zählte der

Redaktionstipps

- Ein Highlight für Geschichtsinteressierte ist **Avaldsnes** mit Denkmälern aus verschiedenen Epochen und dem Nordvegen-Zentrum (S. 237).
- Auf der Fahrt zum Hardangerfjord unbedingt anhalten: an den beiden grandiosen **Wasserfällen Langfoss** (S. 240) und **Låtefoss** (S. 241), später eine Wanderung zu den Wasserfällen im **Husedal** (S. 246).
- Die spannendsten Aktivitäten: Skifahren im **Fonna Glacier Ski Resort** (S. 249), Wanderung zur Gletscherzunge **Buarbreen** (S. 241) und auf dem **Königin-Sonja-Panoramawanderweg** (S. 244), Spaziergang hinter den Wasserfall **Steindalsfoss** (S. 252).
- Architektur-Highlights: Besuch der Steinkirchen **Lofthus** (S. 244) und **Kinsarvik** (S. 245), Fahrt zur **Baronie Rosendal** (S. 249), Besichtigung des Wasserkraft- und Industriemuseums in **Tyssedal** (S. 242), Fahrt über die **Hardanger-Hängebrücke** (S. 250).

Ort zu den überlieferten Königssitzen. Dass der Ort auch in christlicher Zeit seine Stellung behielt, beweist die romanische **Olavskirche** aus dem 13. Jh., einst eine königliche Kapelle *(Mitte Juni–Mitte Aug. Mo/Di 13–15.30 Uhr)*. Auf deren Südseite neigt sich Norwegens höchster Bautastein der Fassade entgegen, genannt „**Marias Nähnadel**" – nach einer lokalen Überlieferung wird die Welt untergehen, wenn die Steinsäule die Kirche berührt. Unterhalb des Kirchhügels dokumentiert das **Historische Zentrum Nordvegen** die 3.500-jährige Geschichte des Ortes. Das schöne, größtenteils unterirdisch angelegte Museum beschäftigt sich vor allem mit dem Leben König Harald Schönhaars, das multimedial in Szene gesetzt wird. Angeschlossen ist auch ein rekonstruiertes **Wikingerdorf**. Das Zentrum nimmt Bezug darauf, dass die Gewässer vor der Insel von jeher *Nordvegen* (= Weg nach Norden) hießen und schließlich dem ganzen Land seinen Namen gaben.

Apokalyptische Weissagung

Nordvegen Historiesenter, *Kong Augvaldsvei 101, ☎ 52812400, https://avaldsnes.info/historiesenter, Mitte April–Mitte Sept. Mo–Fr 10–16, Sa 11–16, So 12–17, sonst Mi 11–16, So 12–17 Uhr, NOK 110, Kinder NOK 50;* **Vikinggarden**, *Mitte Juni–Mitte Aug. tgl. 12–16.30 Uhr, NOK 150 (inkl. Nordvegen-Zentrum).*

Landschaft am Hardangerfjord

Kurz hinter Avaldsnes geht es über den 690 m langen Stahlbogen der Karmsundbrücke aufs Festland zurück. Direkt unterhalb der Brücke grüßen fünf in Sternform aufgestellte **Bautasteine** aus der Eisenzeit (ca. 350 n. Chr.).

Auf den ersten Blick bietet die 160 Jahre alte Stadt **Haugesund** (37.000 Einwohner) am Naturhafen Smedasundet nicht viel: Der Klotz der Fertigungshalle für Ölbohrplattformen mitten im Hafen, das monströse rosarote Rathaus von 1931, graue, mit Granitschindeln gedeckte Häuser und die Fußgängerzone sind keine Augenweide. Dennoch bietet sich der Ort für eine Zwischenstation an: Es gibt einige Kneipen, Restaurants, Hotels (u. a. Radisson Blu) und einen Campingplatz, am Hafen finden sich nette Gassen und hübsche Holzhäuschen, im August lockt ein internationales Jazzfestival und man kann schöne Bootstouren zu den Inseln Røvær oder Utsira weit draußen im Meer unternehmen. Auffällig sind die vielen Bronzestatuen im gesamten Stadtgebiet, eine zeigt merkwürdigerweise die kaum bekleidete Marilyn Monroe (deren Vater aus einem Dorf in der Nähe stammen soll). Die größte Sehenswürdigkeit ist das **Nationalmonument Haraldshaugen** am Stadtrand, das 1872 zur Tausendjahrfeier des Landes errichtet wurde. Ein Granitobelisk erinnert daran, dass in dem Hügel der Sage nach König Harald Schönhaar begraben liegt. Die 29 kleineren Monumente symbolisieren die einzelnen Landesteile, die er zum Königreich Norwegen vereinigte. Hinter Haugesund verläuft der Rv. 47 ca. 18 km in nördlicher Richtung und vereinigt sich dort mit der E 39 (s. u.).

Nationales Wahrzeichen

Die E 39

Die norwegischen Verkehrsplaner träumen von einer durchgehenden **Küstenstraße von Stavanger bis Trondheim**, der **E 39**, vormals **Reichsstraße Nr. 1**, auch Küstenstammstraße genannt, die die Hurtigruten als bedeutendste „Straße" des Küstenraums ablöst. Bereits jetzt haben Rohr- und Schwimmbrücken sowie Tunnel unter dem Meeresboden schon viele Fähren ersetzt, auf den verbliebenen Fährstrecken werden größere, schnellere und umweltfreundlichere Boote (Gasantrieb) eingesetzt. Im Bau ist derzeit das **Ryfast-Tunnelsystem**, das ab 2020 mehrere Unter- und Oberseetunnel vereint. Vor dem Autoverkehr wird im Oktober 2019 das erste und einzige Halbmarathon-Rennen durch den **längsten Unterseetunnel der Welt** durchgeführt. Aus Stavangers Stadtzentrum gelangt man dann auf der E 39 durch den knapp 4 km langen **Eiganes-Tunnel** in den Norden. Unmittelbar dahinter stößt man auf die bereits 1999 eröffnete **Rennfast-Verbindung** (S. 228), die einen durch den **Byfjord-Tunnel** (5.875 m lang, 223 m unter dem Meeresspiegel, größte Steigung 8 %), über eine Brücke und durch den 4.424 m langen **Mastrafjord-Tunnel** zur Insel **Rennesøya** bringt. Dort verkehrt von Mortavika aus 2-mal pro Stunde die Fähre nach **Arsvågen** (Bokn, Fahrzeit 25 Min.), sodass die Reisezeit zwischen Stavanger und Haugesund um zwei Stunden verkürzt wird. Doch auch hier wird seit 2016 eifrig gebaut. Die „**Rogfast**" genannte neue Strecke wird unter dem Boknafjord entlangführen, mit einem Abzweig zur Insel Kvitsøy. Der 2025 dazu fertiggestellte Unterseetunnel wird mit 26,7 km Länge und einer maximalen Tiefe von 390 m dann neuer Weltrekordhalter sein.

Neues Tunnelsystem

35 km nördlich der Fährstation geht es nach **Aksdal**, wo die Küstenstraße E 39 auf die E 134 trifft, die am Åkrafjord entlang nach **Jøsendal** verläuft (s. u.). Durch die abwechslungsreiche Fjordlandschaft nordöstlich von Haugesund führt die E 39 über Inseln und schließlich durch den im Jahr 2000 eingeweihten **Bømlafjord-Tunnel**. Mit einer Länge von 7.888 m ist er derzeit noch Norwegens längster Unterwassertunnel, sein tiefster Punkt liegt 263 m unter dem Meeresspiegel, die größte Steigung beträgt 8,5 %. Über die Insel **Stord** folgt von deren Nordende eine letzte Fährfahrt zur Bergen-Halbinsel über die Verbindung **Sandvikvåg – Halhjem** (Fahrzeit 40 Min.). Von der Fährstation sind bis Bergen noch 36 km zurückzulegen, insgesamt ist die Strecke von Stavanger nach Bergen 174 km lang.

7.888 m langer Unterseetunnel

Straßen zum Hardangerfjord

Die E 134

Die oben skizzierte Route entlang der E 39 ist die kürzeste zwischen Stavanger und Bergen, doch es lohnt sich, auf dem Weg noch den **Hardangerfjord** „mitzunehmen", der zu den großen Naturschönheiten des Landes zählt. Für die Fahrt zum Fjord gibt es mehrere Varianten, darunter die Europastraße 134, die die bestausgebaute ist. Hierzu verlässt man Stavanger in nördlicher Richtung über die E 39, nutzt die Rennfast-Verbindung mit Tunneln und Brücken sowie die Fähre nach Arsvågen. Hinter Aksdal zweigt dann die E 134 nach Osten ab (nicht vom Hinweis „Oslo" irritieren lassen!) und führt durch eine teils liebliche, teils schroffe Mittelgebirgslandschaft. In den drei kleinen Ortschaften **Grinde** (kurz hinter Aksdal), **Ølen** und

Etne gibt es ein bescheidenes touristisches Angebot und auch Infostellen mit Hinweisen zu den Sehenswürdigkeiten, z. B. zur Holzkirche in **Gjerde** von 1675, mehreren Feldern mit bronzezeitlichen Felsritzungen, Bautasteinen aus der Eisenzeit und der **Sæbøtunet**, einer typischen westnorwegischen Hofanlage.

Hinweis
Eine ganz andere „Attraktion" bietet der Rv. 520 (von Ølen aus über die Rv. 514 und 46 zu erreichen). Auf ihm gelangt man nach ***Sauda****, einem Zentrum des modernen Industriestaats Norwegen, das von* ***Europas größtem Eisenlegierungswerk*** *(Eramat Norway) und einem* ***Zinkbergwerk*** *in der Nähe dominiert wird. Von Sauda aus könnte man auf spektakulärer Strecke dem Rv. 520 weiter folgen und käme dann auf die Route bei Røldal (S. 212) zurück.*

Hinter Grinde kann man auf dem Rv. 48 zur Halbinsel **Kvinnherad** übersetzen (Fähre nach Utåker, S. 248). Kurz nach diesem Abzweig fährt man eine Weile oberhalb des Åkrafjords, der eigentlich schon ein Seitenarm des Hardangerfjords ist. Die Straße ist hier reich an Kurven und Tunneln, wird aber nach und nach verbreitert und ausgebaut. So ersetzen bereits der 7,5 km lange Åkrafjord-Tunnel und der 2,5 km lange Markhus-Tunnel einige der engsten Passagen des alten Weges. Überall auf der Strecke stürzen tosende Wasserfälle in das enger werdende Tal hinab und kurz vor dem Fjordende passiert man den mächtigen **Langfoss**. Mit einer Fallhöhe von über 500 m ist er der fünftgrößte Wasserfall Norwegens. Die Straße führt unmittelbar daran vorbei. Vom Parkplatz (Kiosk, Café) aus kann man sich durch einen Fußgängertunnel noch mehr nähern – die bessere Sicht freilich hat man mit etwas mehr Distanz. Knapp 20 km hinter dem Langfoss gelangt man zur Wegscheide bei **Jøsendal** mit einem ebenfalls mächtigen Wasserfall. Ab hier führt die E 134 in östliche Richtung auf Oslo zu, während es zum Hardangerfjord auf dem Rv. 13 (s. u.) weitergeht.

Tosende Wasserfälle

Der Rv. 13

Der Rv. 13 ist deutlich länger als die E 134, wegen der oft schmalen und kurvenreichen Straßen ist die Strecke schwieriger zu fahren, außerdem sind (noch) viele Fährfahrten nötig. Andererseits ist die Strecke abwechslungsreich und landschaftlich reizvoll, zudem in der Hauptsaison nicht so stark frequentiert wie die Europastraße. Die Etappe Stavanger – Bergen beträgt hier ca. 350 km, weswegen man unterwegs eine oder zwei Übernachtungen einplanen sollte. Zunächst geht es von Stavanger nach **Tau** (bis 2020 per Fähre, dann durch den über 14 km langen Ryfylke-Unterseetunnel), ab dort durch die westnorwegische Fjordwelt, durch den neuen, 4,7 km langen Svo-Tunnel und bis zur nächsten Fähre über den Jøsenfjord nach **Nesvik**. Er ist ein Seitenarm des Boknafjords, ebenso wie der Sands- und der Hvisfjord, an denen der Rv. 13 ebenfalls vorbeiführt. Erst dann schraubt sich die Straße höher ins Gebirge hinauf, immer dem Lauf des Suldalslågen folgend, durch viele kürzere Tunnel und am lang gestreckten See Suldalsvatnet entlang. Schließlich stößt man auf die E 134, die von Oslo übers Haukelifjell nach Stavanger führt.

Reizvolle Strecke

Wanderung
Kurz vor dem Ortseingang von ***Odda*** *kann man vom Rv. 13 auf einer 6 km langen Stichstraße (Hinweis: Buar) zu einem Parkplatz abzweigen, von dem eine Wanderung*

*zum **Buarbreen** möglich ist. Die Gletscherzunge des mächtigen Folgefonn geht fast bis auf Meeresspiegelniveau hinab! Für die nicht allzu schwierige Wanderung sollte man vom/bis zum Parkplatz rund 3 Std. einkalkulieren; auf ihr kommt man bis an die Gletscherkante heran. Gutes Schuhwerk ist notwendig. Vorsicht vor allem im Bereich der Gletscherkante, weil sich immer wieder Eisbrocken lösen können! Auf keinen Fall sollte man ohne Führer auf den Gletscher gehen; geführte Gletscherwanderungen werden in Odda angeboten.*

Wanderung zur Gletscherzunge

Doppelwasserfall Låtefoss

Auf der E 134 fährt man durch den Røldal- und Seljestadtunnel (S. 212) am Ferienort **Seljestad** vorbei bis zur Wegscheide bei **Jøsendal** (s. o.), wo man auf dem Rv. 13 die Europastraße in Richtung Odda verlässt. Dramatisch schön ist die nun folgende Fahrt durch das enge Oddatal mit dem reißenden Gebirgsbach und vielen Wasserfällen, von denen der berühmte **Låtefoss** als Doppelwasserfall direkt neben der Straße 156 m tief zu Tal stürzt. Leider ist die Parkbucht (Kiosk) oft nicht ausreichend, um alle Busse und Pkw aufzunehmen, die hier zum Fotostopp anhalten wollen. Wenige Fahrminuten später hat man **Odda** erreicht und damit auch das Ende des Sørfjords, einem südlichen Nebenarm des Hardangerfjords (s. u.).

Rund um den Hardangerfjord

Der Hardangerfjord, Norwegens zweitgrößter nach dem Sognefjord, windet sich gut 180 km lang vom Atlantik ins Landesinnere, hauptsächlich von Südwesten nach Nordosten. Mehrere lange Seitenarme wie der Sørfjord weichen von der Hauptrichtung ab und haben ein ganz eigenes Gepräge, mit jeweils eigenen Wetterverhältnissen. Die größte Attraktion der Region ist natürlich ihre überwältigende Natur! Im Osten stellt die **Hardangervidda** eine nahezu unüberwindliche Barriere zwischen Ost- und Westnorwegen dar. Dieses Hochgebirgsplateau mit dem **Hardangerjøkul** und anderen Gletschern ist das ausgedehnteste Europas und Norwegens größter Nationalpark. Weiter westlich, auf der anderen Seite des Sørfjords, liegt der **Folgefonn**, der drittgrößte Gletscher des Landes, hoch über dem Fjord. Von den steilen Bergflanken strömt, sprudelt und fällt ununterbrochen eine riesige Masse an Wasser herab, fast immer in spektakulären Kaskaden und Wasserfällen. Am Hardangerfjord gibt es einige der höchsten und am meisten besuchten Wasserfälle des Königreichs, u. a. Vøringfoss, Langfoss, Låtefoss und Steinsdalsfoss. Milde Temperaturen und Beschaulichkeit am Fjord selbst stehen im Gegensatz zu Eiseskälte und Wildnis im Gebirge. Das Klima ist so moderat, dass der Hardanger als „**Garten von Fjord-Norwegen**" bezeichnet wird und sein Name die Norweger an weiße Frühlingsblüten, an Obst, Früchte und Beeren denken lässt.

Norwegens Obstgarten

Mit diesen Voraussetzungen lädt das Hardangerfjordgebiet zu einem aktiven Urlaub ein! **Wanderer** können auf markierten Pfaden auf der Hardangervidda von Hütte zu Hütte gehen oder steile Wege an den Talhängen erkunden, Abenteurer buchen **Gletscherwanderungen** auf dem Folgefonn, und wer es lieber geruhsam mag, unternimmt schöne **Spaziergänge** durch die Plantagen voller Kirschen, Äpfel, Birnen und Pflaumen – am schönsten natürlich zur Zeit der Baumblüte. Auch **Wintersportler** kommen voll auf ihre Kosten, und zwar zu jeder Jahreszeit: Von November bis Juni sind die Skisportzentren von Røldal und Kvamskogen schneesicher und im Sommer fährt man nur 30 Minuten vom Fjord zum Sommerski-Center auf dem Folgefonn. **Angler** werden von den fischreichen Gebirgsseen, Flüssen und Fjordarmen begeistert sein; Ausrüstung und Boote können an vielen Stellen vor Ort gemietet werden. Oder man lässt die Natur auf einer **Fjordfahrt** mit Fähre oder Sightseeingboot an sich vorbeigleiten. Und wer Fjord und Hochgebirge aus der Vogelperspektive erleben möchte, kann das einmalige Panorama vom Wasserflugzeug oder Hubschrauber aus genießen.

Aktivurlaub

Der Sørfjord

Wer über den Rv. 13 aus südlicher Richtung anreist, trifft zunächst auf einen schmalen Seitenarm des Hardangerfjords, den **Sørfjord**, der sich über 45 km nach Süden erstreckt. An seinem Ende begrüßt einen mit **Odda** (7.000 Einwohner) zunächst ein ehemaliges Industriestädtchen. Die schlichten Arbeiterhäuser, die Ruine der riesigen Aluminiumhütte, Förderbänder und Fabriklifte legen Zeugnis vom Strukturwandel ab, der 1906 mit der Industrialisierung begann. Damals nutzte man erstmals das Potential der Wasserfälle, die man in Fallrohre zwängte und mit Turbinen Energie erzeugte. Diese wiederum wurde zur Aluminiumschmelze genutzt, die Produkte konnten dann direkt von der Fabrik über den Fjord zu den Weltmärkten transportiert werden. Der Industriestandort geriet in den 1980er-Jahren wegen der Umweltverschmutzung und der Arbeitsbedingungen zunehmend in die Kritik. Schließlich wurde das Werk aufgegeben; etwas weiter am Fjordufer entstanden modernere Industrien und Hafenanlagen, die von der Straße aus gut sichtbar sind. Heute versteht sich Odda als Dienstleistungszentrum mit frischer Luft, das seinen Gästen Unterkünfte und Gastronomie, ein Shoppingcenter und eine Fußgängerzone, vor allem aber viele Aktivitäts- und Ausflugsmöglichkeiten anbietet.

Fjord mit Industrieanlagen

In Odda muss man sich entscheiden, ob man über den **Rv. 13 am östlichen Ufer** des Fjords oder über den **Rv. 550 an seinem westlichen Ufer** entlangfährt. Die letztgenannte Möglichkeit sollten alle wählen, die durch den Folgefonn- und Jondals-Tunnel die Halbinsel Kvinnherad unterqueren wollen (S. 248) oder die auf dem Weg nach Bergen in Zeitnot sind. Bleibt man auf dem **Rv. 13**, hat man zwischen den Tunneln eine gute Sicht auf die andere Fjordseite mit hohen Berghängen, über denen immer wieder die Eiskuppe des Folgefonn aufblitzt. Der erste Ort auf dieser Seite heißt **Tyssedal** und ist ebenfalls ein Zentrum der norwegischen Industrialisierung. Besucher können sich darüber im **Wasserkraft- und Industriemuseum** informieren, das sich zwischen Straße und Fjordufer erhebt. Die Gebäude des 1906–1918 errichteten Kraftwerks – damals das erste seiner Art in Europa – mit einer herrlichen, kirchenartigen Turbinenhalle und den Wirtschaftsräumen sind

Nur für Schwindelfreie: auf Trolltunga, der „Zunge des Trolls“

denkmalgeschützt und bilden den Rahmen für das Museum, das in der ehemaligen Kraftwerksverwaltung eingerichtet wurde. Hier wird die Industriegeschichte der Region multimedial in Szene gesetzt und mit mehreren Aktivitäten oder der „Höhle des Wasserfall-Trolls“ auch für Kinder interessant gemacht.
Norsk Vasskraft og Industristadmuseum, *Naustbakken 7, ☏ 53650050, www.nvim.no, Mitte Mai–Aug. tgl. 10–17, sonst Di–Fr 10–15 Uhr, NOK 90, Kinder (12–18 Jahre) NOK 60, unter 12 Jahren frei.*

Ein weiteres Monument dieser Epoche liegt im **Skjeggedal** 6 km oberhalb von Tyssedal, wo nahe dem alten Mühlhaus (1830) in den Jahren 1910–1918 der **Ringedalsdamm** in mühseliger Arbeit von Hand aufgemauert wurde. Er ist 33 m hoch, 530 m lang und erinnert ein wenig an eine mittelalterliche Burgmauer. Bis 2012 quälte sich die elektrische Mågelitopp-Lorenbahn die 42 Grad steile Bergflanke bis zur Dammkrone auf fast 1.000 m Höhe hinauf. Aus Sicherheitsgründen geschlossen, soll sie nun durch eine 4,3 km lange Straße mit 13 Haarnadelkurven ersetzt werden; oben wartet auf jeden Fall eine fantastische Panoramasicht. Gleiches gilt für die charakteristische Felsenklippe **Trolltunga**, die 400 m hoch über dem Stausee aufragt und von schwindelfreien Wanderern erklommen werden kann (entsprechende Wanderkarten erhält man im Touristenbüro von Odda).

Felsenklippe Trolltunga

Reisepraktische Informationen Odda und Tyssedal

Information

Odda Turistinformation, *Torget 2–4, 5750 Odda, ☏ 48070777, www.hardangerfjord.com/odda, Mitte Juni–Aug. tgl. 9–19, sonst Mo–Fr 9–16 Uhr.*

Unterkunft

Tyssedal Hotel €€€€, *Gamle Oddaveg 3, 5770 Tyssedal, ☎ 640000, www.tyssedalhotel.no. Das 6 km nördlich von Odda gelegene, rote und herrschaftliche Holzgebäude wurde 1913 nach Plänen des Architekten Geir Grung im funktionalistischen Stil errichtet. Viele der 26 gut ausgestatteten Zimmer bieten Ausblick auf den Sørfjord. Mit Restaurant, Sauna, Terrasse, Garten und einer äußerst sehenswerten Kunstsammlung, vor allem des Malers Nils Bergslien (1853–1928); an der Rezeption nach einer kurzen Führung fragen!*

Der Rv. 13 wird im weiteren Verlauf von den herrlichen Ausblicken auf die gegenüberliegende Fjordseite und die sanften Hänge mit ihren Obstbäumen geprägt; immer wieder kann man in der Saison an Parkbuchten anhalten und die wohlschmeckenden Kirschen oder Äpfel probieren. Auch kann man sich vorstellen, wie es hier im Frühsommer aussieht, wenn die Fjordufer von Millionen weißer Blüten gesäumt werden.

info

Knud Knudsen

Vielleicht wären die Äpfelbäume im Hardangerfjordgebiet nicht so weit verbreitet, hätte es nicht den in Odda geborenen Knud Knudsen (1831–1915) gegeben. Er interessierte sich seit frühester Jugend für die Fotografie und die Pomologie (Apfelkunde) und machte sich auf beiden Feldern einen großen Namen. Er gründete Baumschulen, züchtete aus verschiedenen ausländischen Sorten die heute so beliebten Hardanger-Äpfel und legte die ersten Obstplantagen des Landes an. Nach einem halbjährigen Studienaufenthalt im bayerischen Reutlingen, das er als Erster überhaupt fotografisch dokumentierte, kehrte Knudsen nach Norwegen zurück und lebte bis zu seinem Tod als Fotograf und Inhaber eines Fotostudios in Bergen.

30 km hinter Odda passiert man den zentralen Fremdenverkehrsort **Lofthus**, der trotz Hotels, Pensionen, Jugendherberge, Campingplatz und Hüttenvermietung eigentlich nur ein kleines Dorf ist. Schon im 19. Jh. öffneten hier die ersten Herbergen. In dieser Tradition steht auch das **Hotel Ullensvang**, das das Ortsbild dominiert und zu den besten im Fjordland gehört. Schon Edvard Grieg wohnte hier gern; seine Komponistenhütte ist auf dem Hotelgelände noch erhalten. Idyllisch am Fjord liegt die **Steinkirche** von Lofthus, umgeben von mittelalterlichen Grabsteinen. Sie stammt von 1250, hat ein interessantes Taufbecken und wird als Konzertraum genutzt. Wer gern Spaziergänge unternimmt, kann dies in Lofthus auf Wegen durch die Obstgärten tun, wen es höher hinaufzieht, findet in den sog. **Mönchstreppen** eine Herausforderung. Dieser steile Pfad, den im Mittelalter Mönche des Bergenser Lyseklosters anlegen ließen, führt auf rund 900 m Höhe ü. d. M. Lohn der schweißtreibenden und rund dreistündigen Mühe ist der herrliche Blick auf den Sørfjord und den Folgefonn-Gletscher. Wunderbar ist auch die Wanderung entlang des markierten **Königin-Sonja-Panoramawanderwegs**.

Traditionshotel

Reisepraktische Informationen Lofthus

Unterkunft

Hotel Ullensvang €€€€€, *Ullensvangvegen 865, 5781 Lofthus, ☎ 53670000, www.hotel-ullensvang.no. Traditionsreiches Haus am Sørfjord, seit 1846 im Besitz der gleichen Familie. Mehrfach umgebaut, modernisiert und erweitert. 168 Zimmer und Suiten in vier Kategorien, die meisten mit Balkon zum Fjord. Großes Hallenbad und Wellnessbereich, Tennishalle, Bootsanleger. Großer Garten, mehrere Salons, ein Restaurant mit tollem Büfett, Bar, manchmal Livemusik, breites Sportangebot.*

Relaxen am Hotel Ullensvang in Lofthus

Ullensvang Gjesteheim €€€, *5781 Lofthus, Århus, ☎ 53661236, www.ullensvang-gjesteheim.no. Nettes Holzhaus mit Blockhaus aus dem 17. Jh., oberhalb des Fjords am Bach gelegen. 13 kleine und einfach eingerichtete Zimmer, teilweise mit eigenem Bad, Restaurant mit thailändischer Küche, Terrasse.*

Jugendherberge

Hardanger Hostel B&B, *Hordatun, 5781 Lofthus, ☎ 53671400, www.hardangerhostel.no. Gemütliche, 1,5 km oberhalb des Ortes gelegene Herberge und Pension, mit 40 Zimmern, einige mit eigener Dusche/WC. Schöner, großer Garten mit Grillmöglichkeit, komplett ausgestattete Gemeinschaftsküche, Frühstücksbüfett, Sauna, Tischtennis.*

Camping

Lofthus Camping, *Hellelandsvegen 120, 5781 Lofthus, ☎ 53661364, www.lofthuscamping.com. Netter Platz zwischen Fjord und Obstgärten, 1,5 km vom Ortszentrum in ruhiger Lage, 27 einfache und Komforthütten sowie Ferienhäuser, Strand, Bootsverleih, geöffnet Mai–Sept., Hüttenverleih ganzjährig.*

Wenige Kilometer nördlich von Lofthus liegt **Kinsarvik** an der Gabelung des Sørfjords mit dem eigentlichen Hardangerfjord und dem Eidfjord. Kinsarvik war einst Gerichtsort und Marktplatz von überregionaler Bedeutung, woran die romanische **Kinsarvik-Kirche** erinnert, mit dem Baudatum 1160 eine der ältesten Steinkirchen Norwegens. Schon wegen ihrer schönen Lage inmitten eines großen Kirchhofs und direkt am Wasser ist sie einen Besuch wert, aber auch die Kalkmalereien im Inneren, die u.a. die Seelenwägung des Erzengels Michael zeigen, sind sehenswert. Ansonsten ist Kinsarvik beschaulich, mit Fjordhotel, Souvenirladen, Besteckfabrik und dem **Familienpark Mikkelparken** – mit Pool, Sauna, Apartments, Ferienhäusern und Zeltmöglichkeit *(www.mikkelparken-ferietun.no)*. Auch die **Fährstation** ist nach wie vor wichtig (ca. alle 2 Std. Überfahrten nach Utne und Kvanndal), obwohl ein Großteil des Autoverkehrs über die Hardangerbrücke (s.u.) geleitet wird.

Steinkirche von 1160

Reisepraktische Informationen Kinsarvik

Information

Kinsarvik Turistinformation, *5782 Kinsarvik, Kinsarvik Brygge, ☏ 5366 3112, www.hardangerfjord.com/ullensvang, geöffnet April–Okt. Mo–Fr 9–17, Sa 10–15, Hauptsaison Mo–Fr 8.30–17.30, Sa 10–16.30, So 11.30–16.30 Uhr.*

Unterkunft

First Hotel Kinsarvik €€€€, *5787 Kinsarvik, ☏ 53667400, www.firsthotels.com. Nahe dem Fähranleger und der Kirche gelegenes, weißes Holzhotel aus den 1960er-Jahren, mehrfach renoviert, 68 komfortable Zimmer, die meisten mit Balkon, mit Blick auf Fjord oder die Berge. Mit Restaurant und Bar. Mitte April–Okt. geöffnet, Hütten ganzjährig.*

Camping

Kinsarvik Camping, *5782 Kinsarvik, ☏ 53663290, www.kinsarvikcamping.no. Schöne Anlage am Fjord, nahe zum Mikkelparken-Familienpark, Zelt-, Caravan-Stellplätze, 25 Hütten unterschiedlicher Kategorie, Bootsvermietung, Kiosk, Mai–Sept. geöffnet.*

Naturliebhaber sollten das **Husedal** besuchen, ein enges, 11 km langes Tal, das von Kinsarvik auf die Hardangervidda zuführt. Wer dem markiertem Wanderweg ins Tal folgt, kann auf einer 3-stündigen Wanderung eine märchenhafte Landschaft erleben, deren Highlights die vier mächtigen Wasserfälle **Nykkjesjøyfoss** (Fallhöhe 80 m), **Tveitafoss** (100 m), **Nyastølfoss** (190 m) und **Søtefoss** (270 m) sind.

Der Eidfjord

Bei Kinsarvik zweigt der Eidfjord vom Sørfjord und Hardangerfjord ab und reicht ca. 40 km weit nach Osten, auf die Hardangervidda, den Gletscher Hardangerjøkul sowie die Täler Simadalen und Måbødalen zu. Auf dem streckenweise schmalen, teils gut ausgebauten Rv. 13 sind es 18 km von Kinsarvik bis zum Weiler **Brimnes**, wo sich die Reichsstraßen 13 und 7 treffen. Während der Rv. 7 in Richtung Hallingdal/Oslo zunächst dem südlichen Ufer des Eidfjords folgt, geht es auf dem Rv. 13 durch einen Tunnel und dann geradewegs auf die imposante, 2013 eingeweihte **Hardanger Bru** zwischen Brimnes und Bruarvik. Sie ist eine der längsten **Hängebrücken** weltweit und prägt nun das Gesicht des Fjordarms. „Norwegen bekommt seine eigene Golden Gate Bridge – nur länger, höher und schöner als das Original", jubelte die Presse. Die zweispurige Brücke (samt Fahrrad- und Fußgängerspur) ist 55 m hoch, während sich ihre mächtigen Stahlbeton-Pylone 186 m über den Fjord erheben. Wegen der Wassertiefe des Fjords stehen sie extrem nah am jeweiligen Ufer, sodass die enorme Spannweite von 1.310 m einer Gesamtlänge von „nur" 1.380 m gegenübersteht. Auf beiden Seiten geht die Brücke unmittelbar in einen Tunnel über. Ein Parkplatz mit Aussichtspunkt befindet sich am nördlichen Fjordufer, hinter dem Vallaviktunnel.

Norwegens Golden Gate Bridge

Nach gut 10 km liegt am Endpunkt des steilwandigen Meeresarms, gleichzeitig dem östlichsten Punkt des Hardangerfjords, der 1.000-Einwohner-Ort **Eidfjord** (mit den beiden Ortszentren Nedre Eidfjord und Øvre Eidfjord), in dem es einige Unterkünfte gibt. Wer hier übernachtet, plant i. d. R. Ausflüge ins nahe Hochgebirge und zum **Vøringfoss**, der Naturattraktion Nummer eins (S. 354). Zu den Sehenswürdigkeiten in Eidfjord selbst gehören die mittelalterliche **Jakobskirche** von 1309 und der **Berghof Kjeåsen**, 600 m oberhalb des Fjords, von dem aus man einen herrlichen Ausblick hat (Serpentinen- und Tunnelstraße vom Simadal nach Kjeåsen oder 1,5-stündige, anstrengende Wanderung über den alten Steig). Am interessantesten ist aber ein Besuch des norwegischen **Naturzentrums Hardanger**. Es liegt in Øvre Eidfjord direkt am Rv. 7 und vermittelt als Erlebniszentrum mit interaktiven Ausstellungen, Aquarien, Dioramen und Filmen Wissenswertes über Natur und Kultur auf der Hardangervidda, vor allem zu den Themen Geologie, Botanik, Zoologie, Ornithologie und Glaziologie. In dem modernen Bau sind Infocenter, Café und Souvenirshop untergebracht.

Die Hardangervidda ist die größte Hochebene in Europa

Norsk Natursenter Hardanger, *5784 Øvre Eidfjord, ☎ 53674000, https://norsknatursenter.no, April–Okt. tgl. 10–18, Hochsaison tgl. 9–19 Uhr, NOK 130, Kinder NOK 65.*

Natur und Wasserkraft

Schon von Weitem sind auch die Fallrohre des **Sima-Kraftwerks** zu sehen, eines der größten Europas. 700 m im Berginnern liegt eine 200 m lange, 20 m breite und 40 m hohe Turbinenhalle. Früher eine beliebte Touristenattraktion, ist das Kraftwerk ab 2018 für Besucher nicht mehr zugänglich. Einige der Sehenswürdigkeiten von Eidfjord können in der Saison auf einer dreistündigen Sightseeingtour per Boot und Bus erkundet werden, die Tour beinhaltet u. a. das Hardangervidda-Naturzentrum und den Vøringfoss.

Reisepraktische Informationen Eidfjord

Information

Eidfjord Turistkontor, *Ostangvegen 1, 5786 Eidfjord, ☎ 53673400, www.hardangerfjord.com/eidfjord, in der Hauptsaison tgl. geöffnet, sonst Mo–Fr 9–16 Uhr.*

Camping

Sæbø Camping, *5784 Øvre Eidfjord, ☎ 53665927, www.saebocamping.com. Großzügiger Platz im Grünen neben Wildwasser und Eidfjordsee, 14 Hütten, davon einige sehr modern und mit Du/WC und Küche. Spielplatz, Bootsverleih, Angelmöglichkeit, Kiosk, Mai–Sept. geöffnet.*

Die Halbinsel Kvinnherad

Durch den Sørfjord im Osten und den eigentlichen Hardangerfjord bzw. seine Arme Sildefjord, Kvinnheradsfjord und Åkrafjord im Westen und Süden wird die riesige Halbinsel Kvinnherad vom Festland abgetrennt. Sie ist geprägt vom **Folgefonn** (auch: Folgefonna), mit rund 207 km² der drittgrößte Gletscher des Landes, der aus drei Teilen besteht. Seine höchste Erhebung liegt bei 1.662 m ü. d. M., das Eis hat eine Dicke von bis zu 400 m! 2005 wurde der Gletscher im Folgefonn Nationalpark zum 25. Nationalpark des Landes erklärt (Infos: **Folgefonna National Park Centre**, *Skålafjæro 17, 5470 Rosendal, ☎ 53484280, https://folgefonna.info*).

Drittgrößter Gletscher

Abgeschieden: Bauernhof am Fjord

Zur Halbinsel gelangt man auf drei verschiedenen Wegen, sie zu umrunden, ist allerdings unmöglich. Und zur Weiterreise nach Bergen ist mindestens eine Fährüberfahrt notwendig. Von Stavanger/Haugesund her über die E 134 kommend (S. 239), kann man hinter Grinde auf dem Rv. 48 zur Südspitze der Halbinsel übersetzen (Fähre nach Utåker). Oder man zweigt in Odda auf den Rv. 550 ab, der dem westlichen Ufer des Sørfjords folgt und die gesamte Nordspitze der Halbinsel umrundet. Die Straße endet in Jondal, wo etwa jede Stunde eine Fähre in 20 Minuten nach Tørvikbygd übersetzt. Vom Rv. 550 gibt es auch eine Querverbindung zur Westseite der Halbinsel, und zwar durch den 11 km langen Folgefonn-Tunnel unter dem Gletscher hindurch. Auf der anderen Seite kommt man dann auf dem Fv. 107 und durch den 2012 eingeweihten, 10 km langen Jondals-Tunnel ebenfalls und viel schneller zur Fähre in Jondal.

Sicht auf vier Fjordarme

Im Norden der Halbinsel besetzt das idyllische Dörfchen **Utne** einen Platz mit unschlagbarer Aussicht auf vier Arme des Hardangerfjords. Wer mit der Fähre aus Kvanndal oder Kinsarvik anreist, kann schon von Bord aus die charakteristischen weißen Holzhäuser und die **Holzkirche** von 1895 sehen. Auch das **Utne Hotel**, immerhin das älteste Norwegens, stellt einen hübschen Blickfang dar. 300 m vom Fähranleger entfernt lohnt ein Besuch des **Hardanger-Volksmuseums**, ein Regionalmuseum für ganz Hardanger. Zur bereits 1911 gegründeten Anlage gehören Häuser aus dem 17.–19. Jh., die wie zum Zeitpunkt ihrer Nutzung eingerichtet sind. Am Rande des Geländes liegen Häuslerkaten, ein alter Krämerladen, ein altes Schulhaus und eine Holzski-Fabrik. Am Wasser sieht man mehrere Bootshäuser, in denen alte Bootstypen und Fischereigerät ausgestellt sind.

Hardanger Folkemuseum, *☎ 53670040, www.hardangerfolkemuseum.no, Mai–Aug. tgl. 10–17, sonst Mo–Fr 9–15 Uhr, NOK 100, Kinder NOK 60.*

Unterkunft

Utne Hotel *€€€€, 5779 Utne, ☎ 53666400, www.utnehotel.no. Das schöne, weiße Holzhaus ist seit 1722 in Betrieb und Mitglied der Vereinigung Historic Hotels of Europe. 15 individuell und mit Antiquitäten ausgestattete Zimmer, Annex mit acht einfachen Zimmern, alle bewusst ohne TV. Speisesaal mit Kunstschätzen, alter Möblierung und nostalgischem Charme, sehr gutes Restaurant, Vermietung von E-Bikes.*

Ein weiteres interessantes Freilichtmuseum liegt an der Fjordstraße Rv. 550 in **Aga**, zwischen Utne und Nå. Hier wurde im **Agatunet** eine ganze Siedlung mit 30 Gebäuden unter Denkmalschutz gestellt. Sie gilt zu Recht als einzigartiges Beispiel für die Bauweise in Westnorwegen vom Mittelalter bis 1940. Die Siedlung lag günstig für den Obstanbau, den Handel über die Hardangervidda und die Segelschifffahrt nach Bergen und Nordnorwegen. Aus allen Bereichen sind entsprechende Baudenkmäler und Gerätschaften zu bestaunen. Das älteste erhaltene Gebäude ist die Lagmannstova, erbaut um 1250 von einem Ritter und Reichsrat. Aus späteren Zeiten stammen u.a. Schule, Laden, Post und Telegrafenstation, fast alle mit ungewöhnlichen Schieferfliesen gedeckt. Innerhalb des Freilichtmuseums findet man auch ein Café, Ausstellungsräume für mittelalterliche Kunst, Inventar, Gerätschaften und Volkstrachten, einen Kunstgewerbeladen und eine Weberei. Das Innere der Häuser und die Ausstellungen können während der Öffnungszeiten besichtigt werden, ansonsten ist das Gelände frei zugänglich. Grabhügel, Opfersteine und Felszeichnungen belegen, dass die Gegend schon seit über 3.700 Jahren besiedelt ist. Aus moderner Zeit stammen das Obstanbau-Denkmal und die über 300 m lange und 17 m hohe Lawinenschutzmauer oben am Hang.

Typische Bauten Westnorwegens

Agatunet, *☎ 47479902, www.agatunet.no, Mitte Mai–Aug. tgl. 10–17 Uhr, Führungen jede volle Stunde bis 16 Uhr, NOK 100, Kinder NOK 60.*

Zu den größten Sehenswürdigkeiten auf der Westseite der Halbinsel gehört das nicht nur für Ski-Enthusiasten interessante **Fonna Glacier Ski Resort**. Von **Jondal** am sehr schmalen Rv. 550 (Fähre von Tørvikbygd) führt eine 19 km lange, mautpflichtige Straße zum Parkplatz auf ca. 1.200 m Höhe, direkt unterhalb der Gletscherzunge. Die **Wintersportsaison** dauert hier **von Juni bis Oktober**; dann kann man sich auf der 1,5 km langen **Rodelbahn** oder auf etlichen Pisten vergnügen, zu denen Norwegens längster **Gletscherlift** (1,1 km) hinaufführt. Auch Gletscherwanderungen sind möglich, das gesamte Ski-Equipment kann vor Ort geliehen werden. Ein Besuch lohnt sich bei gutem Wetter unbedingt – eine vergleichbare hochalpine Szenerie erlebt man im europäischen Sommer sonst nur noch auf dem Strynsfjell (S. 307). Wer die Fähre benutzt, kann auf den Wagen übrigens verzichten, denn ein **Gletscherbus** bringt Gäste von Jondal zum Skizentrum und zurück (aktuelle Zeiten in den Touristenbüros erfragen).

Die zweite große Attraktion auf dieser Seite der Halbinsel Kvinnherad ist die **Baronie Rosendal**. Das viel besuchte Anwesen geht auf das Jahr 1658 zurück, als der dänische Adlige Ludvig Rosenkrantz das Gut von König Christian V. zu seiner Hochzeit mit einer reichen Norwegerin geschenkt bekam. Das Paar verwandelte es in ein hübsches **Renaissanceschlösschen**, dem später eine herrliche **Parkanlage** mit Rosengarten angefügt wurde. Die verschiedenen Salons und Gemächer können auf eigene Faust oder mit einer Führung besichtigt werden, die Gärten sind

Royales Hochzeitsgeschenk

immer frei zugänglich. Oft werden auch Konzerte und Ausstellungen in Rosendal veranstaltet. Es gibt ein Café und Übernachtungsmöglichkeiten im gleichnamigen Dorf. Sehenswert ist ebenfalls die turmlose **Steinkirche**, die um 1250 errichtet wurde. Sie war 1678–1910 im Besitz der Baronie, erhalten ist die Grabkammer der Familie Rosenkrantz mit schönen Sarkophagen. Touren nach Rosendal werden auch als Ganztagesausflug mit Bus und Schiff ab/bis Bergen angeboten.
Baroniet Rosendal, ☎ *53482999, www.baroniet.no, Mitte Mai–Anfang Sept. Di–So 11–16, Juli–Mitte Aug. tgl. 10–17, Garten bis 21 Uhr, NOK 150, Kinder (4–18 Jahre) NOK 50 (Führung Schloss und Kirche, Garten, Kunstausstellung).*

Auf dem Rv. 7 am Hardangerfjord entlang nach Bergen

„Perle des Hardanger-fjords"

Das nördliche Ufer des Hardangefjords erreicht man auf dem Rv. 13 (von Odda) oder dem Rv. 7 (von Oslo) über die **Hardanger-Brücke**. Reisende nach Bergen, die hinter der Hängebrücke den Hinweisschildern folgen, werden auf dem schnellsten, nicht aber dem schönsten Weg durch den 7,5 km langen Vallaviktunnel geleitet. Reizvoller ist der Umweg über den Rv. 572, der den gesamten Fjordarm des **Osafjords** umfährt und dabei an dessen Ende durch den schönen Ort **Ulvik** kommt. Diese „Perle des Hardangerfjords" hat sich mit einigen Unterkünften ganz dem Fremdenverkehr verschrieben, was angesichts einer majestätischen Natur mit 1.600 m steil aufragenden Bergen nicht verwundert. Eine nette **Dorfkirche** von 1858 und **Hjeltnes**, Norwegens älteste Gartenbauschule mit schönen Parkanlagen, Kräuter- und Rosengarten sowie einer Sammlung alter Apfelsorten, sind Orte, die man sich bei einem Aufenthalt anschauen sollte. Hervorragend sind auch die Wandermöglichkeiten in der näheren Umgebung. In der Saison wird vom Ulvik-Touristenbüro eine 2,5-stündige Sightseeingtour zur kleinen Ortschaft **Osa** (ca. 30 Einwohner) angeboten, deren größte Sehenswürdigkeit die große Olympiaskulptur „Stream Nest" ist.

Reisepraktische Informationen Ulvik

Information

Ulvik Turistkontor, *Tyssevikvegen 9–11, 5730 Ulvik,* ☎ *56526280, www.visitulvik.com. Ganzjährig geöffnet, in der Hauptsaison Mo–Fr 9–17, Sa/So 10–15.30 Uhr.*

Unterkunft

Brakanes Hotel €€€€, *Promenaden 3, 5730 Ulvik,* ☎ *56526105, www.brakanes-hotel.no. Wunderschön direkt am Fjord gelegenes Traditionshaus mit 140 Zimmern und Suiten. Restaurant, Salon mit Tanz, Bars, Nachtclub, Wintergarten, Wellnessbereich mit Sauna, Innenpool, schöner Garten, Badestrand, Bootsverleih, zahlreiche Aktivitätsangebote.*

Ulvik Fjord Hotel €€€, *5730 Ulvik, Eikjeledbakkjen 2,* ☎ *56526170, www.ulvikfjord.no. Nettes Holzhaus mit großem Garten, 19 gemütliche Zimmer mit Dusche/WC. Restaurant, freie Fahrrad- und Ruderbootnutzung, Bibliothek, Fernsehraum, „Wolfshöhle" mit großer Sammlung ausgestopfter Vögel und Tiere der Region.*

Wer die Runde über den Rv. 572 ganz ausfährt, gelangt nördlich von Granvin wieder auf den Rv. 13 zurück. Dieser Umweg ist schön, aber wegen der schmalen Panoramastraße nicht einfach zu bewältigen, vor allem für Fahrer größerer Wohnmobile oder -anhänger könnte die Strecke nervenaufreibend werden. In **Granvin**, einem kleinen Ort, der einige Unterkünfte, eine Blockhauskirche von 1726 und gute Angelmöglichkeiten bietet, müssen sich Reisende mit dem Etappenziel Bergen für den Rv. 13 oder Rv. 7 entscheiden. Die erste Alternative ist deutlich schneller, verlässt aber den Hardangerfjord und bringt Fahrer hinter Voss über eine Strecke, die mehr Tunnel als freie Sicht hat. Andererseits kann man manche Tunnel auf der alten Strecke auch umfahren. Wer z. B. hinter dem eindrucksvollen See Granvinsvatnet nicht in den Tunsberg-Tunnel einfährt, sondern rechts abbiegt, gelangt auf kurvenreicher Fahrt zu einem modern gestalteten Parkplatz, wo es Aussichtsplattformen und Naturwanderwege zum **Skjervsfossen** gibt. Beim Bau des Naturwegs 2016 hinunter zum Wasserfall halfen Sherpas aus Nepal den Norwegern. Der Skjervsfossen selbst ist 135 m hoch und fällt über zwei Terrassen nach unten, wo Besucher erleben können, warum dieser Teil des Wasserfalls die „Dusche" heißt.

Nasses Vergnügen

Unterkunft

Jaunsen Gjestgjevarstad €€€€, *Eide 7, 5736 Granvin, ☎ 56525115, www.jaunsen.no. Schmuckes, weißes Anwesen, bestehend aus drei historischen Häusern von 1674–1785. Schöner Speisesaal mit roh gezimmerten Stämmen und Antiquitäten, sieben gemütliche Zimmer mit Bad, Restaurant, Pub, geöffnet Mai–Sept.*

Bleibt man hingegen auf dem Rv. 7, passiert man auf z. T. kurviger und schmaler, aber stets aussichtsreicher Straße die Fährstation **Kvanndal** (Verbindung nach Utne, Kinsarvik) und wenig später das Dorf **Ålvik**, das wegen des Schmelzwerks für Ferrosilizium industriell geprägt ist. Deutlich sichtbar sind die Fallrohre neben der Straße, die das Wasser des **Bjølvefoss** aus über 800 m Höhe zur Energiegewinnung anzapfen. Dass man im Fjord viele Aquakulturen sehen kann, hat auch mit dem Schmelzwerk zu tun, da die Lachszuchtanlagen dessen warmes Abwasser nutzen.

Gut 10 km weiter erstreckt sich der schmale **Fylkesund** vom Hardangefjord aus nach Norden, er wird auf der 1937 erbauten Hängebrücke **Fylkesund bru** überquert. Auf deutlich schmalerer und kurvenreicherer Strecke erreicht man **Øystese**. Der überschaubare Ort bietet ein gutes Hotel, ein Einkaufszentrum, das kleine, aber feine Kunsthaus Kabuso *(Hardangerfjordvegen 626)* mit Skulpturenpark und Café sowie einen Golfplatz. In 5 km Entfernung kann man im **Skårsvatnet** eine seltene, hier 1914 ausgesetzte Goldfischart (Goldorfe) beobachten. Am **Goldfischsee** (Gullfiskvatnet) gibt es gute Bade-, Picknick- und Parkmöglichkeiten.

Fremdenverkehrsorte am Fjordufer

Die nächste größere Ortschaft heißt **Norheimsund** (2.000 Einwohner) und hat wie Øystese eine gute touristische Infrastruktur. Sichtbares Zeichen dafür ist das märchenhafte **Thon Hotel Sandven**, das König Oskar I. bereits 1857 eröffnete. Die heutige Herberge stammt von 1890 und ist eines der besten Beispiele für den sog. Schweizer Stil am Hardangerfjord. Bei einem Bummel am Gästehafen stößt man auf die **Hardanger Museumswerft**, ein kinderfreundliches Museum mit offenen Werkstätten, in denen man Bootsbauern oder Seilern über die Schulter schauen und die lokale Holzboottradition kennenlernen kann. Ein Café, ein Filmsaal, Museumsboote für einen Fjordtörn und vieles mehr machen die Werft zu einer viel besuchten Attraktion.

Hardanger Fartøyvernsenter (HFS), *Kaldestad, ☎ 56553350, www.fartoyvern.no, Mai–Aug. tgl. 10–17 Uhr, NOK 90, Kinder (7–15 Jahre) NOK 50.*

Reisepraktische Informationen Norheimsund

Information

Destination Hardangerfjord, *Sandvenvegen 40, 5600 Norheimsund, ☎ 56553870, www.hardangerfjord.com. Zentrale Touristeninformation für die Region.*

Unterkunft

Thon Hotel Sandven €€€€, *Kaien 28, 5600 Norheimsund, ☎ 56552088, www.thonhotels.no. Herrliches Holzgebäude im Schweizer Stil, 1890 erbaut (es ersetzte das ältere Sandven Hotel, von König Oscar I. 1857 eröffnet) und das letzte Haus dieser Art am Hardangerfjord. 102 individuelle Zimmer und Apartments, nationalromantischer Speisesaal (tgl. zum Mittag- und Abendessen geöffnet), Salon mit Kaminfeuer und wertvollen Gemälden, Sonnenterrasse, Bootsanleger und -vermietung.*

Wasserfall von hinten

Während man in Norheimsund auf dem schmalen Rv. 49 dem Ufer des Hardangerfjords weiter nach Süden folgen kann, quert die Hauptroute des Rv. 7 das gebirgige Landesinnere. Nur 2 km hinter dem Ort passiert man den **Steindalsfoss**, einen Wasserfall, den man gut von der Straße aus sehen kann. Weder seine Fallhöhe von 30 m noch sein Volumen allein sorgen dafür, dass hier viele Touristen zum Parkplatz (Laden, Café) abbiegen. Man kann hier aber einmal einen Wasserfall „von hinten" betrachten: Zwischen Felswand und Wasser führt ein schmaler Pfad entlang.

Kurz danach steigt die Straße durch die Schlucht **Tokagjelet** stetig bergan, durchquert einen Tunnel und bringt einen auf der anderen Seite zum Bergplateau **Kvamskogen**. Die vielen Ferienhäuser, Lifte und Wanderwege belegen, dass die Bergenser die Region sommers wie winters als Ausflugs- und Naherholungsgebiet nutzen. Über die Hochfläche verläuft die Straße durch zwei weitere kleine Tunnel und passiert, bevor es wieder bergab geht, den Wasserfall **Brattefoss**. Schließlich erreicht man den Kreisel bei **Trengereid** – hier trifft der Rv. 7 auf die E 16, die in Richtung Dale, Voss und Sognefjord geht (S. 279).

In **Arna** muss man sich entscheiden, ob man das Stadtzentrum Bergens über den Rv. 580 oder – einfacher! – über die E 16 von Norden her anfährt.

Begehbarer Wasserfall: der Steindalsfoss

Bergen: Hauptstadt des Fjordlands

Redaktionstipps

➤ Unverzichtbar: Besuch des **Fischmarkts** (S. 255), Fahrt mit der Standseilbahn zum Aussichtsberg **Fløyen** (S. 263) und Spaziergang durch **Bryggen** (S. 258).
➤ Musikerlebnis: ein Konzertbesuch auf **Troldhaugen**, dem Heim des norwegischen Komponisten Edvard Grieg (S. 270).
➤ Für Kunstliebhaber: ein Rundgang zu den Ausstellungen an der **Museumsmeile** (S. 265).

Es ist rund 600 Jahre her, dass Bergen (von *bjørg vin* = Bergweide) bedeutender als Kopenhagen oder Stockholm war und als prächtige „Hauptstadt des Nordens" galt. Noch immer sehen viele Bergenser ihren Wohnort als „heimliche Hauptstadt Norwegens", auch wenn die Stadt mit etwas mehr als 281.000 Einwohnern deutlich hinter Oslo rangiert. Die bereits in der Wikingerzeit bestehende Siedlung an einer lang gezogenen Bucht, die im 11. Jh. von Olav Kyrre als mittelalterliche Stadtanlage gegründet wurde, profitierte von ihrem Naturhafen, schützenden Inseln und der Nähe zum Meer, sodass Bergen bald Bedeutung als überregionaler Marktplatz gewann. Die verkehrsgünstige Lage führte schon im 12. Jh. deutsche Kaufleute hierher, die Stock- und Klippfisch als Fastenspeise des christlichen Europa einkauften. Damals war der Hafenort nicht nur der wichtigste Umschlagplatz des Landes, sondern auch dessen Hauptstadt, nachdem König Håkon Håkonsson diese Funktion 1217 von Trondheim nach Bergen übertrug.

Einstiges Handelsmonopol

Als um 1350 das **Hanseatische Kontor** in Bergen errichtet wurde, verschaffte die Hanse der Stadt das Handelsmonopol für ganz Nordnorwegen. Dadurch wurde Bergen zu einer Drehscheibe für den Handel mit Grönland, Island und den Shetlands. Gleichzeitig geriet die Stadt politisch und wirtschaftlich unter die Kontrolle der deutschen Hansekaufleute. Zwar wurde das hanseatische Kontor erst 1750 aufgelöst, aber um 1550 fielen Macht und Einfluss an die norwegischen Behörden. Den Norwegern gelang es bald, eine eigenständige Handelsschifffahrt aufzubauen. Als Handels- und Hafenstadt hat Bergen immer in besonderer Weise davon profi-

Blick auf Bergen

Niederdeutsche Inschrift im Hanseatischen Viertel

tiert (zur Hanse vgl. S. 259). Die fantastische Lage der Stadt und die Vielzahl gut erhaltener Baudenkmäler führten dazu, dass das Viertel der hanseatischen Kaufmannshäuser in die **Liste des UNESCO-Weltkulturerbes** aufgenommen wurde. Die Hansekaufleute interessierten sich aber nicht nur für Handel und Profit, sondern setzten auch viele kulturelle Akzente; sie legten den Grundstein für Bergens Rolle als **Kulturstadt**. Sichtbar ist dies heute an der großen Vielzahl an Museen, den Internationalen Festspielen, dem Theater und anderen Institutionen sowie dem renommierten Symphonieorchester, einem der ältesten der Welt. Für viele große Geister war die Stadt Heimat oder wichtige Station, viele Künstler wurden hier geboren, wie der Komödiendichter Ludvig Holberg, der Komponist Edvard Grieg oder der romantische Maler J.C.C. Dahl.

Ihre moderne Rolle spielt die „Königin der Fjorde" nicht nur als **Handels- und Hafenstadt** (als Verkehrsknotenpunkt für die Passagier- und Frachtschifffahrt mit Fährverbindungen nach Dänemark), sondern auch als wichtige **Universitätsstadt** mit zahlreichen Hochschulen und Forschungsinstituten, als Stammsitz von Banken und Zeitungsverlagen sowie als Standort zukunftsorientierter Industrien.

Vielleicht die schönste Hafenstadt Europas

Von der **Hauptstadt des Fjordlands**, die im Bezirk Hordaland liegt, verkehrt eine große Zahl an Fähren und Expressbooten zur Südküste und ins Fjordland, die Schiffe der Hurtigruten haben hier ihren Ausgangspunkt nach Norden und in den Sommerwochen drängeln sich die Kreuzfahrtschiffe in den Hafenbecken. Für viele Bahnreisende ist die Fahrt auf der legendären **Strecke Oslo – Bergen** schon Ziel an sich. Längst ist die schöne, saubere Stadt am Meer in einem der regenreichsten Gebiete Europas zu einem Touristenmagneten geworden, denn wer ins Fjordland reist, kommt natürlich auch nach Bergen. Neben ihrer **Lage** auf einer Halbinsel, eingerahmt von sieben hohen Bergen, prägen das milde Klima und eine üppige Vegetation, die fast südländisch anmutet, Charme und Atmosphäre der vielleicht schönsten Hafenstadt Europas.

Die meisten **Sehenswürdigkeiten** konzentrieren sich auf das Stadtzentrum. Noch drei der ehemals 27 mittelalterlichen Kirchen sind erhalten, von denen die Marienkirche besonders sehenswert ist. Die malerischen Holzhäuser, die Festung Bergenhus (das königliche und kirchliche Zentrum im Mittelalter), der Fischmarkt, das hanseatische Viertel Bryggen, die zahlreichen Museen und der Aussichtsberg Fløyen ziehen viele Menschen an. Das Verkehrsaufkommen ist in den Sommermonaten extrem hoch. Auch eine City-Maut hält viele Autofahrer nicht davon ab, innerhalb der Stadt einen freien Parkplatz zu suchen.

Sehenswertes in Bergen

Bergen hat viel zu bieten und wenn man die wichtigsten Dinge sehen will, sollte man sich zwei oder drei Tage Zeit nehmen. Zusätzlich müsste man ein oder zwei Tage für die interessante Umgebung veranschlagen. Wer nur einen Tag in Bergen bleibt, sollte sich nach einem Spaziergang über den Marktplatz und Besuch des Fischmarkts dem mittelalterlichen Bergen zuwenden. Die Hauptsehenswürdigkeiten sind leicht zu Fuß zu erreichen (Hanseatisches Museum, Bryggen mit den alten Kaufmannshäusern, die Marienkirche und das königliche und kirchliche Zentrum im Mittelalter mit König Håkons Halle und dem Rosenkrantz-Turm). Wenn Sie möchten, folgen Sie dem unten skizzierten **Stadtrundgang** zu den wichtigsten Attraktionen des Zentrums.

Bergen zu Fuß entdecken

Fischmarkt, Hanse, Festung und Aussichtsberg

Ein idealer Startpunkt eines Rundgangs durch Bergen ist die **Markthalle (Torhallen) (1)** am Rand des Martplatzes, die zu den bekanntesten Sehenswürdigkeiten der Stadt zählt. Das 2012 eingeweihte, zweigeschossige Gebäude beherbergt im Erdgeschoss den **Fischmarkt** (Fisketorget). Hier kann man täglich ausgezeichneten, fangfrischen Fisch, gerade angelandete Garnelen, Hummer, Königskrabben, Kaviar und weitere Köstlichkeiten kaufen und vor Ort direkt verzehren – es gibt Stehtische, drei Fischrestaurants und im Sommer Tische im Freien. Allerdings ist der bekannteste Fischmarkt des Königreichs zugleich auch der teuerste. Im Obergeschoss der Markthalle ist die **Touristeninformation** untergebracht. Hier kann man sich mit kostenlosen Stadtplänen, vielen Broschüren, Veranstaltungshinweisen und aktuellen Tipps für den Bergen-Aufenthalt eindecken. Das verglaste Stockwerk bietet zudem eine wunderschöne Panoramasicht auf den Hafen, die Bryggen-Front bis hinüber zur Håkonshalle und das quirlige Treiben des Marktplatzes.

Bekannter Fischmarkt

Torghallen, *Strandkaien 3, ☎ 5552000, März, April, Okt. tgl. 9–16, Mai, Sept. tgl. 9–20, Juni–Aug. tgl. 8.30–22, sonst Mo–Sa 9–16 Uhr.*

Neben der Markthalle breitet sich zwischen innerem Hafenbecken und der Hauptverkehrsstraße Torget der gleichnamige, von drei Bronzelöwen bewachte **Marktplatz (Torget) (2)** aus. Hier findet im Sommer der Fischmarkt seine Open-Air-Fortsetzung, daneben gibt es aber auch Blumen, Obst (probieren Sie einmal norwegische Erdbeeren aus dem Fjordland!), Gemüse, Kunstgewerbe und jede Menge Souvenirs zu kaufen. An jedem zweiten Samstag im Monat wird hier auch der populäre **Bauernmarkt** (Bondens marked) abgehalten, mit lokalen Produkten aus den Regionen Hordaland und Sogn og Fjordane: Fleischwaren ebenso wie Käse, Gebäck, Obst, Beeren und Getränke. Das Angebot vervollständigt der wunderschöne, zweigeschossige **Fleischbasar** (Kjøttbasaren), der sich jenseits des Marktes an der Vetrlidsallmenningen befindet und in seiner oberen Etage schmackhaftes Fleisch (u. a. Ren, Lamm), leckeren Käse und Köstlichkeiten wie Moltebeeren offeriert – ein idealer Ort auch für eine Feinkost-Mahlzeit zwischendurch.

Verschiedene Märkte

Ein Nachbarhaus im Westen der Markthalle ist das **Hanseatische Museum (3)** an der Bryggenfront, schräg gegenüber vom Fischmarkt. Es ist in einem alten hanseatischen Kaufmannshof untergebracht, dem Finnegård, der im 19. Jh. vom Kauf-

Bergen
Kreuzfahrtterminal
Nordnes-
parken
BERGENHUS
Bontelabo
Håkonshallen
Rosenkrantztarnet
Nordnes
sjøbad
Nordnesbk.
Strandgaten
Nordnesveien
Haugeveien.
C. Sundts gate
NORDNES
VÅGEN
Strandgaten
Ytre Markeveien
Haugeveien.
Georgernes verft
Holbergsalm
Strandgaten
C. Sundts gate
Puddefjorden
Klostergt.
Skottegaten.
Nøstegt.
Ø. Murallm.
V. Murallm.
Nøstegt.
Nøstebukten
Hurtigrute
Jonsvollgt.
Smørs gate
Engen
Komediebk.
Teatergaten
Neumanns gt.
Hirtshals/DK,
Stavanger
Nostegaten
Baneveien
Håkonsgaten
Gamle
Nøste gt.
JEKTEVIKEN
Rosenbergsgaten
Torborg Nedreaasgt.
Jekteviken
Dokkeveien
N
0
200 m

SANDVIKEN
Hauges gt.
Nye Sandviksveien
Helgesens gt.
Kroken
Stølegaten
Henrik Werkelands gate
Skanselien
Øvre Blekeveien
Dreggsalm.
Bryggen
Nikoleikirkealm.
Øvregaten
Vetrlidsalm.
Lille Øvregt.
Brattlien
Bispengsgaten
Kong Oscars gate
Torget
Strandkaien
Strandgaten
Vågsalm.
Michelsens gate
Allehelgens gt.
Ny gt.
Torgalmenningen
Christies gate
Olav Kyrres gate
Ne Ole Bulls pl.
Kaigaten
Bybanen
Lille Lungegårdsvann
Bahnhof
Strømgt.
Rasmus Meyers allé
Lars Hilles gate
Nygårdsgaten
Fosswinkels gt.
Foreningsgt.
Musepl.
otanisk hage
1 Markthalle (Torhallen)
2 Marktplatz (Torget)
3 Hanseatisches Museum
4 Bryggen
5 Bryggens Museum
6 Festung Bergenhus
7 Fischereimuseum
8 Marienkirche
9 Schøtstuene
10 Talstation der Fløyenbahn
11 Domkirche
12 Kreuzkirche
13 Byparken
14 Stadtmonument
15 Lepramuseum
16 Grieg-Halle
17 KODE 1 (Kunstgewerbemuseum)
18 KODE 2 (Stenersens Samling)
19 KODE 3 (Rasmus Meyers Samlinger)
20 KODE 4 (Lysverket)
21 Bergen Kunsthall
22 Stadttor
23 Nykirke
24 Aquarium
25 Universitätsmuseum
26 Historisches Museum
27 Seefahrtsmuseum
Unterkunft
1 Radisson Blu Royal Hotel
2 Scandic Ørnen
3 Grand Hotel Terminus
4 P-Hotels Bergen
5 Marken Gjestehus
Essen & Trinken
6 Enhjørningen
7 Holbergstuen
8 Bryggen Tracteursted
9 Egon
10 Pingvinen

mann Johan Wilhelm Olsen eingerichtet wurde. Das Museum vermittelt eine Vorstellung vom Kaufmannsleben zur Zeit der Hanse, auch wenn das gut erhaltene Holzgebäude im Stil des 18. Jh. ausgestattet ist. Im Sommer ist das kleine Gebäude allerdings oft überlaufen.

Hanseatisk Museum, *Bryggen, ☎ 53006110, http://hanseatiskemuseum.museumvest.no, Mai, Sept. tgl. 9–17, Juni–Aug. tgl. 9–18 Uhr, sonst tgl. 11–15 Uhr, Mai–Sept. NOK 160, sonst NOK 100 (Kombiticket mit Schøtstuene und Fischereimuseum, s. u.).*

Hanseviertel als Weltkulturerbe

Der Stadtteil zwischen dem Hanseatischen Museum und der Festung Bergenhus heißt **Bryggen (4)**, früher auch *Tyske Bryggen* (= Deutsche Brücke) genannt, eine der herausragenden Sehenswürdigkeiten der malerischen Stadt. An der Nordseite des Hafenbeckens Vågen liegen Kaufmannshäuser, die nach dem **Brand von 1702** wiederaufgebaut wurden. Die dreigeschossigen, spitzgiebligen Holzhäuser unmittelbar am Hafen mit kurzem Weg zu den Schiffen waren die begehrtesten Gebäude. Von der Straße mit breitem Fußgängerbereich und vielen Straßencafés gelangt man durch schmale Hofdurchgänge nicht etwa in einen Hinterhof, sondern in eine Gasse von bis zu 140 m Länge. **Speicher, Wohn- und Geschäftshäuser** bilden lange Häuserzeilen mit offenen Laubengängen, „Garten" genannt (von *gård* = Hof). Bis zu 150 Bewohner lebten und arbeiteten in einem *gård*, die manchmal auch eine Gemeinschaft mit einem gegenüberliegenden „Garten" bildeten. In solch einem kleinen **Junggesellenstaat** herrschten strenge Zucht und Ordnung, meistens jedenfalls. So sah etwa eine Regel des genossenschaftlichen Zusammenlebens vor, dass jemand, der mit „irgendwelchen losen Frauenzimmern" am Feiertag oder Vorabend erwischt wurde, eine Tonne Bier an die Gesellen der Gartengemeinschaft zu zahlen hatte, während die Frau ins Hafenbecken geworfen wurde. Gemeinsamer Besitz der Bewohner waren einstöckige Häuser wie „dat Elthus", das Feuerhaus, in dem das Essen für eine Häuserzeile gekocht wurde. Denn wegen der Brandgefahr war offenes Feuer an anderen Orten der Anlage verboten.

Bergens gute Stube: die Bryggen-Front

Bergen und die deutsche Hanse

info

Schon im frühen Mittelalter war Bergen ein bedeutendes Handelszentrum im Norden Europas. Der Fischhandel lockte vor allem Engländer, bevor **deutsche Kaufleute**, die 1186 zum ersten Mal in Bergen urkundlich erwähnt werden, den Handel übernahmen. Getrockneter Fisch aus Norwegens Norden war in Deutschland gefragt und wurde über die Donau sogar bis in den Orient transportiert. **Stockfisch** war in ganz Europa eine begehrte, billige Fastenspeise. Die Menschen in Norwegen verlangten vor allem nach Brotgetreide und Salz. Als Mitte des 13. Jh. der Hunger die Norweger bedrohte, stattete König Håkon Håkonsson die Lübecker Kaufleute mit großzügigen Privilegien aus. Da für den Großteil der norwegischen Bevölkerung der deutsche Roggen wesentlich erschwinglicher war als englischer Weizen, der eher einer kleinen wohlhabenden Schicht zugute kam, verlor die Getreidezufuhr aus England zunehmend an Bedeutung. Bald darauf durften deutsche Kaufleute in Bergen Eigentum erwerben, sodass am Hafen Handels- und Lagerhäuser errichtet wurden.

Die **Deutsche Brücke** (Bryggen) in Bergen, so genannt weil die Häuser zum Be- und Entladen der Schiffe unmittelbar am Hafenbecken lagen, entwickelte sich zu einer Stadt in der Stadt, nachdem die Hansekaufleute sich zu einer Gemeinschaft mit der Bezeichnung „Das Deutsche Kontor" zusammenschlossen. Unter der Oberhoheit des Lübecker Rates wurde die Faktorei verwaltet und Recht gesprochen. Im 15. Jh. hatten die Deutschen den Außenhandel Bergens bzw. Norwegens fest im Griff und ihr Anteil an der Gesamtbevölkerung von 6.000 Menschen machte rund ein Drittel aus. Das Verhältnis zur einheimischen Bevölkerung war nicht immer frei von Konflikten. Mord und Totschlag kamen vor, aber meist stritt man um den Umfang der Privilegien und die Art der gegenseitigen Handelswaren. Bis die Macht und die Kultur der Hanse verfielen, brauchte man in Bergen offensichtlich die wirtschaftlichen Impulse, die das Deutsche Kontor trotz seiner Monopolstellung für Stadt und Land hatte.

Die Deutsche Brücke in Bergen war der einzige Stapelplatz für ganz Norwegen, in den Orten nördlich Bergens durfte laut königlichem Erlass kein direkter Im- und Exporthandel getrieben werden. Also mussten alle Fischer in die Hafenstadt kommen, um ihren Fang im Ausland abzusetzen und gegen überseeische Waren zu tauschen. In Bergen unterstand das Kontor anfangs sechs, dann zwei sog. Älterleuten, die Bürger einer Stadt mit Lübischem Recht sein mussten. Seit Mitte des 15. Jh. wurden jährlich aus den 300–400 Inhabern der Handelsstuben 18 Beisitzer gewählt, die eine Art **Regierung der deutschen Niederlassung** bildeten und z.B. als Frachtherren, Branddirektoren, Kirchenvorsteher und Leiter des Armenhauses fungierten.

Die Sitten dieser **Männergesellschaft** waren rau. Jeder Neuangekommene, oder wer nach der Lehre in den Gesellenstand aufgenommen werden

info

wollte, musste einen Härtetest besonderer Art über sich ergehen lassen. An die Äquatortaufe der Seeleute erinnernd, wurden die Jungen mit einem Tau unter dem Schiff durchgezogen, von älteren Gesellen verprügelt oder im Rauchspiel über qualmendem Feuer aufgehängt und kräftig durchgeräuchert. Dem späteren Stralsunder Bürgermeister wurde beim „Spiel" mit einem Rasiermesser die Lippe durchgeschnitten. Die älteren Gesellen rächten sich am Nachwuchs für eigene erlittene Rohheiten und Gewalttätigkeiten. Die berüchtigten Bergener Spiele wurden kurz nach dem letzten Hansetag im 17. Jh. von den Dänen schließlich verboten. 1702 fielen große Teile der Deutschen Brücke einem Brand zum Opfer. Als die Marienkirche 1766 in den Besitz des Königs überging, war die Zeit der Hanse in Bergen endgültig vorbei.

Bryggen gilt als Beispiel norwegischer Architektur des Mittelalters, obwohl nur noch zehn Giebel nach dem Großbrand des Jahres 1702 erhalten blieben und ein Brand noch 1955 großen Schaden anrichtete. Ein Spaziergang durch die schmalen Gassen lohnt sich, zumal sich hier in den alten Gebäuden neben mehreren Restaurants und Galerien die Werkstätten verschiedener Kunsthandwerker befinden. Schön ist auch der hintere Bereich, in dem einzelne Steinhäuser mit niederdeutschen Inschriften und dem „gekrönten Stockfisch", dem Emblem des Hansekontors, geschmückt sind. Die Steineinfassung eines Brunnens zeigt die Signatur von Gustav Heinemann, dem ersten deutschen Staatsoberhaupt, das Norwegen nach dem Krieg besuchte.

Das mittelalterliche Bergen wird lebendig

Verlässt man das hanseatische Viertel im rückwärtigen Bereich hinter dem (oder durch das) Radisson Blu Hotel, stößt man auf den Betonbau des **Bryggens Museum (5)**. Das moderne Museum nahe der Marienkirche wurde 1976 eröffnet und 2018/2019 grundlegend renoviert. Es beherbergt kulturhistorische Sammlungen, die u.a. die Ergebnisse umfangreicher Ausgrabungen aus dem Bryggen-Viertel aus den Jahren 1955–1972 dokumentieren. Gezeigt werden Überreste der ältesten Ansiedlungen, u.a. auch Funde aus der Wikingerzeit (z.B. die in einen Knochen geritzten Konturen von Schiffen, die als überdimensioniertes Bronzerelief auch an der Außenfassade angebracht sind). Ferner vermittelt die Ausstellung ein Bild vom Leben im mittelalterlichen Bergen um 1300; zusätzlich gibt es wechselnde Ausstellungen. Dem Museum ist der **Meeting Point Bryggen** angeschlossen, wo u.a. geführte Stadtrundgänge durch das Viertel starten und es mehrsprachige Broschüren zum Thema gibt. Außerhalb des verglasten Gebäudes sind freigelegte Häuserfundamente des hanseatischen Kontors zu besichtigen. Achten Sie auch auf die Statue Snorri Sturlusons, des größten isländischen Gelehrten des Mittelalters, der sich häufig in Bergen aufhielt. Direkt neben dem Bryggens Museum steht die Marienkirche (s.u.), doch zunächst sollte man zur Uferstraße zurückgehen und nach rechts zu den eindrucksvollsten mittelalterlichen Steingebäuden der Stadt spazieren.
Bryggens Museum, *Dregsallmenningen 3, Mitte Mai–Aug. tgl. 10–16, sonst Mo–Fr 11–15, Sa 12–16 Uhr, NOK 100, Kinder frei. Achtung: Bryggens Museum gehört wie viele andere Museen zum Verbund des Bergenser Stadtmuseums* **Bymuseet** *(☎ 5530 8030, www.bymuseet.no). Mit einer Eintrittskarte bekommt man ein Jahr lang in jedem anderen Museum des Verbundes 50 % Ermäßigung.*

Festung Bergenhus

Der hinter Mauern an der Einfahrt zum Hafenbecken Vågen gelegene Komplex der **Festung Bergenhus (6)** ist genau genommen Bergens königliches und kirchliches Zentrum des Mittelalters, das erst in späterer Zeit unter der Bezeichnung Bergenhus zu Schloss und Festung ausgebaut wurde. Die Hauptsehenswürdigkeiten sind eingebunden in ein Bau-Ensemble der dänischen sowie der Zeit des schwedisch-norwegischen Königs Karl Johan, u. a. Offiziers- und Kasernengebäude. Ein Teil des Terrains gehört immer noch dem Militär. Nach Passieren des Torbogens stößt man linker Hand zunächst auf den **Rosenkrantz-Turm**. Er wurde im Mittelalter errichtet, diente der Verteidigung des Königshofs und fungierte als Wohnturm. Diese ältere Anlage wurde zusammen mit einem Vorwerk aus den Jahren um 1520 im 16. Jh. von Erik Rosenkrantz, dem damaligen Schlosshauptmann, in einen größeren Wohnturm im Stil der Renaissance integriert. Dazu ließ er als Bausteine Material der säkularisierten Klöster einfügen, wie an der Außenfassade deutlich zu sehen ist. Auch im Inneren spiegeln sich die drei Hauptphasen der Baugeschichte des Rosenkrantz-Turms wider, der wie die königliche Halle nach einer Explosion im Jahr 1944 gründlich restauriert werden musste.

Schloss und Festung

Wenige Schritte weiter kommt man zur Giebelseite der **Håkonshalle**. Schon früh zeigte das norwegische Königshaus seine Vorliebe für den aufstrebenden Handelsort Bergen und bereits Stadtgründer Olav Kyrre wollte ihn zur Bischofsstadt machen. Als Bergen unter Håkon Håkonsson im 13. Jh. zur Reichshauptstadt erhoben wurde, musste ein repräsentativer Königssitz errichtet werden. Zur Hochzeit und Krönung seines Sohnes Magnus 1261 war die gotische Steinhalle im englischen Stil fertiggestellt, die im Mittelalter lange Zeit als Repräsentationsraum genutzt wurde. Das Gebäude bestand ursprünglich aus zwei parallelen Hallen, von denen die zur Hafenseite gelegene nur noch anhand der Grundmauern erkennbar ist. Mit der Dänenherrschaft verkam die Håkonshalle zum Lagerschuppen, blieb aber immerhin erhalten, bis sie in nationalromantischer Zeit wiederentdeckt und restauriert wurde. Die Explosion eines Munitionsschiffs im Hafen zerstörte 1944 die Steinhalle und ließ nur die Grundmauern stehen. 1961, am 700. Jahrestag der Krönung von König Magnus, wurde die Håkonshalle wieder der Öffentlichkeit zugänglich gemacht, bei der letzten Restaurierung wurde der mittelalterliche Charakter betont. Die Deckenkonstruktion aus Holz, die an ein gekipptes Wikingerschiff erinnert, der Wandteppich in leuchtenden Farben an der nördlichen Giebelseite mit dem Ehrensitz und der gewebte Fries an der Längswand, dessen Motive auf uralte und christliche Symbole der frühen Holzkalender, der Primstäbe, zurückgehen, fügen sich harmonisch in den Raum ein, der heute als Fest- und Konzertsaal genutzt wird.

Im Abendlicht besonders schön: Festung Bergenhus mit Håkonshalle

Gotische Festhalle

Wenn man durch die Holzpforte links des Eingangs geht, kann man einen lohnenden kleinen Spaziergang über das Gelände machen. Von den Mauern zum Hafen hat man eine schöne Sicht auf die gegenüberliegende Halbinsel, und zur Halle hin sieht man deren Schauseite mit Steinmasken und wunderschönen Fensteröffnungen sowie die Grundmauern der zweiten mittelalterlichen Festhalle. Hinter dem Hügel oberhalb der Festung blickt man auf den mit Hecken markierten Standort der ehemaligen gotischen Hauptkirche der Stadt und kommt schließlich zur Statue von König Håkon VII. Von hier aus erkennt man den Terminal der Kreuzfahrtschiffe und die Island-, Dänemark- oder England-Fähren sowie in einiger Entfernung zur Landseite am Hang die Ruinen der frühmittelalterlichen Festung des Königs Sverri.

Aussicht auf den Hafen

Bergenhus festning: Håkonshallen, *Mitte Mai–Mitte Sept. tgl. 10–16, sonst tgl. 12–15 Uhr, NOK 100.* **Rosenkrantztårnet** *Mitte Mai–Mitte Sept. tgl. 9–16, Jan.–Mitte Mai Sa/So 12–15, sonst So 12–15 Uhr, NOK 100 (Bymuseet, s. o.).*

Von hier oben auch gut zu sehen (aber zu Fuß nur nach einem längeren Schlenker über die Uferstraße zu erreichen) ist das **Fischereimuseum (7)**. Dort erhält der Besucher interessante Informationen zum norwegischen Fischfang, zur Küsten- und Aquakultur und den Grundlagen des Meeres. Das Museum besitzt auch eine umfangreiche Video-, Foto- und Bibliothek zum Thema.

Norges Fiskerimuseum, *Sandviksboder 23, ☎ 53006160, http://fiskerimuseum.museumvest.no, Mai tgl. 10–17, Juni–Aug. tgl. 10–18, sonst tgl. 11–15 Uhr, NOK 90, Kinder bis 16 Jahren frei.*

Marienkirche

Verlässt man das Festungsgelände nach links, gelangt man auf der Øvre Dregsallmenningen geradewegs zur **Marienkirche (8)**. Sie ist das bedeutendste sakrale Gebäude der Stadt, erbaut in der ersten Hälfte des 12. Jh. und eine der beeindruckendsten romanischen Kirchen Norwegens. Hier ist wesentlich mehr Ursprüngliches erhalten als in den anderen Kirchen Bergens. 1408 bis zur Mitte des 18. Jh. gehörte sie zum Besitz der deutschen Kaufleute in Bergen, die sie im Laufe der Zeit prächtig ausschmückten. Die Marienkirche ist eine dreischiffige Basilika mit zwei Türmen. Obwohl nur eine einfache Gemeindekirche, deuten die Doppelturmfassade und die der Kathedralarchitektur entstammenden, dreiteiligen Mittelschiffmauern ihren besonderen Stellenwert an. Analog zu anderen Hauptkirchen der Hanse, etwa in Lübeck oder Visby, ist sie der Muttergottes geweiht. Ein äußerer Rundgang, vorbei an vielen Grabsteinen mit deutschen Inschriften, zeigt in den Portalen und Rundbogenfriesen die Formensprache der Romanik. Wahrscheinlich kamen die Steinmetze, angeregt von der Kirchenbaukunst des Rheinlands und Norditaliens oder vom Dombau zu Lund, aus Südschweden

Westfassade der Marienkirche

nach Bergen. Der nach einem Brand im 13. Jh. neu errichtete Ostteil mit geradem Chorabschluss zeigt frühgotische Einflüsse. Ein besonders schönes **Portal**, das normannische Elemente aufweist, befindet sich an der Südseite der Kirche.

Normannisch-Englisches gibt es auch im Inneren zu sehen, etwa in den Faltenornamenten an den Kapitellen der Arkadenpfeiler. Diese tragen die Innenmauern der Basilika, die wie bei einer Kathedrale mit Triforiengängen und Obergadenfenstern ausgestattet sind (allerdings nur in der Südmauer). Besonders sehenswert ist ein dreiteiliger Flügelaltar, ein **Triptychon**, vom Ende des 15. Jh., bei dem es sich um eine norddeutsche Arbeit handelt. Der früher nur an besonderen Festtagen geöffnete Altarschrein zeigt im mittleren Teil Maria mit dem Kinde, umgeben von dem großen norwegischen Nationalheiligen St. Olav und dem Pestheiligen St. Antonius sowie St. Dorothea und St. Katharina, deren Namen einst Zünfte in Bergen trugen. Ein Blickfang besonderer Art ist die barocke **Kanzel**, die vermögende Kaufleute der Deutschen Brücke der Kirche 1676 stifteten. Unbekannt sind Künstler und Herkunft der ungewöhnlichen Arbeit, bei der Schildpatt, also die Hornplatten von Seeschildkröten, und Lack verwendet wurden. Die Materialien deuten möglicherweise auf Beziehungen zu Ländern hin, die mit dem ostasiatischen Raum in Verbindung standen. Unter den im 13. Jh. angebrachten Gewölben sind mittelalterliche Kalkmalereien zu sehen; im südlichen Seitenschiff hängt darunter ein großes Votivschiff. An den Wänden finden sich Erinnerungstafeln und Bilder honoriger Bürger aus dem 17. und 18. Jh. Auch die Grabsteine deutscher Schiffer, Kaufleute und Pfarrer auf dem Boden der Kirche belegen, dass die Marienkirche lange Zeit *Tyskekirken*, die „Kirche der Deutschen", war.

Norddeutscher Flügelaltar

Mariakirken, *Dreggsallmenningen 15, ☎ 55593270, Mitte Mai–Mitte Sept. Mo–Fr 9–16, sonst Di, Fr 12–14 Uhr, NOK 75.*

Ein umfriedetes Gelände schräg hinter dem Chor der Marienkirche, wieder im Bereich der Bryggen, beherbergt die **Schøtstuene (9)**, auch „Schöttstuben" oder „Schütting" genannt. Damit werden Feuerstellen und Gesellschaftsräume der Hansekaufleute bezeichnet, die früher hinter jedem „Hof" zu finden waren. In diesem einzigen beheizbaren Raum eines Hofs fand in den Wintermonaten eine Art Clubleben statt, hier aß man gemeinsam, trank sein Bier, beriet über alle Angelegenheiten der Gemeinschaft, hielt Andachten ab und führte Spielabende durch. Den Sommer über blieb der Schütting geschlossen.

Wo die Kaufleute zechten

Schøtstuene, *Finnegården 1 A, http://hanseatiskemuseum.museumvest.no, Mai, Sept. tgl. 10–17, Juni–Aug. tgl. 10–18 Uhr, sonst tgl. 11–15 Uhr, NOK 160, Kinder frei (Kombiticket mit Hanseatischem Museum und Fischereimuseum, s. o.).*

Weitere Sehenswürdigkeiten

Oberhalb der Schøtstuene geht der Weg über die Øvregaten wieder stadteinwärts, mit schönem Blick auf die hintereinander gestaffelten Giebel der Brygge-Häuser. Am Ende des Weges findet man links die **Talstation der Fløyenbahn (10)**. Die Standseilbahn gibt es seit 1918, sie bringt Fahrgäste innerhalb von sieben Minuten auf den „Gipfel" des „Hausbergs" **Fløyen**. Bereits die Fahrt – zuerst im Tunnel, dann oberirdisch – ist ein Erlebnis. Noch schöner wird es oben, wo man in

320 m ü. d. M. den allerbesten Blick auf die „Königin der Fjorde“ genießt. Hinter der Aussichtsterrasse gibt es ein Restaurant, einen Souvenirladen und einen Kinderspielplatz. Spaziergängern oder Wanderern stehen auf dem dicht bewaldeten Hügel viele schöne Wege zur Verfügung. Man kann die Fløyenbahn auch nur für die Auffahrt nutzen und zurück in die Stadt wandern – über Treppen und Gassen und durch einen pittoresken Stadtteil mit Holzvillen.

Postkartenblick

Fløibanen, *Vetrlidsallmenningen 21, ☎ 55336800, www.floyen.no, Mo–Fr 7.30–23, Sa/So 8–23 Uhr, pro Strecke NOK 65.*

Hinweis

Der Andrang auf die **Standseilbahn** *ist teilweise sehr groß. Es kann lange Warteschlangen geben, obwohl die Bahnen nonstop im Pendelverkehr unterwegs sind. Vor etwa 9.30 Uhr und nach 16 Uhr ist die Bahn deutlich weniger frequentiert. Es empfiehlt sich also, die verkehrsärmeren Zeiten zu nutzen, aber ein wichtigeres Argument ist das Wetter: Wartezeiten nimmt man gerne in Kauf, wenn einen oben Sonnenschein und blauer Himmel erwarten!*

Setzt man von der Talstation den Spaziergang über die Lille Øvregaten fort, gelangt man zur **Domkirche (11)**, deren ältester Teil aus dem 12. Jh. stammt, die aber in den nachfolgenden Jahrhunderten stark verändert wurde. Ebenfalls mittelalterliche Bausubstanz weist die **Kreuzkirche (12)** unweit des Marktplatzes auf, aber auch hier ist von der alten Einrichtung nicht mehr allzu viel erhalten. Von den genannten Kirchen aus geht man nur wenige Minuten über Kopfsteingassen mit kleinen Geschäften, dann durch das alte Bankenviertel zum Platz **Vågsallmenningen**, der dem Marktplatz gegenüberliegt. Umringt von Kneipen, Restaurants und bunten Häuserfassaden, erhebt sich auf einem Sockel ein bronzener **Ludvig Holberg** (1684–1754), ein Sohn der Stadt und der berühmteste Komödiendichter des Nordens. Das wohl schönste Gebäude am Platz ist die ehemalige **Börse** von 1862, die innen mit prachtvollen Fresken geschmückt ist (Fresco Halle). Diese kann bewundern, wer die „Ess-Börse“ (Matbørsen) aufsucht, die unter alten Gewölben unterschiedliche Gerichte sowie eine Takeaway-Theke anbietet.

Ein Katzensprung ist es von der Fußgängerzone des Vågsallmenningen zur breiten Christies gate, an der das **Alte Rathaus** mit der goldenen Namenschiffre Christians VII. liegt. Auf dieser Straße geht man nur wenige Schritte bis zum Stadtpark **Byparken (13)**, einem schön gestalteten Platz mit Musikpavillon und vielen Skulpturen. An exponierter Stelle steht die Statue **Edvard Griegs**; sie mag klein erscheinen, zeigt den berühmtesten Sohn der Stadt aber in Originalgröße. Am Byparken befindet sich auch die nördliche Endstation der Bybanen, die bis zum Flughafen führt. Auf der anderen Seite der Straße breitet sich der modern gestaltete **Festplassen** aus, von dem sich ein weiter Blick über den achteckigen Stadtsee Lille Lungegårdsvatn mit der Museumsmeile (s. u.) ergibt.

Berühmter Sohn der Stadt

Wer sich mit dem Blick zufriedengibt, geht von hier aus über den Ole Bulls Plass mit dem Denkmal des „Teufelsgeigers“ (S. 271) zur Fußgängerzone **Torgalmenningen**. In der Verlängerung der Sichtachse erkennt man das älteste Theater Norwegens, **Den Nasjonale Scene**. Es wurde 1906–1909 im Jugendstil erbaut und wird von Standbildern Henrik Ibsens und Bjørnstjerne Bjørnsons flankiert. Die

Torgalmenningen selbst versprüht mit ihren hohen Geschäfts-, Banken- und Zeitungshäusern einen Hauch von Weltstadtatmosphäre. Sie ist heute eine breite Fußgängerzone, die ihre Ausdehnung durch den Abriss eines ganzen Blocks erhielt, womit man damals im Fall eines Stadtbrands ein Übergreifen des Feuers verhindern wollte. Es geht an Buchläden, Modegeschäften, Restaurants und Hamburgerlokalen vorbei, hier warten auch das weiße, im Bauhausstil errichtete Kaufhaus Sundt oder das hinter älteren Fassaden versteckte Einkaufszentrum Galleriet (mit mehr als 60 Geschäften) auf Kundschaft. Jenseits der Querstraße, die nach rechts zum Alten Rathaus führt, erhebt sich das bronzene **Stadtmonument (14)**, das die Bergenser Seefahrt in ihren unterschiedlichen Epochen (Wikinger, Walfänger, Egedes Grönlandfahrt, Schiffsbau etc.) dokumentiert. Von hier aus hat man einen schönen Blick auf die **Markthalle** mit Fischmarkt und Touristeninformation, wo der Rundgang begann.

Um den Lille Lungegårdsvatn

Bergens Stadtsee Lille Lungegårdsvatn

Die Ausdehnung des Stadtsees **Lille Lungegårdsvatn** ist vom **Byparken** bzw. **Festplassen** gut zu erkennen. An seinem rechten (südlichen) Ufer präsentiert die Kulturmetropole Bergen eine ganze Reihe sehenswerter kommunaler und privater Museen, Kunstsammlungen und Galerien, die der Straße Rasmus Meyers allé den Namen „**Museumsmeile**" eingebracht haben. Der gesamte achteckige Kunstsee Lille Lungegårdsvatn ist von schönen Parkanlagen umgeben. Man kann ihn auch ohne Museumsbesuch einfach nur umrunden – vor allem an warmen Sommertagen ein Genuss, wenn die Bergenser Jugend hier skatet, Musik macht oder sonnenbadet. Wer den See im Uhrzeigersinn umrundet, sieht im Nordosten die Stadtbücherei und dahinter den Bahnhof, Endstation der berühmten Bergenbahn. Interessierte können einen Abstecher zum **Lepramuseum (15)** unternehmen, das im Mittelalter als Hospital für Aussätzige (St. Jørgens Hospital) diente und nach dem Stadtbrand 1702 aus Holz wieder errichtet wurde. Heute befindet sich hier ein medizinhistorisches Museum. Norwegische Ärzte leisteten wertvolle Arbeit im Kampf gegen die Leprakrankheit, vor allem Armauer Hansen wurde bekannt, dem es erstmals gelang, den Leprabazillus zu isolieren. Sehenswert ist auch die **St. Jørgens-Kirche**; ihre Altartafel von 1733 zeigt Jesus und die zehn Aussätzigen.

Einst Hospital für Aussätzige

Lepramuseet, *Kong Oscarsgate 59, ☎ 55308030, www.bymuseet.no/vaare-museer/lepramuseet, Mitte Mai–Aug. tgl. 11–15 Uhr, NOK 90, Kinder frei (Bymuseet,* *S. 260**).*

An der Südwestflanke des Sees reihen sich die einzelnen Kunstmuseen aneinander, überragt von der modernen Fassade der **Grieg-Halle (16)** (*☎ 55216000, www.*

grieghallen.no). Das Kultur- und Kongresszentrum ist Bergens größte Kulturarena für Konzerte, Theatervorstellungen, Musicals etc., außerdem alljährlich Hauptschauplatz der Internationalen Festspiele. Sie hat die Form eines Konzertflügels, was man freilich nur aus der Vogelperspektive, also vom Fløyen aus, sehen kann.

KODE Bergen-Kunstmuseum

Auf dem Weg zurück zum Festplassen passiert man die folgenden Kulturinstitutionen, von denen vier unter dem Dach der Bergen-Kunstmuseen (KODE) zusammengefasst sind und nach längerer Renovierung 2017 wiedereröffnet wurden:

Bergen-Kunstmuseen

KODE 1 (17), früher Permanenten-Kunstgewerbemuseum *(Nordahl Bruns gate 9)*: Das prächtige Haus von 1896 ist ein unbedingt sehenswertes Museum mit Wechselausstellungen und einem großen Bestand. Dazu gehören Gold-, Silberschmiede- und Textilarbeiten, Möbeldesign aus verschiedenen Epochen, Kostüme, Instrumente (u.a. Ole Bulls älteste Geige der Welt von 1562), Nordeuropas größte China-Sammlung (Skulpturen und Gegenstände aus Marmor, Porzellan, Jade und Bronze, Textilien, Malereien) und eine Spezialausstellung mit orientalischen Antiquitäten.

KODE 2 (18) Stenersens Samling *(Rasmus Meyers allé 3)*: Hier sind rund 250 Werke namhafter moderner Künstler wie Picasso, Braque, Klee und Edvard Munch versammelt.

KODE 3 (19), Rasmus Meyers Samlinger *(Rasmus Meyers allé 7)*: Das schöne, 1924 fertiggestellte Museum zeigt eine der umfangreichsten Sammlungen norwegischer Kunst, die die Erben des Kaufmanns und Kunstmäzens Rasmus Meyer der Stadt Bergen überließen. Besonders sehenswert sind norwegische Gemälde von Dahl, Krohg, Munthe und vor allem Edvard Munch. Wer in Oslo die Nationalgalerie oder das Munch-Museum verpasst hat, kann hier einige der bekannteren Bilder des norwegischen Expressionisten sehen.

KODE 4 (20), Lysverket *(Rasmus Meyers allé 9)*: Der weiße Industriebau beherbergt eine Sammlung norwegischer Kunst des „Goldenen Zeitalters" und internationale Werke ab dem 15. Jh., u.a. Ikonen und niederländische Barockmalerei. Das Gebäude wird auch als Norwegens „zweite Nationalgalerie" bezeichnet. Im Erdgeschoss ist das **KunstLab – Kunstmuseum für Kinder** ein speziell auf Kinder ausgerichtetes Museum mit Themenausstellung und Experimentierbereich. Das **Restaurant Lysverket** gilt als eines der besten ganz Westnorwegens!

Bergen Kunsthall (21) *(Rasmus Meyers allé 5)*: Die Kunsthalle ist Bergens größter Raum für zeitgenössische Kunst, verteilt auf drei Abteilungen (Wechselausstellungen). *Di–So 11–17, Do bis 20 Uhr.*

Kunstmuseerne i Bergen KODE, ☎ *53009704, www.kodebergen.no, Mitte Mai–Mitte Sept. tgl. 11–17 (KODE 3: 10–18 Uhr), sonst Di–Fr 11–16, Sa/So 11–17 Uhr, NOK 130 (Ticket gültig für alle KODE-Museen innerhalb von 2 Tagen), Kinder unter 16 Jahren frei.*

Auf der Halbinsel Nordnes

Wie ein lang gestreckter Finger zeigt die Halbinsel Nordnes in den Bergenser Hafen und trennt die beiden Buchten Vågen und Puddefjord. Sie hat eine interessante Mischbebauung aus Magazin- und Hafengebäuden, Holzvillen, modernen Zweckbauten, Hotels und Kaufhäusern. Das Terrain ist recht gebirgig, da ein Höhenzug die gesamte Halbinsel durchzieht, sodass manche Straße unvermittelt vor einem Treppengang endet oder sich in Serpentinen hinaufschrauben muss. Die Entfernungen sind nicht groß, man kann bis zur äußersten Spitze zu Fuß gehen, doch sollte man für den gesamten Rundgang schon eine Stunde (ohne Besichtigungen) einkalkulieren. Sowohl vom Fischmarkt als auch von Bryggen aus kann man außerdem mit Personenfähren nach Nordnes übersetzen, ebenso sind Ziele wie das Aquarium per Stadtbus erreichbar.

Schöne Holzhäuser auf der Halbinsel Nordnes

Wer zu Fuß geht, sollte von der Markthalle aus direkt am Wasser bleiben, der Blick über die Jachten und Expressboote hinüber nach Bryggen ist einfach grandios – vor allem am frühen Abend. An der Østre Murallmenningen sieht man noch ein altes **Stadttor (22)**, eines der beiden einzig erhaltenen der ehemaligen Stadtbefestigung; heute wird hier oft ein Flohmarkt abgehalten. Über die Strandgate, die z. T. Fußgängerzone ist, gelangt man an der **Nykirke (23)** vorbei, einem weißen Holzbau auf Kreuzgrundriss mit schwarzen Dachziegeln. Die Rokokokirche aus dem 18. Jh. wurde 1944 bei der Explosion des Munitionsschiffs fast völlig zerstört. Am ehemaligen Königlichen Zollhaus vorbei kommt man dann zur Westspitze der Halbinsel, wo das **Aquarium (24)** im Nordnespark viele Besucher anzieht. Die schon etwas ältere Anlage kann mit den europäischen Mega-Aquarien wie in Brest, Genua oder Valencia nicht mithalten, zeigt aber eine beachtliche Vielfalt an Meerestieren aus Nordsee und Nordatlantik. Auch Pinguine und ein tropisches Terrarium sind vorhanden. Im Aquarium verlangen die verschiedenen Tierarten unterschiedliche Wasserqualitäten und Temperaturen. Kein Problem, denn bis aus einer Tiefe von 125 m wird das benötigte Wasser aus dem Byfjord in ein rund 8 km langes Leitungssystem innerhalb des Aquariums gepumpt. Sechs verschiedene Wasserqualitäten gelangen so in neun große und 42 kleinere Aquarien. Bei allerbestem Wetter wird man dann vielleicht vom Beispiel der Fische animiert und springt im benachbarten **Nordnes sjøbad** ins kühle Nass des Puddefjords.

Vielfalt an Meerestieren

Bergen Akvariet, *Nordnesbakken, ☎ 55557171, www.akvariet.no, Mai–Aug. tgl. 9–18, sonst tgl. 10–18 Uhr, NOK 285, Kinder (3–15 Jahre) NOK 195, Online-Tickets sind NOK 5 günstiger.*

Nach dem Besuch des Aquariums gelangt man über den Haugeveien, an Hochschulen und anderen Lehranstalten vorbei, wieder stadteinwärts. Parks, hübsche Villen und vereinzelte alte Kanonenstellungen säumen den hochgelegenen Weg, der immer wieder einen herrlichen Blick nach Süden zum Hurtigrutenterminal freigibt. Die schönsten Partien sind die **Klostergaten** und die schmalen, kopfsteingepflasterten Gassen, die hier steil zum Fjord hinabführen. Von hier aus geht man nahe dem Theater vorbei und erreicht, ca. 20 Gehminuten ab dem Aquarium, die Fußgängerzone Torgalmenningen und den Marktplatz.

Im Universitätsviertel Sydneshaugen

Der Hügel Sydneshaugen, auf dem sich weithin sichtbar die Johanniskirche erhebt, liegt in der Verlängerung der Torgalmenningen und ist vom Markt in etwa 20 Minuten zu Fuß bequem zu erreichen. Man gelangt dabei in ein idyllisches Viertel, das von Holzhäusern, Bürgerhäusern im viktorianischen Stil, Standbildern, Parkanlagen und Museen geprägt ist und schöne Ausblicke bietet. Gleichzeitig ist der Hügel Sitz verschiedener Gebäude der Universität, wie der Mensa, der Bibliothek und dem Studentencenter, sodass in den Läden, Cafés und Kneipen ein recht jugendliches Publikum vorherrscht.

Universitäts- und Historisches Museum

Knapp unterhalb des Hügels liegt am Muséplassen das große **Universitätsmuseum (25)**. Das prächtige, neoklassizistische Gebäude präsentiert Geologie, Flora und Fauna Norwegens, u. a. mit Fossilien, einer beachtlichen Mineraliensammlung und Nordeuropas größter Sammlung von Walmodellen und -skeletten, Säugetieren, Vögeln, Schlangen und Reptilien. Seit 2013 wird das Gebäude innen wie außen aufwendig restauriert und auf den neuesten Stand der Technik gebracht. Der zukünftige Stolz der Bergenser Museumslandschaft soll Ende 2019 wiedereröffnet werden. Vom Universitätsmuseum aus ist ein kurzer Spaziergang durch den Botanischen Garten empfehlenswert. Das **Historische Museum (26)** versteht sich als Zentralmuseum für die Kulturgeschichte des Raumes um Bergen. Zu sehen sind reichhaltige Sammlungen aus vorhistorischer Zeit, der Völkerwanderung und der Wikingerzeit sowie beeindruckende Exponate mittelalterlicher Kirchenkunst, z. B. eine romanische Madonna aus der Urneskirche in Sogn. Neben einer Textilabteilung und einer Sammlung russischer Ikonen gibt es eine ethnografische Sammlung zur Kulturgeschichte der Samen und der Grönländer von Roald Amundsen.
Historisk Museum, *Haakon Sheteligs plass 10, ☎ 55580000, www.uib.no/universitetsmuseet, Juni–Aug. Di–Fr 10–16, Sa/So 11–16, sonst Di–Fr 10–15, Sa/So 11–16 Uhr, NOK 60.*

Im **Seefahrtsmuseum (27)** wird die Geschichte der Schifffahrt dokumentiert, die für Norwegen wie für kaum ein anderes Land von elementarer Bedeutung war. Funde und Modelle reichen vom ältesten norwegischen Bootsfund von etwa 200 v. Chr. über die bekannten Wikingerschiffe, die Hansekoggen bis hin zu Schiffen aus der Gegenwart. Das Historische und das Seefahrtsmuseum sind altertümliche, aneinander gebaute Häuser, die im Kontrast zur benachbarten modernen **Mensa** der Universität stehen.
Sjøfartsmuseet, *Haakon Sheteligs plass 15, ☎ 55549600, www.bsj.uib.no, Mitte Mai–Aug. Mo–Fr 10–16, Sa/So 11–17, sonst tgl. 11–15 Uhr, NOK 90, Kinder frei.*

Fahrt mit der Ulriksbahn

Bevor man den Sydneshaugen wieder verlässt, lohnt ein Blick in die neugotische **Johanniskirche** (falls geöffnet), deren beeindruckender offener Dachstuhl aus Holz englische Vorbilder hat und in der ab und zu Konzerte abgehalten werden.

Ziele in der Umgebung von Bergen

Freilichtmuseum Gamle Bergen

Alt-Bergen mit idyllischen Parks und hübschen Holzhäusern liegt ca. 4 km vom Zentrum am Nordufer des Byfjords und ist ganzjährig frei zugänglich. Die Häuser selbst können im Sommer besichtigt werden. In dem liebevoll angelegten Freilichtmuseum werden ältere Holzhäuser der Stadt Bergen aus dem 18. und 19. Jh. vor der Zerstörung bewahrt und sind in dieser kleinen Stadt in der Stadt wieder aufgebaut worden. Zur Anlage gehört auch das Elternhaus von Edvard Grieg. Den bisher gut 40 bunten Holzhäusern mit ihren malerischen Türen und verzierten Gesimsen sollen noch weitere Gebäude folgen. Viele der Häuser sind im Stil des 18., 19. oder beginnenden 20. Jh. eingerichtet, sodass man eine Vorstellung davon bekommt, wie Bäcker, Friseur, Uhrmacher oder Zahnarzt damals lebten und arbeiteten. Natürlich gab es große soziale Unterschiede zwischen den einzelnen Klassen, aber eine strikte räumliche Trennung in einen West- und Ostteil gab es in Bergen nicht. Der reiche Schiffseigner wohnte durchaus neben dem einfachen Handwerker. Nicht immer war die Einstellung der Bergenser zu ihren alten Häusern so positiv wie heute. Vor einigen Jahrzehnten ergriffen einige Bürger, die den kulturhistorischen Wert der Holzhäuser erkannten, die Initiative zum Aufbau des Freilichtmuseums. Trotz einiger Brände in der Vergangenheit gibt es in vielen Stadtteilen nahe dem Zentrum unzählige gepflegte alte Holzhäuser, die zweifellos den besonderen Charme Bergens ausmachen.

Sehenswertes Museumsdorf

Gamle Bergen, *Nyhavnsveien 4, ☏ 55308034, www.bymuseet.no/vaare-museer/gamle-bergen-museum/, Mitte Mai–Mitte Sept. tgl. 9–16 Uhr, Führungen jede volle Stunde, in 7 Min. mit Buslinie 3, 4, 5, 6 und 83 zu erreichen, NOK 120, Kinder unter 16 Jahren frei (Bymuseet, s. o.).*

Ulriken

Ulriken heißt der höchste der sieben Berge, die die Stadt umgeben. Mit einer Gondelbahn erreicht man in wenigen Minuten den Gipfel, 643 m ü. d. M., und hat bei entsprechendem Wetter eine fantastische Aussicht auf Bergen, den Byfjord und die vorgelagerten Inseln. Auf dem Gipfel gibt es ein Restaurant mit Kaffeebar. Auf markierten Wanderwegen kann man die Gebirgsnatur erkunden und/oder auf teils steilen Steinstufen zur Talstation hinabsteigen.

Gipfelfahrt

Ulriksbanen, *Haukelandsbakken 40, ☏ 53643643, www.ulriken643.no/ulriksbanen. Die Ulriksbahn fährt alle 7 Min., Mai–Sept. 9–21, sonst nur bei gutem Wetter 10–17 Uhr, einfache Fahrt NOK 125, mit Rückfahrt NOK 185, Kinder (4–16 Jahre) NOK 90/115. Zwischen 9 und 18 Uhr fährt der blaue Doppeldecker* **Ulriken Express Bus** *jede halbe Stunde ab Torgalmenningen zur Seilbahn. Mit den Buslinien 2, 3 und 12 fährt man bis zum Haukeland-Krankenhaus (vor dem Tunnel), von dort geht es zu Fuß den Haukelandsbakken hinauf. Selbstfahrer nehmen am besten den Rv. 585.*

Fantoft-Stabkirche

Ein Besuch der Stabkirche von **Fantoft** (gut möglich auf dem Weg von/nach Troldhaugen) lohnt sich auf alle Fälle, auch wenn der Holzbau 1992 von einer Satanisten-Sekte bis auf die Grundmauern niedergebrannt wurde. Da die Kirche genauestens dokumentiert war, konnte sie bis ins kleinste architektonische Detail originalgetreu wieder aufgebaut werden, inzwischen hat sie wieder „Patina" angesetzt. Ursprünglich wurde die Stabkirche um 1150 in Fortun am Sognefjord errichtet. Als sie abgerissen werden sollte, da sie der Gemeinde zu klein geworden war, sorgte ein Privatmann aus Bergen dafür, dass sie 1883 nach Fantoft verlegt wurde. Vom Typ her ist die Stabkirche eine **Vielmastkirche** mit hohem Zentralraum (S. 69) und zeigt innen wie außen das Idealbild dieser für Norwegen typischen Sakralbauten: eine kaskadenhafte Dachkonstruktion, von einem Dachreiter bekrönt und mit Kreuzen und Drachenköpfen verziert, Holzschindeln an Wänden und dem Rundturm über der Apsis, ein umlaufender „Svalgang", schön geschnitzte Portale, innen nur kleine Rundöffnungen, ein romanisches Triumphkruzifix und Stuhlschnitzereien mit Szenen aus der Sigurdsage. Auch die Holzumfriedung des Geländes mit Portal und der innerhalb des Kirchhofs liegende Hügel mit einem alten Steinkreuz sind sehenswert. Wer den besten Blick von außen auf die Stabkirche genießen möchte, sollte auf den benachbarten Hügel steigen. Die kleine Stabkirche ist wie Troldhaugen eine der ganz großen Touristenattraktionen und völlig überfüllt, wenn größere Kreuzfahrtschiffe im Hafen liegen und zahlreiche Busse ankommen. Ein Besuch ist zu Beginn und gegen Ende der Öffnungszeiten günstig.

Rekonstruierte Stabkirche von Fantoft

Originalgetreuer Wiederaufbau

Fantoft Stavkirke, *Fantoftvegen 38, ☎ 55280710, www.fantoftstavkirke.com, Mitte Mai–Mitte Sept. tgl. 10.30–18 Uhr, NOK 65, Kinder NOK 30. Mit dem Bus erreicht man die Stabkirche vom Busbahnhof ab Bahnsteig 20 mit jedem der dort abfahrenden Busse, bis Haltestelle Fantoft, von dort Spaziergang von wenigen Minuten. Bequem ist die Anreise mit der Bybanen (Station Fantoft). Selbstfahrer verlassen die Stadt auf der E 39 in südlicher Richtung, biegen dann nach ca. 1 km auf den Rv. 582 ab. Bei der 2. Fußgängerbrücke links am Hinweis Fantoft Studentby abbiegen.*

Troldhaugen

Edvard Griegs Wohnsitz

Troldhaugen in **Hop**, ca. 10 km südlich vom Zentrum, war der im viktorianischen Stil vor gut 100 Jahren errichtete Wohnsitz des Komponisten Edvard Grieg, wo er mehr als zwei Jahrzehnte mit seiner Frau Nina lebte. Troldhaugen (Zauberhügel) war für ihn eine bedeutende Inspirationsquelle. In der Landschaft am Nordås-See entstanden viele seiner Kompositionen. Unterhalb der pittoresken **Villa** liegen die

Urnen von Edvard Grieg und seiner Frau in einem Felsen. Das in seinem ursprünglichen Zustand bewahrte Haus ist seit 1907 eine Stätte der Erinnerung an den großen Norweger. Neben der **Komponistenhütte** gibt es seit 1985 den **Troldsalen**, einen Kammermusiksaal für 200 Zuhörer, die einen ähnlichen Blick genießen wie Grieg bei seiner Arbeit. Man betritt das Gelände durch das **Edvard-Grieg-Museum**, das mit Fotos, Ausstellungsstücken und multimedialer Technik das Leben des Komponisten und das Bergen des 19. Jh. zeigt. Mit Café und Souvenirladen.

Troldhaugen, *Troldhaugvegen 65, 5232 Paradis, ☏ 55922992, www.griegmuseum.no, Mai–Sept. tgl. 9–18, Okt.–April tgl. 10–16 Uhr, Mitte Dez.–Anf. Jan. geschl., NOK 110, Kinder unter 16 Jahren frei. Mit Bus oder Bybanen bis zur Station Hop, ab dort folgt man den Hinweisschildern auf dem Troldhaugsvegen (ca. 25 Min.). Juni–Aug. werden regelmäßig mittags und abends Konzerte gegeben, Gratis-Busse starten ab der Touristeninformation 1 Std. vor Konzertbeginn.*

Troldhaugen – Edvard Griegs idyllisches Heim

Wer war Edvard Grieg?

info

Grieg ist der bekannteste Komponist Norwegens, der in Europa und in der Welt zu großem Ansehen gelangte. 1843 wurde Edvard Grieg in Bergen als Sohn eines Kaufmanns und einer Pianistin geboren. Seit seinem sechsten Lebensjahr erhielt er von seiner Mutter Klavierunterricht und erfuhr erste Eindrücke der Musik Mozarts, von Webers und Chopins. Für seine künstlerische Entwicklung war die Begegnung mit dem berühmten Geigenvirtuosen Ole Bull im Sommer 1858 von Bedeutung, der Grieg zum Musikstudium auf dem Leipziger Konservatorium veranlasste. Doch die Jahre in Leipzig waren aus Griegs Sicht eher enttäuschend. Wenig später erfolgte über die Freundschaft mit Richard Nordraak, dem Schöpfer der norwegischen Nationalhymne, eine Wende in Griegs künstlerischer Entwicklung, indem er den Weg zu einer nationalen, an der heimatlichen Volksmusik orientierten Kunstmusik fand. „Es fiel mir wie Schuppen von meinen Augen; erst durch ihn lernte ich die nordischen Volkslieder und meine eigene Natur kennen."

Vor allem in Klavier- und Chorwerken brachte er die bodenständige Volksmusik, die sich in den nordischen Ländern bis ins Mittelalter zurückverfolgen lässt, in die Kunstmusik ein. Zahlreiche Reisen führten Grieg als Pianisten und Dirigenten ins Ausland. Weltruhm brachte ihm vor allem die Orchestermusik zu Ibsens Schauspiel „Peer Gynt". In der Heimat wurde er bald als der große Repräsentant der nationalen Musik verehrt. 1885 bezog

info

er, wirtschaftlich unabhängig und sich ganz seinem Schaffen widmend, seinen Landsitz Troldhaugen nahe Bergen, heute ein viel besuchtes Museum. Zu einem herausragenden Ereignis in der norwegischen Musikgeschichte wurden unter Griegs Regie die ersten Musikfestspiele in Bergen (1898). 1907 starb Grieg in Bergen, seine Kunst hatte norwegische Musik weltweit bekannt gemacht.

Gamlehaugen

Wer auf dem Weg von Troldhaugen nach Bergen zurück nicht die E 39, sondern den Rv. 553 nutzt, fährt an einem auffälligen „Schloss" vorbei, das als Gamlehaugen bekannt ist. Erbaut wurde es inmitten eines herrlichen englischen Gartens im Jahr 1900 vom damaligen Ministerpräsidenten Christian Michelsen. Heute ist das Anwesen die würdige Residenz des Königs bei seinen Besuchen in Bergen. Seit 1925 ist der Park für die Öffentlichkeit frei zugänglich, dabei sieht man auch die benachbarten Gebäude und das Bootshaus. In der Saison kann auch das Haupthaus auf Führungen erkundet werden.

Königsresidenz

Gamlehaugen, *Gamlehaugveien 10, 5231 Paradis, ☎ 55552000, www.gamlehaugen.no, Führungen Juni–Aug. Di, Do, Sa/So 12, 13 und 14 Uhr.*

Lysøen

Architekturperle: Ole Bulls Villa auf Lysøen

Ebenfalls über den Rv. 553 gelangt man nach **Lysekloster**, vom dortigen Buena Kai legt ein Boot in sieben Minuten zur Insel Lysøen über. Gleich an der Bootsanlegestelle steht, ca. 26 km südlich von Bergen, eine Perle norwegischer Holzarchitektur, die **Villa des Ole Bull** von 1873. Musikliebhaber verbinden heute Norwegen mit dem Namen Grieg, doch im 19. Jh. war der Geigenvirtuose und Komponist Ole Bull (1810–1880), ein Schüler Paganinis, zunächst die große Persönlichkeit der norwegischen Musik. Er ließ Elemente der Volksmusik in seine Kompositionen einfließen, unterstützte nationalromantische Ideen und leistete seinen Beitrag zur Befreiung Norwegens von der langen Dänenherrschaft. Nach seinen Konzertreisen durch die Welt kehrte er jeden Sommer wieder nach Bergen und später Lysøen zurück. Die Holzvilla mit einem Musiksaal ist im maurischen Stil gebaut, der Eckturm gleicht einem Minarett. Die Insel selbst steht unter Naturschutz und ist ein beliebtes Ausflugsgebiet mit guten Bademöglichkeiten.

Lysøen, *5215 Lysekloster, ☎ 56309077, www.lysoen.no, Mitte Mai–Aug. tgl. 11–16, Sept. So 11–16 Uhr, NOK 60. Zu erreichen mit Bus 600 vom Busbahnhof nach Os/Tøsdalskiftet, ab dort mit Bus 601 zum Buena Kai. Mit der Bybanen bis zur Station Lagunen, ab dort mit Bus 62 zum Buena Kai. Mit dem Auto aus Bergen über die E 39, der Beschil-*

derung nach Fana folgen (Rv. 553 und Rv. 580), über das Fana-Gebirge und den Wegweisern Buena-Kai/Lysøen folgen. Das Personenboot „Ole Bull" fährt zu jeder vollen Stunde vom Festland zur Insel, Hin- und Rückfahrt NOK 60.

Und wenn man schon einmal in Lysekloster ist, kann man auch einen Abstecher zu den Ruinen von Norwegens ältester Zisterzienserabtei unternehmen. Das **Lysekloster** *(ganzjährig frei zugänglich)* wurde Mitte des 12. Jh. von Mönchen aus Yorkshire gegründet, nach der Reformation aufgegeben und zerstört. Seit ca. 1560 diente es nur noch als Steinbruch, denn die Steine der Anlage wurden zum Bau des Rosenkrantz-Turms in Bergen und des Schlosses Kronborg in Helsingør verwendet.

Historische Ruinen

Eisenbahnmuseum und Museumsbahn

Ein Leckerbissen für Fans alter Eisenbahnen befindet sich in **Garnes**, an der alten Bahnstrecke nach Voss. Hier verkehrt im Sommer jeden Sonntag eine in Norwegen gebaute **Dampflok** von 1913 mit Teakholz-Waggons. Aber nicht nur der Oldtimerzug ist eine Attraktion, sondern der gesamte **alte Bahnhof** mit Lokomotivhalle und Drehscheibe. Die Bergenser Touristeninformation verkauft Tickets für einen interessanten Ganztagesausflug mit Boot, Dampflok, Bus und Bahn, bei dem man in einer großen Runde mit den verschiedensten Verkehrsmitteln die Umgebung der Stadt kennenlernen kann.
Jernbanemuseum, *Garnes Stasjon, Tunesveien 8, 5264 Garnes, ☎ 55917780, www.njk.no/gamle-vossebanen-tog-i-vesterled.*

Tagestouren ab/bis Bergen

Bergen ist das Tor zum Reich der Fjorde. Reiseziele wie der Hardangerfjord, die abwechslungsreiche Schärenküste westlich und südlich von Bergen oder der Sognefjord liegen sozusagen vor der Haustür und können auf Ganztagesausflügen – auf eigene Faust oder in einer organisierten Rundfahrt – erkundet werden. Aus der Fülle der Möglichkeiten hier nur fünf Tipps für einen ausgefüllten Tag, wobei Selbstfahrer die meisten Ziele je nach Fahrtroute auf dem Weg von bzw. nach Bergen „mitnehmen" können. Wer sich in Bergen zu einem Tagesausflug entschließt, bekommt bei der Touristeninformation die entsprechenden Fahrpläne und auch Tickets. Manchmal ist eine organisierte Rundfahrt mit Führung preisgünstiger als die Summe der einzeln gebuchten Leistungen bei einer Fahrt auf eigene Faust.

Bergens schöne Umgebung

Zum Hardangerfjord

Rundfahrt mit dem Bus ab Bergen Busbahnhof und dem Fjordschiff „MS Turnus" auf dem Hardangerfjord; Besuch eines Bauernhofs in Botnengrend, wo Kaffee und Lefse-Gebäck serviert werden, von Norheimsund Rückfahrt mit dem Bus nach Bergen, Rückkehr ca. 18 Uhr. Touren Ende Mai–Aug. (Di, Do, So).

Ins innere Hardangergebiet

In das innere Hardangergebiet führt eine Tour mit dem Bus ab Bergen Busbahnhof (Abfahrt ca. 7.30 Uhr) und Hochgeschwindigkeitskatamaran von Norheimsund nach Utne und Kinsarvik. Rückkehr nach Bergen ca. 18 Uhr. Rundfahrten Mo–Sa.

Zur Baronie Rosendal

Tipps für Tagesausflüge

Auch diese Tour beginnt in Bergen am Busbahnhof (Abfahrt gegen 9 Uhr) und führt nach Rosendal, der einzigen Baronie Norwegens, am Hardangerfjord, wo in einer herrlichen Parkanlage ein hübsches Renaissanceschloss als Hauptgebäude aus dem 17. Jh. steht. Ab Sunde geht es mit dem Schiff durch die Schären in Sunnhordland nach Os und von dort weiter mit dem Bus nach Bergen, Ankunft gegen 19 Uhr.

Mit öffentlichen Verkehrsmitteln zum Sognefjord und nach Stalheim

Die Tagestour ohne Führung mit öffentlichen Verkehrsmitteln beginnt ab Bergen, Strandkaiterminalen (Abfahrt ca. 8 Uhr) und führt mit einem Katamaran zum Sognefjord und durch den Aurlandsfjord nach Flåm. Von dort geht es mit dem Schiff weiter durch den engen Nærøyfjord nach Gudvangen. Mit dem Bus fährt man dann durch das schmale Nærøytal über Stalheim nach Voss. Von dort erfolgt die Fahrt mit der Bahn nach Bergen, wo der Zug um ca. 20 Uhr eintrifft. Rundfahrten Mitte Mai–Mitte Sept. tgl.

Mit Katamaran und Zug zum Sognefjord und ins Flåm-Tal

Die Tagestour erfolgt zunächst mit dem Katamaran bis Flåm. Von hier startet die faszinierende Fahrt mit der legendären **Flåmsbahn** nach Myrdal (867 m ü. d. M.) über eine Strecke von 20 km, die steiler als irgendeine andere Bahnstrecke in Norwegen ansteigt. Von Myrdal erfolgt die Weiterfahrt mit der Bergenbahn zum Ausgangspunkt, Ankunft in Bergen ca. 18.30 Uhr. Auch diese Rundreise wird ohne Führung mit öffentlichen Verkehrsmitteln angeboten.

Reisepraktische Informationen Bergen

Information

Bergen Turistinformasjon, *Torghallen, Strandkaien 3, 5012 Bergen, ☏ 55552000, www.visitBergen.com, Juni–Aug. tgl. 8.30–22, Mai, Sept. tgl. 9–20, sonst Mo–Sa 9–16 Uhr. Anlaufstelle für Besucher im Obergeschoss der Markthalle, Infos zu Bergen und ganz Norwegen, Vermittlung von Unterkünften, Geldwechsel, Toiletten, Ticketverkauf für Sightseeing, Fjord- und Zugfahrten, Konzerte, Verkauf der Bergen Card. Mit Buch- und Souvenirabteilung, Ausstellungen. Nützliche Infos enthält auch der kostenlose* **Bergen Guide** *(auch in Deutsch), der jährlich erscheint und an der Touristeninformation, in Unterkünften und an vielen Sehenswürdigkeiten bereitliegt. Die praktischen Informationen kann man sich auch anschauen unter www.bergen-guide.com.*

Tipp: Bergen Card

Erhältlich ist die **Bergen Card** *u. a. in der Touristeninformation, im Busbahnhof oder online unter www.visitBergen.com/BergenCard. In der Bergen Card sind die freie Benutzung des ÖPNV (Stadtbusse, Bybanen, Vorortzüge, Standseilbahn Fløibanen etc.), freier Eintritt bzw. Rabatte bei Museumsbesuchen und anderen kulturellen Veranstaltungen, ferner Rabatte bei verschiedenen Tourangeboten, Aktivitäten, Kneipen und Restaurants enthalten. Die Bergen Card gibt es für 24 Std. (NOK 280, Kinder 3–15 Jahre NOK 100), 48 Std. (NOK 360, Kinder NOK 130) und für 72 Std. (NOK 430, Kinder NOK 160), Preise 2019.*

Unterkunft

In Bergen findet der Besucher eine Reihe guter und bester Hotels. Die zentral gelegenen Herbergen der großen Hotelketten **Scandic** *(8-mal) und* **Thon** *(4-mal) sind in den Sommermonaten von Touristengruppen belegt; wegen der dann vorherrschenden Massenabfertigung sind sie für Individualreisende nur bedingt zu empfehlen. Ermäßigte Preise gelten in vielen Häusern vom 21. Juni bis 15. Aug. Pensionen, Jugendherbergen, Sommerhotels und Campingplätze bieten ein preiswerteres Angebot, ebenso die Hotels in der weiteren Umgebung. Relativ preisgünstig übernachtet man auch in privaten Unterkünften, die die Touristeninformation vermittelt.*

Solstrand Hotel & Bad €€€€€, *Solstrandveien 200, 5201 Os, ☎ 56571100, www.solstrand.com. Das exklusive Haus liegt nahe zur E 39, ca. 30 km südlich von Bergen. 1905 nach Plänen des ersten norwegischen Premierministers Christian Michelsen erbaut, ist das historische Holzgebäude seit 1929 im Familienbesitz und eines der renommiertesten Hotels Skandinaviens. Direkt am Bjørnefjord gelegen, bietet es außer atemberaubender Natur und besten Wander- und Outdoorbedingungen 135 individuell eingerichtete Zimmer und Suiten mit allem Komfort, ein sehr gutes Restaurant mit westnorwegischen Spezialitäten, eine Spa- und Wellnessabteilung mit Fitnessstudio, Anwendungen, drei Saunen sowie edel gestaltetem Innen- und beheiztem Außenpool, einen großen Garten, Bootssteg, kostenlosen Ruderbootverleih und einen Golfclub in der direkter Nachbarschaft. Hier stimmt enfach alles – und das hat natürlich seinen (hohen) Preis! 2017 wurde das Solstrand Hotel bei einem Vergleich von rund 500 historischen Herbergen zu „Europas bestem historischen SPA Hotel" gewählt.*

Radisson Blu Royal Hotel (1) €€€€€, *Bryggen 5, ☎ 55543000, www.radissonblu.com. Das First-Class-Hotel befindet sich in bester Lage in Bryggen neben dem Bryggen-Museum und der Marienkirche. Das Backsteingebäude passt sich mit seinen Giebeln der Holzarchitektur der Hanse-Häuser an. 342 Zimmer und Suiten mit allen Annehmlichkeiten, Fitnesscenter mit Sauna. Zwei sehr gute Restaurants, darunter das „26 North Restaurant & Social Club" mit ambitionierter norwegischer Küche, Bar und Nightclub.*

Scandic Ørnen (2) €€€€, *Lars Hilles gate 18, ☎ 55375000, www.scandichotels.de/Bergen. 2013 eröffnetes 4-Sterne-Haus am Hauptbahnhof, mit 368 Zimmern das größte der Innenstadt. Sehr gute Ausstattung, einige Zimmer mit eigener Terrasse, Fitnesscenter, kostenlose Leihfahrräder. Restaurant Aquila mit Schwerpunkt auf Bioprodukten, aussichtsreiches Restaurant und Bar Roast auf der obersten Etage.*

Grand Hotel Terminus (3) €€€€, *Zander Kaaesgate 6, ☎ 55212500, www.grandterminus.no. Nahe dem Hauptbahnhof gelegene, klassische Herberge mit ebenso klassischer Einrichtung, 130 unterschiedlich große und individuell gestaltete Zimmer und Suiten mit allen Annehmlichkeiten, Wellnesscenter mit Sportstudio und Sauna. Kostenlose Leihfahrräder, Restaurant, große Whisky-Bar im englischen Stil, Außenterrasse.*

P-Hotels Bergen (4) €€€, *Vestre Torggate 9, ☎ 55210000, www.p-hotels.no. Im Univiertel mit Blick auf die Johanneskirche gelegenes Haus mit 114 freundlichen, hellen Zimmern, jene im oberen Stock bieten einen schönen Blick auf die Stadt. Mit Pub. Außergewöhnlich: Am Morgen gibt es kein Büfett, sondern es wird ein kleines Frühstückspaket aufs Zimmer gebracht.*

Marken Gjestehus (5) €€, *Kong Oscarsgate 45, ☎ 55314404, http://marken-gjestehus.com. Nahe der Domkirche gelegene Herberge mit 22 modern eingerichteten Einzel-, Doppel- und Mehrbettzimmern, z. T. mit eigener Dusche/WC, Gästeküche, Aufenthaltsräumen – preiswertes, sauberes und zentrales Wohnen für Individualreisende und Familien ohne große Komfortansprüche.*

Jugendherberge

Bergen Vandrerhjem YMCA, *Nedre Korskirkealmenning 4, ☎ 55606055, www.bergenhostel.com. Herberge mitten im Zentrum mit Mehrbettzimmern mit Bad/Dusche und WC auf der Etage und 2- bis 6-Bettzimmern mit eigenem Bad, Gästeküche, im Erdgeschoss Restaurant mit Biokost, Dachterrasse mit Grill, in der Saison oft ausgebucht.*
NTF Vandrerhjem Montana, *Johan Blydtsvei 30, Landås, ☎ 55208070, www.montana.no. Hoch und schön gelegenes Haus mit Blick über die Stadt und guten Wandermöglichkeiten, Einzel-, Doppel- und Familienzimmer mit eigenem Bad sowie Schlafplätze in Mehrbettzimmern mit Bad/Dusche und WC auf der Etage, Gästeküche, Parkplätze. 5 Min. zu Fuß zur Ulriken-Seilbahn, ca. 5 km vom Zentrum, zu erreichen mit dem Lokalbus 12.*

Camping

Lone Camping, *Hardangerveien 697, Haukeland, ☎ 55392960, www.lonecamping.no. Ca. 20 km von Bergen entfernt am Rv. 580 gelegen mit vielen Stellplätzen, Block- und Campinghütten, Motel-Apartments, Tankstelle, Imbiss, Laden, Bademöglichkeiten und breitem Sportangebot (u. a. Kanu), ganzjährig geöffnet.*
Midttun Motell & Camping, *Midtunheia 3, Nesttun, ☎ 55103900, www.mmcamp.no. Am Rv. 580/582, ca. 11 km südlich von Bergen gelegen. 6 Campinghütten, 32 Motelzimmer für bis zu 4 Personen mit Küchenecke, Cafeteria.*

Essen & Trinken

Feinschmeckern hat Bergen eine Menge zu bieten, das gastronomische Angebot ist so vielfältig wie sonst nur in Oslo. Vor allem Liebhaber von fangfrischem Fisch kommen in Bergen auf ihre Kosten, entsprechende Gaststätten sind natürlich am und um den Fischmarkt angesiedelt. Im Viertel zwischen Øvregaten und Bryggen gibt es ebenfalls viele Gaststätten mit norwegischer Küche, aber auch Steakhäuser oder Sushi-Restaurants. Im Bereich der Fußgängerzone Torgalmenningen und der benachbarten Olav Kyrres gate herrschen Ketten- und Familienrestaurants sowie Lokale mit fernöstlicher Küche vor. Im südlichen Teil der Innenstadt in Richtung Universität findet man viele kleine Cafés, Bars und Restaurants mit vegetarischer bzw. veganer und internationaler Küche. Das Publikum ist eher jugendlich.
Enhjørningen (6), *Bryggen, ☎ 55306950, www.enhjorningen.no. Das „Einhorn" ist ein empfehlenswertes, nicht gerade preiswertes Fischrestaurant in Bryggen, in einem Holzhaus des 18. Jh. im Hanseviertel mit viel Ambiente, Menüs ab NOK 600, geöffnet tgl. 16–23 Uhr, im Winter So geschl. Im gleichen Hofkomplex befinden sich das ebenfalls empfehlenswerte Restaurant* **To Kokker** *und die urgemütliche* **Bar Baklommen.**
Holbergstuen (7), *Torgalmenningen 6, ☎ 55552055, www.holbergstuen.no. Traditionsreiches Restaurant, seit 1927 mit nostalgischem Ambiente. Geboten wird norwegische Küche „im gemütlichen Milieu aus Ludvig Holbergs Zeit", Auswahl an norwegischen Fisch- und Fleischgerichten, auch kleinere Speisen (leckere Fischsuppe), Mittagsmenü und Smørrebrød, preiswerte Tagesgerichte, Mo–Do 11–23, Fr/Sa 11–24, So 14–22 Uhr.*
Bryggen Tracteursted (8), *Bryggestredet 2, ☎ 55336999, www.bryggentracteursted.no. Historisches Haus von 1708 mitten im pittoresken Bryggen, kleinere Gerichte und à la carte mit Spezialitäten von Dorsch, Rentier und Lamm, im Sommer einfache Lunch-Gerichte unter freiem Himmel, im Sommer tgl. 10–22 Uhr geöffnet, sonst Di–Sa.*
Egon (9), *Vetrlidsalmenning 2, ☎ 55551040, www.egon.no. Ketten-Lokal in der alten Markthalle (Kjøttbasaren) gegenüber dem Marktplatz. Einfache, recht preiswerte Gerichte (u. a. Pizza, Burger, Salate) in gemütlichem Kellerlokal mit Plätzen im Freien; Mo–Fr*

10–24, Sa 11–24, So 11–23 Uhr. Wer es etwas vornehmer und vor allem fischig mag, geht eine Etage höher ins empfehlenswerte **Restaurant Hav – Fisk & Skalldyr**.

Pingvinen (10), *Vaskerelven 14, ☎ 55604646, www.pingvinen.no. Gemütliche und unkomplizierte Gastro-Bar mit sehr freundlichem Personal, zwischen Theater und Stadtpark. Frühstück, Mittag- und Abendessen bis 2 Uhr (!) mit norwegischer Hausmannskost (Labskaus, Fleischbällchen, Fischgratin etc.), sehr große Bierauswahl.*

Internationale Festspiele

Jährlich finden Ende Mai/Anf. Juni die Internationalen Festspiele in Bergen mit Konzerten, Theater, Ballett, Folklore etc. statt. Die Qualität der rund 180 verschiedenen Veranstaltungen dieser Festspiele wird häufig mit der des Festivals im schottischen Edinburgh verglichen. Informationen und Ticketbuchung unter www.fib.no.

Sightseeing

Ein gutes Dutzend unterschiedlicher Gesellschaften bietet Sightseeing in Bergen und Umgebung an, zu Land, zu Wasser und in der Luft. Die klassischen Stadtrundfahrten per Bus dauern i.d.R. 1,5 Stunden oder 3 Stunden, wenn auch ein Besuch von Troldhaugen und Fantoft-Stabkirche enthalten ist. Außer mit den normalen Bussen (mehrsprachige Führungen) kann man auch mit einem original englischen Doppeldecker oder mit modernen Cabrio-Bussen mit beliebigem Zustieg die Stadt kennenlernen. Die meisten Sightseeingtouren per Bus starten am Torget.

Flughafen

Der moderne Airport mit neuem Terminal von 2017 ist der zweitgrößte des Landes und liegt 20 km südlich von Bergen bei der Ortschaft Flesland. Reguläre internationale Verbindungen gibt es u. a. nach London, Manchester, Edinburgh, Kopenhagen, Stockholm, Berlin, Paris, Rom, Salzburg und Amsterdam (Info-☎ 67031555, www.avinor.no). Mit dem Auto erreicht man ihn am besten über den Rv. 580, Busse zwischen Flughafen und Zentrum verkehren alle 15 Min. (www.flybussen.no). Am bequemsten ist die An-/Abreise per Bybanen.

Internationale Fähren

Von ehemals mehreren internationalen Fährverbindungen (u. a. nach Schottland und Island) ist nur noch die zum dänischen **Hirtshals** *(über Stavanger) übrig geblieben, die von Fjord Line betrieben wird (Nøstegaten 30, ☎ 81533500, www.fjordline.com).*

Fjord- und Küstenschiffe

Hochgeschwindigkeitskatamarane *nach Stavanger und Haugesund sowie zum Hardangerfjord und nach Sunnhordland (beide ☎ 05505, www.tide.no) verkehren ab Strandkaiterminalen. Zum Sognefjord, Nordfjord und Sunnfjord fahren Katamarane ebenfalls ab Strandkaien (☎ 55907070, www.fjord1.no/fylkesbaatane). Die* **Hurtigruten-Schiffe** *legen tgl. nach Nordnorwegen am Hurtigruten-Terminal von Nøstebryygen ab, am südlichen Ende der Nordnes-Halbinsel.*

Eisenbahn

Tgl. gibt es vier Verbindungen der Norwegischen Bahn (VY) über Voss nach Oslo, darunter auch eine Nachtfahrt (Schlafwagen). Von dieser Strecke zweigt in Myrdal die berühmte Flåmsbahn ab. Der Kopfbahnhof mit Cafeteria, Reisecenter und Gepäckaufbe-

Shuttlebus zur Seilbahn Ulriksbanen

wahrung befindet sich an der Strømgaten, gut 10 Min. zu Fuß vom Fischmarkt in südlicher Richtung. Infos und Reservierungen unter ☎ 8150 0888, www.vy.no.

Bybanen / Straßenbahn

Seit 2010 verkehrt in Bergen die gut 18 km lange schienengebundene „Stadtbahn" **Bybanen**. *Ihre nördliche Endstation liegt am Byparken, mit Anschluss an sämtliche Buslinien im Zentrum. Die Linie passiert dann den Hauptbahnhof, den ZOB, die Universität und das Stadion, geht an Fantoft und Paradis vorbei und durch Tunnel oder über Brücken zum Vorort Nesttun. Seit 2017 ist die Linie bis zum Airport weitergeführt. Da die Bybanen z. T. eine eigene Trasse besitzt und 80 km/h erreicht, stellt sie die bequemste und schnellste Verbindung nicht nur zum Flughafen, sondern auch zu Sehenswürdigkeiten wie Fantoft-Stabkirche, Troldhaugen und Ulriken dar (Infos: ☎ 0177/55559070, www.skyss.no).*

Ulriksbanen, *☎ 53643643, www.ulriken643.no/ulriksbanen. Die Seilbahn bringt Fahrgäste auf den Berg Ulriken hinauf,* *S. 269*.

Busse/O-Busse

Der zentrale **Omnibusbahnhof ZOB** *befindet sich neben dem Hauptbahnhof (Strømgaten 8, Abfahrtszeiten: ☎ 177, Infoschalter, Gepäckaufbewahrung, Einkaufszentrum). Er ist Endstation für alle Buslinien der Region Hordaland, der Expressbusse und des Flughafenbusses. Neben den Stadtbussen gibt es in Bergen auch eine Linie, die von* **Oberleitungsbussen** *befahren wird, eine von zwei O-Bussen in ganz Skandinavien. Stadtbusse, O-Busse und die Bybanen werden vom Unternehmen* **Skyss** *betrieben (☎ 0177/55559070, www.skyss.no),* **Tickets** *bekommt man an Kartenautomaten, über die Smartphone-App Skyss Billett oder z. T. beim Fahrer. Im Bus zu bezahlen, ist deutlich teurer als an den Ticketautomaten (2019: NOK 60 statt NOK 38 für eine Einzelkarte)!*

Taxis

Taxis sind problemlos u. a. am Bahnhof und am Hafen zu bekommen – oder per Bestellung unter **Taxiruf** *☎ 07000 (www.bergentaxi.no).*

Parken

Parkplätze in der Innenstadt sind rar. Bergens größtes **Parkhaus** *heißt* **Bygarasjen** *(Fjøsangerveien 4), liegt unweit des Bus- und Hauptbahnhofs (5 Min. Fußweg zum Zentrum), hat Platz für 2.200 Autos und ist rund um die Uhr geöffnet.*

Der Sognefjord

Zwischen Bergen und Sognefjord

Der schnellste Weg von Bergen in Richtung Sognefjord führt über die E 16, die die Hauptstadt des Fjordlands nach Norden verlässt, dann einen großen Bogen macht und schließlich parallel zur berühmten Bergenbahn verläuft. Nach einigen Kilometern und Tunneln passiert man die eindrucksvolle Hängebrücke zur Insel Osterøya, dann den Abzweig des Rv. 7 zum Hardangerfjord. Bald darauf geht es ins Gebirge von Hordaland, doch auf der Europastraße bekommt man von der herrlichen Natur kaum etwas mit (im Gegensatz zur ehemaligen, spektakulären und gefährlichen Serpentinenstrecke): Ein Tunnel folgt auf den nächsten, rund 40 sind es insgesamt auf den 100 km bis nach Voss. Was einen ganzjährig problemlosen und zügigen Straßenverkehr ermöglicht, ist für Touristen, die etwas vom Land sehen wollen, natürlich nicht so attraktiv. Nur an wenigen Stellen sieht man Gipfel, steile Bergwände, Seen oder vereinzelte Ortschaften wie **Dale**, ein Zentrum der Textilherstellung (Dale of Norway, Fabrikverkauf). Plötzlich aber ist die Tunnelstrecke vorüber und am reißenden Vosso entlang nähert man sich einem Tal, in dessen Mitte sich der große See **Vangsvatn** ausbreitet.

An diesem See, inmitten der Bergwelt zwischen Sogne- und Hardangerfjord, liegt das 14.000 Einwohner-Städtchen **Voss**, das administrative, kommerzielle und touristische Zentrum des ausgedehnten Tals Vossevangen. Die fruchtbaren Böden haben die Region zum bedeutendsten landwirtschaftlichen Nutzgebiet nach Südostnorwegen, Trondheimgebiet und Gudbrandsdal gemacht. Haupteinkunftsquelle ist inzwischen aber der Fremdenverkehr, der im Sommer von Attraktionen wie Bergsteigen, Drachenfliegen, Bungee-Jumping, Fallschirmgleiten, Angeln und Rafting lebt sowie von den Ausflugszielen, die ab Voss in einer Autostunde bequem zu erreichen sind (z. B. Bergen, Hardangervidda, Sognefjord). Mit dem See, den Pisten, Loipen, Sprungschanzen und Lifts findet auch der Wintersportler in Voss ein breites Angebot.

Die Geschäfts- und Einkaufsstadt profitiert von ihren ausgezeichneten Verkehrsverbindungen, von denen die Bergenbahn, die E 16 und der Rv. 13 die wichtigsten sind. Sehenswerte Bauten sind in Voss wegen der Zerstörungen im Weltkrieg rar, doch gibt es einige historische Gebäude: Mitten im Ort liegt die mittelalterliche **Vosskyrkja**, ein Steinbau aus dem 13. Jh. mit auffälligem, holzverkleidetem Turm. Seine barocke Altartafel, herrliche Messingleuchter und das gotische Dekor an

Redaktionstipps

- Die interessantesten kulturellen Sehenswürdigkeiten: die **Stabkirchen** Urnes (S. 293), Borgund (S. 290, 344) und Hopperstad (S. 283), das **Freilichtmuseum Mølstertunet** (S. 280), das **Sogn Folkemuseum** samt Boots- und Fährmuseum (S. 292).
- Die tollsten **Ausblicke**: vom Hangurstoppen auf Voss (S. 281), vom Stalheim-Hotel ins Nærøytal (S. 283), die Aussichtsplattform Stegastein (S. 288).
- Die schönste Schiffstour: Sightseeing- oder Fährfahrt auf dem **Nærøyfjord** bis Kaupanger (S. 285).
- Die eindrucksvollsten Gletschererlebnisse: Wanderung zu den Gletscherzungen **Nigardsbreen** (S. 293), **Bøyabreen** und **Supphellebreen** (S. 296).
- Das Highlight für Eisenbahnfans: Fahrt mit der einzigartigen **Flåmsbahn** bis Myrdal (S. 286).

den Portalen verdienen Beachtung. Ebenso das verwitterte, steinerne **Olavskreuz** von 1023, das auf einem Hügel südöstlich der Kirche (in der Skulegata zwischen Postamt und Schule) liegt und aus dem Jahr stammt, in dem die Vossinger sich zum Christentum bekannten. Zu den gut erhaltenen Häusern aus der Vorkriegszeit gehört das renommierte **Fleischer's Hotel**, das nahe dem Bahnhof direkt am See liegt. Es zeigt, wie man 1889 versuchte, die Pariser Belle Époque in die Holzarchitektur der norwegischen Provinz zu übertragen.

Historische Holzgebäude

Andere Attraktionen liegen jenseits der Eisenbahnlinie am Hang, so das **Finnesloftet**, ein ca. 1250 erbautes Gilde- und Versammlungshaus, das älteste nichtkirchliche Holzgebäude des Landes. Auch wenn es nur nach Absprache und nur für Gruppen geöffnet wird, lohnt allein schon der äußere Eindruck den etwa 15-minütigen Fußweg vom Zentrum aus – das Finnesloftet liegt am Finnesvei, westlich vom Bahnhof, ca. 2 km außerhalb. Außerordentlich sehenswert ist auch das kulturgeschichtliche Museum **Mølstertunet**, das zu Fuß 2 km nördlich vom Zentrum zu erreichen ist (oder mit dem Auto auf einem 3,5 km langen Umweg). Es befindet sich in herrlicher Lage mit Aussicht über das Tal Vossevangen. Etwa 15 kleine Ge-

bäude, die 1600–1870 errichtet und noch bis 1927 genutzt wurden, bilden samt Gebrauchsgegenständen und Gerätschaften ein gutes Beispiel der alten Holzbaukunst und bäuerlichen Lebensweise. Außerdem sind in den neueren Ausstellungsgebäuden (mit Café) permanente und wechselnde Ausstellungen zu sehen.
Mølstertunet, *Mølstervegen 143, ☏ 47479794, www.vossfolkemuseum.no, Juni–Aug. tgl. 10–17, sonst Mo–Fr 10–15, So 12–15 Uhr, NOK 90, Kinder frei.*

Möchte man die Stadt, ihre Umgebung und den See aus der Vogelperspektive erleben, aber nicht auf die Angebote der örtlichen Spezialveranstalter für Paragliding, Fallschirmspringen und Flightseeing-Rundtouren zurückgreifen, bietet sich die Fahrt mit der hypermodernen **Gondelbahn** auf den Hangurstoppen an, die im Juli 2019 eröffnet wurde. Ihre architektonisch auffällige Talstation befindet sich im ebenfalls neuen Bahnhof. Die neun Kabinen schaffen die 2 km lange Strecke auf den Gipfel des 820 m hohen „Hausbergs“ in weniger als 7 Minuten; oben erwarten einen das größte Restaurant der Stadt, Wanderwege und im Winter zahlreiche Loipen und Pisten. Neben der Talstation steht ab 2020 ein ambitioniertes First Class Hotel (216 Zimmer) der Scandic-Kette zur Verfügung.

Fahrt auf den Hangurstoppen

Reisepraktische Informationen Voss

Information

Voss Turistinformasjon, *Skulegata 14, 5700 Voss, ☏ 40617700, www.visitvoss.no, Mitte Mai–Aug. Mo–Sa 9–19, So 10–18, sonst Mo–Fr 9–16, Sa 10–16 Uhr.*

Unterkunft

Fleischer's Hotel €€€€, *Evangervegen 13, 5700 Voss, ☏ 56520500, www.fleischers.no. Seit 1889 bestehende traditionsreiche Herberge in auffälliger Holzarchitektur, direkt am Bahnhof und See gelegen, 90 gut ausgestattete Zimmer. Hallenbad, Sauna und Jacuzzi, Terrasse mit Außenservice, schöner Salon mit Kaminfeuer. Zwei Restaurants mit weithin bekanntem, vorzüglichem Büfett.* **Fleischer's Motel €€€** *ganz in der Nähe bietet 30 Apartments mit Küche für bis zu 6 Personen.*
Park Hotel Vossevangen €€€€, *Uttrågata 1–3, 5700 Voss, ☏ 56531000, www.parkvoss.no. Internationales, modernes Konferenzhotel mit 122 gut ausgestatteten Zimmern und Suiten, zentral gelegen. Restaurant, spektakulärer Weinkeller mit 70.000 Flaschen, Café, Bar und Nachtclub.*

Jugendherberge

Voss Hostel, *Peter Bondes veg 40, 5700 Voss, ☏ 56512017, www.vosshostel.com. Großzügige Herberge am Seeufer, 700 m vom Bahnhof, 40 Einzel-, Doppel-, Familien- und Mehrbettzimmer sowie Schlafsaal. Gästeküche, großes Angebot an Aktivitäten.*

Camping

Tvinde Camping, *Tvinde, 5700 Voss, ☏ 56516919, www.tvinde.no. Idyllischer Campingplatz direkt unterhalb des rauschenden Wasserfalls, bequeme Hütten und Ferienwohnungen verschiedener Kategorien, Zelt- und Caravan-Stellplätze. Kiosk mit Lebensmitteln und Souvenirs, tagsüber viel Trubel wegen der Wasserfall-Touristen, ganzjährig.*

Verkehrsverbindungen

Der **Bahnhof** *(☎ 56528000, www.vy.no) ist eine Hauptstation an der berühmten Bergenbahn zwischen Bergen (90 km) und Oslo (350 km).* **Überlandbusse** *der Gesellschaft Tide (☎ 05505, www.tide.no) verbinden Voss mit Bergen, Gudvangen und vielen anderen Orten der Region.*

Aktivitäten

Voss hat sich in den letzten Jahren zu einem Zentrum des **Erlebnis- und Extremsports** *entwickelt. Wer an Fallschirm- und Tandemsprüngen teilnehmen, Bungee-Jumping betreiben, auf Gletscherflügen das Fjordland von oben sehen oder Wasserski und Paragliding über dem See ausprobieren möchte, ist hier richtig. Entsprechende Angebote hält das Touristenbüro bereit, Infos auch unter www.skydivevoss.no.*

Rundreisen

Falls der Sognefjord nicht auf Ihrer Reiseroute liegt: Von Voss aus ist eine fantastische, nur 63 km lange Rundreise möglich, die auch mit **öffentlichen Verkehrsmitteln** bewältigt werden kann. Von Voss verkehren Busse über Stalheim nach **Gudvangen**, dort empfiehlt sich die Fähre nach **Flåm**, anstatt den langen Tunnel zu benutzen. Von Flåm geht es mit der legendären Bahn nach **Myrdal**, wo die Flåmsbahn die Bergenbahn erreicht. Mit der Bahn erfolgt die Fahrt zurück nach **Voss**. Das Rundreiseticket mit öffentlichen Verkehrsmitteln ist tgl. Mitte April–Mitte Sept. am Bahnhof von Voss erhältlich.

Eine weitere schöne Rundreise kann man mit dem **Pkw** durchführen, indem man die unten beschriebenen Anfahrtswege miteinander kombiniert, d. h. zuerst über Tvinde und Stalheim nach **Gudvangen**, dann mit der Fähre nach **Kaupanger**, am Sognefjord entlang bis Dragsvik, weiter mit der Fähre nach **Vangsnes** und über **Vik** (Stabkirche Hopperstad) und das Finnbu Fjell zurück nach Voss.

Ab Voss folgt man weiter der E 16 und fährt am See **Lønavatn** entlang bis zum 10 km entfernten **Tvinde**. Wer viel Zeit hat, kann auf schmaler Straße das jenseitige Seeufer kennenlernen, wo ein Museumshof Einblicke in die hier verbreitete Schieferbearbeitung (für Dachabdeckungen) vermittelt. Im Weiler Tvinde halten viele Fahrer und Touristenbusse an, weil sich direkt neben der Straße der Wasserfall **Tvindefoss** (Shop, Campingplatz, Ferienhütten) über viele Stufen hinunterstürzt. Nach weiteren 10 km gelangt man dann zum Dörfchen **Vinje**, wo sich die Straßen E 16 und Rv. 13 trennen: Die E 16 geht weiter nach Gudvangen, Flåm und Lærdal, der Rv. 13 nach Vik und Vangsnes – Ziele, die bereits am Sognefjord liegen.

Campingplatz mit Aussicht: Tvindefoss

Der südliche Sognefjord mit Nærøyfjord, Aurlandsfjord und Lærdalsfjord

Nach Vik und Vangsnes (Rv. 13)

Nimmt man, von Bergen bzw. Voss kommend, in **Vinje** statt der Europastraße den Rv. 13, geht es erst einmal hinauf aufs **Finnbu Fjell**, mit mehreren, aber gut zu fahrenden Serpentinen. Die Strecke über dieses auch im Sommer noch schneebedeckte Fjell hat ihren höchsten Punkt bei 986 m ü. d. M. und präsentiert die ganze schroffe Schönheit des norwegischern Hochgebirges. Bevor sie sich wieder hinunterschraubt, hat man einen herrlichen Blick auf das fruchtbare Tal von Vik und den Sognefjord. In **Vik**, einer bäuerlichen Siedlung mit Supermarkt, Campingplatz und Hüttenverleih, lohnt unbedingt der Halt an der schon von Weitem sichtbaren **Hopperstad-Stabkirche**. Der komplett mit Holzschindeln gedeckte Bau besitzt ein sehenswertes Westportal von 1130 und entspricht ansonsten mit Svalgang, Dachreiter, Drachenköpfen und Apsis dem Idealbild einer Stabkirche – hier noch in der Wirkung gesteigert, weil das Gotteshaus auf einem Hügel steht. Nach dem Erlebnis ist es vielleicht interessant, die Holz- mit der Steinarchitektur des Mittelalters zu vergleichen, was man am Beispiel der romanischen **Hove-Steinkirche** tun kann – sie liegt in Sichtweite der Stabkirche, ca. 1 km entfernt.

Stabkirche in Hügellage

Hopperstad stavkirke, *Vik, ☎ 57695270, www.stavechurch.com/hopperstad, Mitte Juni–Mitte Aug. tgl. 9–17, sonst ab Mitte Mai–Sept. tgl. 10–17 Uhr, NOK 70.*

Von Vik aus geht es direkt am Fjordufer entlang in 12 km zum Fährort **Vangsnes**, der auf einer Landzunge mit Blick in vier Fjordarme liegt. Die wenigen Häuschen werden von der Dorfkirche und von der **Fridhjof-Statue** überragt, einem Standbild des Sagenhelden, der sich auf sein Schwert stützend in Richtung Balestrand blickt. Wie die dortige Figur des Königs Bele geht auch diese auf eine Initiative Kaiser Wilhelms II. zurück, sie erinnert entfernt an den „Hermann" bei Detmold. Um die Fahrt von Vangsnes aus fortzusetzen, muss man die Fähre nach Dragsvik auf der anderen Fjordseite nehmen, wo der Rv. 13 weitergeführt wird.

Nach Gudvangen und zum Nærøyfjord (E 16)

Bleibt man in Vinje (s. o.) auf der E 16, fährt man auf einer gut ausgebauten Straße am idyllischen See **Oppheimsvatn** entlang auf den kahlen Berggipfel Ljosno (1.437 m) zu. Kurz bevor es anschließend durch einen langen Tunnel zum **Nærøytal** geht, ist es sehr empfehlenswert, die schmale Straße nach links zum rotverkleideten **Stalheim-Hotel** *(www.stalheim.com)* hinaufzufahren. Trotz ihres wenig spektakulären Äußeren mit dem Charme der 1970er-Jahre schaut die Herberge auf eine lange Tradition zurück. Das sieht man, wenn man durch das Hotel geht, das mit Cafeteria, Restaurant, Souvenirshop und einer umfangreichen Antiquitätensammlung auf Tagesbesucher eingerichtet ist. Von der Hotelterrasse auf der Rückseite hat man einen fantastischen Blick auf das vom Gletschereis rundgehobelte Nærøytal und den Zuckerhutberg **Jordalsnuten** (936 m). Wer im Osloer Nationalmuseum J.C.C. Dahls Gemälde „Stalheim" gesehen hat, kennt diesen Blick aus

Legendärer Ausblick

Blick vom Stalheim-Hotel ins Tal

der Perspektive der Romantik. Dass die exponierte Lage auch für die deutsche Besatzungsmacht militärisch interessant war, beweisen verschiedene Geschütze und Unterstände hinter dem Hotel. Nach dem Besuch des Stalheim-Hotels können Sie dem angeschlossenen privaten Freilichtmuseum mit alten Holzhäusern einen Besuch abstatten.

Für die Weiterfahrt folgen Sie der bisherigen Richtung (Wohnwagen müssen zurück zur Europastraße und den Tunnel benutzen!), die einen bald zur berühmten **Stalheim-Schlucht** bringt. Hier windet sich seit 1849 eine 2 km lange **Serpentinenstrecke** mit 13 Kehren und einem Gefälle bis 20 % hinunter, vorbei an den über 100 m hohen Wasserfällen Sivlefoss und Stalheimsfoss, bis sie wieder auf die E 16 am hinteren Tunnelausgang stößt. Spannend wird es immer, wenn ein Kreuzfahrtschiff in Gudvangen liegt und sich eine ganze Karawane von Bussen durch die schmalen Serpentinen quält – immerhin hat man sich seit einigen Jahren auf einen Einbahnstraßenverkehr geeinigt. Trotzdem ist es wegen der Busse keine gute Idee, die Straße zu Fuß hinabzuwandern!

Vorbei an vereinzelten Höfen, Möbelfabriken, Abbaustellen des weißen Labradorgesteins und Campingplätzen geht die Fahrt durch das atemberaubende **Nærøytal** nach **Gudvangen**, einem kleinen Fährort am Ende des Nærøyfjords. Durch Einrichtungen wie Hotel, Campingplatz, Hüttenverleih, Souvenirladen und der Anlegestelle für Fjordkreuzfahrten ist er touristisch interessant. Mit dem 2017 eröffneten **Wikingerdorf Njardarheimr** ist ein weiterer Anziehungspunkt entstanden. Die Anlage möchte die Wikingerzeit ohne museale Belehrung erlebbar machen und wartet mit rekonstruierten Häusern, einer Häuptlingshalle und Spielen auf.

Wikingerdorf

Njardarheimr, *5747 Gudvangen, ☎ 46245462, www.vikingvalley.no, 30. Mai–1. Okt. tgl. 10–18 Uhr, NOK 195, Kinder (4–15 Jahre) NOK 98.*

Die meisten Besucher des Ortes freuen sich aber vor allem auf den Fjord, den man auf einer der schönsten Fährstrecken im Königreich befahren kann. Abseits der Fährstrecke hat der Ort mit dem langen Gudvangentunnel eine ganzjährig befahrbare Verbindung nach Oslo.

Reisepraktische Informationen Gudvangen

Information/Unterkunft/Aktivitäten

Gudvangen Fjordtell, *5747 Gudvangen, ☎ 48075555, www.gudvangen.com. Das Familienunternehmen hat alle touristischen Dienstleistungen des kleinen Ortes in seiner Hand. Es ist* **Touristeninformation** *und Wechselstube, betreibt den Gäste-*

hafen und einen **Campingplatz** *mit Hütten. Im Haupthaus werden 30* **Zimmer und Apartments** (€€€€) *im Wikingerstil vermietet, ebenso einfache Unterkünfte im Holzhotel aus dem 19. Jh. Die große* **Cafeteria** *mit Plätzen im Freien ist gut und hat eine fantastische Lage, wird aber oft von Reisegruppen frequentiert. Weiter stehen ein* **Restaurant** *und eine Bar zur Verfügung. Der* **Souvenirladen** *gilt als einer der besten im Fjordland, aber auch als teuer. Gudvangen Fjordtell bietet vielerlei* **Aktivitäten** *an: Fjordsightseeing, Rafting, Kajaking, Klettertouren, Höhlenwanderung, Robbenbeobachtung u. v. m.*

Fähren und Fjordschiffe

Von Gudvangen fährt bis zu 5-mal tgl. eine **Autofähre** *nach Kaupanger und nach Frønningen. Die beliebte Überfahrt sollte in der Hochsaison vorbestellt werden (☏ 55907070, www.fjord2.com). Die gleiche Gesellschaft betreibt auch* **Schnellboote**, *die Gudvangen ganzjährig mit Flåm und Lærdal verbinden (kein Autotransport). Fjordtours operiert mit den neuen* **Sightseeing-Personenfähren „Vision of The Fjords“** *und* **„Future of The Fjords“** *auf der Strecke Gudvangen – Flåm. Beide Boote sind nicht nur mit Zuschauergalerien und verglaster Lounge, sondern auch mit einem innovativen Hybrid- bzw. reinem Elektro-Antrieb ausgestattet.*

Busse

Es gibt eine **Linienbusverbindung** *zwischen Gudvangen und* **Voss** *(über Stalheim, Vinje, Tvinde), die Fahrtzeit beträgt 50 Min. Der Fahrplan ist auf die Abfahrtszeiten von Fähre und Schnellboot abgestimmt. Etwa 6-mal tgl. fährt von Gudvangen ein* **Überlandbus** *durch die Tunnelverbindungen (über Flåm, Aurland, Lærdal) nach Oslo.*

Der Nærøyfjord – Norwegens schönster?

Das unbestrittene Highlight der Region ist der **Nærøyfjord**, eines der größten Naturwunder Europas. Für den von über 1.200 m hohen Bergflanken eingezwängten und vor allem äußerst schmalen Fjord (an der engsten Stelle 250 m breit!) gibt es nur ein Attribut: majestätisch. Zusammen mit dem Geirangerfjord (S. 311) steht er seit 2005 auf der UNESCO-Welterbeliste, was zur Frage führt: Welcher Fjord ist denn nun schöner – Geiranger oder Nærøy? Die Entscheidung können nur die treffen, die beide gesehen haben. Auf alle Fälle sollte man die stark gewundene Wasserstraße einmal befahren, auf einer Fjordkreuzfahrt, mit dem Kanu oder der Fähre nach Kaupanger. Immer wieder wird dabei der Blick magisch zu den steilen Bergwänden hinaufgezogen, die selbst im Sommer die Sonne vom Nærøytal fernhalten und von denen wie Silberfäden unzählige Wasserfälle herunterfallen. Aber man sollte auch den Fjord selbst und seine Ufer im Auge behalten, wenn verträumte Holzhäuschen und Grabhügel aus der Wikingerzeit vorbeiziehen und im kalten Wasser Robben auftauchen. Nach 17 km mündet der Nærøyfjord in den Aurlandsfjord, der wiederum ein südlicher Arm des Sognefjords ist.

Unvergessliches Fjorderlebnis

info

Die Flåmsbahn

Zu Recht zählt die **Flåmsbahn**, die durch das ebenso schmale wie schöne Tal Flåmsdalen verläuft, zu den größten technischen Sehenswürdigkeiten des Fjordlands und sie ist eine der spektakulärsten Schienenstrecken, die auf einer Normalspur befahren werden können. Das technische Meisterwerk wurde unter größten Schwierigkeiten 1923–1940 erbaut, weil von der Bahnverbindung Oslo – Bergen eine Nebenstrecke zum Sognefjord fehlte. Die größte Herausforderung für die Wanderarbeiter, „Rallare" genannt, stellten die steilen Felswände dar. Um die großen Höhenunterschiede auszugleichen, wurden **20 Tunnel** mit insgesamt 6 km Länge von Hand in den Fels geschlagen, z. T. als Wendeltunnel gestaltet, in denen sich die Trasse spiralförmig nach oben schraubt. Ein Meter Tunnelbau erforderte damals einen Monat harter Arbeit. Die andere Herausforderung war die Lawinengefahr im Flåmsdalen. Um die gefährlichsten Passagen zu entschärfen, kreuzt die Bahn dreimal während der Fahrt den Fluss Flåmselva und das Tal. 1944 war die Flåmsbahn als eine der ersten Eisenbahnstrecken in Norwegen komplett elektrifiziert. Wer heute im Bahnhof von Flåm den Zug besteigt, fährt nicht mit einer Museumsbahn: Design, Lokomotive, Waggons und Einrichtung sind neu, während der Fahrt wird man mit modernstem Lautsprecherservice in mehreren Sprachen über die Strecke und Sehenswürdigkeiten informiert.

Für die **20,2 km lange Strecke** bis Myrdal benötigt der Zug bei maximal 40 km/h etwa eine Stunde, dabei wird ein Höhenunterschied von 865 m bewältigt; auf ca. 80 % der Strecke liegt die Steigung bei 55 ‰. Um die Reise sicher zu machen, haben die Züge fünf Bremssysteme, von denen jedes einzelne den Zug zum Stehen bringen könnte. An den acht Haltestellen, eine davon unmittelbar am 225 m hohen Wasserfall Kjossfoss, haben die Gäste Zeit, auszusteigen und zu fotografieren. Im Reisepreis ist auch ein Ticket für das **Flåmsbana-Museum** enthalten, das 100 m neben der modernen Station im alten Bahnhof von Flåm untergebracht ist. Dort und online unter www.visitflam.com/flaamsbana erhält man, auch in deutscher Sprache, viele weitere Informationen zu dieser einzigartigen Bahnlinie.

Nach Flåm und zum Aurlandsfjord (E 16)

11,4 km langer Tunnel

Anstelle des Wasserwegs nimmt der moderne Norweger ab Gudvangen den Landweg. Dies ist möglich, seit das ehrgeizige Projekt des 11,4 km langen **Gudvangentunnels**, einem der längsten Skandinaviens, verwirklicht wurde. Der Tunnel stellt auf der E 16 eine ganzjährig befahrbare Verbindung unter dem Gebirge hindurch bis nach Flåm und weiter sicher. An seinem Ende, und bevor es in einen weiteren langen Tunnel geht, zweigt der schmale Rv. 601 ins Undredal ab. An seinem Ende liegt das kleine, bis 1988 nur per Boot erreichbare Dörfchen **Undredal** am **Aurlandsfjord**, in dem sich Norwegens kleinste **Stabkirche** befindet. Sie stammt von ca. 1150, wurde aber 1722 komplett umgebaut und mit weiß angestrichenen Holzplanken verkleidet *(Juni–Aug. tgl. 10–17, Mai, Sept. 12–15 Uhr, NOK 50)*. Hinter dem zweiten Tunnel bringt einen die Europastraße in das malerisch gelegene 400-Seelen-Dorf **Flåm**. Der pittoreske Ort ist nicht nur Endpunkt einer Fähre durch den Aurlandsfjord und Anlaufstation vieler Kreuzfahrtschiffe, sondern mit der berühmten **Flåmsbahn** auch an das norwegische Schienennetz angebunden. Ein Besuch des 2006 erweiterten **Flåmsbahn-Museums** im alten Bahnhof gibt viele Infos zu diesem Bravourstück der norwegischen Ingenieurskunst und lohnt unbedingt, auch wenn man nicht mit dem Zug fahren möchte.

Museum zur berühmten Flåmsbahn

3 km vom Bahnhof entfernt liegt die hübsche **Holzkirche**, die 1667 erbaut wurde, sie ist besonders wegen ihrer Innendekoration sehenswert. Für sportlich Aktive ist Flåm ein Eldorado! Fantastische **Wanderwege** (zum Wasserfall Brekkefossen und zurück in 1,5 Std. oder mit der Bahn nach Myrdal und zu Fuß wieder hinab), der spektakuläre **Fahrradwanderweg Rallarvegen** über die Hardangervidda bis nach Geilo (S. 354) oder ausgedehnte **Kajaktouren** auf dem Fjord – die Möglichkeiten, Fitness und Naturgenuss zu verbinden, sind zahlreich.

Reisepraktische Informationen Flåm

Information

Turistinformasjon Flåm, *Stasjonsvegen, 7543 Flåm, ☎ 57631400, www.visitflam.com, Juni–Aug. tgl. 8.30–20, Mai, Sept. 8.30–16 Uhr.*

Unterkunft

Flåmsbrygga €€€€, *Flåmsbrygga, 5742 Flåm, ☎ 57632050, www.flamsbrygga.no. Recht moderne Anlage mit 41 gut ausgestatteten Zimmern (die meisten mit Balkon und Fjordsicht), Terrasse, Restaurant, Café, Pub der Mikro-Brauerei Ægir Bryggeri, einer der besten in Norwegen.*

Wasserfälle über der Flåmsbahn

Camping/Jugendherberge

Flåm Camping og Hostel, *Nedre Brekkevegen 12, 5743 Flåm, ☎ 94032681, www.flaam-camping.no. Am Ortsrand von Flåm und auf einem sanft ansteigenden Hang mit Obstbäumen gelegene Anlage mit Campingplatz und Jugendherberge mit gemeinsamen Sanitärräumen. Vermietung von Hütten unterschiedlichen Standards, Zelt- und Caravan-Stellplätze. Die Jugendherberge hat 12 Einzel-, Doppel-, Mehrbett- und Familienzimmer, z. T. mit Küche. Gäste- und Waschküche sind vorhanden. März–Okt. geöffnet.*

Eisenbahn

Mit der **Flåmsbahn** *(☎ 57632100, www.visitflam.com/flaamsbana) ist Flåm mit Myrdal an der Bergenbahn verbunden, Abfahrten zwischen 8.45 und 19.45 Uhr, im Sommer bis zu 12-mal tgl., im Winter 4-mal tgl. In Myrdal Anschluss an Züge nach Voss und Bergen bzw. Oslo.*

Fjordschiffe

Sowohl von Flåm als auch von Aurland fahren mehrmals tgl. und ganzjährig **Schnellboote** *(kein Autotransport) u. a. nach Gudvangen und Balestrand (nur in der Sommersaison), Infos unter www.fjord1.no und www.visitflam.com.*

Busse

Es gibt ca. 6-mal tgl. eine **Überlandverbindung** *von Flåm und Aurland in westlicher Richtung nach Gudvangen, Voss und Bergen sowie Richtung Osten nach Oslo.*

Nur 8 km sind es von Flåm nach Aurland, wobei man unterwegs am **Freilichtmuseum Otternes** vorbeikommt. Die aus dem 16. Jh. stammende Hofanlage umfasst mehr als zwei Dutzend Gebäude, in denen während der Saison alte Handwerkstechniken demonstriert werden *(im Sommer tgl. 10–18 Uhr, Eintritt).*

Mehrtägiger Wanderweg

Im Dorf **Aurland** findet man recht gute Unterkünfte sowie Anbieter von Fjordkreuzfahrten und Bootsverleiher. Auch hier hat man etliche Angebote, sich sportlich zu betätigen. Wanderer finden in Aurland einen der klassischen norwegischen Wanderwege durch das sagenumwobene Aurlandstal: Der **Saumpfad** ist einer der ältesten Verbindungswege zwischen dem Ost- und Westland und folgt dem Tal von Aurland über Hol, den Ziegenrücken (Geiterygg) und Østerbø hinunter nach Vassbygdi. Während man hierfür mehrere Tage einplanen sollte, können sich Wanderer mit weniger Zeit zur Aussichtsplattform **Stegastein** aufmachen (s. u.). Ein schönes Ziel für Kulturtouristen ist die 1202 im frühgotischen Baustil errichtete **Steinkirche von Vangen**. In Aurland beginnt auch die faszinierende Hochgebirgsstraße Fv. 50 (Aurlandsvegen), die nach knapp 100 km in Hagafoss im Hallingdal endet (S. 353).

Unterkunft

Aurland Fjordhotel €€€, *Bjørgavegen 1, 5745 Aurland, ☏ 48193625, www.aurland-fjordhotel.com. Einfacheres, dreigeschossiges und ganzjährig geöffnetes Hotel im Herzen von Aurland. Nette Holzarchitektur mit vielen Giebeln, 30 komfortable Zimmer, die meisten mit Fjordblick. Mit Restaurant, Salon und Bar, 200 m zum Kai.*

Nach Lærdal (E 16) und zum Lærdalsfjord

Frei schwebende Plattform

Ab Aurland hat man zwei Möglichkeiten, in östlicher Richtung weiterzureisen: Entweder wählt man den schmalen, extrem kurvigen **Lærdalsvegen** (Rv. 243), der einen in nervenaufreibender Fahrt bis auf 1.306 m ü. d. M. hinaufbringt, um anschließend genauso steil zum Fjordort **Lærdalsøyri** (s. u.) abzusteigen. Die Gebirgsstraße, die in der meisten Zeit des Jahres von hohen Schneewänden flankiert wird, bietet einen fantastischen Blick auf den Aurlandsfjord und hat in der **Aussichtsplattform Stegastein** eine spektakuläre Attraktion. Die 2006 eingeweihte Konstruktion scheint 650 m über dem Fjord geradezu in der Luft zu schweben und ist für Touristen mit Höhenangst eine echte Herausforderung. Sie liegt nur 6 km von Aurland entfernt und kann von dort auch zu Fuß erreicht werden (der Wanderweg beginnt am Aurland Fjordhotel). Diese Passstraße, die auch „Schneeweg“ genannt wird, ist nur 1. Juni–Mitte Okt. geöffnet, der Abschnitt von Aurland bis zum Aussichtspunkt Stegastein ganzjährig.

Zwischen Himmel und Erde: am Aussichtspunkt Stegastein

Oder man nutzt den im Jahr 2000 fertiggestellten, erstaunlicherweise nicht mautpflichtigen **Lærdaltunnel**, dem mit 24,5 km **längsten Straßentunnel der Welt**. Er verkürzt die Fahrt zwischen Oslo und Bergen um bis zu zwei Stunden und ermöglicht eine sichere Verbindung auch im Winter. Besonders die Lokalbevölkerung hat diesen Tunnel herbeigesehnt, da früher die Gebirgsstraße im Winter gesperrt war und man eine dreistündige Fährfahrt in Kauf nehmen musste. Ein solch langer Tunnel ist nicht jedermanns Sache – und fast jeder hat ein ungutes Gefühl bei der Einfahrt. Deshalb entwarfen die Ingenieure 15 Wendeplätze und drei große Hallen, die Abwechslung bringen und ein Anhalten möglich machen. Blautöne an Decken und Wänden sowie Gelbtöne zur Straße hin sollen ebenfalls die Monotonie brechen und bewirken mit der speziellen Beleuchtung ein wenig den Eindruck einer riesigen Gletscherhöhle. Rund 1.000 Fahrzeuge passieren täglich den Tunnel, der ganze 7,5 km länger ist als der St.-Gotthard-Straßentunnel.

Längster Straßentunnel

In **Lærdal** auf der östlichen Seite geht es auf der E 16 weiter nach Osten, in Richtung Oslo, während der Rv. 5 einen durch den 6,6 km langen Fodnes-Tunnelen zum Lærdalsfjord und über die Fähre Fodnes – Mannheller weiter nach Kaupanger und Sogndal bringt (S. 290). Der nette Ort zwischen dem idyllischen Tal und dem Fjord bietet sich für eine Zwischenübernachtung und für diverse Besichtigungen an. So lohnt etwa ein Besuch im **Norwegischen Wildlachszentrum**. Neben lebenden Wildlachsen gibt es hier u. a. einen interessanten Film über die atlantischen Lachse, verschiedene Ausstellungen sowie eine Fliegenbindewerkstatt zu sehen. Direkt daneben stellt seit 2011 das **Sogn Kunstcenter** einen architektonisch überzeugenden Blickfang dar. Neben anderen Künstlern ist hier vor allem Hans Gjesme mit 1.500 Gemälden, Grafiken und Skulpturen vertreten. Gjesme, der 1994 in Lærdal starb, hatte seine Werke der Gemeinde vermacht. Zum Bummeln bestens geeignet ist der unter Denkmalschutz stehende Ortsteil **Gamle Lærdalsøyri**, der aus rund 160 Gebäuden des 18. und 19. Jh. besteht. Eine derart homogene Bausubstanz mit wunderhübschen pastellfarbenen Holzhäusern (darunter auch das Lindstrøm Hotel) gibt es in dieser Art sonst nicht mehr in Westnorwegen.

Infos über Wildlachse

Norsk Villakssenter, *Øyraplassen 14, ☎ 90039413, www.norsk-villakssenter.no, Mai–Mitte Sept. tgl. 12–20, Juni–Aug. 10–20 Uhr, NOK 90, Kinder (6–16 Jahre) NOK 60.* **Sogn Kunstsenter**, *Øyraplassen 14, ☎ 97421565, www.sfk.museum.no, Mitte Juni–Mitte Aug. tgl. 10–18 Uhr, NOK 50, Kinder frei.*

Reisepraktische Informationen Lærdal

Information

Lærdal Turistinformasjon, *Øyraplassen 14, 6886 Lærdal (im Sogn Kunstsenter), ☏ 48277526, www.sognefjord.no, Mitte Juni–Mitte Aug. tgl. 10–18 Uhr.*

Unterkunft

Lindstrøm Hotell €€€€, *Øyraplassen 3, 6887 Lærdal, ☏ 57666900, www.lindstroemhotel.no. Traditionsherberge im historischen Ortsteil Gamle Lærdalsøyri, untergebracht in einer ehemaligen Poststation, die seit 1845 von der gleichen Familie geführt wird. Die Anlage besteht aus fünf Gebäuden in verschiedenen Stilarten, u. a. das älteste von 1840 im Schweizer Stil. 86 komfortable Zimmer, Restaurant mit großem Abendbüfett, Hotelbar, Aufenthaltsräume, Souvenirshop und großer Garten. Mai–Sept. geöffnet.*

Jugendherberge

HI Borlaug Vandrerhjem, *Lærdalsvegen 3463, 6888 Borgund, ☏ 9110 9946, www.hihostels.no. Wenig ansehnlicher, aber praktischer Bau mit 50 Betten in Doppel-, Familien- und 4-Bettzimmern, etwas außerhalb und ruhig am Filefjell-Gebirge gelegen. Cafeteria, Gästeküche, ganzjährig geöffnet.*

Camping

Lærdal Ferie- og Fritidspark, *Grandavegen 5, 6887 Lærdal, ☏ 57666695, www.laerdalferiepark.com. Campingplatz von höchstem Standard, direkt am Fjord und Fluss gelegen, Vermietung von Hütten, Apartments und Motelzimmern. Cafeteria, Kiosk und Gästeküche, großer Rasen, Spielplatz und Badestrand, Bootssteg, Tennisplatz, Boots- und Fahrradverleih, viele Aktivitäten wie begleitete Angeltouren und Bergwanderungen.*

Schöne Rundfahrt

Die größte kulturelle Sehenswürdigkeit in der Nähe von Lærdal aber ist eindeutig die **Stabkirche Borgund** (S. 344), 25 km entfernt an der E 16 gelegen. Und wer an einer ausgesprochen schönen **Rundfahrt** ab/bis Lærdal interessiert ist, könnte dazu die Straßen Rv. 53 und E 16 kombinieren: Zunächst geht es auf dem Rv. 5 durch den 6,6 km langen Tunnel in Richtung Kaupanger, dann auf dem Rv. 53 durch viele Tunnel am Südufer des **Årdalsfjords** entlang, an dessen Ende auf kurvenreicher und steiler Panoramastrecke zum Tyin-See, bis man wieder auf die E 16 stößt. Auf dieser gelangt man über das Fillefjell und an der Borgund-Stabkirche vorbei zurück; für diese Rundfahrt sollte man gut einen halben Tag einplanen.

Der nördliche und innere Sognefjord mit Lustrafjord und Fjærlandsfjord

Zum nördlichen Ufer und zum „inneren" Fjordgebiet gelangt man mit Fähren oder Schnellbooten ab Gudvangen, Lærdal und Flåm nach Kaupanger bzw. Sogndal und ab Vangsnes nach Dragsvik, oder über die kurze Fährverbindung am Rv. 5 zwischen Fodnes und Mannheller (15 Min., 40 Abfahrten tgl.). Das kommerzielle Zentrum dieser Region mit einem großen Angebot für Einheimische und Touristen ist der 9.000-Seelen-Ort **Sogndal** an der Kreuzung der Reichsstraßen 5 und 55. Außer reisepraktischen Einrichtungen (Hotels, Camping, Jugendherberge, Supermärkten, Tankstellen, Outdoor-Reiseveranstalter etc.) und einem interessanten Runenstein kann das Fjordstädtchen allerdings nichts besonders Erwähnenswertes vorweisen.

Wandertipp: Zum Aussichtspunkt „Molden“

In der Nähe von Sogndal, ca. 20 Autominuten entfernt, wartet eine der schönsten und verhältnismäßig leichten Wanderstrecken des Landes. Startpunkt ist die Straße nach Mollandsmarki, kurz hinter der Kreuzung mit dem Abzweig des Rv. 55. Unmittelbar nach dem Metall-Viehrost geht es nach links auf einen Waldweg, nach 300 m nach rechts auf einem Pfad, der mit einem roten Punkt gekennzeichnet ist. Nach ca. 1 km erreicht man einen breiteren Waldweg, der nach ca. 600 m eine scharfe Rechtskurve macht. Hier beginnt der eigentliche Wanderweg, auf dem man bei **Svarthiller** *einen ersten tollen Panoramablick auf den* **Lustrafjord** *hat. Richtig dramatisch wird es aber weiter oben, auf dem Gipfel des* **Molden** *(1.116 m ü. d. M.), der flach und mit einem Steinzeichen markiert ist. Hier liegt zum Osten hin der innere Teil des Lustrafjords mit Nes und im Vordergrund Høyheimsvik tief unter einem. Für die Wanderung sollte man gut 3 Std. planen.*

Herrliche Wanderung

Reisepraktische Informationen Sogndal

Information

Visit Sognefjord, *Trolladalen 30, 6856 Sogndal, ☎ 99231500, www.sognefjord.no, Mai–Mitte Juni, Sept. Mo–Fr 10–16, Mitte Juni–Aug. Mo–Fr 9–18, Sa 10–16 Uhr.*

Unterkunft

Quality Hotel Sogndal €€€€, *6856 Sogndal, Gravensteinsgate 5, ☎ 57627700, www.nordicchoicehotels.no. Moderne Herberge im Zentrum, 115 gut ausgestattete Zimmer, 2 Restaurants, darunter das „Pergola“ mit guter italienischer Küche.*

Hofslund Fjordhotel €€€€, *6851 Sogndal, ☎ 57627600, www.hofslund-hotel.no. Am Ortsrand und direkt am Wasser gelegenes historisches Haus mit neuerem Anbau, persönliche Atmosphäre, 49 gut ausgestattete Zimmer (viele mit Fjordblick). Mit Restaurant, Bar, Terrasse und großem Garten, beheiztem Außenpool und Ruderbootverleih.*

Jugendherberge

Sogndal Vandrerhjem, *Helgheimsvegen 9, 6856 Sogndal, ☎ 57627575, www.hihostels.no. Sehr schön am Sognefjord gelegene Herberge, ca. 10 Gehminuten vom Zentrum. 58 Einzel-, Doppel- und 4-Bettzimmer, z. T. mit eigener Dusche/WC, Gästeküche, nette Aufenthaltsräume. In der Nähe Kanu- und Kajakverleih, Grill-, Angel- und Bademöglichkeiten, eigener Strand, Leifahrräder, nur im Sommer geöffnet.*

Camping

Kjørnes Camping og Fjordhytter, *Kjørnes, 6856 Sogndal, ☎ 97544156, www.kjornes.no. 4-Sterne-Platz in schöner Lage am Sognefjord, 3 km vom Zentrum am Rv. 5. 100 Campingeinheiten sowie 14 Hütten und zwei Ferienwohnungen, ausgezeichnete Servicegebäude, Spielplatz, Garten mit Obstbäumen, über 1 km Strandlinie.*

Das 11 km entfernte **Kaupanger** eignet sich definitiv für einen Besichtigungsstopp. Diesen Ort erreichen Reisende aus Oslo oder Bergen ohnehin meist vor Sogndal, seitdem die Fährverbindung Fodnes – Mannheller groß ausgebaut wurde (mit einer wegen der Lawinengefahr in den Fels gesprengten Wartehalle für Autotouristen). Dass Kaupanger (der Name bedeutet „Kauf-Ort") schon in Wikingerzeit und Mittelalter eine Rolle spielte, beweisen archäologische Ausgrabungen ebenso wie die größte Sehenswürdigkeit des Dorfes, die **Kaupanger-Stabkirche**. Sie stammt von ca. 1185 und ersetzte damals eine Vorgängerkirche, die ihrerseits auf einer noch älteren (von ca. 1000) stand. Die Um- und Anbauten haben das typische Äußere stark verändert, aber der sehenswerte Innenraum ist noch ganz romanisch geprägt. Architekturfans, die nur wenig Zeit haben, sollten in dieser Region jedoch der Stabkirche von Borgund bzw. der von Urnes den Vorzug geben.

Archäologische Ausgrabungen

Kaupanger stavkirke, *Kaupanger, ☎ 57678840, www.stavechurch.com/kaupanger, Juni–Aug. tgl. 10–17 Uhr, NOK 70.*

Die Stabkirche findet man nahe der Fährstation in Kaupanger, ebenso das **Sogn Folkemuseum**. In diesem Freilichtmuseum sind rund 30 unterschiedliche Gebäude der Region zu besichtigen – von der kleinen Fischerhütte bis zur Hofanlage, vom Mittelalter bis zum 19. Jh. Im großen Hauptgebäude werden Gerätschaften, Textilien, Einrichtungsgegenstände und Fotodokumente gezeigt. Angeschlossen ist das **Sognefjord Boots- und Fährmuseum** (direkt an der Fährstation), das Wissenswertes über den Fjord sowie Fischerei, Fährwesen und Bootsbau vermittelt.

Sogn Folkemuseum, *De Heiberske Samlinger, Vestreim, Kaupanger, ☎ 57678206, www.dhs.museum.no, Juni–Aug. tgl. 10–17, Mai, Sept. tgl. 10–15, Okt.–April Mo–Fr 10–15 Uhr, NOK 80, Kinder (7–15 Jahre) NOK 30.*

Wer in Sogndal/Kaupanger Quartier bezieht, kann von vielen **Outdooraktivitäten** und organisierten Ausflügen profitieren, u. a. sind vielfältige Wanderungen und Fahrradtouren, Seekajak- und Kanuexkursionen oder Flüge mit dem Helikopter und Wasserflugzeug zu den Gletschern und über dem Fjord möglich. Im Sommer fährt der **Gletscherbus** *(Brebussen, www.jostedal.com/brebussen)* zweimal tgl. von Sogndal via Gaupne bis an die blauweiße Zunge des Nigardsbreen und zum Gletscherzentrum in Fjærland (S. 297). Passionierte Angler sollten wissen, dass der in Broschüren angepriesene **Årøyelv** tatsächlich einer der berühmtesten und besten Lachsflüsse des Landes ist, leider auch einer der teuersten.

Vielfältige Outdoormöglichkeiten

Zum Lustrafjord: Skjolden, Gaupne und Urnes

Folgt man in Sogndal dem Rv. 55 in nördlicher Richtung (ausgeschildert: Lom), fährt man geradewegs auf die sagenhafte Gebirgswelt Jotunheimens zu; im weiteren Verlauf wird diese Straße zur höchstgelegenen und mit Sicherheit einer der schönsten Panoramastraßen Norwegens (S. 392). Im südlichen Abschnitt führt sie aber erst einmal nahe oder direkt am Lustrafjord entlang. Einen ersten Abstecher zu dessen Ufern kann man kurz vor **Hafslo** nach rechts über die kleine, 3 km lange Nebenstraße zum Ort **Solvorn** unternehmen. Der pittoreske Mini-Ort, bekannt wegen des wunderschönen Walaker-Fjordhotels (mit Gründungsdatum 1690 das älteste im Königreich, *www.walaker.com*), ist Startpunkt von interessanten Bootsausflügen.

Einer geht mit der Fähre zum gegenüberliegenden Weiler **Urnes** (Ornes). Von der Anlegestelle sind es etwa 15 Minuten zu Fuß auf der zwar asphaltierten, aber recht steilen Straße hinauf zur **Urnes-Stabkirche**. Das inmitten eines stimmungsvollen Kirchhofs gelegene Gotteshaus scheint auf den ersten Blick nichts Besonderes zu haben; auch, dass es eine Stabkirche ist, wird nicht sofort deutlich. Geht man aber auf die Nordseite, sieht man ein wahres Juwel der Holzschnitzkunst: das ehemalige Westportal der Vorgängerkirche, mit Schlangen, Flechtornamentik und einer Hirschkuh. Dieses Portal, das zu den vornehmsten Kunstschätzen Skandinaviens gehört, hat mit dazu geführt, dass die Kirche von Urnes auf der UNESCO-Liste der weltweit schützenswertesten Bauwerke steht. Die ca. 1130–1150 erbaute Kirche, eine der ältesten des Landes, weist auch im Inneren wunderbare romanische Holzschnitzereien (Würfelkapitelle, figürliche Szenen) auf.

Die Urnes-Stabkirche liegt idyllisch am Lustrafjord

Juwel der Holzschnitzkunst

Urnes Stavkirke, *Urnes, ☎ 57683956, www.stavechurch.com/urnes, Mai–Sept. 10.30–17.45 Uhr, NOK 90, Kinder NOK 70.*

Möchte man nur die Stabkirche besuchen, sollte man den Wagen in Solvorn stehen lassen. Es gibt aber auch die Möglichkeit, mit dem Auto von Urnes über die Uferstraße am Feigumfoss (s. u.) vorbei nach Skjolden zu fahren, die Straße ist jedoch sehr schmal und erfordert ständig Ausweichmanöver.

Bleibt man hingegen auf dem Rv. 55, gelangt man bald zum Westufer des Lustrafjords und nach **Gaupne**, dem Gemeindezentrum von Luster. Eine Touristeninformation hält Material und Auskünfte über mögliche Übernachtungsplätze und Aktivitäten bereit. Der besondere landschaftliche Reiz der Gegend ergibt sich aus der Tatsache, dass in Luster der Sognefjord, die Gebirgswelt Jotunheimen und die Gletscherzungen des Jostedalsbreen zusammentreffen.

Information

Sogndal & Luster Tourist Office, *Einkaufszentrum Pyramiden (in der Bibliothek), 6868 Gaupne, ☎ 97600443, www.sognefjord.no, Mo–Fr 10–17, Sa 10–14 Uhr.*

Eine der eindrucksvollsten Gletscherzungen ist von Gaupne aus auf einer 17 km langen Stichstraße (Rv. 604) durch das Jostedal zu erreichen: der **Nigardsbreen**. 4 km vor dem Gletscher, nachdem man ein ausgedehntes Moränenfeld durchquert hat, gelangt man zum Gletscherzentrum **Jostedalen-Breheimsenter** (mit Touristeninformation, Cafeteria, Souvenirshop), in dem man sich multimedial über die Naturgeschichte des riesigen Gletschers informieren kann. Neben einem Kinosaal

Eindrucksvolle Gletscherzunge

gibt es u.a. eine nachgestellte Gletscherhöhle. Dahinter passiert man den Campingplatz, ab dort führt eine gebührenpflichtige Straße zum Parkplatz direkt am 1,5 km langen Gletscherstausee. Vom Parkplatz aus starten Boote über den See, es ist auch möglich, in etwa 45 Minuten am Ufer entlang zu wandern. Weiter werden geführte Wanderungen und Familientouren auf das Eis angeboten. Wer nicht selbst zum Nigardsbreen fahren möchte, kann ab Gaupne, Flåm, Lærdal, Sogndal oder Fjærland den **Gletscherbus** (Brebussen) nehmen. Das Gletscherzentrum brannte 2011 ab und wurde daraufhin nach den originalen Plänen wiederaufgebaut.
Jostedalen Breheimsenteret, *6871 Jostedal, ☏ 57683250, www.jostedal.com, Mai–Sept. tgl. 10–17, Mitte Juni–Mitte Aug. 9–18 Uhr, NOK 75, Kinder ab 10 Jahren NOK 50.*

Wanderung zum Wasserfall

Bei einem Urlaub mit Kindern bietet sich ansonsten an regnerischen Tagen in Gaupne ein Besuch im modernen Hallen- und Spaßbad **Lustrabadet** (Øyagata 11) mit Wasserrutsche, Kinderbecken, Saunas etc. an. Der Rv. 55 führt von Gaupne weiter in nördlicher Richtung über **Nes**, oft mit fantastischer Sicht zum jenseitigen Fjordufer mit dem hohen Wasserfall Feigumfossen, und **Dale**. Hier ist die gotische Steinkirche sehenswert, deren älteste Fresken aus dem 14. Jh. stammen und die übrige Ausschmückung (Kanzel, Epitaphien, Altar) aus der Barockzeit. Das Ende des Lustrafjords ist schließlich in **Skjolden** erreicht, einem Fremdenverkehrsort mit Campingplatz, zwei Hotels und Touristeninformation. Die Umgebung bietet sich zum Baden, Radfahren, Angeln sowie zu Kajaktouren und Bergwanderungen an, auch Helikopterflüge und Fjordsightseeing können gebucht werden. Am Rastplatz beim See **Eidsvatn**, oberhalb von Skjolden, wurde 1984 ein Denkmal für den österreichischen Philosophen Ludwig Wittgenstein errichtet. Er hielt sich hier oft in einer Hütte auf und schrieb einige seiner bedeutendsten Werke.

Der **Feigumfossen**, mit einem freien Fall von 218 m einer der höchsten Wasserfälle des Landes, ist ebenfalls ein beliebtes Ziel für Wanderer, und schon der Weg dorthin ist eine Attraktion. Autofahrer haben die Möglichkeit, über die Ostufer-

Stillleben am Fjærlandsfjord

straße von Skjolden nach Urnes zu fahren (s. o.), dabei kommen sie ziemlich nah am Feigumsfoss vorbei. Vom Parkplatz unterhalb des Hofs Feigum folgt man der Landstraße ca. 300 m in Richtung Urnes, wo der gut markierte Wanderweg zum Aussichtspunkt unterhalb des gischtsprühenden, mächtigen Wasserfalls beginnt. Der Weg ist insgesamt leicht zu laufen (ca. 45 Min.), am Ende allerdings etwas steinig.

Reisepraktische Informationen Skjolden

Unterkunft

Skjolden Hotel €€€€, *6876 Skjolden, ☎ 57682380, www.skjoldenhotel.no. Gemütliches Familienhotel in reizvoller Lage im Inneren des Sognefjords mit eigenem Uferabschnitt und Bootsanleger, 2015/2016 umfassend modernisiert. 50 gut ausgestattete Zimmer, Restaurant, Fitnessraum mit Innenpool, Garten und Terrasse.*

Camping

Dalsøren Camping, *6872 Luster, ☎ 57685436, www.lusterfjorden.com. Sehr schöne Anlage direkt am Fjord, mit Wiesen- und Baumgrundstück eines Bauernhofs, modernem Servicegebäude (Cafeteria, Laden), 17 Hütten und Ferienwohnungen unterschiedlicher Kategorie, Bootsverleih, Mai–Sept. geöffnet.*

Verkehrsverbindungen

In der Saison verkehren 9-mal tgl. **Personenfähren** *zwischen Solvorn und Urnes. Mehrmals tgl. gibt es eine* **Expressbus-Verbindung** *von Skjolden nach Bergen und nach Oslo. In der Sommersaison werden auch* **Touristenbusse** *ins Fjell und zu den Gletschern eingesetzt.*

Aktivitäten

In Skjolden und Gaupne werden **Sightseeingtouren** *mit Bussen oder Schiffen angeboten, ebenso geführte* **Gletscherwanderungen**. *Ein besonderes Erlebnis ist ein* **Helikopterrundflug**, *der über das Touristenbüro vermittelt wird oder direkt bei Fjord Helikopter (www.www.fjordhelikopter.no/sogn) gebucht werden kann.*

Nach Fjærland und zum Fjærlandsfjord

Von Sogndal lohnt auf jeden Fall der rund 20 km lange Abstecher nach Fjærland, der über den Rv. 5 auf gut ausgebauter Straße mit längeren Tunnelpassagen möglich ist. Die Straßenverbindung von Sogndal nach Fjærland wurde 1994 eingeweiht. Bereits seit 1986 besteht die nördliche Verbindung nach Jølster durch den Fjærlandstunnel, sodass der Ort sowohl von Norden als auch von Süden schnell zu erreichen ist. Eingeweiht wurde er übrigens von Walter F. Mondale, dem ehemaligen Vizepräsidenten der USA, dessen Ahnen aus Mundal in Fjærland stammen. Vorher war Fjærlands einzige Verbindung mit der Außenwelt der Fjord. Auch heute noch ist der Ort im Sommer per Expressboot ab Balestrand oder per Autofähre ab Balestrand und Hella zu erreichen. Regelmäßig machen zudem Kreuzfahrtschiffe einen Abstecher zum **Fjærlandsfjord**.

Interessantes Gletscher-museum

Die meistbesuchte Sehenswürdigkeit, ca. 2,5 km vom Ortszentrum Fjærland am Rv. 5 gelegen, ist das **Norwegische Gletschermuseum**. Der preisgekrönte Betonbau, 1991 eröffnet und 2007 erweitert, zeigt u. a. eine nachgebaute Gletscherspalte, viele Experimente und Erkenntnisse der Glaziologen. Auf mehreren Leinwänden läuft ein fantastischer Film, der die Besucher auf einen abenteuerlichen Hubschrauberrundflug über die Gletscher des Jostedalsbreen mitnimmt. Möchte man anschließend die eisige Wunderwelt in natura erleben, kann man vom Museum aus ca. 7 km zu den Gletscherzungen **Bøyabreen** und **Supphellebreen** wandern. Dazu ist am besten der markierte Pfad durch das Supphelledalen hinauf zur **Flatbre-Hütte** geeignet, dem Eingangstor für Berg- und Gletscherwanderer. Man kann aber auch den Gletscherbus nehmen, der einen schnell fast bis zur Gletscherzunge bringt. Deren Eis bewegt sich täglich bis zu 2 m vorwärts – die höchste Eisgeschwindigkeit in ganz Norwegen! Der unterste Teil des Supphellebreens, ein Teilgebiet des Jostedalsbreen-Nationalparks (S. 301), liegt 60 m ü. d. M. und ist damit der am niedrigsten gelegene Gletscher Südnorwegens. Nicht nur die Gletscher sind naturgeschützt, sondern auch das Flussdelta **Bøyaøyri** am Ende des Fjærlandsfjords, vor allem wegen seiner Bedeutung für die Zugvögel im Herbst und Frühjahr. Über 100 verschiedene Vogelarten wurden hier registriert, etwa 50 von ihnen brüten auch in diesem Gebiet.

Norsk Bremuseum, *☎ 57693288, www.bre.museum.no, Mai–Sept. tgl. 9–19, April, Okt. tgl. 10–16 Uhr, NOK 130, Kinder unter 16 Jahren NOK 70, mit Café.*

Mekka für Literatur-freunde

Fjærland selbst ist ein Ort mit nur etwa 300 Bewohnern – dafür aber mit rund 250.000 antiquarischen Büchern! Zum „**Bücherdorf**" (Bokbyen) wurde es Mitte der 1990er-Jahre, als ein Rentnerpaar in Zeitungsaufrufen landesweit um Spenden für das Antiquariat bat und aus ganz Norwegen Bürger mit vollbepackten Autos hierhin fuhren, um ihre nicht mehr benötigte Literatur loszuwerden. Die Idee war ein Erfolg – heute kommen Gäste aus dem In- und Ausland, um hier Raritäten oder einfach nur Urlaubslektüre billig zu erstehen; das Angebot ist riesig und die Regale haben eine Gesamtlänge von 4,5 km! Das Antiquariat ist im Sommer tgl. bis 18 Uhr geöffnet. Wer außerhalb der Öffnungszeiten kommt, kann außerdem am Rande der Hauptstraße in mehreren wettergeschützten Open-Air-Regalen schmökern und das Geld in eine Metallbüchse werfen. Alle touristischen Aktivitäten in Fjærland enden aber spätestens im Oktober. Dann fällt der Ort bis Ende April in einen Winterschlaf, das historische Hotel Mundal schließt ebenso wie das Antiquariat.

Reisepraktische Informationen Fjærland

Information

Fjærland Turistinformasjon, *Fv. 152 (Mundal), 6848 Fjærland, ☎ 5769 3233, www.fjaerland.org und www.bokbyen.no, Mai–Sept. tgl. 10–16/18 Uhr.*

Unterkunft

Hotel Mundal €€€€, *☎ 91909990, www.hotelmundal.no. Sehenswertes Gebäude von 1890 im Schweizer Stil mit eindrucksvollem Inventar. 35 unterschiedliche und stilvoll eingerichtete Zimmer, vorzügliches Restaurant und nettes Café Mikkel mit tgl.*

Afternoon Tea. Nach grundlegender Renovierung eröffnet diese traditionsreiche Prachtherberge wieder 2020. Hier übernachteten schon viele Prominente, z. B. das norwegische Königspaar, ein Maharadscha und der frühere US-Vizepräsident Walter Mondale, dessen Urgroßeltern in dem Dorf aufwuchsen. Am schönsten wohnt man im Turmzimmer. Großzügiger Garten, Ausleihe von Fahrrädern, Kajaks und Angelgerät.

Camping/Jugendherberge

Bøyum Camping, *☎ 57693252, www.boyumcamping.no. Moderner Campingplatz direkt neben dem Gletscherzentrum und 2,5 km von der Ortsmitte entfernt (schöner Spaziergang!). Zelt- und Caravan-Stellplätze, komfortable Hütten mit Dusche/WC und TV, Hauptgebäude mit Kiosk und Waschmaschinen. Angeschlossen ist eine einfache* **Jugendherberge** *mit 10 Doppelzimmern (gemeinsame Dusche/WC), keine Verpflegung. Angelmöglichkeiten im Fluss und im Fjord, Beachvolleyball, Fahrradverleih.*

Fähren und Fjordschiffe

In der Saison besteht 2- bis 3-mal tgl. eine **Expressboot-Verbindung** *mit Balestrand. Im Sommer ist Fjærland u. a. von Balestrand und Hella aus mit der* **Autofähre** *zu erreichen, die mit den Autofähren/Expressbooten von und nach Vangsnes/Vik und Bergen und Flåm korrespondieren.*

Busse

Bis zu 4-mal tgl. fährt ein **Überlandbus** *über die E 16 und E 39 u. a. nach Skei, Sogndal, Gol und Oslo. Busverbindungen u. a. nach Bergen, Flåm, Stryn und Førde.*

Fährt man von Fjærland aus weiter auf dem Rv. 5 in Richtung Norden (Fjærlandsvegen, nach Skei und Olden, S. 302), geht es zunächst durch den über 6 km langen und unter dem Jostedalsgletscher verlaufenden **Fjærlandstunnel**. Gleich am Tunnel lohnt die Abfahrt zur ausgeschilderten Raststätte (Cafeteria, Touristeninfo), die 200 m von einem Gletschersee und der Gletscherzunge **Bøyabreen** entfernt ist.

Entlang dem Nordufer auf dem Rv. 55

Fjordarme und Bergkulisse

Von Sogndal führt der Rv. 55 über **Hermannsverk** und **Leikanger** auf schöner Strecke am Nordufer des Sognefjords entlang. Nach gut 35 km unterbricht in **Hella** der Fjærlandsfjord die Route – um weiterzukommen, nimmt man hier eine der häufig verkehrenden Fähren nach **Dragsvik** (10 Min.). Es lohnt sich, von Bord aus den Fjord zu beobachten, manchmal taucht eine Schule von Schweinswalen auf. Am gegenüberliegenden Ufer zweigt der Rv. 13 nach Norden in Richtung Hochgebirge und Førde ab, während der Rv. 55 den kleinen **Esefjord** umfährt, immer mit tollem Blick auf den 1.354 m hohen Munkegga und die Ortschaft Balestrand.

Der kleine Ort **Balestrand**, eine Perle am Sognefjord inmitten fruchtbarer Böden, war schon in vorhistorischer Zeit besiedelt. Sein Name leitet sich vom nordischen Fruchtbarkeitsgott Baldr (Baldur) ab. Auch in der Welt der Sagas und Mythen hatte der Ort einen bedeutenden Klang, spielt hier doch ein Teil der berühmten Fridhjofs-Sage. Kaiser Wilhelm II. ließ am Sognefjord einige der Helden in Bronze darstellen. Der Kaiser war von der majestätischen Natur des Fjords und der schneebedeckten

Berge so angetan, dass er häufig vor Balestrand ankern ließ. Auf seine Anregung hin entstand das eindrucksvolle **Kviknes Hotel** mit filigraner Holzarchitektur, womit der Startschuss zur Entwicklung Balestrands als Fremdenverkehrsort gegeben war. Zur Landseite wird der schöne, alte Teil des Hotels durch den wenig ansehnlichen Betonklotz der 1960er-Jahre verdeckt, aber zur Fjordseite mit Anleger entfaltet das Gebäude seine weiße Pracht. Wer sich für die Entwicklung des Tourismus im Königreich interessiert, kann sich im benachbarten, 2016 eröffneten **Norwegischen Fremdenverkehrsmuseum** umschauen. Die digitale Darstellung des Reisens ab dem 19. Jh. ist genauso interessant wie die Architektur des Gebäudes.

Historisches Holzhotel

Norsk Reiselivsmuseum, *Holmen 11, ☏ 47453053, www.reiselivsmuseum.no, Mai/Juni Di–So 10–16, Juli–Sept. Di–So 10–18 Uhr, NOK 80, Kinder ab 7 Jahre NOK 30.*

Von hier aus kann man durch das Dörfchen spazieren und noch viele weitere Beispiele der Holzarchitektur bewundern. Folgt man dem ausgeschilderten **Kulturpfad** (Kulturløype), wird man auf Infotafeln über einige der großartigen Villen im Drachen- und Schweizer Stil unterrichtet, einige davon wurden von Künstlern gebaut. So war auch das **Kringsjå Hotel** (heute Jugendherberge) einst ein Künstlerheim. Zu seinen Füßen liegt das **Sognefjord-Aquarium**, in dem in mehreren Aquarien und Außenbecken über 100 verschiedene Fischarten, die im Fjord leben, studiert werden können *(☏ 57691303, www.kringsja.no/akvarium.html)*. Im Filmsaal zeigt man stimmungsvolle Bilder vom Fjord, sehenswert auch das Modell des Sognefjords. Im angeschlossenen Aktivitätszentrum kann man sich u. a. an der Rezeption eine Angelausrüstung leihen, ebenso ist im Eintrittspreis die Miete eines Ruderboots oder Kanus für eine Stunde inbegriffen. Weitere Sehenswürdigkeiten im Ort sind die auffällige **Olavs-Kirche** mit ihren Drachenköpfen und bunt bemaltem Holz. Sie ist keine echte Stabkirche, sondern wurde von einem Engländer 1897 hier erbaut. Direkt am Wasser, nahe einiger Grabhügel, findet man die sitzende Figur des Sagenkönigs **Bele**, der dem jungen Fridhjof seine Tochter nicht zur Frau geben wollte (Fridhjof selbst steht am gegenseitigen Fjordufer in Vangsnes, S. 283).

Nordischer Sagenkönig

Reisepraktische Informationen Balestrand

Information

Balestrand Turistinformasjon, *Holmen 9, 6899 Balestrand, ☏ 57691255, www.sognefjord.no. Die Touristeninformation liegt am Kai in Balestrand und ist geöffnet Mai Mo–Fr 10–16, Juni Mo–Fr 9–16, Sa 10–16, Juli/Aug. Mo–Fr 9–16, Sa/So 10–16 Uhr.*

Unterkunft

Kviknes Hotel €€€€, *Kviknevegen 8, 6899 Balestrand, ☏ 57694200, www.kviknes.no. Hotellegende seit den 1870er-Jahren, der heutige Holzbau im Schweizer Stil wurde 1913 fertig und war damals das größte Hotel im Fjordland, u. a. war Kaiser Wilhem II. mehrmals Gast. Der Anbau kam in den 1960er-Jahren hinzu, zuletzt 2002 ein modernes Konferenzcenter. Das mit vielen Antiquitäten geschmückte Kviknes hat 209 Zimmer in unterschiedlichen Kategorien, die meisten der moderneren Zimmer haben Balkon mit Fjordsicht. Wunderbarer Speisesaal mit nostalgischem Charme und grandiosem Büfett, sehr schöne Salons, eigener Jachthafen, Badeplatz, Bootsverleih, Ausflüge.*

Holzhotel mit Flair, in dem schon Wilhelm II. nächtigte: das Kviknes Hotel

Von Balestrand aus bleibt der Rv. 55 direkt am Fjordufer, führt zunächst südlich, dann westlich um eine Art Halbinsel herum, mit schönem Blick auf Vangsnes und Vik, passiert die alte Kirche von **Kvamsøy** und durchschneidet schließlich eine weitere Halbinsel mit dem 7,5 km langen Høyangertunnel. Auf der anderen Seite überrascht der Ort **Høyanger** mit einem Aluminiumwerk. Auf den nächsten 25 km passiert man den Fährort **Nordeide** und gelangt nach einem weiteren Tunnel nach **Vadheim**, wo sich die Straßen 55 und 610/E 39 (nach Førde, S. 318) kreuzen. Bleibt man hier auf dem Rv. 55, wird man an jener Stelle vorbeigeführt, wo der Sognefjord am breitesten und am tiefsten ist (über 1.300 m!), und kommt schließlich nach **Lavik** mit einer sehenswerten achteckigen Kirche aus dem 19. Jh. Hier, knapp vor der Mündung des Sognefjords ins Meer, kann man entweder mit der Fähre nach **Oppedal** übersetzen (15 Min.) und küstennah in Richtung Bergen zurückfahren, oder über den Rv. 57 nach Norden in Richtung Ålesund.

Zwischen Sognefjord und Ålesund

Zwischen Sognefjord und Nordfjord – zu den Gletscherzungen des Jostedalsbreen

Schon am Sognefjord konnte man zwei Gletscherzungen erleben, den Bøyabreen und den Supphellebreen, die zum riesigen System des größten norwegischen Gletschers gehören, dem rund 40 km langen (Nord-Ost-Richtung) und etwa 15 km breiten (Süd-West-Richtung) **Jostedalsbreen**. Seine Eismassen, die größten überhaupt auf dem europäischen Festland, sind beeindruckend: Knapp 487 km² beträgt ihre Ausdehnung, die Dicke wird auf bis zu 600 m geschätzt! Die höchste Stelle auf dem Fjell liegt 2.038 m ü. d. M., und nicht weniger als 24 Zungen fließen in die verschiedenen Täler fast bis auf Meeresspiegelniveau hinab.

Europas mächtigster Gletscher

Seit 1991 sind der Jostedalsbreen und die angrenzenden Firnfelder Teil des 1.310 km² großen **Nationalparks** und stehen unter Naturschutz. Seine unglaubliche Schönheit erfährt er durch die großen landschaftlichen Variationen innerhalb kurzer Abstände, wo sich Fjord, Ufer, Flachland, Weiden, Wälder, Moränen, Eisstauseen, Hochgebirge, Wasserfälle, Gletscher und alpine Bergzinnen begegnen. Historisch gesehen war der Jostedalsbreen immer eine Barriere für die Entwicklung des Landes, andererseits diente er über Hunderte von Jahren auch als Transportweg.

Redaktionstipps

➤ Die interessantesten **Gebirgsstrecken**: die alte Strynsfjell-Straße mit dem Sommerski-Gebiet (S. 307), der Geirangerweg (S. 309) und der Adlerweg (S. 309) zum Geirangerfjord, die Auffahrt auf den Dalsnibba (S. 309), der Trollstigen (S. 313).

➤ Die eindrucksvollsten **Gletschererlebnisse**: Wanderung zum Briksdalsbreen (S. 302) und/oder Kjenndalsbreen (S. 304), Helikopterrundflug über den Jostedalsbreen (S. 299).

➤ Die tollsten **Ausblicke**: vom Gaularfjell-Aussichtspunkt (S. 300), von der Bergstation des Loen Skylift (S. 303), vom Videseter-Hotel zum Hjelle-Tal (S. 307), vom Dalsnibba in den Geirangerfjord (S. 309), vom Westkap auf den offenen Atlantik (S. 320).

➤ Die schönsten **Schiffstouren**: Fähr- oder Sightseeingfahrt über den Geirangerfjord (S. 311), Bootsfahrt über den Lovatn (S. 304).

Am Nordrand des Gebirgs- und Gletschermassivs erstreckt sich der **Nordfjord**, auch als „Fjord mit den sieben Flüssen" bekannt. Zum eigentlichen Fjord zählt auch dessen Hinterland: mit mehr als 500 Seen und Flüssen ein Paradies für Kanuten, Rafting-Fans und vor allem Angler. Der Nordfjord war schon im frühen 19. Jh. ein attraktives Reiseziel für englische Adlige, die hier Lachse fischten. Während man in den Binnenseen überaus wohlschmeckende Forellen und Saiblinge fängt, finden Meeresangler im äußeren Gebiet des Nordfjords perfekte Bedingungen vor, hier kommen große Dorsche, Steinbutt oder Seeteufel an den Haken.

Wege zum Nordfjord

Vom Sognefjord her kommend, gibt es im Wesentlichen **zwei Wege zum Nordfjord**:

- Der eine ist der Rv. 5, der ab Sogndal (S. 291) auf die Gletscherzunge **Bøyabreen** zu und durch den langen **Fjærlandstunnel** führt.
- Der andere ist der Fv. 13, der ab Balestrand und Dragsvik (S. 297) auf gewundener Strecke an zwei Fjordarmen entlang zum Binnensee **Haukedals Vatn** und an den Wasserfällen Vallestadfoss und Huldrefoss vorbeiführt. Unterwegs stellt nach dem Serpentinenanstieg auf das **Gaularfjell** ein 2016 fertiggestellter **Aussichtspunkt** („Utsikten") ein modernes Highlight dar. Direkt neben der Straße, 700 m über dem Tal und umgeben von 1.500 m hohen Bergen, ragt ein 850 m² großes Betondreieck in die Luft, dessen drei Ecken spektakulär nach oben zeigen. Die Frage dürfte schwer zu beantworten sein, was atemberaubender ist: das Bauwerk oder die Aussicht!

Wandertipp

Über den Wasserfallpfad

Einen herrlichen Wanderweg zum Bestaunen dieser Naturwunder findet man in **Viksdalen**. *Der 22 km lange* **Fossestien** *(= Wasserfallpfad) entlang des Flusses Gaula ist einzigartig in Norwegen, er beginnt am Fv. 13 direkt an einer „Erlebnisbrücke", die 2005 eröffnet wurde und einen vom Parkplatz über den Likeholefossen zum Wanderweg leitet. Dieser kann am Stück, als Teilstrecke oder als geführte Tour zurückgelegt werden; es gibt auch mehrere alternative Startpunkte, die unterwegs beschildert sind. Wer den Pfad komplett erwandert, kommt z. T. über Holzbohlen, Brücken und Treppen an nicht weniger als 14 eindrucksvollen Kaskaden vorbei und versteht, warum die Region* **Sunnfjord** *als* **„Land der Wasserfälle"** *gilt. Weitere Infos unter www.sunnfjord.no.*

Vor **Moskog** zweigt man auf der E 39 nach Norden ab, folgt dem Verlauf des Flusses Jølstra und erreicht, wie der Rv. 5, schließlich den schmalen, fjordähnlichen See **Jølstravatnet**. Zur Europastraße gibt es eine schmale Alternative am südlichen See-

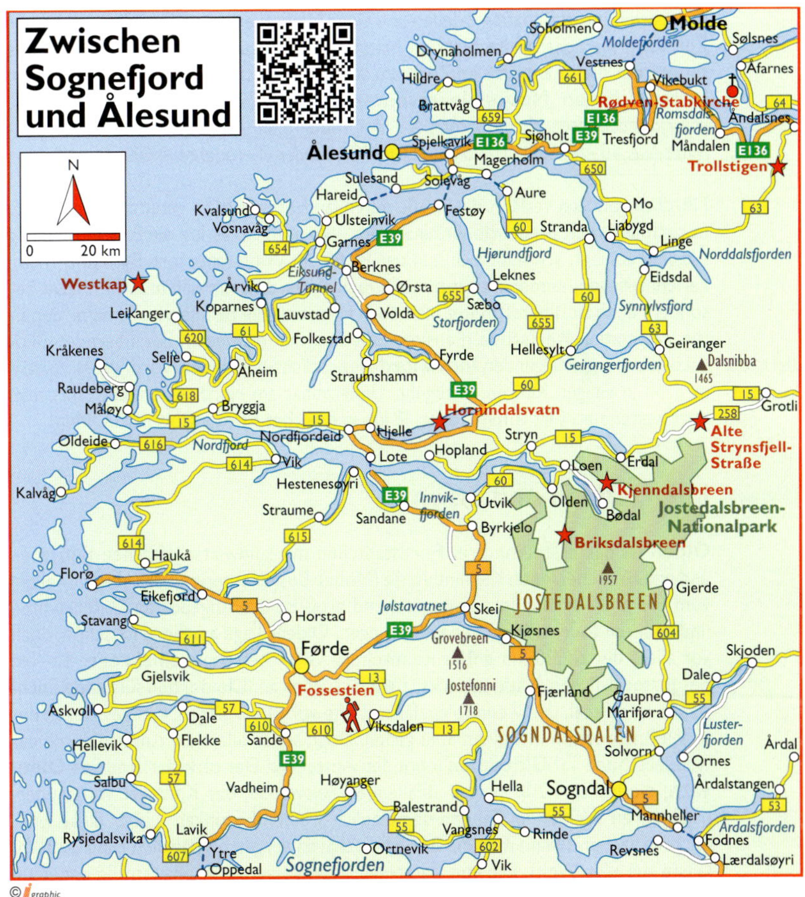

© graphic

ufer entlang. Dort sieht man die Hofanlage **Astruptunet**, wo der bekannte Landschaftsmaler Nikolai Astrup (1880–1928) den größten Teil seines Lebens verbrachte; heute ist darin eine Galerie mit Kunstmuseum untergebracht *(www.sfk.museum.no)*. Bei der Kirche von **Helgheim** bietet sich ein toller Blick auf den Jostedalsbreen.

Beide Straßen treffen sich in **Skei**, einem alten Web- und Kunsthandwerkszentrum mit Supermarkt, Hotel und Campingplatz. Direkt an der E 39 liegt **Audhilds Vikens Vevstove**, ein großer Laden mit Souvenirs und typisch norwegischen Strickwaren sowie Cafeteria im 1. Stock. Bei der Weiterfahrt passiert man in **Oppstryn** das lohnende **Jostedalsbreen-Nationalparkzentrum**, einen rustikalen Neubau mit Granitquadern und Grassoden. Hier wird mithilfe eines Panoramafilms, Videos, Modellen und Computerprogrammen Wissenswertes über den Gletscher, seine Schönheit und Gefahren sowie die von Wasser und Eis geformte Landschaft vermittelt. Im Außengelände locken ein schöner Wildblumengarten und ein Geo-

Infozentrum zum Nationalpark

logiepark mit Landschaftsmodellen und einer Mineraliensammlung. Mit etwas mehr Zeit kann man das breite Netz an Naturpfaden nutzen. Und wer es noch etwas sportlicher mag, kann sich im Zentrum auch zu Gletscherwanderungen anmelden. **Jostedalsbreen Nasjonalparksenter**, *Fosnes, 6799 Oppstryn, ☏ 48002997, www.jostedalsbreenadventure.com, tgl. Mai, Mitte–Ende Aug. 10–16, Juni 10–17, Juli–Mitte Aug. 10–18, Sept. 11–15 Uhr, NOK 100, Kinder (4–16 Jahre) NOK 50.*

Nördlich von Skei verläuft die Straße durch landwirtschaftlich genutztes Gebiet, bis es nach und nach wieder höher hinaufgeht. Wo nach ca. 20 km die E 39 in Richtung Ålesund abbiegt, schraubt sich nun der Rv. 60 am Wintersportort **Byrkjelo** (Lifte, Ferienhäuschen) immer weiter hinauf. Obwohl der Pass mit 630 m ü. d. M. nicht besonders hoch ist, überschreitet man doch kurzzeitig die Baumgrenze. Hinter der alten Wegstation **Karistova** (Pension, Cafeteria) hat man einen bezaubernden Blick auf den tief unten liegenden **Innvikford** (der östlichste Arm des Nordfjords), zu dem es dann in einigen Kehren hinabgeht. Unmittelbar am Fjordufer entlang fährt man dort weiter zum Ort **Innvik**, dann 18 km in östlicher Richtung bis nach Olden.

Aussicht auf den Innvikfjord

Loen, Olden und Stryn

Olden ist das erste von drei Fjordstädtchen mit landwirtschaftlichen Betrieben und einer bescheidenen Kleinindustrie (Möbel, Buskarosserien), das aber vor allem vom Fremdenverkehr lebt. Entsprechend groß ist das Angebot an Unterkünften und anderen touristischen Dienstleistungen. Oldens Lage am Fjord ist schön, doch vor allem der ca. 20 km entfernte mächtige Gletscher **Briksdalsbreen**, ein Teil des Jostedalsbreen-Nationalparks, zieht Besucher an. Die dorthin führende Stichstraße ist schmal, und wenn Kreuzfahrtschiffe vor Olden liegen, kann es wegen der vielen Busse schon mal einen Stau geben. Doch schon allein die Anreise durch das wunderschöne Tal **Oldedalen** lohnt den Abstecher. Der türkisfarbene See **Oldevatn**, die bis zu 1.200 m steil abfallenden Felswände, der Kontrast von grünen, fruchtbaren Weiden im Tal und den bläulich-weißen Eiszungen – über diese wunderbare Szenerie kann man die Besucherscharen vergessen (jährlich rund 300.000 Gäste aus aller Welt). Die von Campingplätzen gesäumte Asphaltstraße endet am Parkplatz neben dem Gasthof „Briksdalsbreen Fjellstove Restaurant & Café" samt Souvenirladen (Mitte April–Mitte Okt.). Zur eigentlichen Attraktion wandert man von hier aus in ca. 1 Std. über einen ca. 2 km langen Schotterweg mit leichtem Anstieg. Da der Weg ein Wildwasser neben einem schäumenden Wasserfall überquert, sollte man Regenkleidung dabeihaben (oder den Sprühregen in Kauf nehmen). Die Möglichkeit einer bequemen Kutschfahrt ist zwar abgeschafft worden (obwohl das Motiv noch viele Postkarten ziert), stattdessen können sog. „Troll-Autos" bestiegen werden, die zwischen Gasthof und oberem Parkplatz pendeln. Aber alle müssen sich auf den letzten 200 m hinauf zum Gletschersee dann doch noch etwas anstrengen. Dort sieht man die Gletscherzunge, die sich allerdings in den letzten Jahren erheblich zurückgezogen hat. Aufgrund des Gletscherrückgangs sind auch viele Aktivitäten, die früher angeboten wurden (z. B. Paddeltouren auf dem Gletschersee, geführte Gletscherwanderungen) stark eingeschränkt worden. Nachdrücklich gewarnt sei vor gefährlichen Klettertouren auf die Gletscherzunge zu, die entsprechenden Hinweisschilder sollten unbedingt beachtet werden!

Rückgang der Gletscherzunge

Reisepraktische Informationen Olden

Unterkunft

Olden Fjordhotel *€€€€, 6788 Olden, ☎ 57870400, www.olden-hotel.no. Modernes Haus in Hanglage am Fjord zwischen Loen und Olden gelegen, 60 gut ausgestattete Zimmer, alle mit Fjordblick, Restaurant, Bar.*

Camping

Oldevatn Camping, *6788 Olden, ☎ 57875915, www.oldevatn.com. 4-Sterne-Campingplatz in idyllischer Lage am See Oldevatn mit Kiosk, Rezeption, Aufenthalts- und Fernsehzimmer, Hüttenvermietung. Verkauf von Angelkarten und Angelausrüstung.*

Aktivitäten

Zu den populärsten Outdoor-Erlebnissen in dieser Region gehören Gletscherwanderungen auf dem Bødalsbreen und Briksdalsbreen, Sommer- und Winterski, Bergwanderungen, Rafting- und Kajak-Touren sowie der Klettersteig auf den Hoven (s. u.). Infos bei den Touristenbüros oder unter www.briksdaladventure.com.

Steilste Seilbahn der Welt

Auf schöner Strecke am Innviksfjord entlang geht es 6 km weiter nach **Loen**, deutlich kleiner als Olden und beherrscht von dem ausladenden Hotel Loenfjord am Fjordufer und dem erstklassigen Hotel Alexandra. In dessen Nachbarschaft befindet sich seit 2017 die Talstation des **Loen Skylift**, der steilsten Seilbahn der Welt. Nur ca. 6 Minuten brauchen die beiden Gondeln (jeweils für 45 Personen), um die gut 1.000 m Höhendifferenz hinauf zum **Hoven** zu überwinden – ein atemberaubendes und leider auch ziemlich teures Vergnügen. Zusammen mit der Seilbahn wurde auf dem Gipfel das hypermoderne und architektonisch spektakuläre Gipfelrestaurant Hoven (seit 2019 mit Café) eingeweiht, das vom Hotel Alexandra betrieben wird. Die spannende Fahrt lohnt sich nicht nur der Aussicht wegen – oben kann man Bergwanderungen unternehmen und im Winter alpinen Skilauf auf den anspruchsvollen Pisten des Breogfjell oder Skredfjellet betreiben.
Loen Skylift, *Loen, Rv. 60, ☎ 57875900, www.loenskylift.no, ganzjährig je nach Saison Betrieb 9–19.30/23 Uhr; Hin- u. Rückfahrt NOK 520 (Kinder NOK 270).* **Hoven Restaurant & Taket Kafe**, *www.loenskylift.com/restaurant.*

Naturkatastrophen

Ansonsten gibt es in Loen keine eigentlichen Sehenswürdigkeiten, sieht man einmal von dem weißen Holzkirchlein am Hang ab. Dessen Plakette erinnert an die 135 Todesopfer, die zwei fast identische Naturkatastrophen in den Jahren 1905 und 1936 forderten. Beide Male stürzten riesige Felsblöcke vom Gebirge Ramnefjell in den See Lovatnet hinab und eine über 6 m hohe Flutwelle begrub die Dörfer Nesdal und Bødal unter sich. Die sog. „Lodal-Unglücke" sind tief im Bewusstsein nicht nur der Lokalbevölkerung verankert. Der alles überragende Gipfel bei Loen ist der 1.848 m hohe **Skåla**, „Norwegens höchster Gipfel, dessen Fuß im Wasser steht". Man erkennt ihn (übrigens auch von der Straße zum Briksdalsbreen aus) an seinem runden Turm, den man 1891 aus Granitquadern errichtete. Das Gemäuer mit seinen 22 Schlafplätzen und einer Cafeteria, sicher eine der ungewöhnlichsten Hütten weltweit, ist ein beliebtes Ziel von Bergwanderern.

Auf den Skåla und Hoven : zwei spektakuläre Wanderungen

In Olden und Umgebung locken zwei Bergwanderziele mit Suchtfaktor: erstens der Gipfel des 1.848 m hohen **Skåla**, *der auf einer Ganztagestour über einen alten Fuß-*

Bergwandern

steig und Steintreppen bewältigt werden kann. Startpunkt der Tour ist in Tjugen, ca. 2 km von Loen entfernt; dort gibt es auch eine Infotafel zur Bergwanderung. Der Weg, bestens markiert und in einem gutem Zustand, ist für alle durchschnittlich trainierten Wanderer zu schaffen. Auf dem Gipfel warten ein Turm mit Übernachtungsmöglichkeit sowie eine grandiose Aussicht auf Fjord, Berge und Gletscher. Der härteste Berglauf Nordeuropas, der „Skala Opp" hinauf zum Gipfel, findet übrigens hier im August statt. Einen Adrenalin-Kick verspricht ebenso die Tour auf den 1.011 m hohen Gipfel des **Hoven**. *Der 2013 eingerichtete* **Klettersteig Via Ferrata** *beginnt an der Marina des Hotels Alexandra in Loen und führt steil in die majestätische Bergwelt, wobei man in 750 m Höhe eine 120 m lange Hängebrücke über eine tiefe Schlucht bezwingt. Auf dem Rückweg kann man die Gondel des Loen Skylift (s. o.) benutzen. Infos unter www.loenactive.no.*

Reisepraktische Informationen Loen

Unterkunft

Hotel Alexandra *€€€€€, 6789 Loen, ☎ 57875000, www.alexandra.no. Erstklassiges Hotel in einem einfallslosen 1960er-Jahre-Bau, aber mit tollen Einrichtungen und fantastischer Lage mit Blick auf den Fjord und die Bergspitze Skåla. Repräsentative Lobby, 191 gut ausgestattete Zimmer, Restaurant mit grandiosem Büfett, Bar, Weinkeller, Souvenirladen, Dachgarten, Terrasse und Garten. Zum Spa-Angebot gehören u. a. ein Innen- und Außenpool und Sauna, Fahrradverleih.*

Hotel Loenfjord *€€€€, 6789 Loen, ☎ 57875700, www.loenfjord.no. Gegenüber dem Alexandra direkt am Fjord und am rauschenden Wildwasser gelegenes 3-Sterne-Touristenhotel mit 122 gut ausgestatteten Zimmern. Fantastisches Büfett im Restaurant Karjolen, Bar, Lounge, Boots- und Fahrradverleih. Rabatt auf die Nutzung der Einrichtungen im Alexandra. In der Hauptsaison oft restlos von Reisegruppen belegt.*

Wie in Olden gibt es auch in Loen ein idyllisches Tal, einen See, eine schöne Panoramastraße und eine Gletscherzunge. Das Tal heißt **Lodalen** und der Gletscher **Kjenndalsbreen**, die niedrigste Zunge des riesigen Jostedalsbreen. 17 km von

Gletschersee und -zunge

Loen entfernt kommt man zu einem Parkplatz, von dem man in nur ca. 20 Minuten bis zur Gletscherstirn wandert. Der See mit milchig-trübem Gletscherwasser, den man vorher passiert, ist der **Lovatn**, an seinem Ufer liegt das Café Kjenndalstova (mit Kiosk und Souvenirshop, geöffnet Mai–Sept.), von dem aus Bootstouren über den See organisiert werden.

Hinweis

Der **Kjenndalsbreen** *ist zwar auch gut besucht, aber nicht so populär wie der Briksdalsbreen, obwohl er sich genauso schön und majestätisch präsentiert. Er kann daher als Tipp für alle gelten, die dem ganz großen Trubel aus dem Weg gehen möchten. Vor 9 und nach 19 Uhr ist man aber auch am* **Briksdalsbreen** *ziemlich allein. Campingurlauber finden kurz vor den jeweiligen Parkplätzen am Ende der Stichstraße rustikale, aber wunderschöne Stellplätze für Zelte und Wohnmobile.*

Auch in Norwegen: die Gletscher schmelzen

info

Die Gletscher im Westen des Landes haben in den letzten Jahren und Jahrzehnten deutlich an Eismasse zugenommen, während die ostnorwegischen Gletscher schlanker geworden sind. Der bekannte **Briksdalsbreen**, Nebengletscher des **Jostedalsbreen**, stieß 1992–1998 ganze 322 m vor, das waren 18 cm täglich. Der im Osten Norwegens im Jotunheimen-Massiv liegende **Gråsubreen** schrumpfte dagegen in den letzten drei Jahrzehnten um eine Wassermenge, die einem See mit der Fläche des Gletschers und einer Tiefe von 7 m entspricht. Auch der bekannte **Svartisen** verliert deutlich an Masse. Insgesamt stellen die Forscher einen dramatischen Gletscherschwund fest. Nicht nur die vielen kleinen Gletscher mit bis zu 25 km² Größe, sondern auch elf der 34 größten Gletscher werden verschwinden, was nicht ohne Auswirkungen auf Gewässer, Pflanzen, Tiere, die Landwirtschaft und den Tourismus bleiben wird.

Scheinbar im Widerspruch zu allen Meldungen über die weltweite Klimaerwärmung **wuchsen die Gletscher an der norwegischen Westküste** vor einigen Jahren rekordartig! Interessanterweise liegt der Grund für dieses Wachstum der Gletscher aber genau in der allgemeinen Erderwärmung. Denn durch die höheren Temperaturen hat die Verdunstungsfeuchtigkeit der Ozeane weltweit zugenommen, was zu höheren Niederschlägen führte. In Westnorwegen gab es außerdem in den vergangenen Jahren verhältnismäßig milde Winter, die den westlichen Berghängen reiche Schneefälle bescherten. Wenn in der sog. Akkumulationszeit von Anfang Oktober bis Anfang April mehr Schnee fällt als in den fünf wärmeren Monaten abschmilzt, nehmen die Eismassen der Gletscher zu und sie geraten in Bewegung, was bei kürzeren und steileren Gebirgsgletschern innerhalb weniger Jahre geschehen kann. „In den letzten tausend Jahren gab es eine vergleichbare Akkumulation nur in der sog. ‚Kleinen Eiszeit' vom Ende des 17. bis zum Anfang des 18. Jh.", meint der Geograf Atle Nesje von der Universität Bergen, der Touristen zur Vorsicht mahnt, sich auf das Firneis der Gletscherzungen zu wagen. **Vorsicht** also vor **abbrechenden Eisbrocken bei Wanderungen** oder beim beliebten **Fotoshooting am Fuß der Gletscherstirn**.

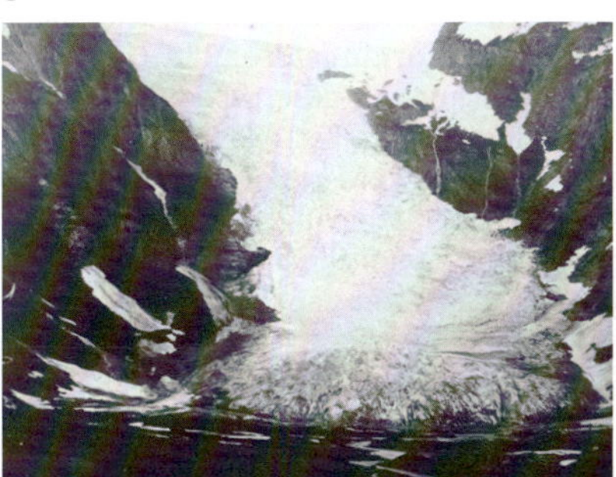

Der Bøyabreen im Jahr 1886 und heute

13 km von Olden entfernt, am Nordufer des Innvikfjords und an der Kreuzung der Straßen 60 und 15, liegt **Stryn**. Mit etwa 3.000 Einwohnern darf sich der Ort stolz „das Herz des inneren Nordfjordgebiets" nennen und ist mit seinen Institutionen, Läden und Schulen tatsächlich das administrative, kulturelle und wirtschaftliche Zentrum der Region. Zu den beiden Ausläufern des Jostedalsbreen braucht man von hier aus zwar etwas länger, dafür gibt es aber mehr und auch preisgünstigere Übernachtungsmöglichkeiten.

Reisepraktische Informationen Stryn

Information

Visit Nordfjord, *Perhusvegen 24, 6783 Stryn, ☎ 57874054, www.nordfjord.no.*

Busse

Der Zentralort Stryn hat gute Busverbindungen zu den anderen Orten der Region und per Expressbus jeweils 3-mal tgl. nach Oslo und Bergen sowie 2-mal tgl. nach Trondheim. Infos unter www.fjord1.no und www.kringom.no.

Camping

Stryn Camping, *Bøavegen 6, 6783 Stryn, ☎ 57871136, www.stryn-camping.no. Campingplatz in der Ortsmitte von Stryn mit 24 Hütten, Kiosk, Minigolf, Waschmaschine und Trockner. Bequemer Fußweg zur Sport-/Schwimmhalle des Ortes.*

Rundfahrt ab/bis Stryn

Ab/bis **Stryn** ist eine interessante Rundfahrt möglich, die die folgenden Sehenswürdigkeiten und weitere Naturschönheiten kombiniert. Dazu folgt man dem Rv.15 zunächst in westlicher Richtung und erreicht 20 km hinter Stryn den **Hornindalsvatn**, den mit 514 m tiefsten Binnensee Europas. An seinem Ostufer zweigt man auf den Rv.60 nach Norden ab und durchquert ein fruchtbares Gebiet sowie die Ortschaft **Hornindal** (Landwirtschaft und Kleinindustrie). Die Straße folgt dem Verlauf des gleichnamigen Tals, das anschließend in das Langdal übergeht. Immer wieder, z.B. an der 1810 erbauten Honndøla-Brücke, hat man hier einen schönen Blick auf den **Hornindalsrokken** (1.529 m ü.d.M.), ein beliebtes Wanderziel für Leute mit guter Kondition. Vom Gipfel aus hat man eine schöne Aussicht über große Teile der Provinzen Nordfjord und Sunnmøre. Am Ende des Langdales geht es hinunter nach **Hellesylt** am Sunnylvsfjord, ein geschichtsträchtiges Städtchen mit netter Holzhausarchitektur und einem schäumenden Wasserfall. Von hier aus nimmt man die Autofähre nach **Geiranger** und fährt ab dort auf dem Fv.63 südwärts zum Dalsnibba und über Grotli oder den Tunnel zurück nach Stryn. Bei frühzeitigem Aufbruch ist diese Rundfahrt, die natürlich auch in umgekehrter Reihenfolge durchgeführt werden kann, an einem Tag zu schaffen, allerdings sollte die Fährpassage Hellesylt – Geiranger in der Hauptsaison vorgebucht werden.

Über das Strynsfjell nach Geiranger oder Grotli

Von Stryn aus verläuft der Rv. 15 in Richtung Strynsfjell in östlicher Richtung, wobei das Gelände etwas ansteigt. Man erreicht den Süßwassersee **Strynsvatn**, dessen Wasser sich im Sommer auf 17–18 °C erwärmen kann und in dem Forellen geangelt werden. An seiner Südseite erheben sich bis zu 1.900 m hohe Berge, deren Gipfel stark vergletschert sind. Am östlichen Ende des Sees unterquert die Hauptstraße durch einen Tunnel den kleinen Ort **Hjelle**, wenn man aber vorher dorthin abbiegt, sieht man dessen schöne Holzhausbebauung mit dem charmanten Hotel und gelangt später auf den Rv. 15 zurück.

Dieser führt weiter aufwärts durch das enger werdende Hjelle-Tal und bald schon ändert sich der Landschaftscharakter, karge Fjell- und Firnflächen bestimmen das Bild. An der ersten Brücke sollte man anhalten und über deren daneben liegende Vorgängerin gehen, die **Jøl-Brücke** von 1883, ein Meisterwerk aus Granitgneis. Der Blick in die schmale, 60 m tiefe Schlucht hinunter zum Wildwasser ist atemberaubend. Einige Kehren weiter oben lohnt ein weiterer Fotostopp, wo der Wasserfall **Buldrefossen** („Donnerfall") sich direkt neben der Straße durch die Felswände zwängt. Sofort dahinter muss man sich entscheiden: Fährt man über die 1977 eingeweihte, aus zwei langen Tunneln bestehende und ganzjährig befahrbare Strecke oder wählt man die alte Straße? Bei nur wenig Zeit und schlechten Witterungsverhältnissen sollte man den zum See **Djupvatn** (s. u.) führenden Rv. 15 nehmen, der nach 14 km bei Langevatnet auf den Fv. 63 nach Geiranger abzweigt.

An der Jøl-Brücke

Lohnender ist jedoch die **Alte Strynsfjell-Straße** (Gamle Strynefjellsveg, Rv. 258), die nur im Sommer befahrbar ist und 1894 eröffnet wurde. Die Straße auf dem wüstenhaften Hochplateau mit Schneewänden noch im Sommer und eisigem Wind wurde ohne moderne Hilfsmittel errichtet (jeder Stein auf der 27 km langen Strecke bis Grotli ist von Hand zugehauen und auf dem Rücken hierhergeschleppt worden) und man kann nur Hochachtung vor der Arbeit der Straßenbauer empfinden. Die Straße selbst ist kurvenreich, eng und unasphaltiert – sicher nicht jedermanns Sache, und vor allem Fahrer von Wohnanhängern sollten sich die Strapaze gut überlegen. Die grandiose Natur auf dem **Strynsfjell** entschädigt aber für die mühsame Fahrerei! Vom Abzweig der Tunnelstraße Fv. 63 schraubt sich der Rv. 258 zunächst zum Hochgebirgshotel **Videseter** mit Cafeteria, Restaurant und Souvenirshop hinauf (Parkgebühr). Das Hotel, an dem es einen 5-Minuten-Fußweg zur Aussichtsplattform über der oberen Kante des beeindruckenden Wasserfalls **Videfoss** gibt, wurde 1905 in Fertigteilen heraufgebracht und diente bis 1930 als staatliche Herberge für Reisende. Der Blick vom Videseter-Hotel hinunter ins Hjelle-Tal, zu zwei Gletscherzungen und zu den Gipfeln Skåla (1.848 m), Nuken (1.832 m) und Kvitlenova (1.898 m) ist sagenhaft. Hinter Videseter steigt die Straße noch in einigen Kehren weiter an,

Auf Serpentinen zum Sommerskigebiet

folgt dem Tal Videdalen und erreicht schließlich den Gletscher **Tystigbreen**. Bis in den Hochsommer hinein reichen die Schneewände direkt bis an den Straßenrand. So ist hier das bedeutendste **Sommerskizentrum** in Nordeuropa (Lifte, Cafeteria, Skiverleih, großer Parkplatz) entstanden.

Verkehrsknotenpunkt in der Wildnis

Weiter geht die Strecke über die majestätische Weite des baumlosen Fjells, vorbei am See **Langvatn**, der meist von einer Eisschicht bedeckt ist, und erreicht 12 km vor Grotli mit 1.139 m ü. d. M. ihren höchsten Punkt. Danach geht es stetig bergab, die ersten Krüppelbäume zeigen sich und bald auch die ersten Ferienhäuschen. In **Grotli**, einem Verkehrsknotenpunkt mit Tankstelle, Cafeteria und Hotel, stößt man auf den Rv. 15, der einen ostwärts nach **Otta** bringt (S. 380) und westwärts nach Stryn bzw. **Geiranger**. Dabei fährt man auf bequemer Trasse ohne große Steigungen oder Kurven, vorbei am See Breidalsvatn bis nach Langevatnet, wo man wieder den Fv. 63 erreicht. Möchte man nach Geiranger, bleibt der Fv. 63 richtungsweisend. Er führt geradewegs in ein weites, von schneebedeckten Bergen umringtes Tal, dessen Boden vom schwarzen Wasser des **Djupvatn** (s. u.) ausgefüllt ist.

Zwischen Nordfjord und Storfjord: Fjelle, Fjorde, Panoramen

Dalsnibba, Geiranger und Geirangerfjord

Der **Geiranger** wird als das größte Wunder im Fjordland gerühmt – ein tiefblauer Fjord inmitten einer fruchtbaren grünen Landschaft, umringt von majestätischen, schneebedeckten Gipfeln und bestückt mit herrlichen Wasserfällen. Kein Wunder, dass der Geirangerfjord seit 2005 zusammen mit dem Nærøyfjord auf der **UNESCO-Welterbeliste** steht, als Begründung wird deren „außergewöhnliche natürliche Schönheit" hervorgehoben. Der südlichste Fjordarm des Storfjords ist von seinem Ende in Geiranger bis zur Mündung in den Synnylvsfjord nur 16 km lang, aber durch seine Enge und die vielen Biegungen (altnorweg. *geir angre* = im Zickzack gehen) unverwechselbar. Entsprechend früh wurde er vom internationalen Fremdenverkehr entdeckt: Schon Mitte des 19. Jh. kamen englische und deutsche Touristen auf Schiffen hierhin. Heute hat der Fjord seinen festen Platz auf den Routen der Kreuzfahrtschiffe – mehr als 150 Anläufe zählt man in der kurzen Saison. Die 2019 beschlossenen Umweltschutzregeln könnten diese Zahl drastisch reduzieren, Die Bestimmungen werden 2022 und 2025 verschärft, und ab 2020 sollen dann gar keine mit Schweröl betriebenen Schiffe im Geiranger- und Nærøyfjord in den Fjorden mehr erlaubt sein.

Blick vom Dalsnibba zum Fjord

Der Dalsnibba

Hoch über dem Fjord thront der **Dalsnibba** mit dem abgeflachten Gipfel 1.465 m über dem Meer, und das Besondere: Er kann auf einer schwindelerregenden Straße mit Bus oder Pkw „bezwungen" werden. Dieser mautpflichtige (NOK 130), unasphaltierte Serpentinenweg, der **Nibbevei**, zweigt vom Fv. 63 in grandioser subarktischer Umgebung ab, und zwar am **Djupvatn**, dem „tiefen See", auf dessen schwarzem Wasser auch im Sommer noch kleine Eisschollen treiben. An seinem Westende liegt der Berggasthof **Djupvasshytta** in rund 1.040 m Höhe, gegenüber befindet sich die Mautstation. Der Nibbevei wurde 1936–1939 gebaut, ist 5 km lang, hat teilweise 12,5 % Steigung und führt in zehn Kehren bis zum Parkplatz und zur Aussichtsplattform samt Flaggenmast hinauf – immerhin der höchste auf einer Autostraße erreichbare Punkt in Norwegen! Bei gutem Wetter hat man vom Gipfel einen fantastischen Blick auf die Bergwelt, das gewundene Band der Straße, die noch vor einem liegt, sowie das Geirangertal mit dem Fjord. Sollte es sehr windig sein (fast immer!), kann man Zuflucht in dem modernen Servicegebäude (mit Souvenirshop, Ausstellungen über den Straßenbau und großem Panoramafenster) suchen. Und kaum jemand verlässt diesen besonderen Ort, ohne eine kleine Steinpyramide zu errichten.

Prächtigste Aussicht des Fjordlands

Die Straßen zum Fjord

Die Straße 63 hinunter zum Fjord, genannt **Geirangerweg** (Geirangervegen), ist zwar asphaltiert, aber sehr eng und genauso spektakulär wie der Nibbevei. Sie ist ein Meisterwerk norwegischer Ingenieurskunst, gebaut in den Jahren 1881–1889 auf einer Länge von 38 km (Grotli – Geiranger), von Hand und ohne Maschinen! Nicht umsonst erhielt das Modell dieser Straße auf der Weltausstellung in Paris 1900 eine Goldmedaille. Der Abstieg beginnt an der **Djupvasshytta** (s. o.) und zunächst flankieren auch im Hochsommer noch Schnee- und Firnfelder den schmalen Weg. Ein kleiner Hinweis bringt Fußgänger zu einer **Gletschermühle** *(Jettegrytte)*, die knapp 10 m tief in den Fels gegraben wurde. Von hier oben sind es noch 17 Straßenkilometer zum in Luftlinie nur 7 km entfernten Ort, wobei die 1.000 m Höhendifferenz mit 8–10 % Gefälle und in 20 Haarnadelkurven bewältigt werden. Sehr schön zu erkennen ist die Abfolge verschiedener Landschaften, vom lebensfeindlichen Hochplateau bis zu den fruchtbaren Weiden am Fjord. Insgesamt drei Talstufen werden dabei passiert, eine größer und fruchtbarer als die andere – bisweilen sieht man verlassene Almen und immer wieder gischtsprühende mächtige Wasserfälle. Den besten Panoramablick auf den Fjord bietet der Felsvorsprung **Flydalsjuvet** (Aussichtsplattform), dessen Parkplatz aber leider häufig überbelegt ist. In seiner Nähe passiert man auch den gemauerten **Knuten** (= Knoten), einen befahrbaren Teil des ursprünglichen Geirangerwegs von 1889.

Bravourstücke der Ingenieurskunst

Hinter dem Aussichtspunkt kündigt sich mit dem Fjordcenter, der Kirche und den ersten Hotels die Ortschaft Geiranger (s. u.) an, auch wenn es noch einige Kehren bis zur Fährstation sind. Sollten Sie unten die Fähre nach Hellesylt benutzen, aber noch eine knappe Stunde Zeit haben, lohnt es sich unbedingt, dem Fv. 63 weiter zu folgen und auf der anderen, nördlichen Seite wieder etliche Haarnadelkurven hinaufzufahren. Dies ist der berühmte, 1954 fertiggestellte **Adlerweg** (Ørneveien), der fast 9 km lang bis Korsmyra reicht (elf Kehren, Gefälle 10 %). An einer Stelle gibt es die moderne Aussichtsplattform **Ørnesvingen**, die den besten Blick auf den Geirangerfjord mit den „Sieben Schwestern“, der „Kanzel“ und das Berggehöft **Knivsflå** freigibt. Im weiteren Verlauf bringt einen der Fv. 63 übers Gebirge zum Norddalsfjord und auf dem anderen Ufer zum berühmten Trollstigen (S. 313).

Wandertipp

In und um Geiranger sind wunderbare Wanderungen möglich, die nicht allzu viel Zeit in Anspruch nehmen und auf denen man die Berg- und Fjordlandschaft abseits der Verkehrsstraßen erleben kann. Das Touristenbüro hält eine Broschüre mit 13 unterschiedlichen Wanderwegen bereit (auch in deutscher Sprache), die zwischen 15 Minuten und 2,5 Stunden dauern. Besonders schön ist der Weg hinauf zum ***Storseterfoss****, einem Wasserfall, den man auf einem schmalen Steig zwischen Fels und Wasser von hinten betrachten kann.*

Geiranger

Lohnende Ausstellung

Geiranger hat nur etwa 250 Einwohner, doch im Sommer ist es ein überlaufener Fremdenverkehrsort mit jährlich 600.000 Besuchern, einigen Hotels, Hütten und Campingplätzen sowie wenigen Parkmöglichkeiten. Kaum ein Kreuzfahrtschiff, das nicht im Fjord vor Anker geht. Doch es ist der Weg und nicht so sehr das Ziel, das sich im Falle des Fjordorts lohnt. Das Dorf beginnt bereits weit oben, gut 4 km vor dem Fjord. Zu den Attraktionen, an denen man auf dem Fv. 63 vorbeikommt, gehört das **Fjordcenter**, ein 2002 eröffnetes, architektonisch anspruchsvolles Gebäude, das über dem Wildwasser Storelva errichtet ist. Hier wird man in einer Multimediashow und mittels Dokumentationen umfassend über die Geschichte, das Leben und Wirken der Fjordleute unterrichtet, ihren Alltag, ihre Feste, ihre Höfe und ihre Boote. Weitere Abteilungen sind Flora und Fauna, den Naturkatastrophen im Fjordland und dem Straßenbau gewidmet.
Geiranger Fjordsenter, *Gjørvahaugen 35, ☎ 70263810, www.fjordsenter.com, Mai–Sept. tgl. 9–18, sonst 10–15 Uhr, NOK 130, Kinder NOK 70.*

Auf der Fahrt zum Fjord passiert man die hübsche, achtkantige **Geiranger Kirke** von 1842 (in der Saison für Besucher geöffnet) und gelangt schließlich ins „Zentrum“, das eigentlich nur aus der Fährstation mit Parkplatz, einem Campingplatz, Souvenirgeschäften, Hotels, Kiosken und dem Wasserfall Storfossen besteht. Bei der Touristeninformation sollte man sich über Wandermöglichkeiten in der Nähe erkundigen, hier und bei den Büros der Veranstalter kann man Fjordkreuzfahrten, „Flightseeing“ mit Wasserflugzeugen oder geführte Kajaktouren buchen. Die Autofähre nach Hellesylt (im Sommer tgl. bis zu 10 Abfahrten) ist wegen der herrlichen Strecke stark nachgefragt, in der Hauptsaison ist eine Reservierung ratsam.

Der Geirangerfjord

Reisepraktische Informationen Geiranger

Information

Geiranger Turistkontor, *Geirangervegen 2 (Fährhafen), 6216 Geiranger, ☎ 70263099, www.fjordnorway.com/geiranger/, Mitte Mai–Mitte Sept. 9–19, sonst 10–16 Uhr.*

Unterkunft

Union Hotel €€€€€, *Rv. 63, Geiranger, ☎ 70268300, www.hotelunion.no. 1 km von der Ortsmitte in Richtung Dalsnibba gelegenes First-Class-Hotel mit fast 120-jähriger Tradition, zuletzt 2007 komplett renoviert, 197 Zimmer mit allen Annehmlichkeiten, Innen- und Außenpool. Mehrere Restaurants (Restaurant Fjorden mit opulentem Büfett) und Bars, Terrasse mit toller Aussicht. Exquisite Sammlung von Oldtimern, mit denen Gäste mit auf Sightseeingtour genommen werden, breites Ausflugsangebot.*

Hotell Geiranger €€€€, *Geiranger, ☎ 70263005, www.hotel-geiranger.no. Komfortables Hotel, im Ortszentrum, nur wenige Schritte vom Fähranleger entfernt. 151 gut eingerichtete Zimmer, die meisten mit Fjordblick, viele auch mit Balkon. Zwei Restaurants, Salon, gemütliche Bar, Souvenirladen und Panoramaterrasse mit prächtiger Aussicht.*

Hotel Utsikten €€€€, *Geirangervegen 348, Geiranger, ☎ 70269660, www.classicnorway.com/hotels/hotel-utsikten-geiranger/. Höchstgelegene Herberge des Ortes, 4 km vom Zentrum und 150 m von der Schlucht Flydalsjuvet entfernt. Traditionshaus mit fantastischer Aussicht (Utsikt), 29 komfortabel ausgestattete Zimmer, herrlich gelegenes Restaurant Utsikten, großer Garten.*

Westerås Gard €€€, *Geirangervegen 320, Vesterås, ☎ 92649537, www.fjordnorway.com/geiranger/westeras/. Rustikaler Almbetrieb 4 km vom Zentrum hoch über dem Fjord. Vermietung von Hütten und acht unterschiedlich großen Wohnungen mit Küche und eigener Terrasse. Sehr gutes Bauernrestaurant im Stallgebäude aus dem 17. Jh. Schöne Wanderwege und auf den steilen Hängen der Alm weiden Ziegen, Schafe und Lamas (!).*

Camping

Rund um den Fjord und an der Zufahrt über den Fv. 63 gibt es ein gutes Dutzend **Campingplätze** *und* **Hüttendörfer**, *darunter ein großer, aber oft voll belegter Platz mitten im Ort am Fjordende. Wer es ruhiger mag, sollte zu den Plätzen am westlichen Ufer fahren. Eine schöne Anlage ist auch* **Fossen Camping** *(Geirangerveien 261, ☎ 70263200, www.fossencamping.no) direkt am rauschenden Wasserfall oberhalb des Ortes mit mehreren Hütten unterschiedlicher Kategorie (z. T. mit Dusche, WC, Küche).*

Der Geirangerfjord

Schon der Blick vom Adlerweg oder dem Aussichtspunkt Flydalsjuvet auf den Fjord offenbart dessen einzigartige Schönheit mit ihrem Zusammenspiel von steilen Bergwänden, der gewundenen Wasserstraße und den herabstürzenden Wasserfällen. Diese Aussicht kann aber nicht den Eindruck ersetzen, den man vom Wasser aus gewinnt. Nutzen Sie daher unbedingt die Möglichkeit, den Geirangerfjord zu befahren, sei es auf der Fähre nach Hellesylt, beim Fjordsightseeing mit einem Motorboot oder beim Paddeln mit einem gemieteten Kanu oder Kajak. Auf den ersten 300 m wird man von den Straßen, Hotels und Campinghütten der Ortschaft Geiranger sowie den vor Anker liegenden Kreuzfahrtschiffen begleitet; selbst die

Einzigartige Schönheit

Norwegens meistfotografierter Fjord

riesige „Queen Mary" schaffte es mehrmals, in der engen „Sackgasse" zu wenden. Dann macht der Fjord eine abrupte Biegung und linkerhand schiebt sich die auffällige Felsformation der **Kanzel** (Preikestolen) in den Vordergrund. Schräg gegenüber klebt hoch an der Felswand der verlassene Weiler **Knivsflå** und in seiner unmittelbaren Nachbarschaft stürzen sich die **Sieben Schwestern** (Sju Søstre) in den Fjord; die Wasserfälle sind allerdings nur nach der Schneeschmelze vollzählig.

Gegenüber taucht nun ein anderer berühmter Wasserfall auf, nämlich der **Freier** (Friaren), bei dem das Wasser die Kontur einer Schnapsflasche ausspart. Oberhalb des Freiers sieht man das verlassene Gehöft **Skageflå**, das 1993 berühmt wurde, als Königin Sonja und König Harald hier anlässlich ihrer Silberhochzeit mehr als 30 königliche Gäste zum Lunch empfingen – Normaltouristen können freilich nicht mit dem Helikopter einschweben, sondern müssen sich auf einem sehr steilen Wanderpfad zum denkmalgeschützten Gehöft hinaufarbeiten. Der nächste Wasserfall ist dann zur Rechten der **Brautschleier** (Brudesløret), dessen Wasserführung auch von Niederschlag und Schneeschmelze abhängt. Wenig später erreicht das Schiff die Mündung des Fjords in den ebenfalls schmalen und eindrucksvollen **Synnylvsfjord**, die Fähre biegt hier südlich zur Ortschaft Hellesylt ab, während Sightseeingboote und Kreuzfahrtschiffe weiter in Richtung Storfjord fahren.

Alternative Route

Reisende auf dem Weg nach Ålesund haben in der Fährverbindung Geiranger – Hellesylt eine alternative Route, die Sinn macht, wenn das Etappenziel gleichzeitig auch nördlichster und Wendepunkt der Norwegenreise sein soll. Denn dann könnte man auf dem Rückweg von Ålesund sowohl Trollstigen als auch Åndalsnes besuchen, ohne eine Strecke doppelt zu fahren. Nach Ankunft der Fähre in **Hellesylt** folgt man dem Rv. 60 nach Norden, eine hochgelegte Route, die zwischen zwei Tunneln einen fantastischen Blick auf Geirangerfjord und Synnylvsfjord freigibt (Parkplatz). Nach rund 30 km geht es wieder bergab, auf **Stranda** (Fähre über den Storfjord nach Liabygd) zu, dann erneut ins Gebirge bis auf 530 m Höhe und wieder hinab zum Storfjord. Hier nutzt man die viel frequentierte Fährverbindung **Aursnes** – **Magerholm**. Das jenseitige Ufer liegt schon im Einzugsbereich von **Ålesund**, durch eine landwirtschaftlich genutzte Gegend mit immer dichterer Bebauung fährt man ca. 12 km und stößt dann auf die E 136, auf der noch etwa 10 Minuten bis zum Ziel zurückzulegen sind.

Über den Trollstigen nach Åndalsnes

Vom Fjord zum Fjell

Die 85 km lange Route von **Geiranger nach Åndalsnes** ist für viele Reisende das Highlight ihres Aufenthalts in Westnorwegen. Sie fängt schon spektakulär an, mit der Serpentinenstraße des **Adlerwegs** (Ørneveien, s. o.). Nach 9 km Steigung überquert man ein Fjell, das als Ouvertüre zu den kommenden Eindrücken zu verstehen ist, und folgt dem Fv. 63 anschließend wieder hinab zum **Norddalsfjord**, auch dieser natürlich ein Seitenarm des Storfjords. Man überquert ihn auf einer der häufig verkehrenden Fähren zwischen **Eidsdal** und **Linge**. Bereits in Linge könnte man auf dem Rv. 650 auf Ålesund zufahren und dabei viele Kilometer und Stunden sparen, würde dann aber den Trollstigen verpassen. Diese Nebenstrecke sei nur deswegen erwähnt, weil sie in Kombination mit dem Fv. 63 und der E 39 die Möglichkeit einer Rundfahrt Linge – Åndalsnes – Trollstigen – Linge bietet.

Der Trollstigen

Bleibt man auf der zunächst genannten Route Fv. 63, geht es zunächst nach **Valldal**, einem Zentrum des Erdbeeranbaus (Fruchtstände, Laden mit Erdbeerkonfitüre und -saft). Anschließend führt der Weg immer höher, bis die Baumgrenze überschritten ist und schließlich die ersten Schneefelder sichtbar werden. Nach einer letzten Steigung bis auf 850 m ü. d. M. blickt man die sanfte Neigung hinab zum 2011 völlig neu gestalteten Plateau **Stigrøra** mit einer futuristischen Architektur, neuen Fußgängerwegen, einer gestalteten Wasserlandschaft und modernen Aussichtspunkten (Picknickplätze, Cafeteria, Touristeninformation, großer Parkplatz), Souvenirläden und vielen, vielen Touristen – etwa 600.000 in jeder Saison. Was alle reizt, ist der Blick von der Aussichtsplattform hinab auf die abenteuerlichen Windungen des **Trollstigen** (= Troll- oder Zauberweg, Infos unter *www.trollstigen.net*), der mit elf Kehren und einer Steigung von 12 % bei rund 18 km Länge wohl bekanntesten Serpentinenstraße Norwegens. Den besten Überblick über Gipfel, Tal und die Windungen des Trollstigen hat man von der Aussichtsplattform **Utsikten**, zu der man in fünf Minuten zu Fuß geht. Kaum zu bemerken ist, dass der „Zauberweg" 2005 aufwendig umgebaut und gegen Erdrutsche gesichert wurde, u. a. mit einer neuen Streckenführung im Talbereich.

Abenteuerliche Gebirgsstrecke

Trotz der Verlegung einiger charakteristischer Kurven blieb der ästhetische Gesamteindruck des Trollstigen unverändert, weil man z. B. neue Betonbrücken mit Naturstein verkleidete. Auch die Straßenbreite wurde nicht verändert: Fast nirgendwo ist ein Passieren zweier Busse möglich, wenn sich Busse, Campmobile und Autos mit Wohnanhängern begegnen, sind Ausweichmanöver unvermeidlich, die den nachfolgenden Verkehr aufstauen. Etwa auf halber Höhe überquert die Passstraße den Wasserfall **Stigfoss** mit 180 m Fallhöhe. Und weiße Markierungen an den Felswänden zeigen den Verlauf des früheren Saumpfads **Kløvstien** an, über den vor der Fertigstellung des Trollstigen der Waren- und Personenverkehr abgewickelt wurde – heute ein Wanderweg für alle, die gut trainiert sind oder keine Angst vor Muskelkater haben. Zu beiden Seiten der Serpentinenstraße sieht man markante Berge wie den Bispen (= Bischof), Kongen (= König), Dronningen (= Königin), Karitind und Trolltindene (= Trollzinnen). Angesichts der wilden und märchenhaften Natur ist es leicht zu verstehen, dass viele Flurnamen nach jenen Zauberwesen benannt sind, die die Souvenirindustrie zu Kobolden degeneriert hat, die in Wirklichkeit aber riesenhafte Gestalt haben.

Reihe markanter Berggipfel

Hat man die Haarnadelkurven des Trollstigen „geschafft", kann man an seinem Fuß nochmals das ganze Wunderwerk der Ingenieurskunst betrachten (Parkbucht). Dann führt der Fv. 63 durch das grüne, fruchtbare und z. T. bewaldete Isterdalen, an einigen Campingplätzen vorbei, bis zur **Sogge bru**, wo man auf die E 136 stößt. Auch wenn das Reiseziel Åndalsnes bzw. Ålesund heißt, sollte man am Abzweig zunächst wenige Minuten in Richtung Dombås fahren, denn dort wartet mit den **Trolltindene** (= Trollzinnen) noch ein weiteres Highlight. Sie bekrönen die mächtige, fast 1.800 m hohe **Trollveggen** (= Trollwand), die als die höchste Felswand Europas gilt. Berühmt ist sie wegen ihres 1.000 m hohen, senkrechten Abschnitts (mit einem oberen Überhang von 50 m), der erst 1965 erstmals von Bergsteigern bezwungen wurde. Nach mehreren tödlichen Unfällen wurde es 1986 verboten, mit dem Fallschirm vom Gipfel der Trollwand zu springen. Bester Platz zur Bewunderung des Naturwunders ist der architektonisch anspruchsvolle Haltepunkt direkt an der Straße. Die Gebirgsszenerie gegenüber den Trolltindene ist nicht weniger interessant und vom Parkplatz gut zu sehen. Hier überragt das **Romsdalshorn**, das „norwegische Matterhorn", mit seinem 1.550 m hohen Gipfel die sog. Romsdalsalpen. Das Innere des Berges ist übrigens von Fallrohren durchlöchert, in denen Turbinen die herabstürzenden Wassermassen in Elektrizität umwandeln. Zurück an der Sogge bru sind es auf der Europastraße nur noch 5 km bis zum Etappenziel Åndalsnes (zum Verlauf der E 136 in Richtung Dombås s. S. 381).

Europas höchste Felswand

info

Was sind Trolle?

Trolle (von *trylle* = zaubern) sind im nordischen Volksglauben Dämonen in Riesengestalt. Die übernatürlichen Geschöpfe hatten nach alten Vorstellungen mehrere Köpfe und verkörperten das Böse schlechthin. Mit den Bergtrollen legt man sich auch heute besser nicht an, furchterregend sind die Waldtrolle, während der Nøkk als Süßwassertroll die Menschen gar mit List und Tücke in die Tiefe zieht. Ihre Heimat liegt irgendwo im Norden oder in den Bergen, über ihre Herkunft gibt es unzählige Mythen. Sind sie vielleicht die ungepflegten und missratenen Kinder der Nachkommen von Adam und Eva, die schnell in den Bergen versteckt wurden, als Gott unerwartet zu Besuch kam? Peer Gynt, Ibsens Protagonist und Phantast im gleichnamigen Versdrama, hatte seine liebe Not und Mühe, der Heirat mit der Tochter des „Dovre-Alten", des Trollkönigs, zu entkommen.

Viele Namen erinnern an die übernatürlichen Wesen wie *Trollheimen*, eine Gebirgslandschaft im westlichen Norwegen, oder die berühmten *Trolltindene*, eine Gebirgswand nahe der Stadt Åndalsnes, der *Trollstigveien*, die bekannte Serpentinenstraße, oder Edvard Griegs Heim *Troldhaugen*. Kein Künstler hat die Vorstellung der Norweger von den Trollen so geprägt wie der Zeichner Theodor Kittelsen (1857–1914). Genau genommen gehören Trolle wie die gutmütigen Nisse, die unseren Gartenzwergen ähnlich sehen, ebenso in die große Familie des Huldrefolk wie die verführerischen Hulder mit ihrem Kuhschwanz. Der Julenisse als Weihnachtsmann ist das genaue Gegenteil der übelsten der übernatürlichen Geschöpfe: Er erweist sich als lieb, großzügig und gutmütig, vor allem, wenn er seine Schüssel mit Weihnachtsgrütze serviert bekommt.

Åndalsnes

Achtung, Trolle – Wildwechsel der besonderen Art

Åndalsnes, Zentrum der Gemeinde Rauma, ist ein alter Handelsort am inneren **Romsdalsfjord**. Nach Zerstörungen im Zweiten Weltkrieg hat er heute ein eher modernes Gepräge, doch manch schönes Holzhaus ist erhalten. Wegen seiner verkehrstechnisch exponierten Lage (mehrere Straßen, Fähren, Raumabahn) konnte sich der Ort früh als Fremdenverkehrsziel etablieren, der Fjord erlaubte den Besuchern eine bequeme Anreise bis an den Fuß der Gebirge: Bereits seit 1883 dient die „**Alpenstadt am Fjord**" als Kreuzfahrthafen. Der Tourismus bildet die Grundlage für viele Geschäfte und Unterkünfte (Hotels, Pensionen, Campingplätze), aber auch sonst steht Åndalsnes auf soliden wirtschaftlichen Beinen, u.a. durch die Produktion von Röhrensegmenten für Erdölpipelines.

Bahnstation vor alpiner Kulisse

Das Städtchen selbst hat etwa 2.200 Einwohner, die relativ große Gemeinde Rauma rund 7.800. Zum Fjord hin gibt es eine schöne Uferpromenade mit Springbrunnen und Parkbänken, hier liegt auch der Bahnhof, Endstation der berühmten **Raumabahn**, eine der schönsten und romantischsten Eisenbahnstrecken des Landes (S. 396). Und nahebei steht ein Eisenbahnwaggon, in dem eine Kapelle eingerichtet wurde. Am Bahnhof befindet sich auch das **Touristenbüro**. Gegenüber, direkt am Wasser, erhebt sich seit 2018, spitz und markant gemustert, das norwegische **Bergsteigerzentrum**. Das auffälligste Gebäude der Stadt beherbergt ein Erlebniszentrum, in dem man multimedial mit den Outdoor-Aktivitäten in Norwegen bekannt gemacht wird (sehr sehenswerter Film „Trollfolk") und außerdem in Norwegens höchster Indoor-Kletterhalle Kletterkurse aller Schwierigkeitsgrade erleben kann – mit oder ohne Seil, aktiv wie passiv. Daneben gibt es u.a. auch ein Kinderhaus für Kinder ab 3 Jahren und das Restaurant „Spiret Spiseri".
Norsk Tindesenter, *Havnegata 2, http://tindesenteret.no, ☎ 73604557, tgl. 10–18 Uhr, NOK 145, Kinder (4–15 Jahre) NOK 90 (alle Aktivitäten für einen Tag inklusive).*

Auf dem nahen **Marktplatz** werden im Sommer u.a. die aromatischen Erdbeeren verkauft, für die die Region berühmt ist. Kirchenliebhaber sollten sich die **Grytten-Kirche** auf Veblungsnes anschauen, 1 km von Åndalsnes entfernt an der Straße nach Ålesund (geöffnet im Juli tgl. 16–19 Uhr). Das rote, achteckige Gotteshaus wurde 1829 eingeweiht, die Holzbalken stammen aber aus einer Kirche von 1732, die wiederum eine Stabkirche aus dem 13. Jh. als Vorgängerin hatte.

Wanderung auf den Hausberg

Wanderer finden im Hausberg **Nesaksla** (715 m ü.d.M.) eine Herausforderung; wer die z.T. starke Steigung geschafft hat, wird mit einer prachtvollen Aussicht über Åndalsnes und den Fjord belohnt. Für die Wanderung sollte man ca. 2,5 Stunden einplanen.

Reisepraktische Informationen Åndalsnes

Information

Åndalsnes og Romsdal Turistkontor, *6300 Åndalsnes, Jernbanegata 1, ☎ 71221622, www.visitandalsnes.com. Touristeninformation im Bahnhof für die gesamte Region, Juni–Sept. tgl. 8–19, sonst 9–15 Uhr.*

Unterkunft

Grand Hotel Bellevue €€€–€€€€, *Åndalgate 5, ☎ 71227500, www.grandhotel.no. Traditionsreiches Touristenhotel im Zentrum, das auf das Jahr 1890 zurückgeht, nach mehreren Bränden immer wieder aufgebaut und im Jahr 2000 komplett renoviert wurde. 86 gut ausgestattete Zimmer, Restaurant, im Sommer auch mit Terrasse, Lobbybar mit Tanz, Pub, modernes Konferenzzentrum, großer Garten.*

Hotel Aak €€€, *Romsdalsvegen 9842, Aak, ☎ 71221700, www.hotelaak.no. Charmante, weiße Holzherberge, vor gut 150 Jahren als eines der ersten norwegischen Touristenhotels eröffnet, 1998 modernisiert und mit einem Anbau versehen. Ca. 5 km vom Ortszentrum an der E 39. 16 modern ausgestattete Zimmer mit eigenem oder Gemeinschaftsbad, im Altbau befinden sich Restaurant, Bar und Aufenthaltsraum, großer Garten.*

Camping

Åndalsnes Camping, *Gryttenveien 1, ☎ 71221629, www.andalsnes-camping.net. Sehr schöne Anlage 1,5 km vom Zentrum entfernt am Rauma-Fluss, Laden, Cafeteria, Hüttenvermietung (verschiedene Kategorien), Angelmöglichkeiten, Fahrrad-, Kanuverleih.*

Jugendherberge

Åndalsnes Vandrerhjem Setnes, *Setnes, ☎ 46801015, www.hihostels.no. Mitte Mai–Mitte Sept. geöffnet, schöne, alte Hofanlage ca. 1,5 km vom Zentrum, bestehend aus drei roten Holzgebäuden mit Grassodendach, renoviert und modernisiert. Einzel-, Doppel-, Mehrbett- und Familienzimmer ohne eigenes WC/Dusche, gute Sanitäranlagen, Gästeküche in jedem Gebäude, für eine Jugendherberge phänomenales Frühstücksbüfett, großer Außenbereich. Der Bus von/nach Ålesund und Trollstigen hält hier.*

Eisenbahn

Åndalsnes ist Endstation der berühmten **Raumabahn** *mit tgl. drei Verbindungen nach Dombås (114 km), dort Anschluss nach Oslo oder Trondheim. Auf Teilstrecken werden auch Regionalzüge eingesetzt, in der Saison auch Oldtimer-Loks mit Fotostopps. Infos unter www.raumabanen.com.*

Busse

Bis zu 4-mal tgl. Expressverbindungen über die E 136 über Dombås nach Oslo und Trondheim sowie nach Bergen, Molde und Ålesund. Die Busstation liegt am Bahnhof. Im Sommer auch Busverbindungen über den Trollstigen nach Geiranger, Infos: www.fjord1.no.

Sport/Aktivitäten

Das Aktivitätsangebot in Åndalsnes konzentriert sich auf die Romsdalsalpen und Trollzinnen. Über das Touristenbüro können u. a. **Klettertouren und -kurse** *sowie geführte* **Bergwanderungen** *gebucht werden. Außerdem ist der Ort ein Zentrum für* **Paraglider**; *es ist möglich, an Einführungskursen teilzunehmen, und Neulinge werden auch bei Tandem-Flügen mitgenommen.*

Von Åndalsnes nach Molde

Möchte man das Etappenziel Ålesund ausklammern, kann man von Åndalsnes auch direkt nach Molde oder zu anderen Orten am Moldefjord bzw. Langfjord weiterfahren. Dazu nimmt man im Ortszentrum den Rv. 64 zum Ostende des Romsdalsfjords, der dann an dessen Nordufer mit schönem Blick auf die Stadt und die Romsdalsalpen entlangführt. In **Rødven** lohnt ein Halt an der Stabkirche, die zwar häufig umgebaut wurde und mit massiven Balken auf jeder Seite abgestützt werden muss, aber innen noch viel Charme besitzt und außerdem die einzige Stabkirche in dieser Region ist. In **Åfarnes** folgt man entweder dem Rv. 660, der sich am Ufer des Langfjords orientiert, oder man nimmt die Fähre nach **Sølsnes**, ab wo es über zwei Brücken und am Flughafen vorbei ca. 20 km bis **Molde** sind. Die Straße stößt dort auf die E 39, die südwärts nach Ålesund und nordwärts nach Trondheim geht.

Stabkirche am Romsdalsfjord

Zwischen Åndalsnes und Ålesund

Die einfachste und schnellste Straßenverbindung (122 km) zwischen Åndalsnes und Ålesund ist die E 136 (ca. 2 Std. Fahrt). Hinter **Åndalsnes** passiert die Straße die schöne Grytten-Kirche auf der Landzunge **Veblungsnes** und verschwindet anschließend in einem längeren Tunnel. Auf der anderen Seite fährt man eine Weile am **Innfjorden** entlang, einem Seitenarm des Romsdalsfjords. Zur gleichnamigen Almsiedlung mit schöner Aussicht führt ein mautpflichtiger Weg hinauf. Ausdauernde Wanderer haben im idyllisch gelegenen See **Storvatn** ein lohnendes Ziel (ca. 4 Std., gute Angelmöglichkeiten). 10 km hinter Innfjorden erreicht man das „Mondtal" und den Ort **Måndalen** mit einem schönen, weißsandigen Strand und ergiebigen Angelplätzen, sowohl im Fjord, als auch in Gebirgsseen und im Fluss Måna. Mit Zeit zum Wandern sind Ausflüge zu den Seen Måsvatn und Stortrollvatn möglich. Nach einem weiteren Tunnel geht es in einiger Entfernung am Romsdalsfjord bis **Vikebukt** (Fährstation nach Molde und Furneset) und am schmalen **Tresfjord** entlang. An dessen Westufer biegt die E 136 nach Südwesten ab und durchquert das **Ørskogfjell** auf einer niedrigen Passstrecke (höchster Punkt 330 m ü. d. M.). Unterwegs passiert man 8 km vor Sjøholt den Abzweig zum Hotel Fjellstova mit Cafeteria, Campingplatz, Hütten, Radverleih und vielen Wanderwegen. In **Sjøholt**, in dessen Zentrum ein Glaskasten das merkwürdige Lokomobil beherbergt, das 1903 als Antrieb für alle möglichen Maschinen aus England importiert wurde, ist der **Storfjord** erreicht. Dessen nördlicher Uferverlauf ist für die E 136 auf den nächsten 15 km bis **Valle** richtungsweisend. Nach einer kurzen Strecke durchs Binnenland wartet schon der nächste Meeresarm, der **Borgundarfjord**. Hier nimmt die Bebauung deutlich zu, landwirtschaftliche und industrielle Betriebe treten in den Vordergrund, und in **Moa** (S. 322) mit großem Einkaufszentrum hat man bereits die Außenbezirke von Ålesund erreicht (10 km bis zum Zentrum).

Strände, Seen und Almen

Von Bergen nach Ålesund über die E 39

Alternativ zur oben genannten Route kann man die Strecke zwischen Bergen und Ålesund in rund 390 km auch auf der E 39 zurücklegen, die recht nah zum Atlantik und durch eine zerrissene Fjordküstenlandschaft führt. Sie ist eher geeignet für Rei-

Typisch fürs Fjordland: achteckige Holzkirchen

sende, die die Naturschönheiten am Sogne-, Stor- und Nordfjord schon kennen oder für Geschäftsleute, die den schnellsten Weg zwischen den beiden Städten suchen. Wer die Strecke genießen möchte, sollte unterwegs 1–2 Übernachtungen einplanen, verlockend ist sicher auch die eine oder andere Nebenstrecke an die Küste. Ohne eigenen Wagen kann man die E 39 mit Expressbussen befahren, außerdem verkehren die Hurtigruten und Schnellboote zwischen Bergen und Ålesund. Die Breite der Straßen schwankt zwischen 4 und 8 m. Nördlich von Bergen und vor Ålesund gibt es kurze Schnellstraßenabschnitte. Der höchste Punkt auf dieser Strecke liegt 430 m ü. d. M., die Steigungen sind unbedeutend. Inzwischen sind nur noch vier Fährfahrten erforderlich, und zwar zwischen Oppedal und Lavik, Anda und Lote, Folkestad und Volda sowie Festøy und Solevåg mit einer Fahrzeit von insgesamt einer Stunde.

Schrägseilbrücke

Nachdem man Bergen in nördlicher Richtung verlassen hat, überquert man nach 20 km auf der sehenswerten, 1994 eingeweihten **Nordhordland-Brücke** zwischen **Steinestø** und **Knarvik** den Salhusfjord. Die 1.614 m lange Konstruktion kombiniert eine Schrägseilbrücke mit der weltweit längsten Pontonbrücke ohne Seitenverankerung. In Knarvik selbst sollte man sich die 2014 eingeweihte Gemeindekirche anschauen, einen spitzen Holzbau, der wie eine futuristische Interpretation einer norwegischen Stabkirche wirkt.

Von Knarvik kann man alternativ auf dem weniger befahrenen und näher zum offenen Meer verlaufenden Rv. 57 die Halbinsel Lindås durchqueren und gelangt mit zwei Fährverbindungen ca. 185 km bis zum Zentralort Førde (s. u.). Bleibt man aber auf der Europastraße, so folgen zwischen **Bjørsvik** und **Vikanes** gleich fünf Tunnel, von denen der **Eikeset-Tunnel** fast 5 km lang ist. Rund 70 km von Bergen entfernt folgt bald danach zwischen Oster- und Matrefjord der mit 430 m ü. d. M. höchste Punkt der Verbindung, danach folgen weitere Tunnelpassagen. In **Oppedal** schließlich überquert man den Sognefjord auf einer 15-Minuten-Fährfahrt nach **Lavik** mit seiner sehenswerten achteckigen Kirche und folgt dann der Europastraße, die hier mit dem Rv. 55 identisch ist, bis **Vadheim**. Während dort der Rv. 55 weiter dem Uferverlauf des „Königs der Fjorde" folgt und nach **Balestrand** (S. 297) weiterführt, biegt die Europastraße nach Norden ab.

Zwischen Bergen und Ålesund

Von Vadheim sind ca. 20 km bis Sande zurückzulegen, ab da noch einmal 18 km, bis man den 5.000-Einwohner-Ort **Førde** erreicht. Das Städtchen am innersten Ende des gleichnamigen Fjords hat sich zu einem wichtigen Handelszentrum zwischen Bergen und Ålesund entwickelt. Auch touristisch spielt es eine Rolle, u. a. mit guten Unterkunftsmöglichkeiten und als Ausgangspunkt zum Besuch der Gletscher, Fjorde und Wasserfälle in der Umgebung. Richtig voll wird es in Førde alljährlich im

Juli, dann findet hier das größte **Volksmusikfestival** des Landes statt, hauptsächlich in der großen Halle des Førdehuset *(Angedalsvegen 5, Infos: www.fordefestival.no)*. Ansonsten stellt das **Kunstmuseum** der Region einen hier unerwarteten hypermodernen Akzent dar. Das 2012 eingeweihte Gebäude mitten im Zentrum, das mit seiner Glasfassade an einen Eiskristall erinnert, wurde vom Architektenbüro C.F. Møller geplant. Es zeigt neben Wechselausstellungen regionale und nationale Kunst, Kunsthandwerk, Design und Architektur ab dem 20. Jh. Besuchern stehen auch eine große Dachterrasse, ein Café und ein Museumsshop zur Verfügung.
Sogn og Fjordane Kunstmuseum, *Storehagen 1A, ☏ 97421565, www.sfk.museum.no, Di–So 11–16 Uhr, NOK 50.*

Ebenso einen Besuch lohnt das nahe am See Movatn gelegene **Freilichtmuseum der Region Sunnfjord**. Das Museum rund um die alte Hofanlage Movika in herrlicher Lage umfasst etwa 30 größere und kleinere Gebäude der Region, einen Museumsshop und ein umfangreiches Fotoarchiv. Dazu gehört der Natur- und Kulturpfad Mostien, der durch einfaches Terrain bis zum Wasserfall Huldefossen führt und in ca. 1,5 Stunden Gehzeit zu bewältigen ist. Im Museum bekommt man einen Audio-Guide, der über Geschichte, Natur und Kultur der Region Sunnfjord informiert.

Schön gelegenes Freilichtmuseum

Sunnfjord Museum, *Movika, ☏ 57721220, www.sunnfjord.museum.no, Juni–Aug. Mo–Fr 10–16 (Juli bis 18), Sa/So 12–17, sonst Mo–Fr 10–15 Uhr, NOK 70.*

Abstecher

Wer die Zeit für einen 70-km-Abstecher hat, dem sei von Førde aus der Rv. 5 empfohlen, der einen zur westlichsten Stadt Norwegens, nach **Florø**, *bringt. Sehenswert sind dort das* **Küstenmuseum** *der Fjordprovinz Sogn og Fjordane sowie die* **Kinnarkyrkja**, *eine romanische Steinkirche auf der Insel Kinn. Noch reizvoller ist jedoch die Straße zum norwegischen Westkap (s. u.).*

Bleibt man auf der E 39, erreicht man nach 12 km **Moskog** und fährt dann gut 50 km auf der auf S. 302 beschriebenen Strecke über **Skei** bis zum Wintersportort **Byrkjelo**. 20 km weiter hat man **Sandane** am Gloppenfjord erreicht, wo es beim 33 m hohen Wasserfall **Eidsfoss** eine 230 m lange Lachstreppe zu bestaunen gibt – eine der längsten Europas! Diese Attraktion liegt ca. 5 km östlich von Sandane (Zufahrt von der E 39 aus, ausgeschildert). Ebenfalls sehenswert ist das hiesige Freilichtmuseum **Nordfjord Folkemuseum** mit 40 unterschiedlichen Gebäuden *(http://nordfjord.museum.no)*. Der prähistorische Grabhügel **Karnilshaugen** gilt als größter in Westnorwegen. Zu den schönsten Holzhäusern des Ortes gehört das historische **Gloppen Hotell**, das 1866 im Schweizer Stil errichtet wurde.

Riesige Lachstreppe

Dann passiert man den Flughafen und gelangt zum Weiler **Anda**, wo der Hundvikfjord auf einer 10-Minuten-Fährfahrt nach **Lote** überquert wird. Nach dem fast 3 km langen Tunnel folgt der kleine Zentralort **Nordfjordeid**, bekannt wegen seiner vielen Gestüte. In der Nähe befindet sich bei Myroldhaug auch das **Zentrum für Norwegische Fjordpferde** (Reitausflüge, Campingplatz, Hüttenverleih, *www.norsk-fjordhestsenter.no*). Voll wird es am ersten Wochenende im Mai, wenn die staatliche Hengstkörung stattfindet. Das Ereignis, das seit 1886 alljährlich begangen wird, hat sich zu einem international beachteten Event entwickelt.

Abstecher zum norwegischen Westkap und alternative Route nach Ålesund

In **Nordfjordeid** zweigt der Rv. 15 in westlicher Richtung ab und gibt einen bequem zu fahrenden Weg vor in die raue, sturmgepeitschte und einzigartige Landschaft des norwegischen Westens. Und über die Straßen 61 und 620 können Rekordsammler, bis zum äußersten Kap im Westen vordringen, was für alle interessant sein mag, die auch zum Kap Lindesnes im Süden und zum Nordkap fahren. Der Rv. 15 ist die Straße, die dem Nordufer des Nordfjords bis zu dessen Mündung in den Ozean folgt. Die ersten, landschaftlich außerordentlich reizvollen 33 km bringen einen nach **Bryggja**, wo der Rv. 61 nach Norden abzweigt (s. u.). Auf dem Rv. 15 folgen noch gut 20 km, bis das Ende des Festlands, nicht aber das Ende der Straße erreicht ist. Denn seit 1974 führt hier eine 1,3 km lange Brücke zur Insel **Vågsøy** hinüber, auf der etwa 6.000 Menschen leben und deren größte Siedlung **Måløy** heißt. Als zweitgrößte Fischereigemeinde Norwegens lebt sie in erster Linie von Fischfang, -zucht und -verarbeitung sowie der Werftindustrie. Einige Fischer nehmen in der Saison Touristen auf ihrem Kutter zum Meeresangeln mit. Wer hier Station macht (Hotel, Camping, Pensionen), kann Wanderungen zu den vier Leuchttürmen unternehmen, tauchen oder Ausflüge in die vorgelagerte Inselwelt buchen. Herrlich ist auch der 1,5 km lange Badestrand **Refviksanden** mit seinem kreideweißen Muschelsand, etwa 10 km vom Hauptort entfernt und einer der schönsten Norwegens!

Insel mit herrlichem Strand

Weiße Sandstrände nahe Norwegens Westkap

Hinter der Vågsøy-Brücke kann man auf kleinen Straßen zur nördlich gelegenen 3.000-Einwohner-Gemeinde **Selje** vorstoßen. Sie liegt auf der kompakten Halbinsel Stadøya, die sich geradezu in die weite Atlantikbucht Stadhavet hineinstemmt. Auch hier gibt es einen bescheidenen Fremdenverkehr, mit Unterkünften, Touristenbüro und Ausflugsmöglichkeiten. Größte kulturelle Sehenswürdigkeit sind die Ruinen des Selja-Klosters aus dem 12. Jh., ca. 15 Bootsminuten vom Hauptort. Die schönste natürliche Attraktion ist das **Norwegische Westkap** am Ende der Straße, traumhaft gelegen auf einer waagerechten, steil abfallenden Klippe 496 m ü. d. M. Bei guten Wetterverhältnissen eröffnet sich ein spektakulärer Blick über das offene Meer mit grandiosen Sonnenuntergängen sowie hin zu den Gipfeln der Sunnmørsalpen und dem Gletscher Ålfotbreen. Wieder zurück am Abzweig des Rv. 61, kann man diesen auch als wenig befahrene und aussichtsreiche Streckenalternative nach Ålesund nutzen, die mit 90 km zudem erheblich kürzer ist als der Weg zurück und über die Europastraße. Dabei erlebt man vier Fjorde und zwei Inseln, benutzt zwei Fähren und eine Brücke und ist dem Atlantik immer ziemlich nah.

Westlichster Punkt des Festlands

Weit im Westen: Ruinen des Selja-Klosters

Bleibt man in Nordfjordeid auf der E 39, wird man auf eine neue Strecke geleitet, die durch umfangreiche Baumaßnahmen in den letzten Jahren entstand. Die ehemalige Europastraße ist heute mit dem Rv. 651 identisch, der durch das Bjørkedal und nach rund 30 km nach **Folkestad** führt, wo nochmals die Benutzung einer Fähre nötig ist. Die Fährstrecke von Folkestad nach Volda dauert 15 Minuten, dort gelangt man auch wieder auf die E 39 zurück. Bei der heutigen Europastraße geht es an Nordfjordeid zunächst parallel zum Mäander des Eidselva nach Westen, dann am Südufer des tiefen Sees Hornindalsvatn (S. 306) entlang und schließlich über den 2012 eingeweihten „Kvivsvegen" nach **Volda**. Dieser 17 km lange Streckenabschnitt ist zügig befahrbar, wird z. T. von einem Radweg begleitet und führt über Brücken und vier längere Tunnel, von denen allein der Kvivs-Tunnel über 6,5 km misst. An einer Reihe von Seen entlang bringt einen die Europastraße schließlich zum Nordufer des Voldafjords. Nach Volda folgt der Ort **Åsen**, aus dem der bekannte Dichter, Sprachforscher und „Erfinder" der zweiten Amtssprache Nynorsk stammt, Ivar Aasen. Ein architektonisch sehr beachtliches Museum dient als Dokumentations- und Erlebniszentrum für die „neunorwegische" Schriftkultur.

Der Rv. 653 bringt einen zur großen Insel **Eika**, und zwar mittlerweile auf dem mautpflichtigen Landweg. Denn 2008 wurde hier die großartige Verkehrsverbindung „Eiksundsambandet" eingeweiht, die aus einer spektakulären Kombination mehrerer Brücken sowie Berg- und Unterseetunneln besteht. Im Einzelnen gehören die Eiksundbrua (405 m lang, 16 m hoch), der Helgehorntunnel (1.160 m) und der Morkaåstunnel (630 m) dazu, das aufsehenerregende Herzstück aber ist der 7.765 m lange **Eiksundtunnel**, der unter dem Sund hindurchführt. Mit einer Tiefe von 287 m ist er der derzeit **tiefste Unterseetunnel der Welt** und damit Nachfolger des bisherigen Rekordhalters, der Rennfast-Verbindung (S. 228); die größte Steigung im Tunnel beträgt 9,6 %.

Spektakuläre Tunnel- und Brückenverbindung

Auf der E 39 geht es weiter nach **Ørsta** (ca. 6.000 Einwohner; Lachsfang im Ørstaelva), hinter Rjånes dann am Ufer des Vartdalsfjord entlang und über den Küstenort **Vartdal** bis kurz vor den malerischen **Hjørundfjord**. Er erstreckt sich 35 km ins Landesinnere und wird auf beiden Seiten von steil aufragenden, spitzen Bergen eingerahmt: ein lohnendes Ausflugsziel, auch per Sightseeingboot ab Ålesund. 4 km abseits der Hauptstraße geht es in **Barstadvik** auf einer schönen Wanderung zum Wasserfall Barstadfoss. In **Festøy** muss man die letzte Fähre der Gesamtstrecke nehmen, sie braucht ca. 20 Minuten über den Storfjord nach **Solevåg**. Durchs Binnenland fährt man von dort nach **Spjelkavik**, wo die E 136 und E 39 zusammentreffen; ab hier sind es auf dem gut ausgebauten Verkehrsweg noch 11 km nach Ålesund.

Malerischer Fjord

Ålesund

Die Bilderbuchstadt Ålesund mit knapp 48.000 Einwohnern liegt auf den Inseln Hessa, Nørvøy und Aspøy, die durch Brücken- und Tunnelbauten untereinander und mit dem Festland verbunden sind. Immer mehr Bewohner sind in das Umland gezogen. Von ihrem Charakter als Fischereistadt hat Ålesund ein wenig eingebüßt, seitdem Liegeplätze der Schiffe, Fischereibetriebe und Werften aus dem Stadtkern ausgelagert wurden. Doch auch wenn ehemalige Bootshäuser und Speicher heute als Büros, Hotels, Wohnungen und Geschäfte genutzt werden, ist Ålesund einer der führenden fischverarbeitenden Standorte des Landes. Die sehenswerte Hafenstadt, deren Architektur vom Jugendstil bestimmt wird, sieht sich selbst als „Urlaubsziel und Konferenzstadt, Zentrum für Kultur, Geschichte, Handel, Industrie und Fischexport".

Fischerstadt auf vielen Inseln

Ålesund verdankt seinen Namen dem Sund zwischen den Inseln Nørvøy und Aspøy und wurde im Zusammenhang mit der Christianisierung erstmals 1027 erwähnt. Archäologische Funde aus der Umgebung dokumentieren jedoch, dass schon zur Steinzeit Menschen hier wohnten. Vom 14. bis zum frühen 16. Jh. erlebte Ålesund als bedeutender Handelsplatz eine vorübergehende Blütezeit, erhielt die Stadtrechte aber erst 1848. Nach einem verheerenden **Brand im Jahr 1904** musste Ålesund wiederaufgebaut werden, damals brach am Westende der Stadt ein Feuer aus, das innerhalb kurzer Zeit 850 Häuser niederbrannte und 10.000 Menschen obdachlos werden ließ. Danach durften nur noch Steinbauten innerhalb der damaligen Stadtgrenzen errichtet werden. Innerhalb von drei Jahren entstand eine neue Stadt, die dem Stilideal der damaligen Zeit entsprach, und Ålesund erhielt den Beinamen **Jugendstilstadt**. Kaiser Wilhelm II., der eine Vorliebe für Norwegen hegte und sich mit seiner Jacht „Hohenzollern" im Sommer häufig in norwegischen Gewässern aufhielt, unterstützte den Wiederaufbau Ålesunds tatkräftig und gewann die Sympathie vieler Norweger. Zahlreiche norwegische Gebäude flaggten sogar am Geburtstag des Kaisers, der in seiner romantischen Begeisterung hier im Norden Europas das „Ursprungsland der Germanen" sah. Mit 25 Norwegenbesuchen war der Kaiser ein wichtiger Wegbereiter für den deutschen Tourismus in Norwegen. Nach dem Wiederaufbau florierte der Handel, die Stadt stieg zum bedeutendsten norwegischen Fischereihafen auf. Heute ist sie ein modernes Dienstleistungszentrum, das ein weites Umland versorgt. Mehr als 250.000 Touristen besuchen jährlich die reizvoll gelegene Jugendstilstadt.

Verheerende Feuersbrunst

Wer nicht mit dem Schiff anreist, nähert sich der Stadt aus östlicher Richtung auf der E 136. Ålesunds Außenbezirke beginnen weit vor dem eigentlichen Zentrum, auch **Moa**, immerhin 10 km entfernt, gehört schon dazu. Hier unterquert die Europastraße die auffällige Fußgängerbrücke des Einkaufszentrums **Stormoa**, eines der größten in Norwegen (120 Läden). 5 km weiter passiert man den Abzweig zum **Freilichtmuseum Sunnmøre (1)** in der Bucht **Borgundkaupangen**. Auf einer Fläche von 120 ha dokumentieren 50 alte Häuser die traditionelle Bau- und Lebensweise der Menschen dieser Region. Sehenswert ist auch die Bootssammlung mit typischen Fischerbooten aus vorindustrieller Zeit sowie dem originalgetreuen Nachbau eines Wikingerschiffs. Tatsächlich besitzt das Museum die größte Sammlung historischer Schiffe in Norwegen. Gleichzeitig haben archäologische Ausgrabungen auf dem Gelände eine wikingische und Mittelaltersiedlung freigelegt. Die Ergebnisse werden im **Mittelaltermuseum** präsentiert, zu dem der „Mittelalterpfad" führt. Ebenfalls mittelalterlich ist die **Steinkirche von Borgund**, die freilich nicht mit der berühmten Stabkirche von Borgund im Raum Lærdal verwechselt werden darf. Sie stammt aus dem Jahr 1250 und wurde nach dem Brand 1904 restauriert. Die schöne, waldreiche Umgebung des Museums kann man auf einem 1,5 km langen Naturwanderpfad kennenlernen.

Steinkirche von 1250

Sunnmøre Museum, *Museumsvegen 3, ☏ 70164870, www.sunnmoremuseum.no, Mai–Okt. Mo–Fr 10–16 (im Juli auch Sa), sonst Di–Fr 10–15, So 12–16 Uhr.* **Mittelaltermuseum** *Juni–Aug. tgl. außer Sa 12–15 Uhr. NOK 80, Kinder NOK 40 (für den gesamten Museumsbereich einschl. Museumsboote und Mittelaltermuseum).*

Bei der Weiterfahrt in Richtung Zentrum geht es immer nah am Borgundfjord entlang, man passiert das **ColorLine Stadion (2)**, eine moderne Fußball- und Mehrzweckarena sowie den Abzweig der Autostraße zur Aksla (s. u.) und biegt zum Zentrum auf Höhe des ZOB und des Rathauses ab – die Straße, die dabei gekreuzt wird, heißt bezeichnenderweise Keiser Wilhelmsgate. Den Wagen stellt man am besten in einem der sechs Parkhäuser in der Innenstadt oder am Stadtrand ab.

Stadtbesichtigung

Beginnen sollte man einen **Rundgang** zweckmäßigerweise am Pier **Skateflukaia (3)** an der Skansegata, einem quirligen Reisezentrum am Ålesund mit Bushaltestelle, Gepäckaufbewahrung und Anlegestelle der Expressboote. In der ebenfalls hier gelegenen **Touristeninformation** bekommt man Stadtpläne und die Broschüre „Zu Fuß in Ålesund". Der Blick vom Skateflukaia auf die Jugendstilfassaden der Nachbarinsel ist traumhaft. Nur wenige Schritte entfernt liegt das alte **Zollhaus**, heute ein beliebter Pub mit Terrassenwirtschaft, daneben das **Fjord Visitor Center** (Buchungsbüro für Ausflüge aller Art) und dahinter der **Hurtigrutenkai (4)** neben dem Quality Hotel Ålesund. Wieder am Wasser entlang oder über die parallele Fußgängerzone Kongensgate mit vielen hübschen Architekturdetails sollte man bis zur Lihauggata gehen und dort zum Stadtpark am Fuß der Aksla einbiegen. Hier erinnert ein Gedenkstein an die Hilfeleistungen Kaiser Wilhelms II. und eine Statue ist dem **Wikingerhäuptling Hrolfr Gangi (5)** gewidmet, der unter dem Namen „Rollo" das Herzogtum Normandie gründete und als Stammvater Wilhelms des Eroberers in die Geschichte einging. Wenn ihn auch

„Zu Fuß in Ålesund"

Blick von der Aksla auf die Bilderbuchstadt

Ålesund als berühmtesten Sohn der Stadt feiert, ist seine Herkunft doch umstritten (nach Meinung der Forscher könnte er auch ein Däne gewesen sein).

Bilderbuchpanorama

Hinter dem Park erhebt sich der Stadtberg **Aksla (6)**, bei gutem Wetter und guter Kondition ein „Muss"! Man bezwingt ihn am besten vom Stadtpark aus über 418 Stufen, teils in den Fels gehauen, oder in einer langen Schleife mit dem Auto bzw. dem Sightseeingbus. Auf dem Aussichtsberg liegt das Restaurant „Fjellstua" mit Aussichtsplattform, von der sich ein fantastischer Postkartenblick auf die farbenfrohe Stadtanlage, die vielen Inseln und die Gipfel der Sunnmøre-Alpen eröffnet.

Zurück in der Innenstadt lohnt ein Besuch des **Aalesunds Museum (7)**, das nahe am St. Olavs Plass liegt. Es gibt einen guten Überblick über die Geschichte der Stadt, über ihre Anlage vor und nach dem großen Brand und über ihre enge Verbindung zu Seefahrt und Fischfang. Ålesunds Beziehung zur Arktis zeigt eine kleine Polarabteilung.

Aalesunds Museum, *Rasmus Rønnebergsgate 16, ☏ 70164842, www.sunnmore.museum.no, Mai–Sept. Mo–Fr 10–16, Sa/So 12–16 Uhr, NOK 60, Kinder NOK 30.*

Jugendstilelemente allerorten

Am **Rathaus (8)** vorbei, einer unansehnlichen, klotzigen Bausünde mit Parkhaus und dem Einkaufszentrum Kremmergaarden, spaziert man zum engen Sund **Brosundet**, über den die einzige Autobrücke zur Nachbarinsel führt. Dort begrüßt einen das **Jugendstilzentrum (9)**, das sich in der alten Schwanenapotheke befindet, einem der schönsten Gebäude der Stadt. Der Besucher geht zunächst durch die Apotheke von 1907, wo ein Multimediaprogramm über den internationalen Jugendstil und dessen verschiedene Varianten informiert. Im 1. Stock kann man das Esszimmer eines Apothekers mit festlich gedecktem Tisch sowie eine Ausstellung herausragender Arbeiten norwegischer und europäischer Jugendstilkünstler ansehen. Wie mit einer Zeitmaschine wird der Besucher ins Jahr 1904 zurückversetzt und erlebt den Stadtbrand sowie den Wiederaufbau Ålesunds. Nebenan liegt das 2005 eröffnete **Museum KUBE (10)** für Kunst, Architektur und Design mit wechselnden Ausstellungen, untergebracht in einem ehemaligen Bankgebäude von 1906. Hinter den beiden Häusern findet man einige der besterhaltenen Beispiele der Jugendstilarchitektur. Einen guten Eindruck bekommt, wer einen kleinen Spaziergang über die Straßen Apotekergate, Øvregate oder Kirkegate unternimmt.

Erlebbare Geschichte

Jugendstilsenteret/Kunstmuseet KUBE, *Apotekergate 16, ☏ 70104970, www.jugendstilsenteret.no, Mai–Sept. tgl. 10–17, Do bis 20, sonst Di–So 11–16, Do bis 20 Uhr, NOK 85, unter 18 Jahren frei.*

Ein weiteres interessantes Museum liegt am Nordufer der Insel im restaurierten Speicherhaus Holmbua von 1861. Das **Fischereimuseum (11)** versteht sich als Museum zur Geschichte der Fischwirtschaft, insbesondere zur Herstellung und zum Export von Klippfisch und Tran.

Fiskerimuseet, *Molovegen 10, ☏ 70164842, www.sunnmore.museum.no, Mai–Sept. Mo–Fr 10–16, Sa/So 12–16 Uhr, sonst auf Anfrage, NOK 60, Kinder NOK 30.*

Etwa fünf Minuten zu Fuß sind es von hier aus zur **Ålesund Kirke (12)**, die 1909 nach Plänen von Sverre Knudsen erbaut wurde. Sehenswert sind ihr Dekor und vor allem die Fresken und Glasmalereien, einige von ihnen schenkte Kaiser Wilhelm II. der Kirche zur Einweihung. Ålesunds meistbesuchte Attraktion befindet sich ca. 3 km weiter westlich, auf der Landzunge Tueneset. Der 1998 eröffnete **Atlantikpark (13)** gilt als eines der größten Aquarien in Skandinavien und zeigt in großen Tanks hinter riesigen Glaswänden die Tierwelt des Atlantiks mit dem Schwerpunkt Westnorwegen. Besonders interessant wird es immer dann, wenn man den Tauchern beim Füttern der Fische zusehen kann. Rund um den Atlantikpark gibt es beste Bade-, Angel- und Tauchmöglichkeiten sowie Picknickplätze und schöne Wanderwege.

Unterwasserwelt Westnorwegens

Atlanterhavsparken, *Tueneset, ☎ 70107060, www.atlanterhavsparken.no, Mo–Sa 11–16, So 11–18 Uhr, NOK 195, Kinder (3–15 Jahre) NOK 90.*

Vogelinsel Runde

Ein lohnendes Ziel nicht nur für Ornithologen ist das im offenen Meer gelegene 150-Seelen-Eiland **Runde**. Mit einem Kutter werden in der Saison täglich von Ålesund aus Bootsausflüge dorthin veranstaltet. Runde ist die südlichste und eine der bekanntesten und größten Vogelinseln des Königreichs. Rund 230 verschiedene Seevogelarten (über 500.000 Tiere) leben auf dem Eiland, besonders an der steil abfallenden Südküste. Vor allem Papageientaucher, Basstölpel und Trottellummen sind vertreten und dankbare Motive für Hobbyfotografen. Von **Goksøyr** aus, dem einzigen Ort auf Runde (Campingplatz), sind Spaziergänge über die Insel möglich. Auch unter Tauchern sind die Gewässer rings um Runde bekannt, da hier mehrere Schiffswracks auf dem Meeresgrund liegen. Weitere Infos über die Insel unter *www.insel-runde.de*.

Eine der größten Vogelinseln

Reisepraktische Informationen Ålesund

Information

Ålesund Turistinformasjon, *Skateflukaja, 6002 Ålesund, ☎ 70163430, https://no.visitalesund.com, Juni–Aug. tgl. 8.30–18, sonst Mo–Fr 8.30–16 Uhr.*

Unterkunft

Quality Hotel Ålesund (1) €€€€, *Sorenskriver Bullsgate 7, ☎ 70160000, www.nordicchoicehotels.com. 131 geschmackvoll eingerichtete Zimmer, viele mit Hafen- oder Meerblick, große Halle mit integrierter Rezeption, Lobby-Bar und Restaurant. Die Architektur mit drei weißen Giebelhäusern fügt sich gut ins Gesamtbild der Stadt ein, neben dem Hurtigruten-Anleger.*

Hotel Brosundet (2) €€€€, *Apotekergate 1–5, ☎ 70103300, www.brosundet.no. Ansprechendes Hotel mit 132 komfortablen Zimmern, in einem ehemaligen Jugendstil-Speicherhaus von 1918 am alten Fischereihafen Brosund. Sauna, Solarium, Bar und Restaurant MAKI. Auch im nahen Molja Lighthouse kann man wohnen.*

First Hotel Atlantica (3) €€€€, *Rasmus Rønnebergsgate 4, ☎ 70129100, www.firsthotels.com. Modernes Haus im Stadtzentrum mit 73 bequemen Zimmern, teils mit Hafenblick und/oder Balkon, Restaurant, Bar, Verleih von Fahrrädern und Angelgerät.*

Camping

Volsdalen Camping, *Sjømansveien 1, ☎ 70125890, www.volsdalencamping.no. 3-Sterne-Platz, ca. 2 km östlich vom Stadtzentrum, nahe der E 136 und dem Color Line Stadion am Meer gelegen, 16 Hütten unterschiedlicher Größe, Motel mit 13 Doppelzimmern, ganzjährig geöffnet.*

Essen & Trinken

Für norwegische Verhältnisse bietet die Jugendstilstadt ein überaus reichhaltiges Angebot verschiedener Restaurants und Cafés. Besonders gut sind die kulinarischen Abteilungen der besten Hotels in der Stadt, allen voran die **Brasserie Normandie** *im Scandic Parken Hotel (Storgata 16, http://parkenhotel.no/no/brasserie-normandie/), das Restaurant* **MAKI** *im Hotel Brosundet (s. o.) und* **Bulls Brygge** *im Quality Hotel Ålesund (s. o.). Wer Fischgerichte bevorzugt, kommt auf seine Kosten. Eine Art Lokalgericht ist Bacalao de Noruega, dessen Zubereitung aus den Mittelmeerländern übernommen wurde: ein Labskausgericht aus Klippfisch (Ålesund gilt als weltweit größter Exporthafen für Klippfisch) mit Zwiebeln, Nelkenpfeffer, Öl und Kartoffeln. Es gibt aber auch italienische, chinesische oder französisch ausgerichtete Restaurants.*

Sjøbua Fiskerestaurant (4), *Brunholmsgate 1 A, ☎ 70127100, www.sjoebua.no. Das Lokal in einem alten Speicherhaus ist innen gemütlich und mit viel Holz eingerichtet. Frischer als hier bekommt man Fisch und Schalentiere nirgendwo. Zu den Spezialitäten des Hauses gehört die fantastische Hummersuppe, geöffnet Mo–Sa 16–23 Uhr.*

Lyst (Lystgaarden Bar & Restaurant) (5), *Kongensgate 12, ☎ 99100560, www.lystmeny.no. Gemütliches Lokal in einem Jugendstilhaus. Zentrale Lage. Einfache Speisen, Snacks und À-la-carte-Gerichte am Abend, Mo–Sa 11–23, So 13–23 Uhr.*

XL Diner (6), *Skaregata 1B, ☎ 70124253, www.xldiner.no. Restaurant mit schöner Sicht über den Hafen, die Spezialität ist Klippfisch (bacalao) in allen Variationen, serviert werden aber auch andere Fisch- und Fleischgerichte, im Sommer Tische im Freien, geöffnet Di–So 18–23 Uhr.*

Flughafen

Der **Ålesund Lufthavn/Airport Ålesund** *liegt 20 Autominuten vom Zentrum entfernt (☎ 67032121, www.avinor.no). Mit SAS, Widerøe und Norwegian gibt es regelmäßige Verbindungen nach Oslo und anderen Inland-Destinationen. Internationale Verbindungen u. a. mit KLM nach Amsterdam. Der Flughafenbus (Flybussen) verkehrt zwischen Zentrum und Flughafen passend zu den An- und Abflugzeiten.*

Busse

Der zentrale **Omnibusbahnhof** *(Rutebilstasjonen) liegt zwischen Rathaus und Expressboot-Kai an der Keiser Wilhelmsgate. Mit* **Nettbuss Møre** *(☎ 81581105, www.nettbuss.no) bestehen gute Überlandverbindungen zu allen Orten der Region sowie mit* **Nor-Way Bussekspress** *(www.nor-way.no) nach Oslo, Bergen und Trondheim.*

Ausflüge/Sightseeing

Größter Anbieter von Sightseeingtouren nach festem Fahrplan ist das Unternehmen **62°NORD**. *U. a. stehen Touren zu den Inseln Ona und Runde auf dem Programm, Fjordreisen per Bus, Fähre und Boot zum Geiranger, der Hjørundfjord und eine Bootstour durch Ålesund. Alle Touren starten am zentral gelegenen Skansekaia (☎ 70114430, www.62.no).*

Im Norden des Fjordlands

Redaktionstipps

- Der schönste Panoramablick: vom **Aussichtpunkt Varden** in Molde (S. 330).
- Leckerbissen für Jazzliebhaber: das internationale Festival **Moldejazz** (S. 328).
- Highlight für technisch Interessierte: die spektakulären **Straßen Krifast** (S. 332) und **Atlanterhavsveien** (S. 332).
- Schärenerlebnis im offenen Meer: Ausflug zur verlassenen **Insel Grip** (S. 335).
- **Kristiansund entdecken**: mit dem Nahverkehrsmittel Sundboot oder dem Fahrrad (S. 334).
- Auf der schönsten Passstrecke zu Europas höchstem Wasserfall: **Aursjøvegen** und **Mardalsfoss** (S. 339).

Für die Strecke **zwischen Ålesund und Molde** ist am besten die E 39 über **Valle** und **Sjøholt** sowie über das Ørskogfjell geeignet, die bereits auf S. 317 beschrieben wurde. Dabei geht es durch eine schöne Seen- und Fjordlandschaft über die Berge nach Vestnes und weiter bis **Furneset**, wo die Fähre über den Romsdalsfjord nach Molde (35 Min.) ablegt. 68 km hinter Ålesund ist das erste Etappenziel erreicht.

Molde

Das als „Rosenstadt" bekannte Molde (ca. 27.000 Einwohner) ist ein alter Handelsort, der lange Zeit vom Fisch- und Holzexport lebte. Nach vielen Stadtbränden und den Bombardements des Zweiten Weltkriegs ist die Stadt heute ein modernes Schul- und Verwaltungszentrum. Sie besitzt mit ihren Läden und Boutiquen, Cafés, Hotels, gepflegten Gärten und dem Hafen durchaus Charme. In jüngerer Zeit sorgten Beispiele spannender moderner Architektur dafür, dass das Stadtbild interessanter wirkt. Unmittelbar südlich des Hafens ist das kleine, aber feine **Aker-Fußballstadion** (knapp 12.000 Plätze) ein wahrer Hingucker. Direkt daneben ragt seit 2002 der verspiegelte **Hotelturm Scandic Seilet** als neues Wahrzeichen 16 Stockwerke hoch in den Himmel. Ihm angeschlossen ist das hypermoderne **Kulturhaus Bjørnsonhuset**, umgeben vom schönen, rosenbestandenen **Bjørnsons plass**. Auch das neue Hallen- und Spaßbad **Moldebadet** befindet sich in unmittelbarer Nachbarschaft. Nicht weit entfernt erinnert am Gørvellplassen das 2012 eingeweihte weiße **Kulturhaus Plassen** mit seinen begehbaren Rampen und der großflächigen Verglasung an die Neue Oper in Oslo. Im Haus der dänischen Architekten 3XN wurden das Theater, die Bibliothek und das Romsdal-Kunstcenter untergebracht. Beide Kulturhäuser sind zudem Schauplätze des internationalen Jazzfestivals **Moldejazz**, dem ältesten Europas. Alljährlich im Juli bringt es bis zu 100.000 Fans aus dem In- und Ausland nach Molde (*www.moldejazz.no*).

Bekanntes Jazzfestival

Wer mit der Fähre anreist, ist schon mitten drin im Geschehen, denn direkt an den Hafen schließt sich der **Markt** an, auf dem wochentags Früchte, Gemüse, Fisch, Käse und Blumen verkauft werden. Das Einkaufszentrum **Moldetorget** ist Moldes Shoppingadresse Nummer eins. Von hier aus schlendert man bei einem Stadtspaziergang über die Fußgängerzone. Vis-à-vis erhebt sich der moderne, bronzeglasverspiegelte Bau des **Rathauses**, von dessen Terrasse sich ein hübscher Blick bietet. Hier wie auf dem Vorplatz sind etliche Arten von Rosen angepflanzt, die aufgrund des günstigen Lokalklimas besonders üppig wachsen, worauf auch die Bron-

zefigur des Rosenmädchens hinweist. Hinter dem Rathaus lohnt die moderne **Kathedrale** (Molde ist lutherischer Bischofssitz) einen Besuch. Die 1957 eingeweihte zweischiffige Kirche ist die dritte am gleichen Ort, die beiden ersten brannten nieder. Nur ein altes Holzkreuz und die Altartafel konnten aus den Flammen gerettet werden. Sie zählen neben den modernen Glasmalereien zu den Sehenswürdigkeiten im Inneren. Auffällig ist der 50 m hohe frei stehende, weiße Glockenturm.

Lutherische Kathedrale

Das Romsdalsmuseum von Molde unterhält zwei Ausstellungen, die beide mit der traditionellen Kultur der Region zu tun haben und in sehr schöner landschaftlicher Umgebung liegen. Das 1912 gegründete **Romsdal-Freilichtmuseum**, mit über 50 Gebäuden eines der größten dieser Art im Königreich, lässt noch etwas von der kleinstädtischen Atmosphäre erahnen, die in Molde vor dem Stadtbrand 1916 und den Bombenangriffen von 1940 herrschte. Sein 2016 eingeweihtes hölzernes Ausstellungsgebäude **Krona** ist der ganze neuzeitliche Stolz des Museums, es wurde 2017 mit dem Architekturpreis der EU ausgezeichnet. Eine Abteilung ist dem deutschen Künstler Kurt Schwitters (1887–1948) gewidmet, der 1932–1939 in der Nähe von Molde lebte.

Romsdalsmuseet *(Krona), Per Amdamsvei 4, ☎ 71202460, www.romsdalsmuseet.no, Mitte Juni–Mitte Aug. tgl. 11–17, sonst Mo–Fr 11–15, Sa/So 11–16 Uhr, außerdem 30 Min. nach Ankunft und 1 Std. vor Abfahrt der Kreuzfahrtschiffe, NOK 110, Kinder (6–15 Jahre) NOK 50.*

Moldes Blumenmädchen vor der Kathedrale

Das **Fischereimuseum** auf dem vorgelagerten Inselchen **Hjertøya**, zu dem man sich vom Hafen aus mit einem Boot übersetzen lassen kann, ist das zweite Romsdalsmuseum. Es ist wie ein kleines Fischerdorf konzipiert, mit alten Häusern, auf Stelzen im Meer errichteten Fischerunterkünften (Rorbuer), Werkstätten, einem Schulraum und einer Tranbrennerei. Während der Öffnungszeiten kann man die Häuser von innen besichtigen und sich die umfangreiche Sammlung von Booten, maritimer Ausrüstung und Gegenständen der lokalen Küstenkultur anschauen. Ansonsten ist das Gelände frei zugänglich, außerdem kann man sich hier auch Ruderboote mieten oder im kalten Wasser des Fjords baden.

Hjertøya Fiskerimuseet, *☎ 71202460, www.romsdalsmuseet.no, Mitte Juni–Mitte Aug. Di–So 12–17 Uhr, NOK 110 (ohne Bootstransfer), Kinder NOK 50.*

Ein Besuch in Molde ist unvollständig ohne einen Besuch des 407 m hohen Hausbergs **Varden**. Eine Wanderung hinauf dauert ca. 1 Stunde, es führt aber auch ein schmaler, asphaltierter und kurvenreicher Fahrweg nach oben (ca. 10 Min., ausgeschildert). Neben dem Restaurant Vardestua samt Souvenirladen lockt bei gutem Wetter vor allem das bekannte **Moldepanorama**: Weit schweift der Blick hinunter auf die Stadt, den Fjord mit seinen Schären und Inseln, das gegenüberliegende Åndalsnes und auf angeblich 222 Gipfel, von denen 87 schneebedeckt sind. An klaren Tagen blickt man sogar bis zur Fischerinsel Ona oder zur berüchtigten Meeresstrecke Hustadvika. Auf markierten Wegen kann man von hier aus die Seen, Wälder und Hügel im Hinterland von Molde kennenlernen.

Reisepraktische Informationen Molde

Information

Destinasjon Molde & Romsdal, *Torget 4, 6413 Molde, ☎ 71201000, www.visitmolde.com, im Sommer Mo–Fr 9–18, Sa 9–15, So 12–17, sonst Mo–Fr 8.30–15.30 Uhr.*

Unterkunft

Scandic Alexandra Molde €€€€, *Storgate 1–7, ☎ 71203750, www.scandichotels.no. Zentral gelegener Komplex mit 165 gut ausgestatteten Zimmern, die meis-*

ten davon mit Südveranda oder Balkon. Das Restaurant ist in den historischen Stuben des ersten Hotelbaus von 1883 eingerichtet, die Zimmer liegen in den An- und Neubauten. Mit Sports-Pub und moderner Bar.

Scandic Seilet Hotel *€€€€, Gideonvegen 2, ☎ 71114000, www.scandichotels.de. Spektakulärer Hotelturm von 2002, dessen Name (= Segel) auf die Architektur schließen lässt. 224 Zimmer mit allen Annehmlichkeiten und fantastischem Blick in den oberen Etagen. Zwei Restaurants, Sky Bar auf der 15. Etage mit aussichtsreicher Terrasse, Fitnesscenter, Spa. Im gleichen Gebäude ist das Kulturzentrum Bjørnsonhuset untergebracht. Gleich nebenan ist das Spaßbad Moldebadet.*

Molde Fjordstuer *€€€€, Julsundvegen 6, ☎ 71201060, www.classicnorway.no/hotell-molde-fjordstuer. Direkt am Wasser gelegenes, komfortables Hotel mit 60 guten und geräumigen Zimmern (auch Familienzimmer und Suiten), viele mit tollem Blick auf den Fjord und Balkon. Gutes Restaurant „Fjordstuer" und beliebte Bar (an Wochenenden oft Livemusik), große Außenterrasse.*

Camping

Kviltorp Camping, *Fannestrandvei 140, 6419 Molde, ☎ 71211742, www.kviltorpcamping.no. Am Fannefjord, 3 km östlich der Ortsmitte an der E 39. Ganzjährig geöffnete Anlage mit Hütten verschiedener Kategorien, „Seehäusern" auf Stelzen im Fjord, modernen Sanitäranlagen, Rezeption, großem Kiosk, Bootsverleih, Angelmöglichkeiten.*

Jugendherberge

Molde Vandrerhjem, *Raumavegen 2, ☎ 71259470, www.hihostels.no. Nette Anlage 3 km westlich des Zentrums mit 30 Zimmern, z. T. mit eigenem Bad. Großer Garten mit Grillplatz, gut ausgestattete Gemeinschaftsküche, Juni–Mitte Aug. geöffnet.*

Verkehrsverbindungen

Vom **Flugplatz Årø** *in Molde gibt es mehrmals tgl. Verbindungen zu den größten norwegischen Städten.* **Expressbusse** *verbinden Molde mit Kristiansund, Åndalsnes, Ånlesund, Bergen, Oslo und Trondheim. Jeden Abend fährt ein* **Nachtbus** *von Molde über Åndalsnes nach Oslo. Der* **Bahnhof von Åndalsnes** *ist der nächstgelegene; die Raumabahn fährt von dort mehrmals tgl. nach Dombås, von dort geht es weiter nach Trondheim oder Oslo. Die nach Norden und nach Süden fahrenden Schiffe der* **Hurtigruten** *legen jeden Tag im Hafen von Molde an.* **Fährverbindungen** *mit hoher Frequenz bestehen nach Vestnes (Furuneset) am Südufer des Fjords (Infos bei Fjord1, ☎ 71219500 bzw. ☎ 177, www.fjord1.no)*

Zwischen Molde und Kristiansund

Die Strecke zwischen Molde und Kristiansund hat keine ganz großen landschaftlichen Attraktionen: Das Fjordland mit seinen hohen Bergen und Gletschern verabschiedet sich mit dem Moldefjord, an seine Stelle tritt die von Inseln, Schären und dem offenen Meer geprägte Küste.

Für alle, die an technischen Bauwerken interessiert sind, bietet die Etappe aber ganz besondere Highlights – schade nur, dass man sich zwischen zwei etwa gleich langen, etwa gleich spektakulären und jeweils inzwischen mautfreien Routen entscheiden muss: der **Krifast** genannten Festlandverbindung zu den Inseln von Kristiansund oder der **Atlantikstraße**, die sozusagen über den Ozean gebaut wurde. *Streckenvarianten* Wer von Kristiansund in Richtung Trondheim weiterreisen möchte, kann beide Routen jedoch verbinden, da man dann ohnehin über die Krifast geleitet wird. Auch passionierten **Anglern** wird die Region gefallen, bietet sie doch das ganze Jahr über die besten Voraussetzungen für die Jagd auf Dorsch, Schellfisch, Seelachs (Köhler), Pollack, Makrele, Lumb und Leng.

Entscheidet man sich für die **Krifast** genannte erste Alternative, gibt ab Molde die **E 39** den Weg vor. Sie bleibt zunächst am Nordufer des Moldefjords, steigt ab **Oppdøl** (Abzweig des Rv. 62 nach Sunndalsøra) langsam an und bringt einen durch das Binnenland und eine vornehmlich landwirtschaftlich genutzte Gegend über den kleinen Zentralort **Batnfjordsøra** bis zum **Batnfjord**. Unterwegs passiert man den 1.027 m hohen Gipfel **Snøtind**, wobei die Passhöhe selbst nur 230 m ü. d. M. beträgt. Ab **Høgset** wird es dann richtig spannend, nachdem hier 1992 die Festlandverbindung nach Kristiansund (Krifast) eingeweiht wurde, die aus einer weltweit einzigartigen **Kombination unterschiedlichster Bauten** besteht. *Einzigartige Ingenieursleistung* Den Anfang macht die filigrane, stark gebogene **Hängebrücke** über den Gjemnessund, die bis zur Fertigstellung der Hardangerbrücke mit 1.257 m die längste Norwegens war. Dann folgt auf dem Rv. 70 die „schwimmende" **Pontonbrücke** über den Bergsøysund, die ohne Seitenverankerung auskommt. Anschließend unterquert man den Fjord durch den über 5 km langen **Freifjordtunnel** (130 m unter dem Meeresspiegel), der bei Fertigstellung der längste der Welt war. Und schließlich nähert man sich der Inselstadt auf der ebenfalls beeindruckenden Brücke über den Straumsund. Danach sind es, am Flughafen vorbei, nur noch wenige Minuten bis zum Etappenziel; insgesamt beträgt diese Route von Molde nach Kristiansund, auf der man unter und auf dem Meer gereist ist, etwa 75 km.

Die attraktive Alternative zur E 39 ist der **Fv. 64**, **Atlanterhavsveien** (Atlantikstraße), der in Molde nach Norden und direkt durch einen längeren Tunnel führt. Ab **Sylte** bringt sie einen weiter nach **Eide** am Kornstadfjord, unterwegs passiert man einen Parkplatz, von dem aus man zur sog. **Trollkirche** (Trollkyrkja) wandern kann: eine beeindruckende, bis 7 m hohe und 70 m lange Höhle im Kalksteingebirge. Wer mehr Zeit hat und Lust auf unverfälschte Küstenszenerie kann ab Sylte auch dem Rv. 664 folgen, der die gesamte Halbinsel umrundet. Auf dem Weg liegen das eindrucksvolle Küstenfort **Ergan** der deutschen Besatzungsmacht im Zweiten Weltkrieg sowie das geschichtsträchtige Fischerdorf **Bud** mit seiner hübschen Holzkirche. In **Vevang** vereinen sich die beiden Routen wieder. Hier beginnt dann *Straße ins Meer gebaut* auch die imposante, 1989 eingeweihte **Atlantikstraße**, die sich über 8,5 km von Schäre zu Schäre und von Brücke zu Brücke über das offene Meer bis zur Insel **Averøy** schlängelt. Die Inselchen, die um 1900 noch 120 Menschen durch Fischerei und Fischverarbeitung ein bescheidenes Auskommen boten, waren vorher nur mit dem Boot zu erreichen. Das Wunderwerk der Technik mit seinen zwölf Dämmen und z. T. stark gebogenen Brücken kann man von einigen Rastplätzen aus bewundern – und mit entsprechender Muße die paar Schritte zu den sehr guten Angelplätzen gehen. Bei blauem Himmel und Sonnenschein ist die Strecke herrlich; wenn aber mit den Frühjahrs- oder Herbststürmen die mächtigen Brecher vom Atlantik heranbrausen und sich direkt neben der Straße zu enormen Gischtwänden aufbauen, bietet sie ein unvergessliches Erlebnis. Und es stürmt oft und stark: Allein während des Baus des Atlanterhavsveien erlebten die Straßenarbeiter nicht weniger als zwölf Orkane. Dann versteht man auch, warum auf dem Grund der berüchtigten Bucht Hustadvika unzählige Schiffswracks liegen.

Nördlich bringt einen die Atlantikstraße zur Insel **Averøy**. Bei Bruhagen zweigt vom Fv. 64 ein kleiner Fahrweg nach **Kvernes** ab, wo es eine mittelalterliche **Stabkirche** zu sehen gibt. Sie stammt von etwa 1300 und ist damit eine der jüngsten des Landes und eine der am besten erhaltenen. Während man im Inneren u. a. wunderschön geschnitztes Rankendekor bewundern kann, wirkt das Äußere mit den schrägen Stützbalken, der waagerechten Verplankung und dem schlichten Dachreiter nicht besonders aufsehenerregend. Dafür entschädigt die schöne Lage an einer alten Tingstätte. Gleich daneben sind in einem **Freilichtmuseum** einige Häuser des alten Kvernes erhalten und auch die Nachfolgekirche von 1893 ist nicht weit. Während der Sommersaison ist die Stabkirche geöffnet. Der Fv. 64 geht dann an **Bremsnes** vorbei zum 2009 eingeweihten **Atlanterhavs-Tunnel**, der in einem 5,8 km langen Bogen und 250 m tief unter dem Atlantik auf Kristiansund zuführt.

Bauernkultur

Kristiansund

Lebhafte Stadt auf drei Inseln

Ähnlich wie Ålesund liegt die 24.500 Einwohner zählende Stadt auf drei durch Brücken miteinander verbundenen Inseln. Beide Städte haben eine vergleichbare Geschichte als weltweit wichtigste Exporthäfen für Klippfisch, doch ansonsten ist ihr Charakter völlig anders: Kristiansund liegt weniger malerisch und wegen der Zerstörung durch Brandbomben im Zweiten Weltkrieg sind kaum ältere Baudenkmäler erhalten. Nach dem Krieg wurde die Stadt großzügig wieder aufgebaut, mit breiten Straßen, vielen Parks und einer recht mutigen, modernen Architektur. Die Lage am offenen Meer, ein großes kulturelles Angebot, eine erstaunlich vielseitige Gastronomie, große Warenhäuser und Übernachtungsmöglichkeiten aller Kategorien machen Kristiansund für Touristen interessant. Wer dem Rv. 70 in Richtung Zentrum folgt, wird automatisch zum **Hafen** auf der Hauptinsel **Kirkelandet** geleitet. Mit seiner besonderen Atmosphäre, bestimmt vom Hin und Her der Freizeitboote, Hurtigruten, Expressboote, Fischtrawler sowie Personen- und Autofähren ist der Hafen eine wunderbare maritime Schaubühne. Eine Förderplattform zeigt, dass neben Fischerei, Werftindustrie und Handel auch die Erdölindustrie (samt Zulieferbetrieben) der Stadt eine solide wirtschaftliche Basis gibt.

Die drei miteinander verbundenen Inseln und den auf dem Festland liegenden Stadtteil Nordlandet nennt man die „vier Länder", über die der

Hafenstadt Kristiansund

schöne, hölzerne **Aussichtsturm Varden** den besten Überblick bietet. Wer sie auf originelle Weise bereisen möchte, sollte eines der **Sundboote** nehmen, eine Personenfähre, die im 30-Minuten-Takt vom Anleger unterhalb der Straße Kaibakken eine ca. 20-minütige Rundreise zu allen „vier Ländern" macht. Das erste Sundboot wurde 1876 in Dienst gestellt, damit ist diese Linie das älteste öffentliche, immer noch in Betrieb befindliche Verkehrsmittel der Welt. Eine andere Möglichkeit, Innlandet, Kirkelandet, Nordlandet und Gomalandet kennenzulernen, bietet sich mit dem **Fahrrad** an, da es keine schwierigen Steigungen gibt. Adressen von Radvermietungen kennt das **Touristenbüro**, das auch Stadtpläne und Wanderkarten bereithält.

Verkehrsmitel Sundboot

Unbedingt sehenswert ist im Zentrum die hochgelegene, 1964 gebaute **Kirkelandetkirche** des Architekten Odd Østby, die den Vergleich mit der fast gleichzeitig eingeweihten Eismeerkathedrale in Tromsø (S. 484) nicht zu scheuen braucht – für die damalige Zeit ein spektakulärer Bau, charakterisiert durch die schrägen Wände, die nach außen zu fallen scheinen. In der 30 m hohen Chorwand leuchten bei Sonneneinstrahlung die 320 Fenster in roten und gelben Farbtönen so auf, dass man meint, das Gotteshaus würde innen glühen! Die Kirche steht wochentags 9–15 Uhr für Besucher offen. Auch einige ältere Gebäude sind noch erhalten, z. B. das Handelshaus „Patrick Volckmar", das heute mit Café, Museums-Kaffeebrennerei und Ausstellungen Besucher anzieht. Es wird vom **Nordmøre Museum** *(Storgata 19, Mo–Fr 9–14 Uhr)* unterhalten, ebenso wie die gut erhaltene, immer noch aktive **Mellemwerft** mit etlichen am Kai vertäuten Museumsschiffen und das interessante **Norwegische Klippfischmuseum**. Diesesliegt auf der Insel Gomalandet im ältesten Teil der Stadt. In einem originalen Packhaus von 1749 erfährt man Wissenswertes über die Geschichte dieses Erwerbszweigs; im Eintritt eingeschlossen sind kleine Geschmacksproben von Stock- und Klippfisch im Museumscafé.

Besondere Leuchtkraft bei Sonneneinfall

Klippfiskmuseet, *Milnbrygga, Dikselveien 20, www.nordmore.museum.no, Juni–Mitte Aug. tgl. 12–17 Uhr, NOK 70, Kinder frei.*

Im norwegischen Musikleben hat Kristiansund einen besonders guten Klang. Hier wurde 1928 die erste **Oper** des Landes eingeweiht (Kong Olav V. gate 1), in der immer noch Vorstellungen gegeben werden und die Schauplatz des alljährlich im Februar veranstalteten **Opernfestivals** ist. Ein neues, spektakuläres Opern- und Kulturhaus des dänischen Architekturbüros C.F. Møller ist in der Planungsphase.

Reisepraktische Informationen Kristiansund

Information

Turistinformasjon Kristiansund, *Kongens Plass 1, 6501 Kristiansund, ☎ 70238800, www.visitkristiansund.com, im Sommer Mo–Fr 9–19, Sa 10–15, So 11–17, sonst Mo–Fr 8.30–15.30 Uhr.*

Unterkunft

Quality Hotel Grand €€€–€€€€, *Bernstorffstredet 1, ☎ 71571300, www.nordicchoicehotels.com. Unspektakuläres, rot gestrichenes Mittelklassehotel im Zentrum der Stadt, 158 ansprechende Zimmer, Restaurant, Bar, Außenterrasse.*

Thon Hotel Kristiansund €€€, *Storgate 17, ☏ 71570300, www.thonhotels.com. Mittelklassehotel in zentraler Lage am Hafen, 50 teils einfach eingerichtete Zimmer. Mit Restaurant und populärer Sportsbar im 2. Stock.*
Atlanten Turistsenter, *Dalavei 11, ☏ 71671104, www.atlanten.no. Nahe dem Hallenbad, 2 km außerhalb des Zentrums gelegene Anlage mit* **Campingplatz**, *besseren* **Motel-** *(€€€) und einfachen* **Herbergszimmern** (€€), *Apartments mit Küche, Campinghütten, Cafeteria.*

Essen & Trinken

Sjøstjerna, *Skolegate 8, ☏ 71678778, www.sjostjerna.no. Das zentral an der Fußgängerzone gelegene, preisgekrönte und rustikal eingerichtete kleine Lokal hat als Spezialität Bacalao und Klippfischgerichte, geöffnet Mo–Sa 17–24 Uhr.*
Smia Fiskerestaurant, *Fosnagata 30b, ☏ 71671170, www.smia.no. Sehr schönes Lokal in einem Holzhaus von 1787, mehrfach auszeichnete Küche mit dem Fokus auf Stock- und Klippfisch; geöffnet Mo–Sa 11–24, So 14–22 Uhr.*
Bryggekanten Brasserie & Bache, *Storkaia 1, ☏ 71676160, www.fireb.no. Modernes Bar-Restaurant am Hafen, leckere Fisch- und Fleischgerichte. Im Sommer wird auch auf der Terrasse serviert, geöffnet Mo–Sa 11.30–24 Uhr, Brasserie Mo–Do 11.30–24, Fr/Sa 11.30–2 Uhr.*

Holzspeicherhaus in Kristiansund

Verkehrsverbindungen

Vom **Flugplatz Kvernberget**, *7 km vom Zentrum entfernt, gibt es mehrmals tgl. Verbindungen zu den größten norwegischen Städten. Der Flughafenbus* **Flybussen** *bringt Gäste zum/vom Airport zu den größeren Hotels und ins Zentrum.* **Expressbusse** *verbinden Kristiansund mit Molde, Ålesund, Bergen, Oslo und Trondheim (Infos: www.nettbuss.no). Die nach Norden fahrenden Schiffe der* **Hurtigruten** *legen jede Nacht im Hafen von Kristiansund ab, die nach Süden gehenden tgl. um 17 Uhr. Schnellboote des* **Kystekspressen** *(www.fosen namsos.no) verkehren mehrmals tgl. nach Trondheim (3,5 Std.) und Hitra.*

Kristiansund ist ein gutes Sprungbrett zur **Wunderwelt der Inseln und Schären** im offenen Meer. Zu den beliebtesten Reisezielen zählt der winzige Archipel **Grip**, 14 km von der Stadt entfernt im Atlantik gelegen und im Sommer mehrmals täglich mit einem schnellen Katamaran zu erreichen. Das gleichnamige Dorf auf der Hauptinsel wirkt wie ein Ministädtchen, mit dicht an dicht stehenden Holzhäusern, die sich um die 500 Jahre alte Dorfkirche scharen. So pittoresk das Bild heute sein mag – die Isolation machte den Bewohnern so schwer zu schaffen, dass sie 1964 ihre Heimat verließen und aufs Festland zogen. Im Sommer kommen sie zurück, pflegen die verlassenen Gebäude oder nutzen sie als Ferienhaus. Besuchern bietet Grip ein Café, ein Fotomuseum, beste Angelbedingungen und jede Menge Fotomotive, u. a. die Stabkirche aus dem 15. Jh.

Eiland im Atlantik

Sehr viel größer ist die Insel **Smøla**, nordöstlich von Grip gelegen und über den Rv. 680, eine Fährstrecke zum Inselchen Edøya (schöne Kirche, Pfarrhof) sowie eine lange Brücke zu erreichen. Im äußersten Norden dieser „Märcheninsel" befindet sich das Bilderbuch-Fischerdorf **Veiholmen**, mit einem kleinen Hafen, hohem Leuchtturm, Bootshäusern und Unterkünften: Noch ein Geheimtipp für Freunde der spröden Küstenlandschaft und für alle passionierten Meeresangler – die reichen Fischgründe der norwegischen See liegen direkt vor der Haustür!

Geheimtipp für Angler

Zwischen Kristiansund und Mittelnorwegen

Kristiansund ist häufig der nördlichste Punkt einer Reise durch Südnorwegen. Folgende **vier Routen** sind am wichtigsten, wenn man nach Trondheim oder zu anderen Zielen aufbricht:

Über den Rv. 680 nach Trondheim

Die Reichsstraße 680 ist die westlichste Variante für die Etappe **Kristiansund – Trondheim**, d. h. dass hier wieder das Atlantik-Erlebnis im Vordergrund steht. Seit der Eröffnung der Teilstrecke über den Imarsund ist nur noch eine Fährfahrt notwendig, und zwar gleich hinter Kristiansund zwischen Seivika und Tømmervåg. Wer möchte, kann 23 km hinter der Fährstation zu den vorgelagerten Inseln **Edøya** und **Smøla** (s. o.) übersetzen. Nach einer abenteuerlichen Strecke nahe dem offenen Meer und über mehrere imposante Brücken gelangt man zum Zentralort **Aure** (Unterkünfte, Läden, Touristeninformation). Danach fährt man in weitem Bogen dem Küstenverlauf der Halbinsel Brekka nach und über **Kyrksæterøra** auf Orkanger zu (an der E 39, s. u.).

Küstennahe Route

Unterwegs ist ein Abstecher zur Insel **Hitra** möglich, mit 572 km² die siebtgrößte Norwegens. Sie ist durch einen 5,6 km langen Tunnel mit dem Festland verbunden, der bis zu 264 m unter den Meeresspiegel hinabreicht und lange Zeit der tiefste der Welt war. Außer der Hauptinsel umfasst die Gemeinde Hitra noch gut 2.500 weitere Schären und kleinere wie größere Inseln; die größte davon heißt **Frøya** und kann von Hitra aus ebenfalls durch einen Unterseetunnel (5,3 km, 164 m tief) erreicht werden.

Über die E 39 nach Trondheim

Hier geht es von Kristiansund zunächst auf dem Rv. 70 ein Stück nach Süden, wobei der erwähnte Tunnel und die Ponton-Brücke der spektakulären Krifast-Verbindung (S. 332) genutzt werden. Unmittelbar vor der Gjemnessund-Hängebrücke stößt man auf die E 39, der man bis **Kanestraum** folgt. Dort setzt man mit der Fähre über den Halsafjord nach **Halsa** über (20 Min.), bekannt für seine gut erhaltenen Holzboote. Kurz danach folgt die Europastraße knapp 30 km dem Ufer des Vinjefjords bis **Vinje**, dann geht es in die Hügellandschaft des südlichen Trøndelag-Gebiets hinauf und durch das Søvass-Tal. An der höchsten Stelle bei **Søvassli** hat man eine prächtige Rundumsicht. Die Strecke neigt sich anschließend hinab zum Industrieort **Orkanger** (7.000 Einwohner) am Orkdalsfjord. Dieser ist bereits ein Seitenarm des Trondheimsfjords, ebenso wie die weite Bucht Gaulosen, an der die E 39 bis zum Ende entlangführt. Hinter **Buvik** und **Klett** (sehenswerte achteckige Kirche) mündet die E 39 schließlich in die E 6, von hier aus sind dann bis Trondheim nur noch 15 km zurückzulegen. Insgesamt ist die Strecke knapp 170 km lang.

Über den Rv. 65 nach Trondheim

Diese etwas längere, kurvenreichere und schmale, aber auch deutlich weniger befahrene Route begleitet östlich die Europastraße. Sie zweigt von der oben skizzierten Route in **Betna** ab und verläuft durch eine gebirgige Gegend in 105 km nach **Forve**. Unterwegs gibt es bei **Bøverfjord** beste Angelmöglichkeiten, danach verläuft die Straße über Skei durch das breite **Surnadal**, vorbei an Häusern im Nordmøre-Stil. Am Fluss Surna ist auf einem längeren Teilstück Lachs- und Meerforellenfang möglich, Angelscheine erhält man auch in **Bolme** (Campingplatz). Nach Bjørnstad erreicht die Strecke mit 310 m ü. d. M. ihren höchsten Punkt. Bei **Svorkmo**, 60 km von Trondheim entfernt, zweigt der Rv. 700 nach Süden zur Hauptroute **Trondheim – Dombås** (E 6) ab. Auf dieser Strecke liegt auch, nur wenige Kilometer entfernt, der alte Bergbauort **Løkken Verk**. Seit 1655 wurde hier Erz abgebaut und die vielen Minen und Stollen bilden wahre „Kathedralen der Industrie". Daran erinnert das 1998 eingeweihte **Museumszentrum** (Orkla Industrimuseum, *http://oi.no*), das zusammen mit einem Bergwerks- und Eisenbahnmuseum an zentraler Stelle in Løkken zu finden ist. Es ist möglich, die Stollen zu besuchen (manchmal finden auch Konzerte im Berg statt) oder mit der Oldtimerbahn **Thamshavnbanen** von 1903 (Norwegens erste elektrifizierte Strecke) zu fahren, die für den Eisenerztransport gebaut wurde. Zurück auf dem Rv. 65 stößt man 16 km hinter dem Abzweig und vor Orkanger wieder auf die **E 39** (s. o.).

Historische Bergbausiedlung

Über den Rv. 70 zur Europastraße 6

Der Rv. 70 besitzt unter den hier genannten Verbindungen eindeutig die landschaftlich reizvollste Streckenführung. Er beginnt im Zentrum von Kristiansund, nutzt wie oben ein Teilstück der Krifast-Bauten und ist über 13 km mit der E 39 identisch. Dann zweigt die Straße nach Süden ab, folgt dem Verlauf des Bergsøyfjords und, nach einem Tunnel, dem Tingvollfjord. Unterwegs können Käseliebhaber hinter dem Weiler Gyl auf dem Fv. 301 einen Abstecher nach **Torjulvågen** unternehmen, wo eine kleine, familiengeführte Käserei vier Käsesorten unter dem Label „Tingvollost" produziert, die alle viele Medaillen bei den World Cheese Awards gewonnen haben; ihr Spitzenprodukt, der Blauschimmelkäse „Kraftkar" darf sich seit 2016/2017 als „bester Käse der Welt" bezeichnen (S. 80). Im kleinen Hofladen sind Kostproben erhältlich *(http://tingvollost.no/nb-no/, Mo–Fr 8–15, Sa 11–14 Uhr).*

Reizvolle Strecke

Lohnend ist später auch ein Stopp an der **Tingvoll-Kirche**, die im gleichnamigen Ort liegt und als eine der schönsten Norwegens gilt. Das steinerne Gotteshaus von ca. 1150 wurde auch zu Verteidigungszwecken genutzt, wie die Fluchtgänge in

Abstecher zum Innerdalen

Innerdalen wird oft als **Norwegens schönstes Tal** bezeichnet, ein Ruf, der durch den erfolgreichen Kampf der Lokalbevölkerung gegen die Wasserkrafterschließung verteidigt wurde. Man erreicht es über den Rv. 70, von dem in Ålvundeid eine schmale Nebenstraße östlich abzweigt. Die erste Besiedlung des Innerdals stammt aus der Zeit um 1620, die Lebensgrundlage war Alm- und Holzwirtschaft. Heute leben die wenigen Bewohner hauptsächlich vom Tourismus. Das Tal ist Ausgangspunkt für die fantastischen Bergwanderwege und Klettertouren im Trollheimen-Gebirge.

Vor allem der Berg **Dalatårnet**, ein majestätischer Kegel, der 1.100 m über den tiefblauen See **Innerdalsvatn** ragt, stellt für geübte Bergwanderer eine spannende Herausforderung dar. Auch Angeln und Bootstouren auf den Binnenseen sind beliebte Aktivitäten der Talbesucher.

Zentrale Anlaufstation im Innerdal ist die von spitzen Berggipfeln umringte, seit 1740 bewirtschaftete **Alm Renndølsetra**. Man erreicht sie von der Straße aus nach einer 3 km langen Wanderung; die traditionsreiche Anlage beherbergt heute Touristen, die auf neuzeitlichen Komfort (kein TV, Radio etc., spartanisch eingerichtete Schlafsäle mit insgesamt 24 Betten) verzichten können, serviert echte Almkost und verkauft besten norwegischen Schafs- und Ziegenkäse. Weitere Infos unter www.innerdalen.com.

Eindrucksvolle Mittelalterkirche

den Wänden zeigen. Am Altar findet man eine Runeninschrift, ansonsten beeindrucken die spätmittelalterlichen Kalkmalereien und das Inventar aus dem 17. Jh. Nahe der Kirche liegt der alte Pfarrhof von 1730. Hinter Tingvoll schlängelt sich der Rv. 70 hinauf ins Gebirge, kommt an zwei malerischen Binnenseen vorbei und führt wieder hinab zum Wasser in Gestalt des Ålvundfjords. An seinem Ende, nahe dem Wasserfall Ålvundfoss, beginnt der erneute Anstieg über eine Passstrecke zum Sunndalsfjord. Unterwegs ist in **Ålvundeid** ein ca. 15 km langer Abstecher ins herrliche Innerdal möglich.

Wenige Kilometer hinter Ålvundeid gelangt man zum Sunndalsfjord und an dessen Ende zur Ortschaft **Sunndalsøra**, wobei seit 2014 der letzte Streckenabschnitt durch den 7,4 km langen Oppdølstrand-Tunnel führt. In Sunndalsøra gibt es einige Unterkünfte und Läden sowie eine Touristeninformation mit reichhaltigem Material über die Schönheiten der Umgebung. So bietet sich etwa eine Fahrt ins Gebirge über den spektakulären Aursjøvegen an.

In Sunndalsøra nimmt man Abschied von der Welt der Fjorde und steigt ins Gebirge, ohne dass aber der Rv. 70 allzu schwierig werden würde. Zunächst passiert man nach 7 km das prähistorische Gräberfeld **Løykja** mit dem Freilichtmuseum Leikvin, dann folgt die Straße dem Wildwasser Driva durch das reizvolle Tal Sunndalen, das nicht umsonst „Land der Almen" genannt wird. Immer weiter geht es nun aufs

Sundalsfjell hinauf, vorbei am Kirchdorf **Romfo** und dem Weiler **Gjøra**, bis man schließlich, rund 70 km hinter Sunndalsøra, **Oppdal** (S. 385) an der E 6 erreicht. Von hier aus setzt man die Fahrt entweder in südliche Richtung über das Dovre-Fjell nach Dombås und zum Gudbrandsdal oder in nördliche Richtung auf Trondheim zu fort.

Rundfahrt auf dem Aursjøvegen und zum Mardalsfoss

Eine schmale, robuste Bergstraße, eine der spektakulärsten im Königreich, biegt in **Sunndalsøra** nach Süden ab und bietet die Möglichkeit einer atemberaubenden Rundfahrt, für die man sich einen Tag Zeit lassen sollte. Es ist auch möglich, eine Teilstrecke auf dem Weg zu anderen Zielen wie Molde oder Åndalsnes einzubauen. Über die Befahrbarkeit und den aktuellen Zustand der Straße sollte man sich im Touristenbüro von Sunndalsøra informieren, manchmal wird sie auch wegen der Ausrichtung des härtesten Radrennens Nordeuropas (Aursjørittet) gesperrt.

Zunächst geht es durch das idyllische Gebirgstal **Litledalen** mit dem lachsreichen Fluss Litdalselva hinauf bis zum Binnensee **Langvatn**. Diesem folgt man weiter bis zur Aursjøhytta (Wanderhütte mit Cafeteria), von der man noch etwas höher zum Nordende des langgestreckten, wunderbaren **Aursjø** fährt, der von den mächtigen Massiven des Dovrefjell und Sundalsfjella-Nationalparks gesäumt wird. Am Seeufer wendet sich die Straße langsam wieder in nördliche Richtung und bringt einen auf dem Aursjøvegen in mehreren dramatischen Haarnadelkurven hinunter zum romantischen **Eikesdal**. Es wird fast zur Gänze vom tiefen, 22 km langen Binnensee **Eikedalsvatn** ausgefüllt.

Von der Straße aus gut zu sehen ist der schmale **Mardalsfoss**, mit einer gesamten Fallhöhe von 655 m der **höchste Wasserfall Europas** und der fünfthöchste der Welt. Der Wasserfall, der aus dem 945 m hoch gelegenen See Mardalstjønna gespeist wird, stürzt auf dem oberen Absatz 297 m im freien Fall hinunter, dann über weitere Katarakte immer tiefer, bis er sich in den Eikesdalvatn ergießt. Nicht immer ist der Mardalsfoss allerdings in seiner ganzen Pracht zu sehen, da er seit 1970 zur Stromerzeugung angezapft und mehr oder weniger trockengelegt wird. In der Reisesaison (zwischen 20. Juni und 20. August) lässt man ihm allerdings wieder feien Lauf, doch stürzen auch dann nur noch 3 m³/s statt ursprünglich 45 m³/s hinunter. Als Touristenattraktion kann er also nur wegen seiner Höhe, nicht wegen seines Volumens dienen (der mächtigste Wasserfall Europas ist der Dettifoss auf Island). Am nördlichen Ende des Sees gelangt man nach **Eresfjord** und damit zum Rv. 660. Nach Westen kann man diesem am Langfjord entlang folgen und per Fähre nach **Molde** fahren oder über den Rv. 64 nach **Åndalsnes**. Nach Nordosten bringt er einen über Eidsvåg zum Tingvollfjord und ab da auf dem Rv. 62 zurück nach **Sunndalsøra**.

5. Ost- und Mittelnorwegen

Zwischen Oslo und dem Fjordland

Zwischen Oslo und Sognefjord entlang der E 16

Nachdem die riesigen Tunnelprojekte bei Lærdal und Flåm vollendet sind, ist die E 16 die Hauptroute von Oslo ins Fjordland, die auch viele Express-, Lokal- und Touristenbusse nehmen. Im Vergleich zum Rv. 7 ist die Strecke etwas länger, die Fahrzeit aber kürzer, da man auf der E 16 keine Fähre mehr benutzen muss. Bei zeitigem Aufbruch in Oslo ist der Weg ins Fjordland problemlos an einem Tag zu schaffen, wenn man unterwegs nicht zu viele Besichtigungen einplant, allerdings liegen entlang der Route viele Stabkirchen. Man sollte jedoch auswählen, denn die Eintrittspreise sind teils sehr hoch und die schönste Stabkirche, Borgund, wartet am Ende der Etappe.

Die E 16 ist die Hauptverkehrsstraße; die ersten 50 km sind besonders voll, da hier auch alle entlangfahren, die später auf den Rv. 7 abbiegen. Dabei fährt man von der Hauptstadt westwärts auf der E 18 bis zum Abzweig der E 16 in nördlicher Richtung. Sie bringt einen über **Skaret** am schönen **Tyrifjord** entlang bis zur Kleinstadt **Hønefoss** in der Provinz Buskerud. Sie bekam 1852 die Stadtrechte, hat heute etwa 14.000 Einwohner und lebt in erster Linie vom Handel und der Papierproduktion. Seinen Namen erhielt der Ort vom Wasserfall des Flusses Begna. Touristisch spielt Hønefoss keine große Rolle, es sei denn, man nutzt die Stadt als Ausweichquartier mit niedrigeren Zimmerpreisen zu Oslo. Die größte Sehenswürdigkeit in der Umgebung sind die **Hadeland-Glaswerke** in **Jevnaker**. Das 1762 gegründete Werk liegt am Südzipfel des Randsfjords, etwa eine Autostunde von Oslo entfernt. In dem großen Komplex, u. a. mit Bäckerei, Café und Fabrikverkauf, kann man den Glasbläsern zuschauen oder sich selbst in der Technik versuchen. Sehenswert ist das größte **Glasmuseum** des Nordens.

Besuch der Glaswerke

Hadeland Glassverk, *Glassverksveien 9, Jevnaker, ☏ 61316400, www.hadeland-glassverk.no, Mo–Fr 9–16.30, Sa 10–16, So 11–18 Uhr; den Glasbläsern kann man bis 15 Uhr zusehen, Führungen in verschiedenen Sprachen.*

Nachdem sich in Hønefoss die Hauptverkehrsstraßen Rv. 7 und E 16 trennen, geht es talaufwärts in nördlicher Richtung, parallel zum Fluss Begna, der sich 30 km weiter zum langen, aber auch schmalen Sperillensee ausweitet. Seinem östlichen Ufer folgt die E 16 über 23 km bis zum Kirchdorf **Nes**, wo man einen 25-km-Abstecher auf dem Rv. 243 zur **Stabkirche Hedalen** unternehmen kann. Sie gilt als älteste im Valdres-Tal (nicht zu verwechseln mit der Stabkirche Heddal!). Sehenswerte Stab- und andere Kirchen passiert man aber auch im weiteren Verlauf, z. B. in **Bagn** (18. Jh.) und **Reinli** (kurze Nebenstraße, 12. Jh.). Ab hier steigt die Straße deutlich an und erreicht 15 km hinter der Einmündung des Rv. 33 den Zentralort **Fagernes**.

Fruchtbare Landschaft

Das nette 1.800-Einwohner-Städtchen liegt malerisch am See Strandefjord (auch Strondafjord oder Strøndafjord geschrieben), inmitten einer fruchtbaren, von moderaten Hügeln umgebenen Bauernlandschaft. 1906–1991 endete hier die Valdres-Bahn, deren Trasse heute als beliebter Wander- und Fahrradweg dient. Die Rolle der Bahn übernahm 1987 mit der Eröffnung des Regionalairports der Flugverkehr. Mit Geschäften sowie mehreren Hotels und Campingplätzen könnte der Ort für eine Zwischenübernachtung interessant sein, auch für diejenigen, die Fagernes als Start- oder Zielpunkt des spektakulären Rv. 51 zum Jotunheimen-Nationalpark nutzen. Bei einem kleinen Spaziergang sollte man den alten Bahnhof (heute Souve-

Zwischen Oslo und Fjordland

nirladen) und die Kutscher-Skulptur am Skiferplassen beachten. Die größte Sehenswürdigkeit aber ist das **Freilichtmuseum**. Es liegt an der E 16, 800 m westlich des Zentrums, auf der schönen Halbinsel Storøya. Das 1901 gegründete Museum gilt als viertgrößtes des Landes. Es zeigt Häuser des Valdres-Tals und ihre Einrichtung und hat die Dokumentation von Volksmusik und -tanz zum Thema (im Sommer tgl. mehrere Vorführungen). Das 2009 eingeweihte Gebäude ist auf einer Seite verglast, auf der anderen mit Grassoden gedeckt. Neben einem Café und Museumsshop gibt es einen Konzertsaal.

Valdres Folkemuseum, ☎ *61359900, www.valdresmusea.no, Juli/Aug. tgl. 10–17, Juni, Sept. tgl. 10–16, sonst Mo–Fr 12–15 Uhr, Juli/Aug. NOK 100, Kinder (7–16 Jahre) NOK 50, Juni, Sept. NOK 60/30, sonst freier Eintritt.*

Redaktionstipps

➤ **Stabkirchen**: Zu den schönsten Stabkirchen der Region gehören die Kirchen in **Lomen** (S. 344), **Høre** (S. 344), **Nore** (S. 346), **Uvdal** (S. 345), **Gol** (S. 349) und besonders **Borgund** (S. 344).

➤ Die bekanntesten Wintersportorte sind **Geilo** (S. 351) und **Hemsedal** (S. 351).

➤ Die spannendsten Plätze zur Tierbeobachtung sind der **Naturpark Langedrag** mit u. a. Wölfen und Luchsen (S. 347) und der **Bärenpark Vassfaret** (S. 348).

➤ Aktivurlaub: **Draisine-Fahrt** auf der Numedalsbahn (S. 346), **Rafting** in Dagali (S. 348), **Fahrradtour** auf dem Rallarveg (S. 354).

➤ Die interessantesten **Freilichtmuseen** sind die von **Fagernes** (S. 343), **Ål** (S. 350) und **Nesbyen** (S. 349).

Reisepraktische Informationen Fagernes

Information

Fagernes Turistkontor, *Jernbanevegen 7, 2900 Fagernes,* ☎ *61359410, www.valdres.no, im Sommer Mo–Fr 8–17, Sa/So 10–16, sonst Mo–Fr 8–16 Uhr.*

Unterkunft

Scandic Valdres €€€€, *Jernbanevegen 26, 2900 Fagernes,* ☎ *61358000, www.scandichotels.no. Großes, renoviertes Konferenzhotel und beste Adresse im Valdres-Tal, zentral und schön am Ufer des Strandefjords gelegen. 139 moderne, gut ausgestattete Zimmer, Innenpool, Sauna, Fitness-/Wellnesscenter, Restaurant und Bar.*

Camping

Fagernes Campingpark, *Tyinvegen 23, Fagernes,* ☎ *61360510, www.fagernescampingpark.no. Schöne, großzügige 4-Sterne-Anlage an der E 16, auf einer Halbinsel im Strandefjord neben dem Freilichtmuseum, 300 m von Fagernes-Zentrum. Ganzjährig. Vermietung von Hütten unterschiedlicher Kategorie, Apartments mit Küche und Wohnstube, Boots-, Fahrradverleih, Angelmöglichkeiten, Kiosk, Badestrand mit Sprungturm, sehr gute Sanitäranlagen. Mehrfach als „bester Campingplatz des Landes" ausgezeichnet.*

Verkehrsverbindungen

8 km von Fagernes entfernt liegt der Regionalflughafen **Fagernes Lufthavn, Leirin**, *Nord-Aurdal (Oppland), mit regelmäßigen Verbindungen nach Oslo, Bergen und Trondheim (Infos unter www.fagernesairport.com).* **Expressbusse** *verkehren mehrmals tgl. auf der E 16 zwischen Oslo und Bergen,* **Lokalbusse** *zu allen wichtigen Orten im Valdres-Tal, im Sommer wird auch der Rv. 51 per Bus befahren (Infos unter www.jvb.no).*

Ab Fagernes wird die E 16 landschaftlich reizvoller. In **Ulnes** mit einer Steinkirche aus dem 14. Jh. (schöne Innendekoration) kann man auf eine kleine Nebenstraße ausweichen, die am anderen Flussufer entlang über **Fossheim** (Gräberfeld mit Hügelgräbern, Runenstein und Bautasteinen) nach **Volden** führt. Die dortige Vestre-Sildre-Kirche wird wegen ihrer Größe und Schönheit auch Sildredomen genannt. Im 7 km entfernten **Lomen** gibt es einen Abzweig zur hoch über dem See gelegenen Lomen-Stabkirche, die um 1180 errichtet und 1750 stark verändert wurde. Der kurze Abstecher lohnt wegen der schönen Schnitzereien am ungewöhnlich hohen Westportal und der gut restaurierten Dachkonstruktion mit ihren typischen Andreaskreuzen. Auch die sehr schön auf einer Anhöhe gelegene **Høre-Stabkirche** mit einem hohen Runenstein befindet sich in der Nähe (schmale Zufahrtsstraße). Auf der Weiterfahrt passiert man den 30 m hohen Ryfoss-Wasserfall und gelangt kurze Zeit später zum breiten **Vangsmjøsa-See**. Die E 16 führt an dessen Südufer entlang nach **Vang** mit seiner weißen Holzkirche. Sie ersetzte die Stabkirche, die 1841 abgetragen und an den Preußenkönig Friedrich Wilhelm IV. verkauft wurde, der sie wiederum in Brückenberg im Riesengebirge aufstellen ließ. Beachtenswert ist der 2,5 m hohe Runenstein aus dem 10./11. Jh.: Mit den Verzierungen (Schlingbandornamentik, Löwendarstellung) und der Runeninschrift an den Schmalseiten („Gåses Söhne errichteten diesen Stein für ihren Vetter Gunnar") gilt er als einer der interessantesten aus der Wikingerzeit.

Bergsee und alpine Gipfel

Das Westende des Sees erreicht man in **Øye**, wo eine weitere Stabkirche zu bewundern ist. Diese war 1747 abgerissen worden, konnte aber mit aufgefundenen Bauteilen 1955–1957 rekonstruiert werden. Die E 16 begleitet danach den Oberlauf der Begna und steigt nun mächtig zum Fillefjell an. Auf etwa 1.000 m Höhe passiert man den Abzweig des Rv. 53, der noch höher hinauf in die majestätische Bergwelt von Jotunheimen führt. Er bringt einen zunächst zum herrlichen **Tyin-See**, wo wiederum der Rv. 252 als Stichstraße mit allerbesten Panoramablicken abgeht, und macht eine nördliche Runde am Rand der schroffen **Hurrungane-Zinnen** entlang, einem Mekka der norwegischen Bergsteiger. Diese kurvenreiche, atemberaubende Gebirgsstraße ist nur im Sommer geöffnet und kann als Streckenalternative genutzt werden, am Årdalsfjord entlang und über Lærdal findet man dabei später wieder zur E 16 zurück (S. 288).

Auf der Europastraße selbst steht hinter Øye die Überquerung des **Fillefjell** an, einer rauen Landschaft, deren zahlreiche hohe Schneefangzäune die Winterverhältnisse ahnen lassen. An der 1971 gebauten St.-Thomas-Kapelle vorbei führt der Weg und dann wieder abwärts zum Aussichtspunkt Maristua (800 m ü. d. M.) und weiter hinunter bis **Borlaug**. Dort mündet der Rv. 52 aus dem Hemsedal, eine der beiden wichtigsten Süd-Nord-Querungen dieser Region (S. 351).

Berühmte Stabkirche

Auf den verbleibenden 44 km durch das Lærdal und zum gleichnamigen Fjord ist die direkt an der E 16 gelegene **Stabkirche von Borgund** die größte Sehenswürdigkeit. Mit ihrem sechsstufigen Dach und den Drachenköpfen an den Firstenden gilt sie zu Recht als die besterhaltene überhaupt und ist, zusammen mit der von Urnes, das älteste Holzgebäude Europas. Die Portale sind reich mit Schnitzereien verziert und im dunklen Inneren herrscht eine mystische Stimmung, allerdings sind oft Besuchermassen anwesend. Zum Gelände gehören auch der freistehende Glo-

ckenturm, daneben die neuere Nachfolgekirche und ein Besucherzentrum mit einer Dokumentation, Cafeteria und Souvenirshop.
Borgund Stavkirke, *www.stavechurch.com, Mitte April–Sept. tgl. 10–17, Hauptreisezeit 8–20 Uhr, NOK 90, Kinder (ab 5 Jahren) NOK 70.*

Die Stabkirche von Borgund

Nur 30 km sind es von Borgund bis zum **Lærdalsfjord**, einem südöstlichen Arm des Sognefjords, der per Fähre nach Kaupanger überquert werden kann. Die Europastraße biegt vorher nach Südwesten ab und führt durch eine spektakuläre Kombination mehrerer Tunnel auf **Voss** und **Bergen** zu (S. 253).

Durch das Numedal

Eine westliche Parallelstrecke zur Europastraße ist die rund 160 km lange Route durchs **Numedal**, die interessant ist, wenn man in Larvik mit der Fähre ankommt oder unter Umgehung der Hauptstadtregion den Oslofjordtunnel benutzen und über Drammen anreisen möchte. Es wäre aber schade, diese Strecke nur für den möglichst schnellen Transfer zu nutzen, denn das Numedal ist eine Bilderbuchlandschaft mit Seen, Feldern, Wäldern, Hügeln und Bergen – nicht überlaufen, doch mit gut entwickelter Infrastruktur. Das Numedal ist aber nur eines von insgesamt vier U-förmigen Bauerntälern, nördlich davon durchquert man auch das **Uvdal**, **Seterdal** und **Skurdal**. Hier konnten die relativ isoliert lebenden Talbewohner zwischen den fast menschenleeren Fjell- und Waldregionen alte Traditionen und ihre oft jahrhundertealten Höfe ursprünglicher erhalten als in anderen Landesteilen. Deswegen werden hier vor allem Freunde der ursprünglichen Baukunst auf vielfältiges Anschauungsmaterial stoßen, mit allein vier Stabkirchen und hervorragenden Beispielen der profanen Holzarchitektur entlang des Weges. Auch für sportlich Aktive hat die Region viel zu bieten, besonders den Wintersportlern, Wanderern und Radfahrern. Startpunkt ist die „Silberstadt" **Kongsberg** (S. 204), ab wo der Rv. 40 den Lågen (zur Unterscheidung vom gleichnamigen Fluss im Gudbrandsdal auch Numedalslågen genannt) flussaufwärts begleitet. Dieser strömt mal breit und behäbig dahin und bildet an vielen Stellen idyllische Seen, er kann aber auch, vor allem im nördlichen Abschnitt, zu einem reißenden Wildwasser werden.

Bilderbuchlandschaft Numedal

Knapp 25 km nördlich von Kongsberg ist die Ortschaft **Flesberg** erreicht, Wintersportlern durch das Fagerfjell bekannt. Die Kirche mitten im Ort (Flesberg stavkirke) ist mit ihrem dunklen Holz und dem roten, oktogonalen Turm nicht gerade das Idealbild einer Stabkirche, doch stammt auch sie aus dem 12. Jh. Details aus dieser Epoche finden sich im Inneren und am Westportal. Das heutige Aussehen samt Ausstattung verdankt sie einem 1735 durchgeführten Umbau zur Kreuz-

Alte Raststation im Numedal

kirche; umgeben ist sie von einem großen Kirchhof mit vielen Grabsteinen. Nur 5 km nördlich der Ortschaft sind im **Freilichtmuseum Dåsettunet** 20 von ehemals 23 Holzgebäuden eines typischen Numedal-Hofs bewahrt *(www.visitmiddelalderdalen.no)*. Man nimmt an, dass er sich bis auf die Wikingerzeit zurückführen lässt, wenn auch die heutigen Holzhäuser nicht älter als 300 Jahre sind. An dem Hof beginnt ein 2,5 km langer Wanderweg durch den Wald.

Ca. 10 km weiter führt ein kleiner Abzweig vom Rv. 40 zum östlichen Flussufer und zur **Rollag-Stabkirche**, idyllisch in einer Kulturlandschaft mit dem Pfarrhof und dem Freilichtmuseum **Rollag Bygdetun** gelegen. Das um 1150 errichtete Gotteshaus wurde ab 1652 stark verändert und u. a. mit einer prachtvollen Barockaltartafel, einem Querschiff, einer Rokokokanzel und floralen Deckengemälden ausgestattet. Vor der Kirche steht ein uraltes Steinkreuz, das im 11. Jh. als erster Versammlungspunkt der Christen noch vor dem Stabkirchenbau errichtet wurde.

Oberhalb von Rollag wechselt auch der Rv. 40 bei **Veggli** (Gasthof, Camping, Bahnhof mit Draisinen) zum anderen Ufer über. Gegenüber führt die Autostraße durch das nun enger werdende Tal nach **Nore**. Die dortige Stabkirche liegt auf der westlichen Seite (Brücke); sie stammt von 1167 und ist in einem umfriedeten, reizenden

Strampeln auf der Numedalsbahn

Pläne für den Bau einer Eisenbahnlinie durch das Numedal gab es schon in den 1870er-Jahren. Ursprünglich dachte man auch an eine Verbindung mit der Bergenbahn. Aber erst 1927 wurde die Zugstrecke eingeweiht, die damals von Kongsberg in 93 km bis nach Rødberg führte und für den Bau des dortigen Wasserkraftwerks von großer Bedeutung war. Die bis 1970 noch mit Dampfloks befahrene Strecke wurde aber unrentabel und ist seit 1988 stillgelegt. Seit 2002 haben Touristen die Möglichkeit, das Numedal auf der 30 km langen **Teilstrecke Veggli – Rødberg** mit einer **Draisine** kennenzulernen. Die Fahrt sollte nicht unterschätzt werden: Es geht in nördlicher Richtung stetig bergan, auch sind einige Tunnel zu durchfahren, von denen der längste über 600 m misst. Trotzdem macht die Strampelei Laune, wenn die Landschaft in gemächlichem Tempo vorbeizieht. Außerdem hat man die alten, schwergängigen Draisinen durch leichtere, aus Schweden importierte ersetzt, und auf dem Rückweg geht es ohnehin bergab, sodass dann öfter die Bremse zum Einsatz kommt. Die Gestelle bieten Platz für zwei Personen (einige auch für ein zusätzliches Kind), aber einer muss immer strampeln. Mit anderen Draisinenfahrern kommt man schnell ins Gespräch, weil bei Gegenverkehr die Fahrzeuge von den Schienen gehoben werden müssen. Wie weit man mit der Draisine unterwegs sein möchte, bleibt einem selbst überlassen (Infos unter www.veggli-vertshus.no).

Tipp: Fahrradroute

Eine herrliche Fahrradroute ist der **Numedalsweg** (Numedalsruta), der insgesamt 240 km lang ist und **von Geilo über Kongsberg bis nach Larvik** führt. Das Touristenbüro in Geilo vertreibt einen eigenen Guide zu dieser Strecke. Am bequemsten ist es natürlich, den Numedalsweg in südlicher Richtung, also „bergab" zu fahren, die Anreise nach Geilo kann mit dem Zug erfolgen (Fahrradmitnahme möglich). Für Teilstrecken können vor Ort an vielen Stellen Fahrräder gemietet werden. Beliebt ist das Numedal auch bei Wintersportlern, die hier eine Alternative zum manchmal etwas überlaufenen Geilo finden. Vor allem das Uvdal Skicenter (Infos: www.uvdal.no oder www.facebook.com/uvdalskisenter) und Dagali (Infos: www.dagalifjellpark.no) sind gefragte Destinationen für Skilang- und Abfahrtslauf.

Kirchhof platziert. Ungewöhnlich ist, dass sie schon von Beginn an als Kreuzkirche errichtet wurde und eine Mittelsäule besitzt, die die Dachkonstruktion trägt. Restaurierungsarbeiten von 2002–2004 haben schöne mittelalterliche Schnitzereien an den Portalen (Drachen, Löwen, Rankenornamente) und zwei Runeninschriften bewahrt. Nore ist auch der Name eines Wasserkraftwerks im folgenden Ort **Rødberg**, das mit seiner historisierenden Fassade nicht unangenehm auffällt. Rundherum gibt es ein bescheidenes touristisches Angebot mit Hotel und Campingplatz.

Einheimische Tierwelt

In Rødberg verlässt der Rv. 40 den Flusslauf des Lågen, der weiter nördlich in der Hardangervidda entspringt. In der gleichen Richtung kann man ebenfalls auf einer schmalen Nebenstraße einen weiten östlichen Bogen abfahren. Dabei passiert man den schönen See **Tunnhovd-Fjord** und den auf 1.000 m Höhe gelegenen **Naturpark Langedrag** *(www.langedrag.no)*. Wer mit Kindern reist, sollte sich diesen Abstecher nicht entgehen lassen, denn auf dem 4 ha großen Freigehege sind fast alle einheimischen Tierarten versammelt, u. a. Rentiere, Wölfe, Luchse, Polarfüchse und Fjordpferde. Die Besucher können u. a. Rentiere oder Polarfüchse füttern sowie Ziegen streicheln oder melken (die Ziegenmilch wird vor Ort zu Käse verarbeitet und verkauft). Zum Angebot des Hofs gehören Reittouren und -unterricht oder Angeln in den Gebirgsseen der Umgebung. Auch Unterkünfte sind vorhanden (ca. 100 Betten), Camping ist ebenfalls möglich, auch mit dem Wohnmobil.

Bleibt man hingegen auf dem Rv. 40, geht es stetig bergan bis zum Fremdenverkehrszentrum des Numedalen, **Uvdal** (Touristeninformation, Läden, Unterkünfte). Größte Sehenswürdigkeit ist die Stabkirche einige Kilometer südlich hoch über dem Tal, östlich vom Rv. 40 (Hinweis „Stavkirke"). Sie stammt aus dem späten 12. Jh. und wurde 1720 zur Kreuzkirche umgebaut. Wie die Kirche von Nore (s. o.) ist sie eine Mittelmastkirche, bei der die Dachkonstruktion auf einem Mast in der Mitte des Schiffs ruht. Sehenswert sind die Portale, im Inneren die Halbmasken über dem Chorbogen und die Holzschnitzereien im Westen, die alle noch mittelalterlich sind, ansonsten stammen die prächtige Ausstattung und die farbenfrohen Dekorationen aus dem 17./18. Jh. Die Uvdal-Stabkirche ist Teil eines kleinen Heimatmuseums (u. a. mit einem 400 Jahre alten Vorratshaus), auch eine Besichtigung von außen ist nur dann möglich, wenn man Eintritt bezahlt. Uvdal selbst hat ein ganz hübsches Ortsbild und bietet viele Wander- und Wintersportmöglichkeiten.

Karges Hochgebirgs-plateau

Entlang der Uvdalselva steigt nun der Rv. 40 an, bis am Hochgebirgshotel **Vasstullan** die Passhöhe von 1.100 m erreicht ist. Hier oben liegt eine herb-schöne, karge Landschaft mit vielen Tümpeln und Wollgraswiesen. Dahinter geht es leicht hinab ins **Seterdal**, das vollständig unter Naturschutz steht und mit **Dagali** einen kleinen Urlaubsort besitzt. Das kleine Freilichtmuseum an der Landstraße besteht aus einer zehn historische Gebäude umfassenden Anlage, zu der auch ein Friedhof gehört, der 1819–1850 in Benutzung war. Ansonsten hat sich Dagali inzwischen einen Namen als Wintersportdestination gemacht, auch für waghalsige Raftingtouren eignet sich der Standort gut.

Am nördlichen Ende wird das Tal durch einen weiteren Pass (1.063 m ü. d. M.) vom waldreichen **Skurdal** getrennt, ab wo man in einigen Kehren zur Hardangervidda mit dem Touristenort **Geilo** (S. 351) hinabklettert. Hier stößt man auf den Rv. 7, auf dem man ostwärts ins Hallingdal und westwärts zum Hardangerfjord gelangt.

Durch das Hallingdal und über die Hardangervidda

Trotz des Ausbaus der E 16 bleibt die Strecke Oslo – Hønefoss – Hallingdal – Geilo – Hardangervidda – Hardangerfjord – Bergen eine der wichtigsten Verbindungen zwischen Ostnorwegen und der Fjordregion. Über ca. 480 km führt die Route durch das fruchtbare Hallingdal, über die Hardangervidda, Europas größte Hochebene, durch das wilde Måbødal mit imposanten Wasserfällen bis an den Hardangerfjord und weiter nach Bergen. Die Strecke führt dabei über die neue Hardangerbrücke, die sich über den Eidfjord spannt. Obwohl dies von vielen Reisebus-Unternehmen so gemacht wird, ist es nicht ratsam, die Gesamtstrecke zwischen Oslo und Bergen an einem Tag zurückzulegen.

Auf den ersten gut 60 km ab Oslo nutzt man die beschriebene Strecke der E 16; ab **Hønefoss** folgt man der Rv. 7, die zu großen Teilen entlang der berühmten Bergenbahn läuft. Vorbei an **Sokna** mit dem größten Holzverarbeitungsbetrieb des Landes geht die Fahrt zum See **Krøderen** am Beginn des Hallingdals. Dieses ist in seinem südlichen Abschnitt zunächst noch eine wenig aufregende Landschaft mit Wiesen, Weiden und flachen Hügeln. Der erste größere Ort mit Unterkünften und Touristeninformation ist **Flå**, in dessen Umgebung es noch bis 1972 (und vereinzelt auch jetzt noch!) wild lebende Bären gab. Im **Vassfaret Bjørnepark**, einem 800 m abseits der Rv. 7 gelegenen Bärenpark, kann man diese mächtigen Tiere, aber auch Elche und Rehe gefahrlos und aus der Nähe erleben.

Vassfaret Bjørnepark, *Bjørneparkvegen 61, Flå, ☎ 32053510, www.bjorneparken.no, Mitte April–Mitte Okt., tgl. 11–17 Uhr, Hochsaison bis 18 Uhr, NOK 329, Kinder NOK 299, Hochsaison: NOK 399, Kinder NOK 379.*

Im Bärenpark Vassfaret

Ca. 35 km sind es von Flå bis **Nesbyen**, das bereits 170 km von Oslo entfernt liegt. Sehenswert ist das **Hallingdal-Museum**, das bereits 1899 seine Pforten öffnete und damit eines der ältesten Freilichtmuseen weltweit ist. Seine 29 historischen Gebäude und rund 30.000 Gegenstände veranschaulichen Leben und Wohnkultur dieser Region. Zu den auffälligsten Häusern gehören das Staveloftet aus Ål, das um 1330 errichtet wurde und zu den bestbewahrten mittelalterlichen Profanbauten aus Holz zählt, sowie das Skrattegard-Haus, das ein Hallingdal-Auswanderer 1892 in North Dakota baute und das 1998 sozusagen in die Heimat zurückkehrte.
Hallingdal-Museum, *Møllevegen 18, Nesbyen, www.hallingdal-museum.no, Ende Juni–Mitte. Aug. Di–So 11–16, sonst Di–Fr 9–15 Uhr, NOK 80, Kinder NOK 60.*

650 Mio. Jahre alter Meteoritenkrater

Die **Kirche** von **Nes** stammt von 1862 und wird auch „Hallingdal-Dom" genannt. Auf dem Rv. 7 geht es dann an den Außenanlagen des Wasserkraftwerks Nes (max. 250.000 kW) vorbei und weiter an der Hallingdalselva entlang. Bei Svenkerud sieht man einen Abzweig mit dem Hinweis „Gardnos Meteorittpark". Wer hier das kurze Stücke nach Westen fährt, stößt auf den **Gardnos-Meteoritenkrater**; er entstand, als vor etwa 650 Mio. Jahren ein Meteorit von fast 300 m Durchmesser die Region traf und einen Krater von ca. 5 km Durchmesser schlug. Der ursprüngliche Steinboden wurde zu Steinmehl zerschlagen und in die kleinsten Ritzen gepresst, dadurch entstanden ungewöhnliche Steinarten, die es sonst kaum zu sehen gibt. Die Zufahrtsstraße führt bis zur Mitte des Kraters, der in der langen Zeit durch natürliche Erosion eingeebnet wurde. Der Park ist von Mitte Juni–Mitte Aug. 10–18 Uhr geöffnet, eine überdachte Ausstellung des Naturhistorischen Museums Oslo erläutert die Naturkatastrophe. Mehrmals tgl. werden geführte Touren angeboten, die im Eintrittspreis enthalten sind (Infos unter *www.meteorittparken.no*).

Wintersport und Wikinger

Als nächstes erreicht man, fast 200 km hinter Oslo und 21 km hinter Nesbyen, den Handels- und Ferienort **Gol**, mit der Bahnlinie und den hier aufeinandertreffenden Straßen Rv. 7, Rv. 51 und Rv. 52 ein wichtiger Verkehrsknotenpunkt. Dieses lokale Zentrum (ca. 4.500 Einwohner), als Wintersportort schon seit Längerem bekannt, hat in den letzten Jahren viel dafür getan, dass die Touristen nicht nur durchreisen, sondern auch im Sommer bleiben. Da die prächtige **Stabkirche** als wichtigste kulturelle Sehenswürdigkeit bereits 1882 zum Schmuckstück des Osloer Volksmuseum wurde, baute man hier eine originalgetreue Kopie und umgab sie mit dem **Wikinger- und Familienpark Gordarike**. Dort sind u. a. ein rekonstruiertes Wikinger-Häuptlingshaus aus der Zeit um 800 n. Chr. und ein Wikingergrab zu sehen. Der Bau der Stabkirche ist Thema eines kurzen Films. Zum Familienpark auf der anderen Flussseite (Brücke) gehören Spielattraktionen mit Bezug zur Wikingerzeit, ein Wasserpark mit Rutschen, eine Trollhöhle und ein Weihnachtsmannhaus.
Gordarike Viking & Family Park, *Gol, ☏ 40720410, www.hallingresort.no.*

Wer in Gol und Umgebung Station machen möchte, findet Unterkünfte aller Art, vor allem Campingplätze und Ferienhütten sind reichlich vorhanden. Wer es luxuriöser mag, kann im Pers Resort Hotel einchecken. Es geht auf Per Herbrand Rustberggard zurück, der 1949 seine Skifabrik schloss und stattdessen in den Fremdenverkehr investierte. Dem Familienunternehmen gehört u. a. auch das **Tropicana-Badeland** mitten im Ort, Norwegens größtes kombiniertes Innen- und Außenbad mit Riesenrutschen, Wellenbad, Palmengarten, Dschungelland etc. *(www.pers.no)*.

Reisepraktische Informationen Gol

Information

Gol Turistkontor, *Sentrumsvegen 106, 3550 Gol, ☎ 32029700, www.golinfo.no, Mo–Fr 9–15, im Sommer Mo–Fr 9–18, Sa 10–15 Uhr.*

Unterkunft

Solstad Hotell & Motell €€€, *Sentrumsvegen 107, Gol, ☎ 32029720, www.solstadhotell.no. Unspektakuläres, recht modernes Hotel mit 20 gut ausgestatteten Zimmern, Restaurant und Café, Sonnenterrasse.*

Camping

Gol Campingsenter, *Heradvegen 189, Gol, ☎ 32074144, www.golcamp.no. 4-Sterne-Campinglatz, 2,5 km vom Ortszentrum und schön am Fluss gelegen, Wiesengelände mit Zelt- und Caravanplätzen sowie vielen Hütten unterschiedlicher Kategorie, u. a. auch Ferienhäuschen für bis zu 10 Personen mit Bad, Küchenzelle, z. T. mit TV, Spülmaschine und Balkon, Café-Restaurant, Kiosk, Sauna, schöner beheizter Pool (Mitte Juni–Mitte Aug.), 6 Motelzimmer, moderne sanitäre Anlagen, Kiosk, Spielplatz.*

Verkehrsverbindungen

Gol ist Zugstation an der **Bergenbahn** *mit tgl. bis zu 6 Verbindungen in Richtung Bergen und Oslo. Per Bus ist Gol mit Nesbyen, Hemsedal, Ål und Geilo, tgl. auch mit Fagernes und weiter nach Gjøvik und Lillehammer sowie per Expressbus mit Hønefoss, Drammen, Oslo, Sogndal, Førde und Florø verbunden.*

Dorf mit zwei Kirchen

Ab Gol verläuft der Rv. 7 nicht mehr in nördlicher, sondern in westlicher Richtung, aber nach wie vor parallel zum Fluss Hallingdalselva und zur Bergenbahn. Ein Halt bietet sich bereits nach 14 km in **Torpo** an, wo an der Straße zwei Kirchen dicht nebeneinander stehen. Nicht das weiße, sondern das dunkle Holzgebäude ist das interessantere: Dieser Rest einer Stabkirche von 1192 ist das älteste Gebäude im gesamten Hallingdal, da es nie verändert wurde. Sehenswert sind im Inneren die Baldachinmalereien vom Martyrium der hl. Margareta, die gemalten Masken und die Drachenornamente. Die Kirche wirkt insgesamt eher wie ein Turm, da 1880 Chor und Apsis abgerissen wurden. Die restliche Kirche konnte in letzter Minute gerettet werden, indem der Denkmalschutzbund sie aufkaufte.

Ungefähr in der Mitte zwischen Gol und Geilo liegt der Fremdenverkehrsort **Ål** am östlichen Ende des Sees. Auch hier gibt es ein **Freilichtmuseum** mit 30 Gebäuden samt Inneneinrichtung und schönem Blick auf Ort und Tal. Im Ortskern lohnt das ambitionierte **Kulturhaus** (mit Café, Kino, Bibliothek, Infos: *www.aal.kulturhus.no*) einen Besuch, vor allem wegen des **Nesch-Museums**. Es zeigt eine Dauerausstellung mit Gemälden, Grafiken und Skulpturen des aus Schwaben stammenden und international bekannten Künstlers Rolf Nesch (1893–1975), der sich 1951 dauerhaft in Ål niederließ. Interessant ist auch die 1880 eingeweihte **Dorfkirche**; dort ist im Chor eine Kopie des berühmten Deckengemäldes aus der Stabkirche zu entdecken, die man im gleichen Jahr abgerissen hatte.

info

Fahrt durch das Hemsedal

Der Rv. 52 ist die erste der beiden Nord-Süd-Querungen zwischen Hallingdal und Sognefjord und geht vom Rv. 7 bei Gol geradewegs ins eindrucksvolle Hemsedal. Die 77 km lange Etappe führt zunächst durch den kleinen Ort Robru, passiert dann das Kraftwerk Hjelmen Bru sowie die beiden Gipfel Veslehorn (1.300 m) und Storhorn (1.478 m). 30 km hinter Gol gelangt man zum Fremdenverkehrsort **Hemsedal**, der zum **größten alpinen Skigebiet Norwegens** ausgebaut wurde. Nach einer aufwendigen Umweltverträglichkeitsprüfung erhielten kanadische Planer grünes Licht für ein 150-Mio.-Euro-Projekt, durch das die Region mit den populären Skigebieten in Amerika und den Alpen konkurrieren kann und rund 16.000 Skifahrer täglich auf die Pisten lockt. Der Standortvorteil von Hemsedal rund um den höchsten Gipfel Høgeloft (1.920 m) ist die absolute Schneesicherheit von November bis Mai. 22 Lifte, 48 unterschiedliche Pisten (darunter 9 rote und 8 schwarze, viele mit Flutlicht ausgestattet, insgesamt 43 km mit 810 m Höhendifferenz), dazu ein Snowboard-Park, Skischulen, Unterkünfte, Gratis-Skibusse, Kinder- und Après-Ski-Programme sowie 210 km Langlaufloipen – das lässt erahnen, was hier im Winter los ist (Infos: *www.hemsedal.com*). Im Sommer dagegen liegt eine fast gespenstische Ruhe über dem Ort. Zu Unrecht, denn die Fahrt über den Rv. 52 hat viel zu bieten. Vor allem die folgende Etappe bis Borlaug gehört zu den schönsten Gebirgsstrecken, die Norwegen aufweisen kann. In **Borlaug** stößt die Route auf die E 16, wenige Fahrminuten von der Stabkirche Borgund entfernt.

Westlich von Ål verbreitert sich die Hallingdalselva zum langgestreckten Strandefjord. An dessen anderem Ende liegt nach wenigen Kilometern **Hagafoss**, wo die Hochgebirgsstraße 50 nach Nordwesten zum Aurlandsfjord abzweigt (s. o.). Dann folgt der auf knapp 800 m Höhe gelegene Ort **Geilo**, der zwar nur rund 3.000 Einwohner hat, aber im Winter und im Sommer ein Vielfaches an Besuchern aufnimmt und ein wichtiger Verkehrsknotenpunkt ist (Bergenbahn, Rv. 7, Rv. 40). In Geilo (gesprochen: Jeilu) sind viele sportliche Aktivitäten möglich, aber es ist alles andere als ein idyllischer Ort, dafür gibt es zu viele Bausünden. Wer ein praktisches Quartier sucht, um die Hardangervidda zu erkunden, ist in Geilo richtig, ebenso alle, die Aktivitäten mit einem gewissen Kick suchen. Wandern, Berg- oder Gletscherwandern, Golfen, Reiten, Angeln in rund 80 Bergseen und vielen Flüssen, Kanu- und Raftingtouren, Abseilen, Tennis, Sommerkiting und rasante Touren auf der modernen Mountainbikestrecke „Pink Park" sind einige der Angebote; mehrere Hotels haben außerdem Innenpool und Wellnessprogramme.

Sommer- und Wintersport auf der Hardangervidda

Unbedingt lohnend ist eine Fahrt mit dem Sessellift auf die 1.100 m hoche **Geilohøgda**, wo es weitere Wander- und Mountainbikewege gibt. Bei Wintersportlern ist Geilo ohnehin bekannt als eines der größten Zentren Nordeuropas mit entsprechender Infrastruktur. Außer den nordischen und alpinen Sportarten einschließlich Snowboarding hat sich die norwegische Hochebene in den letzten Jahren zum Mekka der Drachenskifahrer entwickelt.

Reisepraktische Informationen Geilo

Information

Geilo Turistinformasjon, *Vesleslåttveien 13, 3580 Geilo, ☎ 32095900, www.geilo.no und www.visithallingdal.no, im Sommer Mo–Fr tgl. 8.30–21, Sa 9–17, So 12–17, sonst Mo–Fr 10–15 Uhr.*

Unterkunft

Dr. Holms Hotel €€€€€, *Timrehaugvei 2, ☎ 32095700, www.drholms.no. Die erste Adresse am Ort und seit vielen Jahren in ganz Norwegen als exquisitie Herberge bekannt, 200 m vom Zentrum entfernt. Der schöne, weiße Prachtbau von 1908 hält 125 Zimmer und Suiten im historischen Teil und den beiden neueren Flügeln bereit. Sehr gutes Restaurant, Brasserie im Retro-Stil, englischer Salon, Pianobar und Bibliothek. Es gibt ein Wellness- und Spa-Center mit Schwimmbad, Anwendungen, Saunas etc. Mit Ski- und Fahrradverleih.*

Highland Lodge €€€€, *Lienvegen 11, ☎ 32096100, www.highland.no. Renommiertes Hotel im Zentrum von Geilo, 2013 komplett renoviert, 160 gut ausgestattete Zimmer, Familienzimmer und Suiten, schöne Salons. Gutes Restaurant, Bar, Bibliothek, Schwimmbad und Sauna.*

Jugendherberge/Camping

Øen Turistsenter & Geilo Vandrerhjem, *Geilo, Lienvegen 137, ☎ 32087060, www.oenturist.no. Jugend- und Familienherberge innerhalb des Øen Turistsenter, untergebracht in zwei gemütlichen, traditionell gebauten Häusern mit 16 Zimmern für 2–4 Pers., gut ausgestattete Gästeküche, TV-Raum, renovierte Bäder, Sauna. Zum Turistsenter gehören komfortable Ferienwohnungen für 6–8 Pers. (bis 84 m²), einfache und besser ausgestattete Hütten für bis zu 5 Pers. (ohne oder mit Dusche/WC), Campingplatz und verschiedene andere Unterkünfte, Rezeption, Café/Restaurant, Pub und Terrasse.*

Camping

Geilo Hytter & Camping, *Lauvrudvegen 11, ☎ 41610102, www.campinggeilo.no. Am Rv. 7 rund 2 km östlich von Geilo gelegene, kleinere und 2018 komplett modernisierte Anlage mit ca. 12 unterschiedlich großen und winterfesten Hütten, Platz für 20 Wohnwagen und Zeltmöglichkeit, ganzjährig geöffnet.*

Verkehrsverbindungen

Geilo ist Zugstation der **Bergenbahn** *mit tgl. bis zu 6 Verbindungen in Richtung Bergen und Oslo. Per* **Bus** *ist Geilo mit allen größeren Orten der Region sowie mit Oslo, Bergen und Stavanger mehrmals tgl. verbunden. Infos zu den Zug- und Busverbindungen unter ☎ 177 bzw. www.vkt.no.*

Aktivitäten

Das Angebot in Geilo lässt keine Wünsche offen, inkl. kostenloser **Skibusse** *zu den Liften, ferner ist es ein Zentrum für die recht neue Sportart* **Drachenski** *(Infos unter www.kiteschool.no). Im Sommer können über das Touristenbüro u. a.* **Gletscher-, Bergwander- und Raftingtouren** *gebucht werden, ebenso Exkursionen mit Tierbeobachtung.*

Tipp: Auf dem Aurlandsvegen (Rv. 50) zum Aurlandsfjord

Die zweite Nord-Süd-Querung verlässt das Hallingdal bei **Hagafoss** und führt über knapp 100 km bis nach **Aurland** am östlichsten Seitenarm des Sognefjords. „Aurlandsvegen" wird der Rv. 50 genannt und bringt einen bis auf 1.156 m ü. d. M. hinauf. Auf mautpflichtigen Nebenstraßen kann man noch weiter in die faszinierende und menschenleere Welt der Hardangervidda eindringen, die im Süden vom mächtigen Klotz des **Folarskarnut** (1.930 m) überragt wird. Eine Vielzahl von Tunneln, vor allem in der nördlichen Hälfte, macht den Aurlandsvegen auch im Winter befahrbar. Unterwegs bieten vier bewirtschaftete Gasthöfe Zimmer, Hütten und Mahlzeiten an. Einen kulturellen Höhepunkt entlang des Weges stellt die **Stabkirche von Hol** dar, die sich wenige Kilometer oberhalb von Hagafoss befindet. In Aurland hat man Anschluss an die Sognefjord-Route (S. 288).

Während in Geilo der Rv. 40 in südlicher Richtung abzweigt und später durchs Numedal nach Kongsberg (S. 204) führt, bleibt der Rv. 7 noch auf der Hardangervidda-Hochebene und bringt einen in ca. 10 km nach **Ustaoset**, wo es Hunderte von Hütten gibt, die zusammen mit einer Vielzahl von markierten Wegen und zahlreichen Angelseen die Hardangervidda zu einem äußerst populären Wandergebiet machen. Straße und Bahntrasse folgen nun für eine Weile dem Nordufer des großen Sees Ustevatn bis zum Ferienort **Haugastøl**, wo die Bergenbahn auf einsamer Strecke nach Nordwesten abbiegt und bei **Finse**, oberhalb der Schneegrenze, ihren höchsten Punkt erreicht.

Populäres Wandergebiet

Der Rv. 7 klettert hinter Haugastøl ebenfalls mächtig nach oben, passiert **Halne** (Gebirgspension und idealer Ausgangspunkt für Wanderungen, *www.halne.no*) und steigt schließlich bis auf 1.250 m ü. d. M. an der **Dyranut Turisthytta** an *(www.dy*

Landschaft an der Bergenbahn bei Finse

Tipp: Radwanderweg

Einer der herrlichsten Fahrradwanderwege in Norwegen ist der sog. **Rallarweg**, eine ehemalige Versorgungsstraße für den Eisenbahnbau. Dieser Radweg, ein kulturhistorisches Denkmal, führt parallel zur 1909 eröffneten Bahnlinie über **90 km von Flåm** über Vatnahalsen, Hallingskeid, Finse, Haugastøl **bis nach Geilo** – teilweise oberhalb der Schneegrenze. Angesichts der Höhendifferenz von 1.300 m ist es allerdings ratsam, den Weg in umgekehrter Richtung, also vom Hochgebirge hinab nach Flåm zu befahren, wofür man sich mindestens zwei Tage Zeit nehmen sollte und fahrerisches Können mitbringen muss. Übernachtungen sind in den genannten Orten möglich. Von Myrdal nach Geilo verkehrt während der Hauptsaison ein spezieller Fahrradzug, auch auf der Flåmsbahn ist die Mitnahme von Fahrrädern erlaubt. An der Station Haugastøl stehen 300 Mietfahrräder zur Verfügung. Robuste Mountainbikes sind nötig, da die Strecke geschottert ist. Auch die Ausrüstung und Kleidung sollte den Witterungsbedingungen angepasst sein, da auch im Hochsommer plötzlich Schneeverwehungen auftreten können und es sehr ungemütlich werden kann. Spezielle Radkarten zum Rallarvegen halten die Touristenbüros bereit, Infos: www.rallarvegen.com.

ranut.com). Von hier aus ist im Norden der Gletscher **Hardangerjøkul** (1.862 m) zu sehen. Hinter der Passhöhe geht es zügig hinab in Richtung Hardangerfjord, doch bevor das Etappenziel erreicht ist, stellt der 182 m hohe Wasserfall **Vøringfossen** noch eine überwältigende und vielbesuchte Attraktion dar. Nicht nur die Fallhöhe, sondern auch sein Volumen (12,4 m³/Sek.) und der Sturz in die enge Schlucht des Måbødalen beeindrucken. Einen herrlichen Blick von oben erhält, wer bei Isdøla auf die 1 km lange, mautpflichtige Nebenstraße nach **Fossli** mit dem großen und traditionsreichen **Fossli Hotel** abbiegt *(www.fossli-hotel.com)*. Bis 2020 entsteht hier eine spektakuläre Aussichtsbrücke, die weit über die Abbruchkante hinausragen und einen atemberaubenden Blick ermöglichen wird. Aber auch so ist das Erlebnis aufregend genug, ebenfalls der eindrucksvolle Blick von unten. Dazu wandert man vom Rv. 7 gut 30 Minuten zum Tal (gutes Schuhwerk und Regenkleidung wegen der Gischt notwendig), der Wander- und Radweg nutzt dabei die alte Straße, die sich in fünf Kehren auf 250 m ü. d. M. hinabschraubt. Und deren Vorgängerin wiederum, ein Saumpfad mit 124 Kurven und über 1.300 Stufen, kann man ab und zu an den steilen Felswänden bewundern. Wem die Wanderung zu anstrengend scheint, kann den kleinen Touristenzug („Trollbahn") benutzen, der im Sommer zu jeder vollen Stunde vom Wasserfall bis zum Måbøgård (s. u.) fährt.

Mächtiger Wasserfall

Ein weiteres Highlight ist anschließend die 7 km lange Straße durch das **Måbødal**, die durch zahlreiche Tunnel führt. Im Naturlehrpark Måbødalen und beim alten Bauernhof Måbøgård erfährt man Kulturgeschichtliches zur Umgebung, Infotafeln stehen an der Straße. Unbedingt lohnend ist auch der Besuch des **Hardangervidda-Naturzentrums** (S. 247), bevor man zum hübschen Fremdenverkehrsort **Eidfjord** am gleichnamigen Fjord gelangt. Dort hat man Anschluss an die Route „Rund um den Hardangerfjord" (S. 241).

Zwischen Oslo und Trondheim

Zwischen Oslo und Trondheim – das bedeutet eine Reise in das Herz des Königreichs. In dem Gebiet gab es immer Austausch zwischen Süden und Norden, hier wanderten die Wikinger ebenso wie die mittelalterlichen Pilger und die Könige zwischen der alten und der neuen Hauptstadt, hier gab es die ersten Bergwerke des Landes und den ersten Fremdenverkehr, hier wurden Schlachten zwischen Schweden und Norwegern geschlagen, hier gab sich das Land 1814 eine eigene Verfassung. Es ist eine kontrastreiche Region mit endlosen Wäldern und Seen im Osten, den langgestreckten Tälern Østerdalen und Gudbrandsdalen in der Mitte, dem ansteigenden Hochgebirge mit schneebedeckten Gipfeln im Westen und dem mächtigen Dovrefjell im Norden, die heute für den Tourismus eine wesentliche Rolle spielt, nicht zuletzt im Winter. Um sie kennenzulernen, bieten sich von Oslo grundsätzlich zwei Wege in Richtung Trondheim an: einmal die Route **Oslo – Kongsvinger – Elverum – Røros – Trondheim** und zum andern die E 6 auf der Gudbrandsdal-Route über **Oslo – Hamar – Lillehammer – Dombås – Otta – Trondheim**. Dabei ist die erste Strecke weniger bekannt und nimmt mehr Zeit in Anspruch, hat aber durchaus ihre eigenen Besonderheiten abseits der bekannten Touristenwege.

Entlang der schwedischen Grenze: über Røros nach Trondheim

Die östliche Streckenvariante auf dem Weg von Oslo nach Trondheim ist eine Fahrt durch die Waldeinsamkeit nahe der schwedischen Grenze. Landschaftlich ist es die „Fortsetzung Schwedens mit anderen Mitteln", bekannte Sehenswürdigkeiten oder touristische Highlights gibt es nicht. Warum also sollte man dieser Strecke gegenüber der westlicheren Variante den Vorzug geben? Vom Autoverkehr gestresste Mitteleuropäer möchten vielleicht einmal eine Strecke erleben, auf der man eine lange Zeit fahren kann, ohne einem anderen Wagen zu begegnen. Freunde des Kanusports sind möglicherweise auf der Suche nach einem idealen Revier. Manche Wanderer wünschen sich einen wirklich „unberührten" Nationalpark. Und wer die E 6

Redaktionstipps

- Die attraktivsten **Outdoor-Erlebnisse**: **Kanufahren** im Finnskogen (S. 356) und in der Femundsmarka (S. 359), **Wandern** auf dem Königsweg (S. 383) und im Rondane-Nationalpark (S. 380).
- Die interessantesten **Freilichtmuseen**: das Glomsdalsmuseum in Elverum (S. 358), das Trysil Bygdetun (S. 358), das Domkirkeodden in Hamar (S. 367), Maihaugen in Lillehammer (S. 371).
- Die schönsten **Schiffstouren**: mit der „Fæmund II." über den Femund-See (S. 360) und mit dem „Skibladner" über den Mjøsa-See (S. 365).
- Die bekanntesten **Wintersportgebiete**: das Trysilfjell (S. 359), das Hummelfjell bei Os (S. 360), Olympiaanlagen und Alpincenter Hafjell bei Lillehammer (S. 374).
- Die wichtigsten historischen Orte und Gebäude: die **Festung von Kongsvinger** (S. 356), die **Kupfergruben von Røros** (S. 361), das **Eidsvoll-Gebäude** (S. 364), die **Domruinen von Hamar** (S. 367).
- Die besten Möglichkeiten zur **Tierbeobachtung**: Elche, Braunbären, Luchse, Wölfe und Biber bei Trysil (S. 358), Moschusochsen und Rentiere im Dovrefjell (S. 384).
- Die tollsten Attraktionen für **Kinder**: **Lilleputthammer** (S. 374) und **Hunderfossen** (S. 374) bei Lillehammer.

Fast schon schwedisch: Wälder, Hügel, viele Seen …

schon einmal oder mehrfach gefahren ist, sucht vielleicht nur eine Alternative. Sie alle werden nicht enttäuscht werden. Die hier beschriebene Gesamtstrecke bis Trondheim sollte man aber nicht an einem Tag zurücklegen; für eine Zwischenübernachtung kommen u.a. Elverum und Røros in Frage.

Der „Einstieg" zu dieser Route hängt vom Vorprogramm bzw. der Abfahrt ab. Reist man etwa über die Vogelfluglinie oder aus Göteborg an und möchte die betriebsame Hauptstadt umgehen, könnte man über Halden oder Sarpsborg (S. 175) auf den Rv. 22 stoßen und dem Verlauf der Glomma nach Norden folgen, wobei ein kurzes Stück auf dem Rv. 173/Rv. 2 zurückgelegt wird. Aus Schweden, z. B. Stockholm oder dem Vänersee, reist man am besten auf der Reichsstraße 61 an. Auf allen diesen Straßen gelangt man nach **Kongsvinger**, ebenso von Oslo aus, wo ca. 25 km hinter der Stadt der Rv. 2 von der E 6 in nordöstlicher Richtung abzweigt. Das nette Städtchen mit seiner z. T. unter Denkmalschutz stehenden Altstadt **Øvrebyen** bietet sich für einen Stopp oder eine Zwischenübernachtung an. Es gibt eine Touristeninformation, mehrere Herbergen im Ort selbst und in der Nähe viele Campingplätze. Die größte Sehenswürdigkeit ist die Zitadelle **Kongsvinger Festning** aus dem 17. Jh., die über der Stadt thront und deren Militärgebäude und Museen besichtigt werden können.

An Norwegens längstem Fluss

Rund 100 km beträgt die Entfernung zwischen Kongsvinger und Elverum, wobei der Rv. 2 und das Tal der **Glomma** (auch: Glåma), mit 617 km Norwegens längster Fluss, den Weg vorgeben. Die nur leicht hügelige Landschaft ist nicht besonders spannend, wer mag, kann darum einen größeren östlichen Bogen durch den **Finnskogen** unternehmen. Dichte Wälder, Seen mit Granitklippen, Flüsse und Bäche, ab und zu auch mal ein rot gestrichenes Holzhäuschen und vor allem wenig Verkehr machen den Reiz dieses 40-km-Umwegs aus. Immer wieder kann bei warmen Temperaturen gebadet werden, Kanuten haben hier ein herrliches Terrain, und wer mit Campingausstattung einmal das „Jedermannsrecht" ausprobieren möchte, hat dazu vielfach Gelegenheit. In den Finnskogen gelangt, wer in **Roverud** die Hauptroute verlässt und die Nebenstrecken Rv. 205 und Rv. 202 nutzt, bevor man in **Flisa** wieder zum Rv. 2 zurückfindet. Knapp 40 km vor Elverum sollten sich Architekturfans die 2015 eingeweihte, moderne Kirche von **Våler** nicht entgehen lassen, sie ist eine der größten Holzkirchen Europas *(Våler i Solør, Stasjonsvegen 1)*.

Elverum

Ca. 45 km nördlich von Flisa liegt **Elverum**, das in Norwegen lange Zeit als hinterwäldlerisch galt, aber seit Jahren im Wachstum begriffen ist: Der Ort erhielt 1996 die Stadtrechte. Heute leben hier über 21.000 Einwohner, doch werden es ständig mehr, sodass die Stadt in absehbarer Zukunft wohl die größte im Regierungsbezirk Hedmark sein wird. Es gibt nur wenige bedeutende Kultur- und Baudenkmäler; eines der ältesten ist die 1738 eingeweihte **Elverum-Kirche** *(tgl. 8–15/19 Uhr)*.

Zwischen Oslo und Trondheim
N
0
50 km
Trondheim
Stjørdal
Aure
Orkanger
Selbu
Betna
Svorkmo
Storås
Meldal
Støren
Tingvoll
Skei
Berkåk
Sunndalsøra
Ulsberg
Oppdal
Brekken
Os
Røros
Femundsmarka-Nationalpark
Dovrefjell-Sunndalsfjell-Nationalpark
Snøhetta
2286
Hjerkinn
Tynset
Folldal
Alvdal
Dombås
Femunden
Gutulia-Nationalpark
Vågåmo
Rondane-Nationalpark
Fermundsenden
Lom
Randen
Øvre Rendal
Enden
Otta
SCHWEDEN
Sjoa
Åkrestrømmen
Vinstra
Fulufjellet-Nationalpark
Hundorp
Stabkirche Ringebu
Koppang
Fåvang
GUDBRANDSDALEN
ØSTERDALEN
Jotunheimen-Nationalpark
Jordet
Espedal-Weg
Tretten
Vestre Gausdal
Peer-Gynt-Weg
Hunderfossen
Nybergsund
Lillehammer
Rena
Fagernes
Kirche Ringsaker
Bjørgo
Hamar
Elverum
Dokka
Gjøvik
Gol
Torpo
Nesbyen
Mjøsa
Flisa
Finnskogen
Grua
Eidsvoll
Noresund
Hønefoss
Skarnes
Jevnaker
Roverud
Krøderen
Sand
Årnes
Kongsvinger
OSLO
Lillestrøm

Zwei Museen lohnen den Besuch, die nah beieinander liegen. Der waldreichen Umgebung widmet sich das **Norwegische Waldmuseum**, das 1954 eingerichtet und seitdem stets vergrößert und modernisiert wurde, 2008 wurde ein Flusspark angelegt. In interessanten Abteilungen wird die Entwicklung der Jagd dargestellt, das größte Süßwasseraquarium Norwegens zeigt die Fische der Region, die Bedeutung der Forstwirtschaft in Vergangenheit und Gegenwart wird erläutert und die Tiere des Waldes vorgestellt. Wechselnde Ausstellungen und eine Kunstausstellung ergänzen das Spektrum. Auch eine Anzahl historischer Gebäude findet man auf dem großzügigen Gelände, vor allem auf der Insel Prestøya. Im Museumsgebäude sitzt man nett im Restaurant Forstmann mit schönem Blick auf die Glomma.

Ausstellung zum Thema Wald

Norsk Skogmuseum, *Solørveien 151, ☎ 62409000, www.skogmus.no, im Sommer tgl. 10–17, sonst 10–16 Uhr, NOK 110, Kinder (3–15 Jahre) NOK 50, Kombiticket mit Glomsdalsmuseet NOK 150, Kinder NOK 90.*

Unweit davon liegt das **Glomsdalsmuseum** wunderbar am Westufer der Glomma. Das Freilichtmuseum ist nach dem Osloer Volksmuseum und Maihaugen in Lillehammer immerhin das drittgrößte des Landes! Dazu gehören 91 historische Gebäude, von Prachtbauten der Großbauern bis hin zu ärmlichen Hütten und Häuslerkaten. Zusammen mit der Kulturlandschaft ringsum und den Ausstellungsgegenständen dokumentieren sie umfassend, wie in den letzten 300–400 Jahren in Ostnorwegen gelebt und gearbeitet wurde. Die beiden Ausstellungsgebäude zeigen auf 2.400 m² Beispiele der hiesigen Volkskunst, eine medizinhistorische Sammlung und ausgewählte Werke der Elverum-Kunstsammlung. Eine eigene Abteilung ist dem Thema „Minderheiten in Norwegen" gewidmet, u. a. den Sinti und Roma.

Glomsdalsmuseet, *Museumsveien 15, ☎ 62419100, www.glomdalsmuseet.no, im Sommer tgl. 10–17, sonst 10/12–16 Uhr, NOK 110, Kinder (3–15 Jahre) NOK 50, Kombiticket mit Norsk Skogmuseum NOK 150, Kinder NOK 90, im Eintritt Führung inkl.*

Möchte man in Elverum nicht die 30 km lange Querverbindung nach Hamar (S. 366) nutzen, hat man für die gut 200 km bis Røros die Wahl zwischen zwei Streckenvarianten. Die Hauptroute, der Rv. 3, folgt ebenso wie die Eisenbahn der Glomma durch das Østerdal. Nur wenige Ortschaften „stören" die Waldeinsamkeit und Autofahrer neigen auf der monotonen Strecke dazu, die Konzentration zu verlieren – was bei den häufigen Elch-Wechseln fatal sein kann! Ab und zu zweigen Seitenstraßen ab, z. B. hinter **Stor-Elvdal** der parallel geführte Rv. 30 (auf den man 55 km vor dem Etappenziel ohnehin abbiegen müsste), 25 km nördlich davon der Rv. 219 in westlicher Richtung zum Rondane-Nationalpark (S. 380) und weitere 55 km nördlich der Rv. 29 zum Dovrefjell-Nationalpark (S. 384). Bei **Tynset** bewegt sich der Rv. 3 auf die E 6 zu, während Reisende mit dem Ziel Røros den letzten Abschnitt auf dem Rv. 30 zurücklegen.

Achtung: Elchwechsel!

Die andere, schönere und (noch) weniger befahrene Route verlässt in Elverum die bisherige Richtung und geht als Rv. 25 nach Nordosten auf die schwedische Grenze zu. Nach 65 km kreuzt man den Rv. 26, der einen nun wieder nach Norden führt, dem Lauf der Trysilelva entgegen. Der erste nennenswerte Ort folgt bald: **Trysil**, ein 6.500-Seelen-Dorf, das sich als „Hauptstadt" der Region versteht. Wer in Elverum keine Zeit für den Besuch des Freilichtmuseums hatte, kann das hiesige Museumsdorf **Trysil Bygdetun** anschauen, das 1901 gegründet wurde. Mit Touristen-

In den Wäldern um Trysil zu Hause: wilde Rentiere

information, Läden, mehreren Campingplätzen, Hotels, Pensionen und vielen Ferienhäusern käme Trysil ebenso für eine Zwischenübernachtung infrage. Wer Ruhe, Outdoor-Aktivitäten oder Tierbeobachtung als vorrangiges Reiseziel hat, kann hier auch seinen ganzen Urlaub verbringen. Kanuten und andere Wassersportler, Angler, Fahrradfahrer und Wanderer finden ein wahres Eldorado vor, es gibt Veranstalter für Rafting, Goldwaschen und Floßtouren, und auf geführten Safaris kann man nicht nur dem Elch auf die Spur kommen, sondern auch Rentier, Braunbär, Luchs, Biber und Wolf. Einen noch bekannteren Namen haben Trysil und Umgebung für Wintersportler, das Trysilfjell (1.132 m ü. d. M.) gilt immerhin als größtes Skigebiet des Landes: Fast 100 km an gespurten und z. T. beleuchteten Loipen stehen zur Verfügung, Halfpipes für Snowborder, 70 Pisten aller Schwierigkeitsstufen, 24 Lifte und auch Ausflüge mit dem Hundeschlitten sind im Angebot.

Femundsmarka

Hinter Trysil ist die Besiedlung wieder dünn und weite Wälder bestimmen die Route, aus denen sich ab und an kahle Fjells erheben. Eine Zeit lang begleitet der lang gestreckte, aber auch sehr schmale See **Engeren** den Weg. An dessen nördlichem Ende fährt man durch das Engerdal und erreicht nach gut 20 km die Ortschaft **Drevsjø**, die sich mit Campingplätzen und Outdoor-Anbietern auf den Natur-Tourismus eingestellt hat. Ganz in der Nähe liegt das riesige Gebiet der **Femundsmarka** mit gleich zwei Nationalparks und das vor allem bei Kanu-Enthusiasten bekannt ist. Das „Femund Canoe Camp“ ist nur eines von mehreren Kanu-Zentren mit Zeltmöglichkeit, Hüttenverleih und Bootsvermietung, wo es auch Tipps für mehrtägige Kanu-Wandertouren auf den Seen Femund, Isteren oder Sølensjø sowie den Flussverbindungen dazwischen gibt (Infos: *www.femundcanoecamp.com*).

Eldorado für Kanuten

Landschaftsbestimmend ist der beeindruckende, von dichten Wäldern umstandene **Femund-See**, mit ca. 2.000 km² der drittgrößte Binnensee des Landes. Ganze 60 km erstreckt er sich nach Norden, parallel zur schwedischen Grenze, und hat eine Tiefe von bis zu 150 m, während an seinen Ufern manche Berge über 1.400 m ü. d. M. aufragen. Seine Umgebung ist ursprünglich und wild, denn bisher wurde jeglicher Verkehr von den Nationalparks ferngehalten. Nur am südlichen und westlichen Ufer gibt es vereinzelte Zufahrtsstraßen, der gesamte Nordteil ist hingegen völlig unberührt. Wer nicht gern allein ist, ist hier fehl am Platze, andere Menschen trifft man eigentlich nur auf den Campingplätzen selbst und in den kleinen Ortschaften Drevsjø, Femundsvika und Elgå, wo es während des Femund-Festivals in der letzten Juli-Woche sogar relativ lebhaft zugeht. Zu den schönsten Stellen gelangt man, wenn man die schmale Straße Nr. 654 von Femundsvika nach Røstvollen und dann auf dem Rv. 221 weiter zum kleinen Weiler Elgå befährt. Auf diesem Weg passiert man zunächst einen ausgeschilderten Waldweg, der nach Osten zum **Gutulia-Nationalpark** abzweigt. Das 1968 eingerichtete Naturschutzgebiet ist mit 26 km² relativ klein, es umfasst einen wirklichen Urwald mit bis zu 500 Jahre alten Kiefern, mehrere Seen und Höhenzüge bis auf 948 m ü. d. M.

Nationalparks im Osten

Zur Erforschung des zweiten, mit 573 km² deutlich größeren **Femundsmarka-Nationalparks** bietet sich die Ortschaft **Elgå** (= Elchfluss) an. Weiter kann man sich nur noch mit dem Kanu oder zu Fuß bewegen, oder eine schöne Seereise mit dem Wasserbus „Fæmund II." unternehmen. Unterkunft findet man vor Ort auf Campingplätzen mit Hüttenverleih, Speis und Trank u. a. im schönen „Villmarksrestaurant". Wer vom Fischreichtum des Sees profitieren, aber nicht selbst angeln möchte, kann sich am Kai im „Femund Fiskarlag" fangfrische Köstlichkeiten besorgen. Ein angenehmer Ort also, der sowohl zu Wassersport, als auch zu Wandertouren anregt, in dem man aber auch einfach am Seeufer sitzen und relaxen kann. Nur zum Baden eignet sich das selbst im Hochsommer selten mehr als 13 °C „warme" Wasser kaum!

Bei der Weiterfahrt in den Norden gibt weiterhin der Rv. 26 den Weg vor. Nachdem er 8 km hinter Drevsjø das Südufer des Femund-Sees passiert hat, bringt er einen nur wenige Fahrtminuten später zu einem ebenfalls mächtig großen Gewässer, dem **Isteren**. Der 688 m hoch gelegene, 18 km lange und mit vielen Halbinseln und Buchten stark gegliederte See eignet sich, da der Wind die Wasserfläche nicht so aufwühlen kann wie beim Femund, noch besser zu Kanu-Exkursionen. An seinem Südende überbrückt die Straße einen engen Sund und leitet einen dann ein ganzes Stück an seinem Westufer entlang. Kurz vor **Buvika** zweigt rechts der Rv. 28 nach Os ab (folgt man weiter dem Rv. 26, gelangt man bei Tolga auf den Rv. 30, der ebenfalls nach Os führt). 25 km weiter nördlich kommt man auf der Straße bei Buvika nochmals dem Westufer des Femund nah, dann geht es 60 km weit durch eine karge, im Süden von 1.500 m hohen Fjells flankierte Hochfläche. Das Ende des Rv. 28 ist in **Os** erreicht, einem Wintersportort mit Liften auf das Hummelfjell – wer aber vorhat, hier seinen Skiurlaub zu verbringen, sollte sich warm anziehen; immerhin sind schon mal minus 50 °C gemessen worden! Von Os aus sind es auf dem Rv. 30 nur noch 15 km bis zum Etappenziel Røros.

Ideal für Kanufahrten

Røros

Die 600 m hoch gelegene alte Bergbaustadt (5.600 Einwohner) ist eine der ältesten aus Holzhäusern bestehenden Städte Europas, da weder Kriege noch Brände noch Planierraupen den Ort in den letzten drei Jahrhunderten heimsuchten. Die einzigartige Bausubstanz konnte bis in die Gegenwart erhalten werden – einer der Gründe, warum Røros in die **UNESCO-Welterbeliste** aufgenommen wurde. Der andere Grund ist die Geschichte der **Kupfergrube**, die eng mit der Stadt verknüpft ist und deren Bergarbeiterhäuser und mächtige Schlackehalden noch immer das Ortsbild prägen. Eine Stadtbesichtigung sollte zwei Schwerpunkte haben: einmal die Altstadt mit ihren verwinkelten Gassen und der Kirche, und zum andern die

Relikte der Bergbau-Vergangenheit, die in Røros, aber auch noch in 15 km Entfernung aufspürbar sind.

Turm der barocken Kirche von Røros

Ein Rundgang durch den alten Stadtkern führt durch eine umfangreiche und gut erhaltene **Holzhausbebauung**. Vor allem auf der **Bergmannsgate** sieht man pittoreske, über 300 Jahre alte Blockhäuser, die wie zu einer Reihenhaussiedlung umfunktionierte Almhütten wirken. 75 von ihnen stehen unter Denkmalschutz und sind sorgsam restauriert worden. Zur besonderen Authentizität trägt bei, dass dieser und andere Straßenzüge kein Freilichtmuseum sind, sondern dass in den alten, dunkelbraunen Häusern auch heute noch Menschen wohnen und arbeiten. Nur die Gasse **Sleggveien** dient heute als frei zugängliche Museumsstraße, deren Gebäude im Sommer manchmal geöffnet sind. Neben den alten Gebäuden prägt die sie überragende, achteckige **Barockkirche** von 1784 die Altstadt, der einzige Steinbau im Zentrum. Das in alten Dokumenten auf Niederdeutsch „**Bergstadens Ziir**" genannte Gotteshaus an der Kjerkgata zeigt schon durch die am Turm angebrachten Bergmannszeichen Hammer und Schlägel, mit welchem Geld es gebaut wurde. Das helle Innere macht einen freundlichen Eindruck, der früher durch den Gegensatz zu den schmutzigen Arbeitsstätten noch gesteigert wurde. Porträts von Grubenbesitzern und Geistlichen, die schöne Orgel und vor allem die goldverzierte Königsloge lohnen den Besuch *(Juni–Mitte Aug. tgl. geöffnet, sonst nur Sa 11–13 Uhr, NOK 50)*.

Relikte des Kupferbergbaus

Obwohl 1986 die letzte Kupfergrube der Region stillgelegt wurde, erinnert in Røros und Umgebung noch vieles an die Industriegeschichte. Dass z. B. kaum Wald zu sehen ist, erklärt sich durch die Tatsache, dass viel Holz durch Köhlerei und in den Schmelzhütten verbrannt wurde, und auch zum Stollenbau, Hausbau und Transport nutzte man die Bäume. Noch deutlicher weisen die Schlackehalden im Ortszentrum auf die Vergangenheit hin. In deren unmittelbarer Nähe steht das in der ehemaligen Schmelzhütte untergebrachte **Røros-Museum**. Es dokumentiert auf sehr interessante Weise anhand von Fotos, Modellen, Karten und vielen Gegenständen die Industriegeschichte der Region. Zum Museum gehören auch die beiden „Besucher-Gruben", die 15 km nordöstlich der Stadt im sog. Storwartz-Feld liegen, dem größten und wichtigsten Grubengebiet von Røros. Die „**Nyberget-Grube**" (1650–1717) und die „**Olavsgrube**" (1936–1972) bilden heute ein zusammenhängendes Stollensystem, das gesichert und zugänglich gemacht wurde. Bei einer zweistündigen geführten Tour geht es 50 m hinab und 500 m weit in den Berg hinein, wo in der „Bergmannshalle" die Erläuterungen durch Licht- und Toneffekte unterstützt werden. Besucher sollten gutes Schuhwerk und warme Kleidung tragen, da die Temperatur im Berg 5 °C nicht übersteigt.

Rørosmuseet Smelthytta, *Malmplassen, Lorentz Lossius gata 45, ☏ 72406170, www.rorosmuseet.no, im Sommer tgl. 10–17, sonst Mo–Fr 11–15, Sa/So 11–14 Uhr, Museum NOK 110, Grube NOK 130, Kinder unter 16 Jahren frei.*

info

Das Kupferbergwerk von Røros

Was den Schweden ihr Falun ist den Norwegern ihr Røros: Beide Bergwerksstädte gehen auf das 17. Jh. zurück, beide spielten eine entscheidende wirtschaftliche Rolle und sind nun UNESCO-Welterbe. Einer Sage zufolge verdanken der Grubenbetrieb und die Stadt Røros ihren Ursprung dem Bauern Hans Olsen Aasen. Dieser schoss im Jahr 1644 einen Rentierbock, der im Todeskampf einen kupferhaltigen, leuchtenden Stein aus dem Untergrund trampelte. Bereits zwei Jahre später nahm Bergbaupionier Lorentz Lossius die erste Schürfgrube und Schmelzhütte in Betrieb, die viele Bauern in die Gegend brachte: Es gab reichlich Wiesen- und Weideland und die Arbeit im Bergwerk konnte mit der Viehhaltung verbunden werden. Tatsächlich sehen die ältesten erhaltenen „Bergwerkshäuschen" nicht anders aus als die hölzernen Blockhäuser mit Grasdach, wie man sie auch auf den Almen und Höfen in ganz Ostnorwegen sieht. Durch den Zuzug der regionalen Arbeitskräfte, aber auch durch viele „Gastarbeiter" aus Dänemark und Deutschland, insbesondere Sachsen, entstand rund um die Grube eine Stadt. Die erste Bebauung mit zwei parallelen Hauptstraßen und rechteckigen Häuserblöcken am Malmplatz (= Erzplatz) hatte die Stadtgründungen des Renaissancefürsten Christian IV. zum Vorbild. Im Gegensatz zu Falun, wo das Kupfererz im Tagebau gefördert wurde, musste man in Røros tiefe Stollen in den Fels treiben. War eine Grube erschöpft, wurden weitere Gebiete erschlossen: 1650 die „Nyberget-Grube" und 1723 die „Königsgrube" sowie die „Christianus-Sextus-Grube". Noch 1936 war es lukrativ, 15 km nordöstlich der Stadt in der „Olavsgrube" mit dem Kupfererzabbau zu beginnen, doch schließlich wurde die Förderung nach genau 333 Jahren eingestellt.

Insgesamt wird die Gesamtmenge des in Røros zutage geförderten Materials auf über 1 Mio. Tonnen Kupfererz geschätzt, was mehr als 11.000 Tonnen reinem Kupfer entspricht. Der Bergbau spielte für den wirtschaftlichen und sozialen Fortschritt im gesamten Königreich Dänemark-Norwegen und selbst international eine entscheidende Rolle. Das Grubenmilieu von Røros und Umgebung schildert Johan Falkberget (1879–1967) in seinen Romanen, der selbst 20 Jahre lang als Grubenarbeiter seinen Lebensunterhalt bestritt. Zu seinen bekanntesten Werken gehören „Die vierte Nachtwache", „Christianus Sextus" und „Brot der Nacht".

Abstecher nach Schweden

Von Røros kann man einen Abstecher nach **Schweden** machen: Die Grenze ist nur 45 km entfernt und der Weg ist (Rv. 31) landschaftlich sehr reizvoll. Auf schöner Strecke geht es auf schwedischer Seite über die Reichsstraße 84 weiter bis nach Sveg am Inlandsvägen. Setzt man hingegen den Weg in Richtung Trondheim fort, folgt man weiterhin dem Rv. 30. Gut 100 km beträgt die Etappe bis zur E 6, begleitet von der Eisenbahnlinie. Von einigen hübschen Aussichtspunkten abgesehen birgt diese Fahrt aber keine Sensationen, am schönsten ist noch der zweite Abschnitt durch das enge Tal der Gaula. In **Støren** trifft man auf die Europastraße und damit auf die weiter unten beschriebene Strecke.

Reisepraktische Informationen Røros

Information

Destination Røros, *Peder Hiorts gate 2, 7461 Røros, ☏ 72410000, www.roros.no, im Sommer Mo–Sa 9–18, So 10–16, sonst Mo–Fr 9–15.30, Sa 10–16 Uhr.*

Unterkunft

Røros Hotell – Bad & Velvære €€€€, *An-Magrittveien 48, Røros, ☏ 72408000, www.roroshotell.no. Historisches, aber von außen eher langweiliges Haus, gut 1 km vom Zentrum entfernt, 157 geräumige Zimmer. Gutes Restaurant, Brasserie, Lobby-Bar, schöner Innenpool, Saunas, Jacuzzi, Spielplatz, Fahrradverleih.*

Bergstadens Hotel €€€, *Osloveien 2, Røros, ☏ 72406080, www.bergstadenshotel.no. Sehr schönes, traditionsreiches Haus mitten in der Stadt mit modernerem Anbau, 90 komfortablen Zimmern und Suiten. Restaurant, zwei gemütlichen Pubs, am Wochenende oft Livemusik.*

Fjellheimen Helse og Ferietun €€, *Johan Falkbergetsvei 25, Røros, ☏ 72411468, www.fjellheimen.no. Einfache, etwas altmodische, aber stadtnahe und preiswerte Pension in schöner Umgebung, 12 Doppel- und Familienzimmer mit geteilten Sanitäreinrichtungen, Vermietung eines wunderschönen, komplett ausgestatteten Blockhauses für bis zu 7 Pers.*

Verkehrsverbindungen

Vom Hauptbahnhof an der **Røros-Bahn** *gibt es 7-mal tgl. Verbindungen nach Oslo bzw. Hamar und 3-mal tgl. nach Trondheim.* **Überlandbusse** *verkehren mehrmals tgl. u. a. nach Oslo, Trondheim, Trysil, Elverum, Tynset und Femund. Vom kleinen* **Flughafen** *tgl. Verbindungen mit Widerøe nach Oslo-Gardermoen.*

Durch das Gudbrandsdal nach Trondheim

Zwischen Oslo und Trondheim ist die Gudbrandsdalstraße, die längste und älteste Route des Landes, eng verknüpft mit der Geschichte Norwegens; die Entfernung von der heutigen zur einstigen Hauptstadt des Königreichs beträgt rund 540 km. Durch weite, agrarwirtschaftlich genutzte Flächen geht es von Oslo nach Norden, sehr malerisch ist es an Norwegens größtem See, dem Mjøsa. An ihn schließt sich das **Gudbrandsdal** an, das sich über rund 200 km von Lillehammer bis nach Dombås erstreckt. Es ist Norwegens „Tal der Täler", durch das einst Wallfahrer nach Nidaros (Trondheim) zogen. Der **Kongeveien** (= Königsweg) führte durch den Talzug und über das **Dovrefjell**. Heute verläuft hier, begleitet von der Eisenbahntrasse Oslo – Trondheim, mit der **E 6** die meistbefahrene Durchgangsstraße des Landes, die teilweise autobahnähnlich ausgebaut ist. Vor allem in der Hochsaison ist der Verkehr dicht und es geht nur schleppend voran. Wichtig für Autofahrer: Auf dieser Strecke gibt es viele automatische Kontrollen! Man sollte sich also unbedingt an die angegebenen **Geschwindigkeitsbegrenzungen** halten, denn die Strafen bei einer Überschreitung sind empfindlich! Nachdem das karge Dovrefjell mit der Aussicht auf höchste Gipfel überquert ist, kommt man durch malerische, enge Täler in die weiten, fruchtbaren Regionen des Trøndelag. Unterwegs reizen immer wieder kulturelle Sehenswürdigkeiten zu einer Unterbrechung der Fahrt.

Norwegens „Tal der Täler"

Zwischen Oslo und dem Mjøsa-See

Fast alle Norwegen-Reisenden nutzen zwischen Oslo und dem Mjøsa-See die E 6, die im Zusammenhang mit den Olympischen Winterspielen von Lillehammer im südlichen Abschnitt als Autobahn ausgebaut wurde. Spannendes ist auf dieser Strecke nicht zu erwarten, auch nicht hinter den ausufernden Vororten der Hauptstadt. Wer mehr landschaftliches Idyll möchte, sollte ab Oslo den zeitaufwendigeren Rv. 4 nehmen, der einen in knapp 120 km nach Gjøvik bringt. Bleibt man hingegen auf der Europastraße, passiert man zunächst die Trabantenstadt **Hvam** und kurz darauf **Jessheim** mit der Abfahrt zum Osloer Flughafen Gardermoen. Nach zehn Fahrminuten folgt das geschichtsträchtige **Eidsvoll** (ab der Abfahrt „Eidsvollbygningen" der Beschilderung folgen), wo Norwegen 1814 seine Verfassung erhielt. Die Straße führt zu einem weißen Herrenhof, der als Eidsvollgebäude bekannt ist. Es gehörte im frühen 19. Jh. dem Eisenwerk-Besitzer Carsten Anker, einem Befürworter der norwegischen Unabhängigkeit. Damals musste im Zuge der napoleonischen Kriege der König von Dänemark seinen Landesteil Norwegen an Schweden abtreten, das mit den Siegern alliiert war. Dagegen gab es Widerstand: Aus allen Regionen kamen 112 Delegierte nach Eidsvoll, die sog. „Eidsvoll-Männer", die Norwegen eine eigene **Verfassung** gaben, die am 17. Mai 1814 beschlossen wurde. Sie galt als eine der liberalsten weltweit und war ein wichtiger Schritt auf dem Weg in die Unabhängigkeit. Gleichzeitig wählten die Repräsentanten Christian Friedrich zum König. Die Schweden jedoch griffen Norwegen an. König Christian hielt sich damals im Hauptgebäude des Eisenwerks von Moss auf. In einigen dramatischen Wochen im Sommer kam es zu heftigen diplomatischen Aktivitäten: Die Norweger konnten schließlich ihre Verfassung und ihr Parlament (Stortinget) behalten und trotz der folgenden Union mit Schweden galt Norwegen international als selbstständiger Staat.

Geburtsort des modernen Norwegen

Das Eidsvoll-Gebäude

Das **Eidsvoll-Gebäude** geriet durch den Konkurs des Eisenwerks 1822 in den Besitz britischer Kreditgeber. Um das nationale Symbol zu schützen, organisierten einige Privatleute um den nationalromantischen Dichter Henrik Wergeland eine Spendensammlung und schließlich konnte man den Hof 1837 zurückkaufen. Heute gehört das im Originalzustand erhaltene Eidsvoll-Gebäude dem norwegischen Staat und wird als Museum genutzt. Inmitten einer großzügigen Grünfläche mit Statuen Carsten Ankers und Henrik Wergelands wirkt die hölzerne Drei-Flügel-Anlage samt ihren Neben- und Wirtschaftsgebäuden elegant und doch intim. Passend zum 100. Jahrestag der Verfassung wurde das Anwesen bis 2014 umfangreich renoviert und mit einem neuen Eingang versehen. Der Gesamteindruck des Herrschaftsgebäudes wird aber weder davon noch vom modernen Besucherzentrum mit Café und Archiv gestört. An diesem kann man in wenigen Minuten hinunter zum alten Wasserkraftwerk mit schönem Blick auf den Fluss spazieren.

Eidsvollbygningen, *Carsten Ankers veg 19, Eidsvoll Verk, ☏ 63922210, www.eidsvoll 1814.no, Mai–Aug. tgl. 10–17, sonst Di–Fr 10–15, Sa/So 11–16 Uhr, NOK 140, Kinder (5–16 Jahre) NOK 60, Führungen auf Engl. 12.30 Uhr.*

Nur 5 km nördlich von Eidsvoll erreicht man auf der E 6 bei **Minnesund** den Mjøsa-See. Seine südlichste Spitze mit dem Abfluss der Vorma wird nebeneinander von der 600 m langen Autobahnbrücke, der alten Straßenbrücke und der Eisenbahnbrücke überquert.

Rund um den Mjøsa

Highlight auf dem Mjøsa-See: eine Fahrt mit dem Oldtimer „Skibladner"

Der über 360 m² große, 117 km lange, maximal 15 km breite und 453 m tiefe Mjøsa ist **Norwegens größter Binnensee** – ein riesiges Wasserreservoir, das inmitten eines leicht hügeligen und äußerst fruchtbaren Bauernlandes liegt. Nach der Schneeschmelze oder nach heftigen, längeren Regenfällen kann der Pegelstand bedrohlich steigen und weite Uferbereiche unter Wasser setzen. So wurden in der Vergangenheit schon mehrfach seenahe Straßen, Hauskeller, Plätze und selbst die Olympiaanlagen von Hamar überschwemmt. In seinem breiteren südlichen Abschnitt ist der See von Feldern, Weiden, Wäldern und stattlichen Höfen umgeben, im Norden wird er schmaler (nur 2 km an seiner engsten Stelle), ist von höheren Bergrücken eingefasst und geht bei Lillehammer in das Gudbrandsdal über. Ein originelles Verkehrsmittel auf dem Mjøsa ist der **Raddampfer „Skibladner"**, der seit 1856 in Betrieb ist. Das weltweit älteste noch in Funktion befindliche Verkehrsmittel dieser Art befährt von Mitte Juni bis Mitte August die Route Hamar, Gjøvik, Moelv, Lillehammer (Infos unter *www.skibladner.no*) und bietet die Möglichkeit, die wichtigsten Orte der Region auf einer nostalgischen Seereise kennenzulernen. Für Autofahrer folgt die schnellste Route auf dem Weg nach Lillehammer, Dombås und Trondheim der in manchen Etappen neu verlegten Europastraße 6, doch gibt es zahlreiche, schönere Straßen näher zum Ufer. Es ist auch bequem möglich, den Mjøsa zu umrunden, entweder auf seiner ganzen Länge bis hinauf nach Lillehammer oder über Brücken in einer kürzeren Variante bis Moelv.

Seit 1856 im Einsatz

Am Westufer entlang über Gjøvik

Für das Landschaftserlebnis spielt es keine Rolle, ob man an der westlichen oder östlichen Seite des Sees entlangfährt, beide Strecken sind bis Lillehammer in etwa gleich lang. Entscheidet man sich für das Westufer, folgt man nördlich von Minnesund dem Rv. 33, der zunächst nah zum Ufer verläuft, dann einen etwas weiteren westlichen Bogen vollzieht, vorbei an wogenden Kornfeldern und der mittelalterlichen Steinkirche von **Balke**. Kurz vor Gjøvik sieht man wieder das Wasser des Mjøsa, das im Frühjahr nach der Schneeschmelze eine grünliche Färbung aufweist. **Gjøvik** selbst hat 30.000 Einwohner und wurde durch die Winterspiele von 1994 bekannt. Für die Eishockey-Wettbewerbe wurde eine riesige Olympiahalle 120 m weit in den Fels gesprengt, mit über 5.500 m² die größte ihrer Art weltweit. Das weggesprengte Material verbaute man zur neuen Uferpromenade, an der auch der Raddampfer „Skibladner" (s. o.) anlegt. Mit seiner Touristeninformation, einigen Unterkünften und gastronomischen Betrieben stellt der Ort auch sonst eine Alternative zum gegenüberliegenden Hamar dar. Ab Gjøvik folgt der Rv. 4 weiterhin dem Seeufer und vereinigt sich nach knapp 13 km mit der E 6, die hier mit der 1,5 km langen Mjøsbrücke (s. u.) von der östlichen Mjøsa-Seite herüberführt. Die letzten 25 km bis zum Etappenziel Lillehammer sind zügig zurückgelegt, ganz am Schluss überquert man dann auf einer weiteren Brücke den Fluss Lågen, wenn man Lillehammer einen Besuch abstatten möchte.

Olympiahalle, in den Fels gesprengt

Am Ostufer entlang über Hamar

Von der E 6, die von Minnesund über Hamar bis Moelv in einiger Entfernung am östlichen Ufer des Sees entlangführt, hat man nur selten eine schöne Aussicht auf den Mjøsa. Wer das vermisst, sollte bei ausreichender Zeit zwischen **Vikselv** und Hamar (23 km) den parallel verlaufenden Rv. 222 nehmen: Er ist landschaftlich abwechslungsreicher und ermöglicht zudem einen Besuch der interessanten Mittelalterkirche von **Stange**.

Hamar selbst liegt zwar idyllisch am See, ist aber keine urbane Perle. Zwar wurde die heute 31.000 Einwohner zählende Stadt schon 1152 als Bischofssitz gegründet und spielte im Mittelalter eine wichtige Rolle, doch verdammten die Reformation 1537, ein schwedischer Überfall im Jahr 1567 und der Aufstieg von Lillehammer Hamar zur Bedeutungslosigkeit. Erst 1849 bekam der Ort wieder die Stadtrechte und wurde als lutherisches Bistum 1864 neu installiert. Damals musste, da von der romanischen Basilika nur Ruinen übriggeblieben waren, eine neue **Domkirche** im Zentrum errichtet werden. Dieses 1866 eingeweihte Holzgebäude, vom deutschen Architekten Heinrich Ernst Schirmer errichtet, ist von bescheidenen Ausmaßen und nur spärlich dekoriert, besitzt aber eine ungewöhnliche Altartafel mit einem „nordischen Christus". Ansonsten gibt es im Zentrum wenig sehenswerte Bauten; anstelle heimeliger Holzhäuser beherrschen Industrie- und Gewerbeanlagen sowie einfallslose Zweckarchitektur das Ortsbild. Der Versuch, die Innenstadt mit viel Geld aufzuhübschen, brachte immerhin zwei Prestigeobjekte: zum einen das **Rathaus** von 2001 (Architekturbüro Snøhetta), das als schönstes modernes Rathaus des Landes bezeichnet wurde. Und zum andern das 2014 eingeweihte **Hamar Kulturhaus** u. a. mit Bibliothek, Kino, Konzertsaal und Café. Beide Projekte erscheinen für eine 30.000-Einwohner-Gemeinde allerdings etwas überdimensioniert. Für Besucher interessant sind auch Hamars gute Infrastruktur (Unterkünfte, Gastronomie, Einkaufsmöglichkeiten), einigen Museen und vor allem die Bauten der Olympischen Spiele.

Moderne Bauten

Hamars „Wikingerschiff"

Zu Letzteren gehört die **Olympische Mehrzweckhalle**, die wegen ihrer auffälligen Architektur meist „Wikingerschiff" genannt wird (**Vikingskipet**, *Åkersvikveien 1, www.vikingskipet.com*). Das Gebäude liegt direkt am Seeufer an der südlichen Stadtgrenze und ist bereits von der E 6 aus gut zu sehen. Das Architekturbüro Biong & Biong konzipierte die Halle, die wie ein riesiges, umgedrehtes Wikingerschiff aussieht, für die Eisschnelllauf-Wettbewerbe der Spiele von 1994. In der Mehrzweckhalle werden auch Messen, Konzerte, nationale und internationale Sportveranstaltungen oder Kongresse abgehalten, auch die Touristeninformation befindet sich in dem Gebäude. Die Halle mit ihrer markanten Dachkonstruktion, die größte frei gespannte der Welt, kann außerhalb von Veranstaltungen besichtigt werden. Wer sie von außen und aus der Distanz fotografieren möchte, findet hinter dem großen Parkplatz einen Aussichtsturm. Ein weiterer spannender Olympiabau ist die **Nordlichthalle** in der Knut Alysons gate, eines der größten Holzgebäude der Welt.

Unter den **sechs Museen** der Stadt sind zwei besonders interessant: Auf der **Domkirkeodden** (Domkirchen-Landzunge) ist ein Heimat- und Freilichtmuseum mit rund 50 historischen Gebäuden der Region untergebracht. Die Halbinsel kann man vom Zentrum aus auf einem schönen Spaziergang durch eine Parkanlage bequem erreichen. Beeindruckend auf der Domkirkeodden sind vor allem die Relikte der Bischofsburg und des romanischen Doms, der um 1200 als dreischiffige Basilika mit zwei Westtürmen und einem Vierungsturm eingeweiht wurde. Von den Schweden im Siebenjährigen Krieg zerstört, kündeten die übrig gebliebenen mächtigen Rundsäulen jahrhundertlang vom alten Glanz der mittelalterlichen Stadt. Die von Frostschäden und Feuchtigkeit bedrohten Ruinen standen 1985 vor dem Abriss, aber man entschied sich, sie aufwendig zu schützen. Seit 1998 erhebt sich über den mittelalterlichen Relikten und über einer Grundfläche von 2.600 m² eine riesige, vom Architekten Kjell Lund entworfene Glaskonstruktion, die als moderne und mit Preisen bedachte „**Glaskathedrale Hamar-Dom**" die alte Basilika überspannt. Sie wird für Ausstellungen, Konzerte und Theatervorführungen, aber auch für kirchliche Feierlichkeiten wie Taufen, Hochzeiten und Gottesdienste genutzt.

Glasüberbau

Domkirkeodden, *Strandvegen 100, ☎ 62542700, www.domkirkeodden.no, Mitte Juni–Mitte Aug. tgl. 10–17, sonst ab Mitte Mai–Mitte Okt. Di–So 11–17 Uhr, NOK 110, Kinder (6–15 Jahre) NOK 50.*

Dass sich das **Norwegische Eisenbahnmuseum**, das größte Skandinaviens, in Hamar befindet, ist kein Zufall: Schließlich besitzt die Stadt den ältesten Bahnhof des Landes. In zwei Hallen sind hier fast alle Zugtypen und Waggons zu sehen, die seit den 1860er-Jahren auf Norwegens Gleisen rollten und rollen, außerdem Wagen, Motoren, Zubehör u.v.m. Das moderne Hauptgebäude zeigt eine beeindruckende Fotosammlung, auch das Archiv und der Museumsladen sind hier untergebracht. Im alten Salonwagen „Kari-Sofie" logiert stilvoll ein Café. Zugehörig ist ein Museumspark mit Bahnhof und Lokomotivhallen. Der Nostalgie-Dampfzug „**Tertittoget**" befährt im Sommer eine 1,5 km lange Schmalspur, auch ein Minizug für Kinder (Knertitten) ist dann aktiv. Gelände erreicht man auf einem 3 km langen Spaziergang entlang der Strandpromenade in nordwestlicher Richtung, wobei man die Domkirkeodden (s. o.) passiert, oder mit dem Stadtbus Nr. 1 ab Hauptbahnhof.

Für Eisenbahnfans

Norsk Jernbanemuseum, *Strandvei 163, ☎ 62513160, www.jernbanemuseet.no, Juli/Aug. tgl. 10–17, Juni 11–15, sonst Di–Sa 11–15, So 11–16 Uhr, NOK 100, Kinder NOK 65.*

Ansonsten kann man einen Zwischenstopp in Hamar u. a. für Fahrradtouren rund um den Mjøsa-See, Wassersport und Schiffsfahrten mit dem historischen Raddampfer „Skibladner" (s. o.) und Wanderungen nutzen oder die Kerzenfabrik „Løiten Lys" in Løten und den Tierpark „Amadeus" in Tangen besuchen.

Die Weiterfahrt auf der E 6 bleibt immer nahe am Seeufer. Bei Brumunddal ragt neben der Straße das 2019 eingeweihte **Wood Hotel** 85 m in die Höhe. Mit seinen 18 Etagen ist es Rekordhalter als weltweit höchstes Holzgebäude. 15 km danach, kurz bevor die E 6 bei **Moelv** über die 1985 eröffnete **Mjøsbrücke**, eine 1.420 m lange, imponierende Konstruktion, zum jenseitigen Seeufer führt, zweigt eine Nebenstraße zur **mittelalterlichen Kirche** von **Ringsaker** ab. Hierbei handelt es sich um eine dreischiffige romanische Basilika aus der Zeit um 1150, die im 13. Jh. erweitert wurde. Besonders wertvoll ist der um 1520 in Antwerpen gefertigte Flügelaltar mit zahlreichen geschnitzten Figuren, ein wahrer Schatz! Westlich der Kirche, nahe dem Weiler **Steinsholmen**, kommen Freunde der nordischen **Felsritzungen** auf ihre Kosten. Die „**Helleristninger von Steinstranda**" wurden vor knapp 5.000 Jahren an einem großen Findlingsblock angebracht und stammen aus der Steinzeit. Nur noch 16 Darstellungen sind zu identifizieren, und zwar alles Tierfiguren, in der Mehrzahl Elche. Nahe der Steinritzungen kann man auch **Grabhügel** aus der Bronzezeit und andere prähistorische Bodendenkmäler entdecken (die Stelle ist allerdings nicht leicht zu finden!). Für kleinere Kinder mag allerdings ein Aufenthalt im **Erlebnisbauernhof** „Snilsberg Familiepark" *(Nyhushøgda 73, Gaupen, www.snilsberg.no)* interessanter sein.

Romanische Basilika

Ab Moelv ist für das letzte, 25 km lange Wegstück bis nach Lillehammer der Rv. 213, der weiter auf der östlichen Seite des Sees bleibt und ehemals die Europastraße war, eine weniger befahrene und landschaftlich reizvollere Alternative zur E 6.

Lillehammer und Umgebung

Lange Zeit war Lillehammer (= Klein-Hamar) als „Ableger" der Bischofsstadt Hamar am Eingang des Gudbrandstals kaum von Bedeutung. Erst 1827 erhielt es die Stadtrechte – mit damals nicht mehr als 50 Einwohnern! Heute wohnen in Lillehammer knapp 28.000 Menschen und in touristischer Hinsicht hat die Stadt, auch Verwaltungssitz der Provinz Oppland, ihre Vorgängerin längst überflügelt: Die **Olympischen Winterspiele** vom Februar 1994 machten den Ort in der ganzen Welt bekannt. Zwar war Lillehammer die zweitkleinste Olympiastadt der Geschichte, was aber die Stimmung, Organisation und den Enthusiasmus der Zuschauer anging, waren diese Spiele mit die größten. Das Ereignis hat natürlich seine

Für Fußgänger und Fahrradfahrer: Vingnesbrua in Lillehammer

Spuren in Stadt und Umland hinterlassen, der Kleinstadtcharakter Lillehammers ist aber erhalten geblieben. Beim Bau der Sportanlagen wurden Umweltaspekte sowie traditionsreiches norwegisches Design berücksichtigt, sodass die Spiele keine klotzigen Fremdkörper in der Landschaft zurückließen. Außer Schnee, Skisport und attraktiver Natur weist die Olympiastadt kulturelle Traditionen auf: Bjørnstjerne Bjørnson und Sigrid Undset, 1903 bzw. 1928 Literatur-Nobelpreisträger, stammen aus Lillehammer. Mit einer Vielzahl an Museen und Attraktionen, großer Auswahl an Unterkünften aller Art und Möglichkeiten für einen aktiven Urlaub lohnt es sich, hier zumindest eine Zwischenstation einzulegen. Im Sommer wurden hier schon mal +32 °C gemessen: beste Voraussetzungen für Wassersport und Badeleben am See. Und die bisher gemessene Tiefsttemperatur von -31 °C ist ein Beleg für Schneesicherheit und gute Wintersportbedingungen. Das Seeufer liegt 185 m ü. d. M. und der höchste Punkt innerhalb des Stadtgebiets immerhin auf 1.089 m ü. d. M. – solche Angaben zeigen, dass die Stadt allein schon durch ihre Lage Kontraste bietet und ganzjährig reizvoll ist.

Autofahrer, die von der E 6 die Abfahrt nach Lillehammer nehmen, passieren zunächst das Einkaufszentrum **Strandtorget** (1.000 Gratis-Parkplätze) und kommen nach einem kleineren Tunnel in den Innenstadtbereich auf Höhe des Bahnhofs mit der Touristeninformation. Auch hier und in den benachbarten Straßen stehen Parkplätze zur Verfügung.

Zwei Parallelstraßen oberhalb breitet sich entlang der **Storgata (1)** die Gute Stube der Stadt aus. Die teils als Fußgängerzone gestaltete Hauptstraße wird von Holzhäusern vom Ende des 19. Jh. flankiert, die der Zeile besonderen Charme verleihen. Zum Norden hin wird die Fußgängerzone vom **Kleinen Markt** (Lille torget, s. u.) begrenzt, während man südwärts auf den Stadtpark Søndre-Park zugeht. Etwas unterhalb der Straße, auf den Bahnhof zu, stößt man auf den **Großen Markt** (Stortorget). Hier findet man das **Rathaus** und das **Lillehammer-Kunstmuseum (2)**, das sich kein Freund der nordischen Malerei entgehen lassen sollte. Mit seiner Sammlung von der Nationalromantik bis hin zur Moderne (u. a. J.C.C. Dahl, Christian Krogh, Anders Zorn, Edvard Munch) gehört es zu den wichtigsten des Landes. Auch die Architektur der 1960er-Jahre mit einem modernen Anbau (1994) des weltbekannten Büros Snøhetta ist sehenswert. Zum Museum gehören ein Skulpturengarten, ein Café und ein Laden.

Nordische Malerei

Lillehammer-Kunstmuseum, *Stortorget 2, ☎ 61054460, www.lillehammerartmuseum.com, Di–So 11–16, 1. Do im Monat bis 20, Juni–Aug. tgl. 10–17 Uhr, NOK 135, Kinder bis 15 Jahre NOK 65.*

1 Storgata
2 Lillehammer-Kunstmuseum
3 Kulturhuset Banken
4 Lillehammer-Kirche
5 Freilichtmuseum Maihaugen/Norwegisches Olympisches Museum
6 Bjerkebæk
7 Håkons-Halle
8 Skisprungschanzen Lysgårdsbakkene
9 Birkebeiner-Stadion
10 Skibladner-Anlegestelle
11 Sjusjøen
12 Lilleputthammer
13 Alpincenter Hafjell
14 Hunderfossen
15 Norwegisches Straßenmuseum
16 Aulestad

Unterkunft
1 Lillehammer Scandic Hotel
2 Scandic Victoria
3 Mølla Hotel
4 Lillehammer Stasjonen Hotel & HI Hostel

Essen & Trinken
5 1847 Brenneriet & Bryggerikjelleren

Zwei Blocks weiter südlich gelangt man zu einem weiteren hübschen Platz, dem Bankplassen, dessen Name verrät, dass hier die Hauptbank der Stadt ihren Sitz hatte. Heute ist in dem eindrucksvollen Gebäude das **Kulturhuset Banken (3)** untergebracht, das mit Wechselausstellungen und Veranstaltungen zu einer festen Größe des lokalen Kulturlebens geworden ist. Wenige Schritte südlich breiten sich zwei Grünanlagen aus, die vom Rv. 213 durchschnitten werden. Rechts der Straße sieht man die lutherische **Lillehammer-Kirche (4)** samt Kirchhof, während sich links der hübsche **Søndre-Park** mit seinem charmanten Gartenlokal erstreckt.

Der Alltag vergangener Zeiten wird in Maihaugen lebendig

Durch den Park, am Krankenhaus vorbei, kommt man leicht ansteigend in zehn Gehminuten zum **Freilichtmuseum Maihaugen (5)**, der wichtigsten Attraktion der Stadt. Das größte Freilichtmuseum des Landes geht auf den Zahnarzt Anders Sandvig zurück, der 1885 nach Lillehammer kam und bei seinen Hausbesuchen in der Region begann, sich für die untergehende Bauernkultur zu interessieren. Er fing an, alte Gegenstände, Häuser und andere Gebäude aufzukaufen und schuf damit den Grundbestand des heutigen Museums, die sog. Sandvigschen Sammlungen. Heute umfasst der Bestand über 200 alte Gebäude und mehr als 40.000 Ausstellungsstücke, wunderbar angeordnet in einem 40 ha großen, hügeligen und von Seerosenteichen durchsetzten Gelände. Alle Wohn- und Architekturformen des Gudbrandsdals sind hier repräsentiert – von der herrlichen **Stabkirche Garmo** (um 1200) über Großbauernhöfe, Almsiedlungen und Fischerhütten, einer Dorfkirche und einer Kapelle, der Dorfschule von 1860 bis hin zu städtischen Geschäften, Werkstätten und Bürgerwohnungen der Lillehammer Storgata sowie Fertighäusern und experimentellen Wohnformen der 1990er-Jahre. Im Sommer kann man lokalen Handwerkern über die Schulter schauen, an Folkloredarbietungen teilnehmen oder die wichtigsten Gebäude auf einer Führung kennenlernen. Neben einem Postmuseum sind weitere Sammlungen zu bestaunen, u. a. eine hochinteressante zahnärztliche Sammlung, eine Glas- und Textilsammlung, alte Werkstätten und die Präsentation von sakralem und bäuerlichem Kunstgewerbe. Zur Stärkung stehen auf Maihaugen ein traditionelles Bauerncafé und das moderne Museumscafé bereit.

Norwegens größtes Freilichtmuseum

Maihaugen, *Maihaugveien 1, ☎ 61288900, www.maihaugen.no, Juni–Aug. tgl. 10–17, Mai tgl. 10–16, sonst Di–Fr 11–15, Sa/So 11–16 Uhr, NOK 175, Kinder NOK 85 (Nachsaison NOK 135/65).*

Die Geschichte der Olympischen Winterspiele von 1994, aber auch viele andere Sommer- und Winterspiele sowie deren Vorläufer in der Antike, werden im **Norwegischen Olympischen Museum** dokumentiert. Dieses ist seit Anfang 2016 auf dem Gelände des Maihaugen-Museums untergebracht.

Norges Olympiske Museum, *Maihaugvegen 1, ☎ 61288900, www.ol.museum.no, gleiche Öffnungszeiten wie Maihaugen, NOK 135, Kinder (6–15 Jahre) NOK 65.*

Wieder zurück auf der Hauptstraße, sollte man sich aufmachen, die weiter nördlich gelegenen, stadtnahen Attraktionen zu besuchen. Die Entfernungen können dabei durchaus zu Fuß zurückgelegt werden. Zunächst folgt man der Storgata, vorbei an Boutiquen, Straßencafés und Buchläden, bis zum **Lille torget**. Hier durchschneidet das Flüsschen Mesna die Innenstadt. An seinem Lauf sieht man eine ehemalige Mühle, die zu einem Hotel umfunktioniert wurde, und andere frühindustrielle Backsteinbauten, die heute Cafés, Pubs und Restaurants beherbergen – insbesondere entlang der Gasse Elvegata.

Etwas weiter bergan führt der Nordseterveg auf die Olympia-Anlagen zu. Davor stößt man auf das idyllische Anwesen **Bjerkebæk (6)**, das die Schriftstellerin Sigrid Undset 1919 erbauen ließ und wo sie 1949 starb. Nach mehrjähriger Renovierung wurde Bjerkebæk 2007 als Museum für die Öffentlichkeit zugänglich gemacht. **Bjerkebæk**, *Sigrid Undsets veg 16E, ☏ 61288900, www.bjerkebek.no, Mitte Mai–Aug. tgl. 10–17, sonst Sa/So 11–16 Uhr, NOK 135, Kinder (6–15 Jahre) NOK 65.*

info

Sigrid Undset und Lillehammer

Sigrid Undset (1882–1949) zählt zu den meistgelesenen norwegischen Autoren; international wurde sie vor allem durch die Verleihung des **Literatur-Nobelpreises 1928** bekannt. Sie wurde im dänischen Kalundborg als Tochter eines norwegischen Archäologen und einer Dänin geboren und kam im Alter von zwei Jahren nach Norwegen. Die Familie lebte zunächst in Kristiania (= Oslo), nach dem Tod des Vaters in einer grauen Mietskaserne im Zentrum. Mit 17 Jahren trat sie eine Stellung als Sekretärin an, begann aber schon damals zu schreiben. Mit 22 Jahren beendete sie einen historischen Roman, drei Jahre später – inzwischen hatte sie ihren Beruf aufgegeben und widmete sich nach einem Studienaufenthalt in Rom allein der Schriftstellerei – erlebte sie mit dem tragischen Künstlerroman „Jenny" ihren Durchbruch. 1912 heiratete Sigrid Undset den norwegischen Maler Anders Castus Svarstad, dem sie für ein halbes Jahr nach London folgte. Ihre drei Kinder, zwei Söhne und eine geistig behinderte Tochter, wurden zwischen 1913 und 1919 geboren. Als ihre Ehe scheiterte, ließ sie am Stadtrand von Lillehammer das Anwesen Bjerkebæk errichten. Die beiden im traditionellen Gudbrandsdalstil aus Rundhölzern gebauten Häuser und der hübsch angelegte Garten boten ihr und ihren Kinder ein sicheres und liebevolles Zuhause. Hier entstanden auch ihre wichtigsten Werke, insbesondere „Kristin

Arbeitszimmer in Bjerkebæk

info

Lavranstochter" und andere Mittelalterromane, aber auch sozial und psychologisch angelegte Gegenwartsromane.

Im lutherischen Norwegen sorgte es für einen kleinen Skandal, als Sigrid Undset 1924 zum Katholizismus konvertierte. Schon zu Beginn der 1930er-Jahre engagierte sie sich in der Widerstandsbewegung gegen Hitler und den Nationalsozialismus. Als dann der Zweite Weltkrieg ausbrach, floh sie vor der Besatzungsmacht. Mit ihrem jüngsten Sohn Hans kam sie über Schweden, Russland und Japan in die USA, wo sie bis zum Kriegsende blieb – ihr ältester Sohn fiel im Krieg und kurz zuvor hatte sie bereits ihre Tochter verloren. 1945 konnte sie in ihr über alles geliebtes Lillehammer zurückkehren, wo deutsche Soldaten Bjerkebæk völlig verwüstet hatten. Die gesundheitlich stark angegriffene Schriftstellerin erlebte noch den Wiederaufbau ihres Hauses, bevor sie 1949 starb. In Lillehammer, wo sie ihre „glücklichen Zeiten" verbrachte, erinnern u.a. ein Denkmal am Markt, Straßennamen und vor allem ihr Wohnhaus an sie.

Ganz nah an Sigrid Undsets Heim liegen die wichtigsten Anlagen der Olympischen Winterspiele von 1994. Die **Håkons-Halle (7)** wurde für die Eishockey-Wettkämpfe gebaut und dient heute als Veranstaltungsort für Konzerte, Messen und Kongresse. Wer möchte, kann sich hier auch an Norwegens anspruchsvollster Kletterwand (20 m hoch) versuchen. Die Håkons-Halle liegt ebenso wie die benachbarte Kristins Hall im Olympiapark, der im Süden vom Olympischen Dorf und zum Osten hin von den **Skisprungschanzen Lysgårdsbakkene (8)** begrenzt wird. Vom recht kleinen und frei zugänglichen Stadion rings um den Auslauf hat man einen schönen Blick auf die Großschanze (120 m) und die Normalschanze (90 m). Links der Schanzen führt eine 954-Stufen-Treppe bis hinauf zum Turm; wer sich die Mühe des Aufstiegs ersparen möchte, kann auch den Sessellift benutzen *(tgl. 11–16 Uhr)*. Unterhalb der Anlage erfahren Mutige im Ski-Simulator, was die Athleten beim Anlauf, Flug und der Landung erleben. „Echte" Skispringer sind auch zu beobachten, nicht nur im Winter: In der Sommersaison werden von Absolventen der benachbarten Sporthochschule zwischen 10 und 20 Uhr regelmäßig Sprünge auf der Kunststoffbahn durchgeführt. Oberhalb der Schanzen und vom Auslauf nicht einsehbar liegt das **Birkebeiner-Stadion (9)**, das für den Skilanglauf errichtet wurde. Die Loipen können im Sommer als herrliche Wanderwege oder Mountainbike-Routen mit vielfältigen Ausblicken auf Stadt und See genutzt werden. Das Stadion ist auch Zielpunkt des populären **Ski-Langlaufrennen Birkebeinerrennet**, das von Rena über eine Distanz von 54 km hierhin führt. Auf ähnlicher Strecke findet im August das 91 km lange Mountainbikerennen Birkebeinerrittet statt und im September der 22 km lange Crosslauf Birkebeinerløpet.

Sportstätten von Olympia 1994

Möchte man nach den Sehenswürdigkeiten der Kleinstadt auch den **Mjøsa-See** näher kennenlernen, sollte man sich eine Fahrt mit dem historischen Raddampfer „Skibladner" (S. 365) nicht entgehen lassen. Die **Skibladner-Anlegestelle (10)**, die auf die westliche Seite des Sees verlegt wurde, ist über die Vignesbrua auch leicht zu Fuß erreichbar. Einen Wagen oder andere Transportmöglichkeit braucht man jedoch, wenn man den See **Sjusjøen (11)** besuchen möchte. Wer die 23 km

Auch im Sommer sportliches Zentrum: Olympiapark

über den Rv. 216 hinauf ins Lillehammerfjell zurückgelegt hat, findet dort in wunderbarer Hügellandschaft ein Wasserparadies für die ganze Familie – mit Badestrand, Wassersportzentrum (Verleih von Booten aller Art), Grillplätzen, Kiosk und dem Wirtshaus Fjellheimen.

Weitere Attraktionen, die sich vor allem an Sportbegeisterte und an die jüngeren Besucher richten, liegen 10–20 km nördlich der Stadt und können auf dem Weg nach Dombås über die E 6 schnell erreicht werden. Gleich neben der Europastraße befindet sich z. B. **Lilleputthammer (12)**, ein Erlebnispark, der die Storgata von Lillehammer zur Zeit der 1930er-Jahre im Miniformat (1:4) zeigt, ansonsten aber auch jede Menge Spielgeräte, Gastronomie, Streichelzoo etc. bietet – ideal für Kinder bis etwa 9 Jahre (Infos unter *www.lilleputthammer.no*). Benachbart ist das 800 m² große überdachte Spielparadies **Lekeland**. Unweit davon richtet sich das **Alpincenter Hafjell (13)**, das auch durch die Olympischen Spiele bekannt wurde, zu jeder Jahreszeit an Besucher, die auf Adrenalin-Kicks aus sind *(www.hafjell.no)*. Von der Talstation aus bringen Sessellift und Gondelbahn Besucher hinauf zum Mosetertoppen, von dem etliche Abfahrten ins Tal führen. Im Sommer wird die Anlage in einen „Biker-Park" umgewandelt, den man mit gemieteten Spezialfahrrädern rasant hinabbrausen kann, anschließend dürfen die Downhill-Bikes mit der Gondelbahn wieder mit nach oben genommen werden. Auch mehrere Mountainbike-Wege sind am Hafjell eingerichtet, einer führt von hier bis nach Lillehammer.

Paradies für Kinder

Bei der Weiterfahrt sieht man schon von der E 6 aus an der anderen Flussseite ein Märchenschloss und einen riesigen, 37 m hohen Troll – Wahrzeichen des Familienparks **Hunderfossen (14)**, einem der meistbesuchten des Landes. Zoo-Bauernhof, spannende Spielgeräte, Rafting-Wildwasserbahn, Aufzugsturm, Shows, Wasserrutsche, Gastronomie, Kinder-Autorennstrecke und Norwegens größter Hochseilpark sind nur einige der Attraktionen *(www.hunderfossen.no)*. Auch die **Bob- und Rodelbahn** der Olympischen Spiele ist nicht weit, auf der man im Sommer auf einem Radbob nach unten rasen kann. Oberhalb des Hunderfossen liegt das **Norwegische Straßenmuseum (15)**. Die historische Ausstellung und das Freilichtmuseum u. a. mit Pferdewagen, Oldtimerbus, Schmiede, Kolonialwarenladen und Dokumentationen machen die Unterschiede des Reisens vom Mittelalter bis in die heutige Zeit deutlich. Im Gebirgssprengungsmuseum ist eine spannende 200 m lange Tunnelwanderung möglich und der Reifen eines modernen Kipplasters (Durchmesser von 3,10 m) reizt zu einem Erinnerungsfoto.
Norsk Vegmuseum, *Hunderfossvegen 757, Fåberg, www.vegmuseum.no, im Sommer tgl. 10–17, sonst Di–So 10–15 Uhr, Eintritt frei.*

Möchte man stattdessen Norwegens „Nationaldichter" Bjørnstjerne Bjørnson (S. 65) seine Reverenz erweisen, sollte man 18 km auf dem Rv. 255 (Bjørnsonsvegen) bis Follebu zurücklegen. Dort befindet sich **Aulestad (16)**, ein ehemaliger Bauernhof, der 1875 von dem Dichter und seiner Frau Karoline bezogen wurde. Während der Sommermonate kann man das original eingerichtete Haus besichtigen, das nach Karolines Tod im Jahr 1934 vom norwegischen Staat übernommen wurde und von einem schönen Garten umgeben ist. Wer den Espedal-Weg (s. u.) anstelle der Europastraße nutzt, passiert ebenfalls Aulestad.

Das Gudbrandsdal

info

Das Gudbrandsdal erstreckt sich von Lillehammer über 200 km bis Dombås, oder mit anderen Worten vom Nordende des Mjøsa-Sees bis zum Fuß des Dovre-Gebirges. Das Tal ist auch das Bett für den **Fluss Lågen** (zur Unterscheidung vom gleichnamigen Fluss im Numedal auch Gudbrandsdalslågen genannt), der bei Dombås von Westen heranströmt und einen recht bequemen Übergang zum Romsdal und dem Fjordland schafft. Ein anderer Fluss, die Otta, mündet am gleichnamigen Ort in den Lågen, auch ihr Tal ist eine wichtige Ost-West-Verbindung. Das Gudbrandsdal war jahrhundertelang für Norwegen von überragender Bedeutung. Hier herrschen die landesweit **besten landwirtschaftlichen Bedingungen**: Es gibt genug Wasser, aber nicht zu viel Niederschlag, die Böden sind fruchtbar, Wald (Bauholz, Brennstoff) ist reichlich vorhanden, das Gelände nicht zu steil. Aus diesem Grund wurde das Tal dicht besiedelt und es entstanden **stattliche Höfe**, von denen viele heute noch an den Hängen zu sehen sind. Der Vergleich mit den kargen Höfen im Westland oder im Norden macht deutlich, wie viel besser es den Menschen hier ging. Stab- und andere Kirchen zeugen vom Reichtum der Bauern.

Das Tal stellte auch die beste Verbindung zwischen Trondheim und Oslo dar, die einst die Wallfahrer nach Nidaros zum Grab des hl. Olav nutzten. Diese uralte Nord-Süd-Verbindung bezeichnet man als **Kongeveien** (= Königsweg), sie sorgte außerdem für gute Handels- und Kommunikationsmöglichkeiten. So waren die Gudbrandsdøler, wie man die Talbewohner nennt, nie von der Welt und ihren Entwicklungen abgeschnitten, trotzdem gelten sie als überaus traditionsbewusst. Landschaftlich ist das Gudbrandsdal von moderaten, teils dicht bewaldeten Höhenzügen geprägt, die eher an deutsche Mittelgebirge erinnern. Sie wirken auf Touristen, die das Bild der steil aufragenden Fjordflanken noch vor Augen haben, eher „untypisch". Für Norweger aber ist das Gudbrandsdal mit seiner reichen Geschichte das „**Tal der Täler**"! Wie früher spielt es heute wegen der Eisenbahn, der E 6 und der abzweigenden Verkehrswege ins Fjordland eine große Rolle für den Personen- und Warentransport. Während die Bedeutung der Landwirtschaft immer weiter abnimmt, ist der Fremdenverkehr zur Haupteinnahmequelle geworden, sowohl im Sommer wie im Winter. Die Verfilmungen der Romane von Trygve Gulbranssen (u. a. „Und ewig singen die Wälder", „Das Erbe von Björndal"), die im Gudbrandsdal spielen, wurden allerdings nicht hier, sondern in Österreich gedreht.

Reisepraktische Informationen Lillehammer

Information

Visit Lillehammer, *Jernbanetorget 2 (im Bahnhof), 2609 Lillehammer, ☎ 61289800, www.lillehammer.com, geöffnet Juli Mo–Sa 9–20, So 11–18, ab Mitte Juni und bis Mitte Aug. Mo–Sa 9–18, So 12–17, sonst Mo–Fr 8–16, Sa 10–14 Uhr.*

Unterkunft

Scandic Lillehammer Hotel (1) €€€€€, *Turisthotelveien 6, ☎ 61286000, www.lillehammerhotel.no, www.scandichotels.de. Erstklassiges Hotel und beste Adresse am Ort, in einem traditionsreichen Holzhaus mit modernen Anbauten in einem sehr großen privaten Park oberhalb der Stadt, wenige Gehminuten vom Olympiapark. Beeindruckende Salons und riesiger Speisesaal mit fantastischem Büfett, zweites Restaurant und vier Bars, Innen- und Außenpool, Spielplatz, Jacuzzi, Sauna, Fitnessstudio, viele Anlagen für Kinder und überhaupt sehr familienfreundliche Atmosphäre. 303 gut ausgestattete Zimmer und Suiten unterschiedlicher Größe (einige sind etwas klein für den Preis!).*
Scandic Victoria (2) €€€€, *Storgata 84 B, ☎ 61271700, www.scandichotels.de. Die große alte Dame der hiesigen Hotellerie geht auf das Jahr 1872 zurück, danach wurden in mehreren Abschnitten jeweils modernere Anbauten hinzugefügt. Sympathisch sind die ältesten Flügel mit viel Flair (u. a. Zimmer mit Himmelbetten), ansonsten gibt es insgesamt 109 Zimmer, Familienzimmer und Suiten mit allem modernen Komfort, Frühstücks-Restaurant und Bar. Und zentraler als an der Storgata kann man nicht wohnen.*
Mølla Hotel (3) €€€, *Elvegaten 12, ☎ 61057080, www.mollahotell.no. Ungewöhnliche Unterkunft in der alten Kornmüle der Stadt, die 1991 in ein Hotel umgebaut wurde. Das zentral gelegene Haus verfügt über 58 modern ausgestattete Zimmer im ehemaligen Kornspeicher, das gemütliche Restaurant „Egon" im alten Mühlhaus und die Dach-Bar „Toppen" auf dem 36 m hohen Kornsilo mit fantastischem Panoramablick. Ganzjährig geöffnet.*

Jugendherberge

Lillehammer Stasjonen Hotel & HI Hostel (4), *Jernbanetorget 2, ☎ 61260024, www.stasjonen.no, www.hihostels.no. Sehr moderne Familien- und Jugendherberge im Bus- und Bahnhofskomplex, alle Sehenswürdigkeiten sind gut zu Fuß erreichbar. 28 Doppel-, Familien- und Mehrbettzimmer, fast alle mit Hotelstandard (u. a. Bad, WLAN, TV), Frühstücksbüfett, Angebot von leichtem Lunch und Abendessen, Gästeküche, Cafébar.*

Camping

Lillehammer Camping, *Dampsagveien 47, ☎ 61253333, www.lillehammer-camping.no. Einer von einem Dutzend Camping- und Hüttenanlagen in Lillehammer und Umgebung, schön am Mjøsa-See gelegen, Fußweg zur Stadtmitte und zum Einkaufszentrum. 250 Stellplätze, Hütten und Ferienhäuser unterschiedlicher Kategorie (manche 2016 errichtet), Ferienapartments in der Stadt, Kinderspielplatz, Badebucht, Paintball, Bootssteg und -verleih, Kiosk und Laden, ganzjährig geöffnet.*

Essen & Trinken

1847 Brenneriet & Bryggerikjelleren (5), *Elvegata 19, ☎ 61270660, www.bblillehammer.no. Große gastronomische Anlage in der alten Brauerei Lillehammer* *von 1847. Im „Bauereikeller" mit seinen drei Sälen isst man unter heimeligen Gewölben vorzugsweise Steaks. Der Weinkeller ist ausgesprochen gut bestückt. In der Brenneriet (= Destille) gibt es Pizza und andere italienische Gerichte sowie Do und Sa eine Nachtbar mit DJ und Tanz bis 3 Uhr morgens. Bryggerikjelleren Mo–Sa 18–23, So 16–21 Uhr, 1847 Brenneriet Mi–Sa 18–23, Do u. Sa bis 3 Uhr.*

Verkehrsverbindungen

Lillehammer hat einen **Hauptbahnhof** *auf der Strecke Oslo – Trondheim mit bis zu 15 Abfahrten tgl. in südlicher und 5 Abfahrten in nördlicher Richtung. Durch* **Überlandbusse** *u.a. von NOR-WAY Bussekspress und Lavprisekspressen ist die Stadt mit Oslo, Hamar, Dombås, Trondheim und anderen überregionalen Zielen verbunden. Der nächste* **Flughafen** *mit internationalen Verbindungen ist Oslo-Gardermoen (145 km), den man mit Linienbussen, dem Flughafenbus (Flybussen) und dem Zug erreicht.*

Zwischen Lillehammer und Dombås

Die Hauptroute von Lillehammer nach Dombås ist die stark befahrene E 6, die das Gudbrandsdal in seiner gesamten Länge durchquert. An verschiedenen Stellen können Reisende mit größeren Zeitreserven auf landschaftlich attraktivere und verkehrsärmere Alternativrouten ausweichen (s.u.). Nördlich von Lillehammer folgt der Weg dem Fluss Lågen, der bei **Hunderfossen**, ca. 3 km südlich des bekannten Familienparks (s.o.), durch einen Kraftwerksdamm zu einem 7 km langen See aufgestaut wird. An der Ortschaft **Øyer** mit seiner Barockkirche, dem Hafjell und dem Erlebnispark Lilleputthammer (s.o.) vorbei geht die Fahrt bis nach **Tretten**. Der Ort liegt am Südende des 17 km langen Losnasees, einer schmalen Erweiterung des Lågen. Hier hat man die Möglichkeit, den Fluss zu überqueren und zum reizvollen „Peer-Gynt-Weg" abzuzweigen.

Tipp: Espedal-Weg und Peer-Gynt-Weg

Alternativstrecken zwischen Lillehammer und Vinstra

Zwei landschaftlich attraktive Alternativen zur E 6 bieten sich auf der Etappe zwischen Lillehammer und Vinstra an: Der **Espedal-Weg** ist knapp 110 km lang und führt westlich bis zum Espedal-See. Er entspricht dem Rv. 255, der bei Lillehammer von der E 6 abzweigt, man kann ihn aber auch von Tretten über die Rv. 254 erreichen. Der erste Ort auf dem Weg ist **Segelstad**, wo der Rv. 254 nach Norden in Richtung Tretten und Peer-Gynt-Weg abzweigt. Kurz darauf ist **Vestre Gausdal** erreicht, ein kleiner Weiler, in dem eine schmale, kurvenreiche und nur im Sommer passierbare Straße in südlicher Richtung auf den **Nationalpark Ormtjernkampen** zuführt. Dieser mit 19 km² kleinste norwegische Nationalpark liegt inmitten einer wildromantischen Landschaft rings um den gleichnamigen Gipfel (1.127 m), die sich hervorragend zum Bergwandern eignet. Folgt man der Straße in knapp 90 km bis zu ihrem Ende, stößt man in Fagernes auf die E 16 (S. 342).

Auf dem Espedal-Weg wird kurz hinter Vestre Gausdal **Aulestad** passiert, das Heim des Dichters Bjørnstjerne Bjørnson und seiner Frau Karoline (s. o.). Danach führt die Straße durch das von der Gausa durchflossene Svatsumdal und immer höher hinauf bis zum langgestreckten **Espedal-See**. An seinem Südende liegen die größten **Gletschermühlen** des Landes, eine vielbesuchte Attraktion. Die „**Helvete**" (= Hölle) genannten, in der Eiszeit in den Untergrund gefrästen Gruben sind bis zu 100 m tief und haben einen Durchmesser von bis zu 50 m!
Am nordwestlichen Ende des Sees liegt **Dalseter**, wo der Peer-Gynt-Weg auf die Route stößt. Kurz darauf überquert man den Fluss **Vinstra**, dessen Verlauf man anschließend bis zur gleichnamigen Ortschaft an der E 6 folgt. Der Espedal-Weg ist ganzjährig geöffnet und mautfrei, im Vergleich zur Europastraße ist er nur knapp 10 km länger.
Im Gegensatz dazu kann man den abgabepflichtigen **Peer-Gynt-Weg** lediglich im Sommer befahren, etwa ab Ende Mai bis zum ersten Schneefall. Die gut ausgeschilderte, kurvenreiche und bis auf 1.053 m ü. d. M. ansteigende Straße verläuft zwischen der E 6 und dem Espedal-Weg (Rv. 255), man erreicht sie im Süden über den Rv. 254 etwa 8 km westlich von Tretten und im Norden bei Dalseter am Rv. 255.
Am südlichen Beginn des Weges passiert man **Skeikampen**, das unterhalb des gleichnamigen, markanten Berges (1.123 m) liegt und sich mit einem breiten Angebot an Outdoor-Aktivitäten zu einem kleinen Fremdenverkehrsort mit mehreren Unterkünften entwickelt hat (elf Skilifte, Wandern, Mountainbiking, Tennis, Golf, Angeln, Reiten). Anschließend schraubt sich die Straße immer höher in das „Reich des Peer Gynt" und führt am Nisju-See vorbei, durch das Dørdalen und unterhalb des Gipfels Dørdalsknappen (1.126 m.) entlang nach **Fagerhøy**. Hier hat man eine prächtige Aussicht auf die schneebedeckten Berge von Jotunheimen im Westen und des Rondane-Nationalparks im Norden. Beste Angelmöglichkeiten und viele markierte Wanderwege locken auch hier zu einem Aufenthalt.
Weiter auf dem Weg zum Touristenort **Gålå** gelangt man zum Aussichtspunkt Listulhøgda, mit 1.053 m ü. d. M. gleichzeitig der höchste Punkt der Straße. Nun geht es abwärts nach Gålå, das idyllisch am gleichnamigen See liegt. Mehrere Unterkünfte stehen hier bereit (u. a. Hochgebirgshotel, Apartment- und Hüttenanlagen), und auch sonst kann der Ort einiges bieten. Die hochgelegene Alm **Solbrå** beherbergt ein kleines Museum und eine Käserei, in der 1863 zum ersten Mal der typische, karamellisierte Ziegenkäse (Gudbrandsdalsost) produziert wurde, der heute im ganzen Land beliebt ist. Anfang August wird auf der Open-Air-Bühne am Seeufer Henrik Ibsens Schauspiel „Peer Gynt" mit der Musik von Edvard Grieg aufgeführt. Auf herrlicher Strecke geht es dann am Gålåvatn entlang bis nach **Fefor**, einen kleinen Touristenort am gleichnamigen See. Der Hausberg Feforkampen (1.175 m) ist ein populäres Ziel von Bergwanderern.
20 km weiter südlich stößt der Peer-Gynt-Weg bei **Dalseter** auf den **Espedal-Weg** (s. o.), unterwegs passiert man den Aussichtpunkt **Hattdalsseter** mit prächtigem Blick auf die Bergformation Rutenfjellene (1.517 m). Infos zu dieser Straße bzw. Unterkünften oder Aktivitäten erhält man bei den Touristenbüros oder unter www.peergyntvegen.no bzw. unter www.peergynt.no, www.gala.no und www.fefor.no.

Die Stabkirche Ringebu

Am Ostufer des Losnasees führt die Europastraße in wenigen Fahrminuten nach **Fåvang**, einen Weiler mit hübschen Höfen im Gudbrandsdal-Stil und einer kleinen **Stabkirche**. Diese liegt einige Kilometer vor dem eigentlichen Ort rechts der Straße; ihr merkwürdiger Turm und das Äußere mit Querschiff lassen erkennen, dass sie im Laufe der Zeit stark umgebaut wurde. Eine Besichtigung lohnt sich trotzdem, mehr aber noch die der **Stabkirche** von **Ringebu**, die 7 km weiter nördlich oberhalb der Europastraße liegt (ca. 2 km langer, ausgeschilderter Zufahrtsweg). Auch diese Holzkirche, eine der größten des Landes, stammt von etwa 1200 und wurde 1630 umfassend umgebaut. Damals fügte man Querschiff, Seitenschiffe und einen Chor an, ebenso kam der hohe, merkwürdigerweise rot angestrichene und mit Holzschindeln verkleidete Turm hinzu. Trotz der Veränderungen sollte man die Ringebu-Stabkirche nicht links liegen lassen: Das erhaben wirkende Gotteshaus am Hang, der frei stehende Glockenturm, der große, von Wäldern eingefasste Kirchhof, einige mittelalterliche Details am Portal und im Inneren sowie das aus dem 17./18. Jh. stammende, farbenfrohe Interieur machen sie zu einem ganz besonderen Erlebnis *(Juni–Aug. tgl. 9–17 Uhr, NOK 60)*. Autofahrer können die Strecke zwischen Fåvang und Ringebu übrigens auch auf einer hochgelegenen, schmalen Straße zurücklegen, die ein wenig Mut und Orientierungssinn erfordert, sonst aber problemlos zu bewältigen ist. Von dem bewaldeten Bergrücken aus bieten sich dabei immer wieder reizende Ausblicke auf das Gudbrandsdal und auf so manche stattliche Alm.

Schön gelegenes Gotteshaus

Zwischen Ringebu und Otta wurde und wird die E 6 auf einer neuen, vierspurigen Trasse ausgebaut, die zügigeres Vorwärtskommen garantiert, aber z. T. auf der Südseite des Lågen entlang und damit an einigen interessanten Ortschaften vorbeiführt. Das Anfang 2017 eingeweihte Teilstück zwischen Hundorp und Kvam bringt Autofahrer zunächst auf der **Harpe-Brücke** zum südlichen Flussufer; die „Harfe" ist mit 330 m zwar nicht besonders lang, aber als „gestutzte" Schrägseilbrücke mit zwei Pylonen äußerst interessant, in ganz Skandinavien gibt es keine zweite Brücke dieses Typs. Weiter geht es durch einen langen Tunnel und bei Kvam wieder zum nördlichen Ufer zurück. Die alte Europastraße kann als Lokalweg Fv. 312 weiter benutzt werden (auf dem man auch die Maut spart), auf diesem gelangt man zunächst zum Weiler **Hundorp** mit einem Gräberfeld aus der Wikingerzeit, kurz darauf passiert man die Steinkirche **Sør-Fron**, ein achteckiger, barocker Bau, der mit seinen Sandsteinornamenten in dieser Umgebung merkwürdig wirkt und wie eine zu groß geratene Kapelle aussieht. Der nächste Ort **Vinstra** verfügt über eine gute Infrastruktur, nach Süden hin kann man hier zum bekannten Peer-Gynt-Weg (s. o.) abbiegen, nach Norden zum Peer-Gynt-Seterveg (= Almweg). Auch ein Bauernhof von 1743 (Peer-Gynt-Stugu) ist mit der Sagengestalt verknüpft. An einigen Tagen

„Gestutzte" Schrägseilbrücke

Ende Juli/Anfang August künden Plakate, amerikanische Flaggen, jede Menge Wohnmobile und rustikal gekleidete Musikliebhaber vom größten **Festival für Countrymusik** in Skandinavien.

Kriegerische Vergangenheit

In **Kvam** erinnern Kriegsgräber und ein Museum an die deutsche Eroberung des Tals im Jahr 1940, weiter nördlich in Kringen ein Denkmal an das Jahr 1612, als ein Gudbrandsdaler Bauernaufgebot ein schottisches Söldnerheer besiegte, das auf dem Weg nach Schweden war. Zwischen den beiden Orten biegt in **Sjoa** der Rv. 257 nach Nordwesten ab und folgt dem Verlauf des gleichnamigen Wildwassers. Mit genügend Zeit könnte man hier einen 15-km-Abstecher zum ausnehmend hübschen Dorf **Heidal** unternehmen, während für sportlich Aktive der Fluss selbst eine beliebte Rafting-Herausforderung (Schwierigkeitsstufe 2–3) darstellt. Das Sjoa-Tal ist wald- und wildreich; ornithologisch Interessierte können sich auf die Suche u.a. nach Blaukehlchen und Wasseramsel, Norwegens Nationalvogel, machen. Der Naturlehrpfad Hulderstigen (= Hexensteig) bringt einem Tier- und Pflanzenwelt, aber auch die Geologie des Sjoatals näher; der grandiose Fahrweg am Wasserlauf entlang ist auf S. 394 näher beschrieben.

Hochfläche mit schneebedeckten Gipfeln: im Rondane-Nationalpark

Die 2018–2020 neu gebaute E 6 führt von Sjoa nach **Otta**, einem wichtigen Service- und Handelszentrum mit Bahnhof, Läden, Unterkünften, Gastronomie und ein wenig Kleinindustrie. Im Hauptort der Kommune Sel leben rund 6.500 Menschen. Viele Reisende nutzen das touristische Angebot für einen Zwischenaufenthalt. Wer etwas länger bleibt, kann von hier aus am besten den **Rondane-Nationalpark** erkunden (s.u.). Otta ist auch ein bedeutender Verkehrsknotenpunkt, da hier, dem Flussverlauf nach Westen folgend, zwei wichtige Übergänge zum Fjordland bestehen: einmal der Rv. 15 zum Nordfjord und zum andern, von ihm südlich abzweigend, der Rv. 55 zum Sognefjord (S. 386).

info

Besuch im Rondane-Nationalpark

Otta ist der wichtigste Erschließungsort für die 1962 unter Naturschutz gestellte und 1970 zum Nationalpark erklärte Rondane-Hochgebirgsfläche. Inzwischen erweitert, umfasst die Nationalparkfläche nun 963 km² und reicht vom oberen Gudbrandsdal weit nach Osten bis zum Atnedal am Rv. 27. Vom Dovrefjell-Nationalpark (S. 384) trennen ihn nur ein schmaler Streifen zu beiden Seiten der Straße und die Ortschaften.

info

Landschaftlich ist sie durch viele Gipfel – darunter allein zehn Zweitausender –, tiefe Talungen, Wildwasser und Seen sowie enge Schluchten charakterisiert. Im Nationalpark gibt es noch einen kleineren Bestand an **Wildrenen**, sie ernähren sich hauptsächlich von der Rentierflechte, die die Kalksteinfelsen bedeckt. Macht man sich von Otta zu einem Besuch des Parks auf, passiert man auf der schmalen Zufahrtsstraße einen **Wanderweg**, der zu den interessanten geologischen Formationen von **Mysuseter** führt (3 km). Hier hat die Erosion bis zu 6 m hohe, helle Kiessäulen stehen lassen, die auf ihrer Spitze einen breiten Stein balancieren; im Volksmund werden diese Pyramiden „weiße Priester" genannt. Von der Nationalparkgrenze sind es dann noch 1,5 Stunden zu Fuß bis zur **Rondvassbu-Hütte**, die sich am 1.100 m hoch gelegenen See Rondevatn befindet. Hier kreuzen sich die meisten und interessantesten Wanderwege. Ein lohnendes Ziel für konditionsstarke Bergwanderer ist die Bergformation **Rondslott**, die sich nördlich der Hütte 2.178 m hoch erhebt. Außer bei Wanderern ist der Nationalpark bei **Kanuten** beliebt, die im 9 km langen **Atnasjø** und dem gleichnamigen Wildwasser ein herrliches Revier haben (Schwierigkeitsstufe 1–2). Diese Gewässer befinden sich an der östlichen Nationalparkgrenze und sind am besten über den Rv. 27 zu erreichen. Für alle Wander- und Paddelgebiete im Nationalpark hält das Touristenamt in Otta entsprechendes Kartenmaterial bereit, dort kann man u. a. auch geführte Exkursionen buchen.

Hinauf ins Rondane-Gebirge

Nördlich von Otta verläuft die E 6 durch das immer enger werdende Tal nach **Rosten**, wo eine 8 km lange Nebenstraße steil hinauf zu den vielen Sommerhäuschen und Ferienhütten von **Høvringen** führt. Der 960 m hoch gelegene Ferienort bietet sich ebenfalls als Ausgangspunkt für Wanderungen im Rondane-Nationalpark an. Das beliebteste Wanderziel ist hier die **Peer-Gynt-Hütte**, auf dem Weg liegt die **Laurgårdseter Fjellstue**, die Sigrid Undset (S. 372) zu ihrem Roman „Kristin Lavranstochter" inspirierte. Auf der Wanderung kommt man an Wasserfällen und Seen vorbei, überquert eine Schlucht auf einer Hängebrücke und hat an vielen Stellen eine prächtige Aussicht – geübte Wanderer sollten etwa drei Stunden für einen Weg einplanen.

Wenig später passiert man den Servicepunkt **Dovreskogen** (Campingplätze, Raststätte) und die Ortschaft **Dovre**. Hier kann man sich den bauhistorischen Park mit einer alten Sägerei und einem Teermeiler sowie die Holzkirche mit Querschiff von 1736 anschauen. 2 km weiter nördlich kommt man an der **Toftemo Turiststasjon** vorbei, einer großen, hölzernen Herberge von 1820 (Camping, Hütten, Hotel, Cafeteria, *www.toftemo.no*). Von hier aus kann man über die alte, hoch gelegene und aussichtsreiche Straße östlich der E 6 bis nach Dombås gelangen. Dabei sieht man auch die alte Hofanlage **Budsjord**, die aus dem 15. Jh. stammt und dem Bischof von Trondheim gehörte. Das Anwesen umfasst 17 Einzelgebäude, die heute u. a. als Gaststätte und Antiquitätenladen dienen. Wanderer haben die Möglichkeit, über den alten Königsweg bis nach Fokstua (S. 383) zu gelangen.

10 km nördlich von Toftemo ist das Etappenziel **Dombås** erreicht. Der 1.500-Einwohner-Ort ist ein wichtiger Verkehrsknotenpunkt. Hier treffen sich die Europa-

straßen E 6 und E 136 sowie die Bahnlinien Oslo – Trondheim und Dombås – Åndalsnes. Die westwärts führende Auto- und Zugverbindung ins Romsdal ist die bedeutendste Verbindung zum nördlichen Fjordland (S. 383). Direkt an der Europastraße liegt die große Serviceanlage Dombås Senter mit dem Frichgården, hier gibt es u.a. Parklätze, Tankstelle, Geschäfte, gastronomische Betriebe und Toiletten.

Ins Reich der Trolle

Gegenüber dem Frichgården sieht man jenseits der E 6 in einer Grünanlage die mit Schieferplatten gedeckte **Dombås-Kirche** von 1939, die über ein interessantes Altarbild verfügt. Das Erlebniszentrum **Troll-Park** macht kleine und große Besucher mit der Natur des Dovrefjells und dem „Reich der Trolle" bekannt. Das „**Alpincenter**" des Ortes hat einen sehr guten Ruf, die Region gilt von November bis April als schneesicher und bietet mehr als 100 km gespurte Langlaufloipen. Sehr attraktiv sind die Hänge auch für Snowborder, für die es eine Half-Pipe gibt; ebenso kann man eine Fahrt mit dem Hundeschlitten machen.

Reisepraktische Informationen Dombås

Unterkunft

Dombås Hotel €€€€, *Domaasgrendi 1, 2660 Dombås,* ☎ *61241001, www.dombas-hotell.no. Zentrumsnah gelegenes, ehemaliges historisches Grand Hotel von 1915, das leider 2007 komplett abbrannte. Der 2014 eingeweihte Neubau ist unspektakulär und funktional, bietet 99 Hotel- und Motelzimmer, Restaurant, Bar, Sonnenterrasse, Sauna und vor allem eine naturschöne Umgebung (Blick ins Tal, Wanderwege).*

Jugendherberge

Dombås Vandrerhjem, *Skitrekkvegen 18, 2660 Dombås,* ☎ *61240960, www.hihostels.no und www.trolltun.no. Nette Herberge innerhalb des Trolltun-Gästehauses, 2 km vom Zentrum entfernt in schöner, aussichtsreicher Lage. 18 Zimmer und gemütliche Ferienhäuschen mit insgesamt 78 Betten, alle mit Dusche/WC, Gästeküche, Aufenthaltsräumen, Frühstück inklusive. Weitere Mahlzeiten werden angeboten, ganzjährig geöffnet. Das Gästehaus verfügt auch über Hotelzimmer (€€€) und Caravan-Stellplätze.*

Verkehrsverbindungen

Dombås ist ein Bahn-Verkehrsknotenpunkt zweier norwegischer Hauptstrecken: einmal die Verbindung **Oslo – Trondheim** *mit mehreren Tag- und Nachtzügen, diese Züge halten auch immer in Otta, aber nur manchmal in Kongsvoll. Zum andern die* **Raumabahn** *mit tgl. 3 Verbindungen nach Åndalsnes (114 km), Infos unter www.vy.no/Raumabanen. Außerdem gibt es in Dombås tgl. bis zu 4* **Expressbusverbindungen** *über die E 136 nach Åndalsnes, Ålesund und Bergen, und 4–8 Expressverbindungen über die E 6 nach Oslo und Trondheim, Letzteres gilt auch für Otta.*

Sport/Aktivitäten

In der Dovrefjell-Region sind im Sommer wie im Winter viele Aktivitäten möglich, einige sogar nur hier – z.B. Moschusochsen-Safaris. Ansonsten locken die Aussichten auf Wandern, Bergwandern, Bergsteigen, Fallschirmspringen, Skilanglauf und -abfahrten, Angeln, Kanutouren und Rafting viele sportlich aktive Urlauber nach Dombås und Otta.

Zwischen Dombås und Trondheim

Bei Dombås endet das Gudbrandsdal, was gleich hinter dem Ortsausgang deutlich wird, wenn sich die E 6 in einer scharfen Serpentine, die früher sehr unfallträchtig war, hinauf aufs **Dovrefjell** schraubt, vorbei an Liften, Loipen und Pisten. In kürzester Zeit befindet man sich über 300 m über dem Tal, lässt die dichten Fichtenwälder hinter sich, die Birken werden immer spärlicher und kleiner und schließlich ist die Baumgrenze überschritten. Nun breitet sich die unendliche Weite des Dovrefjells aus, das die E 6 auf über 80 km Länge durchschneidet, begleitet von der Trasse der Dovre-Bahn. Ansonsten gibt es keine Verkehrswege – wer die Schönheit des Nationalparks wirklich erleben will, muss wandern. Gut 10 km hinter Dombås liegt **Fokstua** bereits auf der Hochebene (982 m ü. d. M.). Die alte Brücke nahe der Europastraße gehört zum **Königsweg** (Kongeveien), dem historischen Saumpfad, auf dem Pilger, Händler und Könige das Dovrefjell überquerten. Seit der ersten Erwähnung im Jahr 1182 haben nachweislich 41 regierende Monarchen die gefährliche und beschwerliche Reise angetreten, aber Funde aus der Eisen- und Wikingerzeit belegen, dass der Pfad auch schon vorher genutzt wurde. An einigen Stellen erinnern Gedenkmarken an die Geschichte des Weges, der heute abseits der E 6 als herrlicher, gut markierter **Wanderpfad** Aktivtouristen begeistert. Eine beliebte Etappe des Königswegs ist die von Fokstua nach Dovre, im weiten Bogen um Dombås herum (s. o.).

Uralter Pilger- und Wanderweg

Die Europastraße zieht sich auch hinter Fokstua weiter das Fjell hinauf und führt am Ostrand des Naturschutzgebiets **Fokstumyra** entlang, einem zwar kleinen, aber vor allem ornithologisch interessanten Moor-Naturschutzgebiet. Nach einer Weile passiert man den See Vålåsjø und die Zufahrt zur großen Gebirgsherberge **Dovregubbens hall** (Halle des Dovreriesen, *www.dovregubben.com*). Der mit Rundhölzern errichtete Bau von 1938 dient als Hotel mit einfachen Zimmern und ist eine beliebte Raststätte (Plätze im Freien, prächtige Aussicht). Hier findet man auch die Galerie der Kunsthandwerkerin Rakel Onsum Berg und die denkmalgeschützte Anfins-Brücke von 1826. Der namensgebende Troll ist als mächtige Figur unübersehbar aufgestellt und als Fotomotiv überaus beliebt.

An der Alm **Gautaseter** vorbei, wo viele archäologische Funde aus der Wikingerzeit gemacht wurden, geht es noch ein wenig höher bis **Hjerkinn**, wo mit 1.026 m die Passhöhe und Wasserscheide erreicht ist. Auch der Bahnhof der kleinen Ortschaft ist der höchstgelegene zwischen Trondheim und Oslo. Auf der linken, westlichen Seite sieht man über das baumlose Fjell bis zu den Gipfeln der Snøhetta (2.286 m) und der Svånåtindene (2.215 m) im **Dovrefjell-Sunndalsfjella-Nationalpark** (s. u.). Sollte dieser Blick von dunklen Wolken getrübt sein, hat man wirklich Pech gehabt, denn mit nur 217 mm Niederschlag im Jahr ist der im Regenschatten liegende Flecken

Blick auf die Snøhetta

der trockenste Norwegens. Hjerkinn selbst ist weniger eine Ortschaft als eine Servicestation in lebensfeindlicher Umgebung. Dazu passt auch das große militärische Übungs- und Schießgelände, auf dem unter wirklich harten Bedingungen für den Ernstfall trainiert wird.

Majestätisches Hochplateau

Von hier aus geht es wieder abwärts, und entlang der Driva, einem manchmal äußerst wilden Gebirgsfluss und einer Herausforderung für Kanuten und Raftingfans, an die sich nur Geübte wagen sollten. 12 km weiter nördlich ist **Kongsvold** erreicht, mit einer Bahnstation, einem traditionsreichen Gebirgsgasthof, Campingplatz und Jugendherberge. Der kleine Ort ist ein deutlich besserer Ausgangspunkt für Wanderungen in den Dovrefjell-Nationalpark als Hjerkinn; in rund 6 Stunden ist beispielsweise die Besteigung der Snøhetta möglich, auch ein Gang zum 6 km langen **Vårstigen** (= Frühlingspfad), einem einst sehr gefürchteten Abschnitt des „Königswegs", der faszinierende Panoramablicke bietet. Wer sich für die Flora des Dovrefjells interessiert, sollte den hiesigen „Fjellgarten" besuchen.

info

Das Dovrefjell und die Moschusochsen

„Bis dass der Dovre einstürzt" heißt es im norwegischen Sprachgebrauch, wenn Unveränderlichkeit und Ewigkeit beschrieben werden sollen – angesichts der Macht und kolossalen Weite des Hochgebirges eine passende Redewendung! Diese großartige Hochplateau- und Tundralandschaft mit ihrer einzigartigen Tier- und Pflanzenwelt wurde 1974 zum Nationalpark erklärt, 2002 durch weite Gebiete vergrößert und als **Dovrefjell-Sunndalsfjella-Nationalpark** unter Naturschutz gestellt. Mit über 1.690 km² ist dieser riesig, zählt man die angrenzenden Schutzgebiete dazu, kommt man auf eine Gesamtfläche von über 4.360 km². Inzwischen ist das Areal nach Süden soweit ausgedehnt, dass der Dovre- mit dem Rondane-Nationalpark ein zusammenhängendes, über 7.000 km² großes Schutzgebiet bilden wird – ein Ökosystem von unermesslichem Wert.

Der Dovre war immer ein **Hindernis** bei der Erschließung des Landes, ein mächtiger Klotz, der den direkten Weg von oder nach Trondheim versperrte. Im Volksglauben bevölkerten Unholde und böse Trolle das lebensfeindliche Fjell und seine Überquerung galt als ein gefährliches Wagnis. Außer für die schneebedeckten Berge, die moorigen Mulden, für Seen und Flüsse ist das Dovrefjell für die **Vielfalt seiner Flora** bekannt. Man findet hier seltene Arten und einige gibt es nirgendwo sonst, z.B. den Dovre-Mohn. Auch die Fauna des Nationalparks ist bemerkenswert: Es gibt noch einen ansehnlichen Bestand von **Wildrenen**, **Vielfraß** und **Polarfuchs** streifen durch die Gegend, wenn sie auch Besuchern meist verborgen bleiben.

Am spektakulärsten sind die **Moschusochsen**. Der Nationalpark ist der einzige Ort in Europa, wo man die urwüchsigen und exotisch anmutenden Tiere in freier Wildbahn erleben kann. Während der letzten Eiszeit waren sie in ganz Europa verbreitet, starben durch das wärmere Klima und die

info

Jagd aber aus. 1931 wurden erstmalig Moschusochsen aus Grönland eingeführt und in Hjerkinn ausgesetzt. Die Herde wurde im Krieg jedoch vollständig dezimiert. 1947–1953 unternahm man einen zweiten Versuch mit 23 Moschuskälbern, ebenfalls aus Grönland importiert. Heute zählt der Bestand etwa 300 Exemplare. Den zotteligen Tieren sollte man unbedingt Respekt zollen – was bei einer Laufgeschwindigkeit von bis zu 60 km/h und einem Gewicht von 220–450 kg einleuchtet. Obwohl sich die Tiere grundsätzlich friedlich verhalten, sind Wanderer gut beraten, einen Mindestabstand von 200 m einzuhalten. Allerdings wird man die Tiere kaum zu Gesicht bekommen, wenn man den Nationalpark auf eigene Faust durchstreift. Bei der Teilnahme an einer **geführten Wanderung** *(möglich Mai–Sept.; Infos unter www.moskussafari.no)* kann eine Begegnung mit dem Moschusochsen aber fast garantiert werden, da die Guides wissen, wie und wo man die Tiere findet. Außerdem bekommt man auf einem solchen erlebnis- und lehrreichen Ausflug einen einzigartigen Einblick in die vielfältige Pflanzen- und Tierwelt des Dovrefjell.

Entlang der reißenden Driva führt die E 6 weiter bergab ins Tal und überquert die Grenze zur Provinz Trøndelag. Der erste größere Ort am Wegrand ist mit rund 7.000 Einwohnern **Oppdal**, dessen wirtschaftliche Basis die Holz- und Steinindustrie (Oppdalschiefer) sowie der Fremdenverkehr bilden. Bekannt ist Oppdal vor allem als Wintersportort, in dem schon Worldcuprennen ausgetragen wurden. Auch die Aktivitätsangebote im Sommer sind vielfältig, z. B. Kanufahrten und Rafting auf dem Fluss Driva, Moschusochsen-Safaris im Dovrefjell-Nationalpark, Jagen und Angeln, Schluchtenwandern und Golf. Einige gute Mittelklassehotels, zahlreiche Hütten und Ferienhäuser sowie Campingplätze bieten Unterkunft. Empfehlenswert ist ein Besuch des Freilichtmuseums, des Driva-Mineralienzentrums und eines der größten Wikinger-Gräberfelder Norwegens in Vang. In Oppdal biegt die Driva nach Westen ab, ihrem Tal folgt der Rv. 70 nach Sunndalsøra am gleichnamigen Fjord und weiter nach Kristiansund.

Wintersportort

Reisepraktische Informationen Oppdal

Unterkunft

Quality Hotel Skifer €€€€, *O. Skasliens veg 9, Oppdal, ☏ 73605080, www.skiferhotel.no. Großes Konferenz- und Urlaubshotel, 177 Zimmer und Suiten, schöne Wellness-Abteilung mit Sauna und Fitnessraum. Sehr gutes Restaurant, Bar.*

Camping

Magalaupe Camping, *Skredavegen 15, 7340 Oppdal, ☏ 99259993, www.magalaupe.no. Gute, ganzjährig geöffnete Anlage an der E 6, in Engan, 10 km südlich von Oppdal und direkt am Fluss Driva. Stellplätze für Zelte, Wohnmobile und -wagen, einfache Campinghütten und gut ausgestattete Ferienhäuser, Gästeküche, große Sauna. Möglichkeiten zum Angeln und Wandern, Organisation von Moschusochsen-Safaris. Die Gletschermühle „Magalaupe Jettegryte" ist nur 5 Min. zu Fuß vom Campingplatz entfernt.*

Verkehrsverbindungen

Oppdal liegt an der **Dovre-Bahn** *mit Tag- und Nachtzügen nach Oslo und Trondheim. Per Bus gibt es 4–8* **Expressverbindungen** *über die E 6 nach Oslo und Trondheim sowie tgl. Verbindungen über den Rv. 70 nach Kristiansund und Molde.*

Sport/Aktivitäten

Ein zentraler Anbieter für Kanuexkursionen und Rafting ist Opplev Oppdal, O. Skasliens veg 10, ☏ 72404180, www.opplevoppdal.no; im Wildniscamp mit einem Ziplinepark kann man an einem 140 m langen Kabel über die Schlucht der Driva gleiten. Geführte Wanderungen, Moschusochsen- und Elchsafaris u. a. bietet Oppdal Safari an (c/o Savannah AS, O. Skasliens veg 1, ☏ 98693200, www.moskussafari.no).

Die folgenden 122 km bis Trondheim sind nicht spektakulär. Es geht durch eine immer flacher werdende, spärlich besiedelte Region, deren erster größerer Ort **Støren** 70 km nördlich von Oppdal liegt. Hier trifft der Rv. 30 auf die E 6, die das Trøndelag mit Oslo auf einer östlichen Route verbindet (S. 355), ebenso kommen hier die Dovre- und die Røros-Bahn zusammen. Auch der Fluss Gaula, der nun die Straße begleitet, strömt aus östlicher Richtung ins Tal. Kurz bevor man die Außenbezirke der alten Hauptstadt erreicht, passiert man in **Melhus** den Abzweig der E 39, die von Stavanger über Bergen nach Trondheim führende Westküstenstraße.

Zwischen Gudbrandsdal und dem Fjordland

West-Ost-Übergang

Zwischen dem Gudbrandsdal im Osten und den westnorwegischen Fjorden erstreckt sich eine majestätische, von unzähligen Gipfeln und Gletschern bekrönte und von tiefen Tälern zerfurchte Landschaft. Einige wenige, grandios angelegte Straßen durchqueren diese Region, manche davon sind nur im Sommer befahrbar und hier erhält man einige der herrlichsten Natureindrücke Skandinaviens. Reisende haben die Qual der Wahl, welchen West-Ost-Übergang sie nehmen sollen, die Entscheidung hängt natürlich vom Startpunkt und von der verfügbaren Zeit ab. Hetzen lassen sollte man sich auf keinen Fall. Denn immer wieder reizen Seen, Flüsse, Berggrate und schneebedeckte Gipfel zu Abstechern und zu sportlicher Betätigung, etwa Bergwandern, Rafting oder Skilanglauf – Letzterer ist an mehreren Stellen auch im Hochsommer möglich. Die landschaftlichen Höhepunkte der beschriebenen Routen sind auf der südlicheren Strecke die Bergriesen von Jotunheimen, die höchsten Nordeuropas, und auf der nördlicheren Strecke das ebenso alpin wirkende Romsdal.

Zwischen Otta und dem Fjordland (Rv. 15)

Von **Otta**, dem Zentralort des nördlichen Gudbrandsdals (S. 380), führt der Rv. 15 nach Westen, wobei er auf den ersten 120 km dem Verlauf des Flusses Otta folgt, der sich an mehreren Stellen zu schmalen, aber lang gestreckten Seen erweitert.

Die östlichen Regionen liegen im Regenschatten und um Landwirtschaft zu betreiben, mussten hier Bewässerungsanlagen gebaut werden. Gut 30 km westlich von Otta liegt der 1.500-Einwohner-Ort **Vågåmo**, das administrative und kulturelle Zentrum der gleichnamigen Gemeinde. Besucher werden sich über ein schönes Ortsbild mit zahlreichen alten, unter Denkmalschutz stehenden Gebäuden freuen, die Vågåmo ein ganz eigenes Flair verleihen. Der älteste und wichtigste Holzbau ist die **Vågå-Stabkirche** mitten im Ort, umgeben von einem stimmungsvollen Friedhof. Auch wenn sie im 17. Jh. umgebaut und mit einem Querschiff versehen wurde, besitzt sie noch viele Baudetails und Einrichtungsgegenstände aus ihrer Entstehungszeit im 12./13. Jh. Besonders sehenswert ist das reich dekorierte Südportal mit Schnitzereien, im Inneren verdienen das mittelalterliche Kreuz und der Taufstein Beachtung *(Mai–Mitte Sept., Eintritt)*. Wer sich auch für die profane Baukunst des Otta-Tals interessiert, sollte das Museumsdorf **Jutulheimen** besichtigen.

Zahlreiche Holzbauten

Jutulheimen Bygdamuseum, *Øvre Nordheradsvegen 97, Vågå, ☎ 90511168, www.gudbrandsdalsmusea.no/avdelingar/jutulheimen, Mitte Juni–Aug. Mi, Sa/So 10–15 Uhr, NOK 65, Kinder unter 16 Jahren frei.*

Unmittelbar westlich der Ortschaft beginnt der **Vågå-See**, an dessen südlichem Ufer der Rv. 15 entlangführt. Am See liegt auch der Weiler **Randen**, wo der Rv. 51 nach Jotunheimen und Valdres abzweigt (S. 394), sowie das Bauerndorf **Garmo**. In dieser Gegend wurde im August 1859 der Literaturnobelpreisträger Knut Hamsun (S. 66) geboren; dass er aus ärmlichen Verhältnissen stammte, zeigt das winzige Geburtshaus am Wegrand, eher eine Blockhütte als ein Haus. Wenige Fahrminuten weiter westlich gelangt man nach **Lom**, an der Mündung der Bøvra in die Otta gelegen. Der 1.500-Seelen-Ort ist ein lokales Zentrum und wichtiger Verkehrsknotenpunkt, an dem die Straßen Rv. 15 zum Strynsfjell und Rv. 55 nach Jotunheimen zusammenkommen. Ähnlich wie Vågåmo verfügt Lom über eine ansehnliche Holzhaus-Bebauung im dunklen Rundholzstil des Otta-Tals, gut 20 Bauten sind im Freilichtmuseum **Lom Bygdamuseum** zu besichtigen.

Aber auch hier ist die größte Attraktion die **Stabkirche** mitten im Ort. Das auf das Jahr 1170 zurückgehende Gotteshaus wurde zwar ebenfalls zu einer Kreuzkirche umgebaut, doch wurden viele spätere Zusätze bei einer Renovierung wieder entfernt, sodass man innen wie außen das Typische dieser architektonischen Sonderform erkennen kann. Zu Recht gilt die dreischiffige, von 20 Masten getragene Stabkirche nicht nur als eine der größten, sondern auch besterhaltenen des Landes. Möchte man die Eindrücke des Kirchenbesuchs noch

Redaktionstipps

- Kulturelle Highlights der Region sind die **Freilichtmuseen** mit Zeugnissen der reichen Bauernkultur und die **Stabkirchen**, allen voran Lom (S. 387), aber auch Vågåmo (S. 387) und Hegge (S. 395).
- „Steinsammler" und Liebhaber farbenprächtiger Mineralien finden im **Fossheim-Steinzentrum** (S. 388) von Lom eine der besten Adressen in Europa.
- Zwei Lieblingsziele für Bergwanderer: auf Nordeuropas höchsten Gipfel, den **Galdhøpiggen** (S. 392), und über den weltbekannten **Besseggen-Grat** (S. 394).
- Zwei der schönsten Bootsfahrten, die in Norwegen möglich sind: über die **Gebirgsseen Gjende** (S. 394) und **Bygdin** (S. 395).
- Der beste Fluss fürs **Rafting**: die Sjoa zwischen Randsverg und Sjoa (S. 394).
- **Stilvoll übernachten** in beeindruckender Umgebung: Einige Hotels entlang der **Sognefjellstraße** sind kulturhistorische Sehenswürdigkeiten und gleichzeitig exquisite Unterkünfte (S. 392).

erweitern, sollte man einmal in das gegenüberliegende Büchereigebäude schauen, wo ein „Stabkirchenzentrum“ mit Modellen, Fotos, Sakralgegenständen, liturgischen Gewändern und Original-Einrichtungsstücken aufwartet.
Lom Stavkirke, *Bergomsvegen 21, ☎ 48165527, www.lomstavechurch.no, Mitte Mai–Mitte Sept. tgl. 10–16, Mitte Juni–Mitte Aug. 9–19 Uhr, NOK 80, Kinder NOK 40.*

Hinter dem Wasserfall Prestfossen und der Brücke über die Bøvra stößt man auf das **Fossheim-Steinzentrum**, das an das Fossheim Turisthotel (s. u.) angebaut ist. Seine Sammlung von Mineralien, Halbedelsteinen und Schmuckstücken ist weit über Norwegens Grenze hinaus bekannt, daneben lohnt ein Besuch der Kunstgalerie und des Feinkostgeschäfts im gleichen Gebäude *(tgl., www.fossheimsteinsenter.no)*.

Zwischen Gudbrandsdal und Fjordland

In Gehnähe zur Stabkirche liegt auch das **Norwegische Gebirgsmuseum**, in dem die Touristeninformation und das **Informationszentrum Nationalpark Jotunheimen** untergebracht ist. Das Museum informiert über Klima, Natur, Geschichte und Kultur des Gebirges; beeindruckend sind das Mammut in Originalgröße sowie die Sammlung von Jagdwaffen und Rentiergeweihen. Im Auditorium werden Diashows und Filme vorgeführt, und im 1. Stock befinden sich Ausstellungen zu Vegetation, Fauna, Landschaft und Wanderwegen des Nationalparks Jotunheimen. Das Museum verfügt auch über Buchladen, Café und Kinderspielecke.

Mammut in Lebensgröße

Norsk fjellsenter, *Brubakken 2, ☏ 61211600, www.norskfjellsenter.no, Mitte Mai–Mitte Okt. Mo–Fr 9–16, Sa/So 10–15, Mitte Juni–Mitte Aug. Mo–Fr 9–19, Sa/So 9–17 Uhr, NOK 120, Kinder bis 18 Jahre NOK 75.*

Ein besonderes Abenteuer ist eine Führung durch den **Klimapark 2469**, der vom Norwegischen Gebirgsmuseum ins Leben gerufen wurde. Die Klimaveränderungen im Laufe der Zeit und die Bedeutung für den Menschen werden beim Besuch eines 60 m langen Eistunnels veranschaulicht

Klimapark 2469, *Führungen Ende Juni–Mitte Aug. tgl. 10.30 und 14 Uhr, Mitte Aug.–Mitte Sept. nur Sa/So, der Klimapark befindet sich an der Juvasshytta, ca. 45 Min. Fahrzeit von Lom entfernt. Infos und Reservierung unter http://klimapark2469.no oder im Norsk fjellsenter (s. o.), NOK 345, Kinder bis 18 Jahre NOK 175.*

Reisepraktische Informationen Lom

Information

Visit Jotunheimen, *Sognefjellsvegen 17, 2686 Lom, ☏ 61212990, www.visitjotunheimen.no. Im Coop Ottadalen im Zentrum gelegene Touristeninformation auf Self-Service-Basis, Juni–Aug. mit Personal; zuständig für die gesamte Region Jotunheimen.*

Unterkunft

Fossheim Turisthotell €€€€, *2688 Lom, ☏ 61219500, www.fossheimhotel.no. Sehenswertes Gebäude im Ortszentrum, 1897 als Poststation eröffnet. Komfortable Zimmer und Vermietung von Hütten, rustikal eingerichtete Salons. Vorzügliches, mehrfach ausgezeichnetes Restaurant, Kellerbar, Bibliothek.*

Jugendherberge

Bøverdalen Vandrerhjem & Camping, *Galdesand, Sognefjellsvegen 1931, 2687 Bøverdalen, ☏ 61212064, www.hihostels.no. Herrlich gelegene Herberge in einem älteren Holz-/Betonbau, am Rv. 55 in Galdesand, 19 km von Lom in Richtung Sognefjellet/Sogndal (Bushaltestelle Galdesand direkt am Haus), 17 einfache Zimmer für 4–6 Personen, gemütliche Aufenthaltsräume, Frühstück und Abendessen erhältlich, Campingmöglichkeit, geöffnet Mitte Mai–Anf. Sept.*

Camping

Nordal Turistsenter, *Lom, ☏ 61219300, www.nordalturistsenter.no. Familiengeführte, große Anlage nahe dem Zentrum rund um ein stattliches Holzhaus. Viele Caravan- und Zeltplätze,* **Hotel** *(€€€) mit 18 neueren Zimmern, 64 komfortable Hütten*

(die meisten mit Dusche/WC). Modernes Servicegebäude, Sauna, Solarium, Café, Kiosk und Pub, moderne Gästeküche, ganzjährig geöffnet.

Verkehrsverbindungen
Lom und Vågåmo sind per **Bus** *leicht erreichbar, Expressbusse befahren den Rv. 15 auf der Route Otta – Grotli – Stryn 3- bis 5-mal tgl., ganzjährig gibt es 2-mal tgl. Busverbindungen nach Bergen und Trondheim. Im Sommer wird auch der Sognfjellvegen (Rv. 55) befahren. Der nächste* **Bahnhof** *ist in Otta an der Zugstrecke Trondheim – Oslo.*

Von Lom aus, wo die beiden Gewässer Vågå-See und Ottavatn nur durch einen kurzen Katarakt der Otta getrennt sind, führt der Rv. 15 weiter nach Westen und steigt am Ende des Sees stetig bergan. Der Fluss wird wilder, ebenso wie die Landschaft, deren Vegetation immer weiter abnimmt. Unterwegs passiert man **Skjåk** und **Bismo** mit mehreren Campingplätzen, Hütten und anderen Unterkünften, kurz darauf ist in 870 m ü. d. M. der Verkehrsknotenpunkt **Grotli** (S. 308, Tankstelle, Cafeteria und Hotel) erreicht. Hier stößt man auf die ab S. 307 beschriebene Fjordland-Route und hat die Möglichkeit, über das Strynsfjell oder durch den Tunnel nach Stryn weiterzufahren oder auf den Rv. 63 zum Dalsnibba bzw. nach Geiranger abzubiegen.

Quer durch Jotunheimen

Landschaft im Gebirtsmassiv Jotunheimen

Jotunheimen ist Norwegens und gleichzeitig Nordeuropas höchstes Gebirgsmassiv, begrenzt durch das Bøverdal und die Sognefjellstraße im Norden, den Rv. 51 und die Hochfläche Valdresflya im Osten, die großen Gebirgsseen Bygdin und Tyin im Süden und die Täler Langedalen, Berdalen und Fardalen im Westen. Der gleichnamige Nationalpark umfasst 1.140 km² und schließt die zentralsten und hoch gelegenen Teile der Region ein, die zum Großteil oberhalb der Baumgrenze liegen. Hinzu kommt ein 300 km² großes Gebiet im Utledalen, das ebenfalls unter Naturschutz steht. Im Folgenden werden zwei Routen vorgestellt, von denen der Rv. 55 an der westlichen und der Rv. 51 an der östlichen Grenze des Nationalparks entlangführt. Wer das Naturerlebnis Jotunheimen komplettieren möchte, kann diese beiden Strecken miteinander verbinden und den Nationalpark über eine südliche Verbindung (Rv. 53 oder E 16) einmal als Ganzes umfahren. Dabei wird man feststellen, dass sich die landschaftlichen und klimatischen Bedingungen auf den beiden Seiten deutlich voneinander unterscheiden. Im Westen gehen die Gletscher tiefer in die Täler hinab, der Schnee schmilzt im Frühsommer später, die Landschaft ist generell steiler und das Wetter schlechter. Weiter im Osten sind die Berge runder geschliffen und es fällt weniger Regen oder Schnee: Wegen der vorherrschenden Winde regnen sich die atlantischen Tiefausläufer am Westrand des Jotunheimen ab und der Osten liegt im Regenschatten. Die Chancen für Bergwanderer, etwa auf dem Gipfel des östlichen Nautgåardstinds (2.258 m) schönes Wetter zu haben, sind also viel größer als etwa auf dem südwestlichen Fannaråken (2.068 m).

Im Regenschatten

Der Nationalpark Jotunheimen: Heim der Riesen

info

Es war der Dichter **Aasmund Olavsson Vinje**, der, von der wilden Landschaft und der nordischen Mythologie inspiriert, diese mächtige Gebirgswelt mit Nordeuropas höchsten Gipfeln im Jahr 1862 auf den Namen „**Jotunheimen**" taufte – auf Deutsch etwa „**Heim der Riesen**". Das Massiv entstand im Erdaltertum vor rund 400 Mio. Jahren, wurde durch Erosion, erneute Hebungen und die Eiszeiten geformt. Vorherrschende **Gesteinsart** ist das vulkanische, schwarz-weiß gefärbte Gabbro, das hier manchmal auch in einer durch Eisenanteile rötlich gefärbten Variante vorkommt. Diese hat manchen Regionen in Jotunheimen ihren Namen gegeben, wie Rauddalseggi oder Raudhammer. Auffällig sind manche weiße Streifen im Gestein, die aus Restmagma entstanden und seltene Bodenschätze enthalten können (etwa Uran).

Im noch fast unberührten Jotunheimen-Gebiet liegen majestätische Berge und Gletscher, Hochplateaus und tief eingeschnittene Täler, Bergseen und reißende Flüsse. Innerhalb des Nationalparks erheben sich nicht nur Skandinaviens höchster Gipfel, der **Galdhøpiggen** (2.469 m ü.d.M.), und der nur wenige Meter niedrigere **Glittertind**, sondern mehr als 20 Zweitausender. Auch botanisch ist Jotunheimen Rekordhalter: Nirgendwo kommen so viele norwegische **Gebirgspflanzen** in solchen Höhen vor wie hier – der Gletscherhahnfuss auf dem Glittertind sogar bis auf 2.370 m ü.d.M.! Manche Pflanzen scheinen die letzte Eiszeit auf jenen Berggipfeln überlebt zu haben, die über das Inlandeis hinausragten. Trotz der vereinzelten Blüten erscheint Jotunheimen als lebensfeindliche, nur zu sportlicher Betätigung anregende Region. Viele Funde zeigen aber, dass der Mensch schon seit der **Steinzeit** das Gebirge erobert hat. U.a. am Gjende-See legte man Spuren von Wohnstätten frei, die etwa um 3000 v.Chr. von **Jägern** und **Fischern** genutzt wurden. Ebenso wurden Reste von uralten Waffen und Werkzeugen gefunden und immer noch sind Fallgruben sichtbar, die bei der Rentierjagd eingesetzt wurden. Auch die Bewohner der umliegenden Regionen nutzten Jotunheimen als Sommerweide für die Tiere und als Jagdrevier. Hüttenruinen erzählen vom Leben der Falkenfänger und die überall im Gebirge anzutreffenden Steinmarkierungen von alten Reiserouten. Es gab also genug Gründe, Jotunheimen als Nationalpark unter Schutz zu stellen. Dies geschah, nachdem 76 Jahre zuvor bereits die ersten Pläne dazu vorgelegt worden waren, im Dezember 1980.

Entlang der Sognefjellstraße (Rv. 55)

Hinweis

Die Sognefjellstraße ist **nur im Sommerhalbjahr geöffnet**, *je nach Wetterverhältnissen von Ende Mai/Anfang Juni bis Anfang/Mitte Oktober. Gleiches gilt auch für alle im Folgenden genannten Herbergs- und Gastronomiebetriebe.*

Fantastische Hochgebirgsstrecke

Die etwa 80 km lange „Nationale Touristenstraße" verbindet das Otta-Tal im Norden mit dem Lustrafjord im Süden und gehört zu den eindrucksvollsten Gebirgsstrecken in Skandinavien. Von Lom her kommend folgt man zunächst dem Lauf der wild herabströmenden Bøvra, die manchmal kleine Mengen ausgewaschenen Goldes mit sich führt, und passiert nach 15 km das 550 m hoch im Talzug liegende **Røisheim**. Der kleine Weiler wird bestimmt von einer Hofanlage aus dem 18. Jh. mit 14 Holzgebäuden, die wie ein Freilichtmuseum wirkt. Tatsächlich aber beherbergen die mit Teer konservierten Blockhäuser das **Røisheim Hotel**, das seit 1858 Gäste empfängt, darunter u.a. Grieg und Ibsen. Mit seiner bäuerlichen, aber komfortablen Einrichtung, exquisiter Küche und historischem Flair ist das Hotel eine überaus empfehlenswerte Adresse und gleichzeitig eine Sehenswürdigkeit (Infos unter *www.roisheim.no*).

Unterkünfte im Hochgebirge

Eine schmale, 18 km lange Stichstraße (mautpflichtig, nicht für Caravans geeignet) führt von dem Weiler geradewegs auf den Galdhøpiggen zu, sie endet in 1.100 m Höhe an der **Spiterstulen Turisthytta**. Die ehemaligen Almhütten von 1836 bieten heute als Hochgebirgshotel komfortable Zimmer an, ebenso einfache Unterkünfte, einen Campingplatz, Cafeteria und Sauna. Vor allem aber sind sie ein idealer Ausgangspunkt für Bergwanderungen auf die beiden höchsten Gipfel des Nordens *(www.spiterstulen.no)*.

4 km hinter südlich von Røisheim gelangt man nach **Galdesand**, den Zentralort des schönen Bøverdales. Auch hier gibt es eine Stichstraße in die Bergwelt der Riesen, wobei dieser 15-km-Weg bis zur **Juvasshytta** sogar auf 1.850 m ü.d.M. ansteigt. Dies ist der höchste Punkt, den man mit einem normalen Pkw überhaupt in Nordeuropa erreichen kann. Und natürlich wird es für Bergwanderer eine Rolle spielen, dass von der Wanderhütte aus deutlich weniger Höhenmeter auf dem Weg zum Galdhøpiggen-Gipfel zurückzulegen sind als von anderen Standorten. Die „Hütte", 1884 vom Bergführer Knud Vole gebaut, entpuppt sich als großer, rot gestrichener Holzbau mit 36 einfachen, aber gemütlichen Zimmern und Speisegaststätte. Er liegt direkt an der Schneegrenze, nur fünf Minuten Fußweg vom **Sommerskizentrum** entfernt (Infos unter *www.juvasshytta.no*).

Auf dem Rv. 55 heißt die nächste Station **Elveseter**, auch hier wurde eine alte Hofanlage (17. Jh.) zu einem renommierten und romantischen Hotel umgebaut. Die Besitzerfamilie hat das Haus in den letzten 100 Jahren mit Antiquitäten aus dem In- und Ausland sowie einer beachtlichen Kunstsammlung ausgestattet, sodass es sich jetzt „Kunst og Kulturhotell" nennt *(www.elveseter.no)*. Neben den hölzernen Gebäuden des Hotels reckt sich eine 33 m hohe Granitsäule in den Himmel, die der Künstler Rasmussen in den 1930er-Jahren mit Szenen der norwegischen Geschichte dekorierte – ursprünglich sollte die „Sagasäule" vor dem Parlament in Oslo aufgestellt werden!

Eine lange Tradition hat das Røisheim Hotel

Südlich von Elveseter schraubt sich die Straße langsam nach oben, bringt einen durch das Leirdal und das Breiseterdal, und dann mit 8 % Steigung hinauf zur **Krossbu Turiststasjon**. Die seit 1901 existierende Touristenherberge liegt mehr als 1.260 m hoch und bietet einfache und komfortablere Unterkünfte, ein Restaurant sowie geführte Touren an (Bergbesteigung, Höhlenerforschung, Gletscherwanderung, Infos: *www.krossbu.no*). 7 km weiter verläuft die Straße auf 1.440 m ü. d. M. – nicht nur der höchste Punkt des Sognefjellsvegen, sondern die **höchste Passhöhe** überhaupt in Skandinavien! Trotz der auch in Norwegen spürbaren Klimaerwärmung sieht man hier selbst im Hochsommer oft noch meterhohe Schneewände neben der Fahrbahn. Und bei gutem Wetter ist der Blick über das „Dach Norwegens" mit den Smørstab-Zinnen im Süden und den Skagastøls-Zinnen im Westen (2.405 m) einfach unglaublich. Hier oben liegt am Wegrand die **Sognefjellshytta**, eine oft ausgebuchte Herberge mit einfachen Zimmern und komfortableren im modernen Anbau samt Gastronomie *(www.sognefjellet.no)*. Das angeschlossene **Sommerskizentrum** bietet auch im Juli allerbeste Langlauf-Bedingungen, und das oft bei durchaus angenehmen Temperaturen und blauem Himmel.

Auf dem Dach Norwegens

Hinter dem Pass geht es in einigen Haarnadelkurven hinab, und 400 Höhenmeter tiefer ist bald **Turtagrø** erreicht. Das dortige Hotel geht auf den Rentierjäger und Bergbauern Ole Berg zurück, der hier 1888 die erste Herberge errichten ließ. Diese entwickelte sich zum Mekka der skandinavischen Bergsteiger, vor allem durch die Nähe zum **Hurrungane**, einem Gebirgsstock im südwestlichen Jotunheimen mit vielen hohen, steilen und schwierigen Gipfeln. Aber auch viele Künstler, Politiker und Geschäftsleute trafen sich in der alten „Schweizer Villa" von Turtagrø. Von den Nachfahren des Begründers wurde hier 1962 die erste norwegische Bergsteigerschule eröffnet und im Jahr 2000 die Bergbibliothek. Ein Jahr darauf brannten die historischen Gebäude samt Bibliothek mit Ausnahme der „Schweizer Villa" komplett ab. Der junge Ole Berge Drægni ließ daraufhin den jetzigen, modernen Komplex errichten, er selbst kam bei der Tsunami-Katastrophe Ende 2004 in Thailand ums Leben. Um die Familientradition zu erhalten, wurden seiner damals vierjährigen Tochter 80 % der Aktien überschrieben. Das Turtagrø Hotel bietet seinen Gästen 19 gute Zimmer, Restaurant, Cafeteria, Bibliothek, Kunstausstellung und einen kleinen Kinosaal *(www.turtagro.no)*.

Zentrum des Bergsteiger-Tourismus

Die nun folgenden 11 km zwischen Turtagrø (909 m ü. d. M.) und **Fortun** (25 m ü. d. M.) gehören zu den schönsten und beeindruckendsten Straßenabschnitten des Landes. Die 1938 gebaute Etappe mit ihren zehn Kehren und einem Gefälle zwischen 9–12 % führt mit atemberaubenden Ausblicken vom Reich der Riesen geradewegs ins Reich der Fjorde. Letzteres ist von Fortun aus, wo einst die nach Bergen „umgezogene“ Fantoft-Stabkirche stand, in wenigen Fahrminuten erreicht. Am inneren Ende des malerischen Lustrafjords wird man zum Schluss des Sognefjellsvegen schließlich vom Fremdenverkehrsort **Skjolden** (S. 294) begrüßt.

Entlang dem Rv. 51

Der 125 km lange Rv. 51 verbindet das Otta-Tal im Norden mit Fagernes an der E 16 im Süden und passiert den Jotunheimen-Nationalpark an seiner östlichen Flanke. Auch wenn es nicht ganz so hoch hinaufgeht wie auf dem Sognsfjellvegen, stehen die landschaftlichen Eindrücke diesem in nichts nach. Vor allem die Nähe zu den spektakulären Gebirgsseen Gjende und Bygdin veranlassen viele Touristen, diese Straße zu befahren. Im Norden gibt es zwei mögliche Zufahrtswege: Entweder biegt man im Otta-Tal bei **Randen** (S. 387) vom Rv. 15 auf den Rv. 51 ab oder man nutzt in **Sjoa** an der E 6 (S. 380) den gut 30 km langen Rv. 257, der dem Lauf des Wildwassers Sjoa folgt. Beide Straßen vereinen sich in **Randsverk**, 20 km südlich von Randen. Das nette Dörfchen hat sich in den letzten Jahren zu einem Zentrum für Outdoor-Aktivitäten gemausert, wobei vor allem die vielen Wildwasser-Abschnitte der Sjoa mit ihren unterschiedlichen Schwierigkeitsstufen Besucher aus nah und fern hierhierbringen. Mehrere Veranstalter haben sich auf diesen Fremdensverkehrszweig spezialisiert und bieten Kurse oder Expeditionen für Kanu-, Kajak- und Raftingfans an. Aber auch Ausritte mit den kleinwüchsigen Fjellpferden, Schluchtenwandern, Mountainbiking oder Elchsafaris sind im Programm. Hinter Randsverk steigt der Rv. 51 ins Skodal hinauf, wo ein Abstecher zur Schlucht **Ridderspranget** (= Rittersprung) möglich ist. Hier schießt der Fluss schäumend durch eine von zwei Felsen eingerahmte Klamm. Der Sage nach soll sich einst ein Ritter auf der Flucht durch einen Sprung über die Schlucht gerettet haben.

Kanu- und Rafting-abenteuer

Die Sjoa begleitet einen auch weiterhin und markiert die Ostgrenze Jotunheimens. Sie entspringt am Ostende des Gjende (s. u.), bildet die beiden Seen Øvre und Nedre Sjodalsvatnet und ist oft neben der Straße mit zahlreichen Kaskaden und Wasserfällen zu sehen. Die Straße steigt weiter an bis zum erwähnten **Gjende**, dem größten unter den vielen großen Seen des Nationalparks und oft als „Norwegens schönster See“ bezeichnet. Er erstreckt sich vom Rv. 51 rund 18 km nach Westen bis nach **Gjendebu**, umringt von steilen, bis zu 1.300 m aufragenden Felshängen. Das auf etwa 1.000 m Höhe liegende und nur 1 km schmale Gewässer bekommt im Spätsommer durch schlammiges Gletscherwasser eine surreal wirkende, smaragdgrüne Farbe. Ebenfalls ungewöhnlich ist der lichte Birkenwald, der in der sonst baumlosen Gegend um den See wächst. Das Gjende-Ufer erreicht man am besten über die 2 km lange Nebenstraße, die von **Maurvangen** nach **Gjendesheim** führt, einer Station für Wanderer und beliebter Touristenpunkt. Denn von der hiesigen Anlegestelle starten in der Sommersaison die Aussichtsboote (Gjendebåtene, ☎ *61238509*, *www.gjende.no*) bis zu fünfmal täglich zur bewirtschafteten Hütte von Memurubu und Gjendebu. Auf der 45-minütigen Fahrt sieht man hinauf zu den vielen Wanderern, welche auf dem **Besseggen-Grat** unterwegs sind, eine der bekanntesten Attraktionen der norwegischen Bergwelt. Er trennt den Gjende vom schwarzblauen, 391 m höher gelegenen See **Bessvatn**, sodass Wanderer, die auf

Hoch gelegener Wanderpfad

dem markierten Pfad über den schmalen Grat unterwegs sind, einen herrlichen Blick über verschneite Gipfel und zwei unterschiedlich hohe und unterschiedlich gefärbte Gebirgsseen haben. Schon Ibsens Romanfigur Peer Gynt fabulierte vom „sensenscharfen" Grat, den er im Höllenritt auf dem Rücken eines Rentieres zu bezwingen wagte. Wer selbst diesen Postkartenblick erleben möchte, sollte sich mindestens einen Tag Zeit nehmen. Von Gjendesheim beträgt die Strecke nach **Memurubu** ca. 14 km, auf denen zweimal 750 Höhenmeter zu bewältigen sind. Eine Rückfahrt mit dem Boot ist möglich, ebenso eine Übernachtung in der Wanderherberge Memurubu Turisthytte *(☏ 61238999, www.memurubu.no)*.

Hinter dem Gjende-See geht es erst noch weiter bergan. Schon 3 km südlich von Maurvangen ergibt sich bei **Vargbakken** die Möglichkeit zu einem weiteren spektakulären Naturerlebnis: Wer von hier auf den Berg **Knutshø** steigt (Halbtagestour), hat auf dem dortigen, noch schmaleren Grat einen genauso fantastischen Ausblick wie auf dem bekannteren Besseggen. Rund 400 Höhenmeter oberhalb der genannten Seen durchquert der Rv. 51 das karge Hochplateau der **Valdresflya**, wo die Straße mit 1.389 m ü. d. M. ihre Passhöhe erreicht und nun langsam wieder abfällt. 20 km südlich von Maurvangen ist man in etwa wieder auf dem gleichen Höhenniveau und trifft erneut auf ein Gewässer, das das Prädikat „grandios" verdient: der von 2.300 m hohen Bergriesen umgebene und 30 km lange **Bygdin-See**. Möchte man die volle Schönheit dieser Region erleben, sollte man eine Fahrt mit dem altertümlichen Ausflugsboot nicht versäumen, das vom Bygdin-Hochgebirgshotel aus nach **Eidsbugaren** am Westende des Sees startet. Die Fahrt dauert ca. 1 Stunde, mit Aufenthalt in Eidsbugaren sind rund 3 Stunden für den Abstecher einzuplanen. Hinter dem Bygdin-See geht es dann wieder ein wenig aufwärts bis zum Pass **Båtskar** (1.166 m) mit großartiger Rundumsicht, dann aber endgültig und konstant den Südrand von Jotunheimen hinab. Bei **Beitostølen**, einem recht großen Fremdenverkehrsort, ist die Baumgrenze erreicht. Gut 20 km vor dem Etappenziel gibt es mit der stark umgebauten Stabkirche von **Hegge** (schönes Westportal) wieder einen kulturellen Akzent am Wegrand. In **Fagernes** schließlich stößt man auf die E 16, die ostwärts nach Oslo und westwärts nach Bergen führt (S. 342).

Grandiose Seen

Zwischen Dombås und Åndalsnes auf der E 136

Die in Dombås von der E 6 nach Westen abzweigende E 136 gehört zu den wichtigsten Übergängen zwischen dem Gudbrandsdal und dem nördlichen Fjordland, sie verbindet u. a. Ålesund und Åndalsnes mit Oslo bzw. Trondheim. Auch die Eisenbahn, die **Raumabahn**, verläuft nahe der Straße durch die Talungen nach Åndalsnes (s. u.). Die insgesamt gut 100 km lange Strecke beginnt am Kreisverkehr nördlich des Zentrums von **Dombås** und führt ziemlich bald schon auf die Höhenzüge hinauf, die den Fluss Lågen nördlich flankieren. Hinter den ausgedehnten Siedlungen von Ferienhäuschen und Hütten hat man einen schönen Blick hinunter nach Dombås, ins Gudbrandsdal und auf die Wintersportanlagen der gegenüberliegenden Talseite. Auf der gut ausgebauten Straße geht es in moderaten Windungen dann auf das **Tverrfjell** hinauf und innerhalb der ersten 30 km überquert man die Passhöhe auf 634 m ü. d. M. Der lang gestreckte See **Lesjaskogsvatn** stellt die

Eindrucksvolles Raumatal

Die Eisenbahn durch das Raumatal

Wasserscheide dar, sein westlicher Abfluss ist die reißende Rauma, die ab jetzt den Weg begleitet und dem Romsdal zuströmt. Einige Campingplätze mit Hüttenvermietung bieten Übernachtungsmöglichkeiten. In **Bjorli**, etwas weiter westlich an der E 136, findet man z. B. das renommierte Hotel Bjorligård mit seinen Wellness-Einrichtungen *(www.classicnorway.no/hotell/bjorligard-hotell)*. Vom Bahnhof des kleinen Gebirgsortes gibt es ganzjährig Verbindungen in beide Richtungen. Im Sommer hat man mehrfach Gelegenheit anzuhalten und die imponierenden Katarakte oder Wasserfälle der Rauma zu bestaunen, so z. B. am Slettafossen, wo man in wenigen Gehminuten zu der engen Klamm spaziert und das Wildwasser aus verschiedenen Blickwinkeln betrachten kann (Wanderwege, Kiosk). Die nächste Ortschaft heißt **Verma** (ca. 150 Einwohner), sie bietet u. a. einige Unterkünfte, ein Lebensmittelgeschäft, eine Tankstelle, Loipen, Wanderwege sowie gute Jagd- und Natursportmöglichkeiten. Eine Sehenswürdigkeit ist die beeindruckende **Kylling-Eisenbahnbrücke**, die 1924 fertiggestellt wurde. Ein schmaler Fußweg führt bis zum Aussichtspunkt an der Schlucht. Auch den wild schäumenden Wasserfall Vermafossen, westlich der Kylling-Brücke, kann man von der Straße aus leicht erreichen.

info

Von Dombås nach Åndalsnes mit der Raumabahn

Die Bergen-Bahn ist zwar die bekannteste Eisenbahnstrecke Norwegens, doch steht ihr die Rauma-Bahn in nichts nach, was Landschaft und technische Anforderungen angeht. Die 1912–1924 gebaute Trasse beginnt bei Dombås und endet 114 km weiter westlich in Åndalsnes am Romsdalsfjord. Als die Rauma-Bahn eröffnet wurde, gab es insgesamt zwölf Bahnhöfe entlang der Strecke, davon sind heute nur noch die in Åndalsnes, Bjorli und Dombås in Betrieb (der Zug hält aber auf Anfrage in Lesjaverk und Lesja Station). Zu den herausragenden technischen Bauwerken gehören die beiden **Wendetunnel**, der von Stavem hat eine Länge von 1.340 m. Im Tunnel vollzieht die Trasse eine Schleife, um Niveauunterschiede auszugleichen, und verlässt ihn auf der gleichen Bergseite, nur deutlich höher. Von außen und von der Straße besser sichtbar ist die **Kylling-Brücke** bei Verma, sicher die meistfotografierte Eisenbahnbrücke des Landes. Allein ihr Bau dauerte zehn Jahre, obwohl sie nur 76 m lang ist. Die mit drei Bögen gemauerte Brücke überquert den Rauma-Fluss in 60 m Höhe.

Seit 2008 werden auf der Rauma-Bahn spezielle und sehr bequeme **Touristenwaggons** eingesetzt, durch deren große Fenster man die spektakuläre Natur entlang der Bahnstrecke bestens beobachten kann. An besonders

info

schönen Stellen wird ein **Fotostopp** eingelegt, u.a. an der Kylling-Brücke und der Trollwand. Im Sommer fährt der Zug die touristisch besonders interessante Etappe von Åndalsnes nach Bjorli und zurück, wobei in Bjorli ein einstündiger Aufenthalt eingeplant ist. Den Interessen der Reisenden wird durch eine langsamere Fahrt und mehrsprachige Kommentare Rechnung getragen. Ansonsten beträgt die Reisezeit insgesamt nicht mehr als 1,5 Stunden, sodass die Strecke von Dombås nach Åndalsnes und zurück bequem an einem Tag zurückgelegt werden kann. Das ist vor allem im Winter ein großartiges Erlebnis, wenn die verschneiten Bergmassive des Romsdales aufragen. Weitere Infos unter www.vy.no.

Die E 136 führt auf den nächsten Kilometern etwa 400 m weiter nach unten, aber ohne dramatische Kehren oder steile Abschnitte, ins Romsdal. Immer mit der Rauma als Begleiterin fährt man durch eine beeindruckende Szenerie mit hoch aufragenden, alpin anmutenden Bergwänden zu beiden Seiten des Tals. Am Rastplatz vor den Trollwand bzw. dem Romsdalshorn (S. 314) sollte man unbedingt anhalten und die Eindrücke auf sich wirken lassen. Wenige Kilometer weiter zweigt der Rv. 63 nach Süden ab, überquert auf der Sogge bru die reißende Rauma und führt durch das Isterdalen auf den Trollstigen zu. Die Europastraße selbst verläuft noch ein Stück weiter an der Rauma entlang und bringt einen in wenigen Fahrminuten ins Zentrum von Åndalsnes, wunderbar am Isfjord gelegen, dem südöstlichsten Seitenarm des breiten Romdalsfjords.

Norwegens erste Hauptstadt: Trondheim

Mit rund 196.000 Einwohnern ist **Trondheim** die drittgrößte Stadt Norwegens. Sie liegt noch deutlich in der südlichen Hälfte des Landes, obwohl die Entfernung zur Hauptstadt 540 und nach Bergen 682 Straßenkilometer beträgt. Lange Zeit galt sie als „Tor zum Norden", doch Städte wie Bodø, Harstad und vor allem die Universitätsstadt Tromsø sind inzwischen von größerer Bedeutung für Nordnorwegen, sodass Trondheim heute als Sitz der Bezirksverwaltung von Sør-Trøndelag das **Zentrum Mittelnorwegens** darstellt. Für ein weites Umland ist der Zentralort Handels-, Verwaltungs- und Ausbildungsstadt, deren Universität mit naturwissenschaftlichem Schwerpunkt nicht nur im eigenen Land einen guten Ruf genießt; mit mittlerweile über 30.000 Studenten (von denen 80 % vorzugsweise mit dem Fahrrad unterwegs sind) ist sie die zweitgrößte Norwegens. Außerdem stellt Trondheim mit dem Sitz des Bischofs und Primas der norwegischen lutherischen Kirche eine Art geistigen Mittelpunkt des Königreichs dar. Nicht zuletzt kommt der Stadt aber auch als recht vielseitigem Industriestandort eine führende Rolle zu, denn neben der Eisen- und Metallverarbeitung, dem Fahrzeugbau, der Elektrotechnik, Holzverarbeitung und dem Nahrungsmittelbereich gewinnt die Öl- und Gaswirtschaft zunehmend an Bedeutung für die Wirtschaft der Region, sodass Trond-

„Tor zum Norden"

Redaktionstipps

➤ Besuch eines Orgelkonzertes im **Nidaros-Dom** und Besichtigung des Bauwerks (S. 402).
➤ Badelustige fahren im Sommer mit dem Boot von der Ravnkloa-Fischhalle zum **Inselchen Munkholmen** (S. 406).
➤ Ein historischer Markt sowie kirchliche und kulturelle Veranstaltungen im Rahmen der **Olavsfesttage** finden Ende Juli/Anfang August statt (S. 400).
➤ Musikliebhaber sollten das **musikhistorische Museum Ringve** mit Instrumenten aus aller Welt nicht versäumen (S. 408), für die moderne Musik ist das **Rockheim-Museum** (S. 407) ein unbedingtes Muss.

heim in den letzten Jahren zur **Technologiehauptstadt Norwegens** aufstieg.

Eine Sonderstellung kam dem geschichtsträchtigen Trondheim, damals noch **Nidaros** (= Mündung der Nid) genannt, als erster Hauptstadt des norwegischen Reiches und Sitz des Erzbischofs zu. Die günstigen naturräumlichen Bedingungen trugen entscheidend dazu bei, dass an den Ufern des **Trondheimsfjords** eine Stadt entstehen konnte, die lange Zeit die mit Abstand bedeutendste des Landes war. Eine fruchtbare Hügellandschaft bot den Menschen immer schon gute Möglichkeiten landwirtschaftlicher Nutzung, auch Holz war stets reichlich verfügbar. Der sehr breite Fjord, der im Unterschied zu den klassischen Fjorden eher einem Binnensee gleicht, erfährt durch eine Fülle von Inseln und Schären Schutz vor den Stürmen des Nordatlantiks und bietet vorzügliche Naturhäfen. Ein Blick auf die Karte zeigt die **verkehrsgünstige Lage** der Stadt: Im Westen liegt das Meer als wichtiger Verkehrsweg und nutzbarer Wirtschaftsraum, der 130 km lange, immer eisfreie Fjord mit seinem Hinterland erschließt einen großen Teil des Nordens, zum Osten hin gibt es einen günstigen Übergang nach Schweden, den heute die E 14 bzw. die Eisenbahn nach Stockholm nimmt. In südlicher Richtung gelangt man durch ein breites Tal, das über Passhöhen schließlich ins Gudbrandstal übergeht. Heute verläuft hier die bedeutende E 6 bzw. die Eisenbahnstrecke zur Landeshauptstadt.

Geschichte

Alter Kulturraum

Die vielen Felsritzungen aus Stein-, Eisen- und Bronzezeit in der Umgebung belegen die **frühe Besiedlung** der Region. Jüngere Ausgrabungen im Stadtgebiet erbrachten den Nachweis, dass die Besiedlung viel früher erfolgte, als es die auf das Jahr 997 datierte Stadtgründung nahelegt. Während der Wikingerzeit waren die Grafen von Lade (die Lade-Jarle) – so nannte man das Gebiet um die Mündung des Nid-Flusses – die unangefochtenen Herrscher. Als die Herren von Lade von Olav Tryggvason, dem Urenkel des ersten Norwegerkönigs Harald Schönhaar und Gründer Trondheims, in die Schranken gewiesen wurden und Olav eine Königsresidenz errichten ließ, waren die Grafen innenpolitisch noch keineswegs bedeutungslos. Denn in der **Schlacht von Stiklestad** erschlugen sie im Jahr 1030 König **Olav Haraldsson** (**Olav der Heilige**), da er sich ihrem Streben nach Eigenständigkeit widersetzte. Das Jahr 1030 ist in der norwegischen Geschichte und in der Stadtgeschichte Trondheims bedeutsam. Von diesem Zeitpunkt an galt das Heidentum als definitiv besiegt, und für die Entwicklung der Stadt wirkten sich Gerüchte über Wunder am Grabe des Königs, die bis nach Rom und Konstantinopel drangen, sowie seine Heiligsprechung als Märtyrer überaus positiv aus. Olav Haraldsson wurde als Norwegens *rex perpetuus* (= ewiger König) zum Schutzpatron des Landes, Trondheim aber stieg zu einem der großen Wallfahrtsorte in Europa auf. 340 Kirchen in Norwegen, England und Schweden verehrten den hl. Olav als Namenspatron. Der **Olavskult** brachte Pilger, Händler, Handwerker und somit Wohlstand in die Stadt, die bis Anfang des 13. Jh. das politische und geistige Zentrum war. Auch der Handel mit Nordnorwegen, Island und Grönland erfolgte über Trondheim. Das 1152 gegründete Erzbistum schloss damals neben ganz Norwegen auch Grönland, Island, die Orkneys und die Insel Man mit ein und war das größte der Christenheit. Vorher begann man schon mit dem Bau des Nidaros-Doms, der großartigsten Kirchenanlage des Nordens, über dem Grab des hl. Olav.

Kult um den hl. Olav

Herbe **Rückschläge** gab es für die Stadt, als mit der norwegisch-dänischen Union im 14. Jh. Trondheim in eine Abseitslage geriet und die Hansekaufleute in Bergen zunehmend den Handel an sich zogen. Zuvor hatte die Pest Land und Stadt heimgesucht. Mehrere Stadtbrände, Überfälle schwedischer Plünderer und die Reformation, die ein Ausbleiben der Pilger bewirkte, beendeten ihre herausragende Rolle. In völlige Bedeutungslosigkeit versank Trondheim aber nicht, denn zum Ende des 16. Jh. exportierte man Holz und Heringe. Für neuen Schwung sorgten vorwiegend Kaufmannsfamilien, die aus England, Schottland, den Niederlanden und aus Schleswig-Holstein hierhin gekommen waren, da sie ein Handelsverbot für Ausländer von dänischer Seite durch die Annahme der norwegischen Staatsbürgerschaft umgehen konnten. Als Zeichen eines **erneuten Aufstiegs** können in späteren Jahren die herrschaftlichen Holzgebäude an der Munkegate, die Gründung der Gesellschaft der Wissenschaften (1760), der ersten Zeitung (1767) und des ersten Theaters von Norwegen (1803) gesehen werden. Zu Beginn des 19. Jh. war Trondheim die zweitgrößte Handelsstadt nach Bergen, und mit 10.000 Einwohnern übertraf es Kristiania (später Oslo). Mit dem Ausbau der Eisenbahn und der Einrichtung der Hurtigruten wurde die Stadt zum **Tor des Nordens**, auch wenn sie weiter von Bodø oder Narvik entfernt liegt als von Kristiania/Oslo.

Fall und Aufstieg

Selbst in den Plänen Hitlers spielte Trondheim eine Rolle: Die Stadt sollte zum Endpunkt einer Autobahn werden, die die dänischen Meerengen überspannt, Albert Speer sollte der Stadtplaner sein. Bereits im 17. Jh. hatte der dänische General und Architekt de Cicignon nach einem verheerenden Brand die Stadt völlig neu geplant. Das heutige Stadtbild mit den auffallend breiten, sich rechtwinklig kreuzenden Straßen, dem Marktplatz und der Festung Kristiansten geht auf seine Ideen zurück. König Christian V. sah damals vor dem Hintergrund des Konflikts Dänemark-Schweden Trondheim wegen seiner Lage als **wichtige strategische Basis**.

Trondheimer Packhäuser an der Nidelva-Mündung

Vor einiger Zeit legten amerikanische Soziologen eine Untersuchung zu ausgewählten Städten vor, die Trondheim unter den weltweit besten und lebenswertesten Städten auf dem ersten Platz sah. Tatsächlich hat es Norwegens ehemalige Hauptstadt geschafft, sich auf vielen Gebieten bestens zu positionieren: Sie ist zukunftsorientiert und traditionsbewusst, mit ihren vielen Studenten jung, lebhaft und innovativ. Und es ist eine überaus **sportliche Stadt**: Für die guten Wintersportbedingungen stehen das Skicenter von Granåsen, mit 120 km präparierten, teils beleuchteten Loipen und Großschanzen, oder das topmoderne Vassfjell-Skicenter 8 km südlich der Stadt, mit sechs Liften und zehn Abfahrten. Zum sportlichen Charakter gehören auch die Eissporthalle, Schwimmbäder, Trabrennbahn, Golf- und Tennisplätze, Badestrände und Wanderwege. Im Frauen- und Männerfußball spielt Trondheim eine landesweit überragende Rolle, und auch in Mailand, Madrid und München weiß man, dass hier der norwegische Rekordmeister „Rosenborg Ballklub" beheimatet ist.

Viele Sportmöglichkeiten

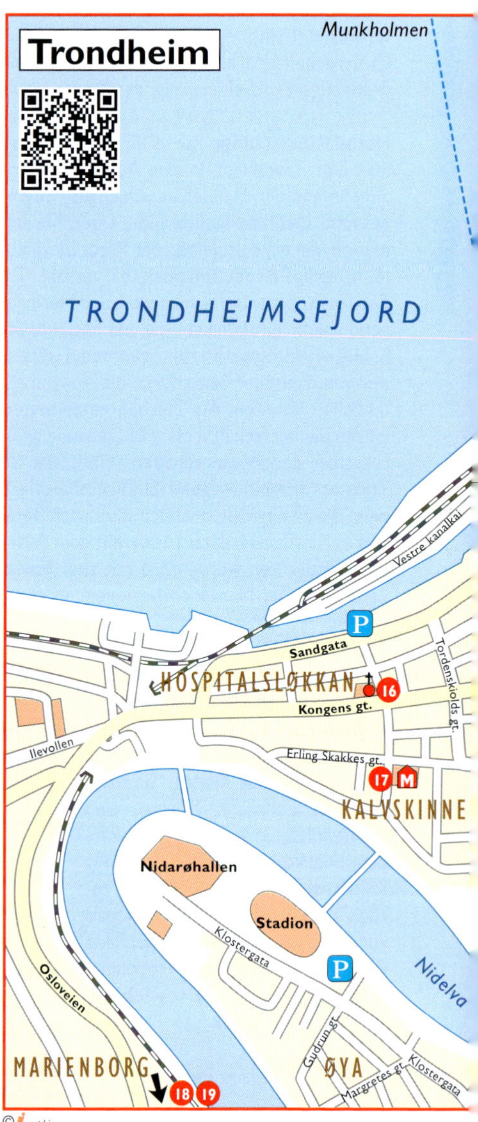

© graphic

Für Besucher ist Trondheim ein **attraktives Reiseziel** mit einer guten touristischen Infrastruktur. Sehenswürdigkeiten wie der Dom, die hölzernen Packhäuser an der Nidelva, rund 25 Museen, eine prächtige Umgebung mit Wäldern, Hügeln und dem Fjord sowie ein junges urbanes Leben bieten eine faszinierende Mischung. Wer sich um den 29. Juli in der Stadt aufhält, darf sich die **Olavsfesttage** nicht entgehen lassen, an denen jeweils über 280.000 Besucher teilnehmen: Die Tage zu Ehren des hl. Olav werden seit 1963 jährlich begangen, sie erinnern an den Tod des Heiligen, der 1030 in der Schlacht bei Stiklestad fiel. Rund zehn Tage lang finden rund 350 Veranstaltungen statt, Hallen- und Open-Air-Konzerte, Gottesdienste, Vorlesungen, Wanderungen,

Festtage

Ritterturniere, Ausstellungen etc., ebenso ein historischer Markt am Nidaros-Dom. Die einfachste Art, Trondheim kennenzulernen, ist ein **Spaziergang durch das Zentrum um den Marktplatz**, zumal die Stadt sehr übersichtlich angelegt ist und die Entfernungen der einzelnen Sehenswürdigkeiten untereinander nicht zu groß sind. Für die wichtigsten Ziele im Zentrum und in der näheren Umgebung sollte man zwei Tage veranschlagen.

1 Marktplatz
2 Kunstgewerbemuseum
3 Nidaros-Dom
4 Erzbischöflicher Palast
5 Kunstmuseum
6 Bybroa
7 Packhäuser Bryggene
8 Festung Kristiansten
9 Liebfrauenkirche
10 Stiftsgården
11 Fischmarkt Ravnkloa
12 Munkholmen
13 Pirbadet
14 Leif-Eriksson-Denkmal
15 Rockheim
16 Hospitalskirche
17 Wissenschaftsmuseum
18 Aussichtspunkt Sverresli
19 Volkskundemuseum
20 Musikhistorisches Museum Ringve

Unterkunft
1 Radisson Blu Royal Garden Hotel
2 Scandic Nidelven
3 Britannia Hotel
4 Quality Hotel Augustin
5 Singsaker Sommerhotell Olav

Essen & Trinken
6 Vertshuset Grenaderen
7 Den gode nabo
8 Havfruen

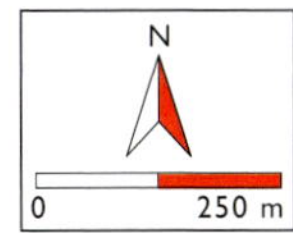

Tipp: Mit der Straßenbahn zum Wandern

Trondheim hat noch eine Straßenbahnlinie, die sog. **Gråkallbahn** *(www.boreal.no)*. Sie fährt von der St. Olavsgate in der Innenstadt jede halbe Stunde in gut 20 Minuten bis Lian im Südwesten, samstags auch mit Oldtimer-Waggons. Die Fahrt selbst durch Wohngebiete mit Panoramablick und Wälder ist sehr schön, unterwegs kann man auch an der Haltestelle Munkvoll aussteigen und sich das **Straßenbahnmuseum** anschauen. Ziel der Reise ist das **Naherholungsgebiet Bymarka**; an der Endstation warten ein idyllischer See mit Enten und Badestrand sowie viele markierte Wanderwege. Das populärste Wanderziel ist der 556 m hohe **Gråkallen** mit grandioser Weitsicht über den Fjord und die Umgebung, man erreicht ihn über das Skigebiet Fjellseter in knapp 1,5 Stunden.

Stadtrundgang

Ausgangspunkt Marktplatz

Den besten Startpunkt für einen Stadtrundgang bildet der **Marktplatz (1)** (Torget) im Schnittpunkt der breiten, das Stadtbild prägenden Alleen Munkegate (Mönchsstraße) und Kongens gate (Königsstraße). In der Mitte der Kreuzung erhebt sich über einem Rondell eine 18 m hohe Säule mit einem **Standbild**, das an **Olav Tryggvason** erinnert. Er war nicht nur der „offizielle" Gründer der Stadt, sondern auch jener Wikingerkönig, der vor 1.000 Jahren Leif Eriksson von Trondheim aus nach Westen schickte, der wiederum die nordamerikanische Küste entdeckte. Gleichzeitig dient die Säule als Zeiger einer imposanten **Sonnenuhr**. Die nordöstliche, von einigen modernen Skulpturen geschmückte Ecke ist dem Wochenmarkt vorbehalten, dessen Gäste von dem Bronzestandbild **Go'dagen** (Guten Tag!) einer Marktfrau begrüßt werden. Erwähnenswert sind am bzw. nahe dem Marktplatz drei Holzpalais, die noch aus der Zeit stammen, bevor 1832 ein Gesetz erlassen wurde, das den Bau von Holzhäusern innerhalb der Stadt verbot. Direkt am Markt steht die **Svaneapotek** (Schwanenapotheke), die vom Ende des 18. Jh. stammt, ebenso wie der **Hornemannsgård**, den ein Holzhändler und Industrieller einst erbauen ließ. Im Winter wird am Markt eine Eislaufbahn aufgebaut.

Die **Munkegate** ist die zentrale Verkehrs- und Sichtachse der Innenstadt, sie verbindet den Dom mit dem Markt und dem Fischmarkt bzw. der Insel Munkholmen in der Verlängerung. Geht man zunächst südwärts, also auf den Dom zu, passiert man linker Hand das **Kunstgewerbemuseum (2)**. Neben wertvollen Sammlungen von Möbeln, Glas, Silber, Porzellan, Trachten, Möbeln sowie Norwegens größtem Bestand an Wandteppichen der Künstlerin Hannah Ryggen beeindrucken viele Gegenstände aus Japan. Der Besucher erhält ferner einen Überblick über skandinavisches Design der 1950er-Jahre. Das ganze Jahr über gibt es wechselnde Ausstellungen norwegischer und internationaler Kunsthandwerker.

Nordenfjeldske Kunstindustrimuseum, *Munkegate 3–7, ☎ 73808950, www.nkim.no, Di, Mi, Fr 10–15, Do 12–19, Sa 10–16, So 12–16 Uhr, NOK 110, Kinder frei.*

Highlight einer Stadtbesichtigung ist die Trondheimer Kathedrale – auch **Nidaros-Dom (3)** genannt. Sie ist nicht nur der schönste sakrale Steinbau des Landes, sondern neben dem gotischen Dom zu Uppsala und dem von der deutschen Romanik geprägten Dom zu Lund „die großartigste Kirche des Nordens". Wo heute der Dom steht, wurde im 11. Jh. über dem **Grab des hl. Olav** eine kleine Holz-, dann eine Steinkirche errichtet. Die Baugeschichte des Doms beginnt im Jahr 1152. Zunächst orientierten sich die Erzbischöfe an dem durch England vermittelten **romanisch-normannischen Baustil**, der in den unteren Teilen des südlichen und nördlichen Querschiffs sowie der Sakristei zu erkennen ist. Doch Ende des 12. Jh. setzte sich beim Bau des Chors und Hochchors die **englische Gotik** durch. Nachdem nämlich der ab 1161 mit dem Bau befasste Erzbischof Eystein Erlandson nach Streitigkeiten mit dem König Sverre für einige Jahre das Land verlassen musste, gelangte er nach Canterbury, wo er das Stilideal der damaligen Zeit kennenlernte. Als der Erzbischof sich mit seinem Widersacher aussöhnte, konnte er 1183 nach Norwegen zurückkehren und den Dombau wieder aufnehmen. Innerhalb weniger Jahre entstanden im Osten des Langchors die unteren Teile eines prachtvollen Achteckbaus mit reicher Ausstattung und schönen Gewölben. Erneuter Streit zwischen Staat und Kirche verzögerte jedoch die Fertigstellung des architektonisch besonders gelungenen Oktogons, an dem Steinmetze aus Lincoln tätig waren. Um 1230 dürfte anstelle des romanischen Hauptschiffs ein gotisches ausgeführt worden sein, das ebenso wie die reich geschmückte Westfassade mit ihren zwei Türmen auf englische Vorbilder zurückgeht. Dennoch ist der Nidaros-Dom keine englische Kirche, die gewissermaßen nach Norwegen verpflanzt wurde, denn viele Details der überreichen Ausschmückung zeigen wikingischen Einfluss in der Pflanzen- und Tierornamentik. Der weiche Seifenstein (norweg.: *klebersten*) kam den geschickten norwegischen Handwerkern, die eher den Umgang mit Holz gewohnt waren, sicherlich entgegen. Nach der weitgehenden **Fertigstellung des Doms um ca. 1320** begannen bald die Kräfte der **Zerstörung** ihr Werk. Zahlreiche Brände, der Bildersturm in der Reformationszeit und plündernde Schwedentruppen sind die Hauptursachen für den Verfall der Kathedrale, die ab 1869 unter großen Anstrengungen wieder aufgebaut wurde. Da es kaum historische Unterlagen zum Bauwerk gab, beruht die Rekonstruktion auf Spekulationen, was vor allem für die Skulpturenwand der Westfassade gilt. Der **Wiederaufbau** dieses nationalen Denkmals wurde im 19. Jh. begonnen und erst in den 1980er-Jahren abgeschlossen. Er erfolgte maßgeblich unter der Leitung des Norwegers Christie und des Deutschen Heinrich Ernst Schirmer.

Verschiedene Einflüsse

Westfassade des Nidaros-Doms

Rekonstruktion

Es empfiehlt sich, zunächst einmal außen um den Dom herumzugehen, um die Abfolge normannischer, frühgotischer, hochgotischer und rekonstruierter Stilelemente zu beobachten. Besonderes Augenmerk sollten Sie dabei auf die Portale und die zierlichen Strebebögen des östlichen Oktogons legen. Dann betritt man das in mystisches Dunkel gehüllte Innere durch die monumentale Westseite in Art einer englischen *screen front*, die mit etlichen Skulpturen und einer herrlichen Fensterrose geschmückt ist. Der Maler und Architekt Gabriel Kielland hat seine Lebensaufgabe darin gesehen, 1908–1934 den Dom mit **Glasmalereien** auszuschmücken. Im Querschiff mit seinen normannischen Zackenbändern und Kapellen stößt man auf mehrere Gedenksteine norwegischer Könige. Das norwegische Königshaus ist seit jeher eng mit Trondheim verbunden: Sieben Könige wurden in der Kathedrale gekrönt und zehn wurden hier begraben. Die Verfassung aus dem Jahr 1814 schrieb vor, dass der norwegische König im Nidaros-Dom gekrönt werden müsse, eine Bestimmung, die 1908, zwei Jahre nach der letzten Krönungszeremonie, aufgegeben wurde. König Harald wurde hier jedoch 1991 auf eigenen Wunsch gesegnet.

Kathedrale und Krönungskirche

Bemerkenswert ist die qualitätsvolle **Säulenordnung** im Langhaus. Der östliche Teil wird durch eine Chorbogenwand abgetrennt, deren farbige Skulpturen vom Bildhauer Gustav Vigeland stammen. Hier beginnt auch der innere Umgang um das **Oktogon**, durch den damals die Pilger zur Olavsquelle geleitet wurden. Wenn man linker Hand den Umgang betritt, wird man an der sehenswerten **Marienkapelle**, an einem farbigen Altarvorsatz mit Szenen der legendären Schlacht von Stiklestad bis zur Heiligsprechung des norwegischen Königs und an der Öffnung zur Heiligen Quelle vorbeigeführt und betritt das Langhaus wieder am hochgotischen Taufstein. Die Konstruktion der fantastisch ausgeschmückten, oktogonalen Grabkapelle hinter dem Chor ist einmalig in der abendländischen Baugeschichte.

Außergewöhnliche Grabkapelle

Nidarosdomen, *www.nidarosdomen.no, Juni–Aug. Mo–Fr 9–18, Sa 9–14, So 13–17, Mai, Sept. Mo–Fr 9–15, Sa 9–14, So 13–16, sonst Mo–Sa 9–14, So 13–16 Uhr, NOK 110, Kinder (6–15 Jahre) NOK 80 (Tickets sind im Besucherzentrum erhältlich; es gibt Kombitickets für den Besuch von Dom, Erzbischofspalast, Rüstkammer und Kronjuwelen: NOK 200, Kinder NOK 80) Orgelmeditationen tgl. 11 Uhr, regelmäßige Führungen in deutscher Sprache und abendliche Orgelkonzerte.*

Idyllisch: Ziehbrücke Bybroa

Unmittelbar südlich des Doms gelangt man durch ein gotisches Portal zum **Erzbischöflichen Palast (4)**. In der zweiten Hälfte des 12. Jh. erbaut, gehört er zu den ältesten Profanbauten des Nordens. Die dreiflügelige Anlage diente den Erzbischöfen als Residenz, bis sich die Reformation durchsetzte und der letzte katholische Bischof fliehen musste. Danach ließen sich hier die dänischen Statthalter nieder. 1983 zerstörte ein Brand Teile des Bauwerks, das bis 1997, zum tausendjährigen Jubiläum der Stadt, restauriert wurde. Heute befinden sich in den einzelnen Flügeln außer einer Kapelle mehrere Museen. Das **erzbischöfliche Museum** im Südflügel zeigt Originalskulpturen des Doms und archäologische Funde, während im Erdgeschoss des Westflügels der vielbesuchte **Saal der Reichsinsignien** untergebracht ist, mit königlicher Krone, Gewändern und anderen Insignien, die z. T. immer noch verwendet werden. Der älteste Teil des Palastes, der Nordflügel, dient dem Land und der Gemeinde zu Repräsentationszwecken. Ebenfalls in einem Flügel des Palastes untergebracht ist die **Rüstkammer**, eines der ältesten Museen des Landes. Es zeigt die Entwicklung der norwegischen Streitkräfte von der Wikingerzeit bis heute und im Obergeschoss die Geschichte des Widerstands gegen die NS-Besetzung 1940–1945. Im Süden reicht ein Grüngürtel bis an das Ufer der Nidelva hinab, übrigens einem der besten Lachsflüsse des Landes, mit prächtigem Blick auf die andere Seite mit der schlossartigen Technischen Universität (NTNU). Ein schöner Spaziergang führt auch am Flussufer entlang bis zur Bybroa (s. u.).

Entwicklung der Streitkräfte

Erkebispegården/Riksregaliene/Rustkammer, *Kongsgardsgata 1E, Juni–Aug. Mo–Fr 10–17, Sa 10–15, So 12–16, Mai Mo–Sa 10–15, So 12–16, sonst Di–Fr 11–14, Sa 11–15, So 12–16 Uhr, gemeinsamer Eintritt für alle drei Museen NOK 160, Kinder NOK 70, Kombiticket mit Nidaros-Dom NOK 200, Kinder NOK 80.*

Setzt man den Rundgang an der Nordseite des Doms fort, könnten Kunstfreunde einen kleinen Abstecher zum städtischen **Kunstmuseum (5)** unternehmen. Dieser sei allen ans Herz gelegt, die weder die Kunstmuseen von Oslo noch die in Bergen anschauen konnten. Der Schwerpunkt der Sammlung liegt bei den Werken norwegischer Maler wie dem Romantiker J.C.C. Dahl und Kristian Krohg. Von Edvard Munch finden sich hier Lithografien und Holzschnitte mit typischen Munch-Motiven. Eine Abteilung widmet sich der europäischen Kunst des 20. Jh. Das Kunstmuseum besitzt im Viertel Nedre Elvehavne mit dem TKM Gråmølna eine Niederlassung *(Trenerys gate 9, ☏ 73538190, Mi 12–20, Do–So 12–16 Uhr).*

Trondheim Kunstmuseum, *Bispegate 7B, ☏ 73538180, https://trondheimkunstmuseum.no, Juni–Mitte Aug. Mo–Sa 10–16, So 12–16, sonst Mi 12–20, Do–So 12–16 Uhr, NOK 120, Kinder frei.*

Nach Osten führt die Bispegate (oder der Weg über den Friedhof mit sehenswerten Grabdenkmälern) am alten Waisenhaus von 1771 (heute Büros) vorbei auf das Flussufer der Nidelva zu, das zur Stadtseite von der idyllischen Kjøpmannsgate begrenzt wird. An ihrem Südende sieht man die auffällige, rot gestrichene **Bybroa (6)**, auch „Alte Stadtbrücke" (Gamle Bybro) oder „Glückspforte" (Lykkens portal) genannt. Die hölzerne Zugbücke ersetzte 1861 eine erste Brücke an dieser Stelle von etwa 1681. Zusammen mit der geschlossenen Reihe alter Pfahlhäuser, die sich von ihr bis zur Bakke-Brücke hinzieht, bildet sie ein beliebtes Fotomotiv. Die auf Stelzen im Fluss stehenden Pack- und Lagerhäuser, genannt **Bryggene (7)**, sind breiter angelegt als die der Bergenser Brygge, die ältesten stammen aus dem 18. Jh. Heute sind Büros und stimmungsvolle Restaurants in diesem einmaligen Ambiente untergebracht. Den schönsten Blick hat man von der Mitte der Bybroa. Geht man auf ihr zum anderen, östlichen Flussufer, gelangt man ins **Bakklandet** (Hinterland), ursprünglich ein altes Arbeiterviertel mit Holzhausbebauung. Nach gründlicher Renovierung findet man hier heute u. a. vor allem Pubs und Restaurants.

Beliebtes Fotomotiv

Überragt wird das Viertel von dem strahlend weißen Kubus der Festung **Kristiansten (8)**, die einst im 17. Jh. beim Wiederaufbau Trondheims zur Verteidigung gegen die Schweden errichtet wurde. Besucher mit Zeit und Kondition sollten sich ruhig auf den 20-Minuten-Weg dorthin aufmachen, denn von Kristiansten bietet sich (vor allem morgens) ein schöner Blick auf Stadt und Dom. Der Weg allerdings ist steil – zu steil für die meisten Fahrradfahrer. Und da es davon viele in Trondheim

Witzige Verkehrslösung

gibt, hat man ihnen hier die Auffahrt erleichtert durch den weltweit ersten **Fahrradlift** (Sykkelheis), auch „Trampe" genannt. Es ist jedoch gar nicht so einfach, sich von der Technik nach oben ziehen zu lassen. Das System wurde 2013 durch das neue „CycloCable®" ersetzt, das inzwischen auch von Winterthur in der Schweiz übernommen wurde – die Benutzung des Fahrradlifts ist kostenlos.

Zurück zum Zentrum geht es von der Bybroa entweder über die Kjøpmannsgate bis zur Bakke-Brücke und über die Kongens gate in Richtung Marktplatz, oder über eine der schmalen Gassen links, Veitene genannt. Auf dem Weg liegt die **Liebfrauenkirche (9)**. Das nahe dem Markt gelegene Gotteshaus ist eine von zehn Kirchen, die im mittelalterlichen Trondheim gebaut wurden. Sie stammt aus der Zeit um 1150, doch hat sie infolge von Erweiterungen im 17. und 18. Jh. viel von ihrem ursprünglichen gotischen Aussehen eingebüßt. Sehenswert im Inneren ist eine barocke Altarwand, die als eine russisch-dänisch-schwedische Gemeinschaftsarbeit einst für den Nidaros-Dom bestimmt war. An den in Trondheim geborenen dänischen Seehelden Tordenskjold, der im Nordischen Krieg gegen die Schweden zu Ruhm gelangte, erinnert ein Denkmal vor der Kirche.
Vår Frue Kirke, *Kongensgate, So, Di 9–18, Mo 12–18, Do 9–20, Fr ab 9 bis Sa 21 Uhr.*

Größtes Holzpalais des Nordens

Vom Markt aus sollte man nun der Munkegate in nördlicher Richtung, also auf den Hafen zu, folgen. Dabei passiert man einige Hotels, Kaufhäuser, Kulturinstitutionen und sehenswerte Gebäude, allen voran den „Stiftshof" **Stiftsgården (10)**. Der zweistöckige, ockerfarbene Komplex mit Seitenflügeln gilt als größtes Holzpalais Skandinaviens und wurde um 1774 im Rokokostil für die Geheimrätin Schøller errichtet. Schon damals aber fungierte er auch als norwegischer Krönungspalast – hier begannen und endeten die Krönungsprozessionen zum Nidaros-Dom. Seit 1800 ist das imposante Gebäude im Besitz des norwegischen Staates und dient auch heute noch der Königlichen Familie als offizielle Residenz in Trondheim.
Stiftsgården, *Munkegata 23, ☎ 90235294, http://nkim.no/stiftsgarden, Besuch Juni–Mitte Aug. nur mit Führung (engl.), Mo–Sa jede Stunde 10–15, So 12–15 Uhr, NOK 110, Kinder NOK 60.*

Folgt man der Munkegate bis zu ihrem nördlichen Ende, erreicht man den überdachten **Fischmarkt Ravnkloa (11)**, der zwar nicht mit seinem Pendant aus Bergen mithalten kann. Doch um zu sondieren, was Meer und Fjord an Leckereien hergeben, ist er allemal geeignet, und Kostproben können an Ständen und in einem Café genossen werden. Wer möchte, kann in der Saison vom Fischmarkt mit seiner alten Marktuhr und einer Bronzestatue aus auch an Angelfahrten über den fischreichen Fjord teilnehmen (Dauer 4 Std.). Ebenso verkehren von Ravnkloa aus zwischen 10 und 18 Uhr stündlich (bei gutem Wetter und Besucherandrang kontinuierlich) Boote zur „Mönchsinsel" **Munkholmen (12)**. Zur Zeit der Stadtgründung war Munkholmen bereits ein Richtplatz, kurz nach 1000 ließen sich hier die Benediktiner nieder und bauten ein Kloster, das 1531 einem Brand zum Opfer fiel. Im 17. Jh. wurde die „Mönchsinsel" zu einer dänischen Festung samt Gefängnis umgebaut, später diente sie als Zollstation. Für die Trondheimer ist Munkholmen heute ein beliebter Ausflugsort mit einem populären Restaurant. In den Sommerwochen, wenn es angenehm warm werden kann, bestehen an den Mauern und dem kleinen Strand sehr gute und viel genutzte Möglichkeiten zum Baden im Fjord.

Leif-Eriksson-Denkmal

Vom Fischmarkt sind in zwei Richtungen Spaziergänge zu weiteren Sehenswürdigkeiten möglich. Schlendert man nach Osten am gebogenen Verlauf der Nidelva entlang und auf den Bahnhof zu, findet man hier wie auch in den vielen Nebengassen etliche gut erhaltene hölzerne **Speicherhäuser**, die zum Fluss hin von Stelzen abgestützt werden. Über die Jernbanebrua gelangt man zum Bahnhof. Auch wenn man nicht mit dem Zug unterwegs ist, mag es interessant sein, sich die Loks anzuschauen, die auf der legendären Strecke über das Dovre-Gebirge nach Oslo oder auf der nicht weniger spannenden Route über den Polarkreis nach Bodø fahren. Das Viertel hinter dem Bahnhof, **Brattøra**, hat in den letzten Jahren sein Erscheinungsbild komplett verändert. Wo früher Gleisanlagen und Industriebrachen vorherrschten, sieht man nun neue Hotels, moderne Businesscenter und Trainingseinrichtungen für Erdölplattformen. Dahinter liegen am Fjord die beiden Piers für Hurtigrute, Expressboote und Kreuzfahrtschiffe, auch das **Pirbadet (13)** befindet sich hier, Norwegens größtes Spaß- und Hallenbad *(www.pirbadet.no)*, sowie das **Leif-Eriksson-Denkmal (14)** – diese originalgetreue Abbildung einer Statue aus Seattle schenkten 1997 norwegischstämmige Amerikaner der Stadt Trondheim. Unmittelbar daneben ehren Plaketten am Auswandererdenkmal jene Norweger, die das Land auf der Suche nach Freiheit und einem besseren Leben in Richtung Amerika verließen.

Interaktives Rock- und Popmuseum

Über die moderne Pirbrua ist ein Spaziergang zum Kneipenviertel jenseits des Hafenbeckens und zurück zur Innenstadt möglich. Das architektonisch interessanteste Gebäude des Quartiers, am Brattørkai neben der Hurtigruten-Anlegestelle gelegen, ist **Rockheim (15)**, Norwegens nationales Museum für Pop und Rock. Hier wird alles gesammelt und interaktiv-multimedial vermittelt, was die norwegische Populärmusik ab den 1950er-Jahren hervorgebracht hat. Auch wenn man außer *a-ha* vielleicht nicht viele der Künstler und Bands kennt, die in der hiesigen Hall of Fame geehrt werden, ist ein Besuch lohnend, weil man mit modernster Technik auf Zeitreise zu Mode, Instrumenten, Autos und Lebensgefühl der einzelnen Musikepochen seit der Rock'n'Roll-Ära gehen, selbst Musikinstrumente oder die eigene Stimme ausprobieren, an Live-Konzerten und Workshops teilnehmen oder auch nur das gute Restaurant nutzen kann. Für das auffällige Bauwerk griff man – ähnlich wie bei der Elbphilharmonie in Hamburg – auf ein bestehendes Hafen-Magazin von 1919 zurück, das 2010 recht spektakulär aufgestockt wurde (und besonders bei abendlicher Beleuchtung wirkt!). Kritiker warfen den Architekten vor, sie hätten im Rockheim nur das Sharp Centre von Toronto kopiert.
Rockheim, *Brattørkaia 14, ☎ 73605070, www.rockheim.no, Juni–Aug. tgl. 10–17, sonst Di–Fr 10–16, Sa/So 10–17 Uhr, NOK 140, Kinder bis 15 Jahre frei.*

In den westlichen Teilen des Zentrums lohnt ein Spaziergang über die Kongens gate, die zwar stark befahren ist, an der aber auch sehr schöne Beispiele der

Trondheimer Holzarchitektur bewahrt sind. Überall stößt man auf die pittoresken Holzhäuser, die typisch für das alte Trondheim sind, insbesondere in dem alten Viertel zwischen St. Olavsgate und Tordenskioldsgate. U.a. sieht man hier die rot gestrichene **Hospitalskirche (16)**, die 1705 als erste achteckige Langholzkirche des Königreichs errichtet wurde. Sie steht neben dem alten **Trondhjems Hospital**, das bereits 1277 gegründet wurde und dessen Einrichtungen, wie das Altersheim, immer noch bestehen – damit ist es die **älteste Sozialeinrichtung Skandinaviens**. Auf der Kongensgate und in den Nebengassen des Viertels Hospitalsløkkan sieht man viele Holzhäuser, die ursprünglich mit dem Hospital zu tun hatten, heute aber restauriert sind und als Wohnungen genutzt werden. Hier verkehrt auch noch die Straßenbahn, samstags im Sommer oft als Oldtimer-Tram mit alten Waggons, von der St. Olavsgate bis in die südlichen Außenbezirke. Das westliche Ende der Straße markierem die **Ilen-Kirche** und ein Rondell mit Denkmal, hier sind auch Reste der **alten Stadtmauer** zu sehen und verschiedene Bastionen aus der Dänenzeit, zu der es hier ein Verteidigungsbollwerk zur Fjordseite gab.

Bis heute Sozialeinrichtung

Museums-Tipp: das Ringve-Museum

Zu den außergewöhnlichsten und schönsten Museen Norwegens gehört zweifellos das **Musikhistorische Museum Ringve (20)**. Es liegt 4 km nordöstlich vom Stadtzentrum auf der fruchtbaren Lade-Insel, auf der sich überdies einige sehenswerte Herrenhöfe des 17.–18. Jh. mit ihrer typischen, in Weiß gehaltenen Holzarchitektur befinden. In solch einem weißen Herrenhof, dem **Gut Ringve**, ist das Musikhistorische Museum untergebracht. Zusammen mit ihrem Mann **Christian**, einem vermögenden Kaufmann, richtete **Viktoria Bachke**, die aus Russland nach Norwegen gelangt war, das Museum ein. Sie reiste durch Europa und sammelte seltene Instrumente verschiedenster Epochen. Nach ihr ist auch das Café Victoria benannt, in dem es u.a. Waffeln, Brote und norwegische Hausmannskost gibt. 1952 wurde das Museum eröffnet, das nach Viktoria Bachkes Tod 1963 um eine ethnografische Abteilung mit faszinierenden Musikinstrumenten aus aller Welt erweitert wurde. Zum 40-jährigen Jubiläum der Ringve-Einrichtung kam schließlich eine Sammlung moderner Instrumente hinzu. Die stilvoll und original eingerichteten Räume des Herrenhauses, in dem die wertvollen Ausstellungstücke wie etwa der Flügel von Chopin untergebracht sind, vermitteln dem Besucher das Gefühl, als gehöre alles hierher. Großartig ist auch die Umgebung mit dem herrlichen Park in Sichtweite des Fjords. Durch das Museum führen zumeist Schüler der Musikhochschule, die während des Rundgangs Klangbeispiele einzelner Instrumente geben. Außer den über 2.000 Instrumenten aus aller Welt gibt es im Herrenhof eine Bilderausstellung zum Thema, eine Sammlung von 25.000 Notenblättern, eine Bibliothek sowie ein digitales Laute-Archiv. Der Botanische Garten unter der Verwaltung des naturwissenschaftlichen Museums der Universität ist tgl. für Besucher geöffnet. Hier findet man u.a. einen Kräutergarten im Renaissancestil, einen englischen Landschaftspark und eine botanisch-systematische Sammlung von Baum- und Straucharten.

Ringve-Museum, *Lade Allè 60, ☎ 73870280, www.ringve.no, Juni–Aug. tgl. 10–17, sonst Di–So 11–16 Uhr. Tgl. Führungen (u.a. dt.), NOK 130, Kinder bis 15 Jahre frei. Zu erreichen mit Bus 3 u. 4 ab Munkegate.*

Häuser im Volkskundemuseum

Ins eigentliche Zentrum findet man über die Erling Skakkes Gate zurück, wobei auf dem Weg das **Wissenschaftsmuseum (17)** liegt. Dieses sehr sehenswerte kultur- und naturhistorische Museum der Universität zeigt u.a. Funde aus der Stein-, Bronze-, Eisen- und Wikingerzeit. Der Themenschwerpunkt liegt auf der Natur- und Kulturgeschichte des Trøndelag-Gebiets während des Mittelalters; eine Ausstellung widmet sich der Kultur der Samen sowie sakraler Kunst vom Mittelalter bis zum 18. Jh. Die naturhistorischen Ausstellungen zeigen die Tier- und Pflanzenwelt Norwegens, insbesondere Mittelnorwegens, und der Polargebiete.
NTNU Vitenskapsmuseet, *Erling Skakkes gate 47, ☎ 73592160, www.ntnu.no/museum, Di–Fr 10–16, Sa/So 11–16 Uhr, NOK 80, Kinder frei.*

Panoramablick und Freilichtmuseum

Etwas weiter entfernt und, wenn man kein ausdauernder Wanderer ist, am besten mit Bus oder Pkw zu erreichen, liegt der **Aussichtspunkt Sverresli (18)** unterhalb der Grundmauern der alten Festung **Sverresborg**. Von dort eröffnet sich ein herrlicher Ausblick auf die Biegung der Nidelva, den Dom, die Festung Kristiansten und den Fjord. Wenige Hundert Meter weiter westlich befindet sich oberhalb, auf dem Gelände der ehemaligen Burg König Sverres, das **Volkskundemuseum (19)**. Als Freilichtmuseum dokumentiert es die Wohnkultur der Bewohner Trøndelags. Eine umfangreiche Sammlung alter Gebäude reicht von einfachen Behausungen der Samen über Fischerhütten und Bauernhöfe bis hin zu stolzen Bürgerhäusern aus Trondheims Altstadt. Eine Besonderheit ist die sehenswerte **Haltdalen-Stabkirche** aus der Zeit um 1170, die im 19. Jh. aus einem anderen Tal hierhergebracht wurde. Auch ein **Skimuseum** gehört zu dem weitläufigen Komplex. In dem stimmungsvollen Restaurant **Tavern**, einem der ältesten des Landes aus dem Jahr 1739, gibt es norwegische Gerichte zu akzeptablen Preisen.
Trøndelag Folkemuseet, *Sverresborg Allè 13, ☎ 73890100, www.sverresborg.no, Juni–Mitte Aug. tgl. 10–17 Uhr, NOK 165, Kinder frei, sonst Mo–Fr 10–15, Sa/So 12–16 Uhr, NOK 125, Buslinien 18 und 8.*

Reisepraktische Informationen Trondheim

Information

VisitTrondheim AS, *Nordre gate 11, ☎ 73807660, www.trondheim.no, Mo–Sa 9–18, im Sommer auch So 10–17 Uhr. U.a. Vermittlung von Hotels und Privatunterkünften, Auto- und Fahrradverleih, Geldwechsel, Verkauf von Büchern, Karten, Souvenirs etc. Infos online oder über die Trondheim App.*

Unterkunft

Wie in Bergen oder Oslo gibt es auch in Trondheim eine ganze Reihe guter und hervorragender Hotels, viele davon sind in den letzten Jahren entstanden. Zwischen Juni und August kann der Reisende manchmal erhebliche Preisnachlässe erwarten, die Bedingungen im Einzelnen sind aber von Hotel zu Hotel unterschiedlich. Aus dem großen Angebot seien hier nur folgende empfehlenswerte Häuser genannt:

Radisson Blu Royal Garden Hotel (1) €€€€€, *Kjøpmannsgate 73, ☎ 73803000, www.radissonblu.com. Das First-Class-Hotel in toller Lage an der Nidelva war das erste, das sich an die Umgebung der Packhäuser mit moderner Glasarchitektur anpasste. 298 elegante zuletzt 2014 komplett erneuerte Zimmer und Suiten mit allen Annehmlichkeiten. Große Lobby unter einem Glasdach, Fitness-Bereich mit Pool, Saunas und Jacuzzi. Im 73 Bar & Restaurant wird eine moderne nordische Küche zubereitet. Ein weiteres, 2015 eröffnetes Haus der Kette befindet sich am Flughafen Værnes.*

Scandic Nidelven (2) €€€€€, *Havnegaten 1–3, ☎ 73568000, www.scandichotels.de. Spitzenhotel direkt am Fluss, nahe Bahnhof und Vergnügungsviertel Nedre Elvehavn, innen wie außen im modernen skandinavischen Design gestaltet, 349 bestens ausgestattete Zimmer und Suiten. Renommiertes Restaurant, fantastisches Frühstücksbüfett (zehn Jahre hintereinander zum besten des Landes gewählt!), Bar, Sauna, Fitnessraum, Kunstgalerie, kostenlose Leihfahrräder. 2014 eingeweiht wurde das* **Scandic Lerkendal**; *es liegt nahe dem Stadion und ist das höchste und mit 400 Zimmern das größte der Stadt.*

Britannia Hotel (3) €€€€€, *Dronningensgate 5, ☎ 73800800, https://britannia.no. Drei Jahre und über 150 Mio. Euro hat es gebraucht, bis diese Hotellegende von 1870 Anfang 2019 wiedereröffnet werden konnte – als 5-Sterne-Nobelherberge und Mitglied der Leading Hotels of the World: außen ein strahlend weißer Stadtpalast, innen eine Mischung aus stilvoller Renovierung und modernster Technik. Das Haus bietet Zimmer und Suiten auf höchstem Niveau, eine wunderschöne Spa-Abteilung, 6 Restaurants und Bars, darunter auch der legendäre Palmengarten. Küchenchef des neuen Britannia ist kein Geringerer als Christopher Davidsen, 2017 Gewinner der Silbermedaille beim Bocuse d'Or.*

Quality Hotel Augustin (4) €€€, *Kongensgate 26, ☎ 773547000, www.nordicchoicehotels.com. Gutes Frühstückshotel mit 136 freundlichen, hellen Zimmern, Konferenzräume. Juni–Aug. ermäßigte Preise, gute Parkmöglichkeiten, zentrale Lage.*

Singsaker Sommerhotell Olav (5) €€, *Rogertsgate 1, ☎ 73893100, https://sommerhotell.singsaker.no. Preiswerte und gemütliche Hotelalternative in den Sommermonaten. Das historische Haus, das größte bewohnte Holzgebäude Skandinaviens (!), befindet sich nahe der Universität, rund 5 Gehminuten von der Festung Kristiansten entfernt, und ist eigentlich ein Studentenheim. Von Juni bis Aug. werden hier 103 Einzel-, Doppel- und Vier-Bett-Zimmer vermietet, ohne oder mit eigenem Bad, außerdem gibt es Schlafsäle für 12 Personen. Im Übernachtungspreis ist ein ordentliches Frühstücksbüfett inbegriffen. Viel Grün und Sportanlagen in der Umgebung, kostenlose Parkplätze und WLAN sowie die fußläufige Nähe zur Stadt (8 Min. zum idyllischen Viertel Bakklandet, 20 Min. ins Zentrum) sind weitere Vorteile der Unterkunft.*

Jugendherberge/Hostel

Trondheim Vandrerhjem, *Weidemannsveien 41, ☎ 73874450, www.trondheimvandrerhjem.no. 2013 eingeweihte, moderne Jugend- und Familienherberge mit Blick auf den Fjord, knapp 30 Min. Fußweg vom Zentrum in östlicher Richtung. 576 Betten, verteilt auf 4-/5-Bett-Zimmer, z. T. mit eigener Dusche/WC, Gästeküche, TV-Zimmer, freies Parken, Garten.*

Camping

Flakk Camping, *Flakkvegen 49, Bosberg, ☎ 9405468, www.flakk-camping.no. Ca. 10 km westlich von Trondheim am Rv. 715 und der Fährstation gelegene 3-Sterne-Anlage für Zelte und Wohnwagen, Hüttenverleih. Auf einem Wiesengrundstück direkt am Fjord mit Bade- und Angelmöglichkeit, Gästeküche, gute sanitäre Anlagen, häufige Linienbusverbindung ins Zentrum, geöffnet Mai–Anfang Sept.*

Storsand Gård Camping, *Storsandveien 1, Malvik, ☎ 73976360, www.storsandcamping.no. 17 km nördlich von Trondheim direkt am Trondheimsfjord gelegener, großzügiger Platz mit 72 Campinghütten auf terrassiertem Rasengelände. Mit Spielplatz, Geschäft, Bootsvermietung, schönem Sandstrand, Grillmöglichkeiten.*

Essen & Trinken

Trondheims Gastro-Szene hat sich in den letzten Jahren enorm entwickelt und die Stadt zu einem Ziel für Gourmets werden lassen. Die gastronomische (und preisliche) Spitzenstellung nehmen die Restaurants **Fagn** *(Ørjaveita 4, www.fagn.no) und* **Credo** *(Ladeveien 9, www.restaurantcredo.no) ein, die beide 2019 ihren ersten Michelin-Stern bekamen. Über die Touristeninformation können geführte Spaziergänge zu exquisiten Restaurants oder auch zu Pubs und Microbrauereien gebucht werden.*

Vertshuset Grenaderen (6), *Kongsgårdsgatan 1, ☎ 73516680, www.grenaderen.no. Norwegische Gerichte (u. a. Rentier) in historischer Umgebung und gemütlicher Atmosphäre; nahe dem Dom und erzbischöflichen Palais; Mi–Sa 16–19, So 14–19 Uhr.*

Den gode nabo (7), *Øvre Bakklandet 66, ☎ 95068322, www.dengodenabo.com. Einfacher, gemütlicher Pub mit reicher Bierauswahl und angemessenen Preisen, mehrfach als beste Kneipe Norwegens ausgezeichnet. Im Sommer Sitzplätze im Freien auf einem Lastkahn, geöffnet So/Mo 16–24, Di–Fr 16–1.30, Sa 14–1.30 Uhr.*

Havfruen (8), *Kjøpmannsgate 7, ☎ 73874070, www.havfruen.no. Das vielleicht beste Fischrestaurant der Stadt ist stilvoll in einem alten, roten Holzhausspeicher am Flussufer untergebracht; geöffnet Mo–Sa 17–22 Uhr.*

Flugverbindungen

Der Trondheimer Flughafen Værnes, **Trondheim Lufthavn**, *Norwegens drittgrößter Flughafen, liegt 35 km nordöstlich des Zentrums, Info ☎ 67032500, www.avinor.no. Mit SAS, Norwegian, Widerøe oder KLM bestehen gute Verbindungen ins ganze Land, reguläre internationale Destinationen sind u. a. Kopenhagen, Stockholm und Amsterdam. Jede Viertelstunde fährt ein* **Flughafenbus** *(Flybussen, www.flybussen.no) vom Airport zu den Hotels der Innenstadt bis zur Endstation St. Olavs Hospital und Sorgenfri. Ebenso ist der Flughafen durch den Lokalzug der* **Trønderbanen** *mit dem Stadtzentrum verbunden. Per Auto zu erreichen über die E 6.*

Eisenbahn/Busse

Der **Hauptbahnhof** *(Trondheim Sentralstasjon) liegt zusammen mit dem* **Busbahnhof** *(Rutebilstationen) zentrumsnah am Fjord. Im gemeinsamen Terminal findet man u. a. Wartehalle, Gepäckaufbewahrung, Infostand (☎ 05280, www.banenor.no), Kiosk, Café, Minibank und Parkhaus. Von Trondheim aus bestehen Tag- und Nachtzug-Verbindungen nach Oslo (über Røros oder Dombås) und nach Bodø sowie eine Tagesverbindung nach Stockholm über Storlien in Schweden. Die Nahverkehrszüge der* **Trønderbahn** *verbinden viele Ortschaften am Trondheimsfjord. Mehrmals tgl. starten* **Expressbusse** *u. a. nach Bergen, Røros und Ålesund.*

Schiffs- und Fährverbindungen

Tägliche Abfahrt der **Hurtigruten-Schiffe** *am Pirterminalen, hinter dem Bahnhof, Pier 1 in südlicher (10 Uhr) und nördlicher (12 Uhr) Richtung.* **Schnellboote** *verkehren ab Brattørkaia 17b u.a. nach Vanvikan auf der Fosen-Halbinsel sowie über Brekstad nach Kristiansund (☎ 73890700, www.fosennamsos.no). Daneben gibt es eine* **Autofähre** *mit häufiger Frequenz von Flakk, 10 km westlich der Stadt am Rv. 715, nach Rørvik auf der Halbinsel Fosen (www.flakkrorvik.no).*

Taxis

Taxis stehen in ausreichender Zahl zur Verfügung, Taxistände findet man u.a. am Bahnhof und am Marktplatz. **Taxiruf** *☎ 07373 und 08000.*

Parken

Wie in anderen größeren Städten ist das Zentrum von Trondheim in verschiedene Parkzonen eingeteilt. Parken ist nur an Parkscheinautomaten mit der Bezeichnung **avgift** *oder* **mot avgift** *erlaubt. An rot gekennzeichneten Automaten darf man max. 30 Min. parken, an den meisten Stellen bis zu 3 Std. bei ansteigender Gebühr. Innerhalb der City parkt man preiswerter und ohne Zeitbegrenzung in* **Parkhäusern**, *vor allem im Bakke P-hus an der Bakke-Brücke, die Gebühren liegen bei NOK 20–27/Std., max. NOK 190 für 24 Std.). Zwei zentrale Parkhäuser liegen nahe am Marktplatz (Torget P-hus/Tinghusplassen und Leüthenhaven P-hus/Erling Skakkes gate 40). Parkmöglichkeiten (gegen Gebühr) für Wohnwagen und Wohnmobile finden sich am Stadion (Nidarø) an der Klostergata.*

Fahrradfahren

Einwohnern und Besuchern der Stadt stehen 750 **3-Gang-Citybikes** *(bysykler) zur Verfügung, die an 70 zentralen Plätzen der Stadt stehen und pro Tag NOK 49 kosten.*

Rund um den Trondheimsfjord

Der **Trondheimsfjord** ist mit fast 130 km Länge der **drittgrößte des Landes**; seine tiefste Stelle beträgt 617 m. Von Reisenden wird er aber allzu häufig nur im Vorbeifahren auf der E 6 wahrgenommen, als schnell zu bewältigende Etappe auf dem Weg in den hohen Norden. Die Natur scheint auf den ersten Blick und im Vergleich zum Fjordland unspektakulär und wenig aufregend zu sein. Tatsächlich sind die Höhenzüge allenfalls moderat, und vorherrschend ist das Bild eines fruchtbaren, von stattlichen Höfen besetzten Bauernlandes.

Landwirtschaftlich begünstigt

Aufgrund der besonderen klimatischen Verhältnisse und des nie steilen oder beengten Profils kann man von landwirtschaftlichen Gunsträumen am Trondheimsfjord sprechen, die wiederum dafür sorgten, dass diese Region – die Provinzen Nord- und Süd-Trøndelag – zur **Kornkammer des Landes** wurden. Einige kleinere zentrale Orte wie Stjørdal, Levanger, Verdalsøra und Steinkjer enstanden, die allesamt geschichtsträchtig sind. Die norwegische Geschichte zur Zeit der Wikinger ist ganz wesentlich an diesen Raum im Herzen des Landes gebunden. Zahlreiche Felszeichnungen und große Grabstätten dokumentieren die Siedlungsdichte um den Fjord schon in vorgeschichtlicher Zeit.

Das Inselchen Munkholmen im Trondheimsfjord

Die **Freizeitangebote** sind hervorragend, z.B. Lachsangeln in den besten Flüssen Norwegens, Gebirgs- und Hochseeangeln, Kanufahrten, Radtouren, Kleinwildjagd und Wanderungen in allen Schwierigkeitsgraden. Es lohnt sich, den Trondheimsfjord nicht nur als Durchgangsstation zu betrachten. Wer in den Norden weiterreisen möchte, wird im Regelfall am Ostufer entlangfahren, und zwar über die gut ausgebaute Europastraße, die Strecke zwischen Trondheim und Steinkjer beträgt dabei 125 km. Es gibt aber auch auf dieser Seite mehrere attraktive Alternativen, und durch Fähr- und Brückenverbindungen ist sogar eine Umrundung des Fjords an einem Tag möglich. Dass dürfte für die interessant sein, die mit Trondheim den nördlichsten Punkt ihrer Reise erreicht haben (und vielleicht weiter nach Schweden fahren wollen) oder die hier in einem der vielen Ferienhäuser ihren Urlaub verbringen.

Am Westufer

Das Westufer des Fjords wird durch die enorm breite Halbinsel **Fosen** gebildet, die kaum besiedelt ist und die als riesiges Naherholungsgebiet mit 600 m hohen Bergen, tiefen Binnenseen, Wäldern und Wiesen aufwartet. Allerdings entsteht bis 2020 auf Fosen auch der größte **Onshore-Windpark** Europas. Rund 280 Windgeneratoren, knapp 90 m hoch und an sechs Standorten verteilt, werden dann Strom für bis zu 170.000 Haushalte liefern.

Windenergie

Die Trondheimer nutzen gerne das Schnellboot zum gegenüberliegenden Dorf **Vanvikan**, wo bereits Wanderungen, Fahrradtouren oder Skilanglauf möglich sind. Wer mit dem Wagen unterwegs ist, muss zunächst die 13 km auf dem Rv. 707 bis Flakk zurücklegen und dort die häufig verkehrende Fähre nach **Rørvik** nehmen. Ab hier geht es auf dem Rv. 715 über die gesamte Halbinsel zur Westseite, an flachen Fjorden und dem offenen Meer vorbei, oft ohne einer Menschenseele zu begegnen. Abgesehen von **Rissa** mit dem alten Königshof und dem ehemaligen Kloster Reine gibt es kaum Sehenswürdigkeiten entlang der Strecke, nur puren Naturgenuss. Die Straße mündet nach ca. 175 km auf die Reichsstraße 17, rund 35 km nördlich von Steinkjer. Eine andere und kürzere Strecke führt direkt am Westufer des Fjords entlang: der Rv. 755. Dabei kommt man durch Vanvikan mit schönem Blick auf das gegenüberliegende Trondheim, umfährt den 601 m hohen Kjerringklumpen und biegt bei Leksvik ins Hinterland und zum Binnensee Meltingen ab. 20 km hinter dem See gelangt man bei Kjerringsvik zur 1992 eingeweihten, imposanten **Skarnsundbrücke**, mit einer Länge von 1.010 m damals die weltweit größ-

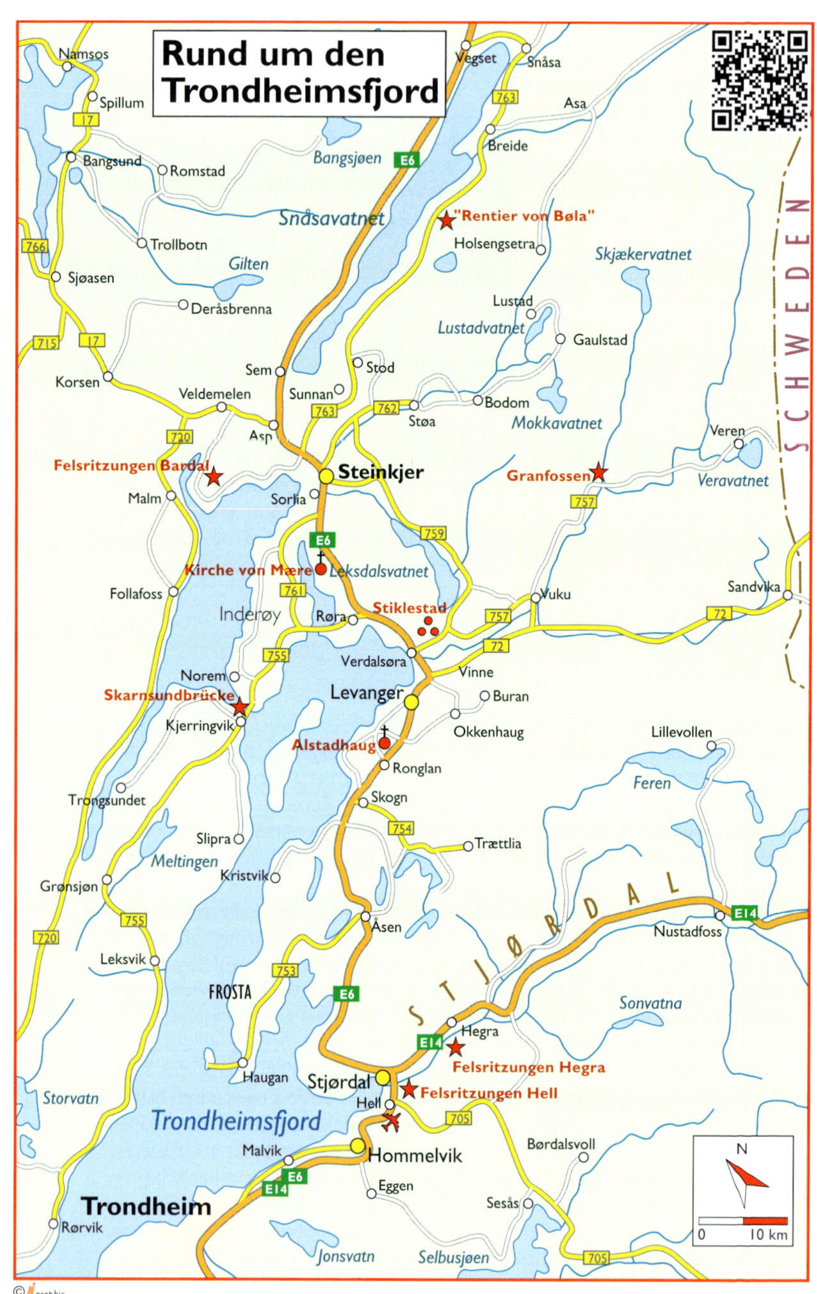
Rund um den Trondheimsfjord
Namsos
Spillum
Bangsund
Romstad
Bangsjøen
Snåsavatnet
Vegset
Snåsa
Asa
Breide
"Rentier von Bøla"
Holsengsetra
Skjækervatnet
Trollbotn
Gilten
Sjøasen
Deråsbrenna
Lustad
Lustadvatnet
Gaulstad
Korsen
Sem
Stod
Sunnan
Veldemelen
Støa
Bodom
Mokkavatnet
Asp
Felsritzungen Bardal
Steinkjer
Granfossen
Veren
Veravatnet
Malm
Sorlia
Kirche von Mære
Leksdalsvatnet
Follafoss
Vuku
Sandvika
Inderøy
Røra
Stiklestad
Verdalsøra
Vinne
Norem
Levanger
Buran
Skarnsundbrücke
Kjerringvik
Okkenhaug
Alstadhaug
Lillevollen
Ronglan
Feren
Trongsundet
Skogn
Slipra
Trættlia
Meltingen
Kristvik
Grønsjøn
Åsen
STJØRDAL
Nustadfoss
Leksvik
FROSTA
Sonvatna
Hegra
Felsritzungen Hegra
Haugan
Stjørdal
Felsritzungen Hell
Hell
Storvatn
Trondheimsfjord
Malvik
Hommelvik
Børdalsvoll
Eggen
Sesås
Trondheim
Rørvik
Jonsvatn
Selbusjøen
SCHWEDEN
N
0
10 km
E6
E14
17
766
715
720
763
762
759
757
72
761
755
754
753
705
© graphic

te Schrägseilbrücke. Sie bringt einen zur anderen Seite des Fjords, und zwar zunächst zur lieblichen Halbinsel **Inderøy** (Campingplätze, Jugendherberge). 13 km hinter der Brücke mündet der Rv. 755 bei Røra auf die E 6 (s. u.).

Am Ostufer

Am Ostufer des breiten Fjords führt von Trondheim nach Stjørdal die gut ausgebaute E 6 nahe dem Wasser entlang, wobei auf dem ersten Teilstück zwischen Trondheim und Hommelvik eine Mautgebühr erhoben wird (in beide Richtungen). Wer die Gebühr sparen möchte, kann die Straße durch die kleinen Ortschaften Ranheim, Vikhamar, Malvik, Storsand bis Hommelvik nehmen. Kurz nach Hommelvik beginnt der Regierungsbezirk Nord-Trøndelag. Hier verläuft die E 6 unter dem Flughafen von **Værnes** (Trondheim Lufthavn), dem ständig wachsenden Hauptflughafen für Mittelnorwegen, und bringt einen zur Kleinstadt **Stjørdal** (knapp 10.000 Einwohner). Sie ist eine kleine Dienstleistungs- und Industriegemeinde und zugleich ein recht bedeutender Verkehrsknotenpunkt, denn von hier führt ein alter Handelsweg nach Schweden. Zum Grenzort **Storlien** sind es ca. 70 km über die gut ausgebaute E 14, die über Östersund die Weiterfahrt nach **Stockholm** ermöglicht. Ein kleines Architekturjuwel in Stjørdal ist der Bahnhof (Stjørdal stasjon). Das Holzgebäude im Schweizer Stil wurde von Paul Due entworfen und 1902 eröffnet.

Alter Handelsweg nach Schweden

Sehenswert ist die 2 km östlich des Zentrums von Stjørdal gelegene romanische **Værnes-Kirche** vom Ende des 11. Jh., die nur wenige Jahrzehnte nach dem Tod Olav des Heiligen errichtet wurde. Bekannt ist die verhältnismäßig große Kirche vor allem wegen ihres offenen Dachstuhls, dessen Balkenenden mit den Menschen- und Tierkopfdarstellungen noch heidnisch geprägt sind. Die Kanzel und der Altar stammen aus dem 17. Jh., ebenso wie der prächtige Kirchenstuhl, eine barocke Arbeit des heimischen Künstlers Marcus Nielsen Gram. Nahe der Kirche liegt das kulturhistorische Museum, das im mittelalterlichen Pfarrhaus untergebracht ist. Zu dem Komplex gehört ein kleines **Freilichtmuseum** (Stjørdal museum Værnes), in dem Handwerker im Sommer arbeiten und dem Besucher die Besonderheiten der Almwirtschaft gezeigt werden.

In der Nähe von Stjørdal liegt **Hell**, gleich vor dem Flughafen Værnes, wo die nach Schweden führende Bahnlinie abzweigt. Englischsprachige Touristen fotografieren gern das Bahnhofsschild, um ein Andenken an die „Hölle" mitzunehmen.

Von Stjørdal geht es über die E 6 weiter in Richtung **Åsen**, von wo der Rv. 753 zur fruchtbaren Halbinsel **Frosta** abzweigt. Hier wurden einst vom 10.–16. Jh. die Gerichtsversammlungen (das sog. Frosta-Thing) auf dem Hügel in **Logtun** abgehalten. Nahe der mittelalterlichen Kirche gibt es mehrere Felszeichnungen. Auf der durch eine Brücke mit Frosta verbundenen Insel **Tautra**, wo die Ruinen eines Zisterzienserklosters stehen, findet man in einem bekannten Feuchtgebiet interessante Vogelschutzgebiete. Entlang der E 6 wird der Reisende gelegentlich an die Zeit des Zweiten Weltkriegs und die Besetzung Norwegens durch deutsche Truppen erinnert, denn Trondheim war der wichtigste Hafen der Deutschen in Norwegen. Bevor man nach Levanger gelangt (ca. 80 km von Trondheim), führt nahe **Ronglan**

Felszeichnungen

links eine Nebenstraße nach **Falstadskogen** (Ekne) zu einer Gedenkstätte, die an ein Konzentrationslager erinnert, in dem 200 Menschen umgebracht wurden. 1942 wurden hier im Waldgebiet 34 Norweger erschossen, die einem in England ausgebildeten Sabotagetrupp angehörten. Die Gedenkstätte erreicht man auch von dem Ort **Skogn**, wo ein Hinweisschild den 8 km langen Weg anzeigt. Der kleine Ort Skogn (= Wald) trägt seinen Namen zu Recht, da hier in einer der größten Fabrikanlagen des Landes Zeitungspapier produziert wird. Auf dem Weg nach Levanger

Felsbilder und mehr: Ausflug nach Hell und Hegra

Bei **Hell** weist das Schild „Helleristninger" (= Felszeichnungen) an der rechten Seite an der E 6 auf eine bekannte prähistorische Attraktion hin. Folgt man dem Hinweis, gelangt man auf den Rv. 24, von wo aus die Felsbilder ausgeschildert sind. Pkw können gleich neben dem Steinmohaugen mit den Darstellungen parken. An drei Hängen eines Schiefergesteins finden sich die Ritzungen von Tieren, die aus der **Steinzeit** stammen, d.h. die Darstellungen dürften etwa **5.000–6.000 Jahre alt** sein. Es sind insgesamt 13 Figuren zu sehen, darunter zwei lebensgroße **Rentiere**. Es handelt sich um eine naturgetreue Wiedergabe, wie sie für die Berg- und Höhlenkunst auf dieser Kunststufe auch außerhalb Norwegens kennzeichnend ist. Die Tiere sind gewissermaßen als Schattenfiguren kräftig in das Gestein eingeritzt, da sie nur im Umriss mit je einem Vorder- und Hinterbein erscheinen. Andere Darstellungen sind abstrakter und schemenhafter. Sicher haben auch diese Felsritzungen einen magisch-religiösen Hintergrund, über den man nur Vermutungen anstellen kann. Vielleicht wollten die Jäger über die Abbildung der Tiere ihr Jagdglück beschwören. Denkbar ist aber auch, dass sich hinter den Urbildern der Menschheit rein religiöse Motive und Vorstellungen verbergen, deren Sinn sich uns nicht erschließt.

Ein anderes, viel größeres Feld mit Felsritzungen liegt nicht weit entfernt in **Hegra** am Fluss Stjørdalselva. Dazu fährt man ca. 10 km auf der E 14 nach Osten und folgt 2 km hinter Hegra dem Hinweis zum „Bergkunstmuseum". Das Feld ist eines der größten in Skandinavien, seine Darstellungen unterscheiden sich stark von denen in Hell und sind am ehesten mit denen im schwedischen Tanum zu vergleichen. Sie stammen aus der **Bronzezeit** (1.800–500 v. Chr.) und zeigen in stark stilisierter Form Gruppen von Menschen (oder Göttern?), Schiffe, Sonnensymbole, Schalen und Reiter. Das neue **Museum** versteht sich als Dokumentation der Felsritzkunst in ganz Norwegen. Ansonsten sind in Hegra auch die Reste einer **Festung** von 1911 interessant. Hier verschanzten sich zu Beginn des Zweiten Weltkriegs 200 norwegische Soldaten und leisteten der Besatzungsmacht 27 Tage lang tapfer Widerstand. Sie waren die letzten Streitkräfte des Landes, die vor den Deutschen kapitulierten. Einen Stopp wert ist auch der kleine **Bahnhof** von Hegra (Hegra Stasjon). Er wurde 1881 eröffnet, heute befinden sich eine Galerie und ein Café in dem Gebäude.

(ca. 8 km südlich) lohnt bei Skogn nicht weit von der E 6 die schöne, auf einer Anhöhe liegende, mittelalterliche Kirche von **Alstadhaug** mit ihren gut konservierten Kalkmalereien einen Blick. Ein großes Hügelgrab mit mehr als 50 m Durchmesser findet sich nahe dem Pfarrhof.

Eisenzeitliches Gräberfeld

Nach wenigen Kilometern erreicht man **Levanger**, das schon im Mittelalter ein bedeutender Marktplatz für den Handel mit Jämtland in Schweden war. Um in das Zentrum zu gelangen, muss man die um den Ortskern geführte E 6 verlassen. Heute ist der Ort, in dem es noch einige denkmalgeschützte Holzhäuser aus der Zeit um 1900 gibt, ein Handels- und Dienstleistungszentrum für mehrere kleine Landgemeinden. Vor der Einfahrt liegt an der E 6 das große Einkaufszentrum **Magneten**. 1 km östlich von Levanger trifft man bei Geite gård auf ein Gräberfeld aus der Eisenzeit, von dessen 37 Hügeln man eine schöne Aussicht auf den Fjord und die Stadt genießen kann.

Nach ein paar Kilometern kommt man nach **Verdalsøra**, heute bekannt wegen seiner Werft, auf der Bohrplattformen für die Ölindustrie gebaut werden. Neben zahlreichen kulturgeschichtlichen Besonderheiten hat die Gemeinde eine Menge zu bieten: Fjord, Gebirge, Seen, Flüsse und ausgedehnte Waldgebiete laden zu vielseitigen Outdoor-Aktivitäten ein. Nur 4 km in östlicher Richtung (Straße 757) liegt der für die norwegische Geschichte so bedeutende Ort **Stiklestad**, wo am 29. Juli („Olsok“ genannt) im Jahr 1030 der Wikingerkönig Olav Haraldsson fiel. Wenig später wurde er zum größten Heiligen des gesamten Nordens. Wo Olav von seinem Todfeind Tore Hund tödlich verwundet wurde, steht heute die mittelalterliche **Kirche** von Stiklestad, deren Chorwände Alf Rolfsen in den 1930er-Jahren mit Szenen der berühmten Schlacht bemalt hat. Aus der Zeit, in der die Steinkirche in zwei Etappen gebaut wurde, ist nur noch das Taufbecken erhalten. Seit 1992 gibt es ein **St.-Olavs-Museum** im architektonisch beachtenswerten **Kulturhaus**, doch bekannter ist in ganz Norwegen das „**Spiel vom Heiligen Olav**“ (Spelet om Heilag Olav), das seit 1954 alljährlich auf der größten Freilichtbühne Norwegens aufgeführt wird. In dieser Form des Mysterienspiels führt eine große Schar von über 300 Mitwirkenden die dramatischen Ereignisse der Schlacht von 1030 auf. Das Spiel findet innerhalb weniger Tage am und um den 29. Juli statt und lockt rund 25.000 Zuschauer nach Stiklestad, das Freilichttheater selbst bietet 6.000 Zu-

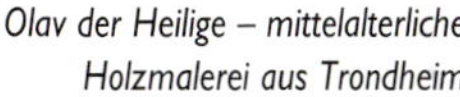

Olav der Heilige – mittelalterliche Holzmalerei aus Trondheim

schauern Platz. Daneben erinnert ein Denkmal an den Nationalheiligen. Wer nicht zu dieser Zeit hier ist, kann sich im Kulturhaus dramatische Szenen der Freiluftaufführung mit Licht- und Soundeffekten anschauen (Infos unter *www.stiklestad.no*).

Ausflug: Granfossen und Vera

Folgt man von Stiklestad aus dem Rv. 757 gut 20 km entlang dem Fluss Verdalselva, so gelangt man zum Wasserfall **Granfossen**. Hier sieht man die **größte Lachstreppenanlage Europas** (mit einem Panoramafenster), wo dem Lachs auf die Sprünge geholfen wird. Eine Naturkatastrophe ereignete sich Ende des 19. Jh. am Verdalsfluss, als große Massen an Lehmboden in den Fluss abrutschten und 112 Menschen dabei den Tod fanden.

Die Straße führt bis nah an die schwedische Grenze, wo der Gebirgsort **Vera** mit dem schönen, gleichnamigen See liegt, das Tor zur Gebirgswelt Nord-Trøndelags. Wer auf die schwedische Seite fahren möchte, wählt von Verdalsøra aus den Rv. 72 durch das **Innatal**. Zahlreiche Denkmäler entlang der Strecke erinnern an die kriegerischen Auseinandersetzungen zwischen Norwegen und Schweden in der Vergangenheit.

Zwischen Verdalsøra und Steinkjer sind auf der verkehrsreichen E 6 rund 30 km zurückzulegen. Als landschaftlich schönere Alternative bietet sich der Rv. 759 an, der an der Ostseite des Leksdalsvatnet entlangführt. Andererseits hat man auf der Europastraße in **Røra** die Möglichkeit, auf dem Rv. 755 nach Inderøy und zur Skarnsundbrücke (s. o.) abzubiegen. Etwa 12 km vor Steinkjer zweigt im Ort **Mære** eine kleine Straße links von der E 6 ab, über die man zur **Steinkirche** von Mære gelangt. Wo sich in heidnischer Zeit ein Göttertempel befand, steht die aus dem 12. Jh. stammende Kirche in landschaftlich schöner Lage nahe am Borgenfjord. Aus der Zeit der Errichtung der Steinkirche sind neben einer plastischen Darstellung des gekreuzigten Christus und dem Chorgestühl seltsame Tierköpfe am Dachstuhl erhalten geblieben.

Steinkjer

Einstiges Machtzentrum

Steinkjer liegt am Ostende des **Beitstadfjords**, einem Ausläufer des Trondheimsfjords. Das moderne Bild der Stadt verrät kaum, dass sie einst sogar bedeutender als Trondheim war und in der Wikingerzeit das Machtzentrum Mittelnorwegens. Erwähnt wird der alte Handelsort schon in der Königssaga des Snorri Sturluson, Islands großem Dichter und Historiker des Mittelalters. Dann folgten jedoch Jahrhunderte der Bedeutungslosigkeit, bis Steinkjer im Zeitalter der Industrialisierung im 19. Jh. vor allem auf der Grundlage von Holzvorkommen neue Impulse erfuhr. Rückschläge erlitt der am nordöstlichen Ende des Fjords gelegene Ort im Jahr 1900, als ein Teil der Stadt einem Brand zum Opfer fiel, sowie 1940, als die Stadt weitgehend von deutschen Bomben dem Erdboden gleichgemacht wurde. Heute leben im Zentralort rund 11.000 Einwohner, in der flächenmäßig großen Gemeinde sind es doppelt so viele. Nach der Zusammenlegung der fylker Nord- und Sør-Trøndelag im Jahr 2018 ist Steinkjer die Hauptstadt dieses großen Regierungsbezirks, zu dem auch Trondheim gehört. Neben den zentralörtlichen Funktionen für ein größeres landwirtschaftlich geprägtes Umland haben sich in Steinkjer einige Industriebetriebe auf der Basis heimischer Rohstoffe aus Land- und Forstwirtschaft angesiedelt. Der idyllische Fluss Steinkjer teilt die gleichnamige Stadt in ein nördliches und ein südliches Viertel. Die Straßen machen einen modernen und aufgeräumten Eindruck, vor allem die breite **Kongens gate** mit ihren vielen Geschäften. Ältere Baudenkmäler sieht man hingegen kaum.

Nördlich des Stadtzentrums gibt es in **Egge** mehrere prähistorische Zeugnisse; hier haben Archäologen zahlreiche Funde aus der Steinzeit gemacht, die aus Irland und anderen Teilen Europas stammen und somit die weit gespannten Handelsbeziehungen des Raumes in Norwegens früher Geschichte belegen. Beim Hof **Egge Gård** finden sich Grabhügel und Steinringe aus der Eisenzeit sowie Relikte der Wikingerkultur; einen interessanten Spaziergang kann man vom Hof aus über einen historischen Lehrpfad am Hügel Eggevammen entlang unternehmen.

Ungewöhnliches Grab aus der Bronzezeit

Am Tingvold Park Hotel findet sich neben den Überresten eines großen **Gräberfelds** eine beeindruckende sog. **Schiffssetzung**, ein 35 m langes Monument, das aus 38 in Form eines Bootes angeordneten Steinen besteht. Solche Grabmäler gab es im Norden seit Mitte der Bronzezeit um ca. 1000 v.Chr. Ausgangspunkt der Idee, Gräber in Schiffsform anzulegen, ist die Insel Gotland, auf der rund 350 Schiffssetzungen unterschiedlicher Größe registriert worden sind. Schiffe hatten schon immer im Jenseitsglauben der Menschen eine besondere Bedeutung, oft hat man den Toten Schiffe oder Schiffsmodelle mit ins Grab gegeben, doch Schiffssetzungen, in die man die verbrannten Überreste der Verstorbenen oder ihre Körper hineinlegte, haben sich von der Insel Gotland aus auf dem skandinavischen Festland ausgebreitet, wo sich die Tradition bis gegen Ende der Wikingerzeit gehalten hat.

Die Felszeichnungen von Bardal und das „Rentier Bøla“

info

15 km westlich vom Stadtzentrum Steinkjers entfernt liegen die besonders sehenswerten **Felszeichnungen von Bardal** (Anfahrt über den Rv. 285, von der E 6 aus gut ausgeschildert, unmittelbar nördlich des Egge-Tunnels; Hinweis „Helleristninger“, Parkmöglichkeiten und Infotafeln). Der erste Anblick der 300 m² großen Felsenfläche irritiert vielleicht den Betrachter, der zunächst eine bunte Vielfalt roter und gelber Linien auf einem Bildstreifen von mehr als 30 m Länge wahrnimmt. Zuunterst liegt eine Fülle älterer Felsbildmotive von Walen, Elchen, Rentieren, Schwimmvögeln oder einem Bären, die die Umrisse der Tiere zeigen und z.T. erstaunlich groß sind. Allein die Darstellung eines Wals misst 6 m! Die etwa 60 Felsritzungen sind gelb ausgemalt und stammen aus der Steinzeit (3.000–1.800 v.Chr.). Darüber wurden etwa 350 jüngere Felsbilder eingehauen, die der Bronzezeit (1.800–500 v.Chr.) zugeordnet werden und aus dem Umfeld einer Acker-

info

baukultur stammen. Sie sind in einem kräftigen Rot ausgemalt und zeigen viele Schiffsbilder, kleinere Tierdarstellungen sowie eine Menschenszene. Die Einfärbung der Felszeichnungen ist jüngeren Datums und soll die beiden unterschiedlichen Zeitalter der Darstellungen hervorheben. Dieses Vorgehen ist auch deshalb legitim, weil viele Felsbilder ursprünglich mit Farbe nachgezeichnet worden sind. Hinsichtlich der Deutung der Bilder gibt es nur Vermutungen.

Zeitlos schön: Steinzeit-Felsritzung „Rentier von Bøla"

Wer für diese Kunstform der Steinritzungen besonderes Interesse hegt und eines der bekanntesten Bilder Europas in natura sehen möchte, dem sei der ca. 30 km lange Ausflug zum „**Rentier von Bøla**" empfohlen. Von Steinkjer aus fährt man dabei über den Rv. 763 an der Südseite des Snåsasees entlang in östlicher Richtung durch Valøy zur berühmten Felszeichnung „Bølareinen", dem Rentier von Bøla (Hinweisschild). Vom Parkplatz und Kiosk geht man ca. 300 m über einen schmalen, geschotterten Weg bis zu den glatt geschliffenen Felsen am Bøla-Fluss. Das naturalistische Einzelbild im Großformat (ca. 1,80 x 1,36 m), das die Kontur des Rentieres wiedergibt, stammt aus der Steinzeit und wurde vor etwa 5.500 Jahren in den Fels gemeißelt – wahrscheinlich gehörte dies zu einem Ritual, um das Jagdglück zu beschwören. In der Nähe sieht man weitere Felsritzungen, z.B. einen Elch und 20 m unterhalb des Rentieres einen Bären sowie ein in jüngerer Vergangenheit entdecktes Bild des „**Bøla-Mannes**", dessen Füße einen waagerechten Auswuchs haben, den einige als Skier interpretieren.

Der Ausflug lohnt sich auch wegen des wunderschönen **Snåsavatn**, des sechstgrößten Binnensees Norwegens. Die Tradition des Linienverkehrs auf dem See wird heute vom Motorboot M/S „Bonden" fortgeführt, das zwischen den Ufern pendelt und den Passagieren die Vielfalt der Natur vom Wasser aus nahebringt.

Ansonsten bietet Steinkjers Umgebung viele Möglichkeiten für einen aktiven Urlaub. Mitten in der Stadt liegt an der E 6 das Erlebnisbad **Dampsaga**, ein großes, modernes Freizeitbad mit allen Einrichtungen für Fitness, Spiel und Erholung. Wer lieber im Freien badet, findet westlich von Steinkjer am **Beitstadfjord** (Hoøya and Kalvøya) glattgeschliffene Felsen und liebliche Buchten. Möchte man die weitere Umgebung erkunden, sollte man dem Rv. 762 folgen. Dabei gelangt man auf schöner Strecke durch das **Ogndal** und nach ca. 50 km zu einem herrlichen Wandergebiet mit 700 m hohen Bergen. Ausdauernde Wanderer können zu einer Mehrtagestour auf das Skjækerfjell (1.090 m ü. d. M.) aufbrechen. Und ist man an Rafting und Kanutouren interessiert, sollte man sich zur Ogna aufmachen, östlich der Stadt in Røysing am Rv. 762 gelegen.

Reisepraktische Informationen Steinkjer

Information

Innherred Reiseliv AS, *Sjøfartsgata 2a, 7701 Steinkjer, ☎ 74401716, www.visitinnherred.com, im Sommer Mo–Fr 9–18, Sa/So 10–16, sonst tgl. 9–16 Uhr. Die Touristeninformation liegt im Zentrum an der E 6 gegenüber dem Einkaufszentrum Globen. Hier erhältlich ist ein Pass, der für die Fähren auf der Reichsstraße 17 bei bestimmten Abfahrtszeiten ermäßigte Preise gewährt.*

Unterkunft

Quality Hotel Grand €€€€, *Kongens gate 37, ☎ 774164700, www.nordicchoicehotels.com. Im Herzen der Stadt gelegenes, unspektakuläres Haus mit 113 Zimmern und Suiten, Restaurant, Bar, Lobby.*

Best Western Tingvold Park Hotel €€€€, *Gamle Kongeveien 47, ☎ 74141100, www.tingvold.no. Charmante Herberge mit Tradition seit dem 19. Jh., in landschaftlich reizvoller Lage 10 Gehminuten vom Zentrum. 51 gut ausgestattete Zimmer, sehr schönes Restaurant und Salons von 1892, Abendbüfett im Zimmerpreis enthalten, Garten mit prähistorischem Baudenkmal.*

Jugendherberge

Inderøy Vandrerhjem Sund Hostel, *Flagvegen 95, 7670 Inderøy, ☎ 74124900, www.sundfhs.no. Gemütliche, der Volkshochschule angegliederte Jugend- und Familienherberge, zwischen Levanger und Steinkjer am inneren Trondheimsfjord gelegen. 15 Einzel-, Doppel- und Familienzimmer, Aufenthaltsräume, Gästeküche und Internetzugang, Frühstück, weitere Mahlzeiten auf Bestellung, nur im Sommer geöffnet.*

Camping

Kvam Motell og Camping, *Klingsundet am Snåsasee, ☎ 74149730, www.kvammotell.no. Schöner Platz mit Wiese und Badestrand am See, Motelzimmer, Hüttenverleih, Laden, gute Angelmöglichkeiten.*

Verkehrsverbindungen

Steinkjer ist **Bahnstation** *an der Nordlandbahn Trondheim – Bodø, zusätzlich werden Nahverkehrszüge nach Grong, zum Flughafen Værnes und nach Trondheim (Trønderbanen) eingesetzt. Per* **Bus** *ist die Stadt von Süden aus bequem mit dem Innherredsekspressen 3-mal tgl. (So 1-mal tgl.) ab Trondheim erreichbar.*

6. Nordnorwegen

Zwischen Trondheimsfjord und Narvik

© graphic

Der Trondheimsfjord und das fruchtbare Trøndelag erinnern noch an mitteleuropäische Landschaften, doch am Ende dieser Etappe ist man definitiv in einer anderen Welt. Dazwischen liegt die magische Linie des Polarkreises, deren Überquerung den Unterschied zwischen einem „Norwegen-" und einem „Nordland"-Urlaub ausmacht. Dazwischen liegen die unendlichen Weiten des Saltfjells und der Eispanzer des Svartisen, merkwürdig geformte Berge, die für zu Stein erstarrte Trolle gehalten wurden, Inselreiche und Fjorde, viele Hundert Kilometer ohne menschliche Siedlungen, aber auch kulturelle Zeugnisse wie mittelalterliche Steinkirchen oder steinzeitliche Felszeichnungen. Die meisten Reisenden nutzen für diese Etappe die schnellere E 6, bedeutend geringer ist der Verkehr auf der abwechslungsreicheren, kurvigeren Küstenstraße. Diese Reichsstraße 17 führt durch eine herrliche Landschaft, in der Meer und Gebirge eng miteinander verzahnt sind, wobei sieben Fähren die einzelnen Straßenabschnitte verbinden. Der Fv. 17 ist eine gute Alternative zur E 6, vor allem aber für die Reisenden, die Narvik als nördlichsten Punkt ihrer Reise wählen, um von dort auf die schwedische Seite zu gelangen und in Richtung Kiruna zu fahren.

Über Mosjøen und Mo i Rana

Nachdem man am Ufer des **Trondheimsfjords** entlanggefahren ist, gelangt man an dessen Ende zur traditionsreichen Stadt **Steinkjer** (S. 433), dem Startpunkt der Tour in den Norden. Es ist eine lange Tour: von hier bis zum Polarkreis sind es immerhin 455 km, und bis zum Etappenziel Narvik fast 800 km über die E 6. Wenige Kilometer nördlich von Steinkjer muss man sich beim Ort **Asp** oder nach **Grong** (über den Rv. 760 zum Fv. 17) entscheiden, ob man auf seinem Weg nach Norden auf der E 6 bleiben möchte oder als Alternative die Küstenstrecke entlang dem At-

Redaktionstipps

➤ Landschaftliche Highlights: der mächtige **Laksfoss** (S. 427), das **Saltfjell** (S. 430), der **Svartisen-Gletscher** (S. 438), die **Vega-Insel** (S. 436), die Sandstrände von **Mevik** und **Storvik** (S. 439).

➤ Tierbeobachtung: Bären, Wölfe und Vielfraße im **Namsskogan Familiepark** (S. 426), Seeadler über **Bodø** (S. 440).

➤ Die spannendsten Aktivitäten: Lachsangeln im **Namsendal** (S. 424) bzw. **Saltstraumen** (S. 439), Wanderung zu den **Svartisen-Gletscherzungen Østerdalisen** (S. 431) oder **Engabreen** (S. 438), Höhlenexkursion durch die **Grønligrotta** (S. 431), Wanderung zum Brandungsloch des **Torghatten** (S. 435), per Kabinenseilbahn zum **Fagernesfjell**, Narvik (S. 447).

➤ Die interessantesten kulturellen Sehenswürdigkeiten: das Holzhausviertel von **Mosjøen** (S. 428), das **Norveg-Kulturzentrum** in Rørvik (S. 434), die **Alstahaug-Kirche** und das **Petter-Dass-Museum** (S. 436), das **Luftfahrtsmuseum** in Bodø (S. 441), der alte Handelsort **Kjerringøy** (S. 442), das **Hamsun-Zentrum** auf Hamarøy (S. 444).

lantik wählt (S. 433). Auf der Europastraße sind von Steinkjer bis nach Grong, dem Eldorado der Lachsangler, ca. 85 km zurückzulegen. Nördlich von Steinkjer wird die Besiedlung spärlicher, und kurz nach Asp erreicht man bei Sem das **Snåsavatnet**, den sechstgrößten See Norwegens. Auf schöner Strecke führt die E 6 am Westufer des über 40 km langen und von Wäldern eingefassten Gewässers entlang, im Hinterland steigt das Landschaftsprofil auf gut 1.100 m ü. d. M. an. An seinem nördlichen Ende biegt bei **Vegset** der Rv. 763 zum 6 km entfernten **Snåsa** ab, bekannt wegen seiner Schiefer- und Marmorbrüche sowie der zahllosen fischreichen Seen in der Umgebung. Interessant ist die Ausstellung zur Kultur der Südsámi in dem kleinen Kulturzentrum.

Die E 6 führt dann über die kleine Passhöhe Snåseheia zum Örtchen **Formofoss**, wo ein kleiner Weg zum gleichnamigen, 30 m hohen Wasserfall hinunterführt. Dabei sieht man auch gut die Lachstreppe, auf der die Fische das Hindernis umgehen können. In Formofoss zweigt der Rv. 74 nach Osten ab und folgt dem Flussverlauf der Sanddøla; auf ihm kommt man nach rund 100 km zur Ortschaft Gäddede hinter der schwedischen Grenze – die herrliche Seenlandschaft im Grenzgebiet ist ein Paradies für Kanufahrer und Angler. Hier wurden 2004 zwei Nationalparks eingerichtet: **Blåfjella-Skjærfjella** mit 1.924 km² und **Lierne** mit 333 km², die zusammen eine riesige, weitgehend unberührte Wildnis bilden. Die touristischen Möglichkeiten sind angesichts einer nicht sehr entwickelten Infrastruktur und fehlender Verkehrswege beschränkt.

Haltepunkt der Nordlandbahn

Auf der E 6 liegt 8 km hinter Formofoss als nächste Station **Grong**, eine Gemeinde mit rund 2.400 Einwohnern. Da in Grong verschiedene Täler zusammentreffen, ist der Ort ein kleiner Verkehrsknotenpunkt mit dem Rv. 760 in westlicher Richtung nach Namsos und einem Haltepunkt der Nordlandbahn. Es gibt einige Unterkünfte, ein Fremdenverkehrsbüro und viele Möglichkeiten für Aktivurlauber, u. a. kann man hier hervorragend Lachs oder im Gebirge angeln, Kanu fahren, Rad fahren, wandern, Drachenfliegen oder Ausritte unternehmen (Infos u. a. unter *https://visitgrong.no*).

Nördlich von Grong geht es auf der Europastraße ins **Namsendal** hinein, vorbei an einer Reihe von Campingplätzen mit Hüttenverleih und immer am Namsenfluss entlang. Hier und im Sanddøla-Fluss hat das **Lachsangeln** eine lange Tradition und lockte bereits 1830 englische Adlige hierher. Die Saison dauert von Anfang Juni bis

Zwischen Trondheimsfjord und Narvik
VESTERÅLEN
LOFOTEN
Vestfjorden
Polarkreis
SCHWEDEN
Bardufoss
Setermoen
Harstad
Ibestad
Steine
Sortland
Stokmarknes
Evenskjær
Bjervik
Melbu
Fiskabo
E10
Lødingen
Kjelve
Narvik
Riksgränsen
E6
Svolvær
Kabelvåg
Skarberget
Stamsund
Henningsvær
Ulsvåg
Ballstad
Hamsun-Zentrum Hamarøy
Sørvågen
Alvnes
Kjerringøy
Rago-Nationalpark
Bodø
Løding
Fauske
Saltstraumen
Rognan
Sulitjelma
Inndyr
17
Ørnes
Junkerdal-Nationalpark
Storjord
Kilvik
Vågaholmen
Enga-breen
Stødi
Saltfjell-Svartisen-Nationalpark
Svartisvatn
Grønligrotta
Mo i Rana
Nesna
Finneidfjord
E12
Sandnessjøen
Leira
Okstindene
Alstahaug-Kirche
Bleikvassli
Tjøtta
Mosjøen
VEGA
Forvik
Laksfoss
Trofors
Brønnøysund
Torghatten
Brenna
Holm
Sørgutvik
Smalåsen
Børgefjell-Nationalpark
Norveg-Kulturzentrum
Terråk
Valøy
Røyrvikfoss
Rørvik
Salsbruket
Namsskogan Familiepark
Trones
Høylandet
Namsos
Grong
Nordli
Sjøasen
Snåsa
Sprova
N
0
50 km

Der Laksfoss

Ende August, gleich ob man vom Boot oder vom Land aus angelt. Jedes Jahr werden hier einige Tonnen des edlen Fisches aus dem Wasser geholt. Am ersten Sonntag im August findet in Grong das Namsen-Lachsfestival statt.

Wasserfall und Familienpark

Von Grong sind es 12 km bis zum 35 m hohen Wasserfall **Fiskumfossen** samt Lachstreppen und einem kleinen Lachsaquarium. Direkt neben der Straße und dem Kraftwerk, das die Wasserkraft des Namsen in elektrische Energie umwandelt, kann man den Anblick von der Cafeteria aus genießen. Hinter dem Campingplatz und der Ortschaft **Harran** führt eine Brücke über den Fluss; Moore und ausgedehnte Nadelwaldflächen säumen den Weg ins Gebirge. Etwa 70 km nördlich von Grong gelangt man zum **Namsskogan Familiepark**, wenige Fahrminuten südlich des gleichnamigen Ortes. In diesem Freizeitpark sieht man die Tierwelt des Nordens in natürlicher Umgebung (u.a. auch Wölfe, Luchse, Elche und Bären), ansonsten gibt es einen kleinen See und verschiedene Attraktionen (Sommerrodeln, Abseilen, Gummiboote etc.). Dem Familienpark an der E 6 ist eine große Hotelanlage mit Raststätte, Hüttenverleih und Campingplatz angeschlossen. Weitere Übernachtungsmöglichkeiten sind in dem kleinen Zentralort zu finden.
Namsskogan Familiepark, *Trones, ☏ 74333700, www.familieparken.no, Juni–Aug. sowie in den Herbst- und Winterferien tgl. 10–17, Hauptsaison bis 18 Uhr, NOK 279, Kinder NOK 255, Hauptsaison NOK 330, Kinder NOK 299.*

Nordnorwegen

30 km nördlich von Namsskogan und südlich von Majavatn überschreitet man die Grenze zwischen den Provinzen Trøndelag und Nordland. Bis Narvik sind es von hier noch etwas mehr als 600 km. An der E 6 weist das mächtige Holzportal „Porten till Nord-Norge“ mit einem Infozentrum für Nordnorwegen auf den Übergang in die Provinz Nordland hin, die mit rund 650 km die längste des Landes ist. An der schmalsten Stelle ist sie dafür nur 6,3 km breit. Auch der **Nationalpark Børgefjell** erstreckt sich über beide Provinzen. Der 1970 eingerichtete und 2003 auf nunmehr 1.550 km² erweiterte Nationalpark ist ein traditioneller Lebensraum der Sámi, wie die Namen für Gebirgszüge, Seen und Flüsse zeigen. Auch von der schwe-

dischen Seite kommen Sámi mit ihren Rentieren hierher. Das ist auch der Grund, warum das Terrain touristisch nicht extensiv genutzt wird, z. B. fehlen hier weitgehend die Wanderwege und Übernachtungsmöglichkeiten, wie sie für die meisten anderen Fjell-Gebiete typisch sind.

In dem spärlich besiedelten Gebiet folgt mit **Majavatn** ein kleiner Zentralort, der im Zweiten Weltkrieg Mittelpunkt des Widerstands gegen die deutsche Besatzungsmacht war. 24 Männer der Umgebung wurden wegen Sabotage hingerichtet. Wenige Kilometer weiter erreicht die Strecke auf der E 6 bis Mosjøen mit 375 m ü. d. M. ihren höchsten Punkt, östlich erhebt sich der 1.202 m hohe Berg Kuklompen. Bei **Brenna** zweigt der Rv. 76 in westlicher Richtung ab und führt durchs Gebirge bis zum Fv. 17. Nach weiteren 20 km folgt bei **Trofors** ein Abzweig auf den nach Schweden führenden Rv. 73, es sind rund 110 km bis Tärnaby. Nach weiteren 13 km lohnt unbedingt ein Stopp am eindrucksvollen Wasserfall **Laksfoss** (ausgeschilderter, kurzer Abzweig von der E 6); von der modernen Raststätte mit Souvenirverkauf hat man einen fantastischen Blick auf den kraftvollen, wilden Katarakt des Vefsna-Flusses, der seine Wassermassen in einen Kessel stürzen lässt. Zu diesem Kessel kann man in wenigen Minuten hinabwandern, dort unten sind auch die Lachstreppen zu sehen, die den Tieren eine gut zu bewältigende Umleitung bieten.

Mächtiger Katarakt

Der Atlantische Lachs (Salmo salar)

info

Für Fischer und Sportangler hat der Lachs als „König der Fische" nichts von seiner Faszination verloren, auch wenn der edle Speisefisch heute massenweise in Lachszuchtanlagen produziert wird. Seine weiche Konsistenz und sein hoher Fettgehalt unterscheiden den Atlantischen Lachs vom Pazifiklachs, der in den Gewässern Alaskas und Kanadas heimisch ist, einen sehr niedrigen Fettgehalt und festes Fleisch hat. Als die Flüsse in Mitteleuropa noch nicht verschmutzt waren, kam der Atlantische Lachs dort sehr häufig vor. Heute lebt er vor allem in den Flüssen Skandinaviens, Islands und Schottlands. Geboren wird der Wildlachs in den oberen Flussläufen, wo sich die kleinen Fischchen zunächst von ihrem Dottersack ernähren, danach entwickeln sie Appetit auf kleine Krebse und Insektenlarven, später auch winzige Fische.

Nach einem Aufenthalt von etwa 2 bis zu 5 Jahren je nach Wassertemperatur wandern die nun ca. 20 cm großen Edelfische ins Meer, wo sie dann kräftig an Gewicht zulegen, manchmal mehr als 1 kg pro Monat. Je mehr Krustentiere sie fressen, desto intensiver wird die lachsrote Färbung des Fleisches. Nach bis zu dreijährigem Aufenthalt im Meer kehrt der Lachs geschlechtsreif in den Fluss zurück, aus dem er ursprünglich aufgebrochen ist – ein bisher ungeklärtes Phänomen. Erstaunlich sind auch die Distanzen, die Wildlachse im Meer zurücklegen, denn in norwegischen Flüssen markierte Lachse wurden vor der Küste Westgrönlands wiederentdeckt. Genauso phänomenal ist es zu sehen, wie die bis zu 40 kg schweren und ca. 1,2 m langen Brocken Wasserfälle und Stromschnellen überwinden und

info

dabei bis zu 3 m hoch und 5 m weit springen. Der Mensch hilft dem königlichen Tier mit Lachstreppen dabei, schwierige Flussabschnitte zu überwinden und ideale Laichgebiete zu erreichen. Die besten Lachsflüsse Norwegens wurden nach dem Krieg mit solchen Umbauten versehen, was sich günstig auf die Lachsbestände auswirkte. Heute hat die Lachsfischerei keine besondere volkswirtschaftliche Bedeutung, aus der Sicht der Freizeitangler und der Fremdenverkehrsindustrie kommt der Lachs- und Inlandsfischerei ein wesentlich höherer Stellenwert zu.

Nach weiteren 30 km durch ein ausgeprägtes Tal und Fahrt durch den Mosåtunnel gelangt man in das am Vefsnfjord gelegene, freundliche Städtchen **Mosjøen**, mit rund 10.000 Einwohnern einer der größten Orte der Provinz Nordland. In der von Bergen umgebenen Stadt prägt eines der größten Aluminiumwerke Europas das Wirtschaftsleben. In der Altstadt mit netten Cafés sollte man einen kleinen Bummel unternehmen. Entlang der berühmten **Sjøgate** und in den Nebenstraßen gibt es immerhin die **größte zusammenhängende Holzhausbebauung** in Nordnorwegen! Rund 100 Holzhäuser umfasst dieses Ensemble, von denen die meisten um 1866 entstanden sind. In der Altstadt sind außerdem die achteckige hölzerne **Dolstad-Kirche** von 1735 und das kulturgeschichtliche **Vefsn-Museum** interessant. Mosjøen verfügt u.a. über Hotels (darunter das Fru Haugans Hotel von 1794, das älteste Nordnorwegens), Jugendherberge und Campingplatz.

Gut bewahrte Holzhaus-Altstadt

Hinter Mosjøen prägen zunehmend Fjell, Gewässer und Eis die Landschaft. Vom Meer aus steigt die E 6 an und erreicht nach knapp 50 km mit 550 m ü.d.M. den höchsten Punkt bis Mo i Rana. Vom Vesterfjell hat man einen tollen Blick auf den Svartisen-Gletscher und die Umgebung. Dann führt die E 6 in großen Serpentinen nach **Korgen**, einem Ort, der von der Wasserkraftgewinnung (Ranaverk) bestimmt wird. Immer wieder erinnern Gedenktafeln unterwegs daran, dass die Straße gen Norden während der Besatzungszeit von russischen und jugoslawischen Kriegsgefangenen gebaut wurde. Von Olderneset bei Korgen führt eine Landstraße zum vergletscherten Gebirgsmassiv **Okstindene**, das auf Bergtouren erschlossen werden kann und mit der Spitze 1.916 m ü.d.M. den höchsten Punkt Nordnorwegens markiert.

Die E 6 verläuft weiter am Ranafjord entlang zur Industriestadt **Mo i Rana**, mit ca. 18.000 Einwohnern Zentralort der flächenmäßig viertgrößten Gemeinde Norwegens (knapp 4.500 km^2, ca. 25.000 Einwohner). Ursprünglich wurde der einfach *Mo* (ausgespr.: *Mu*) genannte Ort durch den Tauschhandel zwischen norwegischen Küsten- und schwedischen Waldbewohnern geprägt, bis Erzfunde im Dunderlandstal zu Anfang des 20. Jh. eine Entwicklung einleiteten, die über die Aluminium- und Zinkherstellung 1955 zur Stahlproduktion des „Norsk Jernverk" führte. Eine in den 1960er-Jahren errichtete Kokerei, auf der Kohle aus Spitzbergen verarbeitet wurde, musste aufgegeben werden. Die Stahl-, Hütten- und Walzwerke (Mo Industrial Park) im Nordosten der Stadt sind im Sommer zu besichtigen. Für den Tourismus spielt Mo keine allzu große Rolle, ist aber Verkehrsknotenpunkt (Flughafen, Bahnhof, E 6, E 12). Von Oslo ist man ziemlich genau 1.000 Straßenkilometer entfernt, von Trondheim 480 km, von Bodø 240 km und vom schwedischen Umeå 500 km. Mo i Rana besitzt mehrere Unterkünfte und könnte als Zwischenstation genutzt

Einstiger Tauschhandel

werden. Auch bieten sich Ausflüge zum Svartisen-Gletscher (S. 438) und über den Rv. 12 zur Küstenstraße an. Ein kleines modernes Zentrum ist entlang der Fußgängerzone Jernbanegate entstanden, die zum Fjord hin abfällt. Im Hafenbecken hat es die 11 m hohe Skulptur „Der Mann im Meer" zu Berühmtheit (A. Gormley, 1995) gebracht. Unterhalb des Einkaufszentrums liegt das Bahnhofsgebäude, ein achteckiger Ziegelsteinbau mit einer Glaskuppel, davor erinnert eine Büste an den Pionier der Nordlandbahn, Ole Tobias Olsen. Wer Zeit hat, kann dem **Rana-Museum** einen Besuch abstatten, das an drei Orten untergebracht ist: Im Meyergården zeigt das Heimatmuseum eine kleine samische Abteilung, in der Strandgate eine naturhistorische Sammlung und 9 km außerhalb der Stadt präsentiert das Freilichtmuseum Stenneset ältere Gebäuden der Region. Lohnend ist eine Fahrt mit der Kabinenbahn auf das 410 m hohe **Mofjell** mit einem wunderschönen Ausblick auf die Stadt und den Svartisen-Gletscher. Besuchenswert ist auch die Kirche aus dem 19. Jh. mit dem Altarbild einer Vorgängerkirche.

Seilbahn zum Aussichtspunkt

Reisepraktische Informationen Mo i Rana

Information

Mo i Rana Turistinformasjon, *Ole Tobias Olsens gate 1, 8622 Mo i Rana, ☎ 75018000, https://visithelgeland.com. Im Zentrum an der E 6 gelegenes Büro, Mo–Fr 10–16, im Sommer Mo–Fr 10–18, Sa/So 11–17 Uhr.*

Unterkunft

Scandic Meyergården €€€€, *Fr. Nansensgate 28, Mo i Rana, ☎ 75134000, www.scandichotels.com. Mit 239 Zimmern das größte und teuerste Hotel am Ort. Das Gebäude diente einst als Sitz eines alten Handelshauses, seit 1890 finden Reisende hier Unterkunft. Das Haus besteht aus dem historischen Altbau und einer Reihe modernerer Anbauten. Die Zimmer haben unterschiedliche Größen und Einrichtungen, sind aber alle gut ausgestattet. Renommiertes Restaurant, beliebter Pub, Nachtclub.*

Mo Hotell & Gjestegaard €€€, *Elias Blix gate 5, Mo i Rana, ☎ 75152211, www.mo-gjestegaard.no. Nettes, dreistöckiges Holzhaus, zentral, aber ruhig gelegen mit 15 gut ausgestatteten Einzel-, Doppel- und Familienzimmern und gutem Frühstück, Restaurant.*

Camping

Yttervik Camping, *Sørlandsveien 874, 8617 Dalsgrenda, ☎ 75164565, www.yttervikcamping.no. Gute Anlage am Ende des Ranafjords, 16 km südlich des Stadtzentrums und 200 m von der E 6 entfernt. Viele gut ausgestattete Campinghütten, Apartments und Ferienhäuser, neues Servicegebäude, Bootsverleih, geöffnet Juni–Mitte Sept.*

Verkehrsverbindungen

Der lokale **Flugplatz** *liegt in Røssvoll (Mo i Rana Lufthavn) und wird von Widerøe ab/bis Oslo via Trondheim und ab/bis Bodø angeflogen. Die Stadt hat einen Bahnhof an der Nordlandbahn mit jeweils zwei Verbindungen nach Bodø sowie Trondheim/Oslo. Per* **Bus** *ist Mo i Rana durch die Gesellschaft Nordlandsbuss mit allen größeren Orten der Provinz verbunden. Nach Schweden fahren die Gesellschaften Swebus (Mo i Rana – Umeå) und Lapplandspilen (Mo i Rana – Stockholm).*

Am Polarkreiszentrum

Von Mo i Rana führt die E 6 nach Storforshei durch das **Dunderlandstal**. Die Fichten- und Birkenwälder werden seltener, die Bäume sind auffallend klein, und gut 10 km vor dem Polarkreis lässt man bei 586 m ü. d. M. die Waldgrenze hinter sich: Das sog. „Kahlfjell" bestimmt das Landschaftsbild. Nach ca. 80 km von Mo i Rana aus wird auf der magischen Linie von **66°33'51"** nördlicher Breite der **Polarkreis** (Polarsirkelen) mit dem **Polarkreiszentrum** erreicht. Vor dem architektonisch interessanten Gebäude steht die Polarkreissäule, eines der am häufigsten fotografierten Motive. In dem Zentrum gibt es Ausstellungen zur Kultur und Wirtschaft Nordnorwegens, Film- und Diavorführungen, eine Cafeteria, ein Sonderpostamt, einen Souvenirshop und gepfefferte Preise *(Polarsirkelsenteret AS, Saltfjellveien 1850, 8630 Storforshei, www.polarsirkelsenteret.no, Mai–Sept. 8–20 Uhr).*

Karges Hochplateau

Wenige Kilometer nach Passieren des Polarkreises erreicht die Straße mit 707 m ü. d. M. den höchsten Punkt auf dem **Saltfjell**. Sie führt mitten durch den 1989 eingerichteten **Saltfjell-Svartisen-Nationalpark**, den mit 2.250 km² zweitgrößten des Landes. In dieser urwüchsigen, monumentalen, aber auch lebensfeindlichen Landschaft sind die Europastraße und die Eisenbahnlinie die einzigen Eingriffe in die Natur, ansonsten herrscht grenzenlose Weite, mit bis in den Sommer hinein sichtbaren Schneefeldern. Recht häufig können hier oben auch Rentiere beobachtet werden. Im Westen erstreckt sich der Gletscher **Svartisen** bis ans Meer, während im Osten die Hochflächen bis nach Schweden reichen. Hieraus ergibt sich auch ein klimatischer Gegensatz – an der Küste ist es eher mild und feucht, im Binnenland vorwiegend kühl und trocken.

Grenznahes Naturschutzgebiet

Langsam geht es dann im Norden wieder bergab und die kargen Fjellflächen werden bald von Birkenwaldbeständen abgelöst. Von **Lønsdal** (Høyfjellshotell) aus, 24 km nach dem Polarkreiszentrum, bieten sich Wanderungen im Saltfjell an. In **Storjord** zweigt der Rv. 77 ab und führt durch das enge, wilde Junkertal in nur 20 km zur schwedischen Grenze; vom Abzweig bis zum lappländischen Arjeplog sind es auf der in Schweden „Silberstraße" genannten Verbindung insgesamt 245 km, vorbei an riesigen Seen und eindrucksvollen Nationalparks. Auch wenn man keine Fahrt ins Nachbarland plant, lohnt es sich doch, dieser Straße zumindest bis zum **Junkerdal Turistsenter** (11 km) zu folgen. Hier hat man einen herrlichen Blick ins Tal und auf den markanten 1.561 m hohen Solvågtind. Das ganze Gebiet bis zur schwedischen Grenze steht unter Naturschutz, 2004 wurde hier der ca. 680 km² große **Junkerdal-Nationalpark** eingerichtet. Die größten Schätze der wilden und bewaldeten Tallandschaft sind u. a. seltene Arten arktischer Orchideen. Im Gegensatz zu den oben genannten Schutzarealen ist der Park touristisch gut er-

Tipp: Ausflug zum Svartisen-Gletscher

Die Hauptattraktion der ganzen Gegend ist der **Svartisen-Gletscher** (S. 438), von Mo i Rana 32 km entfernt. 5–6 Std. sollte man für den Ausflug einplanen, 2 Std. mehr, wenn man auch eine der Kalksteingrotten besuchen möchte. Mit dem Auto fährt man dazu auf der E 6 nordwärts bis nach **Røssvoll**, dessen Motorstadion übrigens die älteste Autorennstrecke Norwegens ist. Von hier folgt man den Hinweisschildern durch das Rossvasstal zum Svartisvatn, einer Strecke von rund 24 km. Unterwegs passiert man die in einem Kalksteingebiet liegenden Höhlen **Grønligrotta** und Setergrotta. Die meisten Touristen suchen die erstgenannte, beleuchtete Grotte auf, die ca. 4.200 m lang ist und durch Wassererosion in den letzten 700.000 Jahren entstand. Als besondere Attraktion besitzt sie einen unterirdischen Wasserfall *(Führungen ca. 20. Juni–20. Aug. tgl. 10–18 Uhr, Gummistiefel empfohlen, www.gronligrotta.no).*

Nicht weit von der Grønligrotte liegt die größere **Setergrotta**, die sich eher für sportlich ambitionierte Besucher anbietet. Denn auf einer zweistündigen geführten Wanderung wird es gelegentlich eng und man muss ein wenig klettern. Die Besucher werden mit allem Notwendigen, auch mit Gummistiefeln, ausgerüstet *(Infos unter www.setergrotta.no).*

Am **Svartisvatn** endet die Stichstraße. Von hier verkehrt im Sommer (ca. 20. Juni–30. Aug.) ein Boot über das milchig-grüne Wasser des Sees; nach 20 Min. macht man nahe der Gletscherzunge **Østerdalisen** fest. Dieses imposante Gletscherfeld erreicht man nach einem ca. 3 km langen Fußweg, gutes Schuhwerk ist erforderlich. Im Sommer fahren auch Busse ab der Touristeninformation von Mo i Rana direkt zum Boot.

schlossen, es gibt markierte Wanderpfade und Übernachtungshütten, die mehrtägige Wanderungen von See zu See möglich machen (falls die Mücken es zulassen!).

Infostelle für alle fünf Nationalparks

Der Rundbau des 2006 eröffneten **Nordland-Nationalparkzentrums** befindet sich an der E 6, wenige Fahrminuten hinter dem Abzweig zum Junkerdal, und ist die zentrale Informationsstelle für alle fünf Nationalparks, die es in der Provinz gibt, vor allem aber für den Junkerdal- und den Saltfjellet-Svartisen-Nationalpark. Hier kann man sich Ausstellungen ansehen, Karten und Prospekte bekommen und sich bei der Planung von Naturerlebnissen beraten lassen. Von hier aus gibt es einen fantastischen Wanderweg von einigen Kilometern Länge, der über eine Hängebrücke in eine tiefe Schlucht führt und auf einem in den Fels geschlagenen Pfad dem tosenden Wildwasser folgt. Seit 2013 ist die **Adde-Zetterquist-Kunstgalerie** angeschlossen, ein architektonisch überzeugender Bau, in dem die Gemälde des nordnorwegisch-schwedischen Künstlerpaares Per Adde und Kajsa Zetterquist gezeigt werden.

Nordland nasjonalparksenter & Adde Zetterquist kunstgalleri, *Storjord, 8255 Røkland, ☎ 40067251, www.nordlandsnaturen.no, www.addezetterquistkunstgalleri.no, beide Juni–Aug. tgl. 10–17, Mitte April–Okt. Di–So 10–15 Uhr, Eintritt frei.*

Die E 6 führt weiter nach Norden, durch das **Saltdal** dem Saltdalsfjord entgegen. Entlang der Strecke werden kleine Ortschaften passiert, häufig mit touristischen Angeboten. Das Verwaltungszentrum dieser Region heißt **Rognan**, hat ca. 2.500 Einwohner und lebt von der Kleinindustrie. Mit Touristenbüro, einigen Unterkünften, Bahn- und Busverbindungen sowie Anbietern von Outdoor-Aktivitäten ist Rognan aber auch für den Fremdenverkehr interessant. Einige Kilometer nördlich der Stadt liegt das Freilichtmuseum **Saltdal bygdetun** mit über 20 Gebäuden verschiedenen Alters sowie für die Provinz Nordland einst typischen Booten. Seit 1990 erinnnert hier das sog. **Blutstraßenmuseum** an die Kriegsjahre unter deutscher Besatzung *(http://nordlandsmuseet.no/blodveimuseet, 20. Juni–20. Aug. Di–So 11–17 Uhr)*. Im Saltdal gab es 18 Lager für Gefangene, die im Straßenbau schuften mussten, sodass man in dieser Gegend auch vom „Blodveien" spricht, der „Straße des Blutes". 5 km nördlich von Rognan und 700 m von der E 6 entfernt liegen 1.657 jugoslawische Kriegsgefangene und 2.732 deutsche Soldaten begraben. Gedenksteine und Mahnmale findet man auch an vielen anderen Stellen entlang der E 6, u. a. am Polarkreiszentrum.

Erinnerung an die Besatzungszeit

Die Straße führt in Richtung **Fauske** am Ufer des Saltdalsfjords entlang durch mehrere Tunnel. Fauske, 100 km vom Polarkreis entfernt, ist mit seinen knapp 10.000 Einwohnern ein Handels-, Ausbildungs- und Verkehrszentrum mit weitgehend nüchternem Gepräge. Außer einigen Cafeterias, Einkaufszentren und Unterkünften gibt es nichts, was zum Bleiben einladen würde. Zugreisende auf dem Weg weiter in den Norden müssen hier von der Nordlandbahn auf Busse umsteigen, da die Züge nur bis Bodø fahren. Vom Verkehrsknotenpunkt Fauske führt der Rv. 80 in die Hauptstadt des Nordlands, Bodø (s. u.), während man über den Rv. 830 ostwärts zum Bergbauort **Sulitjelma** gelangt.

Von Fauske nach Bodø

Abstecher in den Westen

Von Fauske bietet sich ein Abstecher am Skjerstad- und Saltfjord entlang in das 60 km entfernte **Bodø** (S. 440) an, dessen Küstenlandschaften in der weiteren Umgebung mit zahlreichen Fjorden, Sunden und Inseln überaus reizvoll sind. Der gut ausgebaute Rv. 80 erreicht an keiner Stelle mehr als 100 m ü. d. M., die Kurven sind übersichtlich, doch wird die Geduld des Autofahrers häufig auf die Probe gestellt, da die Höchstgeschwindigkeit auf einem großen Teil der Strecke auf 60 km/h begrenzt ist. Geschwindigkeitskontrollen sind auf diesem Abschnitt keine Seltenheit, daher sollte man vorsichtig sein! Etwa 35 km von Fauske entfernt, 2 km vor Reitan, weist ein Schild nahe **Vågan** auf Felszeichnungen (Helleristningen) hin, die 200 m nördlich der Straße liegen. Zu sehen ist u. a. ein über 3 m langer, naturalistischer Elch, der vermutlich schon in der älteren Steinzeit in den Fels geritzt wurde.

9 km weiter trifft die Straße bei **Løding** auf den Fv. 17, von dem es nur 13 km bis zum legendären Gezeitenstrom **Saltstraumen** (S. 439) sind. 6 km vor Bodø sollte man die Reststrecke nach Narvik auf jener Nebenstraße zurücklegen, die an der mittelalterlichen Bodin-Kirche und dem unterhalb der Kirche liegenden Freilichtmuseum vorbeiführt.

Der Kystriksveien (Fv. 17): immer an der Küste entlang

Der als **Kystriksveien** (Küstenreichsstraße) bezeichnete Fv. 17 verläuft von Steinkjer am nördlichen Ende des Trondheimsfjords entlang der Küste und über den Polarkreis bis hinauf nach Bodø; der nördliche Teil dieser Strecke westlich von Mo i Rana bis südlich von Bodø heißt „**Nationale Touristenstraße Helgeland**". Sieben Fähren verbinden die einzelnen Abschnitte der Küstenstraße miteinander und ermöglichen die Reise durch eine Region, in der Fischerei und Handel lange Zeit die Lebensgrundlage der Menschen bildeten. An die Vergangenheit erinnern steinzeitliche Felszeichnungen und wikingische Gräberfelder, Mittelalterkirchen und schmucke Holzhausgemeinden aus jener Zeit, als Ruder- und Segelboote noch die wichtigsten Verkehrsmittel waren. Die Region hat auch hypermoderne Museumsneubauten, spektakuläre Brücken und lange Tunnel, doch im Mittelpunkt steht die großartige Natur, wo Nordmeer und Gebirge aufeinandertreffen, die Zungen des Svartisen-Gletschers bis zum Meer hinunterreichen und wunderschöne Inseln, Schären und Archipele auf Besucher warten. Um zahlreiche markante Bergformationen ranken sich Sagenstoffe, die in ganz Norwegen bekannt sind.

Beeindruckende Routenvariante

Eine gute Idee ist es, beim Start zu dieser Etappe das **Kystriksveien Infosenter in Steinkjer** aufzusuchen, das man direkt an der E 6 findet. Hier kann man u. a. die aktuellen Fährzeiten checken, sich Kartenmaterial und Unterkunftsnachweise besorgen. Auch in der Hochsaison müssen Reisende in der Regel keine zu langen Wartezeiten befürchten, da die Fähren bei viel Verkehr öfter fahren.

Information vor der Fahrt

Informationen Kystriksveien

Ein detaillierter Reiseführer über die Gesamtetappe ist unter www.kystriksveien.no auch in deutscher Sprache zu bestellen bzw. downzuloaden, bei Instagram und Facebook sind viele weitere Inspirationen unter @kystriksveien, #kystriksveien bzw. www.facebook.com/kystriksveien.no zu bekommen. Wer nicht motorisiert ist, findet unter www.backpacker17.com hilfreiche Infos über Verkehrsmittel, einfachere Unterkünfte etc.

Nachdem man **Steinkjer** verlassen hat, prägen zunächst noch die moderaten Höhenzüge und fruchtbaren Landschaften des nördlichen Trøndelag die Strecke. Die erste Küstengemeinde liegt etwas weiter westlich und kann bei Interesse über den Rv. 766 erreicht werden; sie heißt **Flatanger**, ist von Hunderten von Schären umgeben und hat als Attraktion u. a. zwei alte Leuchttürme und das aus dem Zweiten Weltkrieg

Küstenszene am Fv. 17

stammende Küstenfort Utvorda. Die erste Station entlang dem Fv. 17 ist aber **Namsos**, an der Mündung des Namsen in den Namsfjord gelegen und mit rund 13.000 Einwohnern ein recht bedeutender Zentralort. Die Lebensgrundlage bilden Forstwirtschaft und Holzindustrie, wovon die moderne Sägerei ebenso zeugt wie das **Norwegische Sägewerksmuseum** (Norsk Sagbruksmuseum) in Spillum, einige Kilometer südlich der Stadt. An gleicher Stelle wurde 1884 Norwegens erste Dampfsägemühle gebaut, die Maschinen und Ausstattung des Museums geben den Stand von 1947 wieder. Das Stadtbild ist modern, da Namsos im Krieg stark zerstört wurde, und auf den ersten Blick gibt es wenig, das zu einem längeren Aufenthalt einlädt. Allerdings hat die Stadt einige Unterkünfte, beste Shoppingmöglichkeiten, verschiedene Festivals (vor allem für Freunde der Rockmusik), interessante Ausflugsziele und die eine oder andere Sehenswürdigkeit zu bieten. Dazu gehören u.a. das Kulturhaus **Nord-Trøndelag Fylkesgalleri** (wechselnde Kunst- und Kunstgewerbeausstellungen, *www.kunstmuseet.no*) sowie das örtliche Heimatmuseum **Namdalsmuseet** mit vielen Nordlandbooten, Gebäuden der Region und einer Sammlung von Krankenhausgegenständen. Nicht nur bei schlechtem Wetter lohnt ein Besuch im beeindruckenden Hallenbad **Oasen**, dem größten in Europa, das komplett in den Fels gesprengt wurde *(www.oasen-namsos.no)*. Bei gutem Wetter sollte man eine leichte 30-Minuten-Wanderung auf den **Klompen** unternehmen, den Aussichtsberg von Namsos mit Panoramablick auf die Stadt, ihre Umgebung und den Fjord.

Durch die Wälder Trøndelags

Der Fv. 17 ist eine Alternative zur Europastraße, doch nördlich von Namsos gibt es wiederum eine Alternative zum Fv. 17, denn dieser macht hier einen letzten großen Bogen durchs Binnenland und ist auf den nächsten 100 km eben keine Küstenstraße. Deswegen sollte man im Kreisel am Ortsausgang von Namsos auf den **Rv. 769** abbiegen (Hinweis: Rørvik) und auf sehr reizvoller Strecke bis zum Fährort **Lund** fahren. Auf diesen 53 km überquert man auf Brücken mehrere Sunde und springt von Insel zu Insel, hinter dem Weiler Salsnes passiert man dann den **Salsvatn**, der durch einen schmalen Grat vom offenen Meer getrennt wird und mit 464 m Tiefe der zweittiefste Binnensee Norwegens ist. In Lund nimmt man die Fähre nach **Hofles** (20 Minuten) und stößt dann auf den Rv. 770. Nach Westen ist ein weiterer Abstecher möglich, und zwar zur 4.000-Einwohner-Küstengemeinde **Rørvik**, die inmitten eines ausgedehnten Schärengartens liegt. Der ehemalige Fischerort und heutige Anlaufhafen der Hurtigruten wirkt mit seinen weißen Holzhäusern herausgeputzt und adrett, doch sind es nicht die älteren, sondern ein futuristisches neues Gebäude, das Besucher in seinen Bann zieht: Das 2004 eingeweihte **Kulturzentrum Norveg**, ein mit mehreren Preisen bedachtes Meisterwerk des isländischen Architekten Guðmundur Jónsson. Die Fassade aus Metallplatten wirkt wie eine Ansammlung dicht an dicht stehender Segelboote und ist für die Einheimischen, die 13 Jahre lang um dieses Zentrum gekämpft haben, ein Symbol ihres Selbstbehauptungswillens. Den Besuchern werden in einer eindrucksvollen Ausstellung mit multimedialer Technik 10.000 Jahre Geschichte des Menschen an der norwegischen Küste nahegebracht, daneben fungiert das Gebäude auch als sozialer Begegnungsort der Bevölkerung mit Theater, Konzerten, dem Kafé Norveg und Festivitäten.

Architektonisches Meisterwerk

Kulturzentrum Norveg, *Infos unter www.kystmuseetnorveg.no, im Sommer Mo–Fr 10–22, sonst Di–Sa 11–15 Uhr, außerdem jeden Abend, nachdem das Hurtigruten-Schiff festgemacht hat, für 1,5 Std., meist bis 21.30 Uhr*

Sofern man nicht auch noch **Leka** einen Besuch abstatten möchte, mit ihrem roten Serpentingebirge sicher eine der schönsten Inseln Nordnorwegens, findet man über den Rv. 770 schnell wieder zum Fv. 17 zurück und fährt dann, am malerischen Lysfjord vorbei, nach **Holm**. Hier besteigt man die Fähre zur Insel Sømna (20 Min.), die in **Vennesund** festmacht. Am Kai wird man von einigen hübsch restaurierten Packhäusern begrüßt, des Weiteren finden sich ein Bootshaus mit Nordlandbooten, ein bronzezeitlicher Grabhügel und die St. Olavsquelle mit angeblich heilbringendem Wasser im Ort. Über **Vik**, wo das Freilichtmuseum **Sømna Bygdetun** am Wegrand liegt, geht es nach Norden über die gesamte Insel bis **Brønnøysund**. Der recht große Ort (ca. 4.600 Einwohner), der auch von der Hurtigruten angelaufen wird, ist ein bedeutendes Dienstleistungszentrum und wird mit Touristeninformation, Hotels, Campingplätzen, großem Einkaufszentrum, Lokalflughafen und nahe gelegenen Sehenswürdigkeiten gern als Zwischenstation genutzt. Die meisten Reisenden, die Brønnøysund von Süden und meist nach langer Anfahrt erreichen, fühlen sich in Brønnøysund, knapp vor dem Polarkreis, bereits dem Nordkap nahe. Aber ein Verkehrsschild am Jachthafen informiert darüber, dass man sich keineswegs im nördlichsten Drittel oder Viertel des lang gestreckten Königreichs Norwegen befindet, sondern genau in der Mitte!

Der legendenumwobene Torghatten

Der geografische Mittelpunkt des Landes hat einiges an Naturschönheiten zu bieten, wobei der Berg **Torghatten** mit seinem sagenumwobenen Loch die bekannteste Gebirgsformation ist – so bekannt, dass selbst die Hurtigrutenschiffe eine kleine Schleife fahren, um ihren Passagieren die „Durchsicht" zu ermöglichen. Der Sage nach durchschlug ein Pfeil des Riesen Hestmannen (s. u.) den Hut eines anderen Riesen, der bei Sonnenaufgang dann zu Stein erstarrte. In Wirklichkeit wurde das 166 m lange, 15–28 m breite und bis zu 75 m hohe Loch durch die Meeresbrandung ausgespült. Da sich das Loch heute mehr als 110 m über dem Meeresspiegel befindet, kann es als sichtbarer Beweis für die nacheiszeitliche Landhebung genommen werden. Der Torghatten, zu dessen Füßen sich weiße Sandstrände ausbreiten, liegt 15 km von Brønnøysund entfernt und kann auf einer asphaltierten Straße bequem erreicht werden. Direkt am südlichen Ortsausgang schraubt sich zunächst eine 550 m lange Brücke in kühnem Schwung über den Sund, ein beliebtes Ziel auch von Fußgängern, die von hier oben die Passage der Hurtigrutenschiffe fotografieren. Am Ende der Straße gibt es einen z. T. etwas steilen Wanderweg, der in 20 Minuten zum Loch des Torghatten und durch dieses hindurch führt. Möchte man länger bleiben, kann man auf dem komfortablen Campingplatz mit Hüttenverleih einchecken.

Inselberg mit Loch

Ein anderes, zunehmend populäres Reiseziel nahe der Stadt ist die Inselgruppe **Vega**. Man kann sie von Brønnøysund aus per Schnellboot oder von Horn mit der Fähre erreichen. Ausgrabungen belegten, dass die Inseln seit 10.000 Jahren bewohnt sind. Ihre Natur und ihre Traditionen, u. a. bei der Nutzung von Eiderenten-Daunen, haben sie 2004 sogar auf die prestigeträchtige UNESCO-Welterbeliste gebracht.

Bei der Weiterfahrt folgt zunächst am nördlichen Ende der Insel eine 20-minütige Fährüberfahrt von **Horn** nach **Anndalsvågen**, dann eine 17 km lange entlang dem schmalen und fast schnurgeraden Vevelstad-Sund und schließlich 60 Minuten Fährfahrt von Forvik nach **Tjøtta** auf der 54 km² großen Insel Alsten. Die Fahrpläne der beiden Fähren sind aufeinander abgestimmt, man sollte hier nicht zu sehr trödeln. Am Endpunkt wartet in Tjøtta Historisches, nämlich ungewöhnlich viele Bodendenkmäler aus Eisen- und Wikingerzeit sowie ein Kriegsgefangenen-Friedhof aus dem Zweiten Weltkrieg. Hinter Tjøtta sind es noch 71 km auf dem Fv. 17 bis zur nächsten Fähre. Unterwegs gibt es eine Reihe natürlicher und kultureller Sehenswürdigkeiten, etwa die Gebirgskette der **Sieben Schwestern** *(De syv søstre)*, die sich nebeneinander und rund 1.000 m hoch aus dem Nordmeer erheben – der Sage nach sind die sieben Gipfel Jungfrauen, die sich nach einer Verfolgung durch den Riesenkönig Hestmannen (s. u.) erschöpft niederwarfen und bei Sonnenaufgang zu Stein erstarrten. Jeder einzelne der sieben Berge, oder alle zusammen, sind für konditionsstarke Bergwanderer ein durchaus machbares Ziel, eine besondere Ausrüstung ist dafür nicht notwendig.

Versteinerte Riesen

Am Pfarrhof von Alstahaug

Die größte kulturelle Attraktion ist der Weiler **Alstahaug** mit einer romanischen **Kirche** von etwa 1200, einem 8 m hohen Hügelgrab und dem roten Pfarrhof aus dem 18. Jh. Hier lebte der Barockdichter und Priester Petter Dass von 1689 bis zu seinem Tod 1707, einer der ganz großen literarischen Gestalten des Landes und als Verfasser der „Trompete des Nordlandes“ auch von internationalem Rang. Ein Bronzedenkmal zeigt ihn mit Bart und Leibesfülle, dahinter aber bildet das **Petter-Dass-Museum** (mit Café, Museumsladen) einen unerwarteten architektonischen Akzent. Für das moderne, direkt am Wasser stehende Gebäude wurde ein Granitfelsen durchgeschnitten und mit der Glas-, Beton- und Kupferkonstruktion des renommierten Architekturbüros Snøhetta wieder „aufgefüllt“ *(Alstahaugveien 17, 8804 Sandnessjøen, www.petterdass-museet.no, Mitte Juni–Mitte Aug. tgl. 10–18, sonst Di–Fr 10–15.30, Sa/So 11–17 Uhr, NOK 100, Kinder unter 16 Jahren frei)*.

Ebenfalls auf der Insel Alsten, 38 km nördlich von Tjøtta und ca. 50 km südlich des Polarkreises, liegt der Ort **Sandnessjøen**. Das 6.000-Einwohner-Städtchen hat mit Unterkünften jeder Art durchaus touristische Bedeutung, außerdem ist es als Anlegestelle der Hurtigrute und mit dem eigenen Flughafen ein wichtiger Verkehrsknotenpunkt. Das architektonische Aushängeschild der Stadt ist das 2015 eröffnete „Kulturbad" im Zentrum, gleich neben dem Scandic-Hotel Syv søstre. Außer einem Hallenbad mit Wasserrutsche beherbergt das auffällige Gebäude u.a. Kino, Theater, Bibliothek, Kunstgalerie und Konferenzsäle.

Elegante Schrägseilbrücke

Unmittelbar nördlich des Ortes verbindet die **Helgelandsbrücke** (Helgelandsbrua), eine der elegantesten Brücken Skandinaviens, die Insel mit dem Festland. Die 1991 eingeweihte, schlanke Schrägseilbrücke ist 1.073 m lang (Spannweite 425 m), die Höhe der Pylonen beträgt 138 m, die lichte Durchfahrtshöhe 45 m. Die filigran wirkende Erscheinung der Brücke täuscht, denn sie ist für extreme Windlast konstruiert, schließlich werden in dem Sund des Leirfjords des Öfteren sehr starke Stürme mit Böengeschwindigkeiten bis zu 280 km/h gemessen.

Rund 20 km hinter der Brücke gelangt man nach **Leira**, wo die Straße 78 nach Osten abzweigt und eine Verbindung zur Europastraße herstellt. Kernstück dieser Strecke ist der Ende 2014 eingeweihte **Toven-Tunnel**, mit über 10 km der längste in Nordnorwegen. Auf dem Fv. 17 geht es weiter nach **Levang**, wo mit der drittletzten Fährverbindung der Strecke der Ranafjord überquert wird, der sich tief ins Landesinnere bis nach Mo i Rana einschneidet. Nach 25 Minuten Fährpassage ist **Nesna** erreicht, eine 1.800-Einwohner-Küstengemeinde mit schöner Marina, Unterkünften, Einkaufszentrum und Fährverbindungen zu den vorgelagerten Inseln. Nahe dem Fähranleger ist die Manufaktur zu sehen, in der der weltweit exportierte Hüttenschuh „Nesna-lobben" gefertigt wird. Auf dem Fv. 17 fährt man dann knapp 30 km am Sjonafjord entlang und auf **Mo i Rana** (S. 428) zu, eine aussichtsreiche Strecke, die auf 365 m ü.d.M. hinaufführt. Am Fjordende geht es dann wieder nach Westen, über mehrere Brücken und durch zwei Tunnel, durch eine abwechslungsreiche Landschaft und manchmal mit Ausblick auf das offene Meer. In **Stokkvågen** passiert man den Fähranleger, von wo aus Boote in die Schärengärten von **Lovund** und **Træna** aufbrechen, insulare Wunderwelten im Nordatlantik mit Hunderten von meist unbewohnten Inseln und Inselchen. Oberhalb des Fährhafen bewacht die Küstenfestung **Grønsvika** das Meer, eines der besterhaltenen Forts des Zweiten Weltkriegs.

Sagenhafter Berggipfel am Polarkreis

Der Fv. 17 führt an einer teilweise alpin anmutenden Bergkulisse vorbei nach **Kilboghamn**, wo die vorletzte Fähre des Kystriksveien wartet, die gleichzeitig auch die längste Fahrtzeit hat. Bei schönem Wetter aber wird man keine der 60 Minuten missen wollen, denn diese Minikreuzfahrt über den Melfjord bietet einen wunderbaren Blick auf Sunde, Inseln, Wälder und schneebedeckte Berge. Eine bekannte Landmarke, die in der Ferne sichtbar wird, ist **Rødøyløva**, der „Rote Löwe", ein 440 m hoher Fels aus rötlichem Serpentingestein. Wie er bot auch der 568 m hohe **Hestmannen**, der „Pferdemann", eine gute Orientierungshilfe für Seeleute und spielte eine Rolle in der Welt der Trolle und Riesen. Der Sage nach wollte der Troll Hestmannen das schöne Trollmädchen Lekamøya fangen. Er schoss einen Pfeil auf sie ab, doch dieser durchbohrte nur den Hut des Königs von Brønnøya – der Sage nach der Berg Torghatten. Als in diesem Moment die Sonne aufging, versteinerte die ganze Szenerie und ist bis heute als merkwürdig geformte Berggipfel erhalten. Während diese Märchenlandschaft vorüberzieht, überquert man auch die magische Linie von 66°33° nördlicher Breite, d.h. den **Polarkreis**, der auf den kleinen

Inseln entlang der Fahrtrinne als Globus markiert ist. Anders als auf den Hurtigruten- oder den Kreuzfahrtschiffen wird auf den Fähren natürlich keine Polartaufe organisiert, es bleibt also jedem selbst überlassen, ob und wie man diesen Transfer feiern möchte. Das könnte man auch an der nördlichen Fährstation **Jektvik** (Campingplatz) nachholen oder im weiteren Verlauf des Fv. 17, wo man an einem ausnehmend schönen Rastplatz vorbeikommt.

Ausflug zum Gletscher

Nur 28 km liegen auf der neuen Straße zwischen Jektvik, durch den 3 km langen Straumdalstunnel und **Ågskardet**, der nächsten Fährstation. Hier sind es nur 10 Minuten zum gegenüberliegenden **Forøy** am Holandsfjord, an dessen Ufer man nun entlang und geradewegs auf die Eiskappe des **Svartisen** zufährt. Den besten Blick auf den Gletscher und die fast bis auf Meeresniveau hinabreichende Zunge des **Engabreen** hat man rund 10 km hinter dem Fähranlager am Aussichtspunkt **Brasetvik**. Noch etwas weiter, in **Holand**, fährt Mitte Mai–Mitte Sept. ein Personenboot zwischen 8 und 19.30 Uhr in 10 Minuten über den Fjord zur **Station Svartisen**, hier kann man sich Fahrräder mieten oder zu Fuß auf ebener Strecke bis zur Gletscherzunge wandern. Unterwegs kommt man an der Brestua („Gletscherstube") mit Restaurant und Kiosk vorbei, die auf einer Moräne oberhalb des Gletschersees liegt und eine tolle Aussicht bietet *(Juni–Aug. 11–18 Uhr)*. Erst ca. 400 m vor der Gletscherzunge, die sich in den letzten Jahren stark zurückgezogen hat, muss man über den glatt geschliffenen Fels wandern; es wird aber dringend davor gewarnt, sich direkt unterhalb des Eises aufzuhalten.

info

Der Svartisen-Gletscher

Der Svartisen-Gletscher (Svartisen = das schwarze Eis) ist mit einer Ausdehnung von etwa 370 km² der zweitgrößte Gletscher Norwegens (nach dem Jostedalsbreen zwischen dem Sogne- und Nordfjord). Aus einem 1.200 bis 1.400 m hohen Plateau erheben sich einzelne Gipfel wie der Snøtind mit 1.599 m und der Sniptind mit 1.591 m Höhe. In den letzten Jahrzehnten ist die Schnee- und Firngrenze des Svartisen stark zurückgewichen. Im Svartisen-Gebiet wird seit einigen Jahren die Wasserkraft intensiv genutzt: Die beiden Wasserkraftwerke „Svartisen" und „Glomfjord" (Kosten: ca. 350 Mio. Euro) mit der weltweit größten Turbine ihrer Art decken den Strombedarf von 200.000 Menschen. 1998 wurde ein großer Damm fertiggestellt, der den Stausee Storglomvatnetmit mit einer Kapazität von nicht weniger als 3,5 Mrd. Kubikmeter Wasser (!) aufstaut. Die mittlere Jahresproduktion des Kraftwerks beträgt 2.200 GWh. Weitere Infos unter www.svartisen.no.

Auch hinter Holand hat man immer wieder einen schönen Blick auf den Svartisen, unter dem die Straße schließlich durch den 7,6 km langen **Svartistunnel** hindurchführt (für Radfahrer gesperrt, diese müssen die Fähre von Vassdalsvik nach Ørnes nehmen!). Hinter dem Tunnelausgang gelangt man zum Industrie- und Hafenort **Glomfjord** am Ende des gleichnamigen Fjords, hier zweigt auch eine 9 km lange Bergstraße ab, auf der man dem Gletscherrand nochmals sehr nahekommt und den eindrucksvollen Damm des Storglom-Stausees passiert. Vom Parkplatz am Ende der Straße gehen mehrere markierte Wanderwege ab. Auf dem Fv. 17 folgt sofort hinter Glomfjord der nächste, ebenfalls recht lange **Fykan-Tunnel**. Knapp 20 km sind es von hier bis **Ørnes**, der letzten größeren Ortschaft vor Bodø. Sie hat etwa 1.500 Einwohner und ist mit Touristenbüro, Anbietern von Ausflügen, Hotel und Campingplatz auf Besucher eingestellt, die auch mit Hurtigruten anreisen können. Hinter Ørnes überquert der Fv. 17 eine schmale Landbrücke und führt nördlich davon durch einige Weiler mit Campingplätzen, Hüttenverleih und vereinzelten Läden, die inmitten einer unerwartet fruchtbaren Landschaft liegen. Viele davon haben nach Westen wunderbare, lang gestreckte und z. T. von Dünen gesäumte Sandstrände, an denen man bei gutem Wetter sonnenbaden oder picknicken kann. Vor allem in **Reipå**, **Mevik** und **Storvik** sollte man sich den Abstecher zum Strand nicht entgehen lassen! Auf den nächsten 50 km ändert sich die Szenerie nur wenig, auch hier findet man vereinzelt Unterkunft auf Campingplätzen (u. a. in Kjøpstad). Immer wieder locken Nebenstraßen zu Ausflügen in die äußeren Küstengemeinden, z. B. nach **Gildeskål** mit einer Mittelalterkirche oder zum Schärenarchipel der Arnøyene.

Engabreen-Gletscherzunge des Svartisen

Fast am Ende des Kystriksveien, kurz vor Bodø, wartet noch ein letztes, allerdings auch viel besuchtes Highlight: Der **Saltstraumen** zwischen Saltenfjord und Skjerstadfjord. Er gilt als der **weltweit stärkste Gezeitenstrom**, denn hier werden durch einen 3 km langen und 150 m breiten Sund innerhalb von sechs Stunden rund 400 Mio. m^3 Wasser gepresst, ein Vorgang, der sich im Wechsel der Gezeiten wiederholt. Die Geschwindigkeit des Wassers liegt zwischen 10 und 20 Knoten. Dabei entsteht eine enorme Strömung, gegen die auch Motorboote kaum ankommen, und sehr gefährliche Strudel. Diese haben mit Durchmessern von bis zu 10 m und einer Tiefe von 4–5 m schon einige Unvorsichtige das Leben gekostet. Andererseits führt die Strömung dazu, dass sich große Mengen an Fischen im Sund aufhalten – u. a. Seelachs, Kabeljau, Steinbeißer und Heilbutt. Um das Angeln drehen sich die meisten Aktivitäten, die von den Unterkünften (Saltstraumen-Hotell, zwei Campingplätze) angeboten werden. Auch sonst ist der Saltstraumen stets gut besucht, da von Bodø aus ganzjährig Sightseeingtouren hierhin angeboten werden, passend zu den Liegezeiten der Hurtigrutenschiffe. Wer nach einem Besuch enttäuscht ist, weil er sich die Strömung eindrucksvoller vorgestellt hat, hat einen falschen Zeitpunkt erwischt, weil die Wassermassen nur bei Gezeitenwechsel in voller Stärke durch den Sund gepresst werden, also etwa alle sechs Stunden. Um sicherzugehen, dass man den Höhepunkt des Schauspiels nicht verpasst, kann man sich beim örtlichen Fremdenverkehrsamt oder unter *www.saltstraumen.info* eine Gezeitentabelle besorgen. Die erstaunlich lange Geschichte menschlicher Besied-

Angebote für Angler

lung am Strom wird im kleinen **Saltstraumen-Museum** dokumentiert, das sich in der alten Schule befindet *(www.saltstraumen-museum.no, Mi, Sa/So 13–17 Uhr)*.

Nachdem man die 770 m lange und gut 40 m hohe **Saltstraumen-Brücke** passiert hat, an der auf beiden Seiten Souvenirstände zu finden sind, geht es auf dem Fv. 17 noch ein kleines Stückchen weiter, bis die Küstenstraße auf den Rv. 80 einmündet und damit definitiv zu Ende ist. Wer an der Einmündung nach Osten fährt, gelangt nach **Fauske** (S. 432) und damit zur E 6, nach Westen kommt man, 35 km hinter dem Saltstraumen, zur Provinzhauptstadt Bodø (s. u.).

Bodø

Die am Saltfjord gelegene Hauptstadt der Provinz Nordland ist mit 52.000 Einwohnern die zweitgrößte Stadt Nordnorwegens und spielt vor allem als Dienstleistungszentrum und Verkehrsknotenpunkt eine wichtige Rolle. Vom betriebsamen Hafen starten Expressschiffe zu den umliegenden Inseln und den Nachbarregionen, mit Fähren gelangt man zum Archipel der Lofoten und täglich legen die Hurtigrutenschiffe auf der Fahrt nach Norden und Süden hier an. Einer der modernsten Flughäfen Norwegens bietet viele innerskandinavische Flugverbindungen und auch das Straßennetz ist vorzüglich ausgebaut. Außerdem ist Bodø Endpunkt der Nordlandbahn, die seit 1962 von Trondheim über den Polarkreis hier hinaufführt.

Sommerliches Leben in Bodø

Seit etwa 1800 von Trondheimer Kaufleuten zu einem Handels- und Fischereizentrum ausgebaut, erhielt Bodø 1816 zwar die Stadtrechte, doch sorgte erst in der zweiten Hälfte des 19. Jh. die **Heringsfischerei** für einen nennenswerten Aufschwung. Im Mai 1940 brannte das Stadtzentrum nach Bombenangriffen der deutschen Luftwaffe weitgehend ab. Heute ist Bodø in erster Linie Verwaltungs- und Ausbildungszentrum u. a. mit Seefahrtsschulen, einer pädagogischen Hochschule sowie einem Bischofssitz. Schiffsbau und Fischverarbeitung haben an Gewicht verloren, die Ölwirtschaft dürfte in Zukunft an Bedeutung gewinnen. Der wichtigste Arbeitgeber ist nach wie vor das **Militär**, denn in Bodø ist das Oberkommando für die Luft- und Seeverteidigung Nordnorwegens stationiert. Bekannt gemacht hat Fauske auch der rötliche Marmor, der hier gebrochen wird und u. a. beim Bau des UNO-Gebäudes in New York sowie des Osloer Rathauses verwendet wurde.

Nordnorwegens zweitgrößte Stadt

Bodø nennt sich selbst die „**Seeadler-Stadt**" (Havørnbyen) – zu Recht, denn nirgendwo sonst kann man in einer Stadt so viele dieser mächtigen Tiere beobachten, die majestätisch über die Häuser gleiten. Landschaftlich liegt die Stadt äußerst reizvoll, mit der Bergkette Børvasstindene im Süden, dem Berg Sandhornet und der Insel Fugløya im Westen, den Sulitjelma-Bergen im Osten und der Insel Landegode und den Lofoten im Norden. Einen schönen Blick auf diese Gipfel, aber auch auf die Stadt, erhält man vom 155 m hoch gelegenen **Rønvikfjell**, ca. 3,5 km nördlich der Stadt. Der Aussichtsberg bietet sich hervorragend für Wanderungen an, entsprechende Pfade sind markiert. Infotafeln weisen auf die Möglichkeiten hin, Seeadler zu beobachten. Und natürlich ist das Fjell ein guter Standort, die **Mitternachtssonne** zu genießen, die hier, knapp über dem Polarkreis, vom 2. Juni bis zum 10. Juli nicht untergeht. Dafür herrscht zwischen dem 15. und dem 29. Dezember Polarnacht in Bodø.

Wanderungen auf den Aussichtsberg

Bei einer Stadtbesichtigung wird man wegen der Zerstörungen des Weltkriegs nicht auf historisch bedeutsame Sehenswürdigkeiten stoßen; die Stadt hat ein eher nüchternes und modernes Gepräge. Trotzdem macht bei gutem Wetter ein Spaziergang am **Jachthafen** (Moloen) durchaus Laune, hier hat das Stadtbild durch Neubauten wie das Hotel Scandic Havet und vor allem das Stormen Kulturhus mit Theater, Konzerthaus, Bibliothek und Literaturhaus (2014) durchaus an Urbanität gewonnen. Knapp 60 Jahre älter ist die **Domkirche** (Torvgata 12), eine Basilika von 56 m Länge mit einem freistehenden Glockenturm. Das Innere wird von einem 12 m hohen Glasbild von Age Storstein in der östlichen Chorwand geprägt, ebenfalls sehenswert sind die zehn Nordland-Teppiche und eine Fensterrose aus Mosaiksteinen. 1959 wurde das Rathaus fertiggestellt, von dessen Turm man eine weite Aussicht genießt. In einem der wenigen Häuser, die nicht im Krieg zerstört wurden, ist das **Nordlandmuseum** südlich der Kirche untergebracht. Es besitzt eine sehenswerte Abteilung zur Fischwirtschaft und den Lebensbedingungen der Bewohner Nordlands. Eine Besonderheit ist der 1919 gefundene „Silberschatz von Bratten" mit arabischen Schmuckstücken und Münzen, der in der Wikingerzeit vergraben wurde. Die Freilichtabteilung des Museums, **Bodøsjøen Friluftsmuseum**, mit 14 Gebäuden aus verschiedenen Orten der Region Salten liegt ca. 3 km von der Stadtmitte entfernt und ist frei zugänglich. Hier ist auch die Bootssammlung des Museums zu sehen.
Nordlandsmuseet, *Prinsensgata 116, ☎ 75503500, www.nordlandsmuseet.no, im Sommer tgl. 11–17, sonst Di–Fr 11–15, Sa/So 12–15 Uhr, NOK 70, Kinder NOK 10.*

Die meistbesuchte Attraktion und das größte technische Museum Nordnorwegens aber ist das 1996 eröffnete **Norwegische Luftfahrtsmuseum**. Bereits die Architektur ist ein Erlebnis: Wie ein Riesenpropeller liegt das hypermoderne Gebäude mit seinen grauschwarzen Wandflächen und der großen Glasfassade an der Straße zum Flughafen. Innen wird auf 10.000 m² die zivile und militärische Luftfahrtgeschichte Norwegens erklärt, u.a. mit rund 35 Originalmaschinen wie der Ju-52, U-2, Spitfire, Mosquito, Vampire und Starfighter. Vom Kontrollturm des Museums aus hat man eine prächtige Aussicht. Möchte man selbst sein fliegerisches Können unter Beweis stellen, kann man in einem der Simulatoren Platz nehmen.
Norsk Luftfartsmuseum, *Olav V gate, ☎ 75507850, www.luftfartsmuseum.no, im Sommer tgl. 10–18, sonst Mo–Fr 10–16, Sa/So 11–17 Uhr, NOK 175, Kinder NOK 90.*

Luftfahrtgeschichte Norwegens

Unweit des Luftfahrtmuseums liegt die **Bodin-Kirche** mit ihrem charakteristischen Zwiebeltürmchen. Sie wurde 1242 eingeweiht und 1785 um ein südliches Seitenschiff erweitert. Ende des 19. Jh. musste das Gotteshaus aufgrund von Bauschäden fast komplett abgerissen werden, man baute es aber später im alten Stil wieder auf *(Juni–Aug. tgl. 10–22 Uhr)*. Da die genannten Sehenswürdigkeiten teils weit auseinanderliegen, sollte man eventuell an einer Tour mit den Touristenwägelchen von „**Bodø Sightseeing**" teilnehmen, die eine große Runde mit den Stationen Jachthafen, Domkirche, Luftfahrtmuseum und Bodin-Kirche dreht.

Tipp: Ausflug nach Kjerringøy

Einer der schönsten Ausflüge, die man von Bodø aus unternehmen kann, führt über den Rv. 834 an der Küste entlang nach Norden, zum 40 km entfernten alten Handelsort Kjerringøy. Unterwegs passiert man bereits nach 8 km den sehenswerten Bauernhof **Løp Gård**. Er war 1651–1837 ein sog. „Beamtenhof" *(Besichtigung im Juli Sa/So 11–17 Uhr möglich, www.nordlandsmuseet.no)*. Es folgt mit dem **Sandstrand von Geitvågen** ein herrlicher Küstenabschnitt, den viele für den schönsten des Nordlandes halten – perfekt zur Beobachtung der Mitternachtssonne. Anschließend muss die Fähre von Festvåg nach Misten genommen werden, eine Fahrt von nur 10 Minuten, bevor **Kjerringøy** erreicht ist. Der Handelsort (Kjerringøy Gamle Handelssted) war für viele Lofotenfischer einst die letzte Station, bevor sie sich mit ihren Booten auf den Vestfjord hinausbegaben. 15 Holzgebäude aus der Zeit nach 1803 sind erhalten, darunter das Postamt, eine Wirtsstube und ein repräsentatives Herrenhaus – auch die Einrichtungen sind zum großen Teil noch original. Diese nordnorwegische Perle hat so viel authentisches Flair, dass sie bereits in vielen Filmen als Kulisse diente. Kjerringøy ist mit **Knut Hamsun** verknüpft, der hier als Junge beim Kaufmann K. Zahl als Lehrling arbeitete. Als „Sirilund" hat der Literaturnobelpreisträger später den alten Handelsplatz einem großen Leserkreis seiner Romane bekannt gemacht, und der Kaufmann selbst taucht als Mack in dem Roman „Pan" auf. Bei der Verfilmung der Hamsun'schen Romane nutzte man natürlich auch den alten Handelsplatz als Drehort.

Heute wird Kjerringøy vom Nordlandsmuseum verwaltet; es werden Führungen gegeben, manchmal auch alte Handwerksmethoden demonstriert. Im alten Gemischtwarenladen (Kram boden) wurde ein Museumsshop eingerichtet und im Stall ein Café *(www.nordlandsmuseet.no, Mitte Mai–Sept. tgl. 11–17, sonst Sa 11.30–15 Uhr)*. Möchte man in dieser idyllischen Umgebung etwas länger bleiben, könnte man im alten Pfarrhaus, auf dem Zeltplatz Kjerringøy Camping *(7 Hütten, ☎ 75511220)* oder weiter nördlich im sehr empfehlenswerten Kjerringøy Rorbusenter in Tårnvik Quartier beziehen (komfortabel eingerichtete ehemalige Fischerhütten, *www.kjero.no*).

Reisepraktische Informationen Bodø

Information

Bodø Turistinformasjon, *Tollbugata 13, 8006 Bodø, ☎ 75548000, www.visitbodo.com, Juni–Aug. Mo–Fr 9–20, Sa/So 10–18, sonst Mo–Fr 9–15.30 Uhr.*

Unterkunft

Radisson Blu Hotel Bodø €€€€€, *Storgata 2, ☎ 75519000, www.radissonblu.com/hotel-bodo. 4-Sterne-Haus am Hafen neben dem Kulturhaus Stormen, 191 bestens ausgestattete Zimmer (mit toller Aussicht in den oberen Etagen). Gutes Restaurant „FJÖRD Eat & Drink“ im Erdgeschoss, vorzügliches Frühstücksbüfett, „Top13 Bar & Lounge“ in der 13. Etage mit Panoramablick, Fitnessstudio.*

Scandic Havet €€€€, *Tollbugata 5, ☎ 75503800, www.scandichotels.de. 2014 eröffnetes Hotel, mit 17 Etagen das höchste in Nordnorwegen, nahe dem Kulturhaus Stormen. 234 bestens ausgestattete Zimmer und Suiten, Fitnessraum, Garage. Das Hauptrestaurant „Havneutsikten“ verwöhnt mit sehr guter Küche, das „Roast Restaurant & Bar“ im 17. Stock wartet mit einer spektakulären 360°-Aussicht auf Berge, Stadt, Hafen und Meer, bei gutem Wetter reicht der Blick bis zu den Lofoten und zum Svartisen-Gletscher.*

Camping

Bodøsjøen Camping, *Båtstøveien 1, ☎ 75563680, www.bodocamp.no. Ein guter Platz, 3 km vom Zentrum entfernt am Freilichtmuseum, mit Stellplätzen für Caravans und Zelte, 72 Hütten. Moderne Servicegebäude, Kiosk, Kinderspielplatz, ganzjährig, 2016 renoviert.*

Geitvågen Bad og Camping, *Geitvågen, Midnattssolveien 653, ☎ 75510142, www.geitvaagen.no. Wunderbarer Platz am Wasser, 10 km nördlich der Innenstadt, mit Aussicht auf die Insel Landegode und die Mitternachtssonne. 14 einfache Campinghütten, 300 Stellplätze, gute Bademöglichkeiten in der aufgestauten Lagune, großes Wiesengrundstück mit Kinderspielflächen, Möglichkeiten zum Meeresangeln, Cafeteria, Kiosk und mehreren Servicegebäuden, geöffnet Juni–Aug.*

Essen & Trinken

Bodø kann zwar gastronomisch nicht mit Tromsø Schritt halten, doch ist auch hier die Szene in den letzten Jahren vielfältiger und, vor allem für jüngere Leute, abwechslungsreicher geworden. Zu den beliebtesten Treffpunkten gehören **Din Plass** *(tagsüber Café-Restaurant auf der Sjøgata 12, abends Pub mit DJ und manchmal Live-Musik) sowie das Lokal* **Norlænningen** *(Storgata 16, Pub mit tgl. Karaoke oder Live-Musik).*

Verkehrsverbindungen

Der moderne Flughafen **Bodø Lufthavn** *(☎ 67033500, www.avinor.no) liegt nur 2 km vom Zentrum entfernt. Mit SAS, Norwegian und Widerøe gibt es tgl. etwa zehn Direktflüge nach Oslo (1,5 Std.) sowie tgl. Verbindungen u. a. zu den Lofoten, nach Tromsø und Lakselv. Die Fluggesellschaft Widerøe hat ihren Hauptsitz in Bodø. Zwischen Stadtmitte und Flughafen verkehren die Buslinien 1 und 4. Der* **Bahnhof** *liegt zentral in der Stadt. In Bodø beginnt bzw. endet die* **Nordlandbahn** *mit tgl. zwei Zugpaaren (Tages- und Nachtzug) zwischen Bodø und Trondheim mit Umsteigeverbindungen von/nach Oslo sowie mehreren Regionalzügen. Den betriebsamen* **Busbahnhof** *findet man am Hafen nahe dem Touristenbüro, komfortable Linienbusse verkehren tgl. u. a. nach Narvik und Nordschweden. Per* **Schiff** *ist Bodø mit* **Hurtigruten** *zu erreichen, von hier starten die Schiffe Richtung Norden (nächste Station: Stamsund auf den Lofoten) um 15 Uhr, Richtung Süden um 16 Uhr.* **Autofähren** *verbinden die Stadt mehrmals tgl. mit den Lofoten, die Überfahrt dauert ca. 4 Std.,* **Expressboote** *fahren nach Svolvær auf den Lofoten, zu den umliegenden Inseln und den Nachbarregionen (Infos zu Fähren und Expressbooten bei der Reederei Torghatten Nord AS, ☎ 90620700, www.torghatten-nord.no).*

Zwischen Bodø und Narvik

Über den Rv. 80 führt der Weg von Bodø zurück nach Fauske und dort auf die E 6 in Richtung Norden. Bis Narvik sind etwa 240 km zurückzulegen, durch eine wunderschöne und sehr kontrastreiche Fjord- und Fjell-Landschaft. Auch dieses Stück nötigt dem Reisenden Bewunderung für die Straßenbaukunst der Techniker und Ingenieure und für den ungeheuren Aufwand ab, denn dank unzähliger Tunnel und Brücken braucht man nur noch zwischen Bognes und Skarberget die Fähre über den Tysfjord zu nehmen. Wer Zeit für einen Abstecher hat, kann 26 km hinter Fauske, bei Trengsel bro, auf einer 6 km langen Nebenstraße nach Lakshola gelangen. Von dort führt eine etwa 2,5-stündige Wanderung in den **Rago-Nationalpark**, mit 171 km² einer der kleinsten Norwegens. Auf schwedischer Seite ist er allerdings mit dem Padjelanta-Nationalpark und den Schutzgebieten Sarek und Stora Sjöfallet verbunden, und alle zusammen bilden eine der größten unter Naturschutz stehenden Landschaften Europas. Im norwegischen Teil ist die Natur äußerst abwechslungsreich und recht gut erschlossen. Wanderer sollten wegen der Höhenunterschiede im Nationalpark ausreichend Zeit für ihre Touren einplanen.

Riesiges Naturschutzgebiet

Von **Sommarset**, einst Fährort, nimmt die E 6 über fast 30 km einen mautpflichtigen Weg an Fjorden entlang, wovon ein Drittel des Teilstücks durch verschiedene Tunnelsysteme geführt wird. Bei **Tennvatn** klettert die E 6 bis auf eine Höhe von 390 m ü. d. M., bis sie hinunter nach **Kråkmo** führt, wo Knut Hamsun sich häufiger aufhielt und seinen Roman „Segen der Erde“ begann. Bei **Tømmerneset** an der Sagelva finden sich oberhalb des Flusses an der Felswand deutlich sichtbare Ritzungen, die zwei große Rentiere zeigen, die aus der jüngeren Steinzeit stammen und mindestens 4.000 Jahre alt sind (nach einem anderen Datierungsvorschlag sogar 8.000 Jahre). Kurz vor Ulsvåg hat man auf einer Höhe von etwa 200 m ü. d. M. einen fantastischen Blick auf den Vestfjord und die Lofotenwand,

Zwischen Ulsvåg und Skutvik: Hamsuns Heimat

Die schmale, 37 km lange Strecke nach **Skutvik** ist im Sommer sehr verkehrsreich, weil am Endpunkt die stark frequentierte Fährverbindung zu den Lofoten wartet. Die wichtige Rolle der Fährverbindung **Skutvik – Svolvær** wird auch künftig erhalten bleiben, aber die Fertigstellung der Festlandanbindung des Inselreichs nördlich von Narvik hat diesen Streckenabschnitt deutlich entlastet. Für die Überfahrt zur Hauptstadt des Archipels benötigt man ca. 2 Stunden. Auf dem Weg nach Skutvik erreicht man nach ca. 15 km die Insel **Hamarøy**, wo **Knut Hamsun** in **Hamsund** seine Kindheit verbrachte. In der Nähe von Skogheimen, dem Elternhaus Hamsuns, wird im Weiler **Presteid** an den großen Dichter und Nobelpreisträger mit dem spektakulären **Hamsun-Zentrum** gedacht. Das preisgekrönte Gebäude von Stararchitekt Steven Holl ist das vielleicht ungewöhnlichste und interessanteste in Nordnorwegen. In dem dunklen Museumsturm (mit Bambuszaun auf dem Dach) sind audiovisuelle Informationen, Ausstellungen und originale Artefakte des Dichters zu sehen.

Hamsun Senteret, *8294 Hamarøy, ☎ 75503450, www.hamsunsenteret.no, Juni–Mitte Aug. tgl. 10–18, sonst Di–Fr 10–15.30, Sa/So 11–17 Uhr, Jan. geschl., im Sommer NOK 130, sonst NOK 100, Kinder (6–18 Jahre) zahlen die Hälfte.*

dann fährt man steil hinunter zur Kreuzung mit dem Rv. 81, der nach Westen zum Fährort **Skutvik** führt.

Aussichtspunkt an der E 6

Von **Ulsvåg** geht es auf der E 6 weiter ca. 20 km bis zur Fährstation in **Bognes**. Unterwegs zweigt die kurze Nebenstraße Rv. 814 nach Norden ab, die zu den naturalistischen und sehr sehenswerten Felszeichnungen von **Leiknes** führt. Auch diese stammen wahrscheinlich aus dem Neolithikum und umfassen ein Feld von rund 40 Tierdarstellungen. Die ausgeschilderten Ritzungen (Helleristninger) sind von der Straße aus auf einem knapp 1 km langen Fußweg zu erreichen. In Bognes muss man nicht lange auf die Fähre nach **Skarberget** warten, da es rund um die Uhr viele Abfahrten gibt. Nahe dem Anleger stehen aber auch verschiedene Unterkunftsmöglichkeiten sowie Restaurant und Cafeteria zur Verfügung. Während der 25-Minuten-Passage über den Tysfjord zieht im Westen nochmals das Lofoten-Panorama mit seinen gezackten, steilen Bergen vorüber.

Direkt hinter Skarberget geht es aber wieder hinauf ins Fjell und innerhalb kürzester Zeit ist die Passhöhe von 255 m ü. d. M. erreicht. Hier oben hat man bei klarem Wetter eine fantastische Sicht auf die merkwürdig geformten, an Märchengestalten erinnernden Berge und Höhenzüge. Danach senkt sich die E 6 zum **Efjord** hinab, wo drei Brücken den Verkehr bewältigen. Hinter einem längeren Tunnel und ca. 40 km vor Narvik folgt der Ort **Ballangen**, der bereits am Ofotfjord liegt. Von hier aus wird die Straße nahe am Fjord geführt, und beim Fjordarm Skjomen überwindet eine 711 m lange Hängebrücke das natürliche Hindernis. Dahinter zweigt rechts eine schmale Stichstraße in Richtung der Bergformation Sovende Dronning („Schlafende Königin") und den 1.744 m hohen Gletscher Frostisen ab. Auf der E 6 gelangt man durch den kleinen Wintersportort **Ankenes** und nach 10 km ins Zentrum von Narvik.

Narvik

Narvik liegt am Westende einer Halbinsel, die vom Rombaks- und Beisfjord, zwei Armen des Ofotfjords, umschlossen wird. Ohne den Bau der **Ofotbahn** gäbe es die Stadt mit knapp 19.000 Einwohnern nicht: Die Eisenbahn zu dem eisfreien Hafen wurde gebaut, um schwedisches Erz aus der Region von Kiruna auszuführen. 1885 begann man mit den Arbeiten an der Trasse, einer 27 km langen Strecke mit 23 Tunneln bis zur schwedischen Grenze. Auf schwedischer Seite (zwischen Riksgränsen und Luleå) wird die Linie als Lapplandbahn bezeichnet. 1903 konnte König Oskar II. die Strecke einweihen. Wegen der beim Trassenbau beschäftigten Arbeiter (Rallare) nennt sich Narvik auch „Rallarbyen" und viele Denkmäler erinnern an

Schwedisches Erz

diese Pionierleistung des Eisenbahnbaus. Während des Zweiten Weltkriegs wurden weite Teile Narviks zerstört. Am 9. April 1940 besetzten deutsche Truppen die Stadt, um die Erzausbeutung zu kontrollieren. Norwegische und alliierte Truppen gingen zum Gegenangriff über und konnten Narvik für ein paar Wochen zurückerobern, bis die alliierten Verbände abgezogen werden mussten und die Deutschen den Ort erneut einnahmen.

Kriegszerstörungen

Die Stadt hat kaum Sehenswürdigkeiten, Narviks Attraktion ist vor allem seine faszinierende **naturräumliche Lage**, die das Beobachten der **Mitternachtssonne** in der Zeit vom 26. Mai bis zum 19. Juli möglich macht. Im Winter ist der Hafen zwar eisfrei, an Land hingegen herrschen von November bis Mai ideale Wintersportbedingungen vor.

Immer noch prägt der **Erzhafen**, den Frachter mit einer Kapazität bis zu 350.000 t anlaufen können, die Stadt. Manchmal sind hier Riesen-Erzfrachter zu Besuch, wie die „Qing May" (300 m lang, 50 m breit). Das schwedische Erz in hat den vergangenen Jahren wieder an Bedeutung gewonnen und die Kapazität der Verladeanlagen von 30 Mio. Tonnen Jahresumschlag kann besser genutzt werden. Der Erzhafen wird vom schwedischen Bergbau-Konzern LKAB verwaltet, der auch die Erzgruben in Kiruna und Gällivare betreibt. In den letzten Jahren hat der Konzern große Investitionen vorgenommen und u.a. den Narviker Hafen für umgerechnet ca. 105 Mio. Euro umgebaut. Dadurch verändert sich auch das Stadtbild enorm. Die bisherigen Eisenerz- bzw. Pellets-Halden verschwanden vollständig, stattdessen sind elf riesige Silos, 60 m tief und mit einem Durchmesser von 40 m, in den Berg gesprengt worden. Jedes davon hat eine Kapazität von 110.000 t, was 16 kompletten Zugladungen entspricht. Die neue Generation der Erzzüge besteht aus 68 Wagen, von denen jeder 100 t transportiert, ein Zug also 6.800 t Pellets von Kiruna nach Narvik bringt. Die Züge fahren nun in Narvik nicht mehr zum Hafen hinab, sondern oberhalb der Stadt in einen Tunnel, wo sie direkt in die darunterliegenden Silos entleert werden, von wo das Material mit Förderbändern in den Bauch der Spezialschiffe transportiert wird. Das Rangieren der Züge und der Lärm bei der Erzentladung, die den Alltag in Narvik lange geprägt haben, gehören nun der Vergangenheit an. Und auch das Areal der ausladenden Gleisanlagen wird derzeit einer anderen Bestimmung zugeführt. Erste Siedler auf der Industriebrache sind das Einkaufszentrum **Amfi Narvik** und der **Scandic-Hotelturm** (dessen „Sky Bar" in der 16. Etage einen tollen Panoramablick auf Stadt und Fjord bietet).

Wahrzeichen des modernen Narvik: der Scandic-Hotelturm

Umbau des Erzhafens

Bei einer Stadtbesichtigung fällt die Orientierung nicht schwer, da alle wichtigen Institutionen im Zentrum entlang der Kongensgate, die identisch mit der E 6 ist, aufgereiht sind. Hier steht am Marktplatz mit Brunnenanlage das **Rathaus** und ein viel fotografierter **Wegweiser**, der die Entfernungen von Narvik zu 22 norwegischen und europäischen Städten sowie zum Nordpol (2.420 km) angibt. Auf der anderen Straßenseite erinnert das 2016 neu eröffnete **Kriegsmuseum** an die wechselvollen Kriegsjahre.
Narvik Krigsmuseum, *Kongensgate 39, ☎ 76944426, https://warmuseum.no, tgl. 10–16 Uhr, NOK 100, Kinder NOK 50.*

Am Südende der Kongensgate sieht man die schwedische Seemannskirche und nahebei das kleine kulturgeschichtliche **Ofoten Museum**, das einen Überblick über die Entwicklung der Region und der Stadt von der Besiedlung durch die Sámi im 17. Jh. bis zum Bau der Erzbahn und des Erzhafens gibt.

Geschichte des Zweiten Weltkriegs

Am anderen Ende der Straße, jenseits der Brücke über die Gleisanlagen, ist der **Kriegsgräberfriedhof** mit etwa 1.500 deutschen und vielen alliierten Gefallenen ein stummes Mahnmal gegen den Wahnsinn des Krieges. Auch auf dieser Seite der Gleisanlagen, zwischen Bahnhof und dem Jachthafen, findet man im Park Brennholtet **jungsteinzeitliche Felszeichnungen**, darunter einen lebensgroßen Elch.

Seilbahn auf den Aussichtsberg

Eine Sehenswürdigkeit ganz anderer Art ist die 2017 eingeweihte **Hålogaland-Hängebrücke** (S. 475) unmittelbar nördlich der Stadt, eine der längsten Europas. Unbedingt lohnend ist bei guter Sicht die Fahrt mit der **Kabinenseilbahn**, mit der man in sieben Minuten zum Aussichtspunkt auf dem **Fagernesfjell**, 670 m ü. d. M., auffahren kann. Von hier oben genießt man eine prächtige Aussicht auf die Stadt, den Ofotfjord und die Lofotenkette im Westen. Der Blick auf Fjord, Fjell, die Stadt und idealerweise die Mitternachtssonne gehört zu den Höhepunkten eines Narvik-Aufenthaltes. Die Talstation der Seilbahn liegt ca. 800 m vom Zentrum entfernt und ist zu Fuß von der Kongensgate am besten über den Tøttaveien zu erreichen. Das Fagernesfjell selbst steigt noch weiter bis auf 1.250 m an und wird wie die umliegenden Berghänge von November bis April für den alpinen wie den nordischen Wintersport genutzt. Narvik verfügt über die nördlichste Weltcup-Anlage. Bekannte Spots für den Wintersport sind auch das **Ankenes Alpine Centre**, zehn Fahrminuten südlich der Stadt, und das schwedisch-norwegische Skigebiet bei **Riksgränsen** im Osten.

Reisepraktische Informationen Narvik

Information

Turistkontor Narvik, *Kongensgate 39, 8514 Narvik, ☎ 76965600, www.visitnarvik.com, im Sommer tgl. 10–19, sonst tgl. 10–16 Uhr.*

Unterkunft

Quality Grand Royal Hotel €€€€, *Kongensgate 64, ☎ 76977000, www.nordicchoicehotels.no. Im Zentrum an der E 6 gelegenes Konferenzhotel der gehobenen*

Mittelklasse mit 162 gut ausgestatteten Zimmer und Suiten, dem Restaurant „Linken" in der obersten Etage und dem gemütlichen „Rallar'n Pub og Kro", Fitnesscenter.
Thon Hotel Narvik €€€€, *Skistuaveien 8, ☎ 76964800, www.thonhotels.no/hotel ler/norge/narvik. Oberhalb des Zentrums nahe der Talstation der Kabinenbahn gelegenes Skihotel, 40 gut ausgestattete Zimmer, Büfett-Restaurant, Bar, Terrasse mit schöner Aussicht, nahe zu Wanderwegen gelegen, günstige Sommerpreise.*
Breidablikk Gjestehus €€€–€€€€, *Tore Hunds gate 41, ☎ 76941418, www.breida blikk.no. Recht zentral und aussichtsreich gelegene Pension mit 22 Zimmern und Apartments, Frühstücksraum mit Blick über die Stadt.*

Camping

Narvik Camping, *Rombaksveien 75 (E 6), ☎ 76945810, www.narvikcam ping.no. 2 km nördlich des Zentrums an der E 6 gelegene Anlage mit 30 Ferienhäusern guten Standards, Imbiss, Kiosk, Badeplatz in der Nähe, ganzjährig geöffnet.*

Verkehrsverbindungen

Der Flughafen **Harstad-Narvik Lufthavn** *liegt in Evenes an der E 10 (Buszubringer), tgl. mehrere Abflüge mit SAS, Widerøe und Norwegian, u. a. nach Oslo, Tromsø und Trondheim, mit Kleinflugzeugen auch nach Bodø und Svolvær.* **Expressbusse** *verkehren tgl. nach Fauske, Bodø und Tromsø. Seit Fertigstellung der Lofast-Verbindung tgl. zwei Linienbusse auf der Strecke nach Svolvær. Mit dem* **Zug** *(Ofotbahn) erreicht man Narvik direkt über Schweden (Göteborg, Stockholm, Kiruna) – es gibt aber keine Verbindung zum norwegischen Eisenbahnnetz ab Fauske, hier muss man den Bus nehmen.* **Schnellboote** *fahren 2-mal tgl. in knapp 4 Std. nach Svolvær auf den Lofoten (Infos ☎ 90620700, www.torghatten-nord.no).*

Märchenlandschaften: Lofoten und Vesterålen

Die Lofoten

Über fast 200 km Länge erstreckt sich die Inselgruppe der Lofoten in südwest-nordöstlicher Richtung oberhalb des Polarkreises. Nähert man sich dem Inselreich von Süden, sieht man die Lofotenwand, ein bis zu 1.000 m senkrecht aus dem Meer aufragendes, zusammenhängendes Gebirge. Dies ist auch der Grund dafür, dass der Archipel im Norwegischen im Singular genannt wird (*Lofoten* = der Lofot). Viele der durch schmale Sunde getrennten Inseln sind unbewohnt, einige nur spärlich besiedelt, und doch leben insgesamt etwa 25.000 Menschen auf einer Fläche von rund 1.220 km². Die wichtigsten Inseln, die administrativ zur Provinz Nordland gehören, sind Austvågøy, Grimsøy, Vestvågøy, Flakstadøy, Moskenesøy sowie die weiter außen liegenden Værøy und Røst.

Lofotenwand

Charakteristisch für den faszinierenden Naturraum sind neben dem sehr schroffen und zerklüfteten Gebirgsrelief die flachen Inseln und Säume der Strandflate am Fuß der hohen Berge. Auf den Inseln prägen klare Seen, weiße Sandstrände und grüne

Wiesen die Landschaft, ebenso wie die pittoresken Fischerdörfer, die im Schutz der hohen Berge entstanden. **Geologisch** sind die Lofoten überaus interessant, da der Untergrund zum Urgestein der Erde gehört und über 600 Mio. Jahre alt ist. An manchen Stellen wurde sogar das **älteste Gestein der Welt** gefunden, entstanden vor 2,7 Mrd. Jahren durch vulkanische Aktivitäten. Das urzeitliche Erstarrungsgestein konnte z. T. den Kräften der Verwitterung und Abtragung trotzen, doch sind die charakteristischen Gipfelfluren, die an die Zentralalpen erinnern, durch Frost und Lokalgletscher entstanden.

Das **Wetter** kann wechselhaft sein, Sonnenschein und Windstille können plötzlich in Sturm und peitschenden Regen umschlagen. Bei Ostwind sind die Wetterlagen stabil, dann sind die Sommer warm

Redaktionstipps

➤ Die schönsten **Sandstrände**: Ramberg (S. 458), Eggum und Utakleiv (S. 456) auf den Lofoten; Tæn (S. 466), Hovden (S. 468) und Bleik (S. 469) auf den Vesterålen.

➤ Die interessantesten **Ortschaften**: Bilderbuchstädtchen Nusfjord (S. 457), Henningsvær (S. 455), Reine (S. 459), Å (S. 459) und Nyksund (S. 468).

➤ Die spannendsten **Aktivitäten**: Hochgebirgswandern über den Grat der Lofotenwand, Walsafari in Andenes (S. 469).

➤ Die wichtigsten **Museen**: Lofot-Museum und Aquarium in Kabelvåg (S. 454), Wikingermuseum Lofotr in Borg (S. 456), Hurtigruten-Museum in Stokmarknes (S. 467), das Historische Center von Harstad (S. 473).

➤ Die tollsten **Bootsausflüge**: von Svolvær oder Stokmarknes zum engen Trollfjord (S. 453), Bootsfahrt zu den Seevögelkolonien auf den Inseln Varøy und Røst (S. 460, 461).

➤ Die imposantesten **Verkehrswege**: die Lofast-Verbindung (S. 452), die Brücken vor Reine und Henningsvær, die Hadsel-, Sortland-, Tjeldsund- und die Raftsund-Brücke (S. 452).

© igraphic

Weltberühmt: das typische Lofotenpanorama

und die Winter relativ kalt. Angesichts der Lage im hohen Norden ist es bemerkenswert, dass die **Temperatur** selbst in den Wintermonaten dank des Golfstroms nur selten unter den Gefrierpunkt sinkt. Das maritime Klima beschert den Lofoten im Januar um mehr als 20 °C höhere Temperaturen als anderen Orten auf demselben Breitengrad und somit eine der größten positiven Temperaturanomalien weltweit. Im Januar und Februar liegt die Durchschnittstemperatur bei -1 °C, im Juli und August erreichen die mittleren Temperaturen um die 12 °C; die höchste bisher gemessene Temperatur betrug 31 °C. Die **Niederschläge** sind mit rund 600 mm im Jahr verhältnismäßig gering; im Juni, dem trockensten Monat, fallen weniger als 40 mm. Gute Chancen also, die Mitternachtssonne erleben zu können, die hier vom 27. Mai bis zum 17. Juli auftritt; wegen der hohen Gebirgsmassive ist sie jedoch nur auf der West- und Nordseite der Inseln zu sehen.

Traumhafte Inselgruppe mit wechselhaftem Wetter

Der Archipel ist für seinen Reichtum an **Seevögeln** bekannt, besonders Seeadler, Papageientaucher, Tordalken, Trottellummen, Krähenscharben, Reiher und Schwäne leben hier. Seltenere Arten sind der Eissturmvogel und der Basstölpel. Die Seevögel finden in den Fjorden und Sunden viel Futter, denn die Lofoten sind von äußerst fischreichen Gewässern umgeben, in denen fast alle an der norwegischen Küste beheimateten Fischarten vorkommen. Wirtschaftlich interessieren natürlich die verwertbaren Fische, vor allem Dorsch, Schellfisch, Köhler, Rotbarsch, Seewolf, Lachs, Hering, Lumb, Lengfisch, Scholle, Heilbutt, Tintenfisch und Krabbe. Dass man in den Sommermonaten vor der Küste Wale und Delfine beobachten kann, spielt für den Fremdenverkehr eine Rolle. Die **Lofotenfischerei**, *Lofotfisket* genannt, war immer schon die Lebensgrundlage der ansässigen Bevölkerung. Bereits im Mittelalter förderte König Øystein den Fischfang und ließ im Hauptort Vågan eine Kirche und Rorbuer (Fischerbuden) errichten. Der wichtigste Saisonfischfang Nordnorwegens findet von Januar bis April statt, wenn der *skrei* (von altnordisch *skrida* = wandern), der **arktische Dorsch**, nach Neujahr aus dem Eismeer zum Laichen in den Vestfjord zwischen Lofoten und Festland wandert. Die Wassertemperaturen zwischen 4 und 6 °C sowie der richtige Salzgehalt bieten den sieben bis zehn Jahre alten Fischen ideale Laichbedingungen. Der von der Strömung erfasste Laich gelangt entlang der Küste bis in die Barentssee.

Obwohl Ort und Zeit der **Lofotenfischerei** seit Jahrhunderten festgelegt sind, gab es bei den Fangmengen immer erhebliche Schwankungen, die über das Wohlergehen der Bevölkerung für den Rest des Jahres entschieden. Während z. B. im Rekordjahr 1947 gut 147.000 t in die Boote der Fischer gezogen wurden, waren es 1965 nur noch 19.000 t. 2016 waren es 55.000 t. Statt der einst 20.000 Fischer, die zur Saison von überall herkamen, beteiligten sich z. B. 2019 nicht einmal mehr 1.400 Fischer am Fang des Kabeljaus, wie der Dorsch im nicht mehr jugendlichen Alter genannt wird. Seit Jahren schränken Quotenregelungen den Fischfang ein, damit sich die Populationen erholen können, gegenwärtig aber gibt es noch keine Anzeichen für eine Verbesserung der Kabeljaubestände. Das Durchschnittsgewicht lag selbst in den letzten Jahren nur noch bei 3,5 kg (vereinzelt können Exemplare von rund 50 kg vorkommen). Aufgrund der hohen Nachfrage machen die Lofotenfischer aber trotzdem Gewinn, 2018 waren es z. B. 820 Mio NOK (zusammen mit den Kabeljaufängen auf den Vesterålen immerhin 1,5 Mrd NOK!). Ansonsten gewinnt die **Aufzucht von Lachs und Forelle** zunehmend an Bedeutung, Aquakulturen sieht man vor den Küsten aller Lofoteninseln.

Quoten zur Erholung der Fischbestände

Doch auch die **Landwirtschaft** spielt durchaus eine Rolle, insbesondere bei Leknes. Das wird durch die Tatsache belegt, dass die Lofoten einen Überschuss an Molkereiprodukten und Fleisch produzieren.

Der Stockfisch

info

Noch immer wird rund die Hälfte des Kabeljaufangs zu Stockfisch verarbeitet, den die Norweger *tørrfisk* nennen. Der Fisch zieht gerade dann zur Küste, wenn im Spätwinter die ideale Zeit zum Trocknen ist. Wenn mit der wärmeren Jahreszeit Fliegen und Mücken herumschwirren, ist der Stockfisch bereits knochenhart. Nach einer mehr als tausend Jahre alten Tradition wird der Kabeljau geköpft, ausgenommen und zum Trocknen an der Luft paarweise über die „Hjell" gehängt, typische Holzgestelle, die in vielen Fischerdörfern zu sehen sind. Nach 6–10 Wochen ist der Fisch hart wie Holz, der Wassergehalt hat sich um 80 % verringert. Der Nährwert von 1 kg Stockfisch entspricht etwa dem von 5 kg Frischfisch, denn Proteine, Kalzium, Eisen und wichtige B-Vitamine bleiben erhalten. Bereits im 12. Jh. gelangte Stockfisch von den Lofoten ins südliche Europa, die Fischer tauschten Getreide, Salz, Gewürze, Taue, Stoffe, Tabak und Branntwein ein. Die Trockenfischproduzenten waren jedoch immer wirtschaftlich abhängig, zunächst von den Hansekaufleuten, später von ihren norwegischen Nachfolgern. Schon die Wikinger schätzten Stockfisch als Proviant und Handelsware, doch sie dürften kaum 60 verschiedene Güteklassen unterschieden haben. Heute übliche Namen wie „Westre Piccolo", „Ragno", „Bremer",

info

„Lubb" oder „Hollender" reichen weit zurück in die Geschichte dieses Wirtschaftszweigs. Der qualitativ beste Trockenfisch wird traditionell nach Italien exportiert, wo er als Fastenspeise geschätzt wird, die Mindersorten gehen in Länder der Dritten Welt.

Gemessen an der Summe des norwegischen Fischexports ist der Anteil des Trockenfischs mit rund 50 Mio. Euro gering, doch für viele Küstenbewohner im Hohen Norden ist der Wirtschaftszweig immer noch bedeutsam. Wie viel Fisch in einer Saison auf die Trockengestelle gehängt wurde, erfährt man erst nach den Preisverhandlungen mit den italienischen Aufkäufern. Die Norweger essen die Delikatesse seltener. Erst in der Weihnachtszeit kommt der Stockfisch als „Laugenfisch" (norweg.: *lutefisk*) auf den Tisch.

Immer wichtiger, wenn auch stark saisonal ausgerichtet, wird der **Fremdenverkehr**, der die wenigen Wochen im Sommer bestimmt. Dass der Archipel zu den schönsten Inseln der Erde gehört, finden nicht nur die Jurys und Redakteure internationaler Reisemagazine, sondern auch die Norweger selbst, die den größten Teil der Lofoten-Urlauber stellen. Von einem Geheimtipp kann also keine Rede mehr sein, ganz im Gegenteil. Bei zuletzt jährlichen Zuwachsraten von 20 % wurde 2016 erstmalig die magische 1-Mio.-Touristen-Marke erreicht. Kritiker sehen damit die Belastungsgrenze für Umwelt und Infrastruktur erreicht, zumal sich fast alle Besucher während des kurzen Sommers hier treffen.

Insel Austvågøy

Die wichtigste nördliche Pforte zum Inselreich ist der kleine Fährhafen **Fiskebøl**, wo nicht nur die Schiffe aus Melbu (S. 466) anlegen, sondern seit Ende 2007 auch die spektakuläre Festlandsverbindung aus Richtung Narvik/Harstad einmündet. Die „**Lofast**" *(Lofotens fastlandsforbindelse)* genannte und sogar mautfreie Straße, gleichzeitig die neue E 10, verkürzt die Fahrtzeit zwischen Narvik und Svolvær um fast 1,5 Stunden und bindet den Archipel enger an den Flughafen Narvik/Harstad an. Das 1,7 Mrd. NOK teure Projekt führt durch die bislang völlig unberührte Wildnis im Süden der Insel Hinnøya, unter Fjorden und durch Berge mit insgesamt sieben Tunneln hindurch – davon sind der Sørdalstunnel (6,3 km) und der Sløverfjordtunnel (3,3 km) die längsten – und überquert schließlich den Nordausgang des Raftsundes auf der 711 m langen, bereits 1998 eröffneten **Raftsundbrua**.

Straßenverbindung zum Festland

Von Fiskebøl aus kann man auf dem schmalen Rv. 888 die Nordküste der Insel Austvågøy erkunden, eine landschaftlich außerordentlich reizvolle und von Touristen kaum genutzte Strecke mit Sandstränden, dem malerischen **Austnesfjord** oder der Kapelle von Sildpollnes. Diese 33 km lange Tour stellt auch eine praktische Alternative zur E 10 dar, da sie bei Vestpollen wieder zur Hauptstraße zurückfindet. Von hier aus sind es noch gut 15 km zur Hauptstadt **Svolvær**, die wegen der Fährverbindung nach Skutvik für viele Reisende die erste Lofoten-Station ist. Das moderne 4.500-Einwohner-Städtchen bietet Touristen das größte Warenangebot und die meisten Hotels des Archipels, daneben ein sehr hilfreiches Fremdenverkehrsbüro. Der 597 m hohe Blåtind und andere hohe Berge in der nächsten Umgebung laden zum Bergsteigen ein. Das Wahrzeichen des Städtchens aber ist das Felsmassiv **Svolværgeita**, das wegen seiner zwei Spitzen an das Aussehen eines Ziegenbocks erinnert. Sehenswert sind das **Rathaus** mit dem bekannten Gemälde „Schlacht im Trollfjord" von Gunnar Berg von 1890, das den Kampf der Fischer gegen den Fortschritt zeigt, ebenso die weiße **Steinkirche** von 1939. Doch Svolvær wird vor allem von der natürlichen Lage zwischen Schären, Strandflate und Gebirgskulisse geprägt. Das Städtchen wirkt aufgeräumt und modern, und mit einer lebhaften Kneipen- und Restaurantszene, die sich in den letzten Jahren am Hafen etabliert hat, sogar richtig urban. Bei einem Spaziergang kommt man über einige Brücken auf die vorgelagerten Inseln und Schären, wo sich u.a. das architektonisch sehr gelungene Scandic Hotel erhebt. Die Insel mit der ältesten Bebauung ist **Svinøya**, auch sie ist trockenen Fußes auf einer Brücke zu erreichen. Hier findet man das **Nordnorwegische Künstlerzentrum**, in dem oft sehr qualitätsvolle Ausstellungen zu sehen sind. Der Fährhafen befindet sich einige Kilometer außerhalb in Richtung Kabelvåg, während Hurtigruten, Kreuzfahrtschiffe, Schnellboote und Ausflugsboote sozusagen mitten in der Stadt anlegen.

Inselmetropole Svolvær

Zu den absolut empfehlenswerten Ausflügen, die man vor Ort am Hafen oder über das Touristenbüro buchen kann, gehört eine Schifffahrt zum berühmten **Trollfjord**. Der 2 km lange und nur 100 m breite Fjord geht vom Raftsund ab und gehört eigentlich schon zu den Vesterålen. Mit fast senkrecht aufsteigenden Felswänden und den schneebedeckten, zerfurchten Bergspitzen Higravszinnen (1.161 m) und Trollzinnen (1.045 m) wird er gerne als „schönste Sackgasse der Welt" bezeichnet. Das Wasser ist tief genug, dass Hurtigruten- und kleinere Kreuzfahrtschiffe in den Trollfjord einfahren und an seinem Ende ein waghalsiges Wendemanöver vollführen können. Das legendäre Gewässer war 1880 Schauplatz der „Schlacht im Trollfjord"; damals kam es zu blutigen Auseinandersetzungen, als Fischer auf ihren modernen Dampfschiffen einem in den Fjord gewanderten Dorschschwarm mit Netzen den Ausweg versperrten und die in den traditionellen offenen Booten agierenden Fischer vom Fang ausschlossen. Ausflüge in den Trollfjord werden in Svolvær von verschiedenen Gesellschaften angeboten, auch mit Schlauchbooten oder mit Kanus. Die Touren mit etwas größeren Sightseeingbooten dauern etwa drei Stunden. Wer einen ganzen Tag zur Verfügung hat, könnte folgenden schönen Ausflug unternehmen: Mit dem Linienbus von Svolvær nach Stokmarknes (Besuch des Hurtigrutenmuseums), ab dort nimmt man ein Schiff der Hurtigruten, was auf Teilstrecken ohne jede Vorbuchung möglich ist, und fährt die attraktive Strecke durch Raftsund und Trollfjord wieder nach Svolvær zurück.

Nordnorwegens schönster Fjord

Charakteristische Lofoten-Architektur: rote Rorbuer

Rund 8 km südlich der Hauptstadt liegt der ehemals wichtigste Ort des Archipels neben der E 10 (Abfahrt): **Kabelvåg**. Schon die Wikinger siedelten hier, und König Øystein sorgte zu Anfang des 12. Jh. dafür, dass die Menschen, die zum Fischfang hierherkamen, nicht ohne Kirche und ohne ein festes Dach über dem Kopf auskommen mussten. Es heißt, dass Kabelvåg weltweit als erste „Stadt" nördlich des Polarkreises zu gelten habe. Vor allem im 19. Jh. gab es einen regelrechten Boom, und der Ort war der mit Abstand bedeutendste auf den Lofoten. Viele der damals gebauten schönen Holzhäuser sind allerdings 1991/1992 in zwei Großbränden vernichtet worden. Kabelvågs Stern als Drehscheibe des internationalen Stockfischhandels ging unter, als der Hafen versandete und Svolvær an Bedeutung gewann. Von Svolvær kommend, sieht man zuerst die hohe **Kirche von Vågan**, die auch den Namen „Lofoten-Kathedrale" trägt. Das 1898 erbaute Gotteshaus, das vierte an dieser Stelle, bietet 1.200 Menschen Platz und ist die zweitgrößte Holzkirche des Landes. An diesen Dimensionen erkennt man, wie viele Menschen damals die jährliche Fischfangsaison auf die Lofoten brachte.

Jenseits der Bucht Kirkvågen passiert man einen Stein, auf dem die Namenszüge der Könige Oskar II., Håkon VII. und Olav V. zu sehen sind, die alle mit dem Bau bzw. der Modernisierung der Lofotenstraße zu tun hatten. Dahinter geht es links zum schön gestalteten Markt und zum **Hafen** ab. Etwas oberhalb blickt **König Øystein** aus Granit auf den alten Ort, in dem er im Jahr 1120 den ersten Kirchenbau und die Errichtung von Rorbuern für die auswärtigen Fischer veranlasste. Im Vorort Storvågan, am westlichen Ortsende, liegen eng benachbart drei Sehenswürdigkeiten, die zum **SKREI Experience Center** zusammengefasst sind:

Museum über die Lofoten

Das **Lofot-Museum** vermittelt gute Einblicke in die Kulturgeschichte des Archipels u. a. mit einer Ausstellung zur Geschichte des Lofotenfischfangs, einer Sammlung von Nordlandbooten und mehreren authentischen Rorbuern sowie der restaurierten Residenz des Fischerdorfbesitzers von 1815.
Lofotmuseet, *Storvåganveien, Kabelvåg, ☎ 76069790, www.museumnord.no/lofotmuseet, Juni–Mitte Aug. tgl. 10–18, Mai und Mitte–Ende Aug. tgl. 11–15, sonst Mo–Fr 11–15 Uhr, NOK 100, Kinder NOK 50, Kombiticket NOK 250, Kinder 120.*

Daneben wird im **Lofot-Aquarium** das maritime Leben im Vestfjord dokumentiert. Das großflächig verglaste und auf Stelzen im Meer stehende Gebäude bietet neben 23 kleinen und großen Becken u. a. ein Großfischaquarium sowie ein Seehund- und ein Otterbecken. Auch Café und Souvenirladen fehlen nicht.

Lofotakvariet, ☏ *76078665, www.museumnord.no/lofotakvariet, Juni–Aug. tgl. 10–18, Mai tgl. 11–15, Feb.–April, Sept.–Nov. So–Fr 11–15 Uhr, NOK 130, Kinder NOK 70.*

Drittens lockt die **Galleri Espolin** mit etwa 100 Werken des 1994 verstorbenen Nordland-Malers Kåre Espolin Johnson. Neben der Ausstellung, einer Bibliothek und einer Kunstboutique mit Verkauf von Lithografien beeindruckt das 1992 eingeweihte und 2006 vergrößerte Gebäude im Stil isländischer Torfhäuser *(www.galleri-espolin.no, Öffnungszeiten, Preise wie Aquarium, s. o.)*.

Hinter Kabelvåg durchquert die Europastaße die Insel nach Westen und lässt dabei den 942 m hohen, imposanten und sagenumwobenen Gipfel **Vågekallen** links liegen. Kurz vor **Rørvik** macht ein Tunnel die alte Passstrecke überflüssig, dahinter geht es dann bald zur südlichen Nachbarin Vestvågøy hinüber. Vorher aber sollte man dem Abzweig des schmalen Rv. 816 folgen, der in ca. 8 km und über drei aussichtsreiche Brücken nach **Henningsvær** führt. Der Name „Venedig der Lofoten" ist sicher übertrieben, aber der malerische Hafen gehört zu den beliebtesten Fotomotiven. Mit 600 Einwohnern ist das über mehrere Inseln verteilte Henningsvær eines der größten Fischerdörfer und stellt eine gelungene Mischung aus traditionellem Lebenserwerb und Fremdenverkehr (Hotel, Camping, Rorbuer) dar. Bei einem Besuch sollte man den Wagen am großen Parkplatz neben dem Bryggehotel am Hafen abstellen. Hier befindet sich auch das viel besuchte **Lofotens Hus**, ein restauriertes Packhaus für Dorsch und Stockfisch. Es beherbergt heute mehrere Souvenirläden, die Galerie des Künstlers Karl Erik Harr, eine Kunstausstellung mit Lofoten-Gemälden des 19. und frühen 20. Jh. und eine fantastische Diashow des Fotografen Frank A. Jenssen. Vom Lofotens Hus aus geht man dann an alten Packhäusern, Fischkuttern, Kunstgewerbeläden und Cafés entlang bis zur gegenüberliegenden Mole, von wo aus man den besten Blick auf die gesamte Dorfanlage hat.

„Venedig der Lofoten"

Insel Vestvågøy

Zwischen Austvågøy und Vestvågøy liegt das 46 km² große Inselchen **Grimsøy** wie ein Pfropfen im Sund, sodass auf dem Weg in den Süden zwei Brücken zu bewältigen sind. Die erste, östliche ist die Sundklakkstraumen-Brücke, die zweite die 800 m lange Grimsøystraumen-Brücke. Dazwischen liegen 5 km auf der E 10 sowie eine Raststätte mit Infotafeln. Man kann auch, sozusagen von Brücke zu Brücke, auf einer Schotterstraße einmal das Eiland umrunden, wobei etwas über 30 km zurückzulegen sind. Dabei wird man die wunderschönen, kaum besuchten Sandstrände im Norden entdecken, die Holzkirche von 1878 sowie einige Bauernhöfe, die daran erinnern, dass auf dieser Insel etwa 200 Menschen leben. Unmittelbar hinter der zweiten Brücke teilt sich die Straße: Die breitere, zügig befahrbare E 10 folgt mit ehrfürchtigem Abstand dem Verlauf der Westküste und bringt einen über Borge nach Leknes. Die andere Straße, der Rv. 815, ist deutlich schmaler und kurvenreicher, aber auch schöner und verläuft fast unmittelbar an der Ostküste entlang. Auch sie führt nach Leknes, und zwar über Stamsund. Wer in den Süden und wieder zurück fährt (oder umgekehrt), kann beide Strecken kennenlernen.

Kaum besuchte Sandstrände

Auf der E 10 wird Vestvågøys Norden durchquert, der mit „Lofoten-untypischen" Szenerien überrascht. Nirgendwo sonst auf dem Archipel sind so viele Bauernhöfe, Weiden und ebene Flächen zu sehen. Wer es etwas spektakulärer haben möchte, muss auf die unasphaltierten Nebenstrecken ausweichen, die näher an die Küste heranführen. Denn dort im Westen gibt es hohe Berge wie den Skrådalstind (771 m), den Haveren (811 m) und den Himmeltind (934 m). Diese verdecken abends auch die tiefstehende Sonne, sodass es alle Mitternachtssonnenanbeter zur anderen Seite drängt. Das ist auf manchen, oft auch asphaltierten Stichstraßen möglich, die gleichzeitig die schönsten Sandstrände erschließen. Allerbeste Verhältnisse herrschen an den Stränden und Buchten von Unstad, Sandøy, Kvalnes und Gunnstad, und ganz besonders in **Utakleiv** und **Eggum**.

Rekonstruierte Wikingerhalle

Die größte Sehenswürdigkeit entlang der Europastraße thront ca. 13 km vor Leknes auf einer Anhöhe: der rekonstruierte Wikingerhäuptlingssitz von **Borg**. Hier wurde in den 1990er-Jahren der größte wikingische Hof Norwegens durch archäologische Ausgrabungen nachgewiesen. Neben der Fundstätte liegt heute das **Lofotr Vikingmuseum** mit der Rekonstruktion des 86 m langen, 9 m breiten und 6 m hohen Häuptlingssitzes. Die Besucher können an der Feuerstelle, auf einem Hochsitz und anhand der gelungenen Schnitzereien das Wikingerleben nachempfinden. Im Museum werden einige der originalen Funde präsentiert. Auf dem großzügigen Außengelände, wo die moderne Kirche einen merkwürdigen Kontrast bildet, kann man bis zur Bucht spazieren, in der das Wikingerschiff „Lofotr" liegt – eine Nachbildung des berühmten Gokstad-Schiffs.
Lofotr Vikingmuseum, *Prestegårdsveien 59, Bøstad, ☏ 76084900, www.lofotr.no, Juni–Mitte Aug. tgl. 10–19, Mai, Mitte Aug.–Sept. tgl. 10–17, Nov.–Feb. Mi, Sa 12–16, sonst Mo–Sa 12–16 Uhr, Eintritt je nach Saison NOK 170/200, Kinder (6–15 J.) NOK 130/150.*

Im Süden der Insel liegt **Leknes**, das administrative, kulturelle und wirtschaftliche Zentrum mit etwa 1.600 Einwohnern. Dessen Bedeutung wird u.a. durch Flughafen, Rathaus, Hallenbad, Gymnasium und Bibliothek unterstrichen. Touristen werden vielleicht auf die Kaufhäuser oder Unterkünfte zurückgreifen, aber ein typischer oder schöner Lofotenort ist Leknes nicht. Fährt man von hier über den Rv. 818 zum 8 km entfernten Fischerdorf **Ballstad**, passiert man kurz hinter Leknes die hohe, hölzerne und rot-weiß gestrichene Kirche von **Gravdal**, die 1903 im sog. „Drachenstil" errichtet wurde.

Fahrt entlang der Schärenküste

Auf der Ostseite der Insel bleibt der Rv. 815 über weite Strecken nahe dem Westfjord, und manchmal sieht man in der Ferne Schulen von Orcas durch das Wasser pflügen. Ein lohnender Abstecher von dieser Straße ist kurz hinter Leknes der Weg nach **Mortsund**, wo es eine schöne Rorbuer-Anlage zwischen Schären und Felsen gibt. Die Hauptstraße steigt aus der fruchtbaren Ebene an zum Pass **Hagskaret**, der einen weiten Blick zu beiden Seiten öffnet. Nördlich davon zeigen inzwischen recht dichte Wälder, wie Aufforstung klappen kann, wenn man die allgegenwärtigen Schafe fern genug hält. Im Wald verstecken sich übrigens einige Skisprunganlagen. Wo die Straße nördlich des Passes in Kehren wieder das Meer erreicht, kann man rechts auf einem wunderschönen Weg über **Steine** nach Stamsund fahren – nirgendwo sonst kommt man der Schärenküste mit dem Wagen so nahe.

Ansonsten zweigt bei Skifjord der 7 km lange Rv. 817 nach **Stamsund** ab. Mit rund 1.400 Einwohnern ist der Ort eines der größten Fischerdörfer der westlichen Lofoten, außerdem Stammhafen einer Trawler-Reederei und fester Anlaufpunkt der Hurtigrute. Mit Hotel, einigen Rorbuer-Anlagen und einer populären Jugendherberge hat Stamsund eine gewisse touristische Bedeutung, kann aber hinsichtlich seines Ortsbildes nicht mit Ballstad, Nusfjord oder Henningsvær mithalten, die alle deutlich mehr Flair besitzen. Entlang der Straße 815 passiert man eine schöne Bucht und hat einen Panoramablick nach dem anderen, ab und zu gibt es einen Campingplatz oder eine Rorbuer-Siedlung, doch im wesentlichen er„fährt" man puren Naturgenuss. Etwa 32 km sind es bis zur Grimsøystraumen-Brücke, und wer von Stamsund nach Svolvær zurückkehrt, hat insgesamt rund 70 km zurückzulegen, was einer Fahrzeit von 75 Minuten entspricht.

Rorbuer-Anlagen

Insel Flakstadøy

Seit 1990 führt der 1,8 km lange und inzwischen mautfreie Nappstraumen-Unterwassertunnel von der Insel Vestvågøy zur Insel Flakstad; wenn im Tunnel ein hohes Pfeifgeräusch zu hören sein sollte: Es soll Füchse von einem Besuch der Insel abhalten. Direkt hinter dem Tunnel geht nach rechts eine schmale, aber aussichtsreiche Straße nach **Myrland** ab, einem kleinen Dorf unmittelbar an der Steilküste. Die E 10 passiert dann die bunten Häuschen des Fischer- und ehemaligen Fährorts **Napp**, einem guten Ausgangspunkt für Wanderungen, u.a. zu den steinzeitlichen Wohnplätzen von Storbåthellaren. Hinter Napp durchquert die Straße das Inselinnere, vorbei an Binnenseen und Schafweiden, um in **Vareid** wieder ans Ufer zu stoßen. Hier kann man auf einer 4 km langen rustikalen Stichstraße zur Holzhaussiedlung **Vikten** vordringen, wo ein schöner Sandstrand mit Riesenmurmeln und die nördlichste Glasbläserei der Welt auf Besucher warten. Der nächste Abzweig, ca. 10 km nach dem Unterwassertunnel, führt zum Fischerdorf **Nusfjord**, eines der am besten erhaltenen Lofotendörfer, das 1975 auf die Denkmalschutzliste der UNESCO gesetzt wurde. Schon die Anfahrt ist wie eine dramaturgische Vorbereitung: An kahlen Bergflanken und Karen geht es vorbei, dann an einem aufgestauten See und dem alten Wasserkraftwerk, bis man plötzlich die schmale Bucht mit ihren putzigen Holzhäuschen vor sich sieht. Obwohl eine Art Eintritt („Nusfjord-Pass") erhoben wird, lohnt sich der Besuch wirklich, wenn man an dem nostalgischen Landhandel vorbei zu den Rorbuern hinabwandert, in die Stockfisch-Lagerhalle schaut, dem Gekreische der Möwen zuhört und auf der anderen Seite den Hügel Hamnhaugen besteigt und die beste Panoramasicht auf den kleinen Hafen genießt.

Bilderbuchdorf Nusfjord

Malerisches Stelzendorf

Weltberühmt: die Lofotenfischerei

Über die kleine Landstraße zurück zur E 10 folgt nach wenigen Kilometern der Ort **Flakstad**, der der Insel ihren Namen gegeben hat. Umringt von weiten, z. T. dünengesäumten Stränden und fruchtbaren Wiesen stehen hier die paar Häuschen der Ortschaft, und, etwas entfernt, die schöne Holzkirche mit einer auffälligen Zwiebelkuppel aus dem Jahr 1783. Der Legende nach wurde das Gotteshaus aus sibirischem Treibholz errichtet. Das warme Innere der Kirche, das Altarbild und die Kanzel, sowie der Kirchhof mit Denkmälern und Grabsteinen machen den Besuch der Kreuzkirche zu einem besonderen Erlebnis.

Schönster Strand der Lofoten

Es folgt, an weiteren Stränden vorbei, der Ort **Ramberg**, mit rund 300 Einwohnern der zentrale Ort der Gemeinde. Er ist dem offenen Meer zugewandt, an einer weitgeschwungenen Bucht, die gänzlich von einem herrlichen, weißen Sandstrand eingefasst ist. Den besten Zugang hat man vom Parkplatz des Ramberg Gjestegård aus, und bei gutem Wetter gehört eine Strandwanderung oder ein Sonnenbad zu den unvergesslichen Erlebnissen. Der Strand ist auch ein guter Platz zur Beobachtung der Mitternachtssonne. 4 km hinter Ramberg zweigt eine 10 km lange Stichstraße nach Süden ab, an deren Ende die zwei winzigen Siedlungen von **Nesland** liegen. Von ihnen aus kann man auf einer Küstenwanderung in etwa zwei Stunden Nusfjord erreichen.

Die E 10 führt anschließend an vielen Buchten vorbei, die mit ihrem türkisfarbenen Wasser und den fast weißen sandigen Abschnitten bei gutem Wetter an die Karibik denken lassen. Bald führt eine schmale Brücke in kühnem Bogen hinüber nach Moskenesøy, die Europastraße bleibt aber zunächst noch auf dieser Seite des Selfjords. Erst an der Kåkern-Hängebrücke vollzieht sie den Sprung zum jenseitigen Ufer. An der gleichen Stelle gibt es aber auch eine Stichstraße, die noch 3 km weiter zum kleinen Fischerdorf **Sund** führt. Dort hat der „**Schmied von Sund**“ seine Werkstatt, aus der die an vielen Stellen aufgestellten, handgeschmiedeten Kormorane stammen. Gleich daneben lockt ein kleines, lokalhistorisches **Fischereimuseum** mit allerlei Raritäten und nautischem Krimskrams.

Insel Moskenesøy

Auf Moskenesøy, der letzten der großen Lofoten-Inseln, wurde 2018 der **Lofotodden-Nationalpark** eingerichtet, Norwegens 40. und jüngster Nationalpark. Er befindet sich im westlichen Teil innerhalb der Kommunen Flakstad und Moskenes und hat eine Größe von 99 km² (davon 86 km² an Land). Moskenesøy ist gleich durch zwei Brücken mit Flakstadøy verbunden: Im Norden gibt es wenige Fahrminuten südlich von Ramberg eine Verbindung zur Mini-Ortschaft **Fredvang**. Sehr viel weiter geht es dort aber nicht; wer in den Süden möchte, muss zurück zur E 10. Auf dieser gibt es den erwähnten Übergang kurz vor Sund, und ab nun hat man immer den Westfjord zur Seite. Auf geradezu abenteuerliche Weise überquert hinter Hamnøy die E 10 anschließend eine Bucht, indem sie verschiedene Schären und Holme durch (einspurige) Brücken miteinander verbindet, und von jeder wird die Aussicht dramatischer. Ein kurzer Abzweig nach links führt dann, 26 km hinter Ramberg, zum 800-Einwohner-Fischerdorf **Reine**, das schon seit 1743 Handelsort ist. Die herrliche, bizarre Landschaft hat immer viele Maler angezogen, der Ort wurde verschiedentlich als „schönstes Dorf Norwegens" tituliert. Wer möchte, kann in Reine mit einem Berufsfischer für einen Tag hinausfahren oder eine Bootsfahrt auf dem Reinefjord unternehmen. Auch zu Wanderungen und zum Bergsteigen ist die Gegend ideal. Ein beliebter Ausflug führt mit dem Linienschiff über den Reinefjord nach Vindstad; ab dort geht es auf einer einstündigen Wanderung zum weiten, weißsandigen **Bunesstrand**.

Bizarre Landschaft

Auch südlich von Reine hat man immer den Westfjord vor Augen und hinter jeder Straßenbiegung eröffnet sich eine neue, atemberaubende Perspektive. Die nächste Ortschaft heißt **Moskenes**, besitzt eine hübsche Kirche und ist wegen der Fährstation nach Bodø von Bedeutung. Über Sørvågen geht es dann noch ein wenig weiter nach Süden. So wie der letzte Buchstabe des norwegischen Alphabets heißt dort auch das letzte der Fischerdörfer, nämlich **Å**. Der Ort mit dem kurzen Namen, auf Hinweisschildern oft fotografiert, markiert ebenso das Ende der Europastraße 10, die hier ganz prosaisch in einen Parkplatz mündet. Dessen Dimensionen sind auf große Besuchermengen ausgerichtet, denn Endpunkte haben immer ihren fahrtechnischen Reiz und das Panorama entlang der ganzen Lofotenkette und weit hinaus bis nach Mosken, Værøy und Røst ist an schönen Tagen atemberaubend. Zudem starten unterhalb des Parkplatzes Touren mit Schnellbooten zu den Vogelklippen oder mit dem Fischkutter z. B. zur Revsvik-Höhle mit Malereien aus der Steinzeit. Und schließlich ist Å mit seinem Postkartenbild eines Fischerdorfs eine Art Freilichtmuseum, mit 31 unter Denkmalschutz stehenden Häusern. Zu guter Letzt hat das Dorf viele Wanderwege und immerhin zwei sehenswerte Museen: Das **Stockfisch-Museum** (Lofoten Tørrfiskmuseum) informiert über die 1.000-jährige Geschichte des getrockneten Fisches als Handelsware. Ebenso interessant: das **Norwegische Fischerdorfmuseum** (Norsk Fiskeværmuseum) mit zwei Dutzend gut erhaltenen Gebäuden und Werkstätten aus dem 19. Jh.

Ein Buchstabe als Ortsname

Zwischen der Südspitze von Moskenesøy und Værøy wird beim Gezeitenwechsel eine riesige Menge Wasser in den Vestfjord gepresst. Da der Tidenhub 3–4 m beträgt, die Meeresenge aber nur 4 km breit und im Durchschnitt nur 50 m tief ist, entsteht ein kräftiger Gezeitenstrom mit riesigen Strudeln. Der **Moskenesstrau-**

men ist wohl der bekannteste der Welt, da er als „**Mahlstrom**" u.a. von Edgar Allan Poe und Jules Verne literarisch verewigt wurde. Aber auch in der lokalen Sagen- und Märchenwelt spielt er eine große Rolle.

Insel Værøy

Jenseits des berühmt-berüchtigten Mahlstroms und der kleinen Insel **Mosken** liegt das stark gegliederte, 17,5 km² große Eiland Værøy. Es besteht aus drei unterschiedlichen Landschaften, nämlich dem flachen **Sørværøy** mit dem gleichnamigen Hauptort **Sørland**, das mit zwei schmalen Halbinseln die Hafenbucht Sørlandsvågen einschließt, den Höhenrücken von **Nordværøy** mit dem 450 m hohen Nordlandsnupen, und die menschenleere südwestliche Halbinsel **Måstad**, die vom Gipfel Måstadhorn (446 m) überragt wird. Das Wetter ist auf Værøy noch wechselhafter als sonst auf den Lofoten, und manchmal erlebt man Sonne, Regen, Wind, Nebel und Graupelschauer innerhalb eines Tages. Fast alle der rund 750 Einwohner wohnen im Dorf Sørland, wo es u.a. Tankstelle, mehrere Läden, Post, Polizei, Bank, Bibliothek und einen Arzt gibt. 80 % der Einwohner leben von der Fischerei, der Rest von Dienstleistung und Tourismus. Es gibt ein Touristenbüro mit Infomaterial und praktischer Hilfe, außerdem werden Bootstouren zu den Vogelfelsen organisiert (u.a. durch Værøy Cruises). Auch das Übernachtungsangebot wurde deutlich verbessert: Neben einem Campingplatz stehen Privatunterkünfte, Rorbuer und ein Hotel (Lofoten Værøy Brygge, *www.lvb.no*) zur Verfügung. Zum Festland (Bodø), der Nachbarinsel Røst und den südlichen Lofoten (Moskenes) bestehen Fährverbindungen, nach Bodø auch eine tägliche Helikopterverbindung.

Siedlung am Ende der Welt

Ein Spaziergang durch den rustikalen Ort bis hinunter zum Leuchtturm von 1880 oder eine Wanderung auf den 446 m hohen Håheia mit prächtigem Blick auf die ganze Insel und die Lofotenkette im Norden, das sind die Highlights eines Aufenthalts im „Südland". Landschaftlich reizvoller ist Nordværøy. Geht man an der Küste entlang, gelangt man zunächst zum kleinen Hafenort **Teisthammeren** mit seiner Mole, und 1 km weiter im äußersten Nordosten zur ältesten Wohnstätte der Insel, dem heute fast verlassenen **Nordland**. An seine einstige Bedeutung erinnert **Værøy gamle kirke**, die immerhin älteste Kirche der Lofoten und mit ihrem schwarzen Zwiebeltürmchen eine wirkliche Augenweide. Sie wurde um 1740 für die Gemeinde von Kabelvåg gebaut und, weil sie bald schon zu klein war, 1799 nach Værøy transportiert. Im Inneren ist eine Altartafel mit englischen Alabasterfiguren von etwa 1430 zu sehen. Hans Egede, der „Apostel der Eskimos", war 1707–1717 Pfarrer der Gemeinde und hielt vor seiner Fahrt nach Grönland in dieser Kirche seinen Abschiedsgottesdienst. Bei weiteren Wanderungen sollte man auf die alten **Adlerfangstellen** achten, die sich hier noch erhalten haben und aus einer Zeit stammen, als die Bauern sich gegen die Adler wehren mussten. Die Vögel wurden mit einem Köder (ein lebender Rabe) in ein enges Steinhaus gelockt, wo der Adlerfänger ihnen das Genick brach. Einige Adlerfangstellen gibt es auch auf der Måstad-Halbinsel zu sehen, einem beliebten Ziel der Wanderer. Denn hier an der Außenseite findet man auch die am leichtesten zugänglichen Vogelfelsen mit einer Vielzahl von Papageientauchern, Trottellummen, Kormoranen, Möwen und Alkvögeln. Die Jagd auf Eiderenten und auf Papageientaucher war ein wichtiger Erwerbszweig, aber auch ein gefährliches Unterfangen. Wer sich in der heute verlassenen Ortschaft **Måstad** die 400 m steil aufragenden Felsen anschaut, an deren oberem Rand früher die Vogelfänger unterwegs waren, kann sich vorstellen, dass es dabei oft auch Todesopfer gab. Auf Værøy schafften es die Menschen aber auch, eine einheimische Hunderasse ganz für die Jagd nach Papageientauchern abzurichten.

Vogelklippen sind auf allen Lofoteninseln anzutreffen

Inselgruppe Røst

In der Literatur ist häufig von „der Insel“ Røst die Rede, aber ein Blick auf die Karte zeigt, dass es sich bei dem äußersten Lofoten-Vorposten um eine eigene Inselgruppe mit drei großen Eilanden, sechs kleineren und einem Kranz von Hunderten, wenn nicht sogar Tausenden von Schären handelt. Hinsichtlich seiner Höhe kann der Mini-Archipel nicht mit der Lofotenkette mithalten, und man hat den Eindruck, dass in den immer niedriger werdenden Schären die Lofoten insgesamt langsam auslaufen und im Ozean verschwinden. Nur das **Storfjellet** reckt sich mit knapp 270 m halbwegs eindrucksvoll in die Höhe, während die Hauptinsel, **Røstlandet**, flach wie ein Pfannkuchen ist. Auf diesem gerade mal 11 m ü. d. M. befindlichen Plateau leben alle der rund 550 Einwohner. Hier gibt es einen Flughafen, einen Fähranleger, eine kleine Kirche, insgesamt 12 km Straße und eine sehr bescheidene touristische Infrastruktur mit Campingplatz und einer einfachen Pension. Wer hierhierkommt, ist hauptsächlich ornithologisch interessiert. Auch auf Røstlandet treten Seevögel aller Art in Massen auf, die größten Vogelfelsen aber liegen weiter draußen und können nur an Bord eines Sightseeingboots besucht werden. Vor allem auf **Ellefsnyken** und der Drei-Berge-Insel **Trenyken** gibt es Kolonien von Papageientauchern, Trottellummen, Kormoranen, Dreizehenmöwen, Eiderenten und Tordalken, die zu den größten Europas zählen. Auch Sturmschwalben, Eissturmvögel und Seeadler können in großer Zahl beobachtet werden, ebenso verschiedene Wat- und Singvögel.

Riesige Vogelkolonien

Reisepraktische Informationen Lofoten

Information

Destination Lofoten, *Svolvær torg, 8301 Svolvær, ☎ 76070575, www.lofoten.info, Juli tgl. 9–21, Juni Mo–Fr 9–21, Sa/So 9–19, sonst ab März und bis Mitte Okt. Mo–Fr 9–15.30 Uhr, zuständig für die gesamte Inselgruppe. Weitere lokale Touristenbüros: in* **Leknes**, *Stadtmitte, ☎ 76087553, im Sommer Mo–Fr 9.30–19, Sa 10–16, So 12–16, sonst Mo–Fr 9.30–16.30, Sa 9.30–15 Uhr;* **Moskenes**, *am Fähranleger Sørvågen, ☎ 98017564, im Sommer tgl. 10–19.30, Mitte März–Mitte Juni, Mitte Aug.–Mitte Sept., Mai–Mitte Juni 10–17, sonst Mo–Fr 10–14.30 Uhr;* **Ramberg**, *☎ 45227447, im Sommer tgl. 10–17 Uhr;* **Røst**, *am Fähranleger, ☎ 45492186, im Sommer tgl. bei Ankunft der Fähre;* **Værøy**, *am Fähranleger, ☎ 75420614, im Sommer tgl. 9.30–15 Uhr.*

Unterkunft

Scandic Svolvær *€€€€, Lamholmen, 8305 Svolvær, ☎ 76072222, www.scandichotels.de. Architektonisch anspruchsvolles, wunderbar auf einer eigenen Insel im Hafen gelegenes Haus, 147 gut ausgestattete Zimmer, z. T. mit Balkon. Die direkt über dem Wasser liegenden Zimmer haben im Fußboden eine kleine Luke zum Angeln. Restaurant und Bar in Bootsform mit Panoramafenstern, Sonnenterrasse.*

Thon Hotel Lofoten *€€€€, Torget, 8300 Svolvær, ☎ 76049000, www.thonhotels.com. 2009 errichtete, auffällige Landmarke direkt am Hurtigruten-Kai, mit 190 bestens ausgestatteten Zimmern die größte Herberge der Inselgruppe. Gutes Restaurant mit Blick auf den Hafen, Bar und Pub, Terrasse, Fitnesscenter.*

Henningsvær Bryggehotell *€€€€, Hjellskjæret, 8312 Henningsvær, ☎ 76074750, www.classicnorway.no. Gutes Mittelklassehotel am Ortseingang, 1995 im alten Stil erbaut, 31 gut ausgestattete Zimmer, Restaurant mit herrlichem Blick auf den Hafen, Bar.*

Rorbuer

Die Rorbuer, in denen einst die Lofotenfischer während der Fangsaison wohnten, dienen heute den Touristen als typische Lofoten-Unterkunft. Inzwischen findet man sie als Herbergen auch auf den Vesterålen und dem Festland. Es gibt sie als einfache Unterkünfte oder mit allem Komfort. Aus der Vielzahl der Rorbuer-Anlagen seien hier 7 genannt, die wegen ihrer idyllischen Lage, ihrer authentischen Atmosphäre und ihrem hohen Komfort besonders emnpfehlenswert sind. Alle hier genannten Anlagen haben Rorbuer mit Küche, ein Restaurant, sind ganzjährig geöffnet und bieten u. a. kostenlose Ruderboot-Benutzung (alle €€€–€€€€). Einfachere Rorbuer s. unter „Jugendherbergen" und „Camping".

Anker Brygge, *Lamholmen, 8300 Svolvær, ☎ 76066480, www.anker-brygge.no. Wunderschöne historische Holzhaus-Herberge nahe dem Scandic Hotel in einem ehemaligen Packhaus auf einer Insel im Hafen. 50 Rorbuer-Suiten mit hohem Standard, eigener Terrasse und z. T. Küche, darunter 5 Luxussuiten im Haupthaus mit 2 Balkonen, Restaurant mit Fischspezialitäten, Bar, Terrasse.*

Henningsvær Rorbuer, *Banhammeren 53, 8312 Henningsvær, ☎ 76066000, www.henningsvar-rorbuer.no. Schon seit 1982 bestehende charmante Anlage und Vorreiter des Rorbuer-Tourismus mit 25 mehrfach renovierten Rorbuern, Kiosk, Angelladen, Restaurant, Pub, Sauna, Whirlpool, Raftingboote.*

Kræmmervika Rorbuer, *Kræmmervikveien 3, 8373 Ballstad, ☎ 791661330, http://kremmervikahavn.no. 34 einfachere, aber komfortable und sehr authentische Rorbuer. Fischerhaus für bis zu 12 Personen, Restaurant, Pub, Sauna, Jacuzzi, Fahrradverleih.*

Nusfjord Rorbuer, *Nusfjord, 8380 Ramberg, ☎ 76093020, https://nusfjordarcticresort.com. Wunderbare Dorfanlage mit 36 Rorbuern in 3 Kategorien, grundrenoviert bzw. neu errichtet. Laden, Spa, Restaurant, Bar, tagsüber Trubel wegen der Touristengruppen.*

Nyvågar Rorbuhotell, *Storvåganvei 22, Kabelvåg, ☎ 76069700, www.classicnorway.com/hotels/nyvagar-rorbuhotell. Moderne Anlage 1 km westlich von Kabelvåg, mit 30 doppelstöckigen Rorbuern, insgesamt 60 Zimmer, Cafeteria, sehr gutes Restaurant.*

Statles Rorbusenter, *Mortsund, 8370 Leknes, ☎ 76055060, www.statles-rorbusenter.no. Wunderbare Anlage, in der schon Michael Gorbatschow Urlaub machte, an einer kleinen Nebenstraße in Mortsund gelegen, gemanagt von einer deutschen Auswanderin. 70 Rorbuer, alle mit Wohnzimmer und Küchenecke. Gutes Restaurant, bei Interesse Führung durch die Stockfisch-Lagerhäuser.*

Reine Rorbuer, *8390 Reine i Lofoten, ☎ 76092222, www.classicnorway.no/hotell/reine-rorbuer. 35 renovierte, komfortable Rorbuer in 3 Kategorien, Restaurant, Bar, Radverleih.*

Jugendherbergen

Å Vandrerhjem, *8392 Sørvågen, ☏ 76091121, www.hihostels.no. Jugend- und Familienherbergen im südlichsten Ort der Lofoten, sehr malerisch gelegen, Doppel-, 4- und Mehrbettzimmer, verteilt auf 10 Rorbuer und die obere Etage des Stockfisch-Museums, Gästeküche, Aufenthaltsräume, benachbartes Restaurant und Café, ganzjährig geöffnet.*
Kabelvåg Vandrerhjem, *Finnesveien 24, 8310 Kabelvåg, ☏ 76069880, www.lofotensommerhotell.no. Der Lofoten-Volkshochschule angegliederte Herberge in einem herrschaftlichen, weißen Haus, direkt am Meer. 8 Zimmer mit 1–8 Betten, gemütliche Aufenthaltsräume, Sauna, Bootsverleih, Gästeküche, geöffnet Juni–Mitte Aug.*
Stamsund Vandrerhjem, *Hartvågen 13, 8378 Stamsund, ☏ 76089334, www.hihostels.no. Wunderschöne Herberge in einer traditionellen Rorbuer-Anlage, Zimmer mit 2–4 Betten, Gästeküche, zwanglose Atmosphäre, Organisation von Angeltouren, ganzjährig mit Ausnahme Mitte Okt.–Mitte Dez. geöffnet.*

Camping

Auf den Lofoten gibt es rund 15 Campingplätze, viele davon mit Rorbuer- oder Hüttenverleih. Trotz der großen Kapazität kann es in der Hochsaison eng werden; die Preise sind recht moderat. Hier drei Tipps:
Sandvika Fjord & Sjøhuscamping, *Ørsvågværveien 45, 8310 Kabelvåg, ☏ 76078145, www.lofotferie.no. Herrliche Ferienanlage ca. 3 km westlich von Kabelvåg, mit modernen Rorbuern (z. T. mit Küche und Dusche/WC), größere „Seehäuser" mit Küche, Zelt- und Caravanstellplätzen, Jugendherberge, Strand, Bootsanleger, Café, Bar, Grillplatz, Verleih von Motor- und Ruderbooten sowie Fahrrädern, Mai–Sept. geöffnet.*
Brustranda Sjøcamping, *Rolfsfjord, 8370 Leknes, ☏ 90473630, www.brustranda.no. Etwa 10 km nördlich von Stamsund am Vestfjord gelegener, schöner Platz mit Strand, großer Wiese sowie vielen unterschiedlichen Hütten (€–€€€€), Café, Terrasse, moderne Sanitärgebäude, Boots- und Angelverleih.*
Ramberg Gjestegård, *E 10, 8380 Ramberg, ☏ 76093500, www.ramberg-gjestegard.no. Am herrlichen Sandstrand von Ramberg gelegene Anlage mit 10 einfacheren Hütten, sehr schönen Zeltplätzen, Restaurant, Fahrrad- und Kajakverleih, ganzjährig.*

Flugverbindungen

Tgl. und ganzjährig gibt es mehrere **Linienflüge** *zwischen Oslo und Bodø sowie zwischen Oslo und Narvik-Evenes, die Flugzeit beträgt jeweils ca. 1,5 Std. Zwischen Bodø und den Regionalflughäfen auf den Lofoten (nach Leknes mit SAS, nach Svolvær mit Widerøe) gibt es ebenfalls das ganze Jahr über tgl. mehrere Verbindungen, die Flugzeit beträgt jeweils 20–30 Minuten. Zwischen Bodø und Værøy gibt es einen Helikopterverkehr.*

Schiffs- und Fährverbindungen

Die **Hurtigruten** *läuft tgl. nord- und südwärts die Orte Stamsund und Svolvær an. Die Fahrtzeiten betragen: Bodø – Stamsund 3 Std. 45 Min., Bodø – Svolvær 6 Std., Stokmarknes–Svolvær 3 Std., Stokmarknes – Stamsund 5 Std. 30 Min. Trotz der Fertigstellung der fährlosen Lofast-Verbindung behalten die Fähren und Schnellboote ihren wichtigen Platz im Lofoten-Verkehr. Besonders wichtig ist die Fähre zwischen Skutvik und Svolvær mit jeweils 7 Abfahrten im Sommer (Fahrzeit 2 Stunden). Weitere Fährverbindungen sind (in Klammern: Fahrtzeiten): Melbu – Fiskebøl (25 Min.), Bodø – Røst (4,5–5 Std.), Bodø –Værøy (3,5–5 Std.), Røst – Værøy (2 Std.), Værøy – Moskenes (1,5 Std.), Bodø – Moskenes (3–3,5 Std.), Digermulen – Finnvik (10 Min.).*

Mit dem **Schnellboot** *gelangt man auf der Route Bodø – Skrova-Svolvær (3 Std. 30 Min.) auf die Lofoten.*

Busse/Zugverbindung

Seit Fertigstellung der fährfreien Lofast-Verbindung ist der einfachste Weg per **Bus** *zu den Lofoten über Narvik. Tgl. gibt es zwei* **Linienbusse** *auf der Strecke Narvik – Flughafen Evenes-Svolvær, die Fahrtzeit beträgt 4 Std., 15 Min. In Svolvær hat man Anschluss an Nahverkehrsbusse auf der Inselgruppe. Weitere* **Expressbusse** *verkehren tgl. nach Bodø und Tromsø,* **überregionale Busse** *fahren zwischen Svolvær und den Vesterålen, Narvik und Bodø/Fauske. Auf dem Archipel verkehren* **Lokalbusse** *zwischen Fiskebøl und Svolvær bis hinunter nach Reine bzw. Å.*

Zugreisende *zu den Lofoten haben zwei sehr verschiedene, ganzjährig mögliche Anfahrtsvarianten: Entweder fährt man über Schweden (Göteborg, Stockholm, Kiruna) nach Narvik, ab dort dann weiter mit dem Bus (s. o.). Oder von Oslo über Trondheim nach Fauske und Bodø, ab dort dann mit Fähre oder Schnellboot bzw. Bus via Narvik.*

Die Vesterålen und Harstad

Die Inselgruppe der Vesterålen schließt sich nordöstlich an die Lofoten an. Sie besteht im Wesentlichen aus den Inseln **Hadseløya**, **Langøya**, **Andøya**, dem nördlichen Teil von **Austvågøya** und dem Westteil von **Hinnøya**, der nach Spitzbergen zweitgrößten Insel Norwegens. Die Gesamtfläche der Inseln, deren Name wohl „Streifen im Westen" bedeutet, beträgt knapp 3.100 km², bei einer Nord-Süd-Ausdehnung von 150 km. **Landschaftlich** ist der Archipel, auf dem knapp 34.000 Einwohner leben, außerordentlich reizvoll und steht zu Unrecht im Schatten der bekannteren Lofoten. Wie dort gibt es steil aus dem Nordatlantik aufragende, alpin wirkende Bergspitzen, herrliche weiße Sandstrände, Fjorde und Buchten, Inseln und Schären, Flüsse und Seen, Moore und tiefe Gebirgstäler. Die höchste Erhebung stellt mit 1.262 m der auf der Insel Hinnøya gelegene Møysalen dar. Wie auf den Lofoten findet man auch hier das älteste Gestein der Welt und weitere geologische Besonderheiten. **Flora und Fauna** sind ebenfalls mit den Gegebenheiten der benachbarten Inselgruppe vergleichbar, zu denen besonders die Seevogelarten und Fische gehören. Die bekanntesten Vogelfelsen befinden sich in Bø und auf Andøya. Sehr selten ist die Uferschnepfe, die in ganz Norwegen nur auf Andøya brütet. In den Sommermonaten kann man vor der Küste Wale und Delfine beobachten. Der Fremdenverkehr konzentriert sich auf die Sommermonate, wobei die Zeit der taghellen Nächte schon recht früh beginnt:

Typisches Vesterålen-Panorama

Bei gutem Wetter kann man die Mitternachtssonne vom 23. Mai bis zum 23. Juli beobachten.

Es gibt mehrere Wege zum Archipel, und dank vieler **Brücken und Tunnel** sind die Vesterålen-Inseln untereinander sowie mit dem Festland verbunden. Reist man auf der E 10 aus Richtung Narvik und Schweden an, gelangt man ohne Fähre bis in die letzten Winkel des Inselreichs. Auch wer von den Lofoten anreist, kann mit der 2007 eingeweihten Lofast-Verbindung ganz ohne Fähren auskommen, doch ist, je nach Reiseziel, die alte Fährverbindung von Fiskebøl nach Melbu günstiger. Weitere wichtige **Fährverbindungen** bestehen zwischen Hanøy auf der Lofoteninsel

Austvågøy nach Kaljord auf Hinnøya sowie von Bognes auf dem Festland nach Lødingen ebenfalls auf Hinnøya. Mitte Mai–Mitte Aug. verkehrt 3-mal tgl. eine Fähre von Andenes im Norden von **Andøya** nach Gryllefjord auf der Insel Senja (Überfahrt 2 Std.). Durch diese Fähre verkürzt sich die rund 380 km lange Strecke von Andenes nach Finnsnes südlich von Tromsø auf 80 km, und Reisende auf dem Weg von Bodø nach Tromsø können die Lofoten- und Vesterålen-Inseln ohne einen allzu langen Umweg bereisen. Die wichtigsten Inseln des Archipels sind im Folgenden in der Reihenfolge genannt, die Reisende auf ihrem Weg von den Lofoten nach Tromsø nehmen könnten.

Hadseløya

Fährhafen gegenüber der Lofotenkette

Die Hadsel-Insel ist die kleinste der großen Vesterålen und die erste, die man von den Lofoten aus erreicht, wenn man die Fähre aus Fiskebøl nimmt. Von den Lofoten ist die Insel durch den breiten Hadselfjord getrennt, von der Nachbarin Langøya durch den Vesterålsfjord und von Hinnøya durch den Sortlandsund. Die Fähre verkehrt wegen der Lofast-Verbindung weniger häufig, andererseits möchte man hier immer noch, dass ein Tunnel hinüber zu den Lofoten gebaut wird. Das seit 1995 diskutierte Bauwerk wäre extrem lang (8 km), sehr tief und deswegen auch sehr teuer, es wurde vorerst von der Prioritätenliste gestrichen. Der Fischerei- und Fährhafen **Melbu** liegt ganz im Süden der Insel, von hier aus sind bis hinauf nach Andenes im Norden rund 150 km zurückzulegen. Dass der Ort hauptsächlich von der Fischerei lebt, macht die ansehnliche Trawlerflotte ebenso deutlich wie die Fischkonservenfabrik, und auch einige kulturelle Sehenswürdigkeiten nehmen darauf Bezug. So das **Fischindustriemuseum** (Norsk fiskeindustrimuseum), das in der alten Heringsöl- und -mehlfabrik „Neptun" untergebracht ist. Eher an die landwirtschaftliche Tradition der Region erinnert das größte Herrenhaus weit und breit, das 1850 auf älteren Resten mit Haupt- und Wirtschaftsgebäuden sowie einem kleinen Park angelegt wurde. Heute beherbergt es das **Vesterålen-Museum**, ein Regional- und Heimatmuseum. Die lange Geschichte des Ortes wird am besten an der achteckigen **Kirche von Hadsel** sichtbar: Sie wurde zwar erst 1824 erbaut, besitzt aber einen Altarschrein aus der Renaissance und einige mittelalterliche Inventarstücke. In der Nähe leiten in einem **Kulturdenkmalpark** markierte Pfade zu Grabhügeln, Opferstätten und Hausfundamenten aus der Eisenzeit. Jedes Jahr im Juli findet in Melbu ein internationales Kulturfestival mit Konzerten und Theateraufführungen statt.

Auf der anderen, nördlichen Seite der Insel liegt gegenüber von Melbu das größere Stokmarknes, das man in 14 km auf der breiten Ostküstenstraße erreicht, oder auf dem schmaleren, landschaftlich eindrucksvolleren Weg entlang der Westküste. Wer beide Strecken miteinander kombiniert, kann auf 42 km einmal die Insel umrunden – vielleicht eine gute Idee für passionierte Marathonläufer! Auf der Straße entlang der Westküste kommt man an einsamen Sandstränden (besonders in Tæn; toller Blick auf die Mitternachtssonne) vorbei und an der natürlichen „Unwetterhöhle" Uværshula, wo man früher Schutz vor Sturm oder Schneestürmen finden konnte. In der Mitte der Insel ist der Berg Storheia (503 m) ein beliebtes Wanderziel mit prächtigem Rundblick.

Stokmarknes ist mit etwa 3.500 Einwohnern der größte Ort der Insel und bietet Besuchern mehrere Unterkünfte, Läden, ein recht modernes Zentrum sowie als größte Sehenswürdigkeit das **Hurtigruten-Museum**. Man findet es (natürlich!) ganz nah am Hurtigruten-Anleger, wo unübersehbar das aus den 1950er-Jahren stammende, aufgebockte Postschiff „Finnmarken" den Weg weist. Der moderne Komplex, der als „Haus der Hurtigruten" auch andere Funktionen besitzt, wurde nicht umsonst zum 100-jährigen Jubiläum der Linie in Stokmarknes eröffnet. Denn hier gründete 1881 Richard With die Reederei „Vesteraalske Dampskibsselskap", die ab 1883 wöchentliche Verbindungen zwischen Trondheim und Hammerfest bereitstellte. Später wurde die Schifffahrtslinie nach Bergen und Kirkenes verlängert und ist seitdem täglich unter dem Namen Hurtigruten unterwegs. Das Hurtigruten-Museum dokumentiert multimedial und sehr interessant die Geschichte der Postschiffe und ihre Bedeutung für das Leben der Menschen an der Küste – auch Schiffsunglücke werden nicht ausgeklammert. Ansonsten offeriert das Gebäude ein breites kulinarisches Angebot, u. a. mit dem originellen Restaurant im Walfangkutter „Mk Isqueen", sowie Unterkünfte in direkter Nähe (Infos unter *www.hurtigrutenshus.com*). Am neuen Bootshafen kann man im Sommer an einer dreistündigen Bootsfahrt teilnehmen, die täglich durch den Raftsund und den von ihm abzweigenden Trollfjord durchgeführt wird.

Geburtsort der Hurtigrute

Hurtigrutemuseet, *Richard Withs plass, ☎ 76118190, www.hurtigrutemuseet.no, Juni–Sept. tgl. 10–16, sonst tgl. 14–16 Uhr, NOK 100, Kinder NOK 45.*

Unmittelbar östlich von Stokmarknes geht die Straße geradewegs aufs Meer hinaus (bei Nebel ein beängstigendes Erlebnis!) und steigt dann auf den immer höher werdenden Stelzen zur 1.020 m langen **Hadsel-Brücke** an, die einen eleganten Bogen zur Nachbarinsel Langøya schlägt.

Langøya

Die nördlich von Hadseløya gelegene Insel Langøya ist „lang" und mit zahllosen Buchten und Fjorden, einer weit nach Westen ragenden Halbinsel sowie einem ganzen Kranz von vorgelagerten Klippen und Schären auch unglaublich reich gegliedert. Zentraler Ort auf den Vesterålen ist **Sortland**, das mit rund 5.000 Einwohnern Siedlungen wie Stokmarknes und Andenes längst hinter sich gelassen hat. Als regionaler Mittelpunkt mit u. a. weiterführenden Schulen, Krankenhaus, Theater, Kinos, Hallenbad, Galerien, mehr als 100 Läden, Hotels und Touristenbüro ist es für die Inselgruppe eine Art inoffizielle Hauptstadt – nur Harstad ist größer, zählt aber nicht zu den Vesterålen. Dieser Bedeutung wurde

Jachthafen auf Langøya

1997 Rechnung getragen, als Sortland der Status einer „Stadt" verliehen wurde. Diese ist auch ein wichtiger Verkehrsknotenpunkt, der täglich von der Hurtigruten angelaufen wird und Landverbindungen in alle Himmelsrichtungen bietet: nach Osten über die eindrucksvolle **Sortland-Brücke**, die ein wenig an die Tromsø-Brücke erinnert, nach Süden über die alte E 10, nach Westen durch den Rv. 820 und nach Norden über den Rv. 821. Wer aber nicht nur hindurchreist, sondern ein wenig in der Stadt bleibt, wird auch hier manches Interessante entdecken. Selbst die meisten Zweckbauten, die nicht sonderlich spannend sind, machen bei gutem Lichteinfall einiges her, da man sie in verschiedenen Blautönen angestrichen hat – schließlich nennt sich Sortland auch „Die blaue Stadt am Sund". Außerdem sehenswert: die Kirche von 1901 (die größte der Vesterålen, im Sommer für Besucher geöffnet), das Künstlerhaus in der alten Krankenstation von 1910, das alte Hafengebäude Rødbrygga und der Friedhof Minnelunden.

„Blaue Stadt am Sund"

Ein Ausflug in den Westen der Insel führt auf dem Rv. 820 am inneren Ende des Eidsfjords vorbei mit schönem Blick auf den sagenumwobenen Gipfel **Ræka**. Wie ein Spaten ragt er 607 m steil aus dem Fjord auf, eine Herausforderung für Bergsteiger-Profis und die wohl meistfotografierte Felsnadel der Provinz. Weiter westlich führt die Straße zum Auenfjord hinab, dann wieder hinauf und durch einen 1,6 km langen Tunnel zum Rastplatz Ryggedalen. Hinter Kråkberget gelangt man in Rise zu einem Abzweig, an dem es rechts in Richtung Hovden geht. Diese Strecke zu fahren lohnt unbedingt, bietet sie doch eine Art Quintessenz aller landschaftlichen Schönheiten der Insel: steile Berggipfel, weiße Sandstrände, Vogelklippen, verträumte Fischerorte mit Stockfischgestellen und roten Holzhäuschen. Richtig spannend wird es in **Nykvåg**, wo Dreizehenmöwen und viele andere Seevögel auf Felsenkolonien, aber auch mitten im Ort leben und einen unbreschreiblichen Lärm machen. Am Ende der Stichstraße, in **Hovden**, hat man gleich drei Strände zur Auswahl, außerdem einen freien Blick auf den Atlantik und idealerweise auf die Mitternachtssonne. Zurück auf dem Rv. 820 geht es noch ein ganzes Stück weit nach Westen, zuerst nach **Straume**, dem Verwaltungszentrum der Gemeinde (Hotel, Café, Laden, Rorbuer) und dem weißen Sandstrand von **Skårvågen**, dann nach Vinje und **Steine** mit der beachtenswerten, 4 m hohen Skulptur „Mannen fra havet" sowie dem **Freilichtmuseum** Bø Bygdemuseum, u. a. mit einer großen Sammlung von Nordlandbooten.

Felsnadeln und Vogelklippen

In eine ganz andere Richtung führt der Rv. 821, nämlich in den hohen Norden der Insel Langøya. Die Straße ist bis **Myre** gut ausgebaut, einem Gemeindezentrum mit ca. 2.700 Einwohnern, das u. a. wegen der Fischfilet- und Fischfutterfabrik bedeutsam ist. Die Straßen weiter in den Norden sind rustikaler, lohnen sich aber unbedingt. Ein beliebtes Ausflugsziel ist hier das Fischerdorf **Nyksund** mit seiner besonderen Holzarchitektur. Der schmale Hafen war einst ein Zentrum des Dorschfangs, und die auf Stelzen im Meer stehenden Pack- und Wohnhäuser beweisen, dass damit Geld zu verdienen war. Dann aber verließen die Einwohner das Dorf und seit den 1960er-Jahren ist Nyksund ein Sinnbild für das Problem, funktionsfähige Gemeinschaften in diesen weiten Räumen am Leben zu erhalten. In den letzten Jahren aber wurde wieder gebaut und restauriert, es gab Zuzüge von Norwegern und Ausländern, darunter einige Künstler und andere, die in den Fremdenverkehr investieren. Heute ist Nyksund keine Geisterstadt mehr, sondern ein kleines, aber lebhaftes und gern besuchtes Dorf am Meer. Nicht weit entfernt liegt auch der Weiler **Stø**, von hier aus werden, ähnlich wie in Andenes, Wal- und Robbensafaris, Schiffsausflüge und Bergwanderungen organisiert.

Andøya

Die nördlichste Insel des Archipels ist Andøya, von Langøya aus nur auf dem „Umweg“ über Hinnøya zu erreichen: Nachdem die **Sortland-Brücke** passiert ist, geht es nach Norden, eine weitere, flache Brücke führt über die Mündung des Hognfjords. Am Ende der Insel überquert man auf der erneut sehr eindrucksvollen Konstruktion der **Andøybrücke** den Risøysund. Auf der anderen Seite wird man vom Hafenort **Risøyhamn** begrüßt, der auch von der Hurtigruten angelaufen wird. Die Passage durch den Sund ist für die Passagiere stets eine Attraktion, da es langsam durch ungewöhnlich flaches Gewässer geht; die „Risøyrinne“ muss sogar in gewissen Abständen freigebaggert werden. Die meisten Reisenden werden sich hier nicht lange aufhalten, sondern in den Norden der Insel durchstarten, denn fast alle zieht es nach Andenes, dem Mekka des norwegischen Whalewatching. Außer durch die Walsafaris ist Andøya international wegen des **Raketenstartplatzes** (Andøya Rakettskytefelt, *www.andoyaspace.no*) bekannt. Seit den 1960er-Jahren wurden hier über 700 Höhenforschungsraketen verschiedenster Größe gestartet. Ab 2018 sollen sogar europäische Satellitenraketen von Andøya aus in den Orbit geschossen werden.

Reihe eindrucksvoller Brücken

Für den Weg in den Norden ist der Rv. 82 die bequemste Strecke, immer an der Ostküste entlang mit Blick auf den breiten Andfjord. Eine schönere Szenerie bietet allerdings die Straße an der Westküste, zu der man bei Myre nach links abbiegen kann. Sie führt u. a. am Fischerdorf **Bleik** vorbei, dessen strahlend weißer, 2,5 km langer Sandstrand bei Sonne und blauem Himmel an die Karibik denken lässt. Vorgelagert ist der zuckerhutförmige Inselberg Bleikøya, dem man sich auf Bootstouren nähern (aber nicht anlanden!) kann. Er wird von rund 200.000 brütenden Seevögeln bevölkert, u. a. größeren **Trottellummen- und Papageientaucherkolonien**.

Weißer, langer Sandstrand

Das Nordkap der Insel wird vom Fischerdorf **Andenes** besetzt, 106 km von der Sortland-Brücke entfernt. Mit seiner langen Mole und dem 40 m hohen, roten **Leuchtturm** Andenes Fyr (Aufstieg möglich) ist Andenes sowohl von Land als auch von Wasser bereits von Weitem zu sehen. Im Sommer gibt es hier dreimal täglich eine **Fährverbindung** nach Gryllefjord auf Senja, die Autofahrern die Möglichkeit gibt, rund 300 km (!) abzukürzen. Der Hafenort mit seinen ca. 2.500 Einwohnern ist aber vor allem wegen der dort angebotenen **Walsafaris** *(Hvalsafari Andenes, Hamnegata 1C, ☎ 76115600, www.whalesafari.no)* be-

Clowns des Nordatlantiks: Papageientaucher

Europäischer Hotspot für Whalewatcher: die Gewässer vor Andenes

kannt. Der Grund: Kein anderer Ort in Norwegen liegt so nahe am Kontinentalabhang, dem Rand des Festlandsockels. In diesem besonders nahrungsreichen Gebiet hält sich ein stabiler Bestand von Pottwalen auf, sodass Andenes Walbeobachtungsfahrten mit einer fast 99-prozentigen Sichtungswahrscheinlichkeit anbieten kann. Die Fahrt zu den Pottwalen auf einem umgebauten Fischkutter dauert nur eine Stunde, allerdings in nordwestlicher Richtung, d. h. ins offene Meer. Hier kann die hohe Dünung sensibleren Naturen das Wal-Erlebnis durch Seekrankheit verleiden. Nach rund 2 Stunden Aufenthalt, bei dem man gute Chancen hat, auch andere Meeressäuger zu sichten (s. u.), geht es zum Hafen zurück, sodass eine Tour ca. 4–5 Stunden dauert. Wer beim ersten Mal keinen Wal sichtet, kann i. d. R. ein zweites Mal kostenlos mitfahren. Die Walsafaris werden, sofern das Wetter mitspielt, in der Zeit von Ende Mai bis Mitte Sept. durchgeführt und von Mitarbeitern des Walforschungsinstituts begleitet. Bei Bedarf laufen die Schiffe mehrmals täglich aus, trotzdem empfiehlt es sich wegen der starken Nachfrage, mindestens zwei Tage im Voraus zu buchen. Folgende **Wale** können in Andenes gesichtet werden:

Whale Watching

Pottwal *(Physeter macrocephalus)*: wird 65–70 Jahre alt, ein männliches Exemplar kann bis zu 20 m lang werden und 45–75 t wiegen. Der größte Zahnwal überhaupt ernährt sich von größeren Fischen und Tintenfischen, man erkennt ihn an der dunkelgrauen Färbung und der deutlich schräggestellten Fontäne.

Walarten vor Andenes

Buckelwal *(Megaptera novaeangliae)*: Dieser Bartenwal lebt an der ganzen norwegischen Küste und ist für seinen „Gesang" bekannt. Er wird bis zu 19 m lang und bis zu 40 t schwer. Man erkennt ihn an der dunklen Körperoberseite, den langen, unebenen Brustflossen sowie an der kleinen, auf einem Buckel sitzenden Rückenfinne. Bei der Walbeobachtung ist er ein Highlight, weil seine Fontäne sehr deutlich sichbar ist und er beim Abtauchen meist die Schwanzflosse zeigt.

Zwergwal *(Balaenoptera acutorostrata)*: wird 40–50 Jahre alt, bis 9,5 m lang und bis 8 t schwer. Der gewöhnlichste Bartenwal an der norwegischen Küste ernährt sich von kleineren Schwarmfischen, z. B. Hering und Lodde. Seine besonderen Merkmale sind der dunkle Rücken und hellere Seiten; seine Fontäne ist selten zu sehen, auch zeigt der Zwergwal beim Abtauchen nicht die Schwanzflosse.

Schwertwal/Orca *(Orcinus orca)*: wird bis zu 80 Jahre alt, bis 9 m lang und bis zu 6 t schwer. Der in allen Weltmeeren beheimatete Zahnwal ist an der schwarz-weißen Fleckenzeichnung mit starken Kontrasten und der 1–2 m hohen Rückenfinne zu erkennen. Er jagt z. T. im Verbund größere Fische und andere Meeressäuger.
Grindwal/Pilotwal *(Globicephala melas)*: Die weit verbreitete Art lebt in Herden von einigen Dutzend bis zu mehreren Hundert Tieren und fühlt sich im offenen Meer am wohlsten. Männliche Grindwale können bis 8,5 m lang werden. Man erkennt sie am abgeflachten Kopf mit steiler Stirn und stark kielförmiger Schwanzpartie.
Kleintümmler/Gewöhnlicher Schweinswal *(Phocoena phocoena)*: Diese weit verbreitete Walart lebt hauptsächlich an der Küste, allein oder in kleinen Gruppen, und wird max. 2 m lang. Man erkennt die Kleintümmler am abgerundeten Kopf ohne vorgezogene Schnauze und an der kleinen, dreieckigen Rückenfinne.

Information über Wale

Neben dem Leuchtturm und der Anlegestelle der Whalewatching-Boote liegt das **Walzentrum Andenes** (Hvalsenteret). Es wurde 1988 in einem früheren Fischverarbeitungsbetrieb eingerichtet und dient als Museum und Forschungsstätte. Touristen und Teilnehmer einer Walsafari können sich hier vorher über die Wale und ihren Lebensraum informieren. Zu sehen ist das vollständige Skelett eines Pottwals, der 1996 in Andenes an Land gespült wurde und über 15,5 m lang war.

Hinnøya

Tiefe Fjorde, hohe Berge

Im Südosten der Vesterålen, am nächsten zum Festland, liegt die Insel Hinnøya. Sie ist mit 2.204 km² Fläche nach Svalbard die **größte norwegische Insel** und mit ca. 32.000 Einwohnern die bevölkerungsreichste vor der Küste Norwegens. Ihre Küste wird von mehreren tiefen Fjorden geprägt, das Inselinnere ist äußerst gebirgig. Mit dem 1.262 m hohen Møysalen gibt es hier den höchsten Gipfel des gesamten Archipels. Von Westen her, also von der Insel Langøya, erreicht man Hinnøya über die **Sortland-Brücke**. Auch wenn man aus dem Norden, von Andøya her anreist, passiert man die Brücke über den Rv. 82. Der erste größere Ort südlich davon heißt **Sigerfjord** und bietet Unterkünfte, Tankstelle, Laden sowie einen Sandstrand und gute Angelplätze. Nach einem Tunnel kann man über den Rv. 822 noch ein ganzes Stück an der Westküste entlang nach Süden fahren, ansonsten gelangt man zum tief eingeschnittenen und engen Gullesfjord. An dessen südlichem Ende stößt man auf die 2007 eingeweihte Lofast-Verbindung (S. 452), die als E 10 durch mehrere Tunnel (darunter der 6,3 km lange Sørdals-Tunnel) und Brücken sowie über den Raftsund zur Insel Austvågøya und den Lofoten geht. Diese beeindruckende Straße führt zum malerischen **Øksfjord**; noch eindrucksvoller allerdings ist der berühmte **Raftsund**, an dessen Ostseite eine schmale Straße bis nach **Digermulen** hinuntergeht. Vom Raftsund zweigt auch der **Trollfjord** ab, die meistbesuchte Attraktion zwischen den Lofoten und Vesterålen (S. 453).

Die E 10 durchquert in Richtung Festland die Insel und erreicht bei **Kåringen** wieder die Südküste. Hier kommt man über eine 4 km lange Straße zum 2.500-Einwohner-Ort **Lødingen**, der als Norwegens größte Lotsenstation und als Fährort nach Bognes von Bedeutung ist. Nahe dem Fähranleger stößt man auf den hübsch angelegten Jachthafen, auch ein Badestrand und der Naturerlebnispfad von Fenes sind nicht weit. Mit mehreren Unterkünften, Touristenbüro, Veranstaltern von Bootsausflügen, einigen Läden und Pubs kann Lødingen auch sonst Besuchern einiges bieten. Neben dem **Lotsenmuseum**, das sich in der alten Telegrafenstation von 1895 befindet, lohnt auch die kreuzförmige **Holzkirche** von 1897 mit Einrichtungsgegenständen der drei älteren Vorgängerkirchen eine Besichtigung.

Auf dem Weg zum Festland folgt man ab Kåringen weiter der E 10, die rund 50 km lang immer am Westrand des schmalen Tjeldsundes entlangführt. In **Hol** lohnt ein Halt an der schönen **Tjeldsund Kirke** aus dem Jahr 1901. Zu den Sehenswürdigkeiten der weißen Holzkirche zählen das Barockaltarbild und die Orgel von 1861, eines der wertvollsten historischen Instrumente Norwegens.

Verbindung zum Festland

Wo sich kurz darauf das Festland und die Insel Hinnøya am nächsten kommen, überspannt die ca. 1 km lange **Tjeldsund-Hängebrücke** den Sund (1967 eingeweiht). Bevor man hier von den Vesterålen Abschied nimmt und zum Festland zurückkehrt, könnte man im Tjeldsundbrua Motel eine Pause einlegen. Vielleicht entschließt man sich auch, noch etwas auf der Insel Hinnøya zu bleiben und auf dem Rv. 83 zum Regionalzentrum Harstad weiterzufahren, das nur 25 km entfernt liegt.

Strenggenommen gehört die 25.000-Einwohner-Stadt **Harstad** im Nordosten der Insel Hinnøya nicht mehr zu den Vesterålen, sondern bildet eine eigene Kommune in der Provinz Troms. Ihren Aufschwung verdankt sie der Heringsfischerei im 19. Jh., 1904 erhielt sie auch die Stadtrechte. Heute ist Harstad eine Handels-, Industrie-, Seefahrts- und Verwaltungsstadt, die sich zum Hauptstandort der Öl- und Gaswirtschaft im Norden entwickelt hat. Ihr Erscheinungsbild ist weitgehend modern, aber nicht uninteressant: Vor allem die Hafenpartie ist mit einer Promenade, Skulpturen, dem Campus der Arctic University of Norway (UiT) und dem **Kulturhaus** ganz ansehnlich gestaltet. Letzteres spielt mit seinem Konzertsaal eine große Rolle bei den Sommerfestspielen, die alle zwei Jahre hier abgehalten werden. Vor dem Kulturhaus ist oft der Zweimast-Schoner „**Anna Rogde**" zu sehen, mit dem Datum 1868 vielleicht der älteste noch segelnde der Welt (ein Jahr älter als die berühmte „Cutty Sark"). Kunstfreunde sollten die **Galerie NordNorge** besuchen, die im Zentrum auf der Normannsgate 1A liegt. Ihr Gebäude, vom Architekten Jan Hovig gezeichnet, war ursprünglich das städtische Hallenbad, seit 2000 beherbergt es die größte Kunstgalerie der Provinz mit einer ständigen und verschiedenen Wechselausstellungen *(Di–So 11–15 Uhr)*. Wer mit Kindern bei schlechtem Wetter in der Stadt ist, hat im Spaßbad „Grottebadet" eine Besuchsalternative. Bei einem Spaziergang sollte man schließlich auch einen Blick in die **Kirche** von 1958 werfen,

Auf dem Markt in Harstad

die interessante Glasmalereien aufweist. Davor erinnert ein Denkmal an den in Harstad geborenen Hans Egede (1686–1758), den sog. „Apostel der Eskimos".

Die größten Sehenswürdigkeiten Harstads liegen 3 km nordöstlich des Zentrums auf der Trondenes-Halbinsel. Selbstfahrer folgen der Hauptstraße Strandgata und biegen rechts auf den Hagebyveien ab. Am Ende des Weges sieht man die **Steinkirche von Trondenes**, die 1220–1240 errichtet wurde. Das turmlose, mit einem auffallend langen Chor ausgestattete Gotteshaus mit sparsamen Architekturdetails ist ein frühes gotisches Bauwerk; damals war es die größte Steinkirche nördlich von Trondheim. Sie gilt immer noch als nördlichste gotische Kirche der Welt. Im Inneren sind ein mittelalterlicher Taufstein sowie ein Flügelaltar aus dem 15. Jh. aus der Werkstatt des Lübeckers Bernt Notke bewahrt. Überreste von Wachtürmen sowie die fast 2 m dicken Kirchenmauern deuten darauf hin, dass die Kirche auch zur Verteidigung genutzt wurde. Im benachbarten Historischen Zentrum wird in der Ausstellung „Mit Kreuz und Schwert durch 1.000 Jahre Geschichte" die besondere Rolle der Halbinsel seit der Wikingerzeit und bei der Christianisierung Nordnorwegens beleuchtet. Auch während des Mittelalters bestand das Machtzentrum fort, und die örtlichen Häuptlinge herrschten über ganz Süd-Troms und die Vesterålen.

Nördlichste gotische Kirche der Erde

Trondenes Historisk Senter, *Trondenesveien 122, ☎ 77018380, www.stmu.no, tgl. im Sommer tgl. 10–16, sonst Mo–Fr 10–14, So 11–16 Uhr, NOK 90, Kinder NOK 45.*

In eine ganz andere Zeit führt das Militärgelände, wenige Hundert Meter weiter am Ende der Landzunge gelegen. Wer sich dafür interessiert, kann sich dort die Batterie von vier sog. **Adolf-Kanonen** anschauen; der Name verrät, wer sie gebaut hat und aus welcher Zeit sie stammen. Mit einem Kaliber von 40,6 cm gehören sie zu den größten, je gebauten landgestützten Kanonen weltweit. Ihre Aufgabe war es, die Zufahrt nach Narvik und Tromsø zu bewachen, dafür brauchte man eine große Reichweite. Zum Bau der Kanone mussten extra eine Hafenanlage in Harstad und eine Eisenbahnlinie zum Transport der 160 t schweren Rohre gebaut werden, deren Fundamente heute noch zu sehen sind. Die Probeschüsse der Batterie verursachten durch die fürchterliche Druckwelle eine Reihe von Problemen und regelmäßig zerbarsten im 3 km entfernten Harstad Fensterrahmen und Scheiben. Für die Batterie in Trondenes wurde eine 600 kg schwere Spezialgranate hergestellt, die man ebenfalls „Adolf" nannte; sie hatte eine Reichweite von 56 km (also über den Horizont hinaus) und eine maximale Flughöhe von 21,8 km! Eine Ausstellung zu diesem gigantischen Kriegsgerät befindet sich im Bunker unter der Kanone (*☎ 77018989, www.adolfkanonen.com, Juni–Aug., tgl. geführte Touren, NOK 80*).

Martialische Sprengkraft

Reisepraktische Informationen Vesterålen

Information

Vesterålen Reiseliv, *Rådhusgata 11, 8400 Sortland, ☎ 76111480, www.visitvesteralen.com. Ganzjährig geöffnete, zentrale Touristeninformation für die Inselgruppe und Hurtigruten-Agentur. Ansonsten hat jede Kommune ihr eigenes Touristenbüro, z. B.* **Visit Andøy**, *Kong Hans gate 8, 8480 Andenes, ☎ 41605852, www.visitandoy.info.* **Visit Harstad**, *Sjøgata 1b, 9405 Harstad, ☎ 77018989, www.visitharstad.com.*

Unterkunft

Vesterålen Kysthotell €€€–€€€€, *Markedsgata 21, 8455 Stokmarknes, ☎ 76152999, http://vesteralenkysthotell.no. Unterkünfte zentral in Stokmarknes, mit 107 Betten in Hotelzimmern und Suiten, in „Nordlandhäusern" für bis zu 8 Personen mit Küche, Bad und Wohnzimmer sowie mehreren komfortablen Rorbuern. Gutes Restaurant und uriger Pub im an Land gezogenen Walfangschiff „Isqueen"; ganzjährig geöffnet.*

Sortland Hotel €€€€, *Vesterålsgate 59, 8400 Sortland, ☎ 76108400, www.sortland hotell.no. Einfallsloser, aber praktischer Hotelklotz im Zentrum, 66 gut ausgestattete und 2017 renovierte Zimmer, gutes Restaurant, kleine Bibliothek, Bar.*

Tjeldsundbrua Kro & Hotell €€€–€€€€, *9440 Evenskjer, ☎ 77089300, www. tkh.no. Direkt an der Tjeldsundbrücke gelegene Holzhausanlage mit prächtiger Aussicht, Hotelbetrieb mit gut ausgestatteten Zimmern und Suiten, z. T. in doppelstöckigen „Seehäusern" (sjøhus) à 70/77 m² mit Küche, Wohnzimmer, Bad, Balkon oder Terrasse, Boots-, Angel- und Fahrradverleih.*

Thon Hotel Andrikken €€€€, *8480 Andenes, Storgata 53, ☎ 76149090, www. thonhotels.no. Im Zentrum der Hafenstadt gelegenes, unspektakuläres Mittelklassehotel mit Restaurant und Bar, 44 gut ausgestatteten Zimmern. Organisation von Ausflügen und Vermittlung von Rorbuer-Unterkünften auf der ganzen Insel.*

Sandtorgholmen Hotel €€€€, *9430 Sandtorg, ☎ 77028000, www.sandtorghol men.no. An der E 10 auf der Insel Hinnøya, ca. 10 km südlich der Tjeldsundbrücke gelegene Anlage, die seit dem 17. Jh. eine Tradition als Posthandelsstation hat. Mehrere historische Gebäude aus unterschiedlichen Epochen, mit 20 Hotelzimmern, Suiten und Apartments von hohem Standard, Restaurant, Pub, Campingmöglichkeit, geöffnet April–Dez.*

Clarion Collection Hotel Arcticus €€€€, *Havnegata 3, 9480 Harstad, ☎ 77040800, www.nordicchoicehotels.com. Im Kulturhaus von Harstad, direkt am Kai bzw. der Uferpromenade untergebrachte, moderne First-Class-Herberge mit 75 gut ausgestatteten Zimmern. Bar, Restaurant, Fitnessraum, Parkhaus, schöner Blick auf den Vågsfjord.*

Jugendherberge

Trondenes Sommerhotell, *Trondenesveien 110, 9404 Harstad, ☎ 9184 8220, www.visitharstad.com/trondenes-sommerhotell. Jugend- und Familienherberge, der Trondenes-Volkshochschule angegliedert. 3 km vom Zentrum gelegen, nahe der Trondenes-Kirche, 43 Einzel- und Doppelzimmer mit 1–2 Betten und Frühstück, Aufenthaltsraum, Gästeküche, Internetzugang, sehr schöne Umgebung, Juni–Mitte Aug. geöffnet.*

Camping

Auf den Vesterålen gibt es eine Reihe von **Campingplätzen**, *oft in Verbindung mit Rorbuer-Anlagen. Zu empfehlen sind u. a.:* **Andøy Friluftssenter**, *Buksnesfjord, 8484 Risøyhamn, ☎ 76148804, www.andoy-friluftssenter.no.*

Eidet Sjøcamping, *Eidet, 8475 Straumsjøen, ☎ 76139356, www.eidetsjocamp.com.*

Sortland Camping og Motell, *Vesterveien 51, 8400 Sortland, ☎ 76110300, www. sortland-camping.no.*

Stø Bobilcamp, *Stø, 8439 Myre, ☎ 97533648, http://stobobilcamp.no. Schöner Stellplatz für Wohnmobile.*

Flugverbindungen

Für den Flugverkehr gibt es auf den Inseln zwei Flugplätze, den **Andøya Lufthavn** *in Andenes und den* **Stokmarknes Lufthavn** *in Skagen, von denen regelmäßig*

Flüge nach Tromsø und Bodø gehen. Der wichtigste Flughafen der Region ist aber der von ***Narvik-Harstad*** *in* ***Evenes*** *an der E 10 (Buszubringer), von dem es tgl. mehrere Abflüge mit SAS, Widerøe und Norwegian gibt, u. a. nach Oslo, Tromsø und Trondheim.*

Schiffs- und Fährverbindungen

Per ***Fähre*** *erreicht man die Vesterålen von Süden über die Verbindung Bognes – Lødingen oder über die Lofoten mit der Fähre von Fiskebøl nach Melbu (Fahrzeit 25 Min.). Von/nach Norden verkehrt im Sommer 3-mal tgl. eine Fähre zwischen Andenes und Gryllefjord auf Senja (2 Std.).*

Die ***Hurtigrute*** *läuft (von Süden nach Norden) folgende Häfen an: Stokmarknes, Sortland, Risøyhamn, Harstad.* ***Schnellbootverbindungen*** *bestehen u. a. zwischen Harstad und Senja via Bjarkøy (ca. 1.5 Std.) und von Harstad nach Tromsø via Engenes, Brøstadbotn und Finnsnes (ca. 3 Std.); Infos unter www.nordnorge.com.*

Busse

Mit den regionalen ***Buslinien*** *ist der gesamte Archipel gut erreichbar. Lokale Zentren sind Sortland und Harstad, die auch auf der Route der* ***Expressbusse*** *liegen. Die wichtigste überregionale Buslinie ist der* ***Flybussen*** *von Sortland zum Flughafen Evenes.*

Zwischen Narvik und dem Nordkap

Zwischen Narvik und Tromsø

Für die Fahrt von Narvik in Richtung Tromsø bzw. Nordkap hat man zunächst keine Alternative zur E 6, die hier, an Norwegens schmalster Stelle, die einzige Straße in Nord-Süd-Richtung ist. Früher führte sie 15 km am Südufer des Rombakfjords entlang, der dann mit einer imposanten, 765 m langen Hängebrücke überquert wird. Heute führt die E 6 auf einer neuen Strecke mit zwei Tunneln weiter westlich, unmittelbar am Stadtrand von Narvik entlang, und dann über die riesige **Hålogaland-Brücke** über den Fjord (Maut!). Mit einer Spannweite von 1.145 m ist sie die zweitlängste Hängebrücke Norwegens und die viertlängste Europas! Das 2017 eingeweihte, grandiose Bauwerk mit seinen 175 m hohen Pylonen besitzt auch einen eigenen Fußgänger- und Fahrradweg. Wenige Kilometer nördlich des

Redaktionstipps

➤ Die schönsten **Aussichtspunkte**: vom Storsteinen auf Tromsø (S. 484), vom Kvænangsfjell auf den Øksfjord-Gletscher (S. 490), vom Salen auf Hammerfest (S. 497), vom Nordkap auf die Mitternachtssonne (S. 505).

➤ Die eindrucksvollsten **Landschaften**: die Lyngenalpen (S. 489), Nationalparks Øvre-Dividal (S. 477), Reisadal (S. 490) und Seiland (S. 495), Sautso Alta Canyon (S. 492), Insel Magerøy (S. 501).

➤ Die interessantesten kulturellen Highlights: **Eismeerkathedrale** (S. 484) und **Tromsø-Museum** in Tromsø (S. 483), die **Felszeichnungen von Hjemmeluft** in Alta (S. 491).

➤ Außergewöhnliche **Erlebnisse**: Lachsangeln im Altaelv (S. 492), Kanufahrt auf dem Reisa-Fluss (S. 490), Sonnenbaden am Strand von Grøtfjord (S. 485), Mitternachtswanderung auf Magerøya zum „Kirkeporten“ (S. 505).

Fjords zweigt die 1984 fertiggestellte E 10 nach Schweden ab (ca. 65 km bis zum bekannten Fjellort Abisko, 190 km bis Kiruna), die eine weniger dramatische Streckenführung hat als die Eisenbahnstrecke am Rombakfjord entlang. In nördliche Richtung sind die beiden Europastraßen zunächst identisch, bis bei **Bjerkvik** die E 10 gen Westen zu den Inselgruppen der Vesterålen und Lofoten sowie zum Großflughafen Narvik führt.

Die E 6 klettert hinter Bjerkvik in recht kurzer Zeit bis auf 330 m ü. d. M., wobei die Passhöhe auch die Grenze zwischen den Provinzen Nordland und Troms darstellt. Gedenksteine, die an den Krieg erinnern, säumen die Straße wie in Gratangen oder gegenüber dem Touristenzentrum **Lapphaugen**, wo ein Denkmal an General Carl Gustav Fleischer erinnert, der 1940 die norwegischen Truppen im Raum Narvik führte. Nach kargen Fjell-Landschaften und einem weiteren Pass mit 428 m Höhe geht es hinab nach **Fossbakken**, wo man im Rv. 84 eine westliche und weniger befahrene, allerdings auch deutlich längere Streckenalternative zur Europastraße hat.

© igraphic

Im weiteren Verlauf der E 6 folgen in den Kommunen Bardu und Målselv Talungen, wie sie mit ihren Feldern und Wäldern eher für den Südosten Norwegens typisch sind. Vor über 200 Jahren kamen Siedler aus dem übervölkerten Gudbrandsdal und ließen sich in dieser Gegend nieder. Eine der größten Touristenattraktionen der Region, nahe der E 6 und östlich des Flusses Salangselva, ist der **Polar Park**, der nördlichste Tierpark der Welt. Wölfe, Braunbären, Luchse, Schneefüchse, Elche, Rene und andere Tiere der subarktischen Zone werden in natürlicher Umgebung gehalten. Angesichts des weitläufigen Geländes und des sehr hohen Eintrittspreises lohnt sich ein Besuch allerdings nur, wenn man über ausreichend Zeit verfügt!

Nördlichster Tierpark der Welt

Polar Park, *Bonesveien 319, 9360 Bardu, ☎ 77186630, www.polarpark.no, Mitte Juni–Aug. tgl. 10–18, sonst Mo–Fr 10–16, Sa/So 12–16 Uhr, NOK 260, Kinder (3–15 J.) NOK 160.*

15 km nördlich bringt einen die Europastraße unmittelbar am **Bardu Bygdetun** vorbei, einer hübschen Ansammlung von Bauernhäusern aus dem 19. Jh. (rechts der Straße, das Gelände ist frei zugänglich). Einige Fahrminuten später lohnt auch die weiße **Holzkirche von Bardu** (1829) samt Friedhof unbedingt einen kurzen Halt. Der nächste größte Ort entlang der Route ist **Setermoen**, mit 2.500 Einwohnern ein recht bedeutendes Zentrum. Über die 35 km lange Stichstraße Rv. 847 kann man von hier einen Abstecher nach Osten unternehmen. Der Weg endet am großen See Altevatn, dahinter erstreckt sich bis zur schwedischen Grenze der 743 km^2 große **Øvre-Dividal-Nationalpark**. Dieses Eldorado für Wanderer ist eine völlig unberührte Wildnis, mit Urwäldern, Hochplateaus, Schluchten und einem großen Bestand an Wildtieren.

Bei der Weiterfahrt kommt man durch das **Bardutal**, in dem man von allen Seiten von Bergen zwischen 1.000 und 1.500 m Höhe umgeben ist. In **Elverum** sollte man auf dem Rv. 87 zumindest den 4-km-Abstecher zum eindrucksvollen **Målselvfossen** unternehmen, wo das Wildwasser über 600 m lang eine Reihe mächtiger Kaskaden bildet. Ein Fußweg führt ganz nah an den schäumenden Fluss heran. Damit die Lachse dieses Hindernis bequem umgehen können, hat ihnen der Mensch hier eine der längsten Lachstreppen des Landes gebaut. Die E 6 führt hinter Elverum zum Weiler **Bardufoss**, dessen recht großer Flughafen vom Militär und auch zivil genutzt wird. Auf schöner Strecke über das Fjell und am See Takvatn entlang erreicht man bald den Balsfjord. Hier bietet der Abzweig des Rv. 858 eine wenig befahrene und nur 10 km längere **Alternativstrecke nach Tromsø**, die einen mittels Tunnel und Brücken über die Insel Kvaløya (S. 485) zum Ziel bringt. Bleibt man aber auf der E 6, kommt man etwas weiter im Ort **Nordkjosbotn** zu einer Straßengabelung: Die E 6 verläuft in Richtung Nordkap, während die E 8 nach Tromsø führt.

Wildwasserkatarakte mit Lachstreppe

Auf der E 8 sind es noch ca. 70 km bis zum Etappenziel, ein Abschnitt, in dem Fjord und Fjell eng benachbart sind und die Landschaft in besonderer Weise fasziniert. Die E 8 verläuft am Balsfjord entlang, dann durch das Lavangstal und führt schließlich am Meer nach Tromsø. Die Strecke zieht sich, denn immer wieder gibt es Geschwindigkeitsbegrenzungen, deren Einhaltung z. T. automatisch kontrolliert wird. Nach einer Fülle von Panoramen durch die wilde und kontrastreiche Landschaft erreicht man über **Laksvatn** mit schönem Blick auf die Lyngenalpen und Fagernes schließlich Tromsdalen, den Stadtteil Tromsøs mit der berühmten Eismeerkathedrale (s. u.). Von dort führt die kühne Brücke zur Insel mit dem Zentrum Tromsøs.

Tromsø: Hauptstadt des Nordens

Durch große, vorgelagerte Inseln gegen das offene Meer geschützt, liegt Tromsø selbst auf einer Insel (**Tromsøya**), durch eine imposante Brücke mit dem aus Halbinseln bestehenden Festland verbunden. Die Stadt jenseits des Polarkreises hat viele schmückende Beinamen erhalten wie „Eismeerstadt", „Tor zum Eismeer" oder gar „Paris des Nordens". Mit rund 2.560 km² ist sie die flächenmäßig größte Stadt Norwegens, in der nur ein Bruchteil städtisch bebaut ist und ausgedehnte Rentierweiden zum Stadtgebiet gehören. Auf einer **Fläche so groß wie das Herzogtum Luxemburg** leben rund 77.000 Menschen 400 km nördlich des Polarkreises auf fast 70 ° nördlicher Breite. Trotz der geografischen Lage ist die **Vegetation** im Raum um Tromsø geradezu üppig. An den Straßenrändern und in den Vorgärten der schmucken Holzhäuser fallen die vielen Blütenpflanzen auf, häufig sieht man die bis 2 m und höher werdende „Tromsø-Palme", eine Art des Herkuleskrauts *(Heracléum sibiricum)*, Stauden mit großen, gefiederten Blättern und weißen Blüten. Bis zu 10 cm kann die Unkrautpflanze täglich wachsen, bis sie manch mal nach zweimonatiger Wachstumsperiode unter ihrem eigenen Gewicht zusammenbricht. Die Temperaturen erreichen im Sommer durchaus um die 25 °C und die **Mitternachtssonne** scheint in der Zeit vom 21. Mai bis zum 23. Juli.

Nordnorwegens größte Stadt

Die Nähe des Meeres und die geschützte Lage zogen schon in der Stein- und Eisenzeit Menschen an. Ende des 9. Jh. lebte in dieser Gegend der Wikinger Ottar, der König Alfred von England mitteilte, dass er nördlicher wohne als alle anderen Norweger. Im 13. Jh. ließ König Håkon Håkonsson in Tromsø eine Kirche errichten. Nachdem die Städte Bergen und Trondheim 1789 das Handelsmonopol für Nordnorwegen verloren hatten, wuchs Tromsø als Ausgangsbasis für den **Wal- und Robbenfang** im Eismeer zu einem Handelsplatz heran, der 1794 die Stadtrechte erhielt. Die Einwohnerzahl blieb aber zunächst äußerst gering und lag 1815 bei nur 75 Bewohnern, aber vor allem Fischerei und Handel ließen die Einwohnerzahl 1845 auf 2.000 und bis 1900 auf 7.000 ansteigen. Den Beinamen „**Tor zum Eismeer**" erhielt Tromsø, als es Anfang des 19. Jh. zum Ausgangspunkt zahlreicher Fangexpeditionen zur Packeisgrenze wurde. In der zweiten Hälfte des 19. Jh. gaben die erneute Suche nach der Nordostpassage und der Wettlauf zum Nordpol Tromsø wichtige Impulse, denn hier wurden die Schiffe repariert oder gechartert, erfahrene Seeleute angeheuert, es wurde Proviant geladen und auf besseres Wetter gewartet. Die Norweger Nansen und Amundsen waren die erfolgreichsten, aber längst nicht die einzigen Forscher und Abenteurer, die von Tromsø aus ihre Expeditionen begannen.

Startpunkt von Polarexpeditionen

Als „**Paris des Nordens**" wurde die Stadt um die Jahrhundertwende wohl aufgrund ihrer malerischen Holzhäuser mit den farbenprächtigen Fassaden bezeichnet. Im Zweiten Weltkrieg ist Tromsø nicht zerstört worden, da aber in den vergangenen Jahren im Zentrum immer mehr Holzhäuser abgerissen und durch Steinbauten ersetzt wurden, hat das Stadtbild viel von seinem Charme eingebüßt. In der Stadt der Jugend, in der das Durchschnittsalter weit unter dem Landesdurchschnitt liegt, gibt es reichlich Restaurants, Pubs und Nachtclubs, ungewöhnlich viele für norwegische Verhältnisse. Zur Zeit der Mitternachtssonne herrscht geradezu südländisches Treiben in der Stadt im hohen Norden. Heute ist Tromsø neben seiner Funktion als Handels-, Hafen- und Provinzstadt ein Bildungs- und Kulturzentrum mit einer für den Norden des Landes bedeutenden **Universität** (ca. 15.500 Studenten), der drittgrößten des Landes und der nördlichsten weltweit. 80 % der Bevölkerung sind im Dienstleistungssektor beschäftigt. In naher Zukunft hofft Tromsø, das im menschenleeren Norden ein Auffangbecken für viele junge Menschen aus den dünnbesiedelten Regionen nördlich des Polarkreises darstellt, stärker von der Öl- und Gasförderung vor der nordnorwegischen Küste zu profitieren. Der **Fremdenverkehr** ist ebenfalls von zunehmender Bedeutung. Sportlich Aktive können die Stadt gut mit dem Fahrrad erkunden (mehrere Fahrradverleih-Stationen) oder zu Exkursionen in die atemberaubende Landschaft der Umgebung starten, auch werden von mehreren Veranstaltern Bootstouren mit Angeln, Whalewatching (Orcas) oder Tauchgängen u.a. zu den Wracks der Kriegsschiffe angeboten. Und da der Winter in Tromsø ein richtiger Winter ist und etwa ein halbes Jahr dauert, ergeben sich dann viele Möglichkeiten: Langlauf auf gespurten, den ganzen Tag beleuchteten Loipen, Alpinski, Klettern an vereisten Wasserfällen, Eisangeln, Touren mit Schlittenhunden und vieles mehr. Kulturtouristen hat Tromsø u.a. ein Symphonie- und Kammerorchester, ein Philharmonisches Orchester und Norwegens größtes Filmfestival zu bieten – alle tragen das Etikett „das nördlichste der Welt".

Tromsø-Panorama mit Brücke und Eismeerkathedrale

Atemberaubende Umgebung

Sehenswertes in Tromsø

Zu den Hauptsehenswürdigkeiten der Stadt gehören die berühmte Eismeerkathedrale, das lohnende Tromsø-Museum sowie im Stadtzentrum das Polaria-Erlebniszentrum und die Domkirche. Bei gutem Wetter ist eine Fahrt mit der Gondelbahn hinauf auf den Aussichtsberg Storsteinen empfehlenswert. Die genannten Ziele lassen sich an einem Tag bewältigen, wenn man die ein wenig außerhalb des Stadtkerns liegenden Sehenswürdigkeiten selbst anfährt oder öffentliche Verkehrsmittel benutzt (Busse). Wer über die E 8 anreist, gelangt über die **Tromsøbrücke (1)** ins Zentrum, die Tromsøya mit dem Stadtteil Tromsdalen verbindet. Mit ihrer Reihe doppelter Betonstelzen macht sie einen gehörigen Buckel bis zu einer Höhe von 43 m, damit auch die größeren Hurtigruten- und anderen Schiffe darunter passen. Die 1960 errichtete Konstruktion ist 1.036 m lang und zusammen mit der Eismeerkathedrale ein Wahrzeichen der Stadt.

Hinter der Brücke könnte ein kleiner Stadtspaziergang beginnen, wobei zunächst das **Polarmuseum (2)** am Wegesrand liegt. Das 1976 eingerichtete Museum ist in einem hölzernen, unter Denkmalschutz stehenden alten Lagergebäude am Hafen untergebracht. Hier finden sich Gegenstände und Ausstellungen zu Jagd, Fischerei und Forschung in der Arktis. In einer Spezialabteilung wird die Entdeckungsge-

schichte des Nordpols, verbunden mit Namen wie Nansen, Andrée etc., dargestellt. Im Außenbereich sieht man u.a. große Walharpunen. Vom Pier aus ergibt sich ein schöner Blick über den Hafen.
Polarmuseet, *Søndre Tollbugate 11, ☎ 77645001, www.uit.no/tmu, im Sommer tgl. 9–18, sonst 11–17 Uhr, NOK 70, bis 18 Jahre NOK 35, Kombiticket Polarmuseum, Schiff „Polstjerna" und Universitätsmuseum NOK 80, Kinder NOK 40.*

Am Wasser entlang geht es zu einem weiteren Museum: **Perspektivet (3)**. Es befindet sich im alten Patrizierhaus Mackgården von 1838 und zeigt auf zwei Etagen kulturgeschichtliche Sammlungen aus der Stadthistorie, u.a. mit Gemälden und Fotos, vor allem aber stets sehr interessante Wechselausstellungen.
Perspektivet, *Storgata 95, ☎ 77601910, www.perspektivet.no, Di–Fr 10–16, Sa/So 11–17 Uhr, freier Eintritt.*

Zentraler Platz der Stadt

Das Museum wird von einem kleinen Hafenbecken flankiert, in dem häufig Fischer ihre frisch gefangenen Fische und Krabben zum Verkauf anbieten. Dahinter breitet sich der Stortorget (Großer Markt) aus, auf dem ab und zu noch Markt abgehalten wird. Die braun gestrichene, hölzerne Kirche an seinem oberen Ende ist die katholische **Liebfrauenkirche (4)**. Das kleine Gotteshaus von 1861 wirkt wie eine etwas größere Kapelle, ist aber tatsächlich die **nördlichste katholische Bischofskirche der Welt**. Auch Papst Johannes Paul II. hielt hier einen Gottesdienst ab, als er bei seinem Norwegen-Besuch 1989 Gast des Bischofs von Tromsø war.
Vår Frue Kirke, *Storgata 94, ☎ 77685905, www.katolsk.no, tgl. 8–19.30 Uhr, Gottesdienst tgl. 19, So 11 Uhr.*

Einen Steinwurf von der Liebfrauenkirche entfernt, an der Grønnegata, bekam Tromsø 2005 sein neues, repräsentatives Kleid, das zu einer modernen „Polar-Metropole" passt. Der Komplex umfasst das von Betonsäulen flankierte **Rathaus (5)**, vor dem u.a. eine Skulptur des Königs Håkon VII. zu sehen ist, ein Kulturhaus und ein Großkino. Daneben beeindrucken die vier großen, verglasten Bögen, die die auffällige Dachkonstruktion der **Bibliothek (6)** und des Stadtarchivs tragen.

Die parallele Storgata, Tromsøs Hauptstraße, verläuft durch den Markt und ist z.T. als Fußgängerzone gestaltet. Auf ihr wie auch auf den Seitenstraßen Skipper-, Strand- und Sjøgata gibt es noch alte schmucke Holzhäuser, die den Brand von 1969 überstanden haben. Aus Holz ist ebenso die lutherische **Domkirche (7)** zwischen Stor- und Kirkegata, mit über 700 Sitzplätzen die größte des

Kulturelles Aushängeschild: Bibliothek und Stadtarchiv

Landes. Das 1861 im neugotischen Stil erbaute Gotteshaus gilt als nördlichste protestantische Kathedrale der Welt und ist von einer hübschen Grünanlage umgeben. **Domkirken**, *Sjøgata 2, www.kirken.tromso.no, Di–Sa 12–16, So 10–16 Uhr.*

Unweit des Doms, wieder östlich auf den Hafen zu, erhebt sich das **Denkmal für Roald Amundsen (8)**, der Tromsø wiederholt als Ausgangspunkt für seine Expeditionen zum Nordpol wählte und 1928 von der Suche nach dem Italiener Umberto Nobile nicht mehr zurückkehrte.

info

Wer war Roald Amundsen?

Tromsø diente vielen Expeditionen als Ausgangspunkt in die nördlichen Gebiete, so auch für den Polarforscher Roald Amundsen. 1872 in Borge im Landessüden geboren, studierte er kurz Medizin, fuhr jedoch dann zur See. 1903 begann er seine Eismeerexpedition, um den magnetischen Nordpol zu finden und die Nordwestpassage zu bewältigen, was ihm nach drei Jahren auch gelang, allerdings nur als zweitem.

Amundsen-Denkmal vor der Domkirche

Nachdem Amundsen im September 1909 die Nachricht erhielt, die Amerikaner Peary und Cook hätten den Nordpol erreicht, gab Amundsen den zuvor gehegten Plan auf, mit dem alten Eismeerschiff Fridtjof Nansens, der „Fram“, zum Nordpol zu gelangen. Sein Ehrgeiz richtete sich nun darauf, als erster Mensch den Südpol zu erreichen. Mit der „Fram“ verließ er im Juni 1910 Christiania, doch nicht, wie allgemein erwartet wurde, nach Norden, sondern in Richtung Rossmeer und Walfischbucht in die Antarktis: Er wollte einer englischen Expedition unter der Leitung von Robert F. Scott zuvorkommen. Am 19. Oktober startete er mit vier Begleitern und 52 Hunden, um eine Strecke von 1.500 km durch die Eiswüste zu bewältigen. Am 17. Dezember gelang es ihm, die Lage des Polpunktes zu bestimmen. Amundsens Traum hatte sich erfüllt, denn Scott gelangte erst mehr als einen Monat später in dieses Gebiet; auf dem Rückweg kam der Engländer mit seinen Begleitern in der Schneewüste ums Leben.

Für Amundsen ergab sich nach dem Ersten Weltkrieg ein neues Ziel: Er setzte alles daran, als Erster auf dem Luftweg den Nordpol zu erreichen, doch seine beiden Flugzeuge hielten den Eismassen nicht stand. 1926 gelangte er mit dem Luftschiff „Norge“ von Spitzbergen nach Alaska, doch zwei Jahre später kam Amundsen auf einem Flug von Tromsø nach Spitzbergen ums Leben, als er dem Italiener Umberto Nobile zu Hilfe kommen wollte, dessen Luftschiff verunglückt war. Fridtjof Nansen hielt die Gedächtnisrede für Amundsen, mit allem Pathos seiner Zeit: „Aus dem großen Schweigen wird sein Name jedoch im Glanze des Nordlichts jahrhundertelang für die Jugend Norwegens leuchten. Männer mit Mut und Willen, mit einer Kraft, wie er sie hatte, geben uns Glauben an die kommenden Generationen, Vertrauen auf die Zukunft.“

Vom Amundsen-Denkmal nahe der Anlegestelle für die Schiffe der Hurtigruten kommt man rasch zum **Strandtorget (9)**, wo u. a. das populäre Wirtshaus Skarven Kro liegt und wo ganzjährig abends immer viel los ist. Mitte August findet hier das fünftägige Bierfest mit Livemusik und vielen Veranstaltungen statt. Geht man die Storgata in südliche Richtung weiter, gelangt man zur **Brauerei Mack (10)** (Macks Ølbryggeri, geführte Besichtigung mit Verkostung möglich, *www.mack.no*). Sie wurde im 19. Jh. von einem Bäcker aus Bayern gegründet, ihr Bierkeller (Ølhallen) ist natürlich der nördlichste weltweit. Die Brauerei selbst hat diesen Rekord an die Svalbard Bryggeri verloren, die 2015 auf Spitzbergen gegründet wurde. Etwas weiter westlich liegt in der Museegata das **Nordnorwegische Kunstmuseum (11)**, das nordnorwegische Kunst vom frühen 18. Jh. bis zur Gegenwart zeigt.
Nordnorsk Kunstmuseum, *Sjøgata 1, ☎ 77647020, www.nnkm.no, tgl. 10–16 Uhr, NOK 80, unter 18 Jahren frei.*

Erlebniszentrum der Polarwelt

Sschräg gegenüber wurde der Hafenbereich in den letzten Jahren komplett umgestaltet. Das markanteste Gebäude, das wie übereinandergeschobene Eisschollen aussieht, ist das **Erlebniszentrum Polaria (12)**. Hobbyforscher und an polaren Räumen Interessierte können hier selbst auf Erlebnisreise gehen. Auf 2.200 m² Ausstellungsfläche bietet das Zentrum eine bunte Mischung aus Forschung, Natur und interaktiven Ausstellungen. Ein Film zeigt z. B. das arktische Spitzbergen aus der Vogelperspektive. Im Aquarium leben in nur 4 °C kühlem Wasser die meisten Fische und Meerestiere, die in der Region zu finden sind. Dazu gibt es neben aktuellen Daten und Informationen Köstlichkeiten aus der arktischen Küche, Kunsthandwerk und Literatur über die Polarregionen. Unter einer geschwungenen Glasfassade ist das hölzerne Robbenfängerschiff „**Polstjerna**" („Polarstern") zu besichtigen, das 1949 vom Stapel lief und 33-mal Fangfahrten in die Arktis unternahm.
Polaria, *Hjalmar Johansensgata 12, ☎ 77750100, www.polaria.no, im Sommer tgl. 10–19, sonst 10–17 Uhr, NOK 145, Kinder (3–16 Jahre) NOK 70.*

Nordnorwegische Küstenkultur

An das Polaria schließt sich das FRAM Centre an, wo Wissenschaftler verschiedener Institutionen interdisziplinäre Forschungsarbeit zu Klima, Technologie und Wissenschaft betreiben. Wenige Schritte weiter stellt das 2005 eingeweihte **Hålogaland-Theater (13)** *(Teaterplassen 1)* einen weiteren Blickfang dar. Die größte Museumsattraktion der Stadt liegt nochmals 1,5 km entfernt – eine Strecke, für die man auch gut den Bus nehmen kann. Ansonsten folgt man weiter der Hauptstraße, die ab nun Strandvegen heißt, und gelangt zur Südspitze der Insel. Inmitten weitläufiger Grünanlagen findet man hier das bereits 1872 gegründete **Tromsø-Museum (14)**. Es ist der Universität angeschlossen und zeigt eine Reihe wissenschaftlicher Ausstellungen zur Geologie, Zoologie, Botanik, Archäologie und Meeresbiologie. Der arktische Lebensraum steht dabei im Mittelpunkt. Sehr beeindruckend ist die Ausstellung zur Kultur der Sámi sowie der nordnorwegischen Küstenkultur, deren Schwerpunktthema die Kulturgeschichte der Lofotenfischerei ist. Und das Nordlicht ist auf besondere Weise zu erleben. Zum Museum gehört ebenso das an die Universität angeschlossene Seewasseraquarium mit den Fischen des Nordmeeres. Das Museum hat auch eine Dinosaurier-Abteilung sowie ein Café.
Tromsø Universitetsmuseet, *☎ 77645001, www.uit.no/tmu, im Sommer tgl. 9–18, Mo–Fr 10–16.30, Sa 12–15, So 11–16 Uhr, NOK 60, Kinder ab 7 Jahren NOK 30, Kombiticket s. Polarmuseum, Bus Nr. 28.*

An der Südspitze (Sydspissen) liegt auch das Freilichtmuseum im **Folkeparken (15)**, das von der Straße Kvaløyvegen in zwei Bereiche geteilt wird. Zu den 13 hier präsentierten Bauern- und Bürgerhäusern gehören die eindrucksvolle Hofanlage Mortengården sowie der schöne Kvitnesgården von 1826 mit seinem Bootshaus. Dort kann man zwei der typischen „fembøringer" bestaunen, große Ruderboote für zehn Ruderer. Mehrere Ausstellungen haben u. a. die Lofotenfischerei und den internationalen Handel mit Stock- und Klippfisch zum Thema.

Folkeparken, *Kvaløyvegen 38, Kontakt über Museum Perspektivet, ☎ 77601910, www.perspektivet.no.*

Detail der Eismeerkathedrale

Keinesfalls versäumen darf man bei einem Tromsø-Aufenthalt zwei Attraktionen, die auf dem Festland im Stadtteil Tromsdalen liegen. Dorthin fährt man mit dem Stadtbus oder geht zu Fuß über die Tromsøbrücke, von der sich zu beiden Seiten eine herrliche Aussicht eröffnet. Hinter der Brücke erhebt sich dem Stadtzentrum gegenüber die berühmte Tromsdalskirche, besser bekannt als **Eismeerkathedrale (16)**. Die von dem Osloer Architekten Hovig entworfene Kirche, die 1965 eingeweiht wurde, besteht gewissermaßen nur aus einem Dach, das auch die Wände bildet. Manche Betrachter sehen in dem eigenwilligen Betonbau ein Stockfischgestell oder ein Bootshaus, andere fühlen sich an aufgerichtete Eisblöcke erinnert. Die elf unterschiedlich großen Betongiebel, die durch Glasfenster voneinander getrennt sind, weisen an der Oberfläche graue Aluminiumverkleidungen auf, die das von innen nach außen fließende Licht reflektieren. 1972 wurde die östliche Außenwand, die Altarwand, fertiggestellt, ein 23 m hohes Glasmosaik mit einer Fläche von 140 m², das die Wiederkunft Christi darstellt. Wegen der Glasstärke war es nicht möglich, traditionelle Bleiverglasung einzusetzen, sodass nach der in Frankreich entwickelten Dalle-Technik die 11 t Glas in Beton und Eisen eingearbeitet werden mussten.

Tromsøs Wahrzeichen

Ishavskatedralen, *Hans Nilsens veg 41, Tromsdalen, ☎ 47680668, www.ishavskatedralen.no, im Sommer tgl. 9–19, So ab 13, sonst 14/15–18 Uhr, NOK 50. Im Sommer tgl. Orgelkonzerte um 14 Uhr (NOK 80), internationale Konzerte 23.30–24 Uhr (NOK 195).*

Nicht weit von der Eismeerkathedrale entfernt gelangt man über eine Nebenstraße zur ausgeschilderten Talstation der Kabinenseilbahn **Fjellheisen (17)**. Sie bringt Fahrgäste in kurzer Zeit auf den 420 m hohen Aussichtsberg **Storsteinen** (= der große Fels), von dem man bei gutem Wetter einen fantastischen Blick auf die Stadt, die Fjorde und das Meer hat. Es empfiehlt sich, von der Bergstation noch ein wenig weiterzuwandern, wo die Aussicht oberhalb des Steilfelsens immer besser

wird, optimal ist sie auf der 230 m höher gelegenen Bergspitze, auf die ein markierter, 1,5 km langer Wanderweg führt.
Seilbahn Fjellheisen, *Sollivegen 12, www.fjellheisen.no, Mitte Mai–Mitte Aug. tgl. 10–1, sonst 10–22 Uhr, Abfahrt halbstündlich, NOK 200, Kinder ab 4 Jahren NOK 100.*

Bei einem etwas längeren Aufenthalt in der „Hauptstadt des Nordens" kann man auch die Attraktionen kennenlernen, die von den Kreuzfahrt- und Tagestouristen nicht besucht werden. Die naturbelassene Mitte der Insel Tromsøya gehört dazu, deren Höhenzug oft einen schönen Panoramablick bietet. Dorthin versetzte man 1975 auch die **Elverhøy-Kirche (18)**, eine hölzerne Kreuzkirche von 1802 – immerhin das älteste Gotteshaus der Stadt und bis 1861 deren Kathedrale. Besonders idyllisch ist es am See **Prestvann (19)**, einem idealen Wander- und Skilanglaufgebiet. Ist man an modernerer Architektur interessiert, sollte man das Gelände der **Universität (20)** im Stadtteil Breivik aufsuchen, wo sich auch der Botanische Garten befindet. Zu den markantesten Gebäuden dort zählt das ehemalige Nordlichtplanetarium, das heute das Wissenschaftszentrum beherbergt.

Wandern und Skilanglauf

Ausflug zur Insel Kvaløya

Mit genügend Zeit kann man einen Ausflug quer über die Insel Tromsøya und hinüber zur Nachbarinsel Kvaløya unternehmen, die mit 735,9 km² die fünftgrößte Norwegens ist. Selbstfahrer richten sich am besten nach dem Flughafen-Hinweisschild, werden dann allerdings durch einen Tunnel zur anderen Inselseite geführt. Mehr Aussicht bieten die Straßen, die durch Wohnsiedlungen und die Heidegebiete von Elverhøy über den Höhenrücken von Tromsøya führen. Am Flughafen sieht man dann schon die imposante, 1974 eingeweihte **Brücke** über den **Sandnessund**, die einen ähnlich kühnen Schwung wie ihre Kollegin auf der anderen Seite hat, mit 1.220 m aber noch etwas länger ist. Hinter der Brücke kann man auf dem Rv. 863 in den Norden Kvaløyas fahren, eine grandiose und einsame Landschaft mit einigen der ältesten Gesteinen der Welt (2,88 Mrd. Jahre alte Tonalite und Gneise). Die Stichstraße Fv. 58 bringt Nordland-Fans bis nach **Belvik** am Kaldfjord, wo eine Fährverbindung zur vorgelagerten Insel **Vengsøya** besteht, während der Rv. 863 noch weiter nach Norden und durch einen 1.630 m langen Unterseetunnel zur benachbarten Insel **Ringvassøya** führt.

Uraltes Gestein

Nimmt man stattdessen den Rv. 862, dann fährt man in südlicher Richtung durch eine unerwartet fruchtbare Landschaft mit saftigen Weiden und stattlichen Bauernhöfen. Nach wenigen Kilometern ist die Wespentaille der ansonsten breiten „Walinsel" erreicht. Hier teilen sich die beiden Straßen Rv. 858 und 862 und bilden eine große Runde, auf der man – fast immer am Wasser entlang – diesen Teil der Insel komplett umfahren kann. Der Rv. 862 nimmt dabei den nördlichen Weg und bietet nach wenigen Kilometern mit dem schmalen, kurvenreichen Fv. 57 die Möglichkeit zu einem Abstecher in Richtung Tromvik, der sich vor allem bei gutem Wetter lohnt. Unterwegs nämlich passiert man, rund 20 km von Tromsø entfernt, den kleinen Weiler **Grøtfjord**. Er besitzt den schönsten Sandstrand weit und breit, von niedrigen Dünen eingefasst und oft mit einer Brandung, die auch Surfer hierherzieht – ein perfekter Platz zum Sonnenbaden oder um den Sonnenuntergang bzw. die Mitternachtssonne zu genießen. Hinter dem Strand ziehen sich Hügel hinauf, die eine fantastische Aussicht auf das Meer und entfernte Gletscher bieten. Zudem sind hier oft Rentiere zu beobachten und jede Menge Heidelbeeren und Pilze zu sammeln. Wer der Straße bis zu ihrem Ende folgt, stößt in **Tromvik** auf eine kleine Fischersiedlung, die von alpin anmutenden Bergen umringt ist. Ansonsten bringt einen der Rv. 862 bis zum äußersten Westen von Kvaløya, wo weitere Inseln wie **Sommarøy** und **Hakøya** durch Brücken angebunden sind und wo es in **Brensholmen** eine Fährverbindung nach Botnhamn auf der Nachbarinsel Senja gibt (nur im Sommer).

Perfekter Aussichtsplatz

Auf der östlichen Route des Rv. 858 hingegen passiert man den Abzweig zum Inselchen **Håkøya** (Brücke), hinter dem 1944 das manövrierunfähige deutsche Schlachtschiff **„Tirpitz"** mit 1.200 Mann Besatzung auf Reede lag. Wer auf der schmalen Straße über die Brücke dorthin fährt, kommt an der Ostseite der Insel zu jener Stelle, an der die „Tirpitz" am 12. November 1944 von britischen Bombern angegriffen und versenkt wurde. Bei Ebbe sind die Konturen des Wracks deutlich zu sehen, bei Flut markiert eine rote Boje die Stelle, wo die „Tirpitz" liegt. Neben der Straße erinnern auch wassergefüllte, kreisrunde Bombenkrater an die damaligen Geschehnisse.

Weiter südlich führt der Rv. 858, 27 km hinter Tromsø, bei **Skavberg** zu interessanten, rund 4.500 Jahre alten **Felszeichnungen** (Hinweis „Hellerstninger", ca. 200 m durch die Wiese rechts der Straße). Oft abgebildet sind die beiden menschlichen Figuren mit einem kultischen Gegenstand, der an einen Tennisschläger erinnert. 3 km weiter liegt linker Hand das Örtchen **Hella**, in dem mehrere pittoreske Häuser aus Alt-Tromsø zusammengetragen sind und als Ferienwohnungen vermietet werden. Ganz in der Nähe ist auch der **Straumen gård** zu finden, eine Hofanlage des 19. Jh., die vom Perspektivet-Museum verwaltet wird und besichtigt werden kann. Hier sollte man unbedingt über das Gelände bis zum Pavillon am Sund gehen und die reißende Gezeitenströmung **Rystraumen** beobachten – ein „Mahlstrom" en miniature. Lachsangeln ist gut möglich, und Sammler von Multebeeren werden hier ebenfalls fündig. Noch weiter südlich kommt man nach Larseng, wo seit 2011 der mautpflichtige, knapp 3 km lange **Ryatunnel** zum Festland hinüberführt.

Reisepraktische Informationen Tromsø

Information

Visit Tromsø, *Samuel Arnesensgata 5 (2. Stock), ☎ 77610000, www.visittromso.no, Juni–Aug. Mo–Sa 9–17, So 10–16, Juli tgl. 9–17, April, Mai, Sept., Okt. Mo–Fr 9–16, Sa 10–16, sonst Mo–Fr 9–17, Sa/So 10–16 Uhr. Der vom Touristenbüro herausgegebene Infoguide „Tromsø" hält aktuelle Veranstaltungshinweise, viele wertvolle Tipps sowie eine Übersicht über empfehlenswerte Restaurants bereit, auch preiswertere Alternativen, sowie Cafés und Gaststätten, Bars, Kneipen und Clubs in einer für norwegische Verhältnisse ungewöhnlichen Dichte. Über die Website kann man sich auch die kostenlose „Tromsø – Official City App" herunterladen.*

Unterkunft

Die Stadt hat ein gutes Angebot an Hotels, von denen die besten günstige Sommerpreise anbieten, sodass der Preisunterschied zu einfacheren Mittelklassehotels oder Frühstückhotels nur gering oder ganz aufgehoben ist. Die an die Sommerpreise geknüpften Bedingungen sind jedoch von Hotel zu Hotel verschieden. Im Juni und Juli sind die Hotels sehr gefragt und eine Vorausbuchung empfehlenswert. Manchmal lässt sich über den Preis auch verhandeln. Eine kleine Auswahl:

Radisson Blu Hotel Tromsø €€€€€, *Sjøgata 7, ☎ 77600000, www.radissonblu.com. First-Class-Hotel in zentraler Lage, mit 269 Zimmern und Suiten (davon einige mit Blick auf den Sund). Renommiertes Gourmet-Restaurant, populärer Pub Rorbua (aus einer TV-Sendung bekannt), Konferenzeinrichtungen.*

Scandic Grand Tromsø €€€€, *Storgata 44, ☎ 77753777, www.scandichotels.de. Traditionsreiche Herberge mit einer Geschichte, die bis ins Jahr 1838 zurückreicht. Mehrfach umgebaut und modernisiert, heute ein architektonisch ziemlich einfallsloses Haus der oberen Mittelklasse, 133 Zimmer und Suiten mit allen Annehmlichkeiten. Restaurant, populäre Bar, sehr zentral gelegen.*

Scandic Ishavshotel €€€€, *Fredrik Langesgate 2, ☎ 77666400, www.scandichotels.de. Fantastisch direkt am Tromsøsund gelegenes, modernes Hotel mit ansprechender, markanter Architektur. 214 gut ausgestattete Zimmer, großes Restaurant, zwei Bars, absolut zentral gelegen.*

Clarion Hotel The Edge €€€€€, *Kaigata 6, ☎ 77668400, www.nordicchoicehotels.com. Am Hafen und sehr zentral gelegenes, 2014 eröffnetes 4-Sterne-Konferenzhotel, mit 290 Zimmern das größte in Nordnorwegen. Architektonisch außen und innen spannend gestaltet und stylisch eingerichtet, interessantes Restaurant mit New Yorker und nordnorwegischem Einschlag, Skybar in der 11. Etage.*

Backpack Hotel €€, *Parkgata 4, ☎ 77647730, https://entertromso.no. Kleines, einfaches Haus in ruhiger Lage mit insgesamt 26 Zimmern, z. T. mit eigener Dusche/WC, ansonsten gute Gemeinschaftsbäder, Gästeküche, einige Apartments mit voll eingerichteter Küche, 400 m vom Zentrum entfernt.*

Camping

Tromsø Lodge & Camping, *Arthur Arntzens veg 10, ☎ 77638037, https://tromsolodgeandcamping.no. Nur 3 km vom Zentrum entfernt und damit nächstgelegener Campingplatz, gut mit Bus Nr. 36 zu erreichen. 53 Hütten unterschiedlicher Kategorie, in der Hochsaison manchmal etwas überfüllt, ganzjährig geöffnet.*

Skittenelv Camping, *Ullstindveien 736, Krokelvdalen (Skittenelv), ☎ 46858000, www.skittenelvcamping.no. Ca. 25 km vom Zentrum entfernt gelegene Anlage mit 20 Motorhomes (mit kleiner Küche), Swimmingpool, Bootsverleih, viele Ferienaktivitäten, Kiosk, Wanderwege und schöner Blick auf die Mitternachtssonne.*

Essen & Trinken

Emmas Drømmekjøkken, *Kirkegata 8, ☎ 77637730, www.emmasdrommekjokken.no. Seit 1998 besteht „Emmas Traumküche" und inzwischen kennen selbst Gourmets im fernen Oslo diesen Namen. Im hübschen roten Holzhaus gegenüber der Domkirche werden französisch inspirierte Speisen (mit dem Fokus auf Fisch) auf höchstem Niveau serviert. Neben dem Feinscmeckerlokal in der 2. Etage betreibt Chefin Anne Brit Andreassen im Erdgeschoss das Lunch-Restaurant „Emmas Under", in dem es preiswertere und leichte Gerichte gibt. Geöffnet Mo–Fr 11–22, Sa 12–22 Uhr.*

Vertshuset Skarven, *Strandtorget 1, ☎ 77600720, www.skarven.no. Seit vielen Jahren und immer noch populäre Institution am Wasser, mit mehreren kulinarischen Adressen unter einem Dach, z. B. dem Restaurant* **Arctandria** *mit frischem Fisch, dem Steakhouse* **Skarvens Biffhus** *(Rinder-, Ziegen- und Lammgerichte), einem „kulinarischen Theater" für Kochdemonstrationen und dem Wirtshaus mit Pubatmosphäre. Oft sehr voll und gute Stimmung bei einem Bier unter der Mitternachtssonne. Auch das Gebäude ist sehr schön (tgl. ab 11 Uhr, Restaurant ab 16 Uhr bis zum frühen Morgen).*
Compagniet Restauration, *Sjøgata 12, ☎ 77664222, www.compagniet.no. Französisch inspirierte Küche auf sehr hohem Niveau und auf der Grundlage regionaler Rohwaren, oft als bester Gourmettempel Nordnorwegens gepriesen, Reservierung empfohlen; geöffnet Mo–Sa 16–22 Uhr. Angeschlossen sind die rustikalere Bier- und Wein-Bar* **Agenturet**, *Mo–Do 11–2, Fr/Sa 11–3.30, So 18–2 Uhr (Küche Mo–Sa bis 18 Uhr), und der* **Nightclub** *(Fr/Sa 22–3 Uhr, Eintritt).*

Pub

Ølhallen, *Storgata 4, ☎ 77624580, www.olhallen.no. Es heißt, man sei nicht in Tromsø gewesen, wenn man nicht die „Bierhalle" der Mack-Brauerei besucht hätte. Diese Brauereischänke, in der es natürlich nur Mack-Produkte gibt, ist der älteste Pub der Stadt und ein wirkliches „Muss" – allein schon wegen der Batterie an Zapfhähnen. Das Bier fließt bereits ab vormittags! Mo–Do 11–20.30, Do 11–0.30, Fr 11–1.30, Sa 10–1.30 Uhr).*

Flughafen

Der betriebsame **Flughafen Langnes**, *4 km vom Zentrum entfernt, ist durch einen Tunnel erreichbar. Es bestehen mehrmals tgl. Direktverbindungen mit SAS u. a. nach Alta, Bodø, Narvik, Kirkenes, Oslo, Spitzbergen und Trondheim; mit Norwegian nach Oslo; mit Widerøe zu allen größeren Orten in Nordnorwegen, u. a. Alta, Bodø, Hammerfest, Honningsvåg, Kirkenes, Stokmarknes und Vadsø. Arctic Airlink fliegt 5-mal wöchentlich von Tromsø nach Luleå (Schweden) und Oulu (Finnland). Der* **Airport-Express-Bus** *(Flybussen) sowie die Lokalbusse 40 und 42 verkehren ins Zentrum.*

Schiffsverbindungen

Die **Hurtigrute** *fährt tgl. 18.30 Uhr von der Anlegestelle Dampskipskaia in nördlicher Richtung, nachts um 1.30 Uhr südwärts. In Troms laufen die Schiffe der Hurtigrute neben Tromsø die Orte Harstad, Finnsnes und Skjervøy an. Neben lokalen* **Schnellbootverbindungen** *verkehrt 4-mal tgl. ein* **Expressboot** *von Tromsø nach Harstad, via Finnsnes, Brøstadbotn und Engenes (Fahrtzeit ca. 3 Std., www.nordnorge.com).*

Busse

Von Prostneset, wenige Meter von der Anlegestelle der Hurtigrute entfernt, fahren tgl. Busse nach Narvik, Alta, Karlsøy, Lyngen und Balsfjord. Fahrpläne und Infos zu allen **Überlandbusverbindungen** *erhält man unter www.177troms.no. Infos für Busverbindungen zur Provinz Finnmark unter www.ffr.no. Ins Nachbarland Finnland verkehrt im Sommer 1-mal tgl. ein Bus auf der Route Tromsø – Kilpisjärvi – Rovaniemi – Oulu, die Fahrtzeit beträgt 14 Std. (www.eskelisen-lapinlinjat.com). Innerhalb von Tromsø gibt es ein sehr gut ausgebautes Netz von* **Stadtbuslinien** *(Tromsbuss).*

Parken

Im Zentrum gibt es ein unterirdisches **Parkhaus** *mit 800 Einstellplätzen, jedoch nicht für Fahrzeuge mit Anhänger/Campingwagen.*

Zwischen Tromsø und Skaidi

Wer von Tromsø weiter nach Norden fahren möchte, muss nicht die 70 km bis **Nordkjosbotn** zurückfahren, um auf die E 6 zu gelangen. Eine Alternative bietet sich 25 km südlich von Tromsø über die E 8 bei **Fagernes**, von wo der Rv. 91 abzweigt und durch beeindruckende Naturräume führt. Allerdings sind zwei Fährpassagen erforderlich, und zwar ab **Breivikeidet** über den **Ullsfjord** nach **Svensby** (30 Min.), dann geht es weiter nach **Lyngseidet** und von hier mit der Fähre nach **Olderdalen** (35 Min.). Insgesamt sind es von Tromsø bis zum Nordkap noch 640 km, und wer bis Nordkjosbotn zurückfährt bzw. dort die Fahrt fortsetzt, legt auf der E 6 bis Olderdalen ca. 110 km zurück. Solche Kilometerangaben sagen natürlich wenig über die landschaftliche Szenerie, die einen auf dieser Strecke erwartet. Die aber ist wirklich „unbeschreiblich" und zählt, nicht nur bei gutem Wetter, zu den Höhepunkten einer Reise durch Nordnorwegen. Der Blick von der E 6 über den **Lyngenfjord**, dessen schmaler, südlichster Arm Storfjorden heißt, bleibt auf der anderen Seite an der Kulisse der **Lyngenalpen** hängen, die als steile, nach oben gezackte Wand über 1.800 m aus dem Wasser steigen. Wüsste man es nicht besser, könnte man meinen, hier habe eine höhere Macht die Alpen im Nordmeer versenkt und die höchsten Spitzen hinausschauen lassen!

Blick auf die Lyngenalpen

Höhepunkt der Reise durch Nordnorwegen

Wer dieses Panorama etwas länger genießen möchte, kann auf einem der zahlreichen Campingplätze Quartier suchen – das macht auch Sinn, weil der Eindruck der Lyngenalpen je nach Lichtverhältnissen und Tageszeit immer wieder ein anderer ist. Die Chancen, dieses herrliche Bild bei gutem Wetter zu erleben, stehen nicht schlecht, gilt doch der alte Handelsort **Skibotn** als einer der sonnenreichsten Flecken des Landes. In Skibotn, wo das Tromsøer Nordlichtobservatorium eine Forschungsstation eingerichtet hat und die Skibotselva in den Fjord mündet, verabschiedet sich die E 8 von der Route und führt parallel zum Fluss nach Südosten. Wer dieser Europastraße folgt, gelangt nach knapp 50 km nach **Kilpisjärvi** in Finnland. Aber auch die schwedische Grenze ist ganz nah, und wo die skandinavischen Nachbarländer zusammenstoßen, erhebt sich die Steinpyramide „**Treriksröset**" (Dreiländerdenkmal).

Sonnenreicher Flecken

Entlang der E 6 werden die Abstände zwischen den kleinen Orten immer größer, und man fragt sich, wie Menschen hier auf dem schmalen Streifen zwischen Fjord und Fjell siedeln können. Nachdem der östliche Fjordarm **Kåfjord** (es gibt mehrere Fjorde dieses Namens!) umrundet ist, passiert man **Olderdalen**, wo die Fähre aus Lyngseidet ankommt und damit die Alternativstrecke aus Tromsø (s. o.) mündet. Bei **Djupvik** hat man dann ein letztes Mal einen fantastischen Blick auf die Lyngenalpen, dann geht es am schmalen Sund mit Blick auf die Insel Uløya entlang und nach einer kurzen Passstrecke zum **Reisafjord** hinunter. Im Zentralort **Storslett/Nordreisa** öffnet sich das wilde Reisatal nach Osten, das vom Reisa-Fluss durchströmt wird. In den kleinen Weilern des Tals wird neben Norwegisch auch noch Finnisch und Samisch gesprochen. Erschlossen wird die Gegend ab Nordreisa durch die Nebenstrecke Rv. 865, die nach ca. 45 km bei **Bilto** endet. Die Landschaftseindrücke des immer enger werdenden Canyons lohnen den Abstecher bei ausreichender Zeit allemal, und wer ein ganz besonders grandioses Naturschutzgebiet kennenlernen möchte, ist hier auch richtig:

Nationalpark nahe der finnischen Grenze

Der über 800 km² große **Reisadal-Nationalpark** an der Grenze zu Finnland ist ein Naturwunder aus Bergen, Tälern, Wäldern, Wasserläufen und Seen, mit einer artenreichen Flora und Fauna (u.a. mit Braunbären, Vielfraßen und Luchsen) und einem der besten Kanureviere des Landes. Auf markierten Wanderwegen sollte man sich insbesondere zu den eindrucksvollen Wasserfällen aufmachen, von denen der **Mollisfoss** der höchste und wasserreichste ist. 269 m tief stürzt er in den Canyon hinab, davon die letzten 140 m im freien Fall. Infos zum Nationalpark, den Wanderwegen, Campingplätzen und Anbietern von Kanutouren/Bootsverleihern holt man sich am besten im Halti-Nationalparkzentrum, das zusammen mit der Touristeninformation im Rathaus von Storslett untergebracht ist *(www.halti.no)*.

Auf der E 6 erreicht der Reisende, vorbei am Straumfjordsund (Lachsangeln) auf dem **Kvænangsfjell** mit 402 m ü. d. M. den höchsten Punkt des Abschnitts. Hier oben trifft man oft auf ein Lager der Sámi von Kautokeino, die am Straßenrand Souvenirs anbieten, ansonsten ist das Fjellhotel mit Cafeteria ideal für eine Erfrischungspause; den sagenhaften Blick über das Fjell, bewaldete Hänge, tiefblaues Wasser bis hin zur weißglänzenden Eiskappe des **Øksfjordjøkul** (1.204 m) gibt es gratis dazu! Anschließend geht es wieder hinab und über die Sørstraumen-Brücke, die die alte Strecke um fast 40 km verkürzt. Nach etwa 20 km liegt **Burfjord** geschützt in einer Bucht, im Tal trifft man auf Kiefernwaldbestände. Kurz nach dem Ort **Alteidet** biegt eine Straße ab, von deren Ende man zu Fuß oder per Boot den erwähnten Øksfjordjøkul erreichen kann, dessen eine Gletscherzunge direkt ins Meer kalbt. Vor dem Ort **Langfjordbotn** passiert man die Grenze von Troms und Finnmark. Die bis 2020 eigenständigen Regierungsbezirke (fylker) wurden nun zu einer gemeinsamen Provinz zusammengefasst, der nördlichsten Norwegens. Mit 74.828 km² ist sie die größte des Landes und fast so groß wie alle Benelux-Staaten zusammen. Die Straße ist gut ausgebaut, sodass man rasch nach rund 30 km in **Toften** am breiten Altafjord ankommt, wo

Nordlichtkathedrale in Alta

Terrassen zum Meer hinunter erkennen lassen, wie die Meeresspiegelstände früherer Zeiten aussahen. Nach dem alten Handelsort **Talvik** folgt auf dem Weg nach Alta ein kurvenreicher Abschnitt zwischen Gebirge und Meer. In dem 15 km vor Alta liegenden **Kåfjord**, in dem bis 1909, zunächst von den Engländern, dann von den Schweden, Kupfer abgebaut wurde, verbargen die Deutschen im Zweiten Weltkrieg die „Tirpitz", die 1944 von den Engländern nahe Tromsø versenkt wurde.

Alta

Das von hohen Bergen umgebene **Alta** am gleichnamigen Fjord ist der wichtigste Zentralort des hohen Nordens oberhalb von Tromsø. Rund 12.000 Einwohner leben im Zentrum, etwa 21.000 in der 3.840 km² großen Kommune, die die am dichtesten besiedelte der Finnmark ist. Schon vor mehr als 10.000 Jahren lebten Menschen in diesem Raum, 1925 erfolgten Ausgrabungen auf dem Komsafjell, das der sog. **Komsakultur** ihren Namen gab, die rund 8.000 Jahre alt ist. Alta entwickelte sich zum Verwaltungszentrum, nachdem im 17. Jh. die Norweger in dieses Gebiet kamen. In der Gegend werden seit Jahrhunderten Märkte abgehalten, auf denen die Sámi Rentierfleisch und weitere Produkte verkauften, um sich mit anderen Gebrauchsgegenständen zu versorgen. Mit dem Kupferabbau in Kåfjord gelangten Menschen aus Südnorwegen und Finnland hierher. Ende des Zweiten Weltkriegs wurde Alta von den Deutschen völlig zerstört, sodass die gesamte Bebauung, abgesehen von den Kirchen in Alta und Kåfjord, aus der Zeit nach 1945 stammt. Heute ist der Ort ein wichtiges Verwaltungs- und Ausbildungszentrum, dessen Wirtschaftsleben von den Naturressourcen geprägt ist (Schieferbrüche, Nephelingewinnung zur Herstellung von Porzellan, Fischzucht, Fischverarbeitung sowie Holzwaren), zunehmende Bedeutung gewinnt auch der Tourismus. Trotz seiner nördlichen Lage herrscht in Alta ein vergleichsweise mildes Klima. Die Mitternachtssonne kann man hier vom 16. Mai bis zum 26. Juli erleben, während vom 24. November bis zum 18. Januar die Sonne nicht aufgeht.

8.000 Jahre alte Kultur

Die lang gezogene Stadt, die eigentlich aus mehreren kleinen Ortschaften besteht, hat nach dem Krieg ein neues Zentrum bekommen, das **Alta Nye Sentrum**, mit Fußgängerzone und einigen architektonisch interessanten Gebäuden. Dazu gehören auf der Markedsgata u. a. das Amfi-Einkaufszentrum und das großzügige Hallenbad **Nordlysbadet**, vor allem aber die 2013 eingeweihte **Nordlichtkathedrale**. Dieser wohl spannendste moderne Kirchenbau Nordnorwegens (Architekt: Kolbjørn Jenssen) ist mit seinem spiralförmigen, 47 m hohen Turm Altas neues Wahrzeichen. Das außen mit Titanplatten verkleidete und innen mit Eichenmöbeln ausgestattete Betongebäude weist eine interessante künstlerische Ausschmückung und eine große Orgel auf.

Spannender Kirchenbau

Nordlyskatedralen, *Markedsgata 30, www.nordlyskatedral.no, Mitte Juni–Mitte Aug. Mo–Sa 11–21, So 16–21 Uhr, NOK 50, sonst Mo–Fr 11–15, So 10–13 Uhr (Eintritt frei).*

In der Umgebung liegen bedeutende kulturelle und landschaftliche Sehenswürdigkeiten, vor allem das **Alta Museum** mit den **Felszeichnungen von Hjemmeluft**. Das 1991 eingeweihte Museum findet man gleich neben der E 6, wenn man aus südlicher Richtung in den Ort kommt. Innerhalb des ansprechenden Gebäudes gibt

Felsritzungen bei Hjemmeluft

es neben verschiedenen Wanderausstellungen in der Hochsaison u.a. Ausstellungen zur Geschichte der Sámi in der Finnmark, zur Steinzeitkultur auf der Insel Sørøja sowie eine Dokumentation zur seinerzeit erbittert geführten Auseinandersetzung um den Alta-Damm (s.u.). Die Felszeichnungen stehen seit 1985 auf der UNESCO-Liste der schützenswerten Kulturgüter und können entlang eines rund 3 km langen Lehrpfads in schöner Umgebung bewundert werden. Die etwa 3.000 Einzeldarstellungen decken den Zeitraum von 4.200 v.Chr. bis 200 n.Chr. (nach neueren Datierungsvorschlägen sogar noch 1.000 Jahre älter!) ab und geben mit ihren Motiven einen Einblick in die Lebens- und manchmal auch Glaubenswelt der Fischer, Jäger, Hirten und Bauern. Auch hier sind die erst 1973 entdeckten Felsbilder in rotbrauner Farbe nachgezeichnet worden. Jeder kann sich allein auf den Lehrpfad begeben oder aber im Sommer einer Führung – auch in deutscher Sprache – anschließen.

Alta Museum, *Altaveien 19, 9518 Alta, ☏ 41756330, www.altamuseum.no, Juni–Mitte Aug. tgl. 8–20, Mai, Sept. tgl. 8–17, sonst Mo–Fr 9–15, Sa/So 11–16 Uhr, im Sommer NOK 120, Kinder (7–15 Jahre) NOK 40, sonst NOK 80, Kinder NOK 25, Audioguide NOK 30/20.*

Zu den natürlichen Attraktionen gehört der **Altaelv**, trotz der Eingriffe im Zusammenhang mit dem Ausbau der Wasserkraft einer der lachsreichsten Flüsse Norwegens. Schon im 19. Jh. kamen englische Adlige, die Lachse und Forellen mit Angel und Fliegen fingen. Der berühmteste Angler war der 1955 verstorbene Herzog von Westminster, der 20 Sommer in der fischreichen Gegend verbrachte. Eine exklusive Angelegenheit ist das Lachsangeln im Altaelv auch heute noch, denn es werden nur 20 Angelkarten pro Tag ausgestellt, die natürlich einen gepfefferten Preis haben. Auf einer schmalen Straße kann man am Fluss entlang an **Gargia** vorbei nach **Bæskades** fahren, bis man nach rund 30 km den **Sautso Alta Canyon** erreicht. Mit einer Länge von bis zu 15 km und einer Tiefe bis zu 500 m ist er die **größte Schlucht Nordeuropas**. Vom Ende der Straße an der Gargia-Hütte führt ein markierter Weg zum Canyon, für den man etwa zwei Stunden benötigt. Der Blick von der steilen Abbruchkante in die imposante Schlucht ist ebenso aufregend und unvergesslich wie eine Bootstour über den Fluss bis in den Canyon.

Grand Canyon Nordnorwegens

Eindrucksvoll ist auch das technische Bauwerk des 110 m hohen **Alta-Staudamms**, dessen Bau 1978–1982 zu Protestdemonstrationen führte, an deren Spitze die Sámi standen. Die Regierung setzte den Bau schließlich mit der größten Polizeiaktion der Geschichte Norwegens durch. Seit 1987 produziert das Kraftwerk, das 40 km von der Flussmündung entfernt ist, Strom mit einer mittleren Jahresproduktion von 655 GWh. Unterhalb des Damms ist der Fluss auf einer Strecke von 2 km verschwunden. Das Wasser schießt hier durch Fallrohre in das tiefer gelegene Kraftwerk, wodurch die Höhe des Wasserdrucks auf 185 m erhöht wird. Erst hinter der Turbinenhalle kommt wieder Wasser ins Flussbett, natürlich werden erst ab hier wieder Lachse im Altafluss angetroffen. Die Gegner des Dammbaus haben zumindest erreicht, dass die Höhe der Staumauer und die Ausdehnung des Stausees kleiner ausfielen als geplant.

Hinweis: Von Alta nach Kautokeino

Von Alta führt der Rv. 93 quer über die Finnmarksvidda in 130 km auf Kautokeino (S. 524) zu; als einziges Zeugnis menschlicher Zivilisation liegt nur das kleine Dorf **Máze** *an der Wegstrecke, ziemlich genau in der Mitte zwischen Alta und Kautokeino. Die Einwohner sind zu 90 % Sámi und leben noch mehrheitlich von der Rentierzucht. Wenn man das kleine Kirchlein im Ortszentrum betrachtet, sollte man daran denken, dass das Wasser des Alta-Stausees gut 2 m über dessen Kirchturm stehen würde, wären die ursprünglichen Pläne des Dammbaus realisiert worden!*

Reisepraktische Informationen Alta

Information

Visit Alta, *Bjørn Wirkolasvei 11, 9510 Alta, ☎ 99100022, www.visitalta.no, im Sommer tgl. 9–20, sonst Mo–Fr 8.30–16 Uhr.*

Unterkunft

Scandic Alta €€€€, *Løkkeveien 61, Alta, ☎ 78482700, www.scandichotels.de. Das großflächig verglaste, zentral gelegene Hotel ist das größte und teuerste am Ort, hat 241 gut ausgestattete Zimmer und Suiten, Restaurant, Bar, Fitnesscenter, Sauna, Solarium, Leihfahrräder.*

Thon Hotel Vica €€€, *Fogdebakken 6, Bossekop, Alta, ☎ 78482222, www.thonhotels.no. Angenehmes Mittelklassehotel, an der E 6 neben dem Busbahnhof und im gleichen Gebäude wie das Amfi-Einkaufszentrum. 150 komfortable Zimmer, Restaurant, Bar.*

Tipp: Das nördlichste Eishotel der Welt

Kalt, aber trotzdem kuschelig: im Sorrisniva Igloo Hotel

Das erste „Eishotel" Norwegens, gleichzeitig das größte des Landes und das nördlichste der Welt, ist das **Sorrisniva Igloo Hotel**, *15 km vom Ortszentrum entfernt. Das 2.500 m² große Gebäude wird jedes Jahr aufs Neue aus Eisquadern und Schnee gefertigt, auch die Innenausstattung, die 30 Zimmer und Suiten, die 80 „Betten" und selbst die Gläser in der Eisbar sind aus gefrorenem Wasser. Arktistaugliche Schlafsäcke und warme Rentierfelle bewahren die Gäste davor, bei -5 °C Innentemperatur zu erfrieren. Zum Aufwärmen verfügt die Anlage über eine Sauna und Außenjacuzzis. Im Igloo Hotel, dessen Dekoration jedes Jahr ein anderes Thema hat, findet man jede Menge Eisskulpturen, eine Bar, eine Galerie und sogar eine Kapelle. Das Eishotel ist jedes Jahr Mitte Dez. bis Anfang April geöffnet und kann auch von Nicht-Gästen auf einem Tagesausflug besichtigt werden (Mo–Sa 12–20, So 12–18 Uhr, Eintritt). Das angeschlossene* **Sorrisniva Restaurant** *bietet nordnorwegische Spezialitäten vom Feinsten (Reservierung erforderlich). Weitere Infos unter ☎ 78433378, www.sorrisniva.no.*

Camping

Camp Strand Camping, *Stenfossveien 29, 9581 Alta, ☎ 78434022, www.altacamping.no. Schöne Anlage, 6 km vom Zentrum, mit Wiesengrundstück am Altafluss, Center für Outdoor-Aktivitäten (Angeln, Wandern, Flussexkursionen, Schneescooter, Hundeschlitten etc.), Stellplätze für Zelte und Caravans, moderne Hütten, gute Sanitäranlagen, Gemeinschaftsküche und Speiseraum, Grillhaus, Spielplatz, ganzjährig geöffnet.*

Alta River Camping, *Steinfossveien 5, 9518 Alta, ☎ 94032779, www.alta-river-camping.no. 3-Sterne-Platz, ca. 5 km südlich des Zentrums am Rv. 93 in Richtung Kautokeino, Zelt- und Caravanplätze, komfortable Hütten, mehrere Apartments im Hauptgebäude.*

Sport/Aktivitäten

Alta hat sich in letzter Zeit als Mekka für **Outdoor-Sportler** *positioniert. Vor allem Mountainbiker, Wanderer, Angler und Kanuten haben beste Bedingungen, im Winter werden u. a. Eisangeln, Polarlicht-Exkursionen, Schneescooter-, Rentier- oder Husky-Safaris angeboten. Auf der Website des Touristenbüros und des Aktivitätszentrums „Sorrisniva“ (www.sorrisniva.no, am Eishotel) gibt es viele Info- und Buchungsmöglichkeiten.*

Verkehrsverbindungen

Vom modernen Airport in Alta, **Lufthavn Alta**, *gibt es tgl. Flugverbindungen mit SAS, Widerøe und Norwegian nach Oslo, Tromsø und zu anderen Ortschaften in der Finnmark.* **Busse** *des Unternehmens Boreal (www.boreal.no oder www.177troms.no) bedienen Destinationen in der gesamten Provinz. Ebenso bestehen tgl. Busverbindungen nach Finnland (über Tana Bru, Infos unter www.eskelisen-lapinlinjat.com).*

Von Alta bis zum Nordkap sind immer noch etwas mehr als 200 km zurückzulegen. Zunächst verläuft die gut ausgebaute E 6 entlang der Küste, dann landeinwärts. Die Strecke wirkt recht monoton, die Landschaft karg und öde, ist aber in ihrer Weite faszinierend. Das **Sennaland**, nach Osten in die Finnmarksvidda übergehend, ist ein Weidegebiet der Kautokeino-Sámi und häufig sieht man in der Sommersaison

Blick vom Salen auf Hammerfest

deren Souvenirstände am Straßenrand. Nach knapp 40 km liegt der höchste Punkt der Strecke bei 385 m ü. d. M. auf dem Kahlfjell. Dass man sich im Land der Sámi aufhält, zeigt ein Hinweisschild in samischer Sprache bei der Kapelle der Sámimission, auch sind hier die meisten Ortsschilder zweisprachig. Hinter dem Fjell geht es an der Repparfjordelva entlang und hinab zum Fremdenverkehrsort **Skaidi** (samisch: Ort, an dem die Flüsse sich treffen), in dem einige Bewohner Hammerfests Freizeithäuser besitzen. Auch sonst hat sich Skaidi ganz auf den Fremdenverkehr eingestellt (Touristeninformation, Campingplatz, zwei Hotels, Motel, Hüttenvermietung), wobei die Zimmerpreise hier deutlich günstiger sind als in Hammerfest oder Honningsvåg. In der Ortschaft biegt der Rv. 94 östlich nach Hammerfest ab, während die E 6 in westlicher Richtung zum Porsangerfjord verläuft.

Hammerfest

Viele Reisende machen von Skaidi aus einen Abstecher nach Hammerfest, das 57 km entfernt liegt. Man sollte aber beachten, dass sich die Kilometerzahl verdoppelt, da es zum Rv. 94 keine Alternative gibt und man auf gleichem Weg zurückfahren muss. Die gut ausgebaute Straße folgt zunächst dem Repparfjord in westlicher Richtung und führt nach 26 km über die imposante, 741 m lange Kvalsund-Hängebrücke, die die Insel Kvaløya mit dem Festland verbindet. Kurz darauf passiert man die auffällige Felsnadel **Stallo**, die gleich neben der Straße zur Linken auftaucht. Sie markiert einen vorchristlichen Opferplatz der Sámi. Unmittelbar an diesem heiligen Felsen verlangt der 2,3 km lange Stallogargo-Tunnel die Aufmerksamkeit der Autofahrer, weil sich häufig Rentiere im Tunnel aufhalten! Weiter geht es am Westufer der Insel entlang mit schönem Blick auf die Insel **Seiland**, mit 583 km^2 die zweitgrößte der Finnmark und siebtgrößte des Landes. Ihre Landschaft ist ebenso abwechslungsreich wie Flora und Fauna, weshalb 2006 der **Seiland-Nationalpark** eingerichtet wurde. Er umfasst auf 316 km^2 typische subarktische Landschaft, einschließlich der beiden Gipfel Nordmannsfjordjøkul (1.079 m) und Seilandsjøkul (985 m). Letzterer ist Norwegens nördlichster Gletscher und bietet eine faszinierende Aussicht. Da die meisten Teile des Nationalparks schwierig zu erreichen sind, sollte man vor einem Besuch die Touristeninformation in Hammerfest kontaktieren oder über den Anbieter Seiland-Explore in Hønseby Exkursionen bzw. Unterkunft buchen *(www.seiland-explore.com)*. Knapp 20 km vor dem Etappenziel ist die aufstrebende Siedlung **Rypefjord** erreicht, hinter der sich eine gute Aussicht auf Hammerfest ergibt. Auf dem Rv. 94 wird man dann geradewegs ins Zentrum der Hafenstadt geführt.

Subarktischer Nationalpark

Geschichte

Die (fast) nördlichste Stadt der Welt

Hammerfest ist unter allen Orten der Finnmark der bekannteste, denn es trägt den Beinamen „nördlichste Stadt der Welt". Das ist aber eigentlich ein Etikettenschwindel, da z. B. Barrow in Alaska noch weiter nördlich liegt und in Norwegen selbst dem Ort Honningsvåg in den 1990er-Jahren der Stadtstatus zugesprochen wurde. Immerhin hat man sich mit dieser Gemeinde insoweit geeinigt, dass Hammerfest mit dem Titel **„nördlichste Stadt Europas"** für sich werben darf. Unbestritten aber kann der auf 70°39'48' nördlicher Breite liegende Ort auf die längste Geschichte zurückblicken, denn die Stadtrechte wurden Hammerfest bereits 1789 verliehen! Trotz vieler Rückschläge (Stadtbrände, Bombardement durch die Engländer 1809) erfuhr die Stadt einen bedeutenden Aufschwung, vor allem als Anlaufhafen für Wal- und Robbenfänger, durch die Herstellung von Fässern, den Pomoren-Küstenhandel und als Basis für Arktisexpeditionen. Schon 1795 wählte ein Konsul Buch den Ort als Startpunkt für die erste Überwinterungsexpedition nach Spitzbergen. Im Zeitalter der Napoleonischen Kriege war Hammerfest von der Finnmark abgeschnitten, sodass zur Versorgung der Bevölkerung Getreide aus Russland importiert werden musste. Wegen der langen Dunkelheit im Winter bekam die Stadt 1891 als eine der ersten in Europa eine elektrische Straßenbeleuchtung. Die zwei schlimmsten Tiefschläge, die Hammerfest erleiden musste, waren zum einen der **Großbrand**, der Ende des 19. Jh. die meisten der rund 150 Holzhäuser der Stadt vernichtete, zum anderen die komplette **Zerstörung** beim Rückzug der deutschen Truppen 1944. Nur eine kleine Friedhofskapelle blieb stehen, sodass die Stadt nach 1945 vollständig neu aufgebaut werden musste.

Hammerfests schlimmste Zeit

Danach stellten Fischfang und später Fischverarbeitung die wirtschaftliche Basis dar. Mehrere Schulen und die Hochschule Finnmark machen Hammerfest zu einem bedeutenden regionalen Zentrum und geben den jungen Einwohnern durch zahlreiche Ausbildungsberufe eine Perspektive. Immer wichtiger ist wegen der Nähe zum Nordkap in den Sommermonaten auch der Fremdenverkehr geworden, den das kleine Stadtzentrum kaum noch bewältigen kann. In der jüngsten Vergangenheit erlebte Hammerfest durch den Ausbau der **Erdgasverflüssigungsanlage** auf der vorgelagerten Insel Melkøya einen enormen Aufschwung. Dadurch und durch die Eingemeindung von **Sørøysund** verdoppelte sich die Einwohnerzahl innerhalb von fünf Jahren auf derzeit knapp 11.000.

Das **Klima** der Stadt entspricht ihrer subpolaren Lage, doch wirkt der Golfstrom deutlich mäßigend, sodass die Mitteltemperaturen im Winter bei nur -5 °C liegen und der Hafen eisfrei bleibt. Nur im Extremfall sinkt das Thermometer auf -20 °C im Januar, dafür wurden im Juli auch schon mal +25 °C gemessen. Zwischen dem 19. Mai und dem 26. Juli geht die Sonne nicht unter und vom 22. November bis zum 21. Januar ist sie nicht zu sehen, obwohl Schnee, Mondschein und Polarlicht dafür sorgen, dass es nicht völlig dunkel wird.

Kälte und Wärme, Licht und Dunkel

info

Industriestadt Hammerfest

Die Klimaerwärmung macht's möglich: Lange Zeit schienen die Gasvorräte der Felder Goliat und Snøvit in der Barentssee für eine Förderung unerreichbar. Seit das Meer aber nicht mehr zufriert, konnte die Produktion aufgenommen werden, sodass nun auch Hammerfest ein Stück vom großen Kuchen der Öl- und Gasindustrie abbekommt. Auf der Hammerfest gegenübergelegenen Insel **Melkøya** (Milchinsel) entstand ab 2005 für das internationale Snøvit-Konsortium unter Federführung von Statoil (seit 2018: Equinor) und der deutschen Linde AG die **größte Erdgasverflüssigungsanlage** (LNG) **Europas**. Seither geht der Blick von der Stadt nicht mehr in die subarktische Einsamkeit, sondern auf die riesigen Tanksilos, Verladekräne, Metallröhren und Versorgungs- und Tankschiffe. Und natürlich nahm damit auch Hammerfests Wirtschaft (Bau- und Verkehrsbetriebe, Zulieferer, Gastronomie, Hotellerie etc.) einen rasanten Aufschwung. In der LNG-Anlage wird durch eine 143 km lang Pipeline das Erdgas aufgenommen, verflüssigt und für den Weitertransport durch Spezialschiffe nach Spanien, Frankreich und die USA aufbereitet. Die Jahreskapazität beträgt 4,3 Mio. Tonnen! Die in mehrfacher Hinsicht nicht ganz unproblematische Anlage (mehrere Gaslecks führten kurzzeitig zu Produktionsstopps und Evakuierungen, 2015 Streik der Statoil-Arbeiter) ist vorläufig bis zum Jahr 2035 terminiert und bleibt so lange der wohl wichtigste technisch-industrielle Komplex der Provinz Troms. Die Insel ist durch den 2,3 km langen und 62 m tiefen Melkøysund-Tunnel mit dem Festland verbunden. Er ist im Privatbeitz des Snøvit-Konzerns und damit der einzige Unterseetunnel, der nicht zum öffentlichen Straßennetz gehört.

info

Stadtbesichtigung

Das Zentrum ist sehr übersichtlich, und wenige Stunden Aufenthalt genügen, um die wichtigsten Sehenswürdigkeiten kennenzulernen. Einen kleinen Spaziergang kann man am **Hurtigruten-Kai (1)** beginnen, in dessen Nähe es auch ausreichend Parkplätze gibt. An diesem Kai ist nicht nur etwas los, wenn zweimal täglich die Postschiffe anlegen, auch die lokalen und Expressboote sowie Kreuzfahrtschiffe machen hier fest. Und mit der Taxizentrale und dem Transportunternehmen Boreal (regionale Busse) fungieren Kai und Hamnegata als Drehscheibe unterschiedlicher Verkehrsbetriebe. Hier ist in einem ehemaligen Lagerhaus die **Touristeninformation** untergebracht, die Material über das Angebot der Stadt und ihrer Umgebung bereithält. Im hinteren Bereich befinden sich die Räume des **Eisbärenclubs (2)**. Mitglied in diesem exklusiven Verein kann man nur in Hammerfest selbst und gegen Zahlung einer einmaligen Gebühr werden. Die mehr als 230.000 Mitglieder erkennen sich an der berühmten Anstecknadel mit dem kleinen Eisbären. In der Ausstellung wird die Hammerfester Tradition als Fischer- und Walfängerstadt sowie die Eisbärenjagd dokumentiert, Filme zeigen u.a. das Phänomen des Polarlichts. Prunkstück der Sammlung ist natürlich ein riesiger, ausgestopfter Eisbär.

Hurtigruten-Anleger

Isbjørnklubben – The Royal and Ancient Polar Bear Society, *Havnegata 3, ☎ 78413100, www.isbjornklubben.no, Juni–Mitte Aug. Mo–Fr 8–19, Sa/So 9–16, sonst Mo–Fr 9–16, Sa/So 10–13 Uhr, Eintritt frei.*

Von hier aus sollte man einen Bummel über den **Marktplatz (3)** machen, auf dem auch Sámi ihre Waren anbieten sowie Händler, die von russischer Seite nach Hammerfest kommen. Am Südende des Marktplatzes liegt inmitten einer Grünanlage mit Pavillon, Brunnen und Skulpturen das 1957 erbaute **Rathaus (4)**, innen sind Wandmalereien zur Geschichte der Stadt vor 1890 zu sehen. Hinter dem Rathaus und jenseits der Hauptstraße beginnt der Zickzack-Fußweg von 1891 (ca. 20 Minuten, gutes Schuhwerk erforderlich!), vorbei an mächtigen Schneeschutzzäunen, zum 86 m hohen **Salen (5)**. In den letzten Jahren wurden auf dem „Hausberg" mit seinem alten Wachturm die große Cafeteria Turiststua, verschiedene Wanderwege sowie eine Aussichtsterrasse mit Infoschildern angelegt. Bei gutem Wetter ist der Blick auf Stadt, Hafen und die vorgelagerten Inseln herrlich und häufig trifft man hier oben auf weidende Rentiere. Wanderer stoßen auf dem Fjell auf einen ganzen Kranz von Teichen, Mooren und Seen. In einer Senke kann man einen lichten Birkenhain finden, der sich stolz „nördlichster Wald der Welt" nennen darf. Wer nicht gehen möchte, kann auch mit dem Wagen auf einer längeren Schleife von hinten auf den Salen fahren.

Wanderung zum Aussichtsberg

Wieder auf der Hauptstraße, sollte man die Kirkegata ein kurzes Stück hinaufgehen. Zur Rechten hat dort das 2005 eingeweihte **Wiederaufbaumuseum (6)** in einem auffälligen Gebäude mit Aussichtsturm Platz gefunden. Mit moderner Multimediatechnik wird hier über den Krieg, die Zwangsevakuierung, die Zerstörung und den Wiederaufbau der Finnmark und von Nord-Troms berichtet. Das Museum verfügt auch über eine Cafeteria und einen Shop im Stil der 1950er-Jahre.
Gjenreisningsmuseet, *Kirkegata 19, ☎ 78402930, www.kystmuseene.no, im Sommer tgl. 10–16, sonst Mo–Fr 10–15, Sa/So 11–14 Uhr, NOK 80, Kinder frei.*

Wenige Schritte weiter lohnt ein Besuch der lutherischen **Hammerfest-Kirche (7)**, die in ihrer eigenwilligen Bauform an die Gestelle erinnert, wie sie zum Trocknen des Stockfischs in dieser Region üblich sind. Das vom Architekten Hans Magnus 1961 errichtete Gotteshaus gestaltete im Inneren der Künstler Jardar Lunde

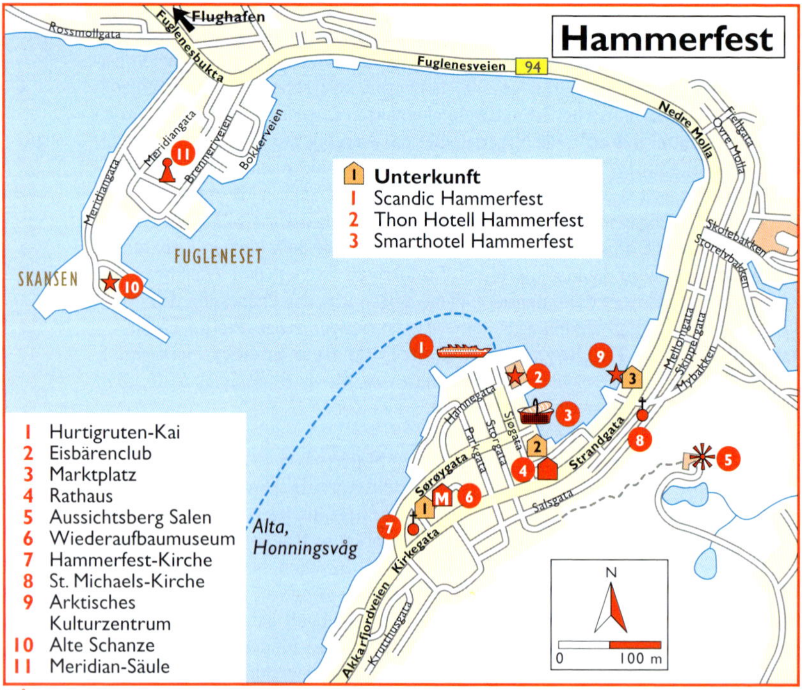

Hammerfest

Unterkunft
1 Scandic Hammerfest
2 Thon Hotell Hammerfest
3 Smarthotel Hammerfest

1 Hurtigruten-Kai
2 Eisbärenclub
3 Marktplatz
4 Rathaus
5 Aussichtsberg Salen
6 Wiederaufbaumuseum
7 Hammerfest-Kirche
8 St. Michaels-Kirche
9 Arktisches Kulturzentrum
10 Alte Schanze
11 Meridian-Säule

© graphic

mit Glasmalereien. Von der ersten Kirche in Hammerfest von 1623 ist die Altartafel erhalten, die in einem Raum neben dem Chor zu sehen ist. Gegenüber der Kirche steht die Friedhofskapelle von 1937, die der evangelischen Kirche bis 1961 als Hauptkirche diente; das vom Krieg verschonte Gebäude ist das älteste erhaltene der Stadt. Eine andere Kirche liegt an der Strandgata, nordöstlich des Aufstiegs zum Salen: Die kleine katholische **St. Michaels-Kirche (8)** wurde 1958 weitgehend von deutschen freiwilligen Helfern errichtet und zeigt ein schönes Mosaik sowie ein eindrucksvolles Kruzifix.

Weitere Sehenswürdigkeiten befinden nördlich und auf der anderen Seite der Bucht. Will man nicht auf Bus, Taxi oder Wagen zurückgreifen, kann man dorthin einen 2-km-Spaziergang entlang der Uferstraße Strandgata/Fuglenesveien unternehmen. Zunächst kommt man dabei am Gelände der ehemaligen Findus-Fischfabrik vorbei, das heute von modernen Bauten besetzt ist. Dabei stellt das 2009 eingeweihte **Arktische Kulturzentrum (9)** (Arktisk Kultursenter AKS, *www.aks.no*) das neue kulturelle Aushängeschild der Stadt dar. Hinter dem mit roten Holzpaneelen verkleideten Bauwerk erhebt sich ein großes Konferenzhotel (2015). Jenseits der Bucht ragt die schmale Landzunge **Fuglenes Neset** in den Hafen, auf der man mehrere moderne Zweckbauten findet. Ihr südlicher Teil wurde in den letzten Jahren in einen Kulturpark mit einem kleinen Freilichtmuseum umgestaltet. Hier sieht man die Überreste der **alten Schanze (10)**, die auf das Jahr 1810 zurückgeht. Nachdem die Stadt von englischen Kriegsschiffen angegriffen worden und ein Jahr besetzt war, bauten die Einwohner die kanonenbewehrte Verteidigungsanlage, um vor zukünftigen Angriffen geschützt zu sein. Die meisten Besucher kommen aber wegen der **Meridian-Säule (11)** (Meridianstøtten) hierher. Die etwas erhöht platzierte Granitsäule mit einer Erdkugel aus Bronze erinnert als nördlicher Endpunkt an eine russisch-skandinavische Untersuchung, deren Ziel darin bestand, Größe und Form der Erde zu ermitteln. Die vom schwedischen König und dem russischen Zaren initiierten Messungen erfolgten 1816–1852 entlang dem „Struve-Bogen" genannten Segment eines Meridians (= Längengrad). Der südlichste Punkt lag rund 2.820 km entfernt an der Donaumündung bei Ismail. Während dieser Bogen damals nur durch zwei Reiche ging, sind seine baulichen Überreste und Denkmäler heute in zehn unabhängigen Staaten zu finden. Sie alle sind unter dem Begriff „Struve Geodetic Arc" auf der UNESCO-Welterbeliste aufgeführt.

Sehenswertes jenseits der Bucht

Die Meridian-Säule mit Erdkugel

Von hier aus kann man noch rund 20 km auf dem Rv. 94 nach Nordwesten weiterfahren und wird dabei feststellen, wie schnell alle Einrichtungen der Zivilisation hinter der Stadtgrenze verschwinden und der subpolaren Wildnis Platz machen. Nach 1,5 km passiert man dabei auch den **Flugplatz**, der immerhin rund 80.000 Fluggäste pro Jahr abfertigt. Seine Position auf dem Plateau Valfjellet oberhalb der Stadt ist nicht unproblematisch, und seine Start- und Landebahn ist eine der kürzesten, die für den Linienflugbetrieb zugelassen sind; größere Maschinen als die Dash 8-100 können den Airport deswegen nicht anfliegen.

Reisepraktische Informationen Hammerfest

Information

Hammerfest Turistinformation, *Havnegata 3, 9615 Hammerfest, ☎ 7841 2185, www.visithammerfest.net, Juni–Mitte Aug. Mo–Fr 8–19, Sa/So 9–16, sonst Mo–Fr 9–16, Sa/So 10–13 Uhr.*

Unterkunft

Scandic Hammerfest (1) €€€€, *Sørøygate 15, ☎ 78425700, www.scandichotels.de. Modernes Hotel mitten im Zentrum, 85 unterschiedlich große, komfortable Zimmer. Gutes und gemütliches Restaurant Skansen, Bar.*

Thon Hotell Hammerfest (2) €€€, *Strandgate 2–4, ☎ 78429631, www.thonhotels.com. Optisch langweiliges, aber vernünftiges und zentral gelegenes Mittelklassehotel mit 103 gut ausgestatteten Zimmern.*

Smarthotel Hammerfest (3) €€€, *Strandgate 32, ☎ 41536500, https://smarthotel.no/no/hammerfest. Ende 2015 eröffnetes 3-Sterne-Hotel mit 164 Zimmern, viele mit großartiger Aussicht über die Bucht und Barentssee, zusätzlich zwölf Apartments mit Kitchenette, gutes Restaurant Du Verden.*

Camping

Storvannet Camping, *Storvannsveien 103, ☎ 78411010, www.nafcamp.no. Idyllische Stadtrandlage am Storvannet-See, Zelt- und 100 Caravanplätze, sieben sehr einfache Hütten mit insgesamt 25 Betten, nur im Sommer geöffnet.*

Verkehrsverbindungen

Der betriebsame **Flughafen** *liegt ca. 2 km nördlich der Stadt, von dort gibt es mit Widerøe mehrmals tgl. Verbindungen u. a. nach Alta, Tromsø und Oslo. Passend zu den Flugzeiten verkehrt ein Flughafenbus zum/vom Zentrum. Per* **Schiff** *ist Hammerfest u. a. mit der Hurtigrute zu erreichen, die nordwärts gehenden Boote legen um 6.45 Uhr, die nach Süden gehenden um 12.45 Uhr ab. Das Unternehmen Boreal (www.boreal.no) unterhält auf der sog. Dorfroute 2-mal tgl. eine* **Schnellbootverbindung zur Insel Sørøya** *(SørøysundXpressen): Die ca. 2-stündige Rundtour, bei der auch das Dorf Akkarfjord besucht wird, kann auch als Panoramafahrt durch den beeindruckenden Sørøysund genutzt werden. Per* **Bus** *ist die Stadt durch die Snelandia-Busse (www.snelandia.no) bzw. die Gesellschaft Boreal (www.boreal.no) mit ganz Finnmark sowie Tromsø verbunden, bei manchen Fahrtzielen ist ein Umsteigen in Skaidi notwendig.*

Zum Nordkap

Von Skaidi nach Magerøya

Von **Skaidi** (s. o.) sind es über die E 6/E 69 ca. 125 km bis zur Nordspitze Kontinentaleuropas, wofür man auf der recht gut ausgebauten Straße ohne Stopps etwa zwei Stunden Autofahrt einkalkulieren sollte. Der Weg führt durch baumlose, karge Fjell-Landschaften (Passhöhe 437 m). Immer wieder zwingen umherstreunende Rentiere den Fahrer zur Vorsicht. 22 km hinter Skaidi verlässt man bei **Older-**

fjord die E 6 und biegt auf die E 69 ab, die am breiten Porsangen-Fjord entlang verläuft. Die Straße, die wegen einiger Steigungen nicht immer übersichtlich ist, verschwindet bei **Skarvberget** in einem 3 km langen Tunnel und 7 km nördlich davon erneut im ca. 500 m langen Sortvik-Tunnel.

Knapp 50 km hinter Olderfjord passiert man den Abzweig zum kleinen Fischerort **Repvåg**, kurze Zeit später gelangt man zur ehemaligen Fährstation **Kåfjord**. Früher verkehrten hier Fähren nach Storbukt, an der Bucht westlich von Honningsvåg gelegen, doch seit 1999 ist Magerøy im verkehrstechnischen Sinn keine Insel mehr. Denn in diesem Jahr wurde der 6,9 km lange **Unterwassertunnel** fertiggestellt, der an seinem tiefsten Punkt 212 m unter Meeresspiegelniveau des Magerøysundes hinabreicht.

Sehnsuchtsziel Nordkap

Die Insel Magerøya mit dem Nordkap

Magerøya bedeutet „**die magere Insel**", was sie ohne Zweifel auch ist, denn es wächst kaum ein Baum; Landwirtschaft ist wegen der fehlenden Ackerkrume und aus klimatischen Gründen nicht möglich, da die warme Zeit für das Wachstum von Getreide nicht ausreicht. Nur die Rentiere, die früher die Distanz vom Festland schwimmend zurücklegten und heutzutage von der Marine auf die Insel transportiert werden, haben hier ihre Sommerweiden. Auch wenn die Landschaft hart und abweisend wirkt, so sind die Winter doch vergleichsweise mild, die Häfen bleiben eisfrei. Auf der Insel liegt die mittlere Temperatur im Januar um 20 °C höher als die Durchschnittstemperatur auf dem 71. Breitengrad und gar um 50 °C höher als in Orten Sibiriens auf gleicher geografischer Breite. Im Februar, dem kältesten Monat, beträgt die Durchschnittstemperatur auf Magerøya -3,6 °C; mit knapp 800 mm jährlichem Niederschlag ist es vergleichsweise trocken.

Karge Insel, milde Temperaturen

Im 19. Jh. fanden Botaniker auf der Insel Blumen, wie sie auch in tieferen Lagen der schweizerischen Alpen anzutreffen sind, etwa die Trollblume, Vergissmeinnicht oder Storchenschnabel, oft aber kräftiger in der Farbe. Neben Granit und Schiefer finden sich Gneis und Glimmer. Richtung Skarsvåg passiert man ein großes Feld mit Kalkstein. In dieser Gegend trifft man auf eine arktische Fauna, die in dieser Art sonst in Sibirien und auf Spitzbergen heimisch ist. Die Labilität dieses Lebensraums ist schon früh erkannt worden, Tiere und Pflanzen stehen seit 1929 unter Naturschutz.

Nachdem man auf der E 69 den **Nordkaptunnel** durchfahren und die Insel Magerøya erreicht hat, bleiben einem nur wenige Fahrminuten, um die subarktische Landschaft zu genießen. Dann geht es erneut in den Berg hinein, diesmal in den 4.443 m langen **Honningsvågtunnel**, der den Verkehr unter dem 389 m hohen Honningsvågfjell hindurchleitet.

Verzicht auf Titel

An dessen Ende breitet sich **Honningsvåg** aus, der größte Fischereiort im Westen der Finnmark und Gemeindezentrum der Kommune Nordkapp. Mit 2.500 Einwohnern besitzt er zwar seit 1998 die Stadtrechte, verzichtet aber aufgrund einer Vereinbarung mit Hammerfest auf den Titel der „nördlichsten Stadt Europas" und setzt bei seiner touristischen Vermarktung allein auf das Nordkap. Dieses lockt in der kurzen Sommersaison Reisende aus aller Herren Länder auch nach Honningsvåg. Bis in die taghelle Nacht hinein herrscht dann geschäftiges Treiben. Mehrere Pubs, sogar eine Mikro-Brauerei und eine „Ice-Bar" sind meist gut besucht und es ist schon ein besonderes Gefühl, um 24 Uhr bei Sonnenschein ein Bier zu trinken und die schaukelnden Schiffe im Hafen zu beobachten. Dort hat man sogar eine ganz hübsche Promenade gebaut, die einen Hauch urbanen Lebens zum äußersten Punkt Europas bringt. Aktivurlauber werden von verschiedenen Unternehmen zur Teilnahmne an Abenteuer-, Tierbeobachtungs- oder Speedboat-Touren animiert. Und wer Geld übrig hat, kann dies in diversen Souvenir-, Kunsthandwerks- oder Juwelierläden ausgeben. Das **Nordkap-Museum** gibt Einblick in die Entwicklung des Nordkap-Tourismus, die Küstenkultur der Finnmark und den Aufbau der Stadt nach dem Krieg. Auch Honningsvåg wurde im November 1944 beim Rückzug der Deutschen in Schutt und Asche gelegt, mit Ausnahme der 1884 eingeweihten Kirche, die im Sommer täglich besichtigt werden kann.
Nordkappmuseet, *Holmen 1, 9750 Honningsvåg, ☏ 78477200, www.kystmuseene.no, im Sommer tgl. 10–19, sonst Mo–Fr 11–15 Uhr, NOK 70, Kinder NOK 10.*

Dass außerhalb der Sommersaison nach wie vor Fischfang, Fischverarbeitung, Schifffahrt und die dazugehörigen Zulieferer die Basis des Wirtschaftslebens bilden, macht ein Spaziergang am Hafen deutlich. Schließlich hat sich Honningsvåg schon seit etwa 1900 zu einem Zentrum für die Schleppnetzfischerei entwickelt, denn die Schiffe benötigten entlang der gefährlichen nordnorwegischen Küste Lotsen, die hier an Bord gingen. Noch heute ist die Lotsenstation von großer Bedeutung, ferner gibt es eine staatliche Fischereifachschule. Auffallend viele russische Schiffe in teilweise erbärmlichem Zustand lassen vermuten, dass auch die Auftragsbücher der hiesigen Schiffswerften und -reparaturwerkstätten gut gefüllt sind.

Reisepraktische Informationen Honningsvåg

Information

Nordkapp Reiseliv, *Fiskeriveien 4B, 9750 Honningsvåg, ☎ 78477030, www.nordkapp.no, Mai–Sept. Mo–Fr 9–16, Sa/So 11–16, sonst Mo–Fr 11–14 Uhr.*

Unterkunft

Scandic Bryggen €€€€, *Vågen 1, Honningsvåg, ☎ 78477250, www.scandichotels.no. Schönes, weißes Haus direkt am Hafen, mit 42 Zimmern überschaubarer und persönlicher als die beiden anderen Scandic-Hotels. Hoher Standard, Restaurant, Bar und Sauna, Geschäfte und Gastronomie in der Umgebung, ganzjährig geöffnet.*
Scandic Nordkapp €€€€, *Skipsfjorden, ☎ 78477260, www.scandichotels.no. Das nur 25 km vom Nordkap-Plateau entfernte und damit nächstgelegene Hotel ist auch das größte der Insel. Die 290 schlicht eingerichteten Zimmer liegen in zwei doppelstöckigen Flügeln, dazwischen das zeltartige Atrium-Gebäude mit Restaurant und Bar. Architektonisch interessant (das Haus war einst Teil des Olympischen Dorfs von Lillehammer), oft von Reisegruppen belegt, geöffnet Mitte Mai–Aug.*
Arran Nordkapp €€€, *Sjøveien 33, Kamøyvær, ☎ 75402085, www.arran.as/nordkapp. Schmuckes Holzhaus im Fischerdorf Kamøyvær, 12 km von Honningsvåg, mit 50 gut ausgestatteten Dreibett-, Doppel- und Einzelzimmern, viele mit Blick auf Hafen und Barentssee. Außenbereich, Sonnenterrasse, kostenlose Fahrräder, Restaurant mit lokalen Gerichten, Organisation von Aktivitäten wie Hochseeangeln, Vogelsafaris und Tauchen.*
The View €€€, *Utsikten 12, 9750 Honningsvåg, ☎ 48068735, https://theviewnorthcape.business.site. Nette, kleinere und 2018 komplett erneuerte Unterkunft oberhalb von Honningsvåg. Restaurant mit frischer nordnorwegischer Küche, aussichtsreiche Terrasse, sehr freundlicher Empfang, ganzjährig geöffnet.*

Camping

Nordkapp Camping NAF, *Skipsfjorden (Honningsvåg), ☎ 78473377, www.nordkappcamping.no. Größere Anlage mit Zeltgelände und asphaltiertem Wohnmobilplatz, 10 einfache Campinghütten, 5 komfortablere Bungalows, 10 Doppelzimmer mit Dusche/WC im Hauptgebäude und Holzhaus mit zwei einfachen Familienzimmern für bis zu 6 Personen. Gästeküche, Kiosk, Cafeteria, Touristeninformation, geöffnet Mai–Okt.*
Nordkapp Caravan & Camping, *Fylkesveg 171, Skarsvåg, ☎ 90660769, www.nordkappcaravancamp.no. „Nördlichster Campingplatz der Welt" mit freier Sicht auf Nordkap-Plateau und Mitternachtssonne, Zelt-, Caravanplätze, 10 einfachere Hütten, Juni–Aug.*

Achtung

Viele **Wohnmobilfahrer** *möchten direkt am Nordkap übernachten. Das ist möglich, zumal in der Nordkap-Halle sanitäre Anlagen zur Verfügung stehen. Vorher ist jedoch eine hohe „***Eintrittsgebühr***" zu bezahlen, zudem darf man auf dem Plateau keine Ruhe erwarten: Bis nach 2 Uhr morgens reißt die Karawane der Reisebusse nicht ab, vor allem, wenn Kreuzfahrtschiffe angelegt haben. Der Platz ist oft beängstigend voll!*

Essen & Trinken

Corner Spiseri, *Fiskeriveien 2A, Honningsvåg, ☎ 94005292, www.utelivinordkapp.no. Nettes Lokal am Hafen mit guten Fisch- und Seafoodgerichten und Pizza. Im Sommer tgl. ab 11 Uhr geöffnet, recht preiswerter Mittagstisch, Sitzplätze im Freien.*

Verkehrsverbindungen

Der **Flughafen Valan** *bei Honningsvåg wird von der Fluggesellschaft Widerøe im Liniendienst u. a. nach Alta und Tromsø bedient.*
Mit dem **Schiff** *ist Honningsvåg durch die Hurtigrute verbunden (Abfahrt in Richtung Kirkenes 15.30 Uhr, in Richtung Bergen 7 Uhr) sowie durch die Katamaran-Schnellboote u. a. ab/nach Hammerfest. In den Sommermonaten laufen zahlreiche Kreuzfahrtschiffe Honningsvåg an, einige auch Skarsvåg, wo ausgebootet werden muss.*
Überlandbusse *verkehren zwischen Honningsvåg und allen größeren Orten der Finnmark, im Sommer auch zum Inari-See bzw. Rovaniemi in Finnland. Das Nordkap ist ab Honningsvåg auch mit dem Lokalbus erreichbar, in der Hochsaison bis nach 1 Uhr.*

Achtung Fahrradfahrer

Seit Wegfall der Fährverbindung sind der 4,5 km lange **Honningsvågtunnel** *und der* **Unterwasser-Nordkaptunnel** *die einzige Landverbindung nach Magerøya. Letzterer ist nicht nur knapp 7 km lang, sondern geht auch 212 m tief hinab. Das bedeutet eine arge Strampelei bei unsicheren Lichtverhältnissen und äußerst schlechter Luft. Es empfiehlt sich also, zumindest für die* **Strecke Kåfjord – Honningsvåg** *auf den* **Bus mit Fahrradtransport** *auszuweichen!*

Doch ist natürlich nicht Honningsvåg, sondern das nahe gelegene Nordkap das ersehnte Ziel fast aller Reisenden, die sich im Norden Norwegens aufhalten. Von Honningsvåg bis zu diesem berühmten Endpunkt sind 34 km quer über die Insel Magerøya zurückzulegen. Besonders bei gutem Wetter rollt eine Lawine von Fahrzeugen der Nordspitze entgegen, darunter unzählige Busse, vor allem, wenn größere Kreuzfahrtschiffe in Honningsvåg anlegen. Die Straße, wenn auch kurvenreich, ist als E 69 inzwischen recht gut befahrbar, der höchste Punkt liegt knapp 300 m ü. d. M. Um Anfang Mai ist sie geöffnet, doch ist Schneefall danach nicht ausgeschlossen. Reisende, deren Fahrzeuge keine Winterreifen haben, dürfen die Straße dann nicht benutzen und müssen den Bus zum Kap nehmen.

Archipel mit Vogelkolonien

Wie reich die Landschaft und die Küste von Magerøy gegliedert sind, zeigt sich schon auf den ersten Kilometern hinter Honningsvåg. Man verlässt die Bucht, fährt über einen kleinen Pass und gelangt nach wenigen Minuten, am Flughafen vorbei, zu einer weiteren Bucht, dem Skipsfjord. An dessen nördlichem Ende zweigt am Scandic-Hotel Nordkapp rechts eine Nebenstraße zur Siedlung **Kamøyvær** ab, die u. a. mit einer Kunstgalerie aufwartet. Die Hauptroute steigt in einigen Kehren stark an und führt zum Abzweig einer weiteren Nebenstraße, die quer durch die Insel zum 21 km entfernten Fischerdorf **Gjesvær** im Nordwesten führt. Viele Klippen und Schären schützen den schön gelegenen 300-Einwohner-Ort zum rauen Eismeer hin. Die fast 100 vorgelagerten Inseln des Naturreservats **Gjesværstappan** sind wegen ihrer Vogelfelsen mit Seeadlern, Trottellummen, Alken, Eiderenten, Skuas, Kormoranen und Papageientauchern bekannt – mit etwa 3 Mio. Nistvögeln eines der größten ornithologischen Paradiese des Landes. Im Sommer kann man diese Wunderwelt auf Schlauchboot-Exkursionen von Honningsvåg aus besuchen. Hinter dem Abzweig steigt die Straße zum kargen Fjell hinauf und bleibt für 7 km auf dem Plateau, auf dem oft weidende Rentiere zu sehen sind. Bei klarer Sicht hat man hier einen tollen Blick auf das Nordkap, den Felsen von Hornvika und das Eismeer.

In der nächsten Senke, in der oft Sámi ein kleines Lager mit „fotogenen" Rentieren und Souvenirverkauf aufbauen, geht eine Nebenstraße nach rechts zu einer tiefen Bucht mit dem Fischerdorf **Skarsvåg** ab. Der östlich des Nordkaps gelegene Ort mit ca. 200 Einwohnern gilt als „nördlichstes Fischerdorf der Welt". Der Reichtum des kleinen Dorfs, in dem es eine moderne Fischverarbeitungsfabrik gibt, zeigt sich u.a. im Schwimmbad, ferner gibt es zwei kleine Hotels und einen Campingplatz. Kreuzfahrtschiffe, die um das Felsplateau herumfahren, gehen häufig hier auf Reede, um dann die Passagiere auszubooten (was aber nicht immer möglich ist, wenn plötzlich Windböen in dem nicht so geschützten Hafen auftreten). Eine skurrile Attraktion stellt das kleine **Julehuset** dar, ein „Weihnachts- und Winterhaus", in dem man auch im Sommer Weihnachtslieder hören, Weihnachtsdekoration sehen, entsprechende Artikel kaufen und einen Glühwein (Gløgg) probieren kann. Für Naturliebhaber interessanter ist der markierte Fußweg, der in gut 20 Minuten vom Campingplatz und dem Nordkapp Turisthotel zu einer interessanten Felsformation führt. Diese wird **Kirkeporten** (= das Kirchtor) genannt und ist eine Naturbrücke, durch die hindurch man auf der anderen Seite der Bucht **Hornet** (= das Horn) sehen kann. Die schräg abstehende Felsnadel befindet sich knapp außerhalb der früheren Landebucht Hornvika in der Flanke des Höhenzugs Store Kappa, ca. 1,5 km Küstenlinie östlich des Nordkaps. Die Ruhe und der fantastische Ausblick dieser alten samischen Stelle ist bei Mitternacht eine gute Alternative für all diejenigen, die dem Trubel auf dem Nordkap-Plateau aus dem Wege gehen möchten.

Am Kirkeporten

Wieder zurück auf der Hauptroute sind es noch 13 km bis zum **Nordkap** (norweg.: Nordkapp), das sich schon von Weitem durch den großen Parkplatz voller Busse, Wohnmobile und Pkw ankündigt. Was macht die Faszination des Nordkap-Plateaus auf **71°10'21'** aus, das zum Eismeer hin **307 m** tief steil abfällt? Die Mitternachtssonne kann man schließlich auch weiter im Süden sehen, und gerade hier ziehen oft dichte Nebelschwaden vorbei oder der Himmel ist wolkenverhangen. Genau genommen ist zudem das landschaftlich beeindruckende Plateau gar nicht die Nordspitze Kontinentaleuropas, denn es liegt auf einer Insel. Und dass zwischen dem Nordkap und dem Nordpol noch Spitzbergen liegt, das ebenfalls zu Norwegen gehört, stört niemanden, schließlich führen weder Straße noch Autofähre dorthin. Eigentlich ist Kinnarodden auf der Norskinn-Halbinsel weit östlich von Magerøya der nördlichste Festlandspunkt Europas. Und selbst wenn man außer Acht lässt, das Magerøya eine Insel ist, liegt das wenig attraktive **Knivskjellodden** immer noch etwas weiter nördlich als das Nordkap. Als der englische Kapitän Stephen Burrough (mit Richard Chancellor als Chefnavigator an Bord des

Schiffs „Edvard Bonaventure") 1553 auf einer missglückten arktischen Expedition, als man die Nordostpassage nach China finden wollte, den imposanten grauschwarzen Schieferfelsen als „**North Cape**" bezeichnete, konnte er nicht ahnen, welche Faszination dieses Wort in späteren Zeiten haben würde. Viele gekrönte Häupter zog der Felsklotz in seinen Bann, wie den Franzosen Louis Philippe, den späteren „Bürgerkönig", den Schweden Oskar II. oder den Deutschen Wilhelm II. Schon 1845 verkehrte das erste Touristenschiff von Hammerfest zum Nordkap, die erste Gruppenreise organisierte das Reisebüro Cook aus London 1875.

Viel besuchter Schieferfelsen

Aber erst 1956 wurde eine Straßenverbindung zwischen Honningsvåg und dem Nordkap eröffnet, gerade einmal 7.000 Reisende steuerten in jenem Jahr das Ziel an. Bis dahin wurden Touristen per Schiff an den Fuß des Felsens gebracht und mussten dann zu Fuß über eine Treppe und Strickleitern das Kap erklimmen. Das Nordkap der Gegenwart ist voll und ganz auf den Massentourismus eingestellt und kann auch bei schlechten Witterungsbedingungen ein Nordkap-Erlebnis bieten. Denn wenn der Besucher nicht sehen kann, was er erwartet hat, zeigt man ihm in einer eindrucksvollen Multivisionsschau auf einer Riesenleinwand, was er hätte sehen können. Das Kino befindet sich im von der Hotelgruppe Scandic betriebenen und 5.000 m² großen **Nordkapzentrum**, das mit Investitionen von über 25 Mio. Euro gebaut wurde. Ebenerdig liegen die Panoramahalle, das „nördlichste Postamt der Welt" mit Sonderstempel, eine Cafeteria und ein riesiger Souvenirshop, der alles vom Kitsch bis hin zu hochwertigem Kunsthandwerk der Sámi im Angebot hat. Das darüberliegende Café „Kompasset" in der Form eines Kompasses ist so konstruiert, dass jeder der Gäste einen freien Blick gen Norden und auf die Klippen genießen kann. Über dem Café samt Restaurant findet man noch eine Suite für Hochzeitspaare oder andere Übernachtungsgäste. Der größte Teil der Anlage liegt aber unter der Erde. Neben dem erwähnten Panoramakino, vor dem sich oft lange Schlangen bilden, gibt es hier einen in den Fels gesprengten Tunnel, in dem in Schaukästen die Geschichte rund um das Nordkap dokumentiert wird. Auch die stimmungsvolle ökumenische Kapelle ist über den Tunnelgang zu erreichen, ebenso wie ein kleines Thai-Museum (natürlich das „nördlichste der Welt"), das an einen Besuch von Chulalongkorn, des Königs von Siam, erinnert. Der abfallende Gang endet in einer künstlichen Grotte mit der „Grottenbar", wo man durch ein 8 x 10 m großes Panoramafenster einen Blick auf die Mitternachtssonne hat – wenn das Wetter stimmt. Hier kann man auch nach alter Tradition mit einem teuren Glas Sekt sein Nordkaperlebnis feiern. Im Außenbereich strömen fast alle Besucher der großen **Weltkugel** zu, dem wohl beliebtes-

Trubel am Kap

Am Ende Europas

ten Fotomotiv. Andere betrachten den **Skulpturenpark**, der von Kindern unterschiedlicher Nationalität zum Thema „Weltfrieden" gefertigt wurde. Und wieder andere machen einen Spaziergang über das Geröllfeld hoch über dem Eismeer, um den Menschenmassen aus dem Weg zu gehen.

Natürlich gehen die Meinungen über das Nordkap-Projekt auseinander. Ist Norwegen nicht ein Ziel für Individualreisende auf der Suche nach unverfälschter Natur? Kritiker sahen vor allem in den ursprünglich noch weitergehenden Plänen des Nordkap-Ausbaus die Gefahr, dass ein „Disneyland" entstehen könnte und verurteilten die Eingriffe in die Natur. Die Befürworter argumentierten, das Touristenzentrum ermögliche es, die Ströme von Reisenden in die richtige Bahn zu lenken und somit norwegische Natur zu schonen, denn über Informationsangebote könne man die Touristen über die Sensibilität der Naturräume gerade im Norden aufklären. Von großer Bedeutung sei die ökonomische Bedeutung des Nordkap-Ausbaus, da die Tourismusförderung dazu beitrage, auch zukünftig die Besiedlung der strukturschwachen Räume zu gewährleisten. Jeder möge sich selbst ein Urteil bilden.

Meinungen zum Nordkap-Ausbau

Information

Nordkapphallen, *9764 Nordkapp, ☎ 78476860, www.visitnordkapp.net, Mitte Mai–Mitte Aug. tgl. 11–1/2 Uhr, Mitte–Ende Aug. tgl. 11–22, sonst tgl. 11–15 Uhr, NOK 285, Kinder bis 14 J. NOK 95 (Parken, Panoramafilm, Zugang zu allen Anlagen, 24 Std. gültig, mehrmalige Besuchsmöglichkeit) bzw. NOK 180, Kinder NOK 60 (Parken, Zugang zu Gastronomie, Sanitäranlagen, Nordkap-Plateau, aber ohne Film und Besuch der Grotte, 12 Std. gültig, nur einmalige Besuchsmöglichkeit). Eintritt frei für Wanderer und Fahrradfahrer.*

Weitere Ziele im hohen Norden

Wer den äußersten Osten des Nordens kennenlernen, die Faszination der kargen, weiten, von tief ins Land eindringenden Fjorden durchtrennten Hochebenen erleben und Einblicke in die harten Lebensbedingungen der Bewohner gewinnen möchte, dem seien zwei Routen empfohlen: einmal entlang der Eismeerküste und über die größeren Siedlungen der Varangerhalbinsel bis zur russischen Grenze bei Kirkenes, zum andern in die Zentren samischer Kultur nach Karasjok und Kautokeino.

Zwischen dem Nordkap und der russischen Grenze

Da es verkehrstechnisch vom Nordkap aus nur eine Richtung gibt, nämlich Süden, gibt bei der Weiterreise wieder die E 69 den Weg vor, und zwar für knapp 130 km. Dann sind **Olderfjord** und die E 6 erreicht, auf der es nun, bei deutlich geringerem Verkehr, in südlicher Richtung bis **Lakselv** geht, eine Strecke von gut 60 km. Die gesamte Etappe verläuft am breiten **Porsangen-Fjord** im Osten entlang, der mit einer Länge von 123 km als viertgrößter Fjord Norwegens gilt. Bei Kolvikvatn führt ein Abzweig in das 5 km entfernte **Trollholmsund** zu interessanten Felsformati-

Redaktionstipps

➤ Die eindrucksvollsten Landschaften sind die subarktischen Urwälder des **Stabbursdalen-Nationalparks** (S. 508) und des **Øvre-Pasvik-Nationalparks** (S. 519), das **Mündungsdelta des Tana-Flusses** (S. 521) sowie die **Eismeerküste bei Hamningberg** (S. 515).

➤ Zu den interessantesten Gebäuden zählen die **Festung Vardøhus** (S. 514), die **St.-Georgs-Kapelle** in Neiden (S. 515), das **Sámi-Parlamentsgebäude** in Karasjok (S. 523), die **Silberschmiede Juhl** bei Kautokeino (S. 525).

➤ Die außergewöhnlichsten Aktivitäten und Events sind **Schneemobil- und Rentierschlittensafaris**, **Bootstouren** entlang der russischen Grenze, Teilnahme an der **Rentierscheidung**, Besuch der **Oster-Festivals der Sámi** in Kautokeino und Karasjok, **Lachsangeln** im Tana-Fluss oder der Lakselva, **Königskrabben-Safari** in Kirkenes, **Bergwanderung** auf den Rastigaisa, **Baden unter der Mitternachtssonne** im Karasjokka-Fluss.

onen, den „sieben Trollen" am Fjord. Am Parkplatz mit Infosäule beginnt ein rot markierter Fußweg zu den merkwürdigen Felsen, von denen man auch einen Blick auf die „Rentierinsel" Reinøya werfen kann, die mitten im Fjord liegt.

Etwa 15 km nördlich von Lakselv liegt **Stabbursnes** am lachsreichen Fluss Stabburselva. Hier lohnt ein Besuch des „**Stabbursnes Naturhaus und Museum**", dessen Bauweise an die Zelte der Sámi erinnert. Im Infozentrum über die Natur und Kultur der Finnmark lernt man die verschiedenen Landschaftstypen und die Lebensweisen der Menschen eindrucksvoll kennen. Es gibt einen Spielplatz, dessen Anlage samische Traditionen aufgreift, einen Naturlehrpfad, eine Campinganlage mit Hüttenvermietung sowie markierte Wanderwege in den **Stabbursdalen-Nationalpark**. Das 1970 eingerichtete und 749 km² große Naturreservat umfasst das Flusstal, das teils tief eingeschnitten ist und in seinem oberen Teil zur Finnmarksvidda hinaufsteigt. Das Besondere des Parks ist der Urwald, der sich inmitten der sonst baumlosen Umgebung fast schon exotisch ausnimmt und u.a. die weltweit nördlichsten Kiefernbestände umfasst. Er ist Lebensraum für eine außerordentlich vielfältige Flora und Fauna, wobei die Tierwelt vor allem durch seltene Vogelarten repräsentiert wird, die sonst nur in Sibirien beheimatet sind.

An der Eismeer-Küste: unendliche Weite und Rentiere

Am Ende des Fjords und knapp oberhalb des 70. Breitengrads gelangt man auf der E 6 nach **Lakselv**. Der 2.100-Einwohner-Ort, der in der Übersetzung „Lachsfluss" heißt, ist das Zentrum der Gemeinde Porsanger. Als aufstrebender Verkehrsknotenpunkt kann er Touristen vor allem Dienstleistungen (Hotels, Campingplätze, Jugendherberge) anbieten, aber kaum wirkliche Sehenswürdigkeiten. Angler finden hier jedoch ein wahres Eldorado, worauf schon der Ortsname hinweist. Außer Lachs, der von Mitte April bis Mitte September auf einem 32 km langen Abschnitt der Lakselva gefangen werden kann, ist auch die Forelle in den hiesigen Gewässern heimisch. Verkehrsmäßig ist Lakselv auch für Nichtautofahrer gut zu erreichen, da es einen erstaunlich großen Flughafen mit einer der längsten Startbahnen des Landes gibt. Er ist als Frachtflughafen für die Versorgung der Finnmark von großer Bedeutung, wird aber auch als Drehscheibe des Charterflugverkehrs genutzt. Der „North Cape Airport" (NCA) besitzt internationalen Status und verfügt u. a. über Taxfree-Verkauf, Mietwagenstation und eine außergewöhnliche, an ein Sámi-Zelt aus Rentierfellen erinnernde Flughalle.

Angelparadies

Die Finnmark

info

Der höchste Norden, die Finnmark, auf gleichem Breitengrad wie Alaska und Sibirien gelegen, ist mit 48.637 km² zwar größer als Dänemark, aber in diesem Raum leben nur wenig mehr Menschen als in Tromsø. An der Küste ist das Klima recht mild, die Häfen sind im Winter eisfrei, aber auf den endlosen Hochebenen im Landesinneren sind die Unterschiede zwischen den höchsten Temperaturen im Sommer mit bis zu 32 °C und Wintertemperaturen von bis zu -51 °C erheblich. Die Lichtflut im kurzen Sommer, der dunkle, kalte Winter mit dem Phänomen des Nordlichts – von Ende November bis Ende Januar kommt die Sonne nicht über den Horizont! – sowie die Farbenpracht des Herbstes und der schöne Frühling mit 15 Stunden Sonne an klaren Apriltagen prägen Mensch und Natur in besonderer Weise.

Jagd und Fischfang boten den Menschen schon nach der letzten Eiszeit ein Auskommen, während die landwirtschaftliche Nutzung im Landesinneren nicht älter als 300 Jahre ist. Bevor norwegische Siedler im 13. Jh. hierherkamen, lebten die **Sámi** im Raum oberhalb des Polarkreises; sie gingen Ende des 17./Anfang des 18. Jh. von der Jagd auf Rentiere zur nomadisierenden Rentierzucht über. Etwa gleichzeitig und etwas später ließen sich Einwanderer aus Nordschweden und Nordfinnland, die **Kvenen**, als Fischer und Bauern in der Finnmark nieder. Um 1875 machten sie mehr als ein Viertel der Bevölkerung aus, sodass Vadsø den Beinamen „Hauptstadt der Kvenen" erhielt. Zwischen Norwegen, Schweden, Finnland und Russland kam es in den vergangenen Jahrhunderten ständig zu Konflikten um die Aufteilung der weiten Räume. Zunächst verlor Schweden seinen Einfluss: 1751 musste es die Region um Kautokeino und Karasjok bis zum Tana-Fluss an Dänemark abtreten (Norwegen war damals ein Teil des dänischen Reiches). Die wichtige Grenzziehung zwischen Norwegen und Russland entlang dem Pasvik- und dem Jakobs-Fluss erfolgte 1826 zu Lasten Finnlands, das schließlich nach dem Zweiten Weltkrieg auch noch das Pet-

info

samogebiet (und damit seinen einzigen Zugang zum Eismeer) an die Sowjetunion abtreten musste. Verheerend waren die Auswirkungen beim Rückzug der deutschen Truppen aus der Finnmark 1944. Als die Russen eine große Offensive an der Eismeerfront begannen, mussten sich die deutschen Truppen zurückziehen. Dabei legten sie die Finnmark in Schutt und Asche (Taktik der „verbrannten Erde").

An der rauen Eismeerküste mit ihren fünf langen, breiten Fjorden liegen weit verstreut einzelne Siedlungen, deren Bewohner vorwiegend vom **Fischfang**, meist Dorsch, und der Fischverarbeitung leben. Nur über staatliche Subventionen ist es möglich, die kleinen Fischerdörfer und größeren Siedlungen zu erhalten. Im Inneren der Fjorde ist etwas **Landwirtschaft** möglich, aber der Ertrag an Kartoffeln, Gemüse, Eiern und Fleisch ist gering. Der Abbau von **Bodenschätzen** ist lokal bedeutsam (Schiefer bei Alta), aber tendenziell rückläufig (Eisenerz in Kirkenes). Von wachsender Bedeutung ist hingegen der **Tourismus**, auch im Grenzraum Russland/Norwegen. Die Hochflächen der Finnmarksvidda dienen den Rentieren der Sámi als Weidegebiete, vor allem in den Gemeinden Kautokeino und Karasjok ist die **Rentierzucht** ein wichtiger Wirtschaftszweig. Doch die Rentierhalter besitzen zu viele Tiere, weite Teile der Weidegebiete sind zerstört, und die Rentierflechte wächst nur langsam nach. Die Rentierhalter müssen zu der Einsicht gelangen, dass auch ihre Zukunft gefährdet ist.

74 km sind es auf der E 6 von Lakselv am östlichen Rand der Finnmarksvidda entlang bis Karasjok (S. 521). Noch viel weiter in den Nordosten führt aber der Rv. 98. Auf ihm geht es zunächst am Ostufer des Porsangerfjords entlang in nördlicher Richtung, vorbei an einem Gebiet mit silbergrauem Dolomitspat in den Sandsteinschichten und verschiedenen Strandlinien. In mehreren winzigen Orten am Fjord hat sich seit der Zuwanderung aus Finnland im 18. Jh. in dem ursprünglich von Sámi bewohnten Gebiet die finnische Sprache durchgesetzt. Nach rund 40 km verläuft die Straße in östlicher Richtung, durchquert das untere Ende der spitz zulaufenden, menschenleeren Halbinsel **Sværholt** und führt über den mit 190 m ü. d. M. höchsten Punkt der Umgebung. Nach der Fahrt durch die karge Fjell-Landschaft, einem Sommerweidegebiet der Karasjok-Sámi, folgt die Straße dem inneren Bereich des Laksefjords. Bei **Ifjord**, wo sich wiederum gute Angelmöglichkeiten bieten, zweigt der Rv. 888 in nördlicher Richtung ab zur **Nordkinn-Halbinsel**, wo das **Kap Kinnarodden** den nördlichsten Punkt des europäischen Festlands markiert. Diese im Winter geschlossene Straße führt zu kleinen Fischerdörfern wie **Kjøllefjord**, **Mehamn** und **Gamvik**, die teilweise von der Hurtigruten angelaufen werden. Wer diese robuste Route bis zu ihrem Ende und wieder zurück abfährt, hat 245 einsame Kilometer zu bewältigen!

Nördlichster Punkt des Festlands

Auf dem Rv. 98 erreicht man knapp 150 km hinter Lakselv auf dem **Ifjordfjell** mit 370 m ü. d. M. den höchsten Punkt; auch diese Gegend wird als Rentierweideplatz genutzt und ist im Winter nur mit dem Schneemobil zu befahren. Nach dem Pass mit einer kleinen Sámi-Kapelle geht es hinunter zum Tanafjord, in den der **Tana-Fluss** mündet. Der Sámi-Name „Tana" bedeutet „großer Fluss": mit ca. 330 km ist

Die Finnmark

er der drittlängste des Landes. Auf gut 150 km Länge markiert er auch die Grenze nach **Finnland** (deshalb trägt er auf manchen Karten den finnischen Namen Tenojoki) und wird auf dieser Strecke nur dreimal überbrückt. Er gilt als einer der besten Lachsflüsse überhaupt. Nicht weit vom Ort **Rustefjelbma** steht am Rv. 98 die weltweit nördlichste Landwirtschaftsschule, und 15 km oberhalb (Stichstraße) liegt **eines der größten unberührten Mündungsdeltas** in Europa (Tanamunningen) mit einer riesigen Vogelpopulation und herrlichen Sandbänken. Hinter Rustefjelbma geht es am westlichen Flussufer über 25 km hinab bis **Tana bru**. Der Name des kleinen Ortes verweist schon auf seine Rolle als Brücke nach Osten und als Verkehrsknotenpunkt. Denn hier treffen der Rv. 98, die von Karasjok kommende E 6 und die aus Finnland (Utsjoki) kommende E 75 zusammen und auf der anderen Seite der Brücke führt der Rv. 890 nordwärts auf die Varanger-Halbinsel und der Rv. 895 zur finnischen Grenze bei Nuorgam. Das heißt für die Weiterfahrt nach Kirkenes, dass man entweder auf gleicher Strecke zurückkommt oder auf dem Rückweg eine Abkürzung durchs Nachbarland Finnland nehmen kann.

„Brücke nach Osten“

Vadsø, Vardø und die Varanger-Halbinsel

Das kleine, 15 km lange Wegstück zwischen Tana bru und Varangerbotn markiert die südliche Grenze der riesigen Halbinsel Varanger, die zwischen dem Tanafjord im Westen und dem Varangerfjord im Osten weit ins Eismeer hineinragt. Dieser nordöstlichste Winkel Norwegens ist eine baumlose, sturmzerzauste und unwirtliche Region, deren Attraktion der offene Himmel mit weitem Horizont und das unvergessliche Erlebnis von Mitternachtssonne und Nordlicht sind. Seit 2006 geht man daran, weite Teile der Halbinsel als **Varanger-Nationalpark** unter Naturschutz zu stellen. Dieser hat zusammen mit unmittelbar benachbarten Naturreservaten und Wandergebieten eine Größe von 2.069 km² und zählt damit zu den größten Nationalparks Europas. Zu seinen Schätzen gehören fischreiche Flüsse und schneebedeckte Bergplateaus, endlose Weiten und tiefe Canyons sowie eine exotische Fauna mit Königskrabben, Schneehühnern, Lachsen und seltenen Seevögeln. Die Region, in der vom 16. Mai bis zum 29. Juli die Sonne nicht untergeht, gerät langsam auch in den Fokus des Fremdenverkehrs. Schon jetzt werden von Spezialreiseveranstaltern ein- oder mehrtägige Naturexkursionen u.a. mit Schneehuhnjagd, Lagerfeuer und Eisfischen bei Mondlicht angeboten. Über die Halbinsel verläuft auch der **Arctic Trail**, das wohl beste Reiseziel für Schneemobil-Touren weltweit. Diese international bekannte Route startet in Mehamn und führt über Tana bru hinunter bis nach Rovaniemi auf dem Polarkreis.

Einer der größten Nationalparks Europas

Zwei Stichstraßen führen weit in den Norden der Varanger-Halbinsel hinauf: zum einen der Rv. 890, der gleich hinter der Tana-Brücke dem Fluss bis zu seiner Mündung in den Fjord folgt und dann über das lebensfeindliche Plateau, das sich wie eine riesige subarktische Geröllhalde ausnimmt, über 100 km zu den Weilern **Berlevåg** und **Båtsfjord** am Ende der Welt führt. Von größerer Bedeutung ist die E 75, die sich in Varangerbotn von der E 6 trennt und stets am Ufer des **Varangerfjords** entlang nach Nordosten führt. Der Fjord hat nichts mit dem Erscheinungsbild der engen, westnorwegischen Fjorde gemein. Er erscheint als unglaublich weite, sich nach Süden trichterförmig verjüngende Meeresbucht mit beträchtlichem Tidenhub (bis zu 4 m Unterschied zwischen Ebbe und Flut). Die Straße bringt einen an **Nesseby** vorbei, wo eine Kirche von 1858 als einsames Zeichen der Zivilisation zu sehen ist; sie blieb nach dem Rückzug der Deutschen aus der Finnmark als eines der wenigen Gotteshäuser erhalten. In **Mortensnes**, 30 km nordöstlich von Varangerbotn, finden sich dann Siedlungsreste aus der Stein- und Eisenzeit sowie Opferplätze der Sámi. Bekannt ist der Graksesten, ein von Steinringen umgebener Bautastein, den die Sámi in späterer Zeit zu kultischen Zwecken mit „grakse", einem Überrest vom Trankochen, bestrichen. Knapp 20 km vor Vadsø folgt mit **Vestre Jakobselv** ein kleiner Fischerort mit 800 Einwohnern, die weitgehend von finnischen Einwanderern abstammen.

Schon in der Steinzeit besiedelt

17 km weiter ist **Vadsø** erreicht, wo sich rund 6.200 Einwohnern eine Fläche von 1.250 km² teilen. Außer der Verwaltung und dem Dienstleistungsgewerbe ist hier die Fischwirtschaft bedeutsam, auch wenn der Lodde-Fang inzwischen infolge Überfischung weitgehend zusammengebrochen ist. Von großer Bedeutung für die Entwicklung der Stadt waren der sog. „Pomorhandel" im 19. und 20. Jh., d.h. der Handel mit den auf der Kola-Halbinsel lebenden Russen, sowie die Zuwanderung vieler Finnen, an die das **Einwanderermonument** (1977) oberhalb des Zentrums erinnert. Damals nahm die Bevölkerung in Nordfinnland stark zu, aber die Landwirtschaft konnte nicht alle Menschen ernähren, während in der Finnmark der Handel blühte und die Fischerei Arbeitskräfte brauchte. Die Stadtrechte erhielt Vadsø 1833. Mit den Finnen kam auch der „**Laestadianismus**" nach Vadsø, eine religiöse Erweckungsbewegung, die von dem Priester Lars Levi Laestadius (1800–1861) ins Leben gerufen wurde, sich über die Nordkalotte ausbreitete und um

1845 nach Norwegen fand. Als soziale und moralische Bewegung mit strengen Forderungen, u.a. nach Abstinenz, Ehrlichkeit und Treue, fand der Laestadianismus viele Anhänger unter der Sámi-Bevölkerung, die von ausbeuterischen Händlern oft Alkohol als Gegenleistung für ihre Waren erhielten und verarmten. Vadsø war 1926 der Ausgangspunkt für Umberto Nobile und Roald Amundsen, die mit ihrem Luftschiff „Norge" die Fahrt zum Nordpol in Angriff nahmen. Zwei Jahre später startete Nobile seine verhängnisvolle Expedition mit der „Italia", von der er nicht mehr zurückkehrte; Amundsen verunglückte wenig später auf der Suche nach dem Italiener. Auf der kleinen Insel **Vadsøya**, die außerhalb des Zentrums über eine Brücke zu erreichen ist, erinnert der **Verankerungsmast der Luftschiffe** an die beiden Polarexpeditionen. 1944 wurde die Stadt bei einem russischen Angriff nicht vollständig zerstört, sodass es noch einige ältere, von Finnen und Norwegern errichtete Häuser gibt. Sehenswert ist auch das **Vadsø Museum**, das in zwei Gebäudekomplexen aus dem 19. Jh. (ein Haus finnischer Einwanderer und ein dänisch-norwegisches Herrenhaus) untergebracht ist. Es vermittelt Einblicke in die jüngere Kulturgeschichte der Region und dokumentiert vor allem Hintergründe und Ausmaß der finnischen Immigration. An diese erinnert auch das 1977 von dem finnischen Präsidenten Urho Kekkonen, dem schwedischen König Carl Gustav und dem norwegischen König Olav V. eingeweihte **Einwanderungsdenkmal**. Die zwei Türme der **Vadsø-Kirke**, einem auffälligen Bau des Architekten Magnus Poulsson von 1958, der den Beinamen „Eismeerkirche" trägt, sollen Eisberge symbolisieren.

Markantes Wahrzeichen: „Eismeerkirche"

Auf der 75 km langen Strecke zwischen Vadsø und Vardø bringt einen die E 75 nur ab und zu an kleinen Fischerorten und immer wieder an den Resten deutscher Befestigungsanlagen vorbei, die an die unheilvolle Vergangenheit erinnern. Bei **Ekkerøy** führt eine 2-km-Stichstraße zum interessanten Vogelfelsen **Flåget** (u.a. Dreizehenmöwen, Alke, Trottellummen), auch die Holzhäuser der Siedlung selbst sind den kurzen Abstecher wert.

Am Ende der E 75 wartet **Vardø**, der östlichste Punkt Norwegens und Westeuropas. Mit 31°10' liegt er östlicher als etwa Istanbul oder St. Petersburg. Außerdem ist Vardø die einzige Stadt des westlichen Europas, die im arktischen Klimabereich liegt, sowie die östlichste Stadt mit mitteleuropäischer Zeit (MEZ)! Die arktische Klimazone mit ihrem Permafrostboden beschränkt sich auf einen schmalen Küstensaum am Nordrand der Nordkinn-Halbinsel und Teilen der Varanger-Halbinsel – nur in diesem Raum gibt es eine zusammenhängende Tundra-Landschaft. Da Vardøs Mitteltemperatur die niedrigste und die Anzahl der Sturmtage die höchste im Königreich ist, kann man das Klima wirklich als hart bezeichnen, und auch die Hurtigruten kann den Hafen nicht im-

Bewachte einst das Eismeer: die Festung Vardøhus

mer anlaufen. Der einzige Baum der Stadt, eine Esche, die auf dem Festungsgelände gehegt und gepflegt wird, wird jeden Herbst winterfest eingepackt. Der Baum ist von sieben Ebereschen, die dort 1960 versuchsweise gepflanzt wurden, als einziger übriggeblieben. Trotz der widrigen Verhältnisse erhielt der Ort, wie Hammerfest, bereits 1789 die Stadtrechte und entwickelte sich im 19. Jh. zur bedeutendsten Fischereisiedlung in Nordostnorwegen, die auch und besonders vom lebhaften Handel mit Russland profitierte. Noch vor dem Ersten Weltkrieg gab es eine feste Schiffsverbindung zwischen Vardø und Archangelsk. Im Zweiten Weltkrieg zerstörten russische Bomben weite Teile der Stadt, sodass es sogar Pläne gab, sie an anderer Stelle auf dem Festland neu aufzubauen. Heute leben die rund 2.100 Einwohner überwiegend von der Fischwirtschaft – sei es als Fischer oder Beschäftigte in der Fischverarbeitung. Dieser Industriezweig produziert vor allem Filets, Trockenfisch und Salzfisch; die besondere Bedeutung der Fischwirtschaft zeigt auch der Standort der staatlichen Fischereifachschule.

Nördlichste Festung der Welt

Der **Bussesund**, der Vardø vom Festland trennt, wird seit 1982 durch einen fast 3 km langen Tunnel unterquert, dessen tiefster Punkt 88 m unter dem Meeresspiegel liegt. Auf der anderen Seite erwartet die Besucher eine weitgehend moderne und nicht überaus interessante Stadt. Sehenswert ist jedoch die **Festung Vardøhus** (Vardøhus Festning), immerhin die nördlichste der Welt! Sie wurde gebaut, um die norwegische Herrschaft in der Finnmark und im Grenzland zu sichern. Zur Untermauerung der norwegischen Ansprüche wurden um 1300 eine Kirche und die erste Festung auf der Vardø-Insel errichtet. Leidtragende in diesem Interessenskonflikt waren die Sámi, die gleichzeitig an Norwegen und Russland Steuern abführen mussten. Der heutige Festungsbau – eine achteckige Sternschanze mit vier Bastionen – ist der dritte an dieser Stelle. Er wurde 1734–1738 erbaut und ist bis heute in seinem ursprünglichen Zustand weitestgehend erhalten geblieben. Zusammen mit der Åkershus-Festung in Oslo ist die Vardø-Festung die einzige in Norwegen mit einem eigenen Kommandanten, hier gilt die Salutpflicht und an königlichen Geburtstagen werden die Kanonen gleichzeitig mit Åkershus abgefeuert. Das 2011 vom Schweizer Architekten Zumthor errichtete **Hexenmuseum** erinnert an die Hexenverbrennungen des 17. Jh., bei denen allein in Vardø 91 Frauen umgebracht wurden. Das 120 m lange Holzgebäude, an die typischen Stockfischgestelle angelehnt, wirkt im Inneren düster. Die Kunstinstallationen und der benachbarte Glas-Beton-Pavillon stammen von der 2010 in New York gestorbenen französisch-amerikanischen Bildhauerin Louise Bourgeois.

Zwischen Tana bru und Kirkenes

Nach dem kurzen Stück von Tana bru bis **Varangerbotn**, wo die E 75 nach Vardø abzweigt (s. o.), bleiben auf der E 6 noch 125 km bis Kirkenes nahe der russischen Grenze. An steinzeitlichen Siedlungsresten vorbei verläuft die Straße am Meer entlang, und bald sieht man auf der anderen Fjordseite Vadsø liegen. Knapp 50 km hinter Varangerbotn zweigt eine kleine, ca. 20 km lange Straße nach **Bygøynes** ab, einem Fischerdorf, das in ganz Norwegen bekannt wurde, als es in besonderer Weise auf seine Notsituation aufmerksam machte: 1989 gaben die 300 Einwohner eine Annonce in der Zeitung auf, in der sie den Wunsch äußerten, komplett mit Kindern und Rentnern nach Südnorwegen umzuziehen. Vielleicht fände sich ja eine größere

Tipp: Ausflug nach Hamningberg

Zwar endet die E 75 in Vardø, doch führt eine schmale, nur im Sommer befahrbare Straße noch 38 km weiter an der Nordostküste der Varanger-Halbinsel entlang. Am ihrem Ende trifft man auf das kleine Dorf **Hamningberg**, das lange Zeit verlassen war und dessen Gebäude erst seit Kurzem wieder als Sommerhäuschen genutzt werden. Da das Dorf im Zweiten Weltkrieg weitestgehend verschont blieb, findet man hier noch ein Beispiel für eine traditionelle Siedlung der äußersten Finnmark vor, wie sie vor dem Krieg und seit den Tagen des Pomorhandels ausgesehen hat. Der Weg zu diesem schönen Fischerdörfchen lohnt sich auch wegen der guten Möglichkeiten zur Tierbeobachtung: Jeden Sommer kommen Hunderte von Rentieren zur Abkühlung bis ans Meer herunter. Auch große Gruppen von Orcas kann man hier antreffen, die in der Bucht auf Jagd gehen. Und in der Luft ziehen Seeadler ihre Runden. Die Natur entlang der Straße und am Ziel zählt ebenfalls zum eindrucksvollsten, was die Varanger-Halbinsel aufzuweisen hat. An schönen Tagen ist die Mondlandschaft mit ihren zerfurchten Klippen im Zusammenspiel mit dem Eismeer atemberaubend. Geologisch Interessierte können hervorragend Spuren der Plattenbewegungen der Erdkruste, die Wirkungen des Eises während verschiedener Eiszeiten sowie die einzelnen Strandlinien beobachten.

Gemeinde, die sie aufnehmen könnte. Kurz zuvor war die einzige Fischfabrik in Konkurs gegangen, sodass über 40 % der Erwerbstätigen arbeitslos wurden. Aufgrund des starken Zusammengehörigkeitsgefühls wollten alle Gemeindemitglieder gemeinsam umziehen. Doch dieser Plan wurde nie umgesetzt.

Weiter auf der E 6 ist bald der mit 165 m ü. d. M. höchste Punkt dieser Strecke erreicht. In **Neiden**, das in einem verhältnismäßig fruchtbaren Tal liegt (Campingplatz, Fjellstue mit Hüttenverleih), sind die Kulturen der Skolt-Sámi aus Russland, der Norweger und der Finnen zusammengeschmolzen. Die **St.-Georgs-Kapelle** aus dem 16. Jh. ist die einzige russisch-orthodoxe in Norwegen. An die Skolt-Sámi erinnert auch der Lachsfang mit Wurfnetzen am Skoltefoss im Fluss Neidenelva. Um ein nationales norwegisches Zeichen in einem samisch und finnischsprachig geprägten Gebiet zu setzen, wurde 1907 die **Neiden-Kapelle** im Stil einer Stabkirche errichtet. Von Neiden führt der Rv. 893 in nur 11 km zur finnischen Grenze, von wo aus er als finnische Landstraße 971 in Richtung Kaamanen und Ivalo am Inari-See weitergeführt wird. Auch wenn man von hier aus nach Karasjok oder Kautokeino fahren möchte, ist die Straße durch Finnland die schnellere und kürzere Route. Bis Kirkenes verlaufen die restlichen 40 km am schönen Munkfjord entlang und kurz vor dem Etappenziel am Flughafen von Kirkenes vorbei.

Die St.-Georgs-Kapelle von Neiden

Kirkenes

Die Hafen- und Industriestadt Kirkenes liegt an der Südseite des Varangerfjords, nahe der Mündung des Pasvikflusses. Sie ist Hauptstadt der Kommune Sør-Varanger, der nordöstlichsten Norwegens und der einzigen, die direkt an Russland grenzt. Dieser riesige Verwaltungsbezirk von 3.670 km² hat gerade einmal 8.000 Einwohner, von denen etwa 3.400 in Kirkenes selbst leben. In mancher Hinsicht erinnert die Stadt an das nordschwedische Kiruna, denn Entstehung und Entwicklung von Kirkenes sind eng mit den Eisenerzgruben am See Bjørnevatn verbunden, der 11 km vom Zentralort entfernt liegt. Die Anfang des 20. Jh. gegründete Gesellschaft A/S Sydvaranger beschäftigte in ihren besten Zeiten rund 1.000 Menschen, die neben der Arbeit in den Gruben auch im Hafen und im Hüttenwerk ihr Geld verdienten. 1996 kam das vorläufige Aus, nach einer 2,4 Mrd. NOK-Investition wurde der Grubenbetrieb 2009 dann wieder aufgenommen, nur um 2015 nach Bankrott erneut zu schließen. Das Gelände samt Gerätschaften wurde 2016 verkauft. Inzwischen träumt die Gemeinde wieder von einer rosigeren Zukunft, in der Kirkenes zu einem Handels- und Kommunikationszentrum in der neuen Barentsregion heranwächst, mit ganzjährig eisfreien Häfen und direktem Zugang zum großen nordwestrussischen Markt. Auch von der wirtschaftlichen Zusammenarbeit mit Russland bei der Erschließung neuer Öl- und Gasfelder könnte die Stadt profitieren. In der Reparaturwerft Kimek werden z. B. auch viele russische Schiffe überholt. Handel und Tourismus gewinnen an Bedeutung, seitdem die Grenze durchlässiger ist als zur Zeit des Kalten Krieges. Für Norweger und Russen, die diesseits und jenseits der Grenze leben, gelten Sonderbestimmungen zur Vereinfachung des kleinen Grenzverkehrs (z. B. keine Visumspflicht). Dies machten sich auf dem Höhepunkt der Flüchtlingskrise 2015/2016 viele Flüchtlinge aus Nahost zunutze, die auf der sog. Arktis-Route in ein Schengen-Land einreisten (ca. 6.000 im Jahr 2015). Inzwischen verstärkt ein 3,5 m hoher Metallzaun die Grenzanlagen von Storskog.

Die Zeit der Erzgrube ist vorbei

Ende 1944 wurde der größte Teil der Stadt und der Industrieanlagen zerstört, als Deutsche und Russen sich heftige Kämpfe lieferten und Kirkenes insgesamt 300-mal bombardiert wurde. Die Zivilbevölkerung suchte wochenlang in den Erzgruben und Grotten Schutz. Der größte Zufluchtsraum, die **Andersgrotta**, liegt mitten in der Stadt; heute kann die Grotte besichtigt werden, dort zeigt man auch Dokumente, Fotos und Filme über den Krieg und die Leiden der Einwohner.

Endstation der Hurtigrute

Als lokales Zentrum und als Endpunkt der Hurtigruten verfügt die Stadt über eine gute touristische Infrastruktur, mit mehreren modernen Hotels, Campingplätzen, einer kleinen Fußgängerzone, etlichen Souvenirläden und vielen Outdoor-Reiseveranstaltern. Wenn die Schiffe der Hurtigruten anlegen, wartet schon der rollende „Touristeninformator", der den ganzen Tag über in den Straßen der Stadt unterwegs ist. Zu seiner Grundausstattung gehört neben Broschüren und Tickets auch ein Bankterminal, an dem die angebotenen Ausflüge und Aktivitätsprogramme direkt bezahlt werden können. Möglich sind u. a. Flussbootfahrten entlang der russischen Grenze, Schwimmen und Schnorcheln in den Gewässern der großen Königskrabben, Angeltouren zum Pasvik-Nationalpark, Übernachtungen im Schneehotel, Ausflüge in die Eisenerzgrube, Museumsbesuche, Tagesausflüge in die nordrussischen Nachbarstädte oder Wochenend- und Mehrtagestrips nach Murmansk (Visumspflicht!). Einige Angebote sind auf den Fahrplan der Hurtigruten-Postschiffe abgestimmt. In sportlicher Hinsicht ist der Name Kirkenes vor allem mit einigen winterlichen Events verbunden, z. B. dem internationalen Langlaufski-Wettbewerb durch Norwegen, Russland und Finnland, dem Hundeschlittenrennen „Finnmarksløpet", mit 1.000 km einem der längsten der Welt (Anfang März), und einen Monat später dem 320 km langen Hundeschlittenrennen „Pasviktrail".

Wegen der Zerstörungen sucht man historische Sehenswürdigkeiten in der vom Bergbau geprägten Stadt mit ihren pastellfarbenen Holzhäusern vergebens. Immerhin mag das **Denkmal der Roten Armee** als Fotomotiv dienen und angesichts der neuen Weltlage von nostalgischem Reiz sein. Oberhalb des Hafens gibt es einige gute Aussichtspunkte, vor allem auf dem **Prestefjell**. Und in der Nähe des Hafens, mitten im Zentrum, hatte sich seit der Öffnung der Grenzen ein lebhafter „Russenmarkt" (Russisk torget) etabliert, auf dem die Bevölkerung mit Wodka und Zigaretten versorgt wurde, deren günstige Preise noch vor Jahren undenkbar gewesen wären. Um den örtlichen Einzelhandel zu schützen, wurde der Russenmarkt aber stark eingeschränkt, er darf derzeit nur noch am letzten Donnerstag eines Monats und nicht in den touristisch interessanten Monaten Juli und August stattfinden. Wer sich für die wechselhafte Beziehung der Region zum großen Nachbarn im Osten interessiert, sollte das **Grenzlandmuseum** aufsuchen, das etwa zehn Gehminuten außerhalb des Zentrums liegt. Im gleichen Gebäude befindet sich auch das **Sør-Varanger-Museum** mit einer interessanten Ausstellung zu Geschichte, Geologie, Flora und Fauna der Provinz.

Russland ist nah

Grenselandmuseet, *Førstevannslia, ☎ 78942890, www.varangermuseum.no, Mitte Juni–Aug. tgl. 9–17, sonst 9–15 Uhr, NOK 80, Kinder unter 16 Jahren frei.*

Reisepraktische Informationen Kirkenes

Information

Kirkenes Turistinformasjon, *Dr. Wessels gate 9, 9915 Kirkenes, ☎ 7899 5080, www.visitkirkenes.no, Mo–Fr 8.30–16 Uhr.*

Unterkunft

Scandic Kirkenes €€€€, *Kongensgate 1–3, Kirkenes, ☎ 78995900, www.scandichotels.de. Modernes First-Class-Hotel mit 90 gut ausgestatteten Zimmern. Durchgangshotel vieler Hurtigruten-Reisender und von Reisegruppen. Innenpool, Sauna und Solarium, renommiertes Restaurant mit leckeren Fischgerichten und Arctic-Bar.*

Thon Hotel Kirkenes €€€€, *Johan Knudtzens Gate 11, ☎ 87971050, www.thonhotels.com/Kirkenes. 2010 eröffnetes 4-Sterne-Haus am Kai im Stadtzentrum, innen wie außen im modernen skandinavischen Stil, mit 143 Zimmern größter Beherbergungsbetrieb am Ort. Schönes und gutes Restaurant mit Blick auf den Fjord, Fahrradverleih.*

Tipp: Schneehotel im Rentierlager

Seit einigen Jahren werden in Skandinavien und neuerdings auch in den Alpen „Eishotels" immer populärer, die vollständig, einschließlich der Innenausstattung, aus Eisquadern gefertigt sind und in denen man auf Fellen und bei Minusgraden nächtigt. Eine solche Herberge ist auch bei Kirkenes zu finden, ca. 8 km vom Zentrum entfernt. Das **Kirkenes Snøhotell** *(Sandnesdalen 14, 9910 Kirkenes, ☎ 78970540, www.kirkenes snowhotel.com; buchbar mit Programm auch über Pasvikturist, s. u.) öffnet Mitte Dezember seine eisigen Pforten und schließt Anfang April, bevor die Sonne es schmilzen lässt. Das Schöne an dieser Herberge, die etwas kleiner ist als die von Alta (s. o.) und etwas weiter südlich liegt: Sie befindet sich mitten in einem Rentierpark. Im hohen Übernachtungspreis sind arktistaugliche Schlafsäcke und originale Lappland-Atmosphäre eingeschlossen – ideal auch als stimmungsvoller Abschluss einer winterlichen Hurtigruten-Reise. Zur Anlage gehören ein lappländisches Spezialitäten-Restaurant, eine Sauna und eine Ice-Bar. In der wärmeren Jahreszeit stehen seit 2014 hölzerne Cottages im Stil samischer Fischerhütten (mit Klimaanlage, großen Fenstern, Terrasse mit Liegestühlen und Bad) zur Verfügung.*

Camping

Kirkenes Camping, *Ekveien 19, 9912 Hesseng, ☎ 78998028, www.kirkenes camping.no. Ausreichend großer, recht komfortabler Platz, direkt an der E 6, mit Zelt- und Caravanplätzen sowie einigen Campinghütten. Nur im Sommer geöffnet. Weitere Campingplätze liegen 20–40 km entfernt in Neiden, Grense Jakobselv und im Pasvikdal.*

Essen & Trinken

Gapahuken Restaurant, *Storskog, Kirkenes, ☎ 78990820, www.storskog.no. Architektonisch auffälliges, modernes Speiselokal des angenehmen Sollia Resorts, schön am See Pikevannet mit Panoramaaussicht nach Russland gelegen. Überschaubare Speisekarte mit lappländischen Spezialitäten, Juni–Aug. Mo–Sa 18–22, So 15–19 Uhr, Reservierung empfohlen.*

Aktivitäten/Ausflüge

Kirkenes hat sich in den letzten Jahren zu einem Standort für viele ungewöhnliche **Outdoor-Aktivitäten** *gemausert, hier nur einige Anregungen (Programme und Buchungen über die Websites oder bei der Touristeninformation Kirkenes): Jagd mit* **King-Crab-Safari** *auf die Riesenkrabben (www.pasvikturist.no), Flussreise mit* **Barents-Safari** *auf traditionellen Holzlangbooten entlang der russischen Grenze (www.barents-safari.no), Erzgrubensafari und Motorschlittentouren sowie Touren nach Murmansk mit* **Pasvikturist** *(www.pasvikturist.no).*

Verkehrsverbindungen

Trotz seiner Randlage ist Kirkenes ein Verkehrsknotenpunkt. Vom **Flughafen** *(Kirkenes Lufthavn, 20 Autominuten entfernt an der E 6, ☎ 78973520) gibt es u. a. mit Widerøe Verbindungen zu anderen Orten in der Finnmark (z. B. Vardø, Vadsø, Berlevåg, Hammerfest) sowie mehrmals tgl. von und nach Oslo. Auch Norwegian bedient die Strecke Oslo – Kirkenes. Ab Deutschland gibt es im Sommer passend zum Hurtigruten-Fahrplan Charter-Direktflüge von Düsseldorf und München nach Kirkenes. Vom Flughafen fährt ein Zubringerbus zum Zentrum. Per* **Bus** *kann man u. a. bis hinunter nach Fauske fahren; von dort aus weiter bis z. B. nach Oslo. Linienbusse fahren auch nach Murmansk in Russland (Visum erforderlich) und nach Inari in Finnland. Kirkenes ist Endpunkt der* **Hurtigrute**: *tgl. erreichen Schiffe aus südlicher Richtung die Stadt um 10 Uhr, die Abfahrt in Gegenrichtung erfolgt um 12.45 Uhr. Die* **Taxizentrale** *ist am Presteveien 1 (☎ 78991397, www.kirkenestaxi.no), hier kann man Sightseeingtouren buchen. Am Flughafen und in der Stadt sind mehrere nationale und internationale Autovermietungen.*

Entlang der russischen Grenze

Die norwegisch-russische Grenze ist insgesamt 196 km lang und reicht von der Barentssee bis zum Øvre-Pasvik-Nationalpark im Süden. In beide Richtungen geht von Kirkenes aus jeweils eine Stichstraße, über die man auch zum Ausgangspunkt zurückkehren muss. In den äußersten Nordosten gelangt man über die 10 km lange, gut ausgebaute und mittlerweile stark frequentierte Straße nach **Storskog**; unterwegs passiert man einen Aussichtspunkt, an dem man in die enormen Löcher hinabschauen kann, die die Erzsucher in den arktischen Boden gegraben hat. Storskog ist Norwegens einziger offizieller Grenzübergang nach Russland, und die Veränderungen in der politischen Großwetterlage sind kaum irgendwo in Europa so deutlich zu spüren wie hier – die ehemalige deutsch-deutsche Grenze ausgenommen. Wo noch in den 1980er-Jahren der Eiserne Vorhang das NATO-Land Norwegen von der UdSSR hermetisch abriegelte, wo Zäune und Wachposten die Grenzlinie zweier Militärblöcke markierten, da gibt es heutzutage eine neugebaute Asphaltstraße zu einem freundlich dreinschauenden Grenzposten, der ungerührt überladene Ikarus-Busse, Lkws und Pkws durchwinkt. Unmittelbar vor der Grenzstation mit Polizei- und Zollstation sowie einem ehemaligen sowjetischen Wachturm zweigt der Rv. 886 nach Norden ab. Er endet 60 km hinter Kirkenes am kleinen Ort **Grense Jakobselv** direkt am Eismeer. Auf der Fahrt durch eine recht fruchtbare Landschaft begleitet einen der schmale Jakobsfluss, der die beiden Länder trennt und an dessen Ufer man alte und neuere Wachtürme entdecken kann. Der Weiler am Ende der Strecke wird nur selten von Touristen besucht. Hinter dem Sandstrand mit niedrigen Dünen dehnt sich das Eismeer endlos aus. Zur Landseite sieht man einige Hütten und Häuser, sowie eine erhöht liegende Steinkapelle. Sie wurde 1869 als Grenzmarkierung zu Russland errichtet und trägt den Namen des damaligen schwedisch-norwegischen Königs Oskar II. Der Jakobsfluss, der hier mündet, ist reich an Lachsen, doch die nur 30 Angelscheine, die täglich verkauft werden dürfen, sind allein norwegischen Staatsbürgern vorbehalten.

Kirche am Ende der Welt: in Grense Jakobselv

Entlang des ehemaligen Eisernen Vorhangs

In die andere, südliche Richtung führt der Rv. 885 durch das wunderschöne Pasvik-Tal. Wer hier unterwegs ist, möchte zum **Øvre-Pasvik-Nationalpark**, am südlichsten Zipfel der Kommune Sør-Varanger im Dreiländereck Norwegen–Russland–Finnland. Auf dem Weg passiert man die „Höhe 96“, einen ehemaligen Wachturm, der heute als Café und Aussichtspunkt bis hinüber zur russischen Stadt Nikel genutzt wird. Der Nationalpark wurde 1970 eingerichtet und zuletzt 2003 auf nunmehr 119 km² ausgeweitet. Sein Wert liegt nicht in einer spektakulären Landschaft:

Blick über den Grenzfluss nach Russland

Das Terrain ist fast durchgehend flach, durchsetzt von vielen Mooren, Seen und Wasserläufen. Dazwischen aber breitet sich der größte erhaltene Kiefern-Urwald des Landes aus, ein nordwestlicher Ausläufer der sibirischen Taiga. Auch Norwegens größte Braunbärenpopulation ist hier zu Hause, ebenso wie Elche, Wildrene und viele seltene Vogelarten. Erste Anlaufstation sollte das 2001 eröffnete Nationalparkcenter sein, das eine Fülle von Informationen zur Region sowie zum richtigen Umgang mit der Natur und den hier lebenden Tieren liefert.

Øvre Pasvik Nasjonalparksenter, *www.bioforsk.no, im Sommer Mo–Fr 9–20, Sa/So 10–18, sonst Mo–Fr 9–15 Uhr.*

Zwischen Eismeer und Finnland: durch das Land der Sámi

Entlang der finnischen Grenze nach Karasjok

Nördlicher Ausgangspunkt dieser ca. 180 km langen Route ist die Ortschaft **Tana bru** (S. 511), wo sich die Straßen Rv. 98 und E 6/E 75 treffen, entlang der breit dahinfließenden Tana (finn.: Tenojoki), die gleichzeitig die Grenze nach Finnland markiert. Zur gut zu befahrenden Europastraße gibt es auf finnischer Seite eine schmalere, noch verkehrsärmere Alternative; bei Tana bru, Utsjoki und Karigasniemi können auf Brücken jeweils die Seiten gewechselt werden. Die Zufahrt zu dieser „finnischen Alternative" liegt bei **Skipagurra**, wo der Rv. 895 nach Süden geht und nach knapp 20 km bei **Polmak** (schöne Kirche von 1853) die Grenze überquert; der erste Ort auf finnischer Seite heißt **Nuorgam**. Östlich dieser Straße befinden sich wohl aus dem Mittelalter stammende Fangvorrichtungen für Rentiere.

Am lachsreichen Grenzfluss Tana

Auch die E 6 verläuft parallel zur Tana und passiert etwa 30 km hinter Tana bru bei **Storfossen** (Campingplatz, Hüttenvermietung) einen imposanten Abschnitt des Flusses mit mehreren Stromschnellen. Etwas weiter südlich gelangt man bei **Gardenjargga** zu einem weiteren Übergang nach Finnland. Die von der Straße aus gut sichtbare, moderne Brücke liegt bereits auf finnischer Seite und gilt daher als nördlichste Brücke in der EU, außerdem ist sie die nördlichste Schrägseilbrücke der Welt. Auf der anderen Seite verfügt die Gemeinde **Utsjoki** über ein bescheidenes touristisches Angebot. Die Straße führt auf finnischer Seite weiter nach **Inari**; die bedeutende finnische Stadt **Rovaniemi** liegt etwa 500 km entfernt, ziemlich genau auf dem Polarkreis. Auf der E 6 geht es erst einmal weiter in westlicher Richtung, auf den 1.067 m hohen **Rastigaisa** zu. Obwohl 15 km entfernt, ist der höchste Berg der Region mit seiner charakteristischen Doppelspitze auch von der Europastraße aus zu sehen. Der ehemalige heilige Berg der Sámi ist heute ein beliebtes Ziel für Bergwanderer. Wo Flusslauf und Europastraße wieder ihre Richtung gen Süden ändern, liegt der Weiler **Levajok** (Fjellstue, Camping), ein idealer Standort, um Lachs und Forelle zu jagen. Von hier aus werden verschiedene Aktivitäten angeboten, z.B. geführte Kanutouren, Angeltouren, Wanderungen, Goldwaschen, Reiten etc., auch verleiht man hier Kajaks und Kanus.

Übergänge nach Finnland

Südlich von Levajok lösen am Unterlauf der Tana Nadelwälder die Birkenwälder ab, während die E 6 durch menschenleere Räume führt. Schließlich ist **Elvemunningen** (= Flussmündung) erreicht, wo die Wildwasser Karasjokka und Anarjokka (jokk = samisch und finnisch: Fluss) zusammentreffen und den lachsreichen Tana-Fluss bilden. Auch wer vorhat, hier nach Finnland weiterzureisen, muss mangels einer Brücke zunächst der E 6 das kurze Stück westwärts bis Karasjok (s.u.) folgen. Dort kann man den Karasjokka überqueren und auf dem Rv. 92 in 19 km und über eine weitere Brücke nach Karigasniemi fahren. Von da aus sind es noch etwa 200 km bis zum Inari-See.

Karasjok

Das zentral in der Finnmark gelegene Karasjok (= gekrümmter Fluss) hat knapp 2.700 Einwohner, von denen rund 80 % samisch sprechen und ihren Heimatort Kárášjohka nennen. Im administrativen Zentrum der Sámi gibt es seit 1989 ein Parlament (S. 523), eine samische Volkshochschule, das Sámir Radio des Norwegischen Rundfunks, Museen, eine Bibliothek mit über 10.000 Bänden und ein Zentrum samischer Künstler. Von den Sámi leben heute kaum 20 % von der Rentierzucht, stattdessen sind Land- und Forstwirtschaft sowie Holzverarbeitung recht bedeutend, auch der Tourismus. Die Temperaturen können im Winter aufgrund der Lage im Binnenland bis auf -50 °C fallen (die hier gemessenen -51,4 °C sind die tiefste jemals in Skandinavien gemessene Temperatur!), im Sommer aber durchaus 30 °C erreichen, was häufiger der Fall ist. In Karasjok gibt es eine Reihe schöner, langer Sandstrände, sodass man gelegentlich bei Wassertemperaturen von 18–20 °C ein erfrischendes Bad nehmen kann. Trotz der zentralen Einrichtungen wirkt die Siedlung mit ihren schlichten, verstreut liegenden Häusern nicht sehr städtisch. Besuchern bietet der Ort aber alle relevanten Einrichtungen (Hotels, Campingplätze, Läden, Tankstelle) und überdies viele Möglichkeiten für Sport und Aktivitäten. Organisiert werden u.a. Kanutouren, Lachsangeln, Goldwaschen, geführte Wanderungen und der Besuch eines authentischen Sámilagers, im Winter sind Alpinski, Skiwanderungen und Hundeschlittentouren bei schneesicheren Verhältnissen von Anfang Dezember bis Anfang Mai möglich. Inzwischen hat auch das Oster-Festival einen touristischen Stellenwert: Zur Osterzeit geht symbolisch das Winterhalbjahr zu Ende, es ist das größte kulturelle Ereignis der Sámi mit einer Reihe von sportlichen und kulturellen Veranstaltungen – u.a. Rentierschlittenrennen für Profis und Touristen, Konzerte, Ausstellungen und viele Feiern.

Administrativer Zentralort der Sámi-Bevölkerung

info

Die Sámi und das Ren

Leben, Wirtschaftsweise und Kultur der Sámi wurden über Jahrtausende vom Rentier bestimmt. Die Berg-Sámi folgten noch bis vor wenigen Jahrzehnten als Nomaden dem natürlichen Wandertrieb der **Bergrene**, die bis zu 800 km jährlich zurücklegen. Die Wanderung von Weideplatz zu Weideplatz folgt einem festen Rhythmus, der vom Futterbedarf des Rens zu verschiedenen Jahreszeiten abhängig ist. Mit Elch und Rotwild verwandt, ist das Ren im Unterschied zu diesen ein Herdentier, das neben Lappland in Sibirien und Kanada zu finden ist. Für die Sámi ist außer dem Bergren das ortstreue **Waldren** bedeutsam, das etwas schlanker ist und mit einer Höhe von 1,30 m ein wenig größer als das Bergren wird.

Traditionelle Verbundenheit zwischen Sámi und ihren Rentieren

Im 16. Jh. gingen die Sámi allmählich von der Jagd auf wilde Rene zur **Rentierhaltung** über. Die Haltung des Ren ist kostengünstig, da es in idealer Weise die Pflanzen und Flechten im arktischen und subarktischen Raum nutzt. So halten sich die Tiere im Winter dort auf, wo sie sich durch die Schneedecke an die Flechten herangraben können. Eine verharschte Schneedecke jedoch kann einen reichen Rentierbesitzer innerhalb weniger Tage zu einem armen Mann machen. Damit das Ren Flechten und Moose aufnehmen kann, müssen diese feucht sein. Bis zu 8 kg Futter (Trockengewicht) benötigt ein ausgewachsenes Tier am Tag. Da die Flechten extrem langsam wachsen, müssen die Weidegebiete der Rene flächenmäßig groß sein. Einst lieferte das Ren den Sámi Fleisch und Milch, das Fell wurde zu Kleidungsstücken verarbeitet, aus Sehnen, Horn und Knochen gewann man z. B. Nähfäden, Lassoringe, Löffel und Ahlen; das Ren wurde mit Haut, Huf und Haar genutzt und gab einer Familie fast alles, was sie zum Leben benötigte. Kräftige Tiere zogen im Winter den Schlitten, im Sommer wurden sie als Lasttiere eingesetzt. Heute hat die Rentierzucht nur noch ein Ziel: die Fleischproduktion.

Wenn man von einer „Stadtmitte" sprechen kann, so findet man sie am ehesten an den beiden Kreisverkehren, an denen E 6 (aus Lakselv bzw. Tana bru) und Rv. 92 (aus Kautokeino bzw. Karigasniemi) zusammenkommen. Vom großen Parkplatz dort sind auch die Touristeninformation, das Scandic-Hotel, das Storgammen-Restaurant und einige der wichtigsten Sehenswürdigkeiten bequem zu Fuß zu erreichen. In Souvenirständen bekommt man u. a. getrocknetes Rentierfleisch, Rentierfelle, samische Kleidung und die berühmten, soliden Messer mit dem Rentierkopf auf der Lederscheide. Die meisten Besucher werden vom 1990 eingerichteten **Sámi-Park** angezogen, in dem man u. a. vorzügliches samisches Kunsthandwerk *(duodji)* erwerben kann. Ein Rentiergehege, Sámi in der ortstypischen Tracht, ein Sámi-Zelt *(lávvu)* und eine Sámi-Torfhütte *(gamme)* sind beliebte Fotomotive, aber auch ein „magisches Theater" und mehrsprachige Filme über Geschichte, Kultur und Gegenwart der Sámi machen den Besuch zu einer lohnenden Sache. Im Sommer werden mehrmals täglich Demonstrationen der merkwürdigen musikalischen Ausdrucksform des „joik" gegeben.

Touristisches Zentrum mit Sámi-Park

Sápmi Park, *Leavnnjageaidnu 1, www.visitsapmi.no, Juni–Mitte Aug. tgl. 9–19, Mitte–Ende Aug. bis 16, sonst Sa 11–15 Uhr, NOK 160, Kinder NOK 80.*

Am anderen Ende des Parkplatzes findet man in unmittelbarer Nähe zum architektonisch ansprechenden Scandic-Hotel das Restaurant **Storgammen**, das in traditioneller samischer Bauweise errichtet wurde. Während hier die Gäste auf Rentierfellen um offene Feuerstellen sitzen, werden ihnen vorzügliche Rentier- und andere samische Gerichte serviert. Nördlich des Hotels (Fußweg) und von der E 6 aus am besten über die Museumsgata erreichbar, befindet sich das sehenswerte **Sámi-Museum**, in dem die Geschichte und Kultur des einstigen Nomadenvolks anhand vieler Gegenstände eindrucksvoll dokumentiert wird. Zur Anlage gehört auch eine Freilichtabteilung mit u. a. dem Hof eines Fluss-Sámi aus dem 19. Jh. und Gerätschaften der Rentierjagd.

De Samiske Samlinger, *Mari Boine Geaidnu 17, ☎ 78469950, www.rdm.no, im Sommer tgl. 9–18, sonst Mi–Do 9–15, So 12–16 Uhr, NOK 90, Kinder bis 14 Jahre frei.*

Wenige Hundert Meter vom Sámi-Park entfernt sieht man das Ende 2000 eingeweihte neue **Parlamentsgebäude Sametinget** (sam.: Sámediggi, Ávjovárgeaidnu 50), ein architektonisch beeindruckendes Monument für das weltweit erste Parlament einer Urbevölkerungsminderheit. Der zeltartige, mit viel Holz und Glas gestaltete Bau beherbergt den Plenarsaal der 43 Abgeordneten, außerdem mehrere Büros und die größte **Sámi-Bibliothek.** Ca. 1 km entfernt liegt an der E 6 in Richtung Tana das **Sámi-Kunstzentrum**, unweit davon befindet sich ein Friedhof für jugoslawische Kriegsgefangene. Die **Kirche** von 1975 liegt direkt am Flussufer neben dem Rv. 92, sie weist als Besonderheit eine Doppelkanzel auf – im zweisprachigen norwegisch-samischen Raum sicher eine praktische Einrichtung! Und auf der anderen Flussseite erkennt man die **Alte Karasjok-Kirche** von 1807, das einzige Gebäude des Ortes, das im Zweiten Weltkrieg nicht zerstört wurde.

Sametinget

Von Karasjok nach Kautokeino

Knapp 130 km sind auf dem Rv. 92 von Karasjok zum anderen samischen Zentrum nach Kautokeino zurückzulegen. Bei der Ortsausfahrt warnt ein Schild: „113 km zur nächsten Tankstelle". Die Straße folgt den Flusstälern über die Hochfläche und die Kiefernbestände um Karasjok werden bald von Birken abgelöst. Je weiter man nach Westen kommt, desto mehr nehmen weite, karge Flächen ohne Baumbestand zu: die schier unendlichen Weideflächen der Rentiere. Hier führen weder Weg noch Touristenroute entlang, nur auf ausgedehnten Mehrtageswanderungen oder bei winterlichen Schneemobil-Touren können Abenteurer die Region erkunden. Selbst der 1.390 km² große, 1975 eingerichtete **Øvre-Anárjohka-Nationalpark** weit im Osten, der jenseits der Grenze in den noch größeren finnischen Lemmenjoki-Nationalpark übergeht, ist nicht mit einem „normalen" Wagen zu erreichen. Weit vor Kautokeino überquert man schon die Gemeindegrenze der flächenmäßig größten norwegischen Kommune. Etwa 30 km vor dem Zentrum der Sámi trifft der Rv. 92 auf den Rv. 93, der von Alta kommt. Die Straße folgt dem Kautokeino-Fluss. Bei der Sámisiedlung **Mieron** erreicht man die zuvor angekündigte Tankstelle; hier gibt es eine Post und ein kleines Geschäft. Bei der Fahrt hinunter in den Zentralort erfasst man das übersichtliche, in einer Senke liegende Kautokeino mit einem Blick.

In der menschenleeren Ödnis der Finnmark

Kautokeino

Kautokeino ist eine alte Siedlung der Sámi, die hier seit dem Anfang des 16. Jh. als Jäger und Fischer leben und heute noch 85 % der Einwohner stellen. Rund 200 Familien leben direkt von der Rentierzucht, die Zahl ihrer Tiere wird auf über 100.000 geschätzt. Im Straßenbild sind Sámi in ihrer alten Tracht gar nicht so selten. Außerdem tragen Ort und Gemeinde einen offiziellen Sámi-Namen (sam.: Guovdageaidnu) und im Wappen das Sámi-Zelt *(lávvu)*. Bis 1751 gehörte Kautokeino zu Schwedisch-Lappland, dann kam es als Bestandteil der dänischen Krone an Norwegen. Einer der seltenen Fälle des Aufbegehrens der Sámi gegen Kirche und Staat ereignete sich ebenfalls hier, die sog. Kautokeino-Rebellion vom November 1852. Damals verübten 35 aufgebrachte Sámi Lynchjustiz am lokalen Amtmann und einem Kaufmann und peitschten einen lutherischen Geistlichen aus. Ihre Rädelsführer wurden zwei Jahre später zum Tode verurteilt und enthauptet (die Geschichte war Thema eines Films des renommierten Regisseurs Nils Gaup, der 2007 in die Kinos kam. Gaup selbst stammt aus Kautokeino).

Norwegens größte Kommune

Mit 9.700 km² ist die Kommune die größte des Landes, hat aber nur 3.000 Einwohner. Im Ort selbst wohnen etwa 1.500 Menschen, die außer in der Rentierzucht in Handel, Verwaltung und Tourismus arbeiten. Im Unterschied zu Karasjok, das administrative Zentrum der Sámi, bildet Kautokeino eher den kulturellen Mittelpunkt, denn hier gibt es im **Kulturhaus** (mit Bibliothek und Theater) das **Nordisk Samisk Institutt** zur Erforschung der Sprache und Kultur der Sámi, eine Berufsschule mit einem Zweig für Rentierwirtschaft, eine samische Hochschule mit dem Schwerpunkt in der Lehrerausbildung sowie ein kulturgeschichtliches Museum. Unter den Sehenswürdigkeiten des auseinandergezogenen Ortes sollte das kleine **Freilichtmuseum** hervorgehoben werden, das einen Eindruck von der Lebensweise der Sámi vor rund 100 Jahren vermittelt. Die Gebäude und ausgestellte Gegenstände zeigen, wie sie sich von Landwirtschaft und Rentierzucht ernährten und mit welchem Geschick sie Gebrauchs- und Schmuckgegenstände herstellten.

Kautokeino Museum / Guovdageainnu gilišillju, *Boaronjárga 23, ☎ 40613183, www.rdm.no, im Sommer Mo–Sa 9–21, So 12–19, sonst Mi, Do 9–15 Uhr, NOK 50.*

Sámi in Kautokeino in traditioneller Tracht

Sehenswert ist ferner die 2,5 km außerhalb des Zentrums in Richtung Galamito gelegene **Juhls' Silvergallery**, eine architektonisch mehr als originelle Anlage, in der man nicht nur Silberschmuck und Schmuckdesign von Frank und Regine Juhl, sondern auch Gemälde und Drucke sowie Sámi-Kunsthandwerk kaufen kann. Das renommierte Unternehmen, das auch Filialen in Bergen und Oslo unterhält, kann man auf Wunsch im Rahmen einer kostenlosen Führung durch die Werkstätten und die Galerie kennenlernen *(www.juhls.no, tgl. im Juli 9–20, sonst 9–18 Uhr)*.

Ähnlich wie in Karasjok sind auch in Kautokeino viele **sportliche Aktivitäten** und Ausflüge möglich, z. B. Fahrten auf dem Kautokeino-Fluss mit traditionellen Flussbooten der Sámi oder Rentier-Safaris. In der **Osterwoche** finden hier viele Feste und Veranstaltungen statt, bei dem u. a. der traditionelle Gesang der Sámi, der sog. Joik, vorgetragen wird. Ein Höhepunkt sind die Rentierschlittenrennen am Ostersamstag *(www.saamieasterfestival.com)*.

Reisepraktische Informationen Kautokeino

Unterkunft

Thon Hotel Kautokeino €€€, *Biedjovággeluodda 2, 9520 Kautokeino, ☎ 78487000, www.thonhotels.no. Modernes Holzhaus-Hotel mit 63 Zimmern. Sehr gutes Frühstücksbüfett, Sauna, Whirlpool im Freien, Restaurant* **Duottar** *mit samischen Spezialitäten, gemütliche Bar und vielen Outdoor-Angeboten (Schneescooter, Rentierschlitten, Angeln, Wanderungen).*

Camping

Arctic Motell – Kautokeino Camping, *Suomaluodda 16, Kautokeino, ☎ 48040997, www.arcticmotel.com. Motelzimmer und Hütten unterschiedlicher Kategorien, Campingmöglichkeit für Zelte und Caravans, Kiosk, Cafeteria, Gästeküche, samisches Lávvu-Zelt für besondere Anlässe ganzjährig geöffnet.*

Busse

Tgl. **Busverbindungen** *zu den meisten größeren Orten in Finnmark, vor allem nach Alta und Karasjok, Auskünfte erteilt Boreal (www.boreal.no); Infos über Busverbindungen nach Finnland (Rovaniemi, Enontekiö) gibt Eskelisen Lapin Linjat, ☎ 00358-163422160, www.eskelisen-lapinlinjat.com.*

7. ANHANG

Literatur

Sachbücher (Auswahl)

Roald Amundsen: *Die Eroberung des Südpols 1910–1912*, Edition Erdmann 3. Aufl. 2016. Historischer, spannender Reisebericht zum Wettlauf in der Antarktis, geschrieben vom „Sieger". Ein weiterer lesenswerter Reisebericht aus der Feder Amundsens ist *Die Nordwestpassage. Meine Polarfahrt auf der Gjöa 1903–1907*, Edition Erdmann 2. Aufl. 2015.

Ulrich Bischoff: *Edvard Munch*, Taschen-Verlag 11. Aufl. 2016. Kompetenter, mit 96 Seiten knapp gehaltener Ein- und Überblick in das Schaffen und Leben des bedeutendsten norwegischen Malers.

Tor Bomann-Larsen: *Amundsen – Bezwinger beider Pole*, mareverlag 2019. Umfangreiches Taschenbuch (704 Seiten), das Roald Amundsen nicht nur als Held und Idol zeigt, sondern auch als modernen Geschäftsmann, PR-Genie, Hochstapler und Lebemann.

Ebba D. Drolshagen: *Gebrauchsanweisung für Norwegen*, Piper-Verlag 3. Aufl. 2019. Kurzweiliger und durchaus kritischer Blick hinter die Kulissen des „protestantischen Emirates am Golfstrom" und auf seine Menschen, von einer Halb-Norwegerin geschrieben.

Sabine Gorsemann, Christian Kaiser: *Wandern in Norwegen, Hardangervidda bis Trollheimen*, DUMONT-Verlag 4. Aufl. 2013. Guter und zuverlässig recherchierter Führer, der 35 Rund- und Streckenwanderungen zwischen Trondheim, Bergen und Oslo beschreibt.

Rainer Korn: *Meeresangeln in Norwegen: Der ultimative Ratgeber*, Verlag Müller Rüschlikon 2. Aufl. 2017. Eine 256 Seiten starke Übersicht über Reviere, Taktiken sowie Reisetipps und attraktive Video-Clips.

Dorothea Löcker (Hg.): *Lesereise Kulinarium Skandinavien. Stockfisch, Smørrebrød und Aquavit*, Picus Verlag 2013. Sammelband verschiedener Autorinnen und Autoren über kulinarische Wagnisse und ausgefallene Spezialitäten Norwegens und anderer nordischer Länder, kurzweilig geschrieben und auf den Punkt gebracht.

Fridtjof Nansen: *In Nacht und Eis*, Edition Erdmann 3. Aufl. 2016. Spannender historischer Reisebericht des späteren Friedensnobelpreisträgers, der in Tagebuchform die spektakuläre Treibfahrt der „Fram" in Richtung Nordpol und seine Landexpedition zusammen mit Johansen beschreibt, schön illustriert. Ebenso lesenswert ist sein Expeditionsbericht *Auf Schneeschuhen durch Grönland 1888–1889* (Edition Erdmann 2016).

Martin Schmidt: *Oh, dieses Norwegisch!* Stein-Verlag 3. Aufl. 2014. Kleines Bändchen (59 Seiten) mit kurzer Einführung in die norwegische Sprachgeschichte und humorvolle Beschreibung einiger Merkwürdigkeiten des Norwegischen.

Belletristik (Auswahl)

Kjetil Bjørnstad: *Vindings Spiel*, Suhrkamp 2007. Einfühlsames Porträt eines 15-jährigen Pianisten, der mit seiner Hingabe an die Musik den Tod der Mutter verarbeitet und im Norwegen der 1960er-Jahre seine Identität findet.

Karin Fossum: *Also, von mir aus*, Piper 2006. Eine skurrile Geschichte der ansonsten für ihre hervorragenden Krimis bekannten Autorin, in der der Einzelgänger Jonas und die rundliche Lillian sich in eine verunglückte Liebe und Ehe hineinmanövrieren.

Jostein Gaarder: *Sofies Welt*, dtv 2005. In über 50 Sprachen übersetzter und verfilmter Erfolgsroman, bei dem unbekannte Briefeschreiber die 15-jährige Sofie Amundsen aus Oslo mit der geheimnisvollen Gedankenwelt der großen Philosophen konfrontieren. Gaarders Roman *2084 – Noras Welt* (Hanser, 2015) richtet sich eher an Teenager, die sich wie die Heldin Gedanken um die großen Themen wie Klimawandel und um das zukünftige Aussehen der Welt machen. Lesenswert ist auch sein Schelmenroman *Ein treuer Freund* (Hanser 2017) über einen schrägen Einzelgänger in einem abgelegenen norwegischen Tal, dessen bester Freund seine Handpuppe Pelle ist.

Knut Hamsun: *Mysterien*, List TB, 2009. Der frühe Roman des Nobelpreisträgers erzählt von dem exotischen Reisenden J.N. Nagel, der eines Tages in einer kleinen norwegischen Hafenstadt auftaucht und das Leben der Einheimischen durcheinanderbringt. Nicht so pessimistisch wie *Hunger*, nicht so bäuerlich-asketisch wie *Segen der Erde*, nicht so episch wie die *Stadt-Segelfoss* und die *August Weltumsegler*-Romane, dafür geheimnisvoll und spannend.
Eric Fosnes Hansen: *Choral am Ende der Reise*, Fischer 2011. Bestseller über die sieben Musiker an Bord der „Titanic" mit ihren unterschiedlichen Biografien, Hoffnungen und Träumen.
Anne Holt: *Ein kalter Fall*, Piper 2017. Überzeugend konstruierter, neunter Fall der Kommissarin Hanne Wilhelmsen, bei dem die Bestseller-Krimiautorin wie immer den Nerv der Zeit trifft – hier Terrorismus, Fremdenhass und Rechtsradikalismus. Mit dem zehnten Fall *In Staub und Asche* (2018) fand die Reihe ihren Abschluss.
Erlend Loe: *Doppler*, Kiepenheuer & Witsch 2007. Schräger Roman über einen Osloer Misanthropen, der nach einem Sturz vom Fahrrad seine Familie verlässt und mit einem Elchkalb in den Wald zieht, wo er bald zum ungewollten Vorbild vieler anderer Zivilisationsflüchtlinge wird. Wer den lakonischen Humor des finnischen Autors Arto Paasilinna (1942–2018) mag, wird auch Loe mit Vergnügen lesen, z.B. die Romane *Ich bring mich um die Ecke* (Kiwi-TB 2008), *Naiv. Super.* (Kiwi-TB 2009) oder *Jens. Ein Mann will nach unten* (Kiwi-TB 2013), in dem der damalige Ministerpräsident Jens Stoltenberg mit Burn-out als Untermieter in eine Osloer WG zieht und eine Männerfreundschaft beginnt.
Lars Mytting: *Fyksens Tankstelle*, Piper 2009. Originelle Geschichte über einen jungen Mechaniker, der, von seiner Freundin verlassen, nur für seine Tankstelle lebt. Humor- und liebevoll erzählt, in Norwegen monatelang auf der Bestsellerliste. Wer für seinen Norwegen-Urlaub ein Sommerhaus mit Kamin gebucht hat, sollte unbedingt Myttings Buch *Der Mann und das Holz: Vom Fällen, Hacken und Feuermachen* (Insel-Verlag 2014; in der gebundenen Ausgabe natürlich mit Holz-Einband!) mitnehmen. Es bietet nicht nur interessantes Hintergrundwissen rund ums Brennholz und die verschiedenen Holzarten, sondern ist auch voller augenzwinkerndem Humor und bestens geeignet, sich von Laptop und Smartphone zu trennen und sich voller Lust und mit harzigen Händen dem Fällen, Hacken, Stapeln von Holz und der Kunst zu widmen, ein Kaminfeuer am Brennen zu halten.
Jo Nesbø: *Koma*, Messer, Ullstein 2019. Zwölfter Band der z.T. brutal-harten und überaus spannenden weltweiten Bestseller-Serie um den alkoholkranken Hauptkommissar Harry Hole. „Nesbø-Neulinge" sollten sich aber besser ab dem *Fledermausmann* chronologisch durch die Reihe lesen. Vom gleichen Autor sind auch Thriller erschienen, die ebenso wie ihre Verfilmungen zu internationalen Bestsellern wurden, z.B. *Headhunter* (2011), *Der Sohn* (2015) und *Blood on Snow* (zwei Bände, 2015/2016). Wenn sich im Familienurlaub die Eltern abends in Jo Nesbøs Thriller und Krimis vertiefen, könnte sich der Nachwuchs derweil mit dessen wunderbar respektlosen Kinderbüchern (auch als Hörspiele und z.T. verfilmt) vergnügen, wie *Doktor Proktors Pupspulver, Doktor Proktor verhindert den Weltuntergang. Oder auch nicht ..., Doktor Proktors Zeitbadewanne, Doktor Proktor im Goldrausch* oder *Doktor Proktors Sammelsurium: Tiere, denen du nie begegnen möchtest.*
Linn Ullmann: *Das Verschwiegene*, Luchterhand 2013. In vielen Vor- und Rückblenden erzählter und mit großem Personal ausgestatteter Roman der auch in Deutschland populären Schriftstellerin, Literaturkritikerin und Kolumnistin (u.a. *Die Lügnerin* oder *Gnade*). Erzählt wird die Geschichte einer Familie in einer norwegischen Küstenstadt, voller düsterer Geheimnisse, z.T. traurig und emotional, aber immer spannend erzählt.
Sigrid Undset: *Kristin Lavranstochter*, Herder Tb 2005. Romantrilogie vor mittelalterlichem Hintergrund, für die Undset 1928 den Literaturnobelpreis erhielt. Bd. 1 *(Der Kranz)* erzählt von Kristins Kindheit und Jugend, Bd. 2 *(Die Frau)* von Kristins Alltag als Ehefrau und allein gelassener Mutter, Bd. 3 *(Das Kreuz)* von Kristin als Großmutter, die ihre Enkel aufwachsen sieht. Ideal für lange Abende am Kaminfeuer im Gudbrandstal-Ferienhaus.
Herbjørg Wassmo: *Deutschenkind*, Ariadne 2012. Erster Band der mehrfach ausgezeichneten Tora-Trilogie, einer Romanfolge mit schwerer, aber großartig geschriebener Kost über das karge Leben der Inselbewohner Nordnorwegens in den 1950er-Jahren. Die dargestellten

Ereignisse wirken auch deshalb authentisch, weil die Schriftstellerin 1942 in Sortland auf den Vesterålen geboren wurde. Die weiteren Titel der Trilogie sind *Der stumme Raum* (2013) und *Der taube Himmel* (2015). Ebenfalls ein Lesetipp von Wassmo: *Dina – meine Geschichte*, Droemer Knaur 2004. Erfolgreich verfilmter Bestseller über Dina, die in Nordnorwegen Mitte des 19. Jh. ungewollt den Tod ihrer Mutter verschuldet.

Aussprache norwegischer Ortsnamen

Die meisten Norweger haben sich an die in ihren Ohren eigenartige Aussprache der norwegischen Ortsnamen durch Ausländer gewöhnt. Trotzdem kann es manchmal zu Missverständnissen kommen, wenn Touristen die Regeln zur Aussprache nicht befolgen. Hier einige Beispiele der am häufigsten vorkommenden norwegischen Ortsnamen:

Norwegische Ortsnamen			
Ålesund	olesünn	Kristiansund	kristiansünn
Åndalsnes	ondalsness	Mo i Rana	mu i rana
Aurland	äürlann	Nordkapp	nuhrkapp
Bodø	budö	Nordkinn	nuhrchinn
Borgund	burgünn	Norheimsund	nuhrheimsünn
Brønnøysund	brönnöisünn	Olden	ulden
Dombås	dummbos	Oppdal	uppdal
Dovrefjell	duwrefjell	Oslo	úschluh
Elverum	elwerümm	Porsgrunn	porschgrünn
Fauske	fäüßke	Rjukan	rjükann
Flåm	flom	Runde	rünne
Lofoten	lúfuten	Skien	schiën
Geilo	jeilu	Skjolden	schulden
Gjøvik	jöwick	Steinkjer	steincher
Gudbrandsdal	güdbrandsdal	Svolvær	swullwär
Haugesund	häügesünn	Sunndal	ßünndal
Hjerkinn	jerchinn	Tjøme	tchöme
Karasjok	karaschock	Tromsø	trúmmßö
Kaupang	käüpang	Ulvik	üllwick
Kautokeino	käütucheinu	Urnes	ürness
Kirkenes	chirkeness		

Norwegisches Wörterbuch

Alphabet

Einige Buchstaben sind im Norwegischen (wie in den anderen skandinavischen Sprachen) als überflüssig aussortiert worden und tauchen heute fast nur noch in altertümlichen Wendungen oder Fremd- bzw. Lehnwörtern auf. Ansonsten wird q durch kv, x durch ks Bokmål und w durch v ausgedrückt. Andererseits gibt es im Norwegischen die drei Buchstaben æ, ø und å, man findet sie nach dem z am Ende des Alphabets.

Aussprache

Bokmål und Nynorsk sind die zwei norwegischen Sprachen, die sich recht ähnlich sind. Die meisten Norweger sprechen bokmål. Dass die Aussprache nicht ganz einfach ist, beweisen schon die Sprachenbezeichnungen selbst: Bokmål wird wie *bukmol* ausgesprochen, Nynorsk wie *nünorschk*.

Das bedeutet, dass Norweger ihre Orte oft ganz anders aussprechen, als Ausländer es vermuten, Beispiele dazu finden Sie auf S. 528. Gleiches gilt natürlich auch für Flurnamen – z. B. sjø (See) = *schöh* oder skog (Wald) = *skug* – und Personennamen (z. B. Knut Hamsun = *knüt hammßün*; Gro Brundtland = *gruh brünnlann*; Kjetil Aamodt = *chetill omuht*). Andererseits schreiben Norweger oft Fremdworte so, wie es ihrer Orthografie nahekommt, z. B. Chauffeur = sjåfør, Büro = byrå. Hier die wichtigsten Regeln zur Aussprache:

Å, aa	wie o in offen
æ	wie ä
d	ist stumm vor s, nach n und als Endkonsonant nach r
g	vor i, y wie j, ansonsten wie g
gj	wie j
h	vor j und v ist es stumm
k	vor hellen Vokalen wie ch in ich
j	wie ein i nach Vokalen, sonst wie j
o	oft beinahe wie u
ø	wie ö
s	scharfes s wie in Fass
sk, sl, sj, skj	vor hellen Vokalen meist wie sch
tj	wie tch
u	wie ü
v	wie w
y	zwischen ü und i

Begrüßung	
Guten Tag	God dag
Guten Morgen	God morgon
Guten Abend	God kveld
Gute Nacht	God natt
Hallo!	Hei!
Tschüss	Ha det bra
Bis bald	Vi sees
Ich heiße …	Jeg heter …
Wie heißt du?	Hva heter du?

Allgemeine Redewendungen

Achtung!	Pass opp! Førsiktig! Se opp!
Ja	ja
Nein	nei
Bitte	vær snill
Danke	takk
Entschuldigung	Unnskyld
Was wünschen Sie?	Hva vill De ha?
Ich verstehe nicht	Jeg forstår ikke
Ich weiß nicht	Jeg vet ikke
Sprechen Sie Deutsch?	Snakker De tysk?
Ich spreche kein/ etwas Norwegisch	Jeg snakker ikke/litt norsk
Wo ist …?	Hvor er … ?
Wie spät ist es?	Hva er klokka ?
Wann …?	Når …?

Auf Reisen

Flugzeug	fly
Flugplatz	flyplass
Fähre	ferge, ferje
Fahrkarte	billet
Fahrplan	rutetabell
Bahnhof	stasjon
Zug	tog
Schnellzug	hurtigtog
Bahnsteig	perrong
Schlafwagen	sovevogn
Speisewagen	spisevogn
Gepäck	bagasje
Abfahrt	avreise
Ankunft	ankomst
Bus	buss
Wann geht der nächste Flug/Zug/Bus nach …?	Når går neste fly/tog/bus til …?
Wo muss ich umsteigen?	Hvor mår jeg bytte?
hin und zurück	tur og retur
nach rechts	til høyre
nach links	til venstre
geradeaus	rett fram
Wo ist der, die das nächste …?	Hvor er nærmaste …?
Tankstelle	bensinstasjon
Wie weit ist das?	Hvor langt er det?
Benzin/Diesel	bensin/diesel
Autowerkstatt	bilverksted
Mautstraße	bomvei
Parken verboten	parkering forbudt

Wochentage (mit Abkürzungen)

Montag	mandag (ma)
Dienstag	tirsdag (ti)
Mittwoch	onsdag (on)
Donnerstag	torsdag (to)

Freitag	fredag (fr)
Samstag	lørdag (lø)
Sonntag	søndag (sø)
werktags	hverdager (hvd)
täglich	daglig (dgl.)
außer (So)	uten (u. sø)
nach	til
von	fra

Zahlen

1	en	9	ni	17	sytten	60	sekst
2	to	10	ti	18	atten	70	sytti
3	tre	11	elleve	19	nitten	80	åtto
4	fire	12	tolv	20	tjue	90	nitti
5	fem	13	tretten	21	tjueen	100	hundre
6	seks	14	fjorten	30	tretti	200	tohundre
7	syv	15	femten	40	førti	1.000	tusen
8	åtte	16	seksten	50	femti		

erster	første	siebter	sjuende
zweiter	andre	achter	åttende
dritter	tredje	neunter	niende
vierter	fjerde	zehnter	tiende
fünfter	femte	elfter	ellevte
sechster	sjette	zwölfter	tolvte

Restaurant

Herr Ober!	Kelner !	Rotwein	rødvin
Fräulein!	Frøken !	Bier	øl
Restaurant	restaurant	Teller	tallerken
Gasthaus	gjestgiveri	Gabel	gaffel
Pommesbude	gatekjøkken	Löffel	skje
Frühstück	frokost	Messer	kniv
Lunch	lunsj	Flasche	flaske
Mittagessen	middag	Guten Appetit!	Velbekomme!
Abendessen	kveldsmat, aftensmat	Prost!	Skål
Menu	meny	Noch etwas?	litt mer?
Glas	glass	Nein, danke	nei takk
Tasse	kopp	Ja, gern	ja takk, gjerne
Kaffee/Tee	kaffe/te	Kann ich die Rechnung bekommen?	Kann jeg få regningen?
Wasser	vann, vatn		
Weißwein	hvitvin		

Fleisch

	(kjøtt)		
Schwein	svine	Keule	lår
Rind	okse	Ren	rein
Lamm	lamme	Wild	vilt
Huhn	kylling	Elch	elg
Ente	end	Hammel	fåre
Kalbfleisch	kalvekjøtt	Pute	kalkun
Braten	stek	Würstchen	pølse

Fisch	(fisk)		
Barsch	abbor	Garnelen	reker
Hummer	hummer	Hering	sild
Heilbutt	hellefisk	Dorsch	skrei, torsk
Lachs	laks	Seezunge	sjøtunge
Makrele	marell	Scholle	rødsprette
Seelachs	pale	Schellfisch	kolje
Gemüse	(grønnsaker)		
Gurke	agurk	Kohl	kål
Salat	salat	Zwiebel	løk
Blumenkohl	blomkål	Knoblauch	hvitløk
Erbsen	erter	Mohrrüben	gulrøtter
Obst	(frukt)		
Blaubeere	blåbær	Erdbeere	jordbær
Himbeere	bringebær	Kirsche	kirsebær
Multebeere	moltebær	Apfel	eple
Preiselbeere	tyttebær	Birne	pære

Die am häufigsten vorkommenden norwegischen Wörter in **Flur- oder Ortsnamen** bzw. auf Hinweistafeln oder Landkarten sind:

å	Bach	holm	kleine Insel
ås	Hügel, Bergrücken	hytta	Hütte
bekk	Bach	jøkul	Gletscher
bil	Auto	kaupang	Marktort
bompenger	Mautgebühr	kirke	Kirche
bree	Gletscher	kjør sakte	langsam fahren
bru/bro	Brücke	landsby	Dorf
by	Stadt, Siedlung	øy	Insel
båt	Schiff	plass	Platz
dal	Tal	-rud	Rodung (häufige (Ortsnamensendung)
elv	Fluss	sjø	See
ferje	Fähre	skog	Wald
fjell	Berg, Gebirge	stasjon	Bahnhof
fjord	Fjord	svake kanter	Fahrbahnrand nicht befahrbar
foss	Wasserfall	tind	Zinne, (hoher) Gipfel
fylke	Regierungsbezirk	vatn	See
gard/gård	Hof	vidda	„Weite", Hochebene
gate	Straße	vik	Bucht
helleristninger	Felsritzungen	vær	Fischerdorf
hamar	steiler Fels	våg	Bucht
hav	Meer	havn	Hafen

Stichwortverzeichnis

In der alphabetischen Reihenfolge gelten die Buchstaben Ø als Ö, Æ als Ä und Å als A.

P

Q

R

S

Bildnachweis

Archiv 66, 188, 305 links
Gerhard Austrup 56, 89, 353
Bård Basberg / Loen Skylift 92
Bergen Tourist Board: Jan Løtvedt 272, Robin Strand 41, 271
Marita Bromberg 16, 19, 23, 28, 31, 38, 43, 45, 47, 48, 55, 61, 65, 69, 82, 100, 129, 130, 134, 136, 151, 153, 177, 178, 186, 191, 195, 206, 213, 216, 225, 227, 234, 245, 252, 254, 262, 265, 268, 270, 278, 282, 287, 305 rechts, 307, 308, 315, 320, 321, 325, 330, 333, 335, 340, 346, 348, 361, 364, 367, 383, 399, 403, 404, 407, 413, 420, 426, 433, 436, 445, 450, 453, 454, 457, 464, 467, 482, 484, 489, 492, 494, 499, 505, 506
Dalen Hotel 211
Destinasjon Røros / Arne Nyaas 359
www.fjordnorway.com: Kaitlin Bailey / Matador Network 109, Sverre Hjørnevik 289, Sveinung Klyve 243
Espen Grønli / Norsk Oljemuseum 226
istockphoto.com: frederikarnell 247, majordomo 310, thomland 253, vbrewood01 258
Eva-Maria Joeressen 17, 21, 37, 73, 238, 241, 299, 313, 318, 345, 409, 417, 439
Klaus Kessner 52, 241, 284, 396
Ronny Lien / www.visithelgeland.com 435
Lillehammer.com: Ian Brodie 356, 365, 372, 379, 380, Jørgen Skaug 371, 374
Bård Løken / Sorrisniva Igloo Hotel 493
Geir Olsen / FjellNorway 12
Oper Oslo, Erik Berg 74
Per Pixel Petersson / imagebank.sweden.se 174
Terje Rakke / Nordic Life 2011 224, 230
Terje Rakke / Nordic Life AS / www.fjordnorway.com 323
regionstavanger.com: Eduardo Grund 180, 221, Monica Larsen 228, Gunhild Vevik 233
sverrehjornevik.com / Flåm AS 11
The Royal Court, Oslo 27
The Royal Court / Jørgen Gomnæs 90
Christer Sørensen / VisitGrenland 201
Visit Bergen: Girish Chouhan 261, Gjertrud Coutinho 267, 285
Visitnorway.com: CH - Visitnorway.com 76, 85, 126, 390, Vidar Askeland 199, Johan Berge 150, torand/Foap 185, Øyvind Heen 294, Espen Mills/Tasteofnationaltouristroutes.com 293, 393, patricia.thiede/Foap 196
VISITOSLO: Tord Baklund 14, 140, 144, Charlotte Bjørndalseter 158, Nancy Bundt 32, 63, 79, 80, Finn Ståle Felberg 155, Matjaz Intihar 86, Roberto Meazza 26, Didrick Stenersen 143, Sabine Zoller 139
Visit Rjukan/Hans-Dieter Fleger 208
Visit Telemark/Kåre Pedersen 202

IWANOWSKI'S REISEBUCHVERLAG

REISEFÜHRER AUF EINEN BLICK

REISEHANDBÜCHER

Afrika
Äthiopien *
Botswana *
Kapstadt & Garden Route *
Kenia/Nordtansania *
Madagaskar *
Mauritius mit Rodrigues *
Namibia *
Réunion *
Ruanda *
Seychellen
Südafrika *
Uganda *

Amerika
Bahamas
Barbados, St. Lucia & Grenada
Costa Rica *
Chile mit Osterinsel *
Florida *
Guadeloupe
Hawaii *
Kalifornien *
Kanada/Osten *
Kanada/Westen *
Karibik/Kleine Antillen *
New York *
USA/Große Seen|Chicago *
USA/Nordosten *
USA/Nordwesten *
USA/Ostküste *
USA/Süden *
USA/Südwesten *
USA/Texas & Mittl. Westen *
USA/Westen *

Asien
Oman *
Rajasthan mit Delhi & Agra *
Shanghai *
Singapur *
Sri Lanka *
Thailand *
Tokio mit Kyoto *

Australien / Neuseeland
Australien *
Neuseeland *

Europa
Berlin *
Dänemark *
Finnland *
Irland *
Island *
Lissabon *
Madeira mit Porto Santo *
Malta, Gozo & Comino *
Norwegen *
Paris und Umgebung *
Piemont & Aostatal *
Rom *
Schottland *
Schweden *
Tal der Loire mit Chartres *

101...-Serie: Geheimtipps und Top-Ziele
101 Berlin *
101 Bodensee
101 China
101 Deutsche Ostseeküste
101 Florida
101 Hamburg *
101 Indien
101 Inseln
101 Kanada/Westen
101 Kopenhagen *
101 Lissabon *
101 London *
101 Mallorca
101 Namibia
101 Nepal
101 Reisen für die Seele – Relaxen & Genießen in aller Welt
101 Reisen mit der Eisenbahn – Die schönsten Strecken weltweit
101 Safaris
101 Skandinavien
101 Stockholm *
101 Südafrika
101 Südengland
101 Tansania
101 Wien *

REISEGAST

in ...
Ägypten
China
England
Indien
Japan
Korea
Polen
Russland
Südafrika
Thailand

Legende:
* mit Extra-Reisekarte
[ebook icon] auch als ebook (epub)
[folder icon] Karten gratis downloaden

Das komplette Verlagsprogramm finden Sie unter www.iwanowski.de

Iwanowski's Reisebuchverlag GmbH
Salm-Reifferscheidt-Allee 37 | D-41540 Dormagen
Tel: +49 (0) 21 33/26 03-0 | Fax: -34
E-Mail: info@iwanowski.de